CODE ANNOTÉ

DE

L'EXPROPRIATION

POUR CAUSE D'UTILITÉ PUBLIQUE

CODE ANNOTÉ

DE

L'EXPROPRIATION

POUR CAUSE D'UTILITÉ PUBLIQUE

———

FRANCE, ALGÉRIE ET COLONIES

Loi du 3 mai 1841, Lois diverses, Ordonnances et Décrets

PAR

M. CRÉPON

Conseiller à la Cour de Cassation

PARIS

LIBRAIRIE A. MARESCQ AÎNÉ

A. CHEVALIER-MARESCQ, SUCCESSEUR,

20, RUE SOUFFLOT, 20

—

1885

Il n'est point nécessaire de dire quelle est, dans la matière de l'expropriation pour cause d'utilité publique, l'importance des décisions rendues par la Cour de cassation.

Sa jurisprudence est aujourd'hui le vrai commentaire de la loi, le seul qui soit sûr.

Toutefois, s'il ne s'était agi que de rassembler des arrêts, quelque intérêt qu'il y eût à en donner exactement le sens, à les classer dans un ordre logique et qui permît de les retrouver facilement, à placer sous les textes qu'ils éclairent les nombreuses décisions rendues, en ces dernières années, par la Chambre civile, j'aurais laissé à d'autres ce travail.

Mais, tel que je le comprends, le code annoté, qui fait chaque jour sa place plus large dans nos études judiciaires, ne doit pas être simplement une collection et un classement ; il doit être sur une matière déterminée, un exposé complet de doctrine, confirmée par des autorités, quand elles existent, formulée quand même, de manière à ne laisser, si cela est possible, aucun point qui ne soit éclairé, aucune question qui ne trouve sa solution.

C'est, en un mot, le livre ingrat et aride, pour celui qui le fait, utile, pour celui qui s'en sert, et cela suffit.

Si ce but d'utilité est atteint, si cette publication peut rendre quelques services à ceux qui plaident et à ceux qui jugent, je ne regretterai point le minutieux et pénible travail qu'elle a nécessité.

J'ajoute que, tout respectueux que je sois des décisions de a Cour de Cassation, je me permets parfois d'indiquer certaines solutions comme douteuses ; là où cette contradiction n'existe pas, — et elle est rare — c'est que je m'associe pleinement à la doctrine consacrée par les arrêts.

Après avoir étudié l'expropriation pour cause d'utilité publique en France, j'ai dû regarder du côté des colonies.

Grâces à un obligeant concours trouvé au ministère de la marine, j'ai pu établir d'une façon exacte le régime législatif fait, pour l'expropriation publique, à chacune de nos colonies, régime profondément modifié par des actes récents et qui a été, le plus possible, rapproché de celui suivi en France.

T. CRÉPON

Novembre 1884.

BIBLIOGRAPHIE

OUVRAGES CITÉS

ARNAUD . . . . Manuel du directeur du jury.

AUCOC. . . . . Conférences sur le droit administratif.

CAUDAVEINE ET THÉRY . . . De l'expropriation pour cause d'utilité
publique.

CHAUVEAU . . . . Compétence administrative.

CHRISTOPHLE. . . . . Traité des travaux publics.

DE CORMENIN. . . . . Droit administratif, 5e édition.

COTELLE . . . . Travaux publics.

DAFFRY DE LA MONNOYE. . . Théorie et pratique de l'expropriation pour
cause d'utilité publique, 2e édition.

DALLOZ . . . . Répertoire. V° Expropriation pour cause
d'utilité publique.

DEBRAY . . . . Manuel de l'expropriation.

DELALLEAU ET JOUSSELIN. . . Traité de l'expropriation pour cause d'utilité pub. 7e édit.

DUFOUR . . . . Droit administratif.

DUFOUR (Gabriel). . . . . . De l'expropriation pour cause d'utilité
publique.

DUVERGIER. . . . . Collection des lois.

FOUCART. . . . . Droit administratif.

GAND . . . . De l'expropriation pour cause d'util. pub.

GILLON ET STOURM. . . . . Code des municipalités.

HERSON. . . . . Expropriation pour cause d'utilité publique.

HUSSON . . . . Travaux publics.

MALAPERT ET PROTAT . . . . Expropriation pour cause d'utilité publ.

MARMOL . . . . Traité de l'expropriation.

MORIN. . . . . Guide pratique du magistrat-directeur
du jury.

DE PEYRONNY ET DELAMARRE. De l'expropriation pour cause d'utilité
publique.

PROUDHON . . . . Traité du domaine public

ROQUIÈRE . . . . Eléments de l'expropriation pour utilité
publique.

SABATIER . . . . Traité de l'expropriation pour cause
d'utilité publique.

SERRIGNY. . . . . Compétence et procédure administrative.

SOLON . . . . De l'expropriation pour cause d'utilité
publique.

TARBÉ DE VAUXCLAIRS. . . . Dictionnaire des travaux publics.

VATTEL . . . . Droit des gens.

VOMARNE . . . . De l'expropriation pour cause d'utilité
publique en Algérie.

VUILLEFROY ET MONNIER. . . Principes d'administration.

RECUEILS

Lebon et Panhard. — Recueil des arrêts du conseil d'État.
Dalloz. — Jurisprudence générale.
Sirey. — Recueil général des lois et arrêts.
Journal du Palais. — Recueil des lois et arrêts.
Bulletin civil de la Cour de cassation.

ABRÉVIATIONS

L., 75,644. — Lebon, année 1875, page 644.
D., 75,1,344. — Dalloz, année 1875, 1re partie, p. 344.
S., 75,1,428. — Sirey, année 1875, 1re partie, p. 428.
P. 75.929. — *Journal du Palais,* année 1875, p. 929.
Bull. civ., 75, p. 58. — *Bulletin civil C. de cass.,* année 1875, p. 58.

LÉGISLATION ET ACTES ÉMANÉS DE L'AUTORITÉ PUBLIQUE

3 sept. 1791, tit. 1. — Constitution. *Expropr.* — *Indemnité préalable*.
24 juin 1793, art. 19. — Id . . . . *Id*.
5 fructid., an 3, art. 358. — Id. . . *Id*.
Art. 545, Code civil. . . . . . . *Id*.
13 août 1807. — Avis du c. d'État. *Expropr. pron. sans le concours de l'autorité législative.*
16 sept. 1807. — Loi. . . . . . *Desséchement de marais. — Alignement.*
3 mars 1810. — Loi. . . . . . . *Loi sur l'expr. pour cause d'ut. pub.*
1814. — Charte, art. 10. . . . . *Expropr.* — *Indemnité préalable.*
2 juin 1819. — Ordonnance. . . . *Expropr. des halles et marchés.*
17 juill. 1819. — Loi. . . . . . *Servitudes des places de guerre.*
1er août 1821. . . . . *Exécution de cette loi.*
28 juill. 1824. Art. 10. — Loi. . . *Chemins vicinaux.*
1830. Charte, art. 9. . . . . . . *Expropr.* — *Indemnité préalable.*
30 mars 1831. — Loi. . . . . . . *Travaux des fortifications.*
7 juill. 1833. — Loi. . . . . . . *Loi sur l'expropriation pour cause d'utilité publique.*
18 sept. 1834. — Ordonnance . . . *Tarif des frais et dépens.*
18 fév. 1834. — Id. . . . . . . *Enquêtes relatives aux travaux pub.*
15 fév. 1835. — Id. . . . . . . *Id.*
22 mars 1835. — Id. . . . . . . *Terrains acquis et non employés.*
23 août 1835. — Id. . . . . . . *Enquêtes pour trav. d'int. commun.*
21 mai 1836. — Loi . . . . *Chemins vicinaux.*
3 mai 1841. — Loi. . . . . . . *Loi sur l'expr. pour cause d'ut. pub.*
18 avril 1842. — Ordonnance . . . *Purge pour les acquisitions n'excédant pas 500 francs.*
24 mai 1842. — Loi. . . . . . . *Routes nationales et départementales.* — *Droit de préemption.*
15 juillet 1845, Art. 10. — Loi. . . *Chemins de fer.*
25 sept. 1845. — Circulaire . . . . *Format. et transmiss. des pourvois.*
12 juin 1847. — Id. . . . . . . *Paiement des indemnités.*
13 avril 1850. — Loi. . . . . . . *Logements insalubres.*
26 mars 1852. — Décret. . . . . . *Voirie urbaine.*
10 août 1853. — Décret. . . . . . *Travaux militaires.*
10 juin 1854. — Loi . . . . *Drainage.*
14 juillet 1856. — Id. . . . . . . *Eaux minérales.*
27 déc. 1858. — Décret. . . . . . *Voirie urbaine.*
28 juill. 1860. — Loi. . . . . . *Reboisement des montagnes.*
8 juin 1864. — Id. . . . . *Gazonnement id.*
Id.   id.   — Id . . . . *Prolongement des chemins vicinaux.*
21 juin 1865. — Id. . . . . . . *Associations syndicales.*
8 fév. 1868. — Décret. . . . . . *Occupation de terrains.*
2 août 1872. — Loi. . . . . . . *Allumettes chimiques.*
14 juin 1876. — Décret. . . . . . *Voirie urbaine.*

LÉGISLATION COLONIALE

HISTORIQUE ET LÉGISLATION

1. Dans l'ancien droit, le principe d'après lequel on pouvait être contraint de céder sa propriété pour la confection de travaux d'un intérêt public était généralement admis, et on le voit consacré dans un assez grand nombre de déclarations, arrêts du conseil, arrêts des parlements ; c'était ce que les jurisconsultes appelaient *le retrait d'utilité publique.* « Cette espèce de retrait, dit Merlin, a été en usage dans tous les temps et dans tous les pays. »

(Merlin, *Rép.* v° Retrait d'utilité publique.)

2. Le retrait d'utilité publique s'exerçait principalement pour l'ouverture des chemins et canaux et pour le desséchement des marais.

Déclaration de septembre 1638 pour la construction du canal de Briare.
Arrêt du conseil du 26 mai 1705 pour l'ouverture et le pavage des routes.

3. En regard et comme corollaire du principe de l'expropriation, on admettait le droit à l'indemnité en faveur du propriétaire dépossédé, indemnité qui devait comprendre, non seulement la valeur réelle de l'immeuble, mais encore une fraction en sus, comme compensation du sacrifice imposé par la privation de la chose. « Il est fâcheux, pour un particulier, dit encore Merlin (*loco citato*), d'être seul obligé de s'exproprier pour le bien public ; le juste prix de sa chose ne suffit pas pour l'indemniser ; en y ajoutant un cinquième en sus, on allège sa perte. »

4. Mais la formule écrite de ce principe, non plus que la réglementation du mode de dépossession, de la fixation et du paiement de l'indemnité ne se trouvent nulle part dans les anciens documents législatifs. C'est la constitution des 3-14 septembre 1791 qui, la première, en consacrant l'inviolabilité de la propriété, a consacré en même temps l'exception au principe posé et les conditions dans lesquelles elle pourrait se produire. L'art. 17 de la déclaration des Droits de l'homme porte : « La propriété étant un droit inviolable et sacré, nul ne peut en être privé si ce n'est lorsque la nécessité publique l'exige évidemment, et sans la condition d'une juste et préalable indemnité. »

5. L'art. 545 C. civ., en reproduisant le principe écrit dans la constitution de 1791, lui a donné une application plus large : « Nul ne peut être contraint de céder sa propriété, si ce n'est pour cause d'*utilité publique*, et moyennant une juste et préalable indemnité. » La *nécessité publique évidemment exigée* est désormais remplacée par la simple *utilité*.

6. Qui devait prononcer l'expropriation et régler l'indemnité de dépossession? Quelles formes devaient être suivies? La loi ne répondait pas à ces questions. Un avis du conseil d'État du 18 août 1807 déclara que, dans ce cas, le concours de l'autorité législative n'était pas nécessaire, et que la nature même des choses s'opposait à ce qu'elle pût intervenir avec la sûreté et la dignité qui lui conviennent. Quelques jours après, la loi du 16 septembre 1807, tit. 2, sur le desséchement des marais, donnait à l'administration le droit de déclarer l'utilité publique, de prononcer l'expropriation et de régler l'indemnité.

7. C'est la loi du 8 mars 1810 qui, la première, a vraiment réglementé l'expropriation pour cause d'utilité publique et posé les règles suivant lesquelles l'administration et l'autorité judiciaire ont chacune un rôle distinct dans les opérations qui doivent aboutir à la dépossession. L'administration déclarait l'utilité publique ; mais les tribunaux seuls avaient le droit de prononcer l'expropriation et de régler l'indemnité.

8. Par exception au principe de l'indemnité *préalable* écrit dans la constitution de 1791 et dans l'art. 545 du Code civil, l'art. 19 de la loi de 1810 autorisait les tribunaux, selon la nature et l'urgence des travaux, à ordonner provisoirement la mise en possession de l'administration, avant l'évaluation de l'indemnité.

9. Les chartes de 1814 et 1830 reproduisirent le principe de l'inviolabilité de la propriété et l'exception qui pouvait y être apportée : « Toutes les propriétés sont inviolables, sans aucune exception de celles qu'on appelle nationales, la loi ne mettant aucune différence pour cause d'intérêt public légalement constaté entre elles. L'Etat peut exiger le sacrifice d'une propriété pour cause d'intérêt public légalement constaté, mais avec une indemnité *préalable*. »
(Art. 9 et 10 de la Charte de 1814; 8 et 9 de la Charte de 1830.)

10. L'engagement pris d'une indemnité *préalable* à la dépossession conduisait au remaniement de la loi de 1810 qui laissait à l'arbitraire des tribunaux de décider si la dépossession ne précéderait pas l'évaluation de l'indemnité; il en est résulté la loi du 7 juillet 1833.

11. Cette loi a posé les véritables règles en matière d'expropriation pour cause d'utilité publique. Suivant la nature et l'importance des travaux, le pouvoir législatif ou le pouvoir exécutif déclare l'utilité publique ; l'administration détermine, après enquêtes préalables, les propriétés sur lesquelles doit porter l'expropriation; le pouvoir judiciaire seul a le droit de la prononcer. L'innovation considérable apportée par la nouvelle loi a consisté à enlever aux tribunaux l'évaluation de l'indemnité qui devait être payée au propriétaire dépossédé pour la transporter à un jury spécial de propriétaires.

12. La loi du 3 mai 1841, destinée à réparer quelques imperfections de la loi de 1833, en a adopté tous les principes généraux et a reproduit une grande partie de ses dispositions; ce qui fait qu'un nombre considérable de décisions intervenues sur l'application de cette loi peuvent encore être invoquées aujourd'hui. La loi de 1841 a surtout eu pour but de simplifier certaines formalités et de rendre plus rapide la procédure d'expropriation en vue des grands et immenses travaux que nécessitait la création de notre réseau de chemins de fer. C'est pour répondre à ce besoin de célérité que la loi de 1841 contient un titre nouveau, qualifié de *dispositions exceptionnelles*, et qui autorise à prendre possession des terrains non bâtis soumis à l'expropriation, lorsqu'il y aura urgence spécialement déclarée par une ordonnance royale, et sous condition de la consignation d'une somme, dont le montant aura été fixé par un jugement.

Tit. VII. art. 65 et suiv.

13. Aucune loi modifiant les règles applicables à l'expropriation pour cause d'utilité publique n'est intervenue depuis la loi du 3 mai 1841 qui reste la loi de la matière. Le sénatus-consulte des 25-30 décembre 1852 portait que tous les travaux d'utilité publique, notamment ceux désignés par l'art. 10 de la loi du 21 avril 1832, et l'art. 3 de la loi du 3 mai 1841, toutes les entreprises d'intérêt général sont ordonnés ou autorisés par décret de l'Empereur; avec l'obligation, si ces travaux ou entreprises avaient pour condition des engagements ou des subsides du trésor, que le crédit devrait être accordé ou l'engagement ratifié par une loi avant la mise à exécution.

La loi des 27 juillet-3 août 1870 est revenue au principe de la loi de 1841 en prescrivant que tous grands travaux publics, routes impériales, canaux, chemins de fer, canalisation des rivières, bassins et docks, entrepris par l'Etat ou par compagnies particulières, avec ou sans péage, avec ou sans subside du trésor, avec ou sans aliénation du domaine public, ne pourront être autorisés que par une loi rendue après enquête administrative. L'exécution des canaux et chemins de fer d'embranchement de moins de 20 kilomètres de longueur, des lacunes et rectifications de routes impériales, des ponts et de tous autres travaux de moindre importance, pourra seule être autorisée par un décret rendu en la forme des règlements d'administration publique et également précédé d'une enquête.

14. L'art. 41 de la loi du 7 juillet 1833 portait qu'un règlement d'administration publique qui devrait être publié avant la mise à exécution de la présente loi déterminerait le tarif des dépens. L'ordonnance du 18 septembre 1833 a pourvu à cet objet, et, dans la discussion de la loi du 3 mai 1841, il a été entendu que cette ordonnance, bien que rendue en vertu d'une loi abrogée, continuerait de régler le prix des actes faits conformément aux prescriptions de la loi du 3 mai 1841.

15. Cette loi a abrogé, par son art. 77, les lois du 8 mars 1810 et du 7 juillet 1833; mais elle maintient en vigueur la loi du 30 mars 1831, relative à l'expropriation et à l'occupation temporaire, en cas d'urgence, des propriétés privées nécessaires aux travaux des fortifications (art. 76). Toutefois, lorsque les propriétaires ou autres intéressés n'auront pas accepté les offres de l'administration, le règlement définitif des indemnités aura lieu conformément aux dispositions du titre IV de la loi nouvelle.

16. La loi de 1841 maintient également les articles de la loi du 21 mai 1836 relatifs à l'attribution définitive au chemin du sol compris dans les limites déterminées par les arrêtés du préfet portant reconnaissance et fixation de la largeur d'un chemin vicinal, sauf indemnité à fixer à l'amiable ou par le juge de paix du canton (art. 15), et au mode de règlement de l'indemnité par un jury spécial, lorsqu'au cas d'ouverture et de redressement des chemins vicinaux, il y a lieu de recourir à l'expropriation.

17. Enfin, en Algérie et dans les colonies, le régime de l'expropriation pour cause d'utilité publique a été déterminé par le sénatus-consulte du 3 mai 1856 et par différents décrets et arrêtés.

LOI DU 3 MAI 1841

SUR L'EXPROPRIATION

POUR CAUSE D'UTILITÉ PUBLIQUE

Titre I. Dispositions préliminaires

ARTICLE 1er

L'expropriation pour cause d'utilité publique s'opère par autorité de justice (1).

§ 1. — *Pour quelle cause l'expropriation peut être poursuivie.*

§ 2. — *Quelles espèces de propriétés sont soumises à l'expropriation.*

§ 3. — *Dans quels cas il y a lieu de recourir aux formalités de l'expropriation.*

§ 4 — *Par qui et contre qui, l'expropriation doit ou peut être poursuivie.*

§ 1er. — *Pour quelle cause l'expropriation peut être poursuivie.*

(1) Loi du 7 juillet 1833 — art. 1er, texte identique.

1. La loi du 3 mai 1841, comme les lois précédentes, se borne à déclarer par qui et dans quelles formes l'expropriation devra être prononcée, sans dire quand l'expropriation sera nécessaire et à quelle nature de propriétés on la pourra appliquer. Pour le déterminer, il faut mettre en regard les deux principes supérieurs du respect de la propriété privée, et des sacrifices qui peuvent être imposés aux individus en vue de l'intérêt général.

2. Toute dépossession qui n'aurait pas pour objet l'intérêt général, dont le public ne profiterait pas à un titre quelconque, ne saurait être poursuivie par la voie de l'expropriation.

3. Mais quand l'intérêt général est engagé à ce qu'un immeuble cesse d'être propriété privée pour entrer dans le domaine public, alors même qu'il ne serait pas destiné à être transformé par des travaux, l'expropriation peut lui être appliquée.

4. Ainsi en est-il, par exemple, d'une source minérale dont l'exploitation ne satisfait pas aux besoins de la santé publique.

Loi du 14 juillet 1856. Article 12.

5. L'intérêt général est représenté par les personnalités collectives qui comprennent la généralité des citoyens, comme l'Etat, ou un groupe de citoyens, comme le département et la commune.

6. Il peut l'être aussi par une association d'intérêts particuliers, telle que des associations syndicales autorisées dans les conditions de la loi des 21-26 juin 1865 et des associations de propriétaires pour des travaux de drainage réglementées par la loi des 10-15 juin 1854. (V. *Lois diverses*.)

7. Il peut même l'être par un établissement privé, comme un établissement métallurgique ou minier demandant à relier son exploitation par un chemin de fer particulier aux grandes lignes de chemin de fer.

— Décret du 27 juillet 1853 (mines de Sorbier) ; — du 8 octobre 1854, (usine Bourdon) ; — du 24 novembre 1854 (mines de Montieux).

8. Ces décrets sont fondés sur ce que l'intérêt public est lié au bon fonctionnement et au développement de l'établissement particulier. On ne doit voir toutefois dans la déclaration d'utilité publique, en de pareilles conditions, qu'une application exceptionnelle, dangereuse, du principe de l'expropriation, application que le respect et l'inviolabilité de la propriété doivent faire restreindre dans les plus étroites limites.

9. Le respect de la propriété a conduit le législateur à faire déclarer, par la loi elle-même, la possibilité de l'expropriation quand les matières réglementées postérieurement à 1841 ne rentraient pas directement et nécessairement dans les conditions prévues par la loi du 3 mai.

10. Ainsi en a-t-il été dans :

La loi du 15 juillet 1845, sur la police des chemins de fer ;

La loi du 22 avril 1850, sur l'assainissement des logements insalubres ;

Le décret du 26 mars 1852, relatif aux rues de Paris et susceptible d'être appliqué par des décrets spéciaux rendus dans la forme des règlements d'administration publique à toutes les villes qui en feront la demande ;

Le décret des 10 août-23 septembre 1853, relatif aux places de guerre ;

La loi du 10 juin 1854 sur le

libre écoulement des eaux provenant du drainage ;

La loi du 22 juin 1854, relative aux servitudes autour des
magasins à poudre de la guerre
et de la marine ;

La loi du 14 juillet 1856 sur
la conservation des eaux minérales ;

La loi du 28 juillet 1860 sur
le reboisement des montagnes ;

La loi du 8 juin 1864 sur le
gazonnement ;

La loi des 21-26 juin 1865 sur
les associations syndicales ;

La loi du 2 août 1872 qui attribue à l'État le monopole de la
fabrication des allumettes chimiques. (V. *Lois diverses.*)

§ 2. — *Quelles espèces de propriétés sont soumises à l'expropriation.*

11. De l'ensemble des dispositions de la loi du 3 mai 1841, il
résulte que l'expropriation pour
cause d'utilité publique ne s'applique qu'aux immeubles. L'article 4, notamment, qui confie
aux ingénieurs ou autres gens de
l'art le soin de lever les plans
sur lesquels l'utilité pourra être
déclarée et l'expropriation prononcée, ne parle que des *terrains*
ou des *édifices* dont la cession
leur paraît nécessaire.

Sic : Delalleau, et Jousselin, 7e édit.
t. I, p. 101. — Proudhon, *Traité du
domaine public*, t. I, p. 478. — Herson,
p. 7 et 8. — Gillon et Stourm, *Code,
des municipalités*, p. 26 et 57. — Garnier, *Traité des chemins de fer*, p. 155.
— Dufour, *de l'Expropriation*, p. 15.—
Solon, *de l'Expropriation pour cause
d'utilité publique*, p. 7, n° 8. — Sabatier, *Traité de l'expropriation*, p. 113.
— Morin, *Guide pratique du magistrat
directeur du jury*, p. 11. — Dalloz,
Répertoire, v° *Expropriation pour
cause d'utilité publique*, n° 34. — Daf-

fry de la Monnoye, *Théorie et pratique de l'expropriation*, t. I, p. 13.

12. Certains objets mobiliers,
tels qu'en temps de guerre, les
vivres, objets d'habillement, voi-
tures, chevaux, armes, etc., peuvent être soumis à l'expropriation
pour cause d'utilité publique ;
mais alors il est procédé par voie
de réquisition et en vertu de lois
spéciales.

Lois des 3 vendém. an 5, 14 mes-
sidor, an 7, art. 19. — Dufour, p. 17.
— Dalloz, *Rép.*, n° 34.

13. De même que les objets
mobiliers, les propriétés incorpo-
relles, comme les propriétés litté-
raire et industrielle ne sont pas
susceptibles d'expropriation.

Dalloz, n° 40. — Dufour, p. 16. —
Foucart, t. I, n° 536. — Gillon et
Stourm, p. 26 et 57.

Ainsi il a été jugé qu'aucune
loi n'autorisait à soumettre les
droits d'auteur à l'expropriation
pour cause d'utilité publique.

C. Cass. 3 mars 1826 ; S. 26, 1,364 ;
D. 26, 1, 265 ; P. 26, 3, 259 ; *Muller c.
Guibal*. M. Brière, rapp.

14. Et l'on doit considérer
comme abrogées les dispositions
du décret du 13 nivôse an 10 et de
l'article 77 du décret du 25 août
1804 qui, à la levée des scellés
apposés sur les papiers d'un ingénieur du gouvernement ou d'un
officier général, autorisaient l'administration à retenir les plans
et mémoires qui pourraient être
jugés utiles au service de l'État.

Cotelle, *Cours de droit administratif*,
t. I, p. 406. — Dufour, p. 17.

15. De même, la loi sur l'expropriation pour cause d'utilité
publique ne saurait être appliquée
à une propriété industrielle.

Cons. d'État, 26 août 1835 (*Clément*).
L. 35 à sa date. S. 35, 2, 539. P. 35,

171. M. de Gérando, rapp. — 21 oct. 1835 (*Duchâtellier*). L. 35 à sa date. S. 35, 2, 542. P. 85, 181. M. Vivien, rapp.

16. Non seulement l'expropriation pour cause d'utilité publique n'est applicable qu'à la propriété foncière, mais cette restriction doit être entendue en ce sens que l'expropriation n'est applicable qu'aux immeubles *par nature*.

17. Quant aux immeubles par destination, s'ils sont attachés au fonds à perpétuelle demeure, de manière à n'en pouvoir être séparés sans dommage, ils suivent, comme accessoires, le sort du principal et se trouvent compris dans l'expropriation du fonds. Si, au contraire, comme les animaux attachés à la culture, les ustensiles aratoires, les pailles et engrais, etc., ils ont, en tant qu'objets mobiliers par eux-mêmes, leur existence propre et distincte du fonds, ils en seront détachés au cas d'expropriation, sans que celle-ci puisse porter sur ces objets et les comprendre, tant au point de vue de la dépossession qu'à celui de l'indemnité.

Dufour, p. 18 et 19. — Herson, p. 8. — Dalloz, n° 36.

18. Toutefois, il a été jugé que les ustensiles servant à l'exploitation d'un moulin formaient un accessoire nécessaire d'un pareil établissement, et que, par suite, leur valeur devait être un des éléments de l'indemnité due au cas d'expropriation de ce moulin.

Conseil d'Etat, 9 juin 1830. L. 30, 303 ; D., v° *Expropriation*, p. 508. — En ce sens, Sabatier, p. 115.

19. Tous les immeubles du territoire, quel qu'en soit le possesseur, fût-il mineur, interdit, absent ou incapable à un autre titre, sont soumis à l'expropriation pour cause d'utilité publique ;

(Art. 13, de la loi du 3 mai 1841).

20. Sans qu'il y ait lieu de distinguer entre les immeubles possédés par les nationaux et ceux possédés par des étrangers ;

(Cod. civ., art. 3).

21. entre les immeubles des particuliers et ceux faisant partie du domaine privé de l'Etat, des départements, des communes, des établissements publics ;

22. entre la propriété de la surface et la propriété du dessous, le sous-sol d'une propriété immobilière pouvant être soumis à l'expropriation indépendamment de la superficie.

Cass. 1er août 1866 ; S. 66, 1, 408 ; D. 66, 1, 305 ; P. 66, 1074. *L'État c. Delamarre*, M. Aylies, rapp.

23. Toutefois, il faut excepter de cette règle :

l'hôtel d'un ambassadeur, s'il est la propriété du gouvernement qu'il représente, en vertu des principes du droit international et de la fiction de l'exterritorialité ; l'acquisition de cet hôtel, au cas où elle serait nécessaire pour des travaux d'utilité publique, ne pourrait se poursuivre par voie d'expropriation, mais devrait faire l'objet d'une convention diplomatique ;

Delalleau et Jousselin, t. I, p. 103. — De Peyronny et Delamarre, p. 90.

24. les immeubles dépendant du domaine militaire. Ces immeubles sont attribués au domaine public par l'article 540 C. civ., et ne peuvent, aux termes de l'article 537 du même Code, être aliénés que dans les formes et suivant les règles qui leur sont particulières.

Par suite, si un chemin de fer

doit traverser les fortifications d'une ville, la compagnie concessionnaire ne pourra procéder par voie d'expropriation pour l'acquisition du sol fortifié, qui ne pourra être mis à sa disposition que par un concert entre le ministre de la guerre et le ministre des travaux publics, l'usage du sol étant seul concédé, mais la propriété en demeurant toujours au domaine militaire.

Civ. Cass., 17 fév. 1847. *Préfet de la Seine c. Chemin de fer de Lyon*. D. 47, 1, 315 ; S. 815 ; P. 2, 526. M. Renouard, rapp.
— 3 mars 1862. D. 62, 1, 291. S. 62, 1, 468. P. 62, 849. *Préfet de la Seine c. Sabattier*. M. Delapalme, rapp.
— Req. 29 déc. 1868. D. 69, 1, 220 ; S. 69, 1, 107. P. 69, 258. *Chemin de fer de l'Ouest c. l'État*. M. Massé, rapp.
— De Peyronny et Delamarre, p. 91.
— Daffry de la Monnoye, t. I, p. 12.

25. En principe, les immeubles dépendant du domaine public ne sont pas soumis à l'expropriation ; d'une part, parce que ce domaine est inaliénable autrement que dans les formes prévues ; d'autre part, parce que l'expropriation ayant généralement pour effet de faire passer les immeubles expropriés dans le domaine public, elle est inutile quand ils en font déjà partie.

De Peyronny et Delamarre, p. 90. — Delalleau et Jousselin, t. I, p. 114.

26. Si un immeuble dépendant d'un service est nécessaire à un autre service, ou s'il est réclamé par deux services à la fois, il n'y a pas lieu à expropriation, mais bien à *désaffectation* d'un service et à *affectation* à un autre par un acte soit gouvernemental, soit émanant de l'administrateur compétent.

Delalleau et Jousselin, t. I, p. 114.

27. Ainsi en est-il, lorsque la voie d'un chemin de fer concédé doit traverser une des dépendances du domaine public, telle qu'une route, une rivière, un canal ; il n'est pas procédé par voie d'expropriation de la partie du domaine public nécessaire à la construction du chemin de fer, mais par voie d'autorisation ou d'affectation ; les chemins de fer faisant partie de la grande voirie et conséquemment du domaine public, la portion de ce domaine qu'ils empruntent se trouve ainsi affectée à un double service.

28. La désaffectation qui aurait pour effet d'enlever des terrains ou édifices aux services publics, aurait aussi pour conséquence de les faire sortir du domaine public et entrer dans le domaine privé de l'État, auquel cas, ils deviendraient susceptibles d'expropriation.

29. Et, pour qu'il en soit ainsi, il n'est pas absolument nécessaire que, par un acte spécial du gouvernement, ces terrains aient été retranchés de ce domaine ; il suffit que l'État leur ait donné une nouvelle destination, ou que ce changement se soit opéré de fait par un changement survenu dans la situation des lieux qui fasse cesser l'usage public auquel ils étaient précédemment affectés.

Civ. Rej. 8 mai 1865. D. 65, 1, 293 ; S. 65, 1, 273 ; P. 65, 650. *Chemin de fer de Lyon c. préfet du Rhône*. M. Mercier, rapp.

30. Ainsi des terrains provenant du domaine public fluvial ou maritime que le gouvernement, suivant la loi du 16 septembre 1807, est autorisé à concéder aux conditions qu'il aura réglées, peuvent être expropriés sur la demande d'une compagnie concessionnaire de chemin de fer, avec indemnité à payer à l'Etat, sans qu'aucun acte de désaffectation soit préalablement intervenu de la part du gouvernement.

Même arrêt.

§ 3. — *Quand il y a lieu à expropriation.*

31. Toute dépossession d'une propriété privée pour cause d'utilité publique n'entraîne pas né cessairement l'expropriation dans les formes prévues par la loi du 3 mai 1841 ; en dehors des cas de cession amiable, cette dépossession peut avoir lieu dans des conditions prévues par des lois spéciales et qui ne sont pas celles de la loi générale d'expropriation.

32. Ainsi en est-il, notamment, en matière de délimitation du domaine public par des actes émanant du chef du gouvernement, des ministres ou des préfets, suivant qu'il s'agit de fixer les limites du domaine militaire, maritime ou fluvial, des rivières et canaux navigables, des routes, des chemins vicinaux ;

(Lois des 22 déc. 1789, 21 mai 1836).

en matière d'alignement, quand des permissions de construire ont été délivrées conformément à des plans régulièrement approuvés ; (V. *Lois diverses.*)

33. en matière de travaux de desséchement exécutés conformément à la loi du 16 septembre 1807. (V. *Lois diverses.*)

34. Dans ces diverses circonstances prévues par des lois que celle du 3 mai 1841 n'a point abrogées, l'incorporation d'un terrain au domaine public a lieu par l'effet même de l'acte émané de l'autorité compétente, acte qui ne laisse plus qu'un chiffre d'indemnité à déterminer.

Trib. des Confl. 20 mai 1850 (*Fize*). L. 50, 471 ; D. 50, 3, 35 ; S. 50, 2, 553 ; P. 50, 256. M. Marchand, rapp.
— 8 juin 1850 (*Vignat*). L. 50, 544 ; D. 50, 3. 68 ; P. 50, 276. M. Vincens Saint-Laurent, rapp.
— Cass. Req. 20 mai 1862 ; D. 63, 1, 280 ; S. 63, 1, 127 ; P. 63, 514. *Préfet du Rhône c. Parrachon.* M. Nicolas, rapp.
Civ. 21 nov. 1865. D. 66, 1, 113 ; S. 66, 1, 5. *De Hédouville c. c^{ne} d'Éclaron.* M. Fauconneau-Dufresne, rapp.

35. La délimitation du domaine public par actes émanés de l'autorité compétente comporte d'ailleurs le recours au contentieux de telle sorte que si ces actes ont englobé d'une manière abusive dans le domaine public des propriétés qui manifestement n'en faisaient pas partie, ils fussent annulés et que le domaine public fût mis en demeure, pour acquérir les propriétés ainsi comprises sans droit dans les arrêtés de délimitation, de recourir à la loi d'expropriation pour cause d'utilité publique.

Cons. d'Etat, 3 déc. 1863 (*Meurillon*). L. 63, 797 ; D. 64, 3, 9 ; S. 64, 2, 149 ; P. 63, 433. M. de Belbœuf, rapp.
— Trib. des Confl. 1er mars 1873 (*Guillé*). L. 73, 26 ; D. 73, 3, 65 ; S. 74, 2, 61 ; P. 73, 164. *De Paris-Labrosse.* M. Mercier, rapp. — Voir les observations de M. David, commissaire du gouvernement. D. 73, 3. 67.
Proudhon, *Domaine pub.*, n° 837. — Dufour, *Droit administ.*, t. 3, n° 1733. — Delalleau et Jousselin, t. I, p. 86. — Jousselin, *Servitudes d'util. pub.* t. I, p. 76. — Peyronny et Delamarre, t. I, p. 75. — Daffry de la Monnoye, t. I, p. 9. — Caudaveine et Théry, p. 4. — Dalloz, *Rép.* v° *Travaux publics*, n°s 1159 et s.

36. En dehors de cette dépossession dans des conditions déterminées par des lois particulières, pour qu'il y ait lieu à expropriation, suivant les formes établies par la loi du 3 mai 1841, il faut qu'il y ait mutation de propriété c'est-à-dire que l'immeuble, possédé à titre privé, soit enlevé à celui qui le détient pour tomber, à un titre quelconque, dans le domaine public ; point d'aliénation, point d'expropriation.

Serrigny, *Compét. admin.* t. I, nos 583 et s. — Husson, *Législ. des Trav. publ.*, p. 343.

37. Mais quand il y a privation de propriété, mutation au profit du domaine public, les règles de l'expropriation doivent s'appliquer, qu'il s'agisse de la pleine propriété, ou simplement d'un de ses démembrements.

38. Relativement aux droits qui peuvent exister sur l'immeuble, il faut distinguer toutefois l'expropriation prononcée par justice et l'indemnité réglée par le jury.

39. La cession amiable, consentie *postérieurement* à la déclaration d'utilité publique, produit tous les effets du jugement d'expropriation, c'est-à-dire, transmet à l'expropriant l'immeuble libre de tous les droits réels dont il peut être grevé; par suite il n'y a pas lieu de faire prononcer l'expropriation contre ceux qui ont à exercer ces droits sur l'immeuble.

Civ. rej. 2 août 1865. D. 65, 1, 256; S. 65, 1, 458; P. 65, 1193. *Préfet de la Seine c. Fleury.* M. Pont, rapp.
— 1er juin 1881. S. 81, 1, 881; P. 81, 908; Bull. civ. 81, p. 212. *Grosset c. ville de Sens.* M. Rohault de Fleury. rapp.

40. Mais il y a lieu de faire régler par le jury d'expropriation l'indemnité à laquelle les intéressés peuvent prétendre.

Cons. d'Etat, avis du 24 janv. 1849, 18 août 1849 (*Mouth et Mévollon*). L. 49, 528; D. 50, 3, 5; S. 50, 2, 58; P. 49, 112. M. Lucas, rapp.
— 19 janv. 1850 (*Nouvellet*). L. 50, 77; D. 51, 3, 7; S. 50, 2, 302; P. 50, 172. M. Reverchon, rapp.
— 29 mars 1851 (*Chevalier et Tru-*

chon). L. 51, 233 ; P. 51, 428. M. Daverne, rapp.
Cass. civ. 2 août 1865, précité.

41. Il en est de même quand sont intervenues la déclaration atribuant le caractère d'utilité publique aux travaux et la désignation, comme nécessaires à l'exécution de ces travaux, d'immeubles possédés d'avance par le domaine public; ces immeubles devant être livrés à l'administration purgés de tous droits immobiliers, et l'acquisition ou la possession antérieure tenant lieu de la cession amiable et de la livraison, il ne reste plus qu'à régler, d'après les formes de la loi d'expropriation, l'indemnité qui peut être due pour la suppression de droits immobiliers autres que celui de la propriété du fonds.

42. Ces solutions s'appliquent notamment :
aux droits mentionnés dans l'article 21 de la loi du 3 mai 1841 et vis-à-vis desquels les articles 21 à 29 organisent le règlement des indemnités ;

43. au droit d'usufruit, d'usage ou d'habitation, démembrements de la propriété, qui disparaissent par l'effet du jugement prononçant l'expropriation de l'immeuble sur lequel ils reposent, ou par l'effet de la cession amiablement consentie après la déclaration d'utilité publique et les désignations des terrains nécessaires à l'exécution des travaux; à la place du droit réel disparu, naît le droit à une indemnité qui doit être réglée, en cas de non-acceptation des offres, par le jury d'expropriation ;

Voy. de Peyronny et Delamarre, p. 89. — Delalleau et Jousselin, t. 2, p. 75. — Dalloz, no 37. — Ces auteurs soutiennent que si l'administration n'avait traité qu'avec le nu proprié- taire, toutes les formalités de l'expro- priation devraient être remplies vis-à- vis de l'usufruitier qui ne consentirait pas à abandonner son usufruit. Cette opinion émise avant les arrêts du 2 août 1865 et du 1er juin 1881 (v. *suprà*) qui assimilent les effets de la cession amiable à ceux du jugement d'expropriation, est manifestement en contradiction avec la doctrine de la Cour de cassation.

44. au droit d'emphytéose, constituant sur l'immeuble un droit réel distinct de celui du propriétaire ;

De Peyronny et Delamarre, n° 94.

45. au droit de servitude;

Cons. d'Etat, 19 janv. 1850 (*de Nou- vellet*). L. 50, 77 ; D. 51, 3, 7 ; S. 50, 2, 302 ; P. 50, 172. M. Reverchon, rapp.

46. aux droits résultant des baux, lesquels sont résolus par l'effet immédiat et nécessaire du jugement d'expropriation ou de la cession amiable précédée de la déclaration d'utilité publique ; à la place du droit au bail, naît pour le locataire, le droit à une indemnité d'éviction.

Req. 11 avr. 1862 ; D. 62, 1, 300. *Préfet de la Seine c. Bernardin,* M. d'Ubexi, rapp.
— Civ. Cass. 20 juin 1864. D. 64, 1, 278 ; S. 64, 1, 368 ; P. 64, 787. *Briquet c. Préfet de la Seine.* M. Aylies, rapp.
— 4 juillet 1864. D. 64, 1, 442 ; S. 64. 1, 368 ; P. 64, 787. *Lepage-Moutier c. ville de Paris.* M. Glandaz, rapp.
— 2 août 1865 ; D. 65, 1, 256 ; S. 65, 1, 458 ; P. 65, 1193. *Ville de Paris c. Fleury.* M. Pont, rapp.
— 1er juin 1881; S. 81, 1, 381; P. 81, 900. *Grosset c. ville de Sens.* M. Ro- hault de Fleury rapp. — Voir art. 55, les décisions intervenues relativement au droit des locataires à l'indemnité et aux conditions dans lesquelles ce droit peut être exercé.

47. La loi de 1841 n'a orga- nisé l'expropriation pour cause d'utilité publique des servitudes actives qu'accessoirement à l'ex- propriation de l'immeuble qui doit être livré à l'administration, pour l'exécution des travaux pu- blics, purgé de tous droits immo- biliers.

Trib. des Confl. 16 déc. 1850 (*d'Es- pagnet*). L. 50, 944 ; D. 51, 3, 21 ; S. 51, 2, 300 ; P. 50, 356. M. Mestadier, rapp.

48. La suppression des servi- tudes actives portant sur des im- meubles expropriés ne donne pas lieu à une expropriation propre- ment dite, en ce sens qu'il n'est pas besoin qu'elles soient spécia- lement mentionnées dans le juge- ment d'expropriation, que leur disparition est la conséquence forcée de ce jugement, s'il a dû être rendu, ou de la cession amia- blement consentie du fonds ser- vant désigné comme nécessaire à l'exécution de travaux qui ont été régulièrement déclarés d'uti- lité publique; mais la loi d'ex- propriation ne leur est pas moins applicable, en ce qui concerne l'indemnité, dont le règlement ne peut intervenir que par décision du jury et dans les formes pres- crites par la loi du 3 mai 1841.

Cons. d'Etat, 19 janv. 1850 (*Nou- vellet*). L. 50, 77 ; D. 51, 3, 7 ; S. 50. 2, 302 ; P. 50, 172. M. Reverchon, rapp.

49. La loi d'expropriation, au contraire, n'est jamais applicable à la suppression de servitudes ac- tives ne portant pas sur des im- meubles expropriés, comme la suppression de droits de jour, d'issue et de passage sur la voie publique, la suppression d'une prise d'eau et d'un aqueduc, par suite de la rectification d'une route; cette suppression ne donne droit qu'à une indemnité pour *dommages permanents* résultant de travaux publics, pour le règle- ment de laquelle l'autorité administrative et les tribunaux administratifs sont exclusivement compétents.

Trib. des Confl. ; arrêt précité du 16 déc. 1850 (d'Espagnet). L. 50, 944. D. 51, 3, 21 ; S. 51, 2, 300 ; P. 51, 356. M. Mestadier, rapp.
— 12 juin 1850 (Guillot). L. 50, à sa date. D. 51, 3, 4 ; P. 50, 281. M. Macarel, rapp.
— Civ. Cass., 26 avr. 1865. D. 65, 1, 166 ; S. 65, 1, 210 ; P. 65, 512, Préfet du Calvados c. Lebaudy. M. Lamy, rapp.
— Req. 27 janv. 1868. D. 68, 1, 114 ; S. 68, 213 ; P. 68, 516. Horliac. c. Carblay. M. Guillemard, rapp.
— DePeyronny et Delamarre, n° 71.
— Delalleau et Jousselin, t. 1, n° 156.
— Daffry de la Monnoye, t. 1, p. 277.

50. Les *dommages permanents* causés par des travaux publics à des immeubles non expropriés ne comportent pas, en effet, l'expropriation pour cause d'utilité publique, par le motif qu'il n'y a pas mutation de propriété, mais seulement gêne et diminution dans la jouissance donnant le droit à une indemnité dont le chiffre doit être déterminé, en vertu, de la loi de pluviôse an 8, par les conseils de préfecture.

La lutte qui a longtemps existé entre la jurisprudence du conseil d'Etat, consacrant la doctrine ci-dessus enoncée, et la Cour de cassation qui voyait dans le dommage permanent une éviction entraînant l'application des règles de l'expropriation pour cause d'utilité publique, a pris fin, à la suite de nombreux arrêts du tribunal des conflits, par l'acceptation qu'a faite la Cour de cassation de la doctrine du conseil d'Etat.

Trib. des Confl., 29 mars 1850 (Séjourné). L. 1850, 324 ; D. 50, 3, 33 ; S. 50, 2, 430. M. Boudet, rapp.
— 3 avr. 1850 (Thomassin). L. 1850, 321 ; D. 50, 3, 33 ; S. 50, 2, 429 ; P. 50, 223. M. Boulatignier, rapp.
— 3 juill. 1850 (Pairel). L. 1850, 642. D. 51, 3, 18 et 19 ; S. 50, 2, 682 ; P. 50, 296, 297, 299. M. Vincens Saint-Laurent, rapp.
— 24 juill. 1851 (Pamard). L. 1851, 521 ; D. 51, 3, 67 ; P. 51, 511. M. Tourangin, rapp.
— 19 nov. 1851 (Charoy). L. 51, 680 ; D. 52, 3, 9 ; S. 52, 2, 155 ; P. 52, 547 ; M. Bouchené-Lefer, rapp.
— Cass. civ. 29 mars 1852. D. 52, 1, 91 ; S. 52, 410 ; P. 54, 1, 277. Préfet d'Alger c. Pommier. M. Laborie, rapp.
— 14 août 1854. D. 54, 1, 344 ; S. 55, 1, 142 ; P. 55, 1, 405. Préfet du Puy-de-Dôme c. Audiguier. M. Pascalis, rapp.
— 28 mars 1876. D. 78, 1, 13. Brunet c. Ch. fer de Lyon. M. Baudoin, rapp.
— Req. 25 nov. 1879. D. 80, 1, 308 ; P. 81, 30 ; S. 81, 1, 20. Rey. c. Département de la Drôme. M. Féraud-Giraud, rapp.
Voy. de Cormenin, *Droit admin.*, v° *Travaux publics*. — Tarbé de Vauxclairs, *Dictionn. des trav. pub.* v° *Dépréciation*. — Cotelle, *Trav. publ.* t. 2, p. 503. — Serrigny, *Compét. et procéd. admin.* t. 1, n° 582. — Dufour, *Droit admin.*, t. 3, n° 1733. — Gabriel Dufour, *De l'expropriation et des dommages causés à la propriété*, p. 7. — Delalleau et Jousselin, t. 1, p. 87. — Gand, p. 61 et 401. — De Peyronny et Delamarre, p. 65. — Candaveine et Théry, n°ˢ 7 et 8. — Chauveau, *Compét. admin.*, t. 2, n° 618. — Sabatier, p. 154. — Husson, *Trav. pub.*, p. 343. — Solon, p. 7. — Daffry de la Monnoye, t. 1, p. 8. — Jousselin, *Servitudes d'utilité publ.* t. 1, p. 76 et s.

51. Cette doctrine du réglement par l'autorité administrative de l'indemnité due pour dommages permanents causés par des travaux d'utilité publique n'a pas seulement été appliquée à la gêne, à la diminution de jouissance, comme en matière d'exhaussement ou de nivellement de la voie publique (Cons. d'Etat : 17 janv. 1838 ; 23 fév. 1839 ; 14 avril 1839 ; 24 fév. 1842 ; 28 mars 1843 ; 19 mai 1845 ; 2 mai 1845, etc. — Tribun. des confl., 29 mars 1850 ; 3 avr. 1850 ; 24 juillet 1851, etc. V. Lebon, années et dates ci dessus ; Dalloz, Sirey, et *Journal du Palais*, tables, v° *Travaux publics*), mais encore au cas de destruction ou perte d'une partie de la propriété, quand à cette destruction ou perte subie par le propriétaire ne correspondait pas une cession d'une partie quelconque du fonds au profit du domaine public.

Ainsi :

52. au cas où, par l'effet des travaux exécutés dans un fleuve pour la facilité de la navigation, le refoulement des eaux vers l'une des rives a amené un débordement qui prive le riverain d'une partie de sa chose ;

Trib. des Confl. 2 juill. 1851 (*Fizes*). L. 51, 480 ; D. 51, 3, 70 ; S. 51, 2, 748 ; P. 51, 502. M. Renouard rapp.

— Cons. d'Et., 14, sept. 1852 (*Saladin*). L. 52, 424 ; S. 53, 2, 169 ; P. 52, 151. M. Maigne, rapp.

53. quand la direction du courant a été changée, et qu'il en est résulté la corrosion ou même la destruction partielle d'une des rives ;

Trib. des Confl., 23 déc. 1850 (*Martin-Merrier*). L. 50, 973 ; D. 51, 3, 37 ; S. 51, 2, 380 ; P. 50, 363. M. Marchand, rapp.

54. quand il y a lieu de procéder à l'élargissement d'une rigole conduisant les eaux d'une route à travers la propriété d'un particulier ;

— Trib. des Confl., 21 déc. 1850 (*Chevalier*). L. 50, 964 ; D. 51, 3, 22 ; P. 50, 362. M. Miller, rapp.

55. quand les travaux exécutés ont amené la suppression d'un aqueduc ou d'une prise d'eau, ou qu'ils ont intercepté les eaux servant à l'arrosage d'une propriété;

Trib. des Confl., 12, juin 1850 (*Guillot*). L. 50, 572 ; P. 50, 281. M. Macarel, rapp.

— Cons. d'Etat, 18 avr. 1861 (*Bourquin*). L. 61, 287 ; D. 61, 3, 53 ; S. 62, 2, 141 ; P. 61, 55. M. Perrot, rapp.

— 9 fév. 1865 (*ville de Nevers*). L. 65, 175. D. 65, 3, 82. M. Thureau, Dangin, rapp.

— 24 févr. 1865 (*Roger*). L. 65, 244. M. du Martroy, rapp.

27 mai 1865 (*Chemin fer de Lyon*). L. 65, 594 ; D. 66, 3, 4. M. Gaslonde, rapp.

56. quand ces travaux ont produit l'abaissement du niveau d'un lac, et qu'il en est résulté l'affaissement des terrains qui en formaient la rive et l'ébranlement des maisons construites sur les bords ;

Cons. d'Etat, 24 fév. 1865 (*Syndic du lac de Nantua*). L. 65, 251 ; D. 65, 5. 392 ; S. 65, 2, 115 ; P. 65, 626. M. Leloup de Sancy, rapp.

57. ou qu'ils ont amené une diminution dans la jouissance des eaux courantes.

Cons. d'Etat, 17 déc. 1847 (*Pinon*). L. 47, à sa date ; D. 48, 3, 49 ; P. 47, 410. M. Reverchon, rapp.

58. Et il importe peu que le propriétaire soutienne que la nature et la permanence du dommage équivalent à une expropriation si, en réalité, il n'y a pas eu incorporation au domaine public du fonds même qui souffre le dommage.

Cons. d'Etat, 30 juill. 1863(*Giboulot*). L. 63, 609. M. de Rennepont, rapp.

59. Tant que l'administration déclare que l'occupation des terrains pour la confection du travail public peut ne pas être définitive, que le dommage éprouvé peut venir à prendre fin, qu'en tous cas, en l'état des travaux ou des projets de travaux, le domaine public n'a point à acquérir les terrains occupés, il ne saurait y avoir lieu à expropriation.

Trib. des Confl., 17 juill. 1850 (*de*

Mortemart). L.689 ; S. 51, 2, 63 ; D. 51, 3, 20 ; P. 50, 305. M. Marchand, rapp.

60. Et il n'appartient ni aux tribunaux judiciaires ni aux tribunaux administratifs d'apprécier l'importance et la durée du dommage ; le ministre seul, sous sa responsabilité, a le droit de déclarer si l'acquisition par le domaine public est nécessaire, ou si l'occupation doit se prolonger sans expropriation ; personne ne pouvant forcer l'État à devenir propriétaire malgré lui, en dehors de la déclaration ministérielle, toute expropriation est impossible.

Delalleau et Jousselin, t. 1, p. 84.

61. Mais, tant que dure le dommage, les tribunaux administratifs ont le droit d'allouer des indemnités pour les différentes périodes pendant lesquelles il se produit.

Mêmes arrêts.

62. Ainsi, quand, par suite des travaux exécutés pour l'alimentation d'un canal appartenant au domaine public, les eaux servant à la marche d'usines ont été en tout ou en partie supprimées, il appartient aux juges administratifs, jusqu'au règlement définitif de l'alimentation du canal et à l'achèvement des travaux qui doivent l'assurer, d'apprécier les dommages relativement à chaque chômage et de calculer l'indemnité suivant la durée et l'importance de ces chômages.

Mêmes arrêts.

(1) A cause de l'importance de cet arrêt nous croyons devoir donner le texte de ses principaux considérants :
Considérant qu'il appartient sans doute à l'autorité administrative de veiller à la conservation du domaine public, et que, si, depuis le décret du

63. Lorsqu'un particulier a fait des réserves devant le jury d'expropriation relativement à certains dommages qui pourraient se produire ultérieurement, dans les parties de sa propriété non comprises dans l'expropriation, si ces dommages viennent à se réaliser, il appartient au conseil de Préfecture de régler l'indemnité qui peut être due.

Cons. d'Etat, 3 juin 1881 (*Ch. du Nord c. Peretmère).* L. 81, à sa date ; D. 82, 3, 115 ; S. 83, 3, 8 ; P. 81, 98. M. Mathéus, rapp.

64. Toutefois :
Quand il est advenu une véritable incorporation au domaine public de terrains possédés antérieurement à titre privé, par exemple, un changement dans le lit de la rivière, par suite des travaux exécutés, l'autorité administrative ne peut revendiquer le droit de déterminer souverainement quelles étaient les limites de la rivière, quand les travaux ont commencé et quelles sont ses limites actuelles, de façon que l'indemnité doive nécessairement être restreinte aux terrains privés compris dans ces limites et dorénavant incorporés au domaine public. — La constatation des limites de la propriété riveraine avant les travaux présente à juger une question de propriété qui rentre dans les attributions exclusives de l'autorité judiciaire.

Trib. des Confl., 1er mars 1873 (*Guillé).* L. 73, 82 ; D. 73, 3, 65 ; P. 73,164 ; S. 74, 2, 61 (1). M. Aucoc, rapp.

21 fév. 1852, la détermination des limites de la mer est faite par des décrets rendus en la forme des règlements d'administration publique, celle des limites des fleuves et des rivières navigables est restée, en vertu de la loi des 22 déc. 1789 et 8 janvier 1790,

65. Et, au cas où les particuliers sont dépossédés au profit d'une administration publique de leurs propriétés immobilières, depuis les lois des 8 avril 1810, 7 juillet 1833 et 3 mai 1841, le règlement des indemnités appartient, non à l'autorité adminis-

sect. 3, art. 2, dans les attributions des préfets. — Mais, considérant que les actes de délimitation du domaine public sont des actes d'administration à l'occasion desquels l'autorité administrative ne peut ni se constituer juge des droits de propriété qui appartiendraient aux riverains, ni s'attribuer le pouvoir d'incorporer au domaine public, sans remplir les formalités exigées par la loi du 3 mai 1841, les terrains dont l'occupation lui semblerait utile aux besoins de la navigation ; qu'en ce qui concerne la délimitation des rivages de la mer, l'art. 2 du décret du 21 février 1852 dispose expressément qu'elle est faite par l'autorité supérieure, tous droits des tiers réservés ; que c'est là une application du principe de la séparation des pouvoirs d'après lequel ont été fixées les attributions distinctes de l'autorité administrative et de l'autorité judiciaire, et qu'évidemment la même règle doit être suivie lorsqu'il s'agit des limites des fleuves et des rivières navigables ; — Considérant que la réserve des droits des tiers est générale et absolue ; qu'elle s'étend aux droits fondés sur une possession constante ou sur des titres privés, comme à ceux qui reposeraient sur des aliénations ou sur des concessions émanées de l'administration, et qu'elle doit être maintenue et appliquée alors même que l'autorité administrative prétendrait, comme dans l'espèce, déterminer non pas les limites actuelles, mais les limites anciennes de la mer ou des fleuves et rivières navigables ;

Considérant que les tiers dont les droits sont réservés peuvent se pourvoir, soit devant l'autorité administrative pour faire rectifier la délimitation de la mer, des fleuves et des rivières navigables, soit devant le Conseil d'Etat pour obtenir l'annulation pour cause d'excès de pouvoirs, des arrêtés de délimitation qui porteraient atteinte à leurs droits ; qu'ils

trative, mais à l'autorité judiciaire.

— Même arrêt.

66. Il y a lieu à expropriation suivant les formes tracées par la loi du 3 mai 1841 :

Lorsqu'un tunnel de chemin

ne peuvent, en aucun cas, s'adresser aux tribunaux de l'ordre judiciaire pour faire rectifier ou annuler les actes de délimitation du domaine public et se faire remettre en possession des terrains dont ils se prétendent propriétaires. — Mais, qu'il appartient à l'autorité judiciaire, lorsqu'elle est saisie d'une demande en indemnité formée par un particulier qui soutient que sa propriété a été englobée dans le domaine public, par une délimitation inexacte, de reconnaître le droit de propriété invoqué devant elle, de vérifier si le terrain litigieux a cessé, par le mouvement naturel des eaux, d'être susceptible de propriété privée, et de régler, s'il y a lieu, une indemnité de dépossession, dans le cas où l'administration maintiendrait une délimitation contraire à sa décision. — Considérant qu'il résulte de ce qui précède que, en cas de contestation sur les limites actuelles de la mer et des cours d'eau navigables, la détermination de ces limites par l'autorité administrative est préjudicielle à toute décision de l'autorité judiciaire ; mais qu'il n'en est pas de même, lorsqu'il s'agit de rechercher les limites anciennes.

En ce qui touche le second moyen invoqué dans l'arrêté de conflit :

Considérant que, s'il appartient aux conseils de préfecture, en vertu de l'art. 4 de la loi du 28 pluviôse an 8, de statuer sur les demandes en indemnité pour dommages causés, par l'exécution des travaux publics leur compétence ne s'étend plus, depuis les lois des 8 mars 1810, 7 juillet 1833 et 3 mai 1841, au cas où les particuliers sont dépossédés au profit d'une administration publique de leurs propriétés immobilières, et que, dans ce cas, il n'appartient qu'à l'autorité judiciaire de régler les indemnités dues, sans qu'il y ait lieu de distinguer si la dépossession a été ou n'a pas été précédée des formalités établies par la loi du 3 mai 1841.

MM. Aucoc, rapp., Blanche concl.

de fer traversant une carrière, la portion de terrain qui a servi à l'établir s'est trouvée incorporée à la voie publique ;

Cons. d'Etat, 15 avril 1857 (*Chem. de fer de Lyon*). L. 57, 272 ; D. 58, 3, 3 ; S. 58, 2, 143 ; P. 57, 289. M. Boulatignier, rapp.

67. lorsque, pour alimenter un canal de navigation, on a élevé le radier d'un étang de telle sorte qu'un terrain riverain se trouve couvert par les eaux d'une façon permanente ;

Cons. d'Etat, 25 août 1841 (*Boch*). L. 41, 472 ; S. 42, 2, 184 ; D. 42, 3, 180 ; P. 41, 206. M. Bouchené Lefer, rapp.

68. lorsque, sur une propriété soumise à une servitude de halage, il a été fait des travaux qui constituent une véritable dépossession du sol ;

Cons. d'Etat, 30 déc. 1858 (*de Novillars*). L. 58, 784 ; D. 59, 3, 50 ; P. 59, 621. M. Bauchart, rapp.

69. ou qu'il s'agit d'établir une conduite souterraine destinée à réunir les eaux provenant de diverses sources et à les amener à la station d'un chemin de fer.

Cons. d'Etat, 3 fév. 1859 (*Chemin de fer de Saint-Rambert*). L. 59, 107 ; S. 59, 2, 701 ; P. 59, 641. M. Robert, rapp.

70. De même, il a été jugé :

Que, s'il appartient à l'autorité administrative de déterminer l'indemnité due au propriétaire d'une usine pour la suppression de la force motrice par suite de l'exécution de travaux publics, ce droit revient toutefois à l'autorité judiciaire quand cette force motrice est devenue propriété privée par l'effet d'une concession perpétuelle ;

Civ. rej. 2 août 1865. D. 65, 1, 257 ; S. 65, 1, 468 ; P. 65, 1193. *Préfet de la Seine c. Fleury*. M. Pont, rapp.

71. qu'en tous cas, si l'indemnité pour la suppression de la force motrice doit être réglée par l'autorité administrative, l'indemnité pour les terrains et bâtiments de l'usine rentre dans les attributions de l'autorité judiciaire et doit être réglée conformément à la loi du 3 mai 1841.

Cons. d'Etat, 28 mai 1852 (*Ramière*). L. 52, 196 ; D. 52, 3, 41 ; S. 52, 2, 694 ; P. 52, 80. M. Pascalis, rapp.
— 27 août 1857 (*Marchant*). L. 57, 696 ; S. 58, 2, 652 ; D. 58, 3, 65 ; P. 57, 391. M. Leviez, rapp.

72. La suppression de deux étages d'une maison, démolis pour assurer le mouvement de la volée d'un pont, ne peut, non plus, être considérée comme un simple dommage. — Cette démolition ayant pour effet de priver le propriétaire d'une partie importante de sa maison, a toutes les conséquences d'une véritable expropriation et doit entraîner l'application de la loi du 3 mai 1841.

Cons. d'Etat, 27, déc. 1860 (*Cie du Pont de la Penfeld*) : L. 60, 824 ; D. 61, 3, 9 ; S. 61, 2, 521 ; P. 60, 942. M. Perret, rapp.

73. Le principe d'après lequel il n'y a pas lieu à expropriation quand il n'y a pas acquisition d'un fonds par le domaine public écarte l'application de la loi du 3 mai 1841 :

à la cessation forcée d'une location quand elle est le résultat d'une occupation de l'immeuble par l'administration, sans acquisition du fonds ;

Cons. d'Etat, 6 sept. 1843 (*Gaudin*). L. 43 ; S. 44, 2, 96 ; P. 43, 677. M. Germain, rapp.

74. à la location forcée des halles anciennes ou des salles de spectacle ;

— Cons. d'Etat, avis du 30 juill. 1836; arrêts des 21 août 1840 (*prince de Luxembourg*). L. 40 à sa date; P. 40 642. M. Chasseloup-Laubat, rapp.

—10 mars 1843 (*commune de Brienon*). L. 43, à sa date; P. 43, 497. M. Bouchené-Lefer, rapp.

15 septembre 1843 (*Beznel*). L. 43, 588. M. Louyer-Villermay, rapp.

— Cormenin, *Droit admin.* v° *Halles.*— Serrigny, *Compét. et procéd. admin.*, t. 2, n° 821. — Dellalleau et Jousselin, t. 1, n° 157. — de Peyronny et Delamarre, n° 73.

75. aux destructions qui sont le résultat de faits ordinaires de guerre, c'est-à-dire, de mesures de défense nécessitées par la présence de l'ennemi, ou d'attaques de l'ennemi lui-même ; dans ce cas, il n'est dû aucune indemnité.

Lyon, 18 janv. 1844 ; sous l'arrêt suivant :

— Civ. rej. 14 juill. 1846; D. 46, 1, 301; S. 46, 1, 735; P. 46, 2, 385, *de Chazournes c. Préfet du Rhône* M. Miller, rapp.

— Cons. d'Et. 26 mars 1823 (*Glairet*). L. 23, 239; P. 23, 627. M. Lebeau, rapp.

— 7 fév. 1834 (*Gervaise*). L. 34, 107 ; P. 34, 598. M. Brière, rapp.

— 9 mai 1873 (*Pesty-Rémond*). L. 73, 409 (1); D. 74, 3, 9; S. 74, 2, 188 ; P. 73, 188. M. Levasseur de Précourt, rapp.

— 8 août 1873 (*Pataille*). L. 73, 158 ; D. 74, 3, 20; S. 74, 2, 192; P. 73, 241. M. Braun, rapp.

— 6 juin 1873 (*Fontaine*). L. 73, 509 ; D. 74, 3, 11; S. 74, 2, 186; P. 73, 209. M. de Bellomaire, rapp.

— 1er mai 1874 (*Alotte*). L. 74, 407; D. 74, 3, 45; S. 74, 2, 294; P. 74, 322. M. de Bellomaire, rapp.

— 13 nov. 1874 (*huiles de Colombes*). L. 74, 861; D. 75, 3, 74. M. Levasseur de Précourt, rapp.

— 11 déc. 1874 (*Pont de Meung*). L. 74, 981; D. 75, 3, 84. M. Mayniel, rapp.

—12 mai 1876 (*Ponts de Billancourt*). L. 76, 440; D. 76, 3, 87. M. Mathéus, rapp.

— 30 juin 1876 (*L'hotellier*). L. 76, 622; D. 76, 3, 95. M. Mathéus, rapp.

Voy. Vatel, t. 3, p. 379. M. Dellalleau et Jousselin, t. 1, p. 104, et s. — De Peyronny et de Delamarre, n° 77.

(1) V. conclusions de M. Laferrière. L. 73, 409.

76. Et il en est ainsi, même quand la destruction a été ordonnée par l'autorité militaire luttant à l'intérieur pour la répression d'une insurrection.

Arrêt de Cass. du 14 juill. 1846, *suprà.*

77. Quant aux destructions imposées par la défense des places, il faut distinguer entre les places simplement *en état de guerre*, et les places *en état de siège.*

78. Pour les premières, les inondations, occupations de terrains, destructions de clôtures, démolitions de maisons, etc. ne peuvent avoir lieu qu'en vertu d'un décret, ou, dans le cas d'urgence, des ordres du gouverneur ou du commandant de place, sur l'avis du conseil de défense, et elle donne droit à une indemnité réglée aussitôt que l'occupation a cessé.

Art. 38 du décret des 10 août-23 sept. 1853.

79. Pour les secondes, elles n'auront droit à aucune indemnité, étant assimilées aux destructions par faits ordinaires de guerre, c'est-à-dire, accomplies en présence de l'ennemi.

Art. 39 du décret précité. V. *infrà.*

80. Mais, quand les terrains ont été occupés en temps de paix pour l'établissement de travaux de fortification rentrant dans le système de défense générale du territoire, il y a lieu alors à l'application des lois du 30 mars 1831 et 3 mai 1841.

Cons. d'Etat. 15 déc. 1865 (*Molinié*). L. 65, 996; D. 66, 3, 87. M. Thureau-Dangin, rapp.

81. L'expropriation n'étant possible qu'autant qu'il y a mutation d'une propriété foncière, on ne saurait y recourir quand il s'agit de choses qui ne sont pas susceptibles de propriété privée, ou qui ne peuvent avoir le caractère de propriété immobilière.

82. Ainsi la pente des cours d'eau n'étant pas susceptible de propriété privée, il en est de même de la force motrice produite par cette pente et servant à la marche des usines. La suppression de cette force motrice par des travaux publics peut bien donner droit à une indemnité réglée par l'autorité administrative, mais elle n'autorise pas à recourir aux formalités de l'expropriation pour cause d'utilité publique.

Cons. d'Etat, 13 août 1851 (*Roussel*). L. 51, 685; S. 52, 2, 78; D. 52,3, 2; P. 51, 542. M. Hély d'Oissel, rapp.
— 28 mai 1852 (*Ramière*). L. 52, 196; D. 52, 3, 41; S. 52, 2, 694; P. 52, 80. M. Pascalis, rapp.
— 15 mars 1855 (*Ramière*). L. 55, 204; P. 55, 37. M. Marchand, rapp.
— 27 août 1857 (*Marchant*). L. 57, 696; S. 58, 2, 652; D. 59, 3, 65; P. 57, 390. M. Leviez, rapp.
— 15 mai 1858 (*Dumont*). L. 58, à sa date; S. 59, 2, 263; D. 59, 3, 41; P. 58, 511. M. Bauchart, rapp.
— 18 avr. 1866 (*de Colmont*). L. 66, 385; D. 69, 3, 63; P. 66, 67. M. Aubernon, rapp.

83. Il en est de même encore du lit des rivières non navigables ni flottables, et des eaux courantes sur lesquelles les riverains peuvent avoir seulement des droits d'usage; conséquemment, lorsque le lit de la rivière a été occupé par des travaux publics tels que ceux de construction de chemin de fer, il n'y a pas lieu d'en prononcer l'expropriation.

Metz, 27 mars 1860; D. 60, 2, 160; S. 60, 2, 213; P. 60, 1136.
— Req. 6 mai 1861; D. 61, 1, 273; S. 61, 1, 958; P. 61, 810. *Goutant c. Ch. de fer des Ardennes.* M. Nicolas, rapp.

84. Mais s'il est prétendu, non plus seulement à la propriété des eaux courantes, mais à la propriété du canal par lequel elles s'écoulent et dont les travaux publics doivent amener la dépossession, la justification de cette propriété devra entraîner l'expropriation pour cause d'utilité publique, conformément aux règles tracées par la loi du 3 mai 1841.

Cons. d'Etat, 8 mai 1856 (*de Graves*). L. 56, 346; D. 57, 3, 4; S. 57,2, 310; P. 56, 99. M. Gomel, rapp.

85. La clause de domanialité attachée à certains immeubles aliénés par l'Etat ayant pour effet de maintenir les droits du domaine public sur la partie de ces immeubles nécessaire pour l'établissement ou l'élargissement de la voie publique, écarte, par cela même, la possibilité de l'expropriation. L'Etat ne faisant que reprendre la chose n'a ni à déposséder, ni à payer d'indemnité.

Cons. d'Etat, 28 déc. 1825 (*Lafond*). L. 25, 765; P. 25, 171. M. de Cormenin, rapp.
— 15 mars 1826 (*Watrin*). L. 26, 194; P. 26. 210. M. Hutteau d'Origny, rapp.
— 20 mai 1829 (*Marqfoy*). L. 29, 172; P. 29, 721. M. Barthélemy, rapp.

86. Les servitudes passives créées dans l'intérêt public ne constituent pas une acquisition au profit du domaine public, mais seulement une charge imposée à la propriété; par suite, elles ne comportent pas l'expropriation.

Ainsi :

87. L'administration peut exiger des riverains d'une rivière navigable le chemin de halage ou marchepied, et ce sont les tribunaux administratifs qui devront régler l'indemnité due pour la charge imposée à la propriété.

Cons. d'Etat, 25 août 1835 (*Pierre*). L. 35, 525; P. 35, 165; D. A. v° *Eaux* n° 152, M. Macarel, rapp.
23 déc. 1844 (*Lallemand*). L. 44, à sa date; D. 45, 3, 73; P. 44, 409.
23 mars 1854 (*Cornudet*). L. 54, 247; D. 54, 3, 41; P. 54, 40. M. de Belbœuf, rapp.
Sic : Isambert, *Voirie* n° 155.
Contrà Garnier, *Chemins*, p. 59.

88. De même, l'autorité militaire a le droit d'établir dans des zones déterminées autour des places de guerre des servitudes nécessaires à la défense de ces places; ces servitudes ne constituent pas une expropriation dans le sens de la loi du 3 mai 1841 qui, conséquemment, ne leur est pas applicable pour le règlement des indemnités prétendues par les propriétaires assujettis.

Cons. d'Etat, 24 juillet 1856 (*Trezel*). L. 56, 496; D. 57, 3, 9; S, 57, 2, 389; P. 56, 137. M. Aucoc, rapp.
Même jour, cinq autres décisions semblables.
— 5 fév. 1857 (Bléville-Holker). L. 57, 98; D. 58, 5. 272; S. 57, 2, 778; P. 57, 241. M. Aucoc, rapp.
— *Sic :* Proudhon, *Dom. publ.* n° 322. — Laferrière, t. 2, p. 483. — de Cormenin, t. 2, p. 223. — Favard de Langlade, Rep. v° *Exprropr.* n° 18. — Cabantous, *Dr. admin.* n° 362. — De Peyronny et Delamarre, p. 55, et s. — Daffry de la Monnoye, t. 1, p. 11. — Demolombe, t. 9, n° 569. — Dellalleau et Jousselin, t. 1, p. 92.
Contrà : de Gérando, *Cours de dr. admin.* t. 4, p. 359. — Foucart, t. 1, p. 658. — Caudaveine et Théry, p. 299. — Clamagéran, *Revue prat.* 1856 ,p. 399. Dubost, *mémoire pour les propriétaires de Lyon.*

89. Si les servitudes d'utilité publique ne peuvent fournir matière à expropriation, à plus forte raison, en est-il de même à l'égard des servitudes simplement aggravées.

Trib. des Confl., 21 déc. 1850 (*Chevalier*). L. 50, 395; D. 51, 3, 22; P. 50, 362. M. Miller rapp.
28 mai 1851 (*Verelst*). L. 51, 395; D. 51, 3, 51; S. 51, 2, 661; P. 51, 477. M. Boudet, rapp.

90. Les concessions faites en vue de services publics, de terrains qui doivent demeurer dans le domaine public, comme les concessions de canaux, de havres, ne sont pas une aliénation du sol, ne constituent pas une propriété privée; dès lors, en cas de retrait ou de modification de la concession, il peut y avoir litige sur l'interprétation du contrat intervenu entre l'Etat et le concessionnaire, mais non matière à expropriation pour cause d'utilité publique.

Dellalleau et Jousselin, t. 1, p. 102. De Peyronny et Delamarre, p. 92.

91. Ainsi lorsque des travaux publics entrepris par l'administration ont eu pour effet de changer les conditions de jouissance de concessionnaires auxquels avait été faite la concession d'un canal, voie publique de navigation, ceux-ci ne peuvent prétendre à l'application de la loi d'expropriation pour cause d'utilité publique; ils n'ont que le droit de s'adresser à l'autorité administrative, seule compétente, en pareil cas, pour le règlement de l'indemnité.

Cons. d'Etat 1er mars 1860 (*Canal Saint-Martin*). L. 60, 182; — D. 60, 3, 9; P. 60, 834. M. du Martroy, rapp.

92. Les concessions de chemins de fer, pas plus qu'en thèse générale les concessions de canaux, ne peuvent être soumises à l'expropriation pour cause d'utilité publique, ces chemins étant, par avance, dans le domaine public, comme faisant partie de la grande voirie. Si la résiliation du traité intervenu entre l'Etat et la compagnie concessionnaire devait entraîner le paiement à celle-ci d'une indemnité, cette indemnité ne saurait être réglée par un jury d'expropriation, dans les formes établies par la loi du 3 mai 1841.

De Peyronny et Delamarre, p. 92. — Dalloz, v° *Expropr. p. cause d'util. pub.* n° 42.

93. Mais il peut arriver qu'il résulte des actes et décrets qu'une Compagnie concessionnaire soit propriétaire d'un canal et de ses dépendances, bien que cette propriété se trouve affectée à perpétuité au service public de la navigation ; il s'ensuivrait qu'au cas, par exemple, ou par l'incorporation des terrains dépendant des francs bords à la route impériale, la Compagnie aurait subi une dépossession, l'indemnité devrait être réglée par le jury d'expropriation, en vertu de la loi du 3 mai 1841.

Cons. d'Etat, 10 avril 1860(*Canal du Midi*). L. 292 ; D. 60, 3, 54 ; S. 60, 2, 572 ; P. 60, 856. M. Pascalis, rapp.

94. Il en est autrement des concessions de mines. La concession une fois faite, il en résulte une véritable propriété privée ; le domaine public n'a aucun droit sur les terrains formant le périmètre de la mine, et s'il s'incorporait une partie de ces terrains pour des travaux publics, il ne le pourrait faire que d'après les règles du droit commun, c'est-à-dire, par l'expropriation dans les formes établies.

De Peyronny et Delamarre, p. 91.

95. Il a été jugé que l'interdiction d'exploiter une mine dans un certain périmètre de la ligne verticale partant de la voie d'un chemin de fer constituait un simple dommage, non une expropriation; mais cette décision est basée sur ce que l'interdiction n'était pas prononcée d'une façon définitive.

Cons. d'Etat, 11 mars 1861 (*Chemin de fer de Lyon*). L. 61, 173 ; D. 61, 3, 25 ; P. 61, 39. M. Boulatignier, rapp.

§ 4. — *Par qui et contre qui l'expropriation doit ou peut être poursuivie.*

96. L'expropriation, mesure d'utilité publique, provoquée dans l'intérêt de la généralité ou d'une fraction des citoyens, doit être poursuivie par les représentants légaux de cette généralité ou de cette fraction :

97. Par le préfet, s'il s'agit de l'Etat ou des départements ;

98. Par le maire, s'il s'agit de travaux communaux ;

99. Par ceux ayant reçu spécialement qualité, par suite de la nature particulière des travaux.

100. Ainsi il a été jugé, par application de l'article 65 de la loi du 7 juillet 1833, que le préfet maritime, quand il s'agissait de travaux maritimes, pouvait valablement poursuivre l'expropriation au lieu et place du préfet du département.

Civ. rej. 22 déc. 1834 ; P. 35, 2,217 ; D. 35, 1, 112 ; S. 35, 1, 172. *Senez c. le Préfet maritime de Toulon.* M. de Vergès, rapp.
Et comme l'art. 75 de la loi du 3 mai 1841 reproduit textuellement l'art. 65 de la loi de 1833, cette décision conserve toute sa valeur.

101. L'expropriation poursuivie par un représentant de l'autorité publique sans qualité pour agir au nom de la communauté de citoyens dont l'intérêt est engagé dans cette expropriation est nulle.

102. Ainsi : lorsqu'il s'agit de travaux communaux, l'administration qui a droit d'agir et d'ester en justice est l'administration communale ; les offres d'indemnité, notamment, doivent être faites par le maire ; dans le cas où elles auraient été faites par le préfet, il y a violation de l'art. 37 de la loi du 3 mai 1841 qui veut qu'on soumette aux jurés le tableau d'offres régulièrement faites.

Cass. civ., 12 mai 1858. Bull. civ., p. 140; D. 58, 1, 323, S. 59, 1, 270 ; P. 59, 788. *Desgrées c. ville de Vannes.* M. Renouard, rapp.
— 6 avr. 1859. S. 59, 1, 957 ; D. 59, 1. 164; P. 59, 1, 834. *Cario c. ville de Vannes.* M. Renouard, rapp.
— 14 août 1867. D. 67, 1, 493 ; S. 67, 1, 458. *Dupont c. ville de Nantes,* M. de Vaulx, rapp.
— 4 mai 1869. D. 69, 1, 341. *Veuve Péan c. commune de Sambin.* M. Pont, rapp.

103. Les concessionnaires de travaux publics peuvent, en matière d'expropriation, être substitués à l'administration et en exercer tous les droits (Art. 63 de la loi du 3 mai 1841).

104. Mais ils ne le peuvent qu'après que le jugement d'expropriation aura été rendu à la requête de l'administration qui seule a qualité pour le provoquer.

Cass. rej., 20 nov. 1854. D. 54, 5, 343. *Veuve Masteaux c. Ch. de fer de l'Est.* M. Quénault, rapp.
— 28 juin 1862. D. 62, 1, 384 ; S. 62, 1, 1061 ; P. 63, 306. *Lafeuillade c. Préfet du Gers.* M. Delapalme, rapp.

105. Et encore faut-il que la situation de la compagnie concessionnaire ait été régularisée, c'est-à-dire, que ses statuts aient été approuvés par le gouvernement et que la communauté de citoyens aux lieu et place de laquelle elle doit agir ait été autorisée par décret à se substituer cette compagnie pour l'exécution de travaux publics.

Cass. 14 fév. 1855. S. 55, 1, 538 ; P. 55, 1, 391 ; D. 55, 1, 178. *Yon de Jaunage c. ville de Lyon.* M. Gillon, rapp.
— 20 mars 1855. S. *id.* ; D. 55, 1, 170. *Togny c. ville de Lyon.* M. Gillon, rapp.

— 24 avr. 1855. S. 55, 1, 607 ; P. 55, 1, 599 ; D. 55, 1, 132. *Falcoux c. Poncet.* M. Delapalme, rapp.

106. L'expropriation doit, naturellement, être poursuivie contre le propriétaire détenteur d'un droit réel immobilier dont il doit être dépossédé dans un intérêt public.

107. Elle est poursuivie directement contre ce propriétaire quand il est capable, maître de ses droits ; quand il est incapable, elle est poursuivie contre son représentant légal;

108. contre le préfet, quand il s'agit du domaine privé de l'Etat ou des départements;

109. contre le maire, quand il s'agit de l'expropriation de biens communaux;

110. contre le tuteur pour les biens appartenant aux mineurs ou aux interdits ;

111. Il résulte de l'ensemble des dispositions de la loi du 3 mai 1841, que, si les tuteurs ne peuvent, sans autorisation du conseil de famille, traiter à l'amiable avec l'administration ou accepter les offres par elle faites, à l'occasion des biens de leurs mineurs frappés d'expropriation, ils sont au moins aptes à suivre la procédure d'expropriation, et à concourir à tous ses actes dans l'intérêt de ceux-ci ;

Civ. rej., 18 mars 1861. D. 61, 1, 181 ; S. 61, 1, 653. *Veuve Roubichon c. Ch. de fer du Midi.* M. Delapalme, rapp.

112. contre la femme assistée de son mari, quand il s'agit de biens appartenant aux femmes mariées.

113. L'expropriation ne peut être poursuivie contre une femme seule, sans l'assistance de son mari, relativement aux biens appartenant à cette femme.

Cass., 11 janv. 1848. S. 48, 1, 158 ; D. 48, 5, 182. *Darmailhac c. Préfet de la Gironde.* M. Renouard. rapp.
— 2 avr. 1873. D. 73, 5, 252 ; S. 73, 1, 308 ; P. 73, 1189. *Loyer.* M. Casenave rapp.

114. La règle, d'ordre public, que la femme ne peut ester en jugement sans être autorisée de son mari ou de justice est applicable devant toute juridiction, en matière civile, et par conséquent, devant le jury, en matière d'expropriation pour cause d'utilité publique, sans exclusion du cas où il s'agirait d'une femme marchande publique et d'un litige dont l'objet se rattacherait à son commerce.

Cass., 25 mai 1868. D. 68, 1, 255 ; S. 68, 1, 308 ; P. 68, 784. *Rivière c. commune de Boulogne-sur-Seine.* M. Laborie, rapp.

115. C'est à l'administration à s'enquérir de l'état des personnes avec qui elle est en instance pour le règlement des indemnités d'expropriation, et de veiller à ce que celles des personnes qui seraient dans des conditions légales d'incapacité soient régulièrement autorisées ou représentées.

Même arrêt.

116. L'autorisation maritale est suffisamment constatée par le dépôt de conclusions prises au nom du mari et de la femme, et jointes au procès-verbal des opérations du jury.

Cass. rej., 16 fév. 1881. D. 82, 5, 218. *Époux Matis c. Ch. de fer d'Anvin* M. Goujet, rapp.

117. La mention de cette autorisation n'est d'ailleurs prescrite à peine de nullité par aucune disposition de loi.

Même arrêt.

118. L'expropriation ne peut non plus être poursuivie contre le mari seul ; les offres faites à celui-ci sont nulles, et on ne peut exciper de sa comparution à l'audience où il ne s'est présenté et n'a conclu qu'en son propre et privé nom, sans alléguer qu'il exerçât les droits de la femme.

Cass., 24 août 1846. D. 46, 1, 329 ; S. 46, 1, 879 ; P. 46, 2, 509. *Dr Forest c. Préfet du Gard.* M. Renouard, rapp.
— 5 fév. 1862. S. 62, 1, 890 ; D. 62, 1, 378 ; P. 63, 381. *Maujouan c. Ch. de fer d'Orléans.* M. Renouard, rapp.

ARTICLE II

Les tribunaux ne peuvent prononcer l'expropriation qu'autant que l'utilité en a été constatée et déclarée dans les formes prescrites par la présente loi.

Ces formes consistent : 1° dans la loi ou l'ordonnance royale qui autorise l'exécution des travaux pour lesquels l'expropriation est requise ;

2° dans l'acte du préfet qui désigne les localités ou territoires, sur lesquels les travaux doivent avoir lieu, lorsque cette désignation ne résulte pas de la loi ou de l'ordonnance royale ;

3° dans l'arrêté ultérieur par lequel le préfet détermine les propriétés particulières auxquelles l'expropriation est applicable.

Cette application ne peut être faite à aucune propriété particulière qu'après que les parties intéressées ont été mises en état d'y fournir leurs contredits selon les règles exprimées au titre II (1).

§ 1. — *Nécessité de l'accomplissement des formalités préalables à l'expropriation et nature de ces formalités.*

§ 1. — *Nécessité de l'accomplissement des formalités préalables à l'expropriation et nature de ces formalités.*

1. Nul propriétaire ne pouvant être privé de sa propriété que dans les conditions et après l'accomplissement des formalités prévues par la loi, si ces formalités n'ont pas été remplies et que, malgré cela, des travaux soient faits par ordre de l'administration, sur un immeuble, de façon à entraîner la dépossession, le propriétaire peut s'adresser à l'autorité judiciaire pour lui demander de faire respecter son droit de propriété.

2. L'autorité judiciaire, quand il n'y a eu ni cession amiable, ni

(1) Loi du 7 juillet 1883, article 2. Texte identique.

dépossession régulière d'un immeuble, ni règlement et paiement
d'une indemnité, peut ordonner
la discontinuation des travaux
entrepris sur cet immeuble par
l'administration ou en vertu de
ses ordres.

Cons. d'Etat, 11 avr. 1863 (commune d'Allauch). L. 63, 338; D. 63,
3, 39; S. 63, 2, 188; P. 63, 369. M. Boulatignier, rapp.
Serrigny, Compét. admin., t. I, n° 613.
— Christophle, Traité des trav. pub.,
t. II, n° 501. — Chauveau, Journal du
dr. admin., 1863, p. 207. — Daffry de
la Monnoye, t. I, p. 17. — Delalleau
et Jousselin, t. II, n°s 821 et s.

3. Par suite, le juge des référés
est compétent pour ordonner la
discontinuation des travaux jusqu'à l'accomplissement des formalités de l'expropriation.

Cons. d'Etat, 7 juill. 1853 (Robin
de la Grimaudière). L. 53, 695; D. 54,
3, 35; S. 54, 2, 213. M. Tourangin,
rapp.
15 déc. 1858 (Sellenet). L. 58, 712;
D. 59, 3, 49; S. 59, 2, 462; P. 59, 608.
M. Banchart, rapp.

4. Mais l'autorité judiciaire n'a
pas compétence pour ordonner la
destruction des travaux exécutés
par ordre de l'administration.

Cons. d'Etat, 14 oct. 1836 (Le Balle).
L. 36, 465; S. 37, 2, 124; P. 37, 452.
M. Vivien, rapp.
-- 30 déc. 1841 (Bucher et Lorentz).
L. 41, 559; S. 42, 2, 232; P. 42, 240.
M. d'Haubersaert, rapp.
— 29 juin 1842 (Carol). L. 42, 318;
S. 42, 2, 505; P. 42, 358. M. Mottet,
rapp.
— 5 sept. 1842 (Pannetier et Coutenot).
L. 42, 452; D. v° Expropr., n° 709;
P. 42, 414. M. Mottet, rapp.
— 17 sept. 1843 (Doré). L. 43, 537.
M. Germain, rapp.
— 21 déc. 1843 (Roussey). L. 43, 606;
P. 43, 710. M. Boulatignier, rapp.
— 13 déc. 1845 (Leloup). L. 45, 553;
D. 46, 3, 33; S. 46, 2, 214; P. 46, 62.
M. Boulatignier, rapp.
— 30 déc. 1858 (De Novillars). L. 58,
784; D. 59, 3, 49; P. 49, 621. M. Bauchart, rapp.
— 9 mars 1870 (ville de Sens). L. 70,

264; D. 70, 3, 73; S. 71, 2, 285; P. 70,
530. M. Gomel, rapp.
— 12 mai 1877 (Dodun). L. 77, 457; D.
77, 3, 66; S. 77, 2, 159; P. 77, 143. M. de
Lavenay, rapp.
— Contrà : Daffry de la Monnoye, t. I,
p. 15; — Delalleau et Jousselin, t. II,
n° 831.

5. L'art. 2 de la loi du 3 mai
1841 indique les formalités préalables au jugement d'expropriation et sans l'accomplissement
desquelles ce jugement *ne peut*
être rendu. Ces formalités sont
donc *substantielles*, et leur accomplissement doit être constaté
par le jugement lui-même.

6. Par suite, l'autorité judiciaire est compétente pour vérifier
l'accomplissement et la régularité
des formalités prescrites par la
loi du 3 mai 1841 concernant
l'expropriation pour cause d'utilité publique.

Trib. des Confl. 16 déc. 1850 (d'Espagnet). L. 50, 944; D. 51, 3, 31; S. 51,
2, 300; P. 50, 356; M. Mestadier, rapp.
V. art. 14.

7. *Trois* formalités préalables
au jugement sont prescrites :
1° la déclaration d'utilité publique;
2° la désignation des localités
ou territoires sur lesquels les travaux doivent avoir lieu;
3° l'arrêté qui détermine les
propriétés à exproprier, et qu'on
nomme communément arrêté de
cessibilité.

8. La déclaration d'utilité publique a pour but, par le caractère
attribué au travail qui doit être
exécuté, de constater l'existence
de la seule cause en vertu de laquelle un propriétaire peut se voir
dépossédé, c'est-à-dire, le caractère d'intérêt public.

9. La désignation des localités
ou territoires détermine le tracé
qui doit être suivi, s'il s'agit d'une
voie à ouvrir ou d'un canal à

creuser ; le périmètre qui doit être occupé, s'il s'agit d'un autre genre de travaux.

10. L'arrêté, qui détermine les propriétés à exproprier, précise, dans le tracé ou dans le périmètre où les travaux doivent être exécutés, les terrains mêmes qui sont atteints et auxquels l'expropriation est applicable.

§ 2. — *Déclaration d'utilité publique.* Voy. article 3, *infrà.*

§ 3. — *Désignation des localités ou territoires sur lesquels les travaux doivent avoir lieu.*

11. Il ne faut pas confondre l'arrêté de désignation des localités ou territoires, avec l'arrêté de cessibilité des terrains à exproprier. Le premier ne concerne que le tracé, la direction des travaux, et a pour but de faire connaître les communes ou sections de communes à travers lesquelles ces travaux devront être établis.

12. L'arrêté de désignation des localités et territoires doit être pris par un acte distinct de l'arrêté de cessibilité et ne pourrait être suppléé par ce dernier.

Cass., 6 janv. 1836; P. 36, 1, 401; D. 36, 1, 49; S. 36, 1, 5; *Gaullieur l'Hardy c. Boyer Fonfrède.* M. Quéquet, rapp. — Dufour, n° 28; — De Peyronny et Delamarre, p. 125.

13. Il doit d'ailleurs être représenté au tribunal qui ne peut rendre son jugement d'expropriation qu'après vérification de l'accomplissement des formalités substantielles prescrites par la loi; et la désignation des localités ou territoires fait partie de ces formalités.

Même arrêt qu'au numéro précédent. — Cass., 28 mai 1861; D. 61, 1, 287; S. 61, 1, 992; P. 62, 237. *Delcambre c. ville de Paris.* M. Delapalme, rapp.

14. L'arrêté de désignation des localités ou territoires par le préfet n'est nécessaire qu'autant que cette désignation ne se trouve pas dans la loi ou le décret d'utilité publique.

Cass., 3 juillet 1839; D. 39, 1, 267; S. 39, 1, 748; P. 46, 2, 544. *Bourgon c. Préfet du Doubs.* M. Quéquet, rapp.

15. La désignation peut ne pas être explicitement faite dans le décret ou l'arrêté préfectoral, mais résulter suffisamment du renvoi qui serait fait au plan annexé à l'arrêté ou au décret.

Cass., 22 déc. 1834 ; P. 35, 2, 217; D. 35, 1, 112; S. 35, 1, 173. *Senez c. Préfet maritime de Toulon.* M. de Vergès, rapp. — De Peyronny et Delamarre, n° 135; — Daffry de la Monnoye, t. I, p. 39.

16. Lorsque le décret qui déclare d'utilité publique un chemin de fer se borne à indiquer le point de départ et le point d'arrivée de ce chemin, sans déterminer les localités intermédiaires qu'il doit parcourir, il appartient au préfet de désigner par un arrêté les localités ou territoires sur lesquels les travaux doivent avoir lieu, et le jugement d'expropriation doit se conformer à cet arrêté.

Cass., 24 mai 1870 (*De Grave c. Préfet de l'Hérault; chemin de fer de Montpellier à Palavas*). D. 70, 1, 389. — 13 déc. 1882; S. 83, 1, 326; D. 84, 1, 88; P. 83, 782; *Bull. civ.* 82, p. 407. M. Blondel, rapp.

17. A défaut de désignation des localités dans les actes voulus par la loi, il ne peut y être suppléé par la déclaration d'un conseil municipal déclarant qu'il y a utilité publique à supprimer certaines voies de communication et à poursuivre par voie d'expropriation l'extinction des servitudes de passage et autres droits réels qui pourraient exister sur ces voies. Dans aucun cas, la loi n'a accordé aux conseils municipaux la faculté de déclarer l'utilité publique des travaux à faire, ni d'étendre les limites d'une expropriation régulièrement ordonnéa.

Cass., 28 mai 1861; S. 61, 1, 992 ; D. 61, 1, 287; P. 62, 1, 237.

— *Delcambre c.Ville de Paris.* M. Delapalme, rapp.

18. Lorsque la désignation des localités ou territoires ne se trouve pas dans la loi ou le décret de déclaration d'utilité publique et qu'elle doit être faite par le préfet, celui-ci n'est pas absolument dessaisi de la faculté de faire désormais aux plans et avant-projets annexés au décret les modifications qui seraient ultérieurement reconnues nécessaires, quand ces modifications sont restreintes à un point donné de ces mêmes territoires et localités. Le tribunal, au cas de modifications ainsi limitées, qui se refuserait à prononcer l'expropriation de parcelles de terrains par l'unique motif qu'elles ne seraient pas littéralement comprises dans la ligne même des travaux telle qu'elle était figurée aux plans et avant-projet annexés au décret, ferait une fausse application de la loi du 3 mai 1841.

Cass., 6 déc. 1864; D. 66, 1, 30; S. 65, 1, 142; P. 65, 303. *Préfet du Gers c. Rosapelli.* M. Aylies, rapp.

19. D'après la nature particulière et l'objet de l'expropriation, la désignation des localités et territoires peut ne comprendre d'abord que la partie nécessaire au commencement des travaux et n'intervenir que postérieurement pour le reste, c'est-à-dire, quand, par suite des travaux exécutés,

on pourra utilement déterminer la direction de ceux qui doivent suivre.

Cass., 3 juill. 1839; D. 39, 1, 269; S. 39, 1, 748; P. 46, 2, 544 (*Ville de Besançon c. Bourgon. Conduite des eaux destinées aux fontaines publiques*). M. Quéquet, rapp.

20. Aucune disposition de loi n'oblige à publier l'arrêté de désignation des localités et territoires ; mais son utilité tenant à la publicité qui lui est donnée, l'usage constant de l'administration est de le publier.

Delalleau et Jousselin, t. I, p. 51; — De Peyronny et Delamarre, p. 126; — Dalloz, n° 101.

§ 4. — *Arrêté de cessibilité.*

21. Cet arrêté, comme les deux autres formalités préalables à l'expropriation, constitue une formalité substantielle dont la vérification, quant à son existence, s'impose aux tribunaux avant le prononcé du jugement.

Cass., 30 avr. 1845; D. 45, 1, 295; S. 45, 1, 746; P. 45, 2, 273. *Desplats c. Préfet du Tarn.* M. Lavielle, rapp.

— 25 juill. 1883 (*De Beaucourt c. commune de Pont-l'Evêque*). M. Legendre, rapp.

22. Sont nulles toutes les opérations qui ont suivi l'arrêté de désignation des localités et territoires, lorsque le préfet a omis de faire suivre cet arrêté d'un second désignant spécialement les propriétés qui devront être expropriées.

Arrêt du 30 avr. 1845.

23. De même que l'arrêté de cessibilité ne peut suppléer à l'arrêté de désignation des localités et territoires, de même ce dernier ne saurait remplacer l'arrêté de cessibilité qui doit être pris par un acte distinct et séparé. L'approbation des plans et l'autorisation de les exécuter ne sauraient rendre inutile l'arrêté de cessibilité qui forme une époque nouvelle et importante de la procédure.

Cass., 2 mars 1857; D. 57, 1, 127; S. 57, 1, 769; P. 58, 1, 408. *Garreau c. ville de Paris*, M. Lavielle, rapp.

— *Sic.* Delalleau et Jousselin, t. I, nᵒ 95; — Daffry de la Monnoye, t. I, p. 83; — Dalloz, nᵒ 104.

— *Contrà :* Gand, p. 206.

24. S'il est désirable que le préfet, par son arrêté de cessibilité, désigne avec précision l'immeuble ou la portion de l'immeuble à exproprier, toutefois la référence au plan annexé à l'arrêté peut suffire pour que le vœu de la loi soit rempli.

Cass., 5 fév. 1840; D. 40, 1, 127; S. 40, 1, 162; P. 40, I, 307. *Charnoy c. ville de Paris.* M. Quéquet, rapp.

25. Lorsque la loi ou le décret de concession d'un chemin de fer a, par le cahier des charges annexé à la loi de concession, réservé à l'administration le soin de déterminer l'emplacement des gares, il appartient au préfet, d'une part, de déterminer les localités ou territoires sur lesquels ces gares devront être établies, et d'autre part, dans son arrêté de cessibilité, de désigner les propriétés à exproprier par suite de cette détermination.

Cass., 9 janv. 1839; S. 39, 1, 129; D. 39, 1, 68; P. 46, 2, 657. *Riant c. Chemin de fer de Saint-Germain.* M. Quéquet, rapp.

26. Dans le cas où le décret déclaratif de l'utilité publique a approuvé dans tous ses détails le plan des travaux ordonnés et la détermination des immeubles qui y sont désignés comme devant être soumis à l'expropriation, les autorités chargées de l'exécution de ce décret sont tenues de se renfermer dans les limites qu'il a tracées, et conséquemment, l'expropriation d'autres immeubles qui seraient désignés par l'arrêté de cessibilité du préfet ne pourrait être ordonnée par le tribunal.

Cass., 16 mai 1865; D. 66, 1, 81; S. 65, 1, 457; P. 65, 1192. *Grangeneuve c. ville de Bordeaux.* M. Quénault, rapp.

— Delalleau et Jousselin, t. I, nᵒ 94; — Daffry de la Monnoye, t. I, nᵒ 5.

27. Le préfet excède ses pouvoirs quand, désignant, par son arrêté de cessibilité, comme devant être expropriée une propriété sous laquelle se trouvait une mine en exploitation, il décide que l'expropriation ne comprendra pas le droit à la redevance sur le produit des mines établi au profit du propriétaire de la surface.

Cons. d'Etat, 19 avr. 1859 (*Marsais*). L. 59, 302; S. 60, 2, 107; D. 59, 3, 83; P. 59, 686. M. Aubernon, rapp.

28. Le recours au conseil d'Etat pour excès de pouvoirs contre un arrêté de cessibilité n'est plus possible après un jugement d'expropriation ayant acquis l'autorité de la chose jugée.

Cons. d'Etat, 13 févr. 1874 (*André et Champetier*). L. 74, 165; D. 75, 3, 4; P. 74, 289. M. de Baulny, rapp.

29. L'autorité judiciaire étant chargée de vérifier si toutes les formalités nécessaires pour que l'expropriation puisse être prononcée ont été accomplies, le conseil d'Etat ne peut être saisi de cette question par un recours contre l'arrêté de cessibilité.

Cons. d'Etat, 24 févr. 1882 (*Roger*). L. 82 à sa date; D. 83, 3, 57. M. Mayniel, rapp.

30. Il en est de même, de la question de savoir si l'expropriation d'une parcelle comprise dans l'arrêté de cessibilité, est nécessaire pour l'exécution du travail déclaré d'utilité publique.

Même arrêt.

ARTICLE III

Tous grands travaux publics, routes royales, canaux, chemins de fer, canalisation des rivières, bassins et docks, entrepris par l'Etat, les départements, les communes, ou par compagnies particulières, avec ou sans péage, avec ou sans subside du Trésor, avec ou sans aliénation du domaine public, ne pourront être exécutés qu'en vertu d'une loi qui ne sera rendue qu'après une enquête administrative.

Une ordonnance royale suffira pour autoriser l'exécution des routes départementales, celle des canaux et chemins de fer d'embranchement de moins de vingt mille mètres de longueur, des ponts et de tous autres travaux de moindre importance.

Cette ordonnance devra également être précédée d'une enquête.

Ces enquêtes auront lieu dans les formes déterminées par un règlement d'administration publique (1).

(1) *Loi du 7 juillet 1833,* art. 3 : Tous grands travaux publics, routes royales, canaux, chemins de fer, canalisations de rivières, bassins et docks entrepris par l'Etat ou par Compagnies particulières, avec ou sans péage, avec ou sans subside du trésor, avec ou sans aliénation du domaine public, ne pourront être exécutés qu'en vertu d'une loi, qui ne sera rendue qu'après une enquête administrative.

Une ordonnance royale suffira pour autoriser l'exécution des routes, des canaux et chemins de fer d'embranchement de moins de 20,000 mètres de longueur, des ponts et de tous autres travaux de moindre importance.

Cette ordonnance devra également être précédée d'une enquête.

Ces enquêtes auront lieu dans les formes déterminées par un règlement d'administration publique.

§ 1. — *Nécessité et conditions de la déclaration d'utilité publique.*

§ 2. — *Recours ouvert contre le décret déclaratif de l'utilité publique.*

§ 1. — *Nécessité et conditions de la déclaration d'utilité publique.*

1. La déclaration d'utilité publique *doit* être précédée d'une enquête, c'est-à-dire d'une étude destinée à établir les conditions dans lesquelles l'intérêt public est engagé par le travail projeté.

2. Il faut se garder de confondre cette enquête avec celle qui doit précéder l'arrêté de *cessibilité* et dont les conditions sont prévues par le titre 2 de la loi du

(1) *Ordonnance du 18 février 1834 portant règlement sur les formalités des enquêtes relatives aux travaux publics.*

TITRE Ier. — *Formalités des enquêtes relatives aux travaux publics qui ne peuvent être exécutés qu'en vertu d'une loi.*

Art. 1er. — Les entreprises de travaux publics qui, aux termes du premier paragraphe de l'art. 3 de la loi du 7 juillet 1833, ne peuvent être exécutées qu'en vertu d'une loi, seront soumises à une enquête préalable dans les formes ci-après déterminées.

2. L'enquête pourra s'ouvrir sur un avant-projet où l'on fera connaître le tracé général de la ligne des travaux, les dispositions principales des ouvrages les plus importants, et l'appréciation sommaire des dépenses. — S'il s'agit d'un canal, d'un chemin de fer ou d'une canalisation de rivière, l'avant-projet sera nécessairement accompagné d'un nivellement en longueur, et d'un certain nombre de profils transversaux; et si le canal est à point de partage, on indiquera les eaux qui doivent l'alimenter.

3. A l'avant-projet sera joint, dans tous les cas, un mémoire descriptif indiquant le but de l'entreprise et les avantages qu'on peut s'en promettre; on y annexera le tarif des droits dont le produit serait destiné à couvrir les frais des travaux projetés, si ces travaux devaient devenir la matière d'une concession.

3 mai 1841. La première n'a pour but que de vérifier l'utilité publique du projet ou des conditions du projet; la seconde s'adresse aux intérêts particuliers dont elle provoque les réclamations.

3. Le règlement d'administration publique annoncé par le dernier paragraphe de l'article 3 de la loi du 3 mai 1841 et indiquant les formes dans lesquelles auront lieu les enquêtes préalables à la déclaration d'utilité publique n'a jamais été publié, et l'on a continué d'appliquer les règlements antérieurs, c'est-à-dire, les ordonnances des 18 février 1834, 15 février et 23 août 1835 (1).

4. Il sera formé, au chef-lieu de chacun des départements que la ligne des travaux devra traverser, une commission de neuf membres au moins et treize au plus, pris parmi les principaux propriétaires de terres, de bois, de mines, les négociants, les armateurs et les chefs d'établissements industriels. — Les membres et le président de cette commission seront désignés par le préfet dès l'ouverture de l'enquête.

5. Des registres destinés à recevoir les observations auxquelles pourra donner lieu l'entreprise projetée seront ouverts pendant un mois au moins et quatre mois au plus, au chef-lieu de chacun des départements et des arrondissements que la ligne des travaux devra traverser. — Les pièces qui, aux termes des art. 2 et 3, doivent servir de base à l'enquête, resteront déposées pendant le même temps et aux mêmes lieux. — La durée de l'ouverture des registres sera déterminée dans chaque cas particulier par l'administration supérieure. — Cette durée, ainsi que l'objet de l'enquête, seront annoncés par des affiches.

6. A l'expiration du délai qui sera fixé en vertu de l'article précédent, la commission mentionnée à l'art. 4 se réunira sur-le-champ : elle examinera les déclarations consignées aux registres de l'enquête; elle entendra les ingénieurs des ponts et chaussées et des mines employés dans le département; et, après avoir recueilli auprès de toutes les personnes qu'elle jugerait

4. Lorsqu'il résulte de l'instruction que les pièces du projet sont restées déposées à la mairie

utile de consulter les renseignements dont elle croira avoir besoin, elle donnera son avis motivé, tant sur l'utilité de l'entreprise que sur les diverses questions qui auront été posées par l'administration. — Ces diverses opérations, dont elle dressera procès-verbal, devront être terminées dans un nouveau délai d'un mois.

7. Le procès-verbal de la commission d'enquête sera clos immédiatement ; le président de la commission le transmettra sans délai, avec les autres pièces, au préfet, qui l'adressera avec son avis à l'administration supérieure, dans les quinze jours qui suivront la clôture du procès-verbal.

8. Les chambres de commerce, et au besoin les chambres consultatives des arts et manufactures des villes intéressées à l'exécution des travaux, seront appelées à délibérer et à exprimer leur opinion sur l'utilité et la convenance de l'opération. — Les procès-verbaux de leurs délibérations devront être remis au préfet avant l'expiration du délai fixé dans l'art. 6.

TITRE II. — *Formalités des enquêtes relatives aux travaux publics qui peuvent être autorisés par une ordonnance royale.*

9. Les formalités prescrites par les art. 2, 3, 4, 5, 6, 7 et 8 seront également appliquées, sauf les modifications ci-après, aux travaux qui, aux termes du second paragraphe de l'art. 3 de la loi du 7 juillet 1833, peuvent être autorisés par une ordonnance royale.

10. Si la ligne des travaux n'excède pas les limites de l'arrondissement dans lequel ils sont situés, le délai de l'ouverture des registres et du dépôt des pièces sera fixé au plus à un mois et demi, et au moins à vingt jours. — La commission d'enquête se réunira au chef-lieu de l'arrondissement, et le nombre de ses membres variera de cinq à sept.

TITRE III. — *Dispositions transitoires.*

11. Les dispositions ci-dessus prescrites ne sont pas applicables aux entreprises de travaux publics pour lesquelles une instruction et des enquêtes spéciales auraient été commencées avant la publication de la présente ordonnance, et conformément aux ordonnances et règlements antérieurs.

pendant quinze jours, par exemple, du 31 mars au 14 avril inclusivement ; que les déclarations

Ordonnance du 15 février 1835 qui modifie celle du 18 février 1834 relative aux entreprises d'utilité publique.

Louis-Philippe, etc.

Art. 1er. — Lorsque la ligne des travaux relatifs à une entreprise d'utilité publique devra s'étendre sur le territoire de plus de deux départements, les pièces de l'avant-projet qui serviront de base à l'enquête ne seront déposées qu'au chef-lieu de chacun des départements traversés.—Des registres continueront d'être ouverts, conformément au § 1er de l'art. 5 de notre ordonnance du 18 février 1834, tant aux chefs-lieux de département qu'aux chefs-lieux d'arrondissement, pour recevoir les observations auxquelles pourra donner lieu l'entreprise projetée.

—

Ordonnance du 23 août 1835 portant que les enquêtes qui doivent précéder les entreprises de travaux publics seront soumises aux formalités y déterminées pour les travaux d'intérêt purement communal.

Louis-Philippe, etc.

Vu l'art. 3 de la loi du 7 juillet 1833 sur l'expropriation pour cause d'utilité publique ;

Vu l'ordonnance royale du 18 février 1834, portant règlement sur les formalités des enquêtes qui doivent précéder la loi ou l'ordonnance déclarative de l'utilité publique ;

Considérant que cette ordonnance, s'appliquant aux travaux projetés dans un intérêt général, prescrit des formalités dont quelques-unes seraient sans objet ou incomplètes en ce qui concerne les travaux d'intérêt purement communal ou même départemental.

Art. 1er. — Les enquêtes qui, aux termes du § 3 de l'art. 3 de la loi du 7 juillet 1833, doivent précéder les entreprises de travaux publics dont l'exécution doit avoir lieu en vertu d'une ordonnance royale, seront soumises aux formalités ci-après déterminées pour les travaux proposés par un conseil municipal dans l'intérêt exclusif de sa commune.

2. L'enquête s'ouvrira sur un projet où l'on fera connaître le but de l'entreprise, le tracé des travaux, les dispositions principales des ouvrages et

des habitants ont été reçues par le commissaire enquêteur pendant trois jours de neuf heures du matin à cinq heures du soir; que les interéssés ont été avertis dès le 24 mars par publications et affiches; qu'un certificat du maire justifie de l'accomplissement de cette formalité, il a été satisfait aux prescriptions de l'article 3 de l'ordonnance du 23 août 1835.

Cons. d'Etat, 11 juin 1880 (*Hallot et Roger*). L. 80, à sa date; D. 81, 3,63; S. 81, 3, 102; P. 80, 492. M. Tirman, rapp.

5. Il en est de même, quand il est établi que le commissaire enquêteur a reçu les déclarations pendant trois jours, de neuf heures du matin à cinq heures du soir.

Même arrêt.

6. Une enquête *doit* précéder la déclaration d'utilité publique. Il suffit, pour que le jugement

d'expropriation puisse être régulièrement rendu, que le fait même de l'enquête soit constaté par l'acte de déclaration qui fait foi de ses énonciations.

Cass., 10 août 1841; D. 41, 1, 313; S. 41, 1, 888; P. 47, 1, 217. *Forquet c. Préfet de la Drôme.* M. Gillon, rap. — 14 déc. 1842; D. 43, 1, 156; S. 43, 1, 70; P. 43, 1, 257. *Maillier c. Préfet de la Manche.* M. Barennes, rapp.

7. Lorsque cette constatation existe, l'exproprié ne peut être admis à s'inscrire en faux contre les énonciations de l'acte déclarant l'utilité publique; l'autorité judiciaire ne pouvant, sans excéder ses pouvoirs et sortir du cercle de ses attributions, examiner le mérite de cet acte.

Cass., 22 août 1838; S. 38, 1, 1002; D. 38, 1, 367, vo *Expropr.*, no 162. *Houzet c. Préfet du Nord.* M. Quéquet, rapp.

8. L'autorité judiciaire n'a pas compétence pour apprécier la ma-

l'appréciation sommaire des dépenses.

3. Ce projet sera déposé à la mairie pendant quinze jours, pour que chaque habitant puisse en prendre connaissance : à l'expiration de ce délai, un commissaire désigné par le préfet recevra à la mairie, pendant trois jours consécutifs, les déclarations des habitants sur l'utilité publique des travaux projetés. Les délais ci-dessus prescrits pour le dépôt des pièces à la mairie, et pour la durée de l'enquête, pourront être prolongés par le préfet. — Dans tous les cas, ces délais ne courront qu'à dater de l'avertissement donné par voie de publication et d'affiches. — Il sera justifié de l'accomplissement de cette formalité par un certificat du maire.

4. Après avoir clos et signé le registre de ces déclarations, le commissaire le transmettra immédiatement au maire, avec son avis motivé et les autres pièces de l'instruction qui auront servi de base à l'enquête. — Si le registre d'enquête contient des déclarations contraires à l'adoption du projet, ou si l'avis du commissaire lui est opposé, le conseil municipal sera appelé à les examiner, et émettra son avis par une

délibération motivée, dont le procès-verbal sera joint aux pièces. Dans tous les cas, le maire adressera immédiatement les pièces au sous-préfet, et celui-ci au préfet, avec son avis motivé.

5. Le préfet, après avoir pris, dans les cas prévus par les règlements, l'avis des chambres de commerce et des chambres consultatives des arts et manufactures dans les lieux où il en est établi, enverra le tout à notre ministre de l'intérieur avec son avis motivé pour, sur son rapport, être statué par nous sur la question d'utilité publique des travaux, conformément aux dispositions de la loi du 7 juillet 1833.

6. Lorsque les travaux n'intéresseront pas exclusivement la commune, l'enquête aura lieu, suivant leur degré d'importance, conformément aux articles 9 et 10 de l'ordonnance du 18 février 1834.

7. Notre ministre des finances sera préalablement consulté toutes les fois que les travaux entraîneront l'application de l'avis du Conseil d'Etat, approuvé le 21 février 1808, sur la cession aux communes de tout ou partie d'un bien de l'Etat.

nière dont cette enqnête a été faite, pour examiner le mérite des actes dont l'accomplissement est confié par la loi à l'administration pour la période antérieure à la déclaration d'utilité publique.

Arrêts précités et Cass., 25 août 1841; P. 48, 1, 38; D. A. v° *Expropr.*, n° 260. *Louet c. chemin de fer de Rouen.* M. Renouard, rapp.
— 9 fév. 1863; D. 63, 1, 254; S. 63, 1, 400. *Barenne-Delcambre c. ville de Paris.* M. Renouard, rapp.
Dufour, p. 37.

9. Lorsque les études préliminaires de projets de travaux publics ont été autorisées par l'administration, les particuliers ne peuvent se refuser à ces études et à l'entrée sur leurs propriétés des agents chargés des travaux préparatoires.

Cons. d'Etat, 19 oct. 1825 (*Berthelot*). L. 25, 604. M. Tarbé, rapp.
Dellalleau et Jousselin, t. I, p. 25; De Peyronny et Delamarre, p. 109; Dufour, n° 27.

10. Les travaux préparatoires et d'étude ne doivent pas être autorisés avec la même solennité que les travaux déclarés d'utilité publique; les agents de la direction générale des ponts et chaussées sont suffisamment autorisés à s'y livrer lorsqu'ils sont munis des ordres de leurs supérieurs et de l'autorité administrative compétente, sauf la réparation des torts et dommages que ces travaux pourraient causer, et à charge par lesdits agents de justifier de leur qualité et de leur mission aux propriétaires des terrains sur lesquels ils les exécutent.

Cass. crim., 4 mars 1825; P. chr.; D. 25, 1, 257; S. chr. *Minist. publ. c. Mayet. et Paget.* M. Aumont, rapp.
— 3 mai 1834; P. 34, 3, 584; D. 34, 1, 225; S. 34, 1, 574. *Minist. publ. c. Bertrand et autres.* M. de Picard, rapp.

11. La déclaration d'utilité publique est faite dans les formes prévues par l'article 3 de la loi du 3 mai 1841, combiné avec le sénatus-consulte du 25 décembre 1852, la loi du 27 juillet 1870 et l'article 44 de la loi du 10 août 1871 sur les conseils généraux.

V. *Préambule, législation.*

12. C'est-à-dire que cette déclaration est faite :
par une loi précédée d'une enquête administrative s'il s'agit de grands travaux publics, routes nationales, canaux, chemins de fer, canalisations des rivières, bassins et docks entrepris par l'Etat ou par compagnies particulières, avec ou sans péage, avec ou sans subside du trésor, avec ou sans aliénation du domaine public ;

Art. 1er § 1er de la loi du 27 juillet 1870.

13. par un décret rendu en la forme des règlements d'administration publique, et également précédé d'une enquête, s'il s'agit de l'exécution des canaux et chemins de fer d'embranchement de moins de vingt kilomètres de longueur, des lacunes et rectifications de routes nationales, des ponts et de tous autres travaux de moindre importance ;

Même article, § 2.

14. par un décret, en la forme ordinaire, s'il s'agit de travaux départementaux ou communaux — art. 3 de la loi du 3 mai 1841 ; — sénatus-consulte du 25 déc. 1852, interprété par l'arrêt du Cons. d'Etat du 27 mars 1856 (L. 56. 224) qui a restreint la nécessité d'un décret en la forme de règlement d'administration publique aux cas où auparavant une loi était nécessaire.

Art. 2 de la loi du 27 juillet 1870.

15. enfin, par une délibération des conseils généraux, s'il s'agit de chemins vicinaux.

Art. 44 de la loi du 10 août 1871 sur les conseils généraux (1).

16. Ni le sénatus-consulte du 25 décembre 1852, ni la loi du 27 juillet 1870, ni aucune disposition des lois antérieures ne prescrit que les actes portant déclaration d'utilité publique de travaux communaux soient rendus en la forme des règlements d'administration publique, après l'avis du conseil d'Etat, en assemblée générale, ou sur l'avis de la section de l'intérieur dudit conseil.

Cons. d'Etat, 25 mars 1881 (*Trescases*). L. 81, à sa date; S. 82, 3, 55. M. Mathéus, rapp.

17. Il n'est pas nécessaire qu'un décret impérial qui autorise l'ouverture d'une voie de communication dans Paris soit rendu dans la forme d'un règlement d'administration publique.

Cons. d'Etat, 27 mars 1856 (*De Pommereu*). L. 56, 224; P. 56, 67. M. Blondel, rapp.

18. Les dispositions législatives qui ont modifié les formes dans lesquelles l'utilité publique doit être déclarée ne sauraient avoir d'effet rétroactif ; par suite la régularité de la déclaration doit être appréciée d'après le régime légistatif sous lequel elle a été faite.

Delalleau et Jousselin, t. I, n° 67.

19. L'utilité publique doit faire l'objet d'une déclaration spéciale; elle ne résulterait pas du décret simplement approbatif du budget

(1) Art. 44 de la loi du 10 août 1871 : Le conseil général opère la reconnaissance, détermine la largeur et prescrit l'ouverture et le redressement des chemins vicinaux de grande

d'une commune dans lequel se trouveraient portées les dépenses nécessitées par les travaux ;

Cons. d'Etat, 19 sept. 1821 (*Gouin*). L. 21, 606.

20. ni du décret portant approbation des statuts d'une société anonyme formée pour l'établissement de rues, places, etc.

Dalloz, n°ˢ 85 et 86; — De Peyronny et Delamarre, n° 125.

21. ni de l'approbation donnée par le chef de l'Etat au plan d'alignement dressé pour une ville, si l'ordonnance approbative n'aurorise pas l'exécution immédiate des travaux, mais déclare qu'il n'y sera procédé qu'après une autorisation spéciale d'acquérir.

Cass. req., 31 mars 1856; D. 56, 1, 190. *Ville de Nantes c. Enregistrement.* M. Bernard de Rennes, rapp.

22. L'effet de la déclaration d'utilité publique, laquelle a pour conséquence l'expropriation de propriétés particulières, doit être strictement limité aux travaux indiqués dans cette déclaration.

23. Mais il s'étend aussi à tout ce qui est nécessaire à la réalisation des travaux. Ainsi lorsqu'une loi ou ordonnance a autorisé l'ouverture d'une route, l'établissement d'un canal, les travaux dépendant de cette route ou de ce canal sont, par là même, autorisés implicitement, et des déclarations partielles d'utilité publique ne sont pas exigées.

Commissaire du Gouvernement devant la Chambre des pairs.

24. Par application de ces principes il a été jugé :

communication et d'intérêt commun. Les délibérations qu'il prend à cet égard produisent les effets spécifiés aux art. 15 et 16 de la loi du 21 mai 1836.

Que, lorsqu'une ville a été autorisée par une loi à ouvrir un canal dont les eaux seraient dérivées d'une rivière, et à faire des concessions partielles des eaux dérivées, l'expropriation des terrains nécessaires pour l'établissement de rigoles destinées à conduire les eaux concédées est comprise dans la déclaration d'utilité publique que contient la loi d'ouverture du canal.

Cass., 27 déc. 1852; D. 53, 1, 274; S. 54, 1, 128; P. 53, 1, 90. *Seytres c. Préfet des Bouches-du-Rhône.* M. Renouard, rapp.

25. Mais au contraire :

La loi qui a autorisé la construction d'un canal ne saurait autoriser les expropriations nécessitées, après achèvement des travaux, par le redressement de ce canal, ces expropriations ne pouvant avoir lieu qu'en vertu d'une nouvelle déclaration d'utilité publique ;

Cass., 8 avr. 1835; D. 35, 1, 216; S. 35, 1, 300. *Préfet des Ardennes c. commune d'Attigny.* M. Quéquet, rapp.

26. ou les expropriations nécessaires pour le redressement d'une route, après son achèvement dans les conditions prévues par le décret qui avait déclaré son ouverture d'utilité publique ;

Cass., 11 juillet 1838; D. 38, 1, 327; S. 38, 1, 787; P. 38, 2, 441. *Préfet de la Drôme c. Rousset.* M. Quéquet, rapp.

27. ou les expropriations nécessitées par un changement de tracé dans la direction d'une route départementale classée, mais non exécutée.

Cass., 10 mai 1843; S. 43, 1, 505; D. 43, 1, 361; P. 43, 2, 211. *Préfet de la Seine c. Delegeorgue.* M. Gillon, rapp.

28. Jugé encore :

Que la loi relative à l'ouverture d'un canal n'autorise pas l'expropriation de terrains destinés à l'établissement d'un chemin se reliant au canal, quand la loi d'ouverture du canal ne mentionnait pas la création de ce chemin ;

Cass., 13 janv. 1840; D. 40, 1, 191; S. 40, 1, 157; P. 40, 1, 56. *De Valbrune c. Préfet de la Drôme.* M. Quéquet, rapp.

29. qu'au cas où la construction d'une route nationale a coupé un ruisseau dont il importe d'opérer le redressement, la déclaration d'utilité publique des travaux de la route n'autorise pas l'expropriation des terrains nécessaires pour le redressement du ruisseau ;

Cass., 21 nov. 1836; D. 37, 1, 52; S. 36, 1, 920; P. 37, 1, 316. *Préfet du Puy-de-Dôme c. Crouzon.* M. Bérenger, rapp.

Cette décision, rendue contre les conclusions de M. l'avocat général Tarbé, devrait, aujourd'hui, d'autant moins être suivie, que les cahiers des charges annexés aux lois de concession obligent les compagnies à acquérir les terrains nécessaires, non seulement à l'emplacement des travaux, mais aussi au rétablissement des communications déplacées ou interrompues et des nouveaux lits de cours d'eau ;

L. du 11 juin 1842; — Cahier des charges, art. 22, et les autres lois de concessions qui ont suivi; — Delalleau et Jousselin, t. I, p. 42.

30. qu'une compagnie de chemin de fer n'est pas autorisée en vertu de la loi qui la rend concessionnaire d'un embranchement, à poursuivre l'expropriation des terrains nécessaires à l'agrandissement de sa gare existant, sur la ligne principale, au point de raccordement;

Cass., 27 fév. 1849; D. 49, 1, 89; S. 49, 1, 215; P. 50, 1, 41. *Heim et Alquier c. chemin de fer du Nord.* M. Renouard, rapp.

31. que si de nouvelles parcelles de terrains sont devenues nécessaires pour l'établissement de travaux qui n'étaient pas la conséquence immédiate de ceux déclarés d'utilité publique, une nouvelle déclaration devra être provoquée pour qu'on puisse poursuivre l'expropriation de ces parcelles.

Cass., 8 janv. 1873; D. 73, 1, 10; S. 73, 1, 85; P. 73, 1, 173. *Champlagarde c. chemin de fer d'Orléans.* M. Casenave, rapp.

32. Ainsi en est-il notamment pour l'expropriation des terrains nécessaires à l'établissement, par une compagnie de chemin de fer, d'un nouveau canal d'écoulement ne se rattachant pas à la voie ferrée.

Cass., 25 juill. 1877; D. 77, 1, 471; S. 78, 1, 80; P. 78, 164. *Roudières c. Préfet de l'Aude.* M. Goujet, rapp.

— De Perronny et Delamarre, p. 120; — Delalleau et Jousselin, t. I, n° 74.

33. La déclaration d'utilité publique ne vaut que pour le temps et dans les conditions indiquées par la loi d'ouverture des travaux. Conséquemment, si une compagnie concessionnaire a été autorisée à faire des modifications au projet primitif, pendant la période dite d'exécution, et à poursuivre l'expropriation des terrains devenus nécessaires par suite de ces modifications, cette faculté cesse lorsqu'est arrivé le moment fixé par la loi d'ouverture pour l'achèvement des travaux.

Cass., 10 mai 1847; S. 48, 1, 51; D. 47, 4, 245; P. 47, 1, 678. *Etienne c. chemin de fer d'Orléans.* M. Renouard, rapp.

34. Dans les cas où l'article 2 du décret du 26 mars 1852 autorise l'administration qui poursuit l'élargissement, le redressement ou la formation des rues de Paris, à comprendre la totalité des immeubles atteints, lorsqu'elle jugera que les parties restantes ne sont pas d'une étendue ou d'une forme qui permette d'y élever des constructions salubres, l'expropriation de la portion des immeubles en dehors de ce qui doit former le sol de la voie publique ne peut avoir lieu que dans les formes et après les enquêtes prescrites par la loi du 3 mai 1841.

Cons. d'Etat, 27 mars 1856 (*De Pommereu*). L. 56, 224; P. 56, 67. M. Blondel, rapp.

35. Par suite, si l'enquête n'a porté que sur l'ouverture, la direction et la largeur de la voie à ouvrir, le décret qui autorise le préfet de la Seine à acquérir les immeubles nécessaires à l'exécution des travaux, ne peut comprendre les portions d'immeubles situées en dehors des alignements de la voie et à l'égard desquelles il n'a pas été procédé à l'enquête.

Même arrêt.

36. Le décret de déclaration d'utilité publique, s'il doit conduire à l'expropriation, ne la prononce pas; conséquemment il laisse au propriétaire la disposition de son immeuble, et le droit d'en renouveler les baux ou de donner les immeubles à bail, s'ils n'étaient pas loués.

Cass., 15 fév. 1860; D. 60, 1, 117; S. 60, 1, 817; P. 60, 688. *Loddé c. ville de Paris.* M. Ferey, rapp.

— 14 mars 1860 (*Rousselet*). S. 60, 1. 817.

— De Peyronny et Delamarre, nº 119.

37. Le tribunal, avant de prononcer le jugement d'expropriation, a le devoir de vérifier non seulement l'existence de la déclaration d'utilité publique, mais encore de s'assurer qu'elle a été donnée dans les formes prescrites. Par exemple, il pourrait refuser de prononcer l'expropriation si le décret déclarant l'utilité publique avait été rendu sans les formes des règlements d'administration publique, quand ces formes sont nécessaires.

Cass., 2 janv. 1844; P. 44, 1, 356; D. 44, 1, 76, vº *Expropr.*, nº 257; S. 44, 1, 318. *Dupontavice c. préfet du Calvados.* M. Renouard, rapp.

— Delalleau et Jousselin, t. I, nºs 210 et suiv.; — De Peyronny et Delamarre, p. 116; — Dufour, nºs 47 et 48.

38. Mais il doit se borner à vérifier si toutes les formalités prescrites par l'article 2 ont été accomplies, sans que son droit puisse aller jusqu'à apprécier la régularité du décret qui déclare l'utilité publique, ou la légalité de l'arrêté de cessibilité.

Cass., rej., 26 janv. 1875; D. 75, 1, 230; S. 75, 1, 178; P. 75, 409. *Chemin de fer d'Orléans à Châlons c. ville de Troyes.* M. Casenave, rapp.

— 14 nov. 1876; D. 77, 1, 70; S. 77, 1, 278; P. 77, 687. *Chemin de fer de Lyon c. ville de Nice.* M. Guérin, rapp.

— 9 avr. 1877; S. 78, 1, 128; D. 77, 1, 469; P. 78, 293. *Haincque de Saint-Senoch c. ville de Paris.* M. Merville, rapp.

— 24 août 1880; D. 81, 1, 376. *Phily et autres c. chemin de fer de Lyon.* M. Legendre, rapp.

§ 2. — *Recours ouvert contre le décret déclaratif de l'utilité publique.*

39. Quand la déclaration d'utilité publique est faite par une loi, aucun recours, de quelque nature que ce soit, n'est possible.

40. Quand la déclaration d'utilité publique est faite par décret, aucun recours, par la voie contentieuse, n'est possible, au fond, c'est-à-dire sur le point de savoir s'il y a réellement utilité publique.

Cons. d'Etat, 26 avr. 1847 (*Boncenne*). L. 47, 243; P. 47, 307.

— 1er juin 1849 (*Ponts-Asnières*). L. 49, 290; S. 2, 504; P. 49, 71. M. Bouchené-Lefer, rapp.

— 26 fév. 1870 (*Gérard*). L. 70, 193; S. 71, 2, 230; P. 70, 522. M. Hely d'Oissel, rapp.

— 12 juill. 1871 (*Thomas*). L. 71, 90; P. 71, 16. M. de Saint-Laumer, rapp.

— 31 mai 1878 (*Touchy*). L. 78, 526; D. 79, 5, 215. M. Levavasseur de Précourt, rapp.

— 22 nov. 1878 (*de l'Hôpital*). L. 78, 927; D. 79, 3, 38; S. 80, 2, 153; P. 78, 281. M. Cornudet, rapp.

Ainsi :

41. Le décret qui déclare d'utilité publique l'agrandissement d'un presbytère ne peut être attaqué devant le Conseil d'Etat par un des habitants de la commune, sous le prétexte que cet agrandissement n'a pas, en réalité, le caractère d'utilité publique.

Cons. d'Etat, 26 fév. 1870 (*Gérard*), L. 70, à sa date; S. 71, 2, 230; P. 70, 522.

42. Mais le recours est possible, au contentieux, pour excès de pouvoirs et vices de formes.

— Cons. d'Etat, 31 mars 1848 (*de Galiffet*). S. 48, 2, 409.

— 27 mars 1856 (*de Pommereu*). L. 56, 224; P. 56, 67. M. Blondel, rapp.

— 22 nov. 1878 (*de l'Hôpital*). L. 78, 927; D. 79, 3, 38; S. 80, 2, 153; P. 78, 281. M. Cornudet, rapp.

— 11 juin 1880 (*Hallot et Roger*). L. 80, à sa date; D. 81, 363; S. 81, 3, 102; P. 80, 492. M. Levavasseur de Précourt, rapp.

— *Sic* : Aucoc, *Conférences*, 2e édit., t. II, nº 854.

4

— Delalleau et Jousselin, t. I, p. 38;
— De Peyronny et Delamarre, p. 115;
— Daffry de la Monnoye, t. I, p. 55.

43. Le décret qui, après avoir déclaré l'utilité publique, accorde à une commune l'autorisation d'acquérir certaines parcelles de terrains, ne saurait avoir pour effet, soit de dispenser l'administration de procéder à l'enquête qui doit précéder l'arrêté de cessibilité, soit de porter atteinte aux droits que les particuliers peuvent exercer conformément aux articles 2 et 7 de la loi du 3 mai 1841, ou aux pouvoirs qui appartiennent au préfet en vertu de l'article 11 de la même loi; par suite, cette autorisation ne pouvant faire grief aux intéressés, elle n'est pas susceptible d'être déférée au Conseil d'Etat pour excès de pouvoir.

Cons. d'Etat, arrêt précité du 11 juin 1880 (*Hallot et Roger*). L. 80, à sa date; D. 81, 3, 63; S. 81, 3, 102; P.80, 492.

44. Les ordonnances portant déclaration d'utilité publique ne doivent pas, à peine de nullité, contenir la mention exacte des noms et prénoms des propriétaires compris dans le périmètre.

Cons. d'Etat, 1er juin 1849 (*Ponts-Asnières*). L. 49, 290; S. 49, 2, 504; P. 49, 71. M. Bouchené-Lefer, rapp.

45. Elles ne doivent pas, non plus, sous la même sanction, énoncer l'avis que le sous-préfet doit adresser au préfet, conformément à l'article 4 de l'ordonnance du 3 août 1835, cet avis n'étant pas exigé à peine de nullité.

Même arrêt.

46. Le recours ne peut plus être utilement exercé après un jugement d'expropriation passé en force de chose jugée.

Cons. d'Etat, 26 déc. 1873 (*Garret*). L. 73, 973; D. 75, 3, 4. M. Flourens, rapp.
— 13 fév. 1874 (*André et Champetier*).L.74, 565; D. 75, 3, 4; S.76. 2, 27; P. 74, 289. M. de Baulny, rapp.
— 11 fév. 1876 (*chemin de fer de Paris à Lyon*). L. 76, 152; D. 76, 3, 80; S.78, 2, 96; P. 76, 17. M. de Saint-Laumer, rapp.
— 31 mai 1878 (*Touchy*). L. 78, 526; D. 79, 5, 215. M. Levavasseur de Précourt, rapp.
Cass. civ., 17 déc. 1877; D. 78, 1, 52. S. 78, 80; P. 78, 165.
— *Touchy c. ville de Nantes*. M. Sallé, rapp.

47. La disposition par laquelle un décret qui déclare l'utilité publique autorise une commune à acquérir certaines parcelles déterminées, ne pouvant avoir pour effet de dispenser l'administration de procéder à l'enquête qui doit précéder l'arrêté de cessibilité, ni de porter atteinte à aucun droit, n'est pas susceptible d'être déférée au Conseil d'Etat pour excès de pouvoir.

Cons. d'Etat, arrêt précité du 11 juin 1880 (*Hallot c. Roger*). L. 80, à sa date; D. 81, 3, 63; S. 81, 3, 102; P. 80, 492.

48. Il en est de même du décret qui en réservant expressément les droits des tiers, autorise une ville à exproprier une partie des eaux d'une rivière canalisée, constituant une propriété privée entre les mains du concessionnaire, bien que le canal soit affecté au service de la navigation.

Cons. d'Etat, 28 avr. 1882 (*Marty*). L. 82, à sa date; D. 83, 3, 101. M. Krantz, rapp.

49. Quand une voie a été qualifiée de *chemin vicinal* par le décret d'utilité publique, l'exproprié, pour soutenir que le jury devait être le jury ordinaire, non le jury constitué d'après la loi du 21 mai 1836, ne saurait être admis à prétendre que la voie dont il s'agit n'est pas un chemin vicinal, mais a tous les caractères d'une rue.

Cass. rej., 6 août 1877; D. 78, 1, 52; S. 78, 1, 78.
— 17 déc. 1877; D. 78, 1, 52; S. 78, 1, 80; P. 78, 165. *Touchy c. ville de Nantes* (1re et 2e espèces). MM. Sallé et Guérin, rapp.

50. La délibération d'un Conseil général qui vote un chemin de fer d'intérêt local, conformément à la loi du 12 juillet 1865, n'est pas susceptible d'un recours au Conseil d'État, cette délibération ne constituant pas la déclaration d'utilité publique qui ne pourra résulter que d'un décret délibéré en Conseil d'Etat.

Cons. d'Etat, 28 avr. 1869 (*ville d'Evreux*). L. 69, 399; P. 69, 457; D. 70, 3, 49; S. 70, 2, 228. M. Aubernon, rapp.

51. Les tribunaux peuvent bien se refuser à prononcer l'expropriation d'un immeuble malgré un arrêté de cessibilité pris par le préfet et désignant cet immeuble comme étant à exproprier, s'ils constatent que la déclaration d'utilité publique ou la désignation des localités ne lui

sont pas applicables ; mais il ne saurait être procédé devant eux par voie de recours contre un arrêté préfectoral, acte administratif dont l'appréciation est en dehors des attributions de l'autorité judiciaire.

Cass. 14 fév. 1855; S. 55, 1, 538; P. 55, 1, 391; D. 55, 1, 178. *Yon de Jaunage c. ville de Lyon.* M. Gillon, rapp.

52. Le recours au Conseil d'Etat n'est pas suspensif ; par suite, le recours formé contre un décret qui, en matière d'expropriation, déclare l'utilité publique, n'empêche pas qu'il soit utilement procédé à l'enquête devant précéder l'arrêté de cessibilité.

Cons. d'Etat, 24 fév. 1882 (*Roger*). L. 82, à sa date; D. 83, 1, 57. M. Mayniel, rapp.

53. Les recours adressés au Conseil d'Etat pour excès de pouvoirs, en matière d'expropriation pour cause d'utilité publique, sont dispensés des droits de timbre et d'enregistrement.

Cons. d'Etat, 26 déc. 1873 (*Garret*). L. 73, 973; D. 75, 3, 4. M. Flourens, rapp.
— 22 nov. 1878 (*de l'Hôpital*). L. 78, 927; D. 79, 3, 38; S. 80, 2, 153; P. 78, 281. M. Cornudet, rapp.

Titre II. Des mesures d'administration relatives à l'expropriation.

ARTICLE IV.

Les ingénieurs ou autres gens de l'art, chargés de l'exécution des travaux lèvent, pour la partie qui s'étend sur chaque commune, le plan parcellaire des terrains ou des édifices dont la cession leur paraît nécessaire (1).

1. L'arrêté de cessibilité a pour objet de désigner les propriétés qui doivent être soumises à l'expropriation ; mais il ne peut être rendu qu'après l'accomplissement d'une série de formalités destinées à sauvegarder les intérêts privés. Ce sont ces formalités que prescrit et réglemente le titre 2 de la loi du 3 mai 1841.

2. La première de ces formalités consiste dans l'établissement d'un plan parcellaire contenant la désignation des terrains ou édifices dont la cession paraît nécessaire.

3. Ce plan doit être levé *par commune*, la commune étant l'unité administrative au centre de laquelle devront être accomplies toutes les formalités préalables à l'expropriation, relativement aux terrains ou édifices situés dans sa circonscription.

4. Le plan dressé pour la désignation des localités et territoires n'est qu'un plan d'ensemble ; le plan dressé en conformité de l'article 4 est, au contraire, suivant que l'indique la qualification de *parcellaire*, un plan de détail donnant l'indication de chacune des fractions de terrains ou d'édifices dont la cession est poursuivie. Il n'est donc pas nécessaire qu'il soit l'exacte reproduction du plan annexé au projet sur lequel est intervenue la déclaration d'utilité publique.

Cass., 6 janv. 1836; S. 36, 1, 5; D. 36, 1, 49. *Gaullieur-l'Hardy c. Boyer-Fonfrède.* M. Quéquet, rapp.
— 14 déc. 1842; D. 43, 1, 156; S. 43, 1, 68 : P. 43, 1, 33. *Maillier c. préfet de la Manche.* M. Barennes, rapp.
— Delalleau et Jousselin, t. I, n° 96;
— De Peyronny et Delamarre, n° 142;
— Daffry de la Monnoye, t. I, p. 63;
— Dalloz, n° 106.

5. Le but de la loi est rempli dès lors que ce plan donne toutes les indications à l'aide desquelles les propriétaires pourront reconnaître les parcelles à exproprier. Ainsi en serait-il, quand pour les travaux de rectification d'une route ou de creusement d'un canal voisin de cette route, on se serait borné à tracer de nouvelles lignes sur l'ancien plan, avec des teintes différentes permettant de distinguer clairement les nouvelles parcelles dont l'acquisition paraissait nécessaire.

Cass., 10 août 1841; D. 41, 1, 313; S. 41, 888; P. 47, 1, 217. *Forquet c. préfet de la Drôme.* M. Gillon, rapp.

(1) Loi du 7 juillet 1833, art. 4. Texte identique.

6. En principe, le plan dressé par commune doit comprendre toutes les parcelles atteintes dans une même commune par les travaux et soumises à l'expropriation; toutefois, il peut n'indiquer que les parcelles dont l'acquisition est nécessaire pour les premiers travaux. Il doit, notamment, être procédé de la sorte, quand il s'agit de capter les eaux d'une source et que la direction à donner à ces eaux pour les amener dans les fontaines d'une ville, pourra dépendre des premiers travaux.

Cass., 3 juill. 1839; D. 39, 1, 267; S. 39, 748; P. 46, 2, 544. *Bourgon c. préfet du Doubs.* M. Quéquet, rapp.

7. Les plans parcellaires ne doivent point nécessairement être établis d'après les désignations du cadastre; la seule obligation est de donner la situation exacte des propriétés à exproprier, quant à leur nature, à leur étendue et à l'indication de leurs propriétaires.

Cass., 27 mars 1843; S. 43, 1, 343; D. 43, 1, 189; P. 43, 1, 635. *Thinières c. préfet du Lot.* M. Bryon, rapp.
— Delalleau et Jousselin, t. I, p. 54;
— De Peyronny et Delamarre, n° 143.

8. S'il y a des propriétés bâties à exproprier, soit en totalité, soit en partie, les plans doivent l'indiquer ; ils ne pourraient se borner à mentionner les terrains sur lesquels les bâtiments sont construits ; la désignation des édifices est nécessaire, non seulement pour mettre le propriétaire à même de protester contre la direction des travaux, mais aussi pour lui donner la possibilité de demander l'acquisition totale du bâtiment, au cas d'expropriation partielle,

et aussi d'apprécier exactement le dommage qu'il souffre et l'indemnité à laquelle il a droit.

— Delalleau et Jousselin, t. I, n° 99;
— De Peyronny et Delamarre, n° 140;
— Daffry de la Monnoye, t. I, p. 65.

9. Chaque parcelle doit être indiquée par le plan de telle sorte que le propriétaire ne puisse se méprendre sur sa situation, sa configuration, sa contenance.

Delalleau et Jousselin, t. I, n° 100;
— De Peyronny et Delamarre, n° 140.

10. L'exproprié qui, sur le procès-verbal ouvert à la mairie, n'a pas réclamé sur la contenance attribuée aux parcelles lui appartenant, ne peut plus être admis à élever cette réclamation devant le jury.

Cass· 9 fév. 1846; D. 46, 1, 79; S. 46, 1, 224; P. 46, 1, 343. *Préfet de la Seine c. Harbouillat.* M. Hello, rapp.

11. Sa seule ressource est de demander un supplément de prix, si la contenance réelle excède d'un vingtième celle qui a été indiquée sur le plan parcellaire, et, par suite, dans le jugement d'expropriation. Mais alors, conformément à l'article 1622 C. civ., la réclamation doit, à peine de déchéance, être formée dans l'année à compter du jugement d'expropriation.

Cass., 24 fév. 1863; S. 65, 1, 143; D. 64, 1, 289. *Novion c. chemin de fer du Midi.* M. Nicolas, rapp.

12. Si l'exproprié a débattu l'indemnité devant le jury sans élever de protestations et sans faire de réserves au sujet de l'irrégularité des plans parcellaires, la nullité pouvant résulter de cette irrégularité se trouve couverte et ne peut plus être opposée.

Cass., 7 avr. 1869; — D. 69, 1, 342; — *Juloux c. ville de Quimperlé.* M. Glandaz, rapp.

13. Les plans parcellaires dressés en exécution de l'art. 4, étant les modes de publicité prévus aux art. 5 et 6 de la loi du 3 mai 1841, aucune disposition de la loi ne confère aux intéressés le droit de réclamer la communication de pièces ayant un caractère administratif, comme des dépêches ministérielles, ne rentrant pas dans celles prévues à l'article 11.

Cass. rej., 13 déc. 1882; S. 83, 1, 326; D. 84, 1, 88; P. 83, 782; *Bull. civ.,* 82. p. 407. *Froissard c. préfet du Jura.* M. Blondel, rapp.

14. Et le tribunal n'est pas tenu de viser ces documents dans son jugement.

Même arrêt.

ARTICLE V

Le plan desdites propriétés particulières, indicatif des noms de chaque propriétaire, tels qu'ils sont inscrits sur la matrice des rôles, reste déposé pendant huit jours, à la mairie de la commune où les propriétés sont situées, afin que chacun puisse en prendre connaissance (1).

1. Les noms des propriétaires doivent être mentionnés sur le plan parcellaire *tels qu'ils sont inscrits sur la matrice des rôles*, ce qui signifie que la désignation exigée est simplement celle du propriétaire *apparent*, sans que l'administration ait à rechercher si la personne portée au rôle est bien le véritable propriétaire.

Cass., 16 fév. 1864; *Bull. civ.*, 64, p. 49. *Wahler c. commune de Munster.* M. Laborie, rapp.
— Dufour, n° 29. — Delalleau et Jousselin, t. I, n° 101. — De Peyronny et Delamarre, n° 144.

2. Est nul le jugement qui a prononcé l'expropriation d'un terrain lorsque le plan parcellaire déposé à la mairie ne contient ni les noms de chaque propriétaire, tels qu'ils sont inscrits sur la matrice des rôles, ni aucune autre indication qui puisse y suppléer.

Cass., 27 janv. 1880; D. 80, 1, 164; S. 80, 1, 472; P. 80, 1173; *Bull. civ.* 80, p. 25. M. Merville, rapp.

3. Aux termes de l'article 5, la procédure en expropriation est régulièrement faite contre ceux qui sont signalés par la matrice des rôles comme propriétaires des immeubles à exproprier, alors qu'aucune dénonciation à la partie expropriante, ni aucune déclaration insérée dans le procès-verbal des enquêtes préalables n'ont fait connaître à l'administration que d'autres fussent propriétaires à un titre quelconque.

Cass. rej., 4 août 1880; D. 81, 1, 479; S. 81, 1, 38; P. 81, 60; *Bull. civ.*, 80, p. 320. M. de Lagrévol, rapp.

4. La mention des noms des propriétaires tels qu'ils sont inscrits sur la matrice des rôles n'est pas prescrite à peine de nullité; s'il résulte de l'ensemble des indications portées sur le plan parcellaire qu'aucun doute ne pouvait exister sur l'identité des propriétés soumises à l'expropriation, ce plan demeure dans des conditions de régularité suffisantes.

Cass., 14 déc. 1842; S. 43, 1, 68; D. 43, 1, 156; P. 43, 1, 33. *Maillier c. préfet de la Manche.* M. Barennes, rapp.
— De Peyronny et Delamarre, p. 130.

5. Si le véritable propriétaire se présente après la levée du plan parcellaire et que sa qualité soit

(1) *Loi du 7 juillet 1883*, art. 5 :
Le plan desdites propriétés particulières, indicatif des noms de chaque propriétaire, tels qu'ils sont inscrits sur la matrice des rôles, restera déposé, pendant huit jours *au moins*, à la mairie de la commune où les propriétés sont situées, afin que chacun puisse en prendre connaissance.

reconnue par une déclaration émanée de celui dont les noms sont portés sur la matrice des rôles, l'expropriation peut être poursuivie contre lui.

6. Si sa qualité est contestée, l'expropriation suivra son cours contre le propriétaire inscrit sur la matrice des rôles ; la réclamation de celui qui se prétend le véritable propriétaire vaudra opposition sur le montant de l'indemnité que l'administration consignera.

7. Si le véritable propriétaire ne se présente qu'après le jugement d'expropriation et la fixation de l'indemnité, l'expropriation est irrévocable et la fixation de l'indemnité définitive ; il ne lui reste qu'à faire valoir ses droits sur l'indemnité.

Cass., 14 avr. 1846; D. 46, 1, 157; P. 46, 1, 691. *Préfet des Bouches-du-Rhône c. Gazielle.* M. Renouard, rapp.
— Dufour, n° 29. — De Peyronny et Delamarre, n° 144.

8. L'art. 5 de la loi du 3 mai 1841 n'exige que la mention des *propriétaires* inscrits à la matrice des rôles, et non ceux des fermiers, locataires et autres ayants droit.

Contrà : Gand.

9. Le plan parcellaire doit être déposé à la mairie de la commune où les propriétés sont situées, et il doit être justifié de ce dépôt.

Cass., 18 juill. 1836; *Bull. civ.*, 36, p. 177. *Dupir c. préfet du Nord.* M. Quéquet, rapp.

10. S'il n'y a pas de matrice dans la commune, le dépôt est valablement fait soit au domicile du maire, soit à celui du secrétaire-greffier, quand le lieu du dépôt a été publiquement annoncé dans les formes prescrites par l'art. 6.

Cass., 22 août 1838; D. 38, 1, 367; S. 38, 1002. *Houzet c. préfet du Nord.* M. Quéquet, rapp.
— Delalleau et Jousselin, t. I, n° 102.
— De Peyronny et Delamarre, n° 146.
— Herson, n° 34. — Daffry de la Monnoye, p. 65.

11. L'enquête *de commodo* antérieure au décret déclaratif d'utilité publique, ni celle faite par le maire, postérieurement à l'arrêté de cessibilité, ne peuvent tenir lieu de l'enquête prescrite par les art. 5 et 7 de la loi du 3 mai 1841, alors surtout qu'elles n'ont pas été faites dans les conditions de forme et de durée réglées par le titre II de cette loi.

Cass., 1er mars 1882; S. 83, 1, 326; P. 83, 785; *Bull. civ.*, 82, p. 77. M. de Lagrévol, rapp.

ARTICLE VI

Le délai fixé à l'article précédent ne court qu'à dater de l'avertissement, qui est donné collectivement aux parties intéressées, de prendre communication du plan déposé à la mairie.

Cet avertissement est publié à son de trompe ou de caisse dans la commune, et affiché tant à la principale porte de l'église du lieu qu'à celle de la maison commune.

Il est en outre inséré dans l'un des journaux de l'arrondissement, ou, s'il n'en existe aucun, dans l'un des journaux du département (1).

1. Le délai de huit jours pendant lequel le plan parcellaire doit rester déposé à la mairie est franc.

Déclaration devant la Chambre des députés de MM. Legrand, commissaire du gouvernement, Gillon et Dufaure, rapporteur. — *Moniteur* du 2 mars 1841, p. 508; — et à la Chambre des pairs, de M. le marquis de Cordoue, au nom de la Commission.

(*Moniteur* du 23 avr. 1841, p. 1083).

— De Peyronny et Delamarre, nos 147 et 148; Delalleau et Jousselin, t. I, n° 109. — Duvergier, t. XLI, note 2. — Solon, p. 18. — Daffry de la Monnoye, t. I, p. 69.

2. Ce délai ne commence à courir que le lendemain du jour où toutes les formalités prescrites pour l'avertissement ont été accomplies; et il dure jusqu'à l'heure de minuit du huitième jour.

Cass., 14 déc. 1842; D. 43, 1, 95; S. 43, 1, 171; P. 43, 1, 378. *Dupontavice c. préfet du Calvados.* M. Renouard, rapp.

— 25 fév. 1856; D. 56, 1, 211. *Veuve Thomas c. commune de Coigny.* M. Renouard, rapp.

— 16 fév. 1859; D. 59, 1, 121; S. 59, 21, 54; P. 59, 905. *Cayrou c. commune de Campes.* M. Alcock, rapp.

— 10 juill. 1866; D. 68, 5. 210; S. 67, 1, 84; P. 67. 172. *Burnett Stears*

(1) *Loi du 7 juillet 1833,* art. 6 :
Le délai fixé à l'article précédent ne court qu'à dater de l'avertissement, qui est donné collectivement aux parties intéressées, de prendre communication du plan déposé à la mairie.
Cet avertissement est publié à son de trompe ou de caisse dans la commune, et affiché tant à la principale porte de l'église du lieu qu'à celle de la maison commune.
Il est, en outre, inséré dans l'un des journaux des *chefs-lieux d'arrondissement et de département.*

c. préfet du Finistère. M. Glandaz, rapp.

— 5 janv. 1869; D. 69, 1, 157; S. 691, 181; P. 69, 299. *Feinieux-Rougée c. ville de Paris.* M. Renouard, rapp.

— 21 déc. 1881; S. 82, 1, 138; P. 82, 285. *Roger c. commune des Rosnays.* M. Guérin, rapp.

— 1er mars 1882; S. 83, 1, 326; P. 83, 785. *Besnard c. commune de Villefranche.* M. de Lagrévol, rapp.

— 21 nov. 1883. *Bodard c. commune de Meximieux.* M. Guérin, rapp.

— 20 fév. 1884, v. *infrà.*

— Delalleau et Jousselin, t. I, n° 109; De Peyronny et Delamarre, n° 148; Daffry de la Monnoye, t. I, p. 69.

3. Par suite, doit être annulé le jugement d'expropriation, quand le plan parcellaire n'a été laissé à la mairie que jusqu'au huitième jour à deux heures du soir.

Arrêt du 1er mars 1882.

4. Ou jusqu'au huitième jour, à six heures du soir.

Arrêts des 21 déc. 1881 et 21 nov. 1883.

5. Est nul le jugement d'expropriation lorsque, du procès-verbal dressé par la mairie, il résulte que le plan parcellaire est resté déposé à la mairie pendant huit jours, dans lequel est compris le jour de l'avertissement, et que l'enquête a été fermée le huitième jour à cinq heures.

Cass., 30 avr. 1884. *Prinbauert c. Serilly.* M. Manau, rapp.

6. L'intégralité de ce délai appartient même aux parties qui, avant son expiration, auraient présenté des observations dans l'enquête.

Arrêts des 1er mars 1882 et 21 nov. 1883.

7. Le délai de huit jours imparti par l'article 5 de la loi du 3 mai 1841 est un délai franc; par suite, doit être cassé le jugement d'expropriation rendu après une enquête qui n'a pas été ouverte pendant les huit jours complets voulus par la loi, le *dies à quo* et le *dies ad quem* ayant été compris dans le délai.

Cass., 20 fév. 1884. *Commune de Rillieux c. préfet de l'Ain.* M. Manau, rapp.

8. Lorsque le procès-verbal constate le dépôt des plans parcellaires, l'ouverture à une date déterminée de la période pendant laquelle seront reçues les déclarations et réclamations et la clôture de cette période à la dernière minute du dernier jour de la période impartie par la loi, on ne saurait être admis à demander la nullité du jugement d'expropriation par le motif que le procès-verbal ne mentionnant pas l'heure de l'ouverture, il n'est pas démontré que le délai de huit jours pleins ait appartenu aux réclamants; il suffit que, dans les conditions ci-dessus indiquées, rien ne permette de supposer que ce délai n'ait pas été entièrement donné.

Cass. rej., 28 janv. 1884. *Hauts-fourneaux c. ville d'Albi.* M. Greffier, rapp.

9. Le jugement d'expropriation est nul si le procès-verbal dressé par le maire, conformément à l'article 7, a été ouvert le jour même de l'avertissement et clos le huitième jour à dater de cette ouverture;

Arrêt du 25 juill. 1856; *suprà.*

10. ou s'il résulte des mentions de l'avertissement et de celles inscrites au procès-verbal que le public a dû cesser d'être admis à prendre communication du plan parcellaire le huitième jour, avant minuit. Ainsi, lorsque l'avertissement porte que les pièces resteront déposées pendant huit jours, à partir du 12, de dix heures du matin à quatre heures après midi, si le procès-verbal, ouvert le 12, a été clos le 19 sans que rien indique que la clôture ait lieu à une autre heure que celle indiquée au public, c'est-à-dire, quatre heures de l'après-midi, le délai légal ne doit pas être considéré comme observé.

Arrêt du 5 janv. 1869; *supra*, n° 2.

11. La comparution de l'exproprié à l'enquête, et les observations qu'il y a présentées ne lui enlèvent pas le droit de se plaindre de ce que le plan parcellaire n'est pas demeuré déposé à la mairie pendant tout le temps exigé par la loi.

Cass., 6 juin 1866; D. 66, 5, 210; S. 66. 1, 447; P. 66, 1204. *De Ginestous c. préfet de l'Hérault.* M. de Vaulx, rapp. — 5 janv. 1869; *supra*, n° 2. — Arrêt précité du 21 nov. 1883. *Bodard c. commune de Meximieux.* M. Guérin, rapp.

12. Mais le moyen de nullité qui pourrait être tiré de l'inexécution des formalités pour l'avertissement ou de l'insuffisance du délai est couvert par la comparution devant le jury sans protestation ou réserves faites par l'exproprié.

Cass., 22 juill. 1866; D. 68, 5, 206. *Légier c. commune de Saint-Martin de Castillon.* M. Aylies, rapp.

13. L'avertissement exigé par l'art. 6 est donné collectivement, c'est-à-dire par des moyens de publicité qui s'adressent à tous, et sans que les noms des propriétaires désignés par le plan parcellaire comme devant être expropriés y soient mentionnés.

14. L'avertissement collectif exigé par l'article 6 ne saurait être remplacé par des avertissements individuels donnés aux propriétaires portés sur le plan parcellaire.

Cass., 4 avr. 1843; S. 43, 1, 844; D. 43, 1, 192; P. 43, 1, 636. *Soulbieu c. préfet de l'Eure.* M. Renouard, rapp. — 30 avr. 1845; S. 45, 746; D. 45, 1, 295; P. 45, 2, 273. *Desplats c. préfet du Tarn.* M. Lavielle, rapp.

15. Il n'est pas nécessaire que la publication à son de trompe ou de caisse ait lieu un dimanche ou un jour de fête ; elle doit être faite aussitôt la réception du plan parcellaire.

Delalleau et Jousselin, t. I, n° 103.

16. L'avertissement doit être affiché à la principale porte de l'église. S'il y a plusieurs églises dans la commune, l'affichage doit se faire à la principale église.

17. Si la commune n'a pas d'église, l'affiche devra être placée à la principale porte de l'église dont dépend la commune pour les exercices du culte, cette église se trouvant être *l'église du lieu* suivant les termes de l'article 6. C'est, en ce cas, le maire de la commune où se trouve l'église qui fait l'affichage et en dresse procès-verbal.

Delalleau et Jousselin, t. I, n° 104. — De Peyronny et Delamarre, n° 150.

18. L'avertissement doit aussi être affiché à la porte de la maison commune ; si la commune n'avait pas de mairie, l'affiche devrait être placée au lieu où se font habituellement les publications.

19. Enfin, l'avertissement doit être inséré dans l'un des journaux publiés dans l'arrondissement, et, s'il n'en existe aucun, dans l'un des journaux du département.

20. L'insertion ne peut se faire dans un journal publié hors de l'arrondissement qu'autant que dans cet arrondissement il ne se publie aucun journal, alors même que le préfet aurait désigné pour les annonces judiciaires de tout le département une feuille du chef-lieu.

Cass., 7 déc. 1859; D. 60, 1, 30; S. 60, 1, 230; P. 60, 683. *Deschamps c. Pignet.* M. Gaultier, rapp.
— 4 mai 1863; D. 63, 1, 418; S. 63, 1, 399; P. 63, 1119. *Préfet de l'Yonne c. Baudoin.* M. Aylies, rapp.
— 31 déc. 1879; D. 80, 1, 164; S. 80, 1, 176; P. 80, 389. *Gautreau c. commune de Saint-Loup.* M. Requier, rapp.

21. L'appréciation de la régularité de l'insertion appartient aux tribunaux, comme l'appréciation de toutes les formalités prescrites pour assurer la publicité de l'avertissement exigé par la loi.

Mêmes arrêts.

22. Alors même qu'il ne s'agit que d'examiner si un arrêté du préfet, désignant un journal du chef-lieu pour toutes les annonces judiciaires d'un département, a pu dispenser de la publication par un journal de l'arrondissement de l'avertissement prescrit par l'art. 6.

Mêmes arrêts.
— Daffry de la Monnoye, t. I, p. 72; — De Peyronny et Delamarre, n° 154.
— *Contrà :* Cons. d'Etat, 20 juin 1860 (*Pignet*); L. 60, à sa date; D. 60, 1, 31; S. 60, 2, 26; P. 60, 743. *Heim c. Meunier et Tatin c. Lagier.* M. du Martroy, rapp.

23. L'article 23 du décret sur la presse du 17 février 1852, d'après lequel « les annonces judiciaires exigées pour la validité ou la publicité des procédures ou des contrats, seront insérées, à peine de nullité, dans le journal ou les journaux de l'arrondissement qui seront désignés, chaque année, par le préfet » est applicable en matière d'expropriation, en ce sens que s'il existe dans l'arrondissement un journal désigné pour les annonces judiciaires, c'est dans ce journal que l'insertion devra être faite.

Daffry de la Monnoye, t. I, p. 71.
Contrà : De Peyronny et Delamarre, n° 152.

24. La justification de l'insertion de l'avertissement dans un journal publié dans l'arrondissement se fait par la représentation d'un exemplaire de la feuille qui la contient.

25. Cette représentation serait suffisante alors même que l'exemplaire ne porterait pas la signature de l'imprimeur, légalisée par le maire, la loi sur l'expropriation publique n'ayant pas reproduit les prescriptions de l'article 683 C. pr. civ., en matière d'expropriation par suite de saisie.

Delalleau et Jousselin, t. I, n° 107.

ARTICLE VII

Le maire certifie ces publications et affiches; il mentionne sur un procès-verbal qu'il ouvre à cet effet, et que les parties qui comparaissent sont requises de signer, les déclarations et réclamations qui lui ont été faites verbalement, et y annexe celles qui lui ont été transmises par écrit (1).

1. Les certificats et rédaction du procès-verbal mentionnés dans l'art. 7 ne sont assujettis à aucune forme déterminée; il suffit qu'il en résulte d'une façon suffisamment certaine que toutes les formalités prescrites ont été accomplies.

Cass., 11 août 1841. D. 41, 1, 327; S. 41, 670; P. 41, 2, 19. *Desbrosses c. ville de la Rochelle.* M. Renouard, rapp.

2. Il a même été jugé qu'il suffirait que le maire eût déclaré dans son procès-verbal : *Que toutes les formalités voulues par la loi ont été accomplies.*

Cass., 20 avr. 1842. D. 42, 1, 414; S. 42, 422; P. 42, 2, 19. *Bourgon c. préfet du Doubs.* M. Quéquet, rapp.

Cette formule, malgré l'arrêt qui vient d'être indiqué, doit être considérée comme défectueuse et insuffisante, et si la Cour de cassation a pu être conduite au rejet par des circonstances de fait établissant qu'en réalité les formalités avaient été remplies, il est douteux que devant une formule aussi laconique et qui ne permet pas le contrôle, elle se montrât une seconde fois aussi facile.

3. Le maire doit mentionner dans son procès-verbal toutes les réclamations qui lui sont faites

(1) Loi du 7 juillet 1833, art. 7. Texte identique.

relativement au plan parcellaire, sans qu'il ait le droit de se faire juge de l'utilité ou de l'opportunité de ces réclamations.

Delalleau et Jousselin, t. I, n° 112 et 113. — De Peyronny et Delamarre, n° 156. — Dalloz, n° 126.

4. Le préfet ou le sous-préfet doivent avertir le maire de l'insertion dans le journal, le procès-verbal ne pouvant être ouvert qu'après que toutes les formalités destinées à assurer la publicité de l'avertissement ont été accomplies.

5. La clôture du procès-verbal a lieu naturellement à l'expiration des huit jours francs courus depuis l'accomplissement de ces formalités.

6. Les élections de domicile prescrites par l'article 15, §§ 2 et 3 peuvent être mentionnées dans le procès-verbal dressé par le maire.

Delalleau et Jousselin, t. I, n° 114. — De Peyronny et Delamarre, n° 158.

7. Le maire de la commune où est déposé le plan parcellaire remplit les formalités prescrites par l'article 7, même quand il s'agit d'une expropriation faite dans l'intérêt de la commune elle-même.

Daffry de la Monnoye, t. I, p. 77.

ARTICLE VIII

A l'expiration du délai de huitaine prescrit par l'article 5, une commission se réunit au chef-lieu de la sous-préfecture.

Cette commission, présidée par le sous-préfet de l'arrondissement, sera composée de quatre membres du Conseil général du département ou du conseil de l'arrondissement désignés par le préfet, du maire de la commune où les propriétés sont situées, et de l'un des ingénieurs chargés de l'exécution des travaux.

La commission ne peut délibérer valablement qu'autant que cinq de ses membres au moins sont présents.

Dans le cas où le nombre des membres présents serait de six, et ou il y aurait partage d'opinions, la voix du président sera prépondérante.

Les propriétaires qu'il s'agit d'exproprier ne peuvent être appelés à faire partie de la commission (1).

1. La commission instituée pour recevoir les observations des propriétaires et donner son avis est une création de la loi du 8 mars 1810, faite sur les observations de l'empereur Napoléon.

Locré, *Proc.-verb.*, t. IX, p. 672 et suiv. — Exposé des motifs par M. Berlier, Locré, t. IX, p. 734 et suiv.

2. Le chef-lieu de la sous-préfecture où doit se réunir la commission est la préfecture, quand il s'agit de l'arrondissement où se trouve le chef-lieu du département, et c'est alors le préfet qui préside la commission.

Cass., 12 nov. 1873. D. 73, 1, 461;

(1) *Loi du 7 juillet 1883*, art. 8 :

À l'expiration du délai de huitaine prescrit par l'art. 5, une commission se réunit au chef-lieu de la sous-préfecture.

Cette commission, présidée par le sous-préfet de l'arrondissement, sera composée de quatre membres du Conseil général du département ou du Conseil de l'arrondissement, désignés par le préfet, du maire de la commune où les propriétés sont situées, de l'un des ingénieurs chargés de l'exécution des travaux.

Les propriétaires qu'il s'agit d'exproprier ne peuvent être appelés à faire partie de la commission.

S. 74, 1, 84; P. 74, 172. *Esquirol c. préfet de l'Ariège*. M. Casenave, rapp.

3. La loi de 1841 se bornant à dire que la commission se réunira au chef-lieu de la sous-préfecture sans indiquer, comme la loi de 1810, que cette réunion aurait lieu à la sous-préfecture même, il est nécessaire que l'avertissement mentionne le local où la commission tiendra ses séances.

Delalleau et Jousselin, t. I, n° 122. — De Peyronny et Delamarre, n° 163.

4. Il doit être formé une commission par commune. Tous les membres désignés par le second paragraphe de l'article 8 pourront faire partie des différentes commissions formées au cas où des expropriations seraient à faire dans plusieurs communes, à l'exception du maire qui ne pourra figurer que dans la commission de sa propre commune.

Cass., 6 janv. 1836. D. 36, 1, 49; S 36, 1, 5; P. 36, 893. *Gaullieur-l'Hardy c. Boyer Fonfrède*. M. Quéquet, rapp.

5. Peuvent faire partie de la commission les membres du conseil général ou du conseil d'arrondissement qui ont précédemment fait partie de la commission chargée de donner son avis sur la question d'utilité publique.

Cass., 14 déc. 1842. D. 43, 1, 156; S. 43, 1, 68; P. 43, 1, 33. *Maillier c. préfet de la Manche*. M. Barennes, rapp.

6. De même en est-il pour l'ingénieur chargé de l'exécution des travaux qui peut avoir déjà figuré dans la commission d'utilité publique.

Cass., 10 août 1841. D. 41, 1, 313; S. 41, 888; P. 47, 1, 217. *Forquet c. préfet de la Drôme*. M. Gillon, rapp.

7. S'il s'agit d'une expropriation faite en vue de travaux publics dont une compagnie est con-cessionnaire, l'ingénieur de cette compagnie, chargé par elle de l'exécution, fait valablement partie de la commission.

Cass., 14 janv. 1868. D. 68, 1, 64; S. 68, 1, 226; P. 68, 538. *Guillemot c. préfet de la Côte-d'Or*. — M. Glandaz, rapp.

8. Dans le cas d'empêchement d'une des personnes désignées en conformité de l'article 8, le préfet peut, pour la suppléer, en désigner une autre prise dans la même catégorie, c'est-à-dire, parmi les membres du conseil général ou du conseil d'arrondissement, ou parmi les ingénieurs chargés des travaux, s'il s'agit de l'empêchement de l'ingénieur.

9. Rien ne s'oppose même à ce que l'arrêté du préfet qui nomme les membres de la commission, leur désigne par avance des suppléants, pour le cas d'empêchement.

Cass., 12 nov. 1873. D. 73, 1, 461; S. 74, 1, 84; P. 74, 172. *Esquirol c. préfet de l'Ariège*. M. Casenave, rapp.

10. Le remplacement est réputé régulier quand le jugement d'expropriation constate que la commission s'est réunie et a fonctionné régulièrement.

Cass., 12 juill. 1870. D. 70, 1, 367; S. 70, 1, 371; P. 70, 969. *Ville de Sens c. ville de Paris*. M. de Vaulx, rapp.

11. Si le maire ne peut assister aux réunions de la commission, il y est remplacé par son adjoint, sans qu'il y ait besoin d'une désignation spéciale.

12. Si le maire et les adjoints sont empêchés, ils sont suppléés par un membre du conseil municipal d'après l'ordre du tableau dressé suivant le nombre des suffrages obtenus.

13. Si le maire ne comparaît pas et que personne ne se présente en son lieu et place, la commission opère sans lui.

Delalleau et Jousselin, t. I, n° 118.

14. Le préfet peut, à son gré, ne désigner que des membres du conseil général ou que des membres du conseil d'arrondissement, ou choisir partie dans le conseil général, partie dans le conseil d'arrondissement.

Delalleau et Jousselin, t. I, n° 120.

15. Une délibération prise par moins de cinq membres est nulle, et cette nullité entraîne celle de l'expropriation qui en a été la suite.

Cass., 24 août 1846. D. 46, 1, 328; S. 46, 1, 987; P. 46, 2, 547. *Bencker c. préfet de l'Hérault.* — M. Renouard, rapp.

16. Tous les propriétaires touchés par l'expropriation peuvent invoquer cette nullité, alors même qu'ils n'auraient présenté aucune observation à la commission.

Même arrêt.

17. La délibération serait nulle également si elle avait été prise par un nombre de membres supérieur à celui qui doit, au maximum, composer la commission; notamment si tous les maires des communes dans lesquelles se trouvent des immeubles à exproprier y avaient participé.

Cass., 6 janv. 1836. D. 36, 1, 49; S.

36, 1, 5; P. 36. 893. *Gaullieur-l'Hardy c. Boyer-Foufrède.* M. Quéquet, rapp.

18. La présidence de la commission appartient de droit au préfet.

Cass. rej., 12 nov. 1873. D. 73, 1, 464; P. 74, 172; S. 74, 84. *Esquirol c. préfet de l'Ariège.* M. Casenave, rapp.

19. Le préfet ou le sous-préfet pouvant se faire remplacer hiérarchiquement comme le maire, le fonctionnaire administratif qui se présentera à leur lieu et place, les remplacera non seulement comme membre de la commission, mais comme président, et c'est conséquemment sa voix qui, en cas de partage, sera prépondérante.

20. S'il se forme plus de deux opinions, les membres plus faibles en nombre doivent se réunir à l'une des deux opinions émises par le plus grand nombre.

Discussion de la loi de 1841. — Duvergier, *Collect.* 1841, p. 128. — De Peyronny et Delamarre, n° 163.

21. L'incompatibilité formulée par le dernier paragraphe de l'article 8 est limitative; elle doit être restreinte aux seuls propriétaires portés sur le plan parcellaire, et ne saurait être étendue à leurs parents au degré prévu par les dispositions du Code de procédure, ni à d'autres intéressés.

Discussion de la loi de 1841; Observations de M. Dufaure, rapp., en réponse à M. Caumartin. — De Peyronny et Delamarre, n° 161.

ARTICLE IX

La commission reçoit pendant huit jours les observations des propriétaires.
Elle les appelle toutes les fois qu'elle le juge convenable. Elle donne son avis.
Ses opérations doivent être terminées dans le délai de dix jours ; après quoi le procès-verbal est adressé immédiatement par le sous-préfet au préfet.
Dans le cas où lesdites opérations n'auraient pas été mises à fin dans le délai ci-dessus, le sous-préfet devra, dans les trois jours, transmettre au préfet son procès-verbal et les documents recueillis (1).

1. Le délai accordé aux propriétaires pour présenter leurs observations devant la commission a été réduit d'un mois (loi de 1833) à huit jours.

2. Ces huit jours, comme ceux accordés pour consulter le plan parcellaire (art. 5), doivent être francs, c'est-à-dire représenter huit jours entiers.

3. Bien que la commission n'ait été convoquée, le premier jour, que pour 2 heures de relevée, ce jour compte parmi les huit pendant lesquels la commission a dû recevoir les réclamations des intéressés.

Cass. rej., 8 déc. 1847. D. 47, 4, 246. *Gard c. préfet du Cantal.* M. Gillon, rapp.

4. Pendant ce temps, la commission n'est pas tenue de siéger en permanence ; mais elle doit rester constituée et en état de recevoir les observations des propriétaires, tout au moins par un membre délégué.

Cass., 14 déc. 1842. D. 43, 1, 156 ; S. 43, 1, 68 ; P. 43, 1, 33. *Mailler c. préfet de la Manche.* M. Barennes, rapp.
— *Moniteur* du 2 mars 1841. Daffry de la Monnoye, t. I, p. 85. — De Peyronny et Delamarre, n° 164. — Delalleau et Jousselin, t. I, n° 126.

5. Le jour indiqué par sa convocation, elle ouvre son procès-verbal et peut s'ajourner à huitaine pour délibérer sur les observations qui auront été faites par les propriétaires et recueillies par son délégué.

Même arrêt.

---

6. Il n'est besoin que d'un seul procès-verbal, et non d'autant de procès-verbaux que de jours différents pendant lesquels des propriétaires se seront présentés pour faire consigner leurs observations.

Cass. rej., 12 juill. 1870. D. 70, 1, 367; S. 70, 371; P. 70, 969. *Ville de Sens c. ville de Paris.* M. de Vaulx, rapp.

7. Si le maire, présent à la séance d'ouverture, a depuis été remplacé par son adjoint, la signature de celui-ci sur le procès-verbal unique peut suffire pour la régularité de ce procès-verbal.

Même arrêt.

8. La commission peut demander aux propriétaires tous les renseignements qu'elle croit nécessaires pour préparer son avis. Elle peut se transporter sur les lieux.

Delalleau et Jousselin, t. I, n° 129. — De Peyronny et Delamarre, n° 164.

9. La convocation des propriétaires se fait par simples lettres adressées par le sous-préfet, président de la commission.

10. Si les renseignements étaient à recueillir d'un grand nombre de propriétaires, des publications pourraient être faites dans la commune.

Delalleau et Jousselin, t. I, n° 129.

11. La commission d'enquête réunie conformément à l'article 9, n'est tenue d'appeler les intéressés qu'autant qu'elle le juge convenable; elle ne contrevient pas à la prescription de la loi en refusant, malgré la demande qui lui en a été faite, d'entendre un intéressé dans ses observations.

Cass. rej., 18 déc. 1882. S. 83, 1, 326; D. 84, 1, 88; P. 83, 782; *Bull. cir.,* 82, p. 407. M. Blondel, rapp.

12. L'avis de la commission ne doit porter que sur ce qui doit faire l'objet de l'arrêté de cessibilité, c'est-à-dire, sur l'application des travaux projetés aux propriétés particulières; elle s'abstiendrait à bon droit d'apprécier les réclamations qui porteraient sur la question d'utilité publique.

Cass., 12 juill. 1870. D. 70, 1, 367; S. 70, 371; P. 70, 969. *Ville de Sens c. ville de Paris.* M. de Vaulx, rapp.

13. Elle aurait le droit d'exprimer un avis sur les réclamations émises, alors même que les propriétés à exproprier seraient désignées dans la loi ou dans le décret même d'expropriation.

Daffry de la Monnoye, t. I, p. 87.

14. L'avis de la commission ne saurait être discuté par le tribunal qui doit statuer sur l'expropriation, ni donner ouverture à cassation.

Cass., 24 mai 1870. D. 70, 1, 389. *De Grave c. préfet de l'Hérault.* M. Mercier, rapp.

15. Huit jours sont accordés aux propriétaires pour réclamer, et deux jours à la commission pour délibérer et formuler son avis.

16. Si le dixième jour la commission n'a pas terminé ses opérations, le sous-préfet doit dresser procès-verbal constatant l'absence de délibération et transmettre au préfet ce procès-verbal et les documents recueillis.

Cass., 20 avr. 1842. D. 42, 1, 214; S. 42, 422; P. 42, 2, 19. *Bourgon c. préfet du Doubs.* M. Bérenger, rapp.

17. Dans ce cas, il est passé outre, et l'on juge avec les documents que l'on possède.

Même arrêt. — Delalleau et Jousselin, t. I, n° 131. — De Peyronny et Delamarre, n° 166. — Daffry de la Monnoye, t. I, p. 87.

ARTICLE X

Si la commission propose quelque changement au tracé indiqué par les ingénieurs, le sous-préfet devra dans la forme indiquée par l'article 6, en donner immédiatement avis au propriétaire que ces changements pourront intéresser. Pendant huitaine, à dater de cet avertissement, le procès-verbal et les pièces resteront déposés à la sous-préfecture ; les parties intéressées pourront en prendre communication sans déplacement et sans frais, et fournir leurs observations écrites.

Dans les trois jours suivants, le sous-préfet transmettra toutes les pièces à la préfecture (1).

1. Les mots *pendant huitaine* employés par l'article 10 doivent se comprendre comme dans les articles 5 et 9 ; c'est-à-dire, que le délai ne commence à courir que du lendemain de l'avertissement, et doit, à partir de ce moment, comprendre huit jours qui ne se terminent qu'à la fin du huitième jour, à minuit.

Voir les arrêts indiqués, art. 5.

(1) *Loi du 7 juillet 1833,* art. 10 :
Le procès-verbal et les pièces *transmis par le sous-préfet* resteront déposés *au secrétariat général de la préfecture pen-*

2. La partie qui s'est présentée devant la commission et qui a fait ses observations n'est pas recevable à prétendre que la durée du dépôt a été de moins de huitaine.

Cass., 6 janv. 1836. D. 36, 1, 49 ; S. 36. 1, 5 ; P. 36, 893. *Gaullieur l'Hardy c. Boyer Fonfrède.* M. Quéquet, rapp.

— *Contrà* : Daffry de la Monnoye, t. I, p. 92.

dant huitaine, à dater du jour du dépôt.
Les parties intéressées pourront en prendre communication sans déplacement et sans frais.

ARTICLE XI

Sur le vu du procès-verbal et des documents y annexés, le préfet détermine, par un arrêté motivé, les propriétés qui doivent être cédées, et indique l'époque à laquelle il sera nécessaire d'en prendre possession. Toutefois, dans le cas où il résulterait de l'avis de la commission qu'il y aurait lieu de modifier le tracé des travaux ordonnés, le préfet surseoira jusqu'à ce qu'il ait été prononcé par l'administration supérieure.

L'administration supérieure pourra, suivant les circonstances, ou statuer définitivement, ou ordonner qu'il soit procédé de nouveau à tout ou partie des formalités prescrites par les articles précédents (1).

1. Si la commission d'enquête n'a pas proposé de modification au projet primitif, le préfet prend l'arrêté de cessibilité.

2. Cet arrêté doit contenir les noms des propriétaires qui doivent être expropriés avec l'indication de la nature et de la contenance exacte de chaque parcelle. (V. art. 2.)

Toutefois, l'expropriation est valablement poursuivie relativement aux parcelles qui, sans être spécialement désignées dans l'arrêté, sont comprises et indiquées sur le plan annexé à l'arrêté.

Cass., 5 févr. 1840. D. 40, 1, 127; S. 40, 1, 162; P. 40, 1, 807. *Charnay c. préfet de la Seine.* M. Quéquet, rapp. — Delalleau et Jousselin, t. I, n° 136.

3. La mention que l'arrêté de

cessibilité a été rendu *en Conseil de préfecture*, bien qu'il ne s'agisse pas d'une expropriation purement communale, ne vicie pas cet arrêté et, par suite, le jugement d'expropriation.

Cass. rej., 28 janv. 1884. *Compagnie des hauts-fourneaux c. la ville d'Albi.* M. Greffier, rapp.

4. Il doit être motivé, c'est-à-dire, indiquer les bases légales de la décision prise, ce qui se fait généralement par un simple visa des pièces constatant l'observation des formalités prescrites par la loi.

5. Il doit mentionner de plus l'époque de la prise de possession. L'indication d'une date précise et invariable n'est pas nécessaire; il a été jugé que la déclaration

(1) *Loi du 7 juillet 1833*, art. 11 : Sur le vu du procès-verbal et des documents y annexés, le préfet détermine, par un arrêté motivé, les propriétés qui doivent être cédées, et indique l'époque à laquelle il sera nécessaire d'en prendre possession.

Toutefois, dans le cas où il résul-

terait de l'avis de la commission qu'il y aurait lieu de modifier le tracé des travaux ordonnés, le préfet surseoira jusqu'à ce qu'il ait été prononcé par l'administration supérieure.

La décision de l'administration supérieure sera définitive et sans recours au Conseil d'État.

nsérée dans l'arrêté : que la prise de possession aurait lieu dès que les formalités prescrites pour la fixation de l'indemnité auraient été accomplies, était suffisante.

Cass. 10 août 1841. D. 41, 1, 313; S. 41, 88; P. 47, 1, 217. *Forquet c. préfet de la Drôme.* M. Gillon, rapp.

6. Quelle que soit la date indiquée pour la prise de possession, elle ne peut, en tous cas, avoir lieu tant que l'indemnité n'a pas été payée.

Même arrêt.

7. Lorsque la commission a été d'avis de modifier le tracé des travaux ordonnés, le préfet doit surseoir et en référer au ministre.
8. Celui-ci peut statuer immédiatement s'il adopte soit le projet primitif, soit le projet modifié par la commission, l'un et l'autre ayant été portés à la connaissance des intéressés qui ont été à même de présenter leurs observations; mais il doit ordonner une enquête, s'il adopte un tracé différent et du projet primitif et du projet de la commission; autrement, l'arrêté de cessibilité ayant été rendu sans que les propriétaires atteints par le nouveau tracé aient pu formuler leurs réclamations, le tribunal devrait se refuser à prononcer l'expropriation.

De Peyronny et Delamarre, n° 171. Daffry de la Monnoye, t. I, p. 96.

9. La disposition de l'article 11 d'après laquelle, dans le cas où il résulte de l'avis de la commission d'enquête instituée par l'article 8 de la loi, qu'il y aurait lieu de modifier le tracé des travaux ordonnés, le préfet doit surseoir à tout arrêté de cessibilité jusqu'à ce qu'il ait été prononcé par l'administration supérieure, ne distingue pas entre le cas où le préfet accepte les modifications proposées au tracé des travaux et le cas où il les repousse; en conséquence, c'est à bon droit qu'un tribunal se refuse à prononcer l'expropriation, tant que l'administration supérieure n'a pas statué, bien que le préfet ait adhéré aux propositions de la commission d'enquête tendant à modifier le tracé des travaux.

Cass. rej., 2 mai 1880. D. 81, 1, 160; P. 80, 1173; *Bull. civ.*, 80, p. 200. M. Merville rapp.

10. L'erreur de date de l'arrêté de cessibilité peut être rectifiée à l'aide des énonciations contenues dans les documents qu'il vise.

Cass., 22 août 1838. D. 38, 1, 367. S. 38, 1002. *Houzet c. préfet du Nord.* M. Quéquet, rapp.

11. Pour les recours dont l'arrêté de cessibilité est susceptible, (V. art. 2.

ARTICLE XII

Les dispositions des articles 8, 9 et 10 ne sont pas applicables au cas où l'expropriation serait demandée par une commune, et dans un intérêt purement communal, non plus qu'aux travaux d'ouverture ou de redressement des chemins vicinaux.

Dans ce cas, le procès-verbal prescrit par l'article 7 est transmis, avec l'avis du Conseil municipal, par le maire au sous-préfet, qui l'adressera au préfet avec ses observations.

Le préfet, en conseil de préfecture, sur le vu de ce procès-verbal, et sauf l'approbation de l'administration supérieure, prononcera comme il est dit en l'article précédent (1).

1. L'exception formulée par le paragraphe 1ᵉʳ de l'article 12 doit être limitée aux travaux qui intéressent exclusivement la commune demanderesse; elle ne saurait être appliquée lorsque ces travaux sont faits dans l'intérêt de plusieurs communes.

Cass., 13 mars 1848. D. 48, 5, 184; S. 48, 1, 379; P. 48, 1, 380. *Commune des Batignolles c. ville de Paris.* M. Gaultier, rapp.
— 12 juill. 1870. D. 70, 1, 367; S. 70, 1, 371; P. 70, 969. *Ville de Sens c. ville de Paris.* M. de Vaulx, rapp.
— Delalleau et Jousselin, t. I, n° 139. — De Peyronny et Delamarre, n° 174. — Daffry de la Monnoye, t. I, p. 99.

2. Il en devrait être ainsi alors même que deux ou plusieurs communes agiraient de concert pour poursuivre l'expropriation.

Daffry de la Monnoye, *ibid.*

3. L'exception est applicable à la ville de Paris comme à toute autre commune de France.

Cass., 9 avr. 1877. D. 77, 1, 470; P. 78, 293; S. 78, 1, 128. *Haincque de Saint-Senoch c. ville de Paris.* M. Merville, rapp.

4. C'est le conseil municipal, pour les travaux purement communaux, qui remplace la commission d'enquête.

5. L'avis du conseil municipal est une formalité essentielle. A peine de nullité cet avis doit être transmis au préfet avant l'arrêté de cessibilité, et justification doit en être donnée au tribunal saisi de la demande d'expropriation.

Cass., 14 déc. 1842. D. 43, 1, 95; S. 43, 1, 171; P. 43, 1, 378. *Dupontavice c. préfet du Calvados.* M. Renouard, rapp.
— 4 avr. 1843. D. 43, 1, 192; S. 43, 1, 344; P. 43, 1, 636. *Soulbieu c. préfet de l'Eure.* M. Renouard, rapp.

(1) *Loi du 7 juillet, 1833,* art. 12 :
Les dispositions des articles 8, 9 et 10 ne sont point applicables au cas où l'expropriation serait demandée par une commune et dans un intérêt purement communal.
Dans ce cas, le procès-verbal prescrit par l'article 7 est transmis, avec l'avis du conseil municipal, par le maire au sous-préfet, qui l'adressera au préfet avec ses observations.
Le préfet, en conseil de préfecture, sur le vu de ce procès-verbal et, sauf l'approbation de l'administration supérieure, prononcera comme il est dit en l'article précédent.

— 30 avr. 1845. D. 45, 1, 295; S. 45. 1, 746; P. 45, 1, 273. *Desplats c. préfet du Tarn.* M. Lavielle, rapp.

6. Des délibérations antérieures du conseil municipal touchant ce qui fait l'objet de l'expropriation ne sauraient tenir lieu de l'avis prévu et prescrit par l'article 12.

Cass., 4 juill. 1843. D. 43, 1, 404; S. 43, 1, 784; P. 43, 2, 584. *Verdière c. préfet du Nord.* M. Renouard, rapp. — 14 mars 1870. D. 70, 1, 368; S. 70, 1, 175; P. 70, 1, 403. *D'Aurelle de Montmorin c. commune de Courpière.* M. Merville, rapp.

7. Et l'avis que l'article 12 prescrit d'envoyer au préfet, en même temps que le procès-verbal mentionné en l'article 171, ne peut s'entendre que d'un avis spécial rendu sur le vu du procès-verbal lui-même, et par conséquent après la clôture de l'enquête dont ce procès-verbal a pour but de constater les résultats. S'il a été envoyé avant la clôture de l'enquête, il est nul et entraîne la nullité du jugement d'expropriation.

Arrêts précités des : 14 déc. 1842. D. 43, 1, 95; S. 43, 1, 171; P. 43, 1, 378. — 14 mars 1870. D. 70, 1, 368; S. 70, 1, 175; P. 70, 1, 403.

8. L'avis du sous-préfet qui doit accompagner l'envoi fait au préfet en conformité du second paragraphe de l'article 12 n'est pas exigé à peine de nullité.

Cons. d'Etat, 8 mars 1860 (*Giraud de Méric*). L. 1860, 192; D. 60, 3, 25; S. 60, 2, 343; P. 60, 840. M. Lhopital, rapp.

9. C'est à peine de nullité que le préfet doit prendre, *en conseil de préfecture*, l'arrêté de cessibilité concernant les propriétés à exproprier pour les travaux communaux.

Cass., 22 mai 1843. D. 43, 1, 328; S. 43, 1, 529; P. 43, 2, 221. *Maudhuit c.*

préfet du Finistère. M. Barennes, rapp. — Duvergier, *Collect.* 1841, p. 134. — Chauveau, *Principes de compét. et de juridict. admin.*, p. 128.

10. L'approbation de l'administration supérieure n'est pas toujours nécessaire quand il s'agit de travaux communaux ou de redressement de chemins vicinaux, comme sembleraient l'indiquer les termes employés par le dernier paragraphe de l'article 7, cette approbation n'est exigée que lorsque l'avis du conseil municipal est contraire au projet.

Avis du Conseil d'Etat du 12 déc. 1868. L. 68 à sa date; D. 70, 3, 97. Cet avis a mis fin à la polémique engagée sur le sens des mots : *sauf l'approbation de l'administration supérieure.* Voy. Gillon et Stourm, *Code des municipalités*, p. 54. — Duvergier, *Collect.* 1841, p. 134.

11. Mais, dans ce dernier cas, le tribunal commettrait un excès de pouvoirs s'il prononçait l'expropriation sans qu'il fût justifié de l'approbation de l'autorité supérieure.

Cass., 31 mars 1845. D. 45, 1, 143; S. 45, 1, 307; P. 45, 2, 273. *Préfet de l'Ain c. Seigne-Martin.* M. Renouard, rapp. — 30 avr. 1845. D. 45, 1, 295; S. 45, 746; P. 45, 2, 273. *Desplats c. préfet du Tarn.* M. Lavielle, rapp.

12. Aucun délai n'est prescrit pour l'obtention, quand elle est nécessaire, de l'approbation de l'administration supérieure; il suffit qu'elle intervienne avant le jugement d'expropriation et qu'il en soit justifié.

13. En matière de travaux communaux et d'ouverture ou de redressement de chemins vicinaux, il n'y a que la formalité de la commission d'enquête qui soit supprimée et remplacée par l'avis du conseil municipal; toutes les autres formalités prescrites par les

articles 5, 6 et 9 doivent être accomplies comme en matière de travaux non communaux.

Cass., 24 juin 1844. D. 44, 1, 331; S.
44, 1, 509; P. 44, 2, 255. *Laroche c.
préfet de la Nièvre*. M. Hello, rapp.
— 30 avr. 1845; S. 45, 1, 546. D. 45.
1, 296; P. 45, 2, 273. *Desplats c. préfet
du Tarn*. M. Lavielle, rapp.

14. Les mots : *ouverture et redressement des chemins vicinaux*,
comprennent les chemins de grande
communication, qui sont soumis,
pour ce qui concerne l'expropriation, à toutes les prescriptions
établies pour les travaux communaux.

Arrêts précités des : 22 mai 1843.
D. 43, 1, 328; S. 43, 529; P. 43, 2, 221.
— 24 juin 1844. D. 44, 1, 331; S.
44, 1, 509; P. 44, 2, 255. V. *Expropriation des chemins vicinaux*.

Titre III. De l'expropriation et de ses suites, quant aux privilèges et hypothèques et autres droits réels.

ARTICLE XIII

Si des biens de mineurs, d'interdits, d'absents, ou autres incapables sont compris dans les plans déposés en vertu de l'article 5, ou dans les modifications admises par l'administration supérieure, aux termes de l'article 11 de la présente loi, les tuteurs, ceux qui ont été envoyés en possession provisoire, et tous représentants des incapables, peuvent après autorisation du tribunal donnée sur simple requête, en la chambre du conseil, le ministère public entendu, consentir amiablement à l'aliénation desdits biens

Le tribunal ordonne les mesures de conservation ou de remploi qu'il juge convenables.

Ces dispositions sont applicables aux immeubles dotaux et aux majorats.

Les préfets pourront, dans le même cas, aliéner les biens des départements, s'ils y sont autorisés par délibération du conseil général; les maires ou administrateurs pourront aliéner les biens des communes ou établissements publics, s'ils y sont autorisés par délibération du conseil municipal ou du conseil d'administration, approuvée par le préfet en conseil de préfecture.

Le ministre des finances peut consentir à l'aliénation des biens de l'Etat, ou de ceux qui font partie de la dotation de la couronne, sur la proposition de l'intendant de la liste civile.

A défaut de conventions amiables, soit avec les propriétaires des terrains ou bâtiments dont la cession est reconnue nécessaire, soit avec ceux qui les représentent, le préfet transmet au procureur du roi, dans le ressort duquel les biens sont situés, la loi ou l'ordonnance qui autorise l'exécution des travaux et l'arrêt mentionné en l'article 11 (1):

(1) *Loi du 7 juillet 1833*, art. 13 :
A défaut de conventions amiables avec les propriétaires des terrains ou bâtiments dont la cession est reconnue nécessaire, le préfet transmet au procureur du roi dans le ressort duquel les biens sont situés, la loi ou l'ordonnance qui autorise l'exécution des travaux et l'arrêté du préfet mentionné en l'article 11.

DIVISION.

SECTION I. — *Conditions, modes et effets de la Cession amiable.*

SECTION II. — *Cessions amiables de biens appartenant à des individus ou à des personnes civiles agissant par représentants.*

§ 1er. — *Biens de mineurs et d'incapables.*

§ 2. — *Immeubles dotaux et majorats.*

§ 3. — *Biens des départements et des communes.*

§ 4. — *Biens de l'État.*

SECTION III. — *Envoi des pièces à l'autorité judiciaire à défaut de conventions amiables.*

SECTION I. — *Conditions, modes et effets de la cession amiable.*

1. Les traités de cession amiable peuvent ne porter que sur la prise de possession qui serait autorisée avant la fixation de l'indemnité ;

2. Ou ne comprendre que l'aliénation de l'immeuble et laisser la fixation de l'indemnité au jury ;

3. Ou avoir pour unique objet la fixation de l'indemnité.

De Peyronny et Delamarre, nos 194 et suiv.

4. Les traités contenant cession sans fixation du prix qui devra être déterminé par le jury, valent vente, et, à partir de la passation du traité, la chose sera aux risques de l'acquéreur.

Delalleau et Jousselin, t. II, nos 754 et suiv.

5. Il peut en être de même d'un traité ne stipulant que la prise de possession, si des termes de la convention, qu'il appartient à l'autorité judiciaire d'apprécier, il résulte que c'est, en réalité, une cession de propriété qu'on a entendu faire.

Cass. rej., 26 déc. 1854. D. 55, 1, 450; S. 55, 1, 604; P. 55, 1, 184. *Chemin de fer du Midi c. de Mas-Latrie.* M. Delapalme, rapp.

6. Le traité de cession peut se réaliser dans les formes que revêtent ordinairement les contrats, mais, s'agissant de travaux publics, il peut aussi, et c'est le mode le plus habituel, revêtir la forme des actes administratifs.

Voyez pour la forme des traités amiables et ce qu'ils doivent contenir, l'art. 56, *infrà.*

7. Ces traités contenant acquisition par l'Etat de terrains reconnus nécessaires pour des travaux d'utilité publique ne sont point du nombre des actes administratifs dont il est interdit aux tribunaux de connaître ; alors même que les conventions sont

constatées en la forme administrative, elles sont des contrats de
droit commun dont l'interprétation et l'exécution appartiennent à
l'autorité judiciaire.

Tribunal des Conflits :
— 15 mars 1850 (*Ajasson de Grandsagne*). L. 50, 239; D. 50, 3, 34; S. 50,
2, 361; P. 50, 203. M. Vincens Saint-
Laurent, rapp.
— 8 mai 1850 (*Gauthier*). L. 50,
434; D. 50, 3, 54; S. 50, 2, 588; P. 50,
249. M. Boudet, rapp.
— 30 nov. 1850 (*Laporte*). L. 50,
895; D. 51, 3, 17; P. 51, 349. M. Boudet, rapp.
— 16 déc. 1850 (*d'Espagnet*). L. 50,
944; D. 51, 3, 21; S. 51, 2, 300; P. 51,
356. M. Mestadier, rapp.
— 24 juill. 1880 (*Latham*). L. 80,
687; D. 81, 3, 83; S. 82, 3, 8; P. 80,
507. M. Laferrière, rapp.
— 20 nov. 1880 (*Thuillier*). L. 80,
910; D. 81, 3, 83; S. 82, 3, 18; P. 80,
556. M. Collet, rapp.
Conseil d'Etat :
— 22 août 1853 (*Duhoux*). L. 53,
848; S. 54, 2, 283; P. 54, 140. M. Robert, rapp.
— 22 fév. 1855 (*de Chergé*). L. 55,
174; D. 55, 3, 57; S. 55, 2, 520; P. 55,
28. M. Bauchart, rapp.
— 15 mars 1855 (*Dupalland*). L. 55,
202; S. 55, 2, 521; P. 55, 37. M. Boulatignier, rapp.
— 10 mai 1855 (*Sœurs de St-Alexis*).
L. 55, 341; D. 55, 5, 214; S. 55, 2, 522.
P. 55, 68. M. Aubernon, rapp.
— 19 juill. 1855 (*Reullon*). L. 55, 552;
D. 56, 3, 11; S. 55, 2, 522; P. 55, 121.
M. Lemarié, rapp.
— 26 nov. 1857 (*Ch. du Midi*). L. 57,
745; S. 58, 2, 601; P. 57, 395. M. Lhopital, rapp.
— 13 janv. 1859 (*Ch. de l'Est*). L. 59,
29; D. 59, 5, 175; S. 59, 2, 570; P. 59,
629. M. Aubernon, rapp.
— 16 août 1860 (*Moulins de Moissac*). L. 60, 660; D. 61, 3, 42; S. 61, 2,
430; P. 61, 920. M. du Martroy, rapp.
— 30 janv. 1868 (*Gigon*). L. 68, 132;
D. 70, 3, 110. M. David, rapp.
— 19 déc. 1868 (*Chauvet*). L. 68.
1067; D. 69, 3, 100; S. 69, 2, 343; P. 69,
384. M. Boulatignier, rapp.
— 21 juill. 1876 (*Min. de la mar. et
des fin.*). L. 76, 711; D. 76, 3, 98. M. de
Baulny, rapp.
Cour de cassation :
— Req., 17 juill. 1849. D. 49, 1, 315;
S. 49, 1, 695; P. 49, 2, 400. *Préfet de*

la Nièvre c. de Courvol. M. Mestadier,
rapp.
— Civ., 17 janv. 1881. D. 81, 1, 157;
S. 81, 1, 380; P. 81, 905. *Fizot-Lavergne
c. Tarnaud.* M. Sallé, rapp.
— Voir toutefois un arrêt de la
Ch. civ. du 14 août 1854. S. 55, 1, 142.
— De Peyronny et Delamarre, n° 201.
— Daffry de la Monnoye, t. I, p. 108
et suiv.
— Gabriel Dufour, n° 45. — Chau-
veau, n°s 418 et suiv. — Delalleau et
Jousselin, t. II, n° 82 *bis*.

8. Ainsi l'autorité judiciaire est
compétente :

pour statuer sur la question de
savoir si le traité de cession a
établi ou non une servitude, et
quelle en est l'étendue;

— Cass. req., 17 juill. 1849. D. 49,
1, 315; S. 49, 1, 695; P. 49, 2, 400.
— Cons. d'Etat, 19 juill. 1855 (*Reullon*). L. 55, 552; D. 56, 3, 11; S. 55, 2,
522; P. 55, 121.
— Arrêts précités.

9. pour rechercher si, de l'acte
de vente, résulte pour l'Etat l'o-
bligation de fournir à son vendeur un passage qui mette en
communication des terrains cou-
pés par le chemin de fer;

Req., 30 janv. 1860. D. 60, 1, 124;
S. 61, 1, 91; P. 60, 733. *Préfet de la
Creuse c. Leblois.* M. Nicolas, rapp.

10. pour décider que l'expro
priation, tout en comprenant une
fontaine établie sur une des parcelles expropriées, n'a pu s'étendre aux eaux de la source ali-
mentant cette fontaine et à la
conduite amenant ces eaux;

Cass. rej., 17 janv. 1881. D. 81, 1,
157; S. 81, 1, 380; P. 81, 905. *Fizot-
Lavergne c. Tarnaud.* M. Sallé, rapp.

11. pour statuer sur la demande en garantie formée par un
propriétaire actionné en dommages-intérêts par son fermier
pour le préjudice causé à une
partie des terrains affermés par
les travaux exécutés, alors que la

demande en dommages est exclusivement fondée sur les clauses de l'acte de cession ;

Trib. des Confl., 24 juill. 1880 (*Latham*). L. 80, à sa date; D. 81, 3, 83; S. 82, 3, 8; P. 80, 507. M. Laferrière, rapp.

12. pour apprécier la demande par laquelle un propriétaire, qui a cédé partie de son immeuble, soutient avoir droit à réclamer l'exécution d'une condition stipulée dans l'acte, ou des dommages-intérêts, en cas d'inexécution ;

Trib. des Confl., 20 nov. 1880 (*De Thuillier*). L. 80, à sa date; D. 81, 3, 83; S. 82, 3, 18; P. 80, 556. M. Collet, rapp.

13. pour déterminer l'étendue des terrains amiablement cédés et dire, par suite, si telle parcelle, dont l'administration a pris possession, se trouvait comprise dans la cession ;

Trib. des Confl., 15 mars 1850 (*Ajasson de Grandsagne*). L. 50, 239; D. 50, 3, 84; S. 50, 2, 361; P. 50, 208. M. Vincens Saint-Laurent, rapp.

14. pour connaître des difficultés soulevées entre un particulier et une commune sur l'exécution de conventions amiables ayant pour objet l'échange de terrains dont une partie était nécessaire à l'ouverture d'une rue ;

Trib. des Confl. 8 mai 1850 (*Gautier*). L. 50, à sa date; D. 50, 3, 54; S. 50, 2, 558; P. 50, 249. M. Boudet. rapp.

15. pour statuer sur les contestations se rattachant directement à l'exécution d'un acte de cession de terrains abandonnés à l'Etat, et notamment, sur le point de savoir si la construction d'un viaduc ou d'un pont, à un point déterminé, n'était pas une des conditions de la cession, et si la non-construction de ce viaduc n'a pas causé au cédant un préjudice pour lequel il lui serait dû une indemnité supplémentaire ;

Trib. des Confl., 30 nov. 1850 (*Laporte*). L. 50, 895; D. 51, 3, 17; P. 51, 349.
— Cons. d'Etat, 22 fév. 1855 (*De Chergé*). L. 55, 174; D. 55, 3, 57; S. 55, 2, 520; P. 55, 28. M. Bauchart, rapp.

16. pour décider si des terrains, cédés gratuitement, ne l'ont pas été sous la condition que la limite fixée ne serait pas dépassée et laisserait intacte une chapelle, et, au cas où la limite prévue a été franchie de manière à entraîner la destruction du monument que l'on voulait conserver, si le cédant n'a pas le droit de réclamer une indemnité pour la totalité des terrains expropriés ;

Cons. d'Etat, 10 mai 1855 (*Sœurs de Saint-Alexis*). L. 55, 341; D. 55, 5, 214; S. 55, 2, 522; P. 55, 68. M. Aubernon, rapp.

17. pour apprécier le point de savoir si un cas prévu comme devant entraîner une indemnité supplémentaire s'est réalisé, et, pour déterminer cette indemnité, si le tribunal jugeait qu'elle fût due ;

Cons. d'Etat, 28 nov. 1861 (*Berthon*). L. 61, 854; D. 62, 3, 55; P. 62, 134. M. Aubernon, rapp.

18. pour examiner si, au cas d'indemnité réclamée pour dommages causés par des travaux publics, ce dommage n'avait pas été prévu par le traité de cession et compris dans le prix fixé pour cette cession ;

Cons. d'Etat, 30 janv. 1868 (*Gigon*). L. 68, à sa date; D. 70, 3, 110. M. David, rapp.

19. pour décider si un particulier est tenu par une déclaration consignée sur le tableau servant de base à l'enquête prescrite par l'article 5 de la loi du 3 mai 1841, de telle sorte qu'il en résulte un engagement l'obligeant à céder gratuitement son terrain.

Cons. d'Etat, 1er août 1873 (*Abbadie*). L. 73, 719; D. 74, 3, 24; S. 75, 2, 119; P. 75, 289. M. Braun, rapp.

20. Et la compétence de l'autorité judiciaire subsiste alors même que le traité de cession serait intervenu entre le domaine de l'Etat et une commune.

Cons. d'Etat, 21 juill. 1876 (*Ministres de la marine et des finances c. ville de Brest*). L. 76, à sa date; D. 76. 3, 98. M. de Baulny, rapp.

21. Et alors même que l'acte de cession aurait été passé dans la forme administrative.

Cass. req., 1er août 1878. S. 79, 1, 883; P. 79, 941. *Abadie c. préfet de la Charente.* M. Talandier, rapp.

22. Mais si l'acte était critiqué dans sa forme, ou s'il y avait débat sur la question de savoir s'il a été revêtu de l'approbation de l'autorité supérieure, ce serait là une question préjudicielle à renvoyer à l'autorité administrative.

Trib. des Confl., 15 mars 1850 (*Ajasson de Grandsagne*). L. 50, 239; D. 50, 3, 84; S. 50, 2, 361; P. 50, 203. M. Vincens-Saint-Laurent, rapp.

23. Il en serait de même, s'il s'agissait de déterminer le sens et la portée d'actes par lesquels, avant la déclaration d'utilité publique, des propriétaires ont promis leur concours à l'Etat, soit par des paiements de sommes d'argent, soit par des prestations, soit par des cessions gratuites de terrains, de telle sorte que cette déclaration fût liée à ces actes et eût pu n'intervenir que par suite des engagements qu'ils contenaient.

Cons. d'Etat, 5 mars 1864 (*Cristofini*). L. 64, 228; D. 65, 3, 33; P. 64' 491. M. Gaslonde, rapp.

Aucoc : Ecole des communes 1864, p. 37. — Serrigny, *Traité de l'organis. et de la compét. admin.* 2e édit., t. II, n° 699.

— *Contrà :* Conclusions de M. Robert commissaire du Gouvernement. — Reverchon, *Bull. des trib.*, du 21 mars 1864. — Chauveau, *Journ. de droit admin.* 1864, p. 332. — Dalloz, 1865, 3, 33.

24. La cession amiable dispense le tribunal de prononcer un jugement d'expropriation et de vérifier si les formalités qui doivent précéder ce jugement ont été remplies.

Cass., 26 déc. 1854. D. 55, 1, 450; S. 55, 1, 604; P. 55, 1, 184. *Chemin de fer du Midi c. De Mas-Latrie.* M. Delapalme, rapp.

25. Mais le traité amiable ne dispense de faire prononcer l'expropriation qu'autant que l'existence de la convention est certaine, que cette convention est définitive et revêtue, notamment, de la part de l'administration, de toutes les approbations nécessaires.

Cass., 31 juill. 1848; D. 48, 1, 408; P. 48, 2, 363. *Jayle c. préfet du Tarn-et-Garonne.* M. Renouard, rapp.

26. Ainsi l'acceptation par un propriétaire de l'évaluation par un ingénieur d'arrondissement d'un terrain soumis à l'expropriation, ne formerait pas contrat obligatoire pour l'administration, si cette évaluation n'avait pas été approuvée par l'autorité supérieure, encore bien que, depuis l'évaluation, l'administration aurait pris possession du terrain.

Même arrêt.

27. La cession amiable faite

par un propriétaire n'empêche pas de remplir les formalités de l'expropriation à l'égard de ceux qui ont sur les terrains cédés des droits d'usage, de servitude ou autres prévus par les articles 21 et 29 de la loi du 3 mai 1841 et qui n'en ont pas consenti volontairement l'abandon.

Cons. d'Etat, 18 août 1849 (*Mouth*). L. 49, 528; D. 50, 3, 5; S. 50, 2, 58; P. 49, 112. M. Lucas, rapp.
— 19 janv. 1850 (*Nouvellet*). L. 50, 77; D. 51, 3. 7; S. 50, 2, 302; P. 50, 172. M. Reverchon, rapp.

28. Lorsque la cession amiable a été offerte par le propriétaire à des conditions que l'administration n'a pas acceptées, les tribunaux peuvent se borner à renvoyer les parties devant le jury sans prononcer de jugement d'expropriation et sans qu'aient été accomplies les formalités prescrites pour la désignation des propriétés qui doivent être expropriées.

Cass., 13 fév. 1883. D. 83, 1, 390; S. 84, 1, 86. *Bull. civ.*, 83, p. 64. *Leroy c. préfet de la Seine-Inférieure*. M. Guérin, rapp.

29. La cession amiable, précédée d'une déclaration d'utilité publique, qui est l'équivalent d'un jugement d'expropriation, a pour effet immédiat et nécessaire de résoudre les baux ; par suite, le locataire de l'immeuble touché par l'expropriation ne peut réclamer l'exécution de son bail d'après les principes du droit commun, mais a seulement à faire valoir ses droits à une indemnité pour la résolution forcée dudit bail.

Cass. rej., 1er juin 1881. S. 81, 1, 881; P. 81, 908; *Bull. civ.*, 81, p. 212. *Grosset c. ville de Sens*. M. Rohault de Fleury, rapp.

SECTION III — *Cessions amiables de biens appartenant à des incapables*.

30. Les cinq premiers paragraphes de l'article 13, destinés à faciliter les cessions amiables, sont une innovation de la loi de 1841.

Voy. explications de M. Dufaure, rapp. — Duvergier, *Collect.* 1841, p. 135.

31. L'article 13 de la loi du 3 mai 1841 qui prescrit aux représentants des incapables de se pourvoir de l'autorisation du tribunal n'est applicable qu'au cas de cession amiable, mais non au cas où l'expropriation est prononcée par jugement et où l'indemnité est fixée par le jury.

Cass. rej., 16 fév. 1846; D. 46, 1. 64; S. 46, 1, 237; P. 46, 1. 500. *Préfet des Bouches-du-Rhône c. hospices de Vitrolles*. M. Renouard, rapp.
— Toulouse, 8 août 1866; D. 66, 2. 209.

32. En matière d'expropriation pour cause d'utilité publique, si les offres d'indemnité faites à des incapables ne peuvent être valablement acceptées par les personnes qui représentent ces derniers qu'autant que cette acceptation a été autorisée suivant les formes prescrites par l'article 13, à plus forte raison aucun acte d'aliénation ne peut être consenti au nom de ces mêmes incapables, sans une autorisation expresse, délivrée suivant les formes et conditions déterminées par ledit article 13.

Cass. req., 23 juin 1883. S. 84, 1. 132. *Hospices de Sainte-Menéhould c. chemin de fer de l'Est*. M. Alméras, Latour, rapp.

§ 1. — *Biens de mineurs et d'in-*
capables.

33. Pour le mineur et l'interdit, la requête afin d'être autorisé à consentir la cession amiable est présentée par le tuteur.

34. Il n'est pas besoin d'autorisation du conseil de famille ;
celle du tribunal suffit.

35. Le mineur émancipé présente la requête lui-même, assisté
de son curateur.

36. Il en est de même du prodigue qui présente la requête,
assisté de son conseil.

37. La procédure d'expropriation qui a été suivie contre le prodigue seul sans l'être conjointement avec son conseil est radica-
lement nulle.

Cass., 17 avr. 1866. D. 66, 5, 195.
Époux Quesnot c. ville de Paris. M.
Mercier, rapp.

38. La femme mariée, si elle est
autorisée par son mari à consentir
la cession, n'a pas besoin de présenter requête ; elle ne doit et ne
peut recourir à ce mode de procéder qu'autant qu'il s'agit d'un
bien sur lequel son mari n'a aucun droit de jouissance, et que
celui-ci refuse son autorisation.

Gabriel Dufour, n° 41. — De Peyronny et Delamarre, n° 188.

39. Les absents sont représentés par les envoyés en possession provisoire qui, avec une autorisation du tribunal, peuvent
consentir la cession amiable des
immeubles à exproprier appartenant à ces absents, sauf les droits
de ceux-ci, en cas de retour, sur
le prix de la cession.

40. L'article 13, après avoir spécialement dénommé les mineurs,
les interdits, les absents, ajoute :
ou autres incapables ; on doit

ranger dans cette dernière catégorie :

les aliénés placés dans un établissement public et pourvus, en
vertu de la loi du 3 juin 1838,
d'un administrateur provisoire ;

41. l'héritier qui n'a accepté
la succession que sous bénéfice
d'inventaire, et qui veut conserver
la qualité d'héritier bénéficiaire ;

42. le curateur à une succession vacante ;

43. le syndic d'une faillite ;

De Peyronny et Delamarre, n°ˢ 187
et 189. — Gabriel Dufour, n° 40. —
Delalleau et Jousselin, t. II, n° 693
et suiv.

44. Le représentant d'un incapable, ne pouvant, ni d'après les
principes du droit commun, ni
d'après les seules règles de la loi
d'expropriation, disposer d'un immeuble appartenant à cet incapable, l'autorisation serait nécessaire, alors même que la convention ne porterait que sur la prise
de possession ; cet acte, qui a
pour conséquence de permettre à
l'administration de faire de l'immeuble tel usage que bon lui semblera, constituant une véritable
aliénation.

— Cass., 26 déc. 1854. D. 55, 1,
450. *Chemin de fer du Midi c. de Mas-
Latrie.* M. Delapalme, rapp.
Contrà : De Peronny et Delamarre,
n° 195. — Husson, *Trav. publ.*, t. I,
p. 311. — Dalloz, n° 239.

45. Quant aux traités portant
consentement à la cession par les
représentants des incapables sans
accord sur le prix, il n'est pas
indispensable que l'autorisation
soit donnée par un jugement
séparé ; le vœu de la loi serait rempli si, par le jugement qui doit donner acte du consentement, conformément au dernier paragraphe de
l'article 14, l'autorisation était donnée sous forme d'homologation.

Delalleau et Jousselin, t. II, n° 760.

46. La requête à présenter au tribunal doit l'être par le ministère d'un avoué.

Circulaire du Ministre des travaux publics du 7 septembre 1856 rapportant une circulaire du 22 juillet 1843 qui déclarait que le ministère des avoués n'était pas nécessaire pour la présentation de la requête à fin d'autorisation.
— Paris, 13 oct. 1852. S. 53, 2, 576; P. 52, 2, 534. — De Peyronny et Delamarre, n° 191. — Daffry de la Monnoye, t. I, p. 107. — Delalleau et Jousselin, t. II, n° 694.
— *Contrà* : Paris, 27 fév. 1854, S. 54, 2, 189.

47. Le tribunal compétent est celui de la situation de l'immeuble, non le tribunal du domicile de l'incapable.

De Peyronny et Delamarre, n° 192. — Delalleau et Jousselin, t. II, n° 697.

48. L'effet de l'autorisation accordée par le tribunal doit être strictement maintenu dans les termes de cette autorisation. Ainsi l'autorisation donnée au tuteur de céder amiablement le terrain appartenant au mineur, mais non de traiter amiablement du prix de cette cession rend nécessaire l'intervention du jury pour la fixation de l'indemnité qui pourra être supérieure à celle illégalement convenue par le tuteur, cette dernière étant considérée comme non avenue.

Cass., 23 mai 1842. D. 42, 1, 266; S. 42, 1, 571; P. 42, 2, 135. *Préfet de l'Isère c. Lebrun.* M. Gillon, rapp.

49. Le propriétaire, maître de ses droits, peut consentir, par une convention amiable, la cession de son immeuble à l'administration avant que l'arrêté de cessibilité ait désigné les parcelles à exproprier, le consentement du propriétaire déterminant suffisamment ces parcelles, objet de la cession.

Cass. rej., 26 déc. 1854. D. 55, 1, 450; S. 55, 1, 604; P. 55, 1, 184. *Chemin de fer du Midi c. de Mas-Latrie.* M. Delapalme, rapp.
— Cons. d'État (*Chemin de fer d'Avignon*), 27 janv. 1853. L. 53, 164.
— Delalleau et Jousselin, t. II, n° 686 et suiv. — Dalloz, n° 190.

50. Mais il n'en saurait être de même, quand il s'agit de biens appartenant à des incapables et pour la cession desquels l'autorisation du tribunal est nécessaire, cette autorisation ne pouvant être demandée et donnée, d'après le premier paragraphe de l'article 13, qu'autant que les biens sont compris dans les plans déposés en vertu de l'article 5, ou dans les modifications admises par l'administration supérieure, aux termes de l'article 11.

De Peyronny et Delamarre, n° 198. — Gillon et Stourm, p. 79. — Circulaire du ministre des travaux publics du 4 janv. 1834 (*Annales des Ponts et Chaussées*, 1834, p. 129). — Observations de M. Dufaure à la Chambre des députés (*Moniteur* du 20 juin 1840).
— *Contrà* : Delalleau et Jousselin, t. II, n°s 686 et suiv. — Dalloz, n° 190.

51. Le traité amiable peut n'intervenir qu'après le jugement d'expropriation et n'avoir pour objet que la fixation de l'indemnité.

52. Les représentants des incapables, qui ne peuvent d'après la loi de 1841, que *céder* avec autorisation du tribunal, ne sauraient abandonner les terrains nécessaires pour la confection des travaux projetés à un titre purement gratuit; mais ils peuvent faire la cession sans indemnité en argent, s'il est stipulé que la plus-value résultant des travaux à exécuter est reçue à titre d'indemnité.

Delalleau et Jousselin, t. II, nᵒˢ 776 et suiv. — De Peyronny et Delamarre, nᵒ 197.

53. Des cessions ainsi faites ne sauraient être considérées comme des donations.

Mêmes auteurs, *ibid.*

54. Le tribunal peut ordonner pour la protection des intérêts du mineur, telles mesures qu'il jugera convenables ; mais il se bornera le plus souvent à des mesures conservatoires ; un remploi trop long et trop difficile à réaliser serait en contradiction avec l'esprit de la loi d'expropriation qui tend à faciliter la transmission de propriété et à abréger les délais.

De Peyronny et Delamarre, nᵒ 193.

§ 2. — *Immeubles dotaux et majorats.*

55. La loi de 1841, sous peine de laisser subsister de fréquentes difficultés de transmission de propriété, devait étendre aux immeubles inaliénables par nature les dispositions édictées pour les biens appartenant à des incapables.

56. Pour les biens dotaux, le consentement du mari et de la femme à la cession ne suffit pas ; il faut de plus l'autorisation du tribunal.

57. De même pour les majorats, le grevé ne peut consentir un traité amiable sans l'autorisation du tribunal.

58. Bien que l'article 13 ne les mentionne pas, on doit assimiler aux biens compris dans un majorat les biens grevés de substitution, dans les conditions prévues par les articles 1055 et 1056 du Code civil. Le tuteur à la substitution présentera la requête.

De Peyronny et Delamarre, nᵒ 190.

§ 3. — *Biens des départements et des communes.*

59. La délibération du conseil général pour les biens des départements, et l'approbation par le préfet en conseil de préfecture des délibérations prises par les conseils municipaux ou les conseils d'administration des établissements publics, remplace l'autorisation judiciaire exigée pour les biens appartenant aux incapables.

60. Les délibérations du conseil général ne doivent pas être soumises à l'approbation du ministre de l'intérieur.

Moniteur du 3 mars 1841.

§ 4. — *Biens de l'Etat.*

61. Les biens du domaine privé de l'Etat pouvant être soumis à l'expropriation, comme les autres immeubles, il était nécessaire que la loi attribuât qualité à un des agents du gouvernement pour en consentir la cession.

SECTION III. — *Envoi des pièces à l'autorité judiciaire, à défaut de conventions amiables.*

62. Le vœu de la loi est que les cessions amiables soient tentées avant de recourir à l'expropriation ; ce n'est que lorsque ces tentatives ont échoué, que l'administration doit recourir à l'autorité judiciaire et lui envoyer les pièces sur le vu desquelles le jugement d'expropriation devra être rendu.

63. Si l'envoi prescrit par le dernier paragraphe de l'article 13 avait été fait par le sous-préfet, au lieu de l'être par le préfet, ce mode de transmission ne vicierait pas les opérations.

ARTICLE XIV

Dans les trois jours et sur la production des pièces constatant que les formalités prescrites par l'article 2 du titre Ier et par le titre II de la présente loi, ont été remplies, le procureur du roi requiert et le tribunal prononce l'expropriation pour cause d'utilité publique des terrains ou bâtiments indiqués dans l'arrêté du préfet
Si dans l'année de l'arrêté du préfet l'administration n'a pas poursuivi l'expropriation, tout propriétaire dont les terrains sont compris audit arrêté peut présenter requête au tribunal. Cette requête sera communiquée par le procureur du roi au préfet, qui devra, dans le plus bref délai, envoyer les pièces, et le tribunal statuera dans les trois jours.
Le même jugement commet un des membres du tribunal pour remplir les fonctions attribuées par le titre IV, chapitre II, au magistrat directeur du jury chargé de fixer l'indemnité, et désigne un autre membre pour le remplacer au besoin.
En cas d'absence ou d'empêchement de ces deux magistrats, il sera pourvu à leur remplacement par une ordonnance sur requête du président du tribunal civil.
Dans le cas où les propriétaires à exproprier, consentiraient à la cession, mais où il n'y aurait point accord sur le prix, le tribunal donnera acte du consentement, et désignera le magistrat directeur du jury, sans qu'il soit besoin de rendre le jugement d'expropriation, ni de s'assurer si les formalités prescrites par le titre II ont été remplies (1).

(1) *Loi du 7 juillet 1833*, art. 14 :
Dans les trois jours, et sur la production des pièces constatant que les formalités prescrites par l'article 2 du titre Ier et par le titre II de la présente loi ont été remplies, le procureur du roi requiert et le tribunal prononce l'expropriation pour cause d'utilité publique des terrains ou bâtiments indiqués dans l'arrêté du préfet.
Le même jugement commet un des membres du tribunal pour remplir les fonctions attribuées par le titre IV, chap. II, au magistrat directeur du jury chargé de fixer l'indemnité.

DIVISION.

SECTION I. — *Mode de procéder devant le tribunal.*

1. La matière étant essentiellement réelle, c'est au procureur de la République de la situation des biens à exproprier que doit être fait l'envoi prescrit par le premier paragraphe de l'article 14.

2. Le tribunal de la situation des biens a seul compétence pour prononcer l'expropriation, en sorte, qu'après cassation, le tribunal de renvoi ne peut que statuer exactement dans les mêmes conditions que le tribunal primitivement saisi, sans qu'il lui soit possible, au cas où des travaux supplémentaires auraient été ordonnés, de prononcer l'expropriation d'autres terrains que ceux compris dans le premier projet ; pour cela, il serait nécessaire de retourner devant le tribunal de la situation des biens.

Cass., 18 janv. 1837. S. 37, 1, 124. *Houzet c. préfet du Nord.* M. Quéquet, rapp.

3. Les propriétaires à exproprier ne doivent pas être appelés devant le tribunal, en matière d'expropriation, la procédure ne devenant judiciairement contradictoire qu'au moment de la notification du jugement.

Cass., 9 juin 1834. D. 34, 1, 328; S. 34, 1, 711; P. 34, 612. *De Montmorency c. préfet de la Seine-inférieure.* M. Rupéron, rapp.
— 6 janv. 1836. D. 36, 1, 49; S. 36, 1, 5; P. 36, 893. *Gaullieur-l'Hardy c. Boyer-Fonfrède.* M. Quéquet, rapp.

4. Les propriétaires menacés d'expropriation ont seulement la faculté d'éclairer le tribunal sur l'affaire qui lui est déférée par des notes ou observations qui, en quelque forme qu'elles soient présentées, le fussent-elles en la forme d'une requête signée d'un avoué, ne sauraient jamais avoir pour conséquence de donner aux réclamants la qualité de *parties*, de les faire admettre à plaider pour justifier leurs prétendus griefs.

Mêmes arrêts.

Retrait comme inutile d'un amendement présenté par M. Renouard pour confirmer par une disposition législative la jurisprudence des arrêts précités (*Moniteur*, du 3 mars 1841, p. 517 et 518). — Observations de MM. Dalloz et Debelleyme (*Moniteur*, *ibid.*, p. 519).

5. Le procureur de la République, d'après l'article 14, ne devant requérir l'expropriation que sur la production des pièces constatant que les formalités prescrites par l'article 2 du titre Ier et par le titre II ont été remplies, l'envoi du préfet doit comprendre :

1° Le décret qui déclare les travaux d'utilité publique,

2° L'arrêté qui désigne les localités ou territoires,

3° Le plan parcellaire,

4° Le certificat du maire attestant la publication et l'affiche de l'avertissement relatif au dépôt du plan,

5° Un exemplaire du journal dans lequel l'avertissement a été inséré,

6° Le procès-verbal dressé par le maire des observations et réclamations qui ont pu se produire,

7° L'arrêté du préfet désignant les membres de la commission d'enquête,

8° Le procès-verbal dressé par cette commission, ou celui du sous-préfet constatant qu'elle n'a pas terminé ses opérations,

9° L'arrêté de cessibilité désignant les propriétés particulières à exproprier.

6. Si la commission d'enquête a proposé une modification au tracé, aux pièces précédentes, on devra joindre :

1° le certificat du maire attestant qu'un avertissement indiquant la modification proposée a été publié et affiché dans la commune,

2° un exemplaire du journal dans lequel a été inséré cet avertissement,

3° le certificat du sous-préfet attestant le dépôt à la sous-préfecture, pendant huitaine, du procès-verbal de la commission et des autres pièces,

4° la décision de l'administration supérieure, si l'arrêté du préfet ne la mentionne pas.

Delalleau et Jousselin, t. I, n° 195.

7. Si rapide que soit la procédure d'expropriation, elle ne saurait enlever aux intéressés le droit de s'inscrire en faux contre les pièces sur le vu desquelles doit être rendu le jugement d'expropriation.

Observations de M. Portalis dans la discussion de la loi de 1833. — *Moniteur* du 14 mai 1833.

8. Mais cette inscription de faux formée devant la juridiction administrative n'obligerait pas le tribunal saisi par le réquisitoire à fin d'expropriation à surseoir, s'il estimait que cette inscription de faux n'est pas sérieuse ; portée à sa connaissance, elle l'autoriserait toutefois à différer de statuer, s'il pensait que, dans les conditions où elle s'est produite, la preuve de la régularité de la procédure n'est pas faite.

De Peyronny et Delamarre, n° 221.

9. Le délai de trois jours imparti au procureur de la République pour présenter son réquisitoire n'est pas fixe et peut être

dépassé sans qu'il en résulte aucune déchéance.

10. Le procureur de la République ne peut se faire le censeur du préfet dont il n'est que le mandataire, en différant ou refusant d'apporter son réquisitoire au tribunal. S'il croit remarquer quelque irrégularité dans les pièces, il peut la signaler au préfet, mais si celui-ci insiste pour que l'affaire soit soumise au tribunal en l'état du dossier, le procureur de la République doit présenter son réquisitoire à fin d'expropriation.

Delalleau et Jousselin, t. I, n° 198. — De Peyronny et Delamarre, n° 214. — Gabriel Dufour, n° 49.

11. Le réquisitoire du procureur de la République doit être écrit. Ses conclusions déterminent la demande sur laquelle le tribunal est appelé à statuer; elles font nécessairement partie des qualités du jugement et doivent rester déposées en minute au greffe du tribunal.

De Peyronny et Delamarre, n° 212. — Delalleau et Jousselin, t. I, n° 198. — Daffry de la Monnoye, t. I, p. 121. — Gabriel Dufour, n° 49.

12. Le ministère public n'est point tenu, à l'audience, de prendre des conclusions orales.

Cass. rej., 14 fév. 1855. D. 55, 1, 178; S. 55, 1, 538; P. 55, 1, 391. *Yon de Jaunage c. ville de Lyon.* M. Gillon, rapp.

13. Mais cette faculté ne lui est point interdite; il peut même, retrouvant, à l'audience son indépendance de magistrat, émettre une opinion contraire à celle du réquisitoire écrit et expliquer par quels motifs il estime que ce réquisitoire ne doit pas être accueilli.

Cass., arrêt précité du 6 janv. 1836. D. 36, 1, 49; S. 36, 1, 5; P. 36, 893. —

Delalleau et Jousselin, t. I, n° 205. — De Peyronny et Delamarre, n° 214. — Herson, n° 62. — Dalloz, n° 255. — Gabriel Dufour, n° 49.

14. C'est toujours le ministère public qui requiert l'expropriation; même lorsqu'il s'agit d'une expropriation poursuivie dans un intérêt purement communal.

Cass., 11 août 1841. D. 41, 1, 327; S. 41, 1, 670; P. 41, 2, 285. *Desbrosses c. ville de la Rochelle.* M. Renouard, rapp.

15. Les intéressés ne pouvant être *parties* au jugement d'expropriation, n'ont pas qualité pour exercer le droit de récusation contre les magistrats composant le tribunal. La récusation ne peut être que spontanée de la part de ces derniers.

16. La participation au jugement d'un magistrat ayant un intérêt *personnel* dans l'expropriation prononcée, serait d'ailleurs, en cette matière, comme en toute autre, une cause de nullité.

17. Dans la pratique, le plus ordinairement, le jugement d'expropriation est rendu sur rapport de juge; mais cette forme de procéder, d'ailleurs utile et d'une sage administration, n'est nullement obligatoire.

SECTION II. — *Jugement.*

§ 1er. — *Vérification et visa de de l'accomplissement des formalités préalables à l'expropriation.*

18. Les diverses formalités qui doivent précéder le jugement d'expropriation sont des formalités essentielles dont l'omission ou la violation entraînent la nullité du jugement lui-même.

Cass. civ., 14 mars 1870. D. 70, 1, 368; S. 70, 1, 175; P. 70, 1, 403. *D'Au-*

relle de Montmorin c. commune de Cour-
pière. M. Merville, rapp.

19. Le tribunal, avant de rendre le jugement d'expropriation,
doit vérifier si toutes les formalités prescrites par la loi ont été
accomplies.

Séance du Conseil d'Etat du 16 nov.
1809; *Opinion de Napoléon; Locré,* t. IX,
p. 676 et suiv. *Jurisprudence constante:*
— Cass., 14 juill. 1857. D. 57, 1,
292; S. 57, 1, 772; P. 58, 298. *Hubert*
c. ville de Tours. M. Renouard, rapp.
— 30 mars 1859. D. 59, 1, 165; P.
59, 763. *Mauriac c. préfet de la Gironde.*
M. Renouard, rapp.
— 14 mars 1870. D. 70, 1, 368; S.
70, 1, 175; P. 70, 1, 403. *D'Aurelle de*
Montmorin c. commune de Courpière.
M. Merville, rapp.
— 30 mars 1870. D. 70, 5, 182; S.
70, 1, 349; P. 70, 382. *Thomas c. che-*
min de fer de l'Ouest. M. Rieff, rapp.
— 27 janv. 1880. D. 80, 1, 164; S.
80, 1, 472; P. 80, 1173. *Delouis c. com-*
mune de Saint-Léonard. M. Merville,
rapp.
— 11 juill. 1881. S. 81, 1, 430; P. 81,
1087. *Geay c. commune de Moulons.*
M. Legendre, rapp.
— Trib. des Confl., 16 déc. 1850
(*d'Espagnet*). L. 50, 944; D. 51, 3, 31;
S. 51, 2, 300; P. 50, 356. M. Mestadier, rapp.
— Cons. d'Etat, 9 mars 1870 (*Ville*
de Sens c. ville de Paris). L. 70, à sa
date; D. 70, 3, 73. M. Gomel, rapp.
— Et les arrêts cités aux numéros
infrà.
— Delalleau et Jousselin, t. I, n° 206.
— De Peyronny et Delamarre, n° 217.
— Gabriel Dufour, n° 50. — Daffry
de la Monnoye, t. I, p. 129.

20. Cette vérification imposée
aux tribunaux n'est pas une vérification de fond, mais de forme;
elle doit se borner à constater
l'accomplissement et la régularité
des formalités exigées par la loi.

Rapport de M. Daru à la Chambre
des pairs. — Duvergier, *Collect.*, 1841,
p. 140.
— Trib. des Confl., arrêt précité du
16 déc. 1850.
Cass., 14 fév. 1855. D. 55, 1, 179; S.
55, 1, 538; P. 55, 1, 391. *Yon de Jau-*
nage c. ville de Lyon. M. Gillon, rapp.
14 juill. 1857. D. 57, 1, 292; S. 57,

1, 772; P. 58, 1, 298. *Huber c. ville de*
Tours. M. Renouard, rapp.
— 9 fév. 1863. D. 73, 1, 255; S. 63,
1, 400; P. 63, 1, 118. *Delcambre c. ville*
de Paris. M. Renouard, rapp.
— 5 août 1872. D. 72, 5, 230. *Lorin*
c. préfet des Bouches-du-Rhône. M.
Greffier, rapp.
— 12 nov. 1873. D. 73, 1, 461; S. 74,
1, 84; P. 74, 172. *Esquirol c. préfet de*
l'Ariège. M. Casenave, rapp.
— 25 janvier 1875. D. 75, 1, 230; S.
75, 1, 178; P. 75, 409. *Ch. de fer d'Or-*
léans à Châlons c. ville de Troyes. M.
Casenave, rapp.
— 9 avril 1877. D. 77, 1, 470; P. 78,
293; S. 78, 1, 128. *Haincque de Saint-*
Sénoc c. ville de Paris. M. Merville,
rapp.
Delalleau et Jousselin, t. I, 206 et s.
— De Perronny et Delamarre, n° 219.
— Gabriel Dufour, n° 50. — Daffry de
la Monnoye, t. I, p. 129.

21. La vérification doit porter
sur :

1° L'existence du décret déclarant l'utilité publique et la légalité des conditions dans lesquelles
il a été rendu;

2° Le dépôt du plan parcel-
cellaire, pendant huit jours entiers, à la mairie de la situation
des biens (art. 5);

3° La publication et l'affiche
de ce plan conformément aux
prescriptions de l'article 6;

4° L'ouverture par le maire,
pendant le temps prescrit, d'un
procès-verbal destiné à recevoir
et consigner les observations présentées par les intéressés;

5° La constitution, la réunion,
la durée, le résultat des opérations
de la commission instituée par
l'article 8;

6° L'arrêté de cessibilité du
préfet, désignant les propriétés à
exproprier;

Au cas de modifications proposées par la commission :

La publication et l'affiche de
ces modifications, et leur dépôt,
pendant huit jours, à la sous-préfecture, avec les pièces à l'appui;

La décision de l'administration supérieure.

22. Les dépêches ministérielles et autres documents d'un caractère purement administratif ne rentrent pas dans la catégorie de pièces qui doivent être visées à peine de nullité dans le jugement d'expropriation.

Cass. rej. 18 déc. 1882. D. 84, 1, 88 ; S. 83, 1, 325 ; P. 83, 782. *Bull. civ.* 82, p. 407. M. Blondel, rapp.

23. Et les parties n'ont pas le droit de demander communication de ces documents.

Même arrêt.

24. Mais le tribunal n'aurait pas compétence pour apprécier les conditions dans lesquelles a été faite l'enquête administrative qui a précédé le décret déclarant l'utilité publique ;

Cass. 22 août 1838. D. 38, 1, 167 ; S. 38, 1, 1002. *Houzet c. préfet du Nord.* M. Quéquet, rapp.
— 25 août 1841. P. 1843, 1, 33. *Lenormand c. chemin de fer de Rouen.* M. Piet, rapp.
— 14 déc. 1842. S. 43, 1, 68 ; P. 43, 1, 157 ; D. 43, 1, 156.
— 5 août 1872. D. 72, 5, 230. *Lorin c. préfet des Bouches-du-Rhône.* M. Greffier, rapp.

25. pour juger, soit quant au fond, soit quant à l'accomplissement des formalités préalables en vertu desquelles le préfet a dû procéder, l'arrêté du préfet autorisant les travaux d'ouverture ou de redressement d'un chemin vicinal et les déclarant d'utilité publique, bien qu'il appartienne aux tribunaux de vérifier si le préfet a pris cet arrêté, conformément à l'article 16 de la loi du 21 mai 1836 et dans les limites de sa compétence ;

Arrêt précité du 5 août 1872. D. 72, 5, 230,

26. pour contrôler et infirmer le caractère d'utilité publique attribué par le décret aux travaux projetés ;

Arrêts précités des :
— 14 juillet 1857. D. 57, 1, 292 ; S. 57, 1, 772 ; P. 58, 1, 298.
— 9 février 1863. D. 63, 1, 255 ; S. 63, 1, 400 ; P. 63, 1118.
— 14 nov. 1876. D. 77, 1, 70 ; P. 77, 687 ; S. 77, 278.
— 9 avril 1877. D. 77, 1, 470 ; P. 78, 293 ; S. 78, 1, 128.

27. pour examiner dans quelle mesure l'expropriation était nécessaire à l'exécution de l'entreprise ;

Cass. 14 janv. 1868. D. 68, 1, 53 ; S. 68, 1, 227 ; P. 68, 538. *Roideau c. ville de Nantes.* M. Laborie, rapp.

28. pour rechercher si l'arrêté de cessibilité n'a pas été illégalement rendu, par suite du caractère de l'immeuble exproprié qui devrait être considéré comme dépendance du domaine public ;

Arrêts précités des :
— 26 janvier 1875. D. 75, 1, 230 ; S. 75, 1, 178 ; P. 75, 409.
— 14 nov. 1876. D. 77, 1, 70 ; S. 77, 1, 278 ; P. 77, 687.

29. pour contrôler le mode d'exécution prescrit par l'administration, et, notamment, pour vérifier, avant de prononcer l'expropriation, s'il était pourvu à ce que les restrictions exceptionnelles imposées par la loi même d'expropriation à l'établissement d'un chemin de fer, qui devait être établi au travers d'une ville sans clôture et sans que les rails fissent saillie sur la voie publique, fussent exactement observées ;

Chemin de fer législatif établi dans la ville de Versailles (loi du 31 décembre 1875).
Cass. 28 août 1876. D. 77, 1, 22 ; S. 77, 1, 135 ; P. 77, 305. *L'État c. ville de Versailles.* M. Aucher, rapp.

30. pour rechercher si un concessionnaire de travaux qui, d'après son titre de concession, devait justifier de la constitution du fonds social nécessaire à la complète exécution des travaux, a satisfait à cette obligation.

Arrêt précité du 6 janvier 1836. D. 36, 1, 49; S. 36, 1, 5; P. 36, 893.

31. Le tribunal n'a point à se préoccuper de la question de savoir si les délais accordés par l'Etat au concessionnaire, pour que celui-ci fît prononcer l'expropriation, n'ont point été dépassés, l'inexécution des conditions relatives au délai stipulé ne pouvant infirmer la valeur du décret déclaratif de l'utilité publique.

Cass. rej. 24 août 1880. D. 81, 1, 376; S. 81, 1. 86; P. 81, 176. *Phily et autres c. chemin de fer de Lyon.* M. Legendre, rapp.

32. L'obligation où est le tribunal de vérifier l'accomplissement des formalités qui doivent précéder l'expropriation entraîne, comme conséquence, la nécessité de constater cette vérification par le jugement lui-même, et, par suite, de viser les pièces transmises par le préfet.

Cass. 1er juillet 1834. D. 34, 1, 295; S. 34, 1, 623; P. 34, 691. *Dumarest c. Henry.* M. Quéquet, rapp.
— 2 fév. 1836. D. 36, 1, 85; S. 36, 1, 337; P. 36, 1020. *Houzet c. préfet du Nord.* M. Quéquet, rapp.
— 30 mars 1859. D. 59, 1, 165. *Mauriac c. préfet de la Gironde.* M. Renouard, rapp.
— 21 nov. 1866. D. 66, 5, 204. *Duwarnet c. c^ne de Rouvray.* M. Delapalme, rapp.
— 11 mars 1872. D. 72, 5, 231; S. 72, 1, 139; P. 72, 312. *Dupuis c. préfet de l'Eure.* M. Greffier, rapp.
— 27 janv. 1880. D. 80, 1, 164; S. 80, 1, 472; P. 80, 1173. *V. Bessenon c. préfet de l'Orne.* M. Goujet, rapp.
— 16 fév. 1881. D. 81, 5, 197. *Bull. civ.* 81, p. 62. M. Goujet, rapp.
— 11 juill. 1881. *Bull. civ.* 81, p. 262. M. Legendre, rapp.
— 25 juillet 1883. *de Beaucourt c. c^ne de Pont-l'Évêque.* M. Legendre, rapp.
— 10 déc. 1883. *De Chabrillan c. c^ne de Saint-Vallier.* M. Guérin, rapp.

33. L'obligation du visa des pièces établissant l'accomplissement de chacune des formalités prescrites pour arriver à l'expropriation est imposée par la Cour de cassation d'une façon de plus en plus stricte; le dernier état de sa jurisprudence, sur ce point, se trouve nettement formulé dans l'arrêt du 16 février 1881, rendu au rapport de M. le conseiller Goujet.

Voir *infrà* n° 45.

34. Est nul :
le jugement qui ne constate aucune production des pièces que le préfet a dû adresser au procureur de la République, mais qui énonce simplement que les formalités prescrites par la loi ont été observées, sans d'ailleurs contenir aucun visa ni aucune désignation de pièces permettant à la Cour de cassation d'exercer son contrôle, en cas de pourvoi;

Arrêt précité du 1er juill. 1834. D. 34, 1, 295; S. 34, 1, 623; P. 34, 691.

35. le jugement d'expropriation rendu simplement sur « *le vu des pièces et documents produits* »;

Cass. 14 mars 1865. D. 65, 5, 176. *Montbrun c. c^ne de Chantenay.* M. Delapalme, rapp.

36. le jugement qui se borne à cette énonciation « *que toutes les formalités voulues par la loi ont été remplies* »;

Cass. 21 nov. 1866. D. 66, 5, 204. *Duwarney c. c^ne de Rouvray.* M. Delapalme, rapp.

— 11 mars 1872. D. 72, 5, 231; P. 72, 812; S. 72, 1, 139. *Dupuis c. préfet de l'Eure.* M. Greffier, rapp.

— 11 juill. 1181. S. 81, 1, 430; P. 81, 1087. *Geay c. cⁿᵉ de Moulons.* M. Legendre, rapp.

37. le jugement qui se contente de cette formule : *Vu les pièces jointes à l'appui du réquisitoire du ministère public*, quand ce réquisitoire ne mentionne aucun acte précis constatant le consentement du propriétaire à l'abandon de sa propriété, ni l'accomplissement des formalités qui, à défaut de consentement, doivent être remplies pour que l'expropriation puisse être prononcée ;

Cass. 29 janv. 1850. D. 50, 1, 123; S. 50, 1, 192; P. 50, 1, 602. *Buffault c. préfet de la Seine.* M. Gillou, rapp.

38. le jugement qui ne vise qu'une ou plusieurs des pièces justificatives des formalités prescrites, les autres devant être considerées, *à contrario*, comme n'ayant pas été vérifiées par le tribunal ;

Cass. 2 fév. 1836. D. 36, 1, 85; S. 36, 1, 337; P. 36, 1020. *Houzet c. préfet du Nord.* M. Quéquet, rapp.

— 5 juill. 1836. D. 36, 1, 504; S. 36, 1, 918; P. 37, 1, 119. *Dusserech c. préfet du Lot.* M. Quéquet, rapp.

39. le jugement qui ne viserait que l'arrêté de cessibilité, alors même que celui-ci vise les divers actes d'où serait résulté l'accomplissement des formalités, si rien n'indique que ces pièces, produites au tribunal, ont été vérifiées par lui ;

Cass. 30 août 1859. D. 59, 1, 365; S. 60, 1, 859; P. 60, 40. *Bureau c. la Romanche.* M. Delapalme, rapp.

40. le jugement rendu sans vérification de la légalité de la déclaration d'utilité publique, et, notamment, celui qui ne vise pas la délibération du conseil général,

chargé de cette déclaration, en matière de chemins vicinaux de grande communication ;

Arrêts précités des :

— 30 mars 1859. D. 59, 1, 165.

— 21 nov. 1866. D. 66, 5, 204; S. 67 1, 84; P. 67, 172.

41. le jugement qui omet de viser l'avis du Conseil municipal que le maire, conformément à l'article 12, doit transmettre au sous-préfet quand l'expropriation est demandée dans un intérêt purement communal, alors même que cet avis serait visé dans l'arrêté de cessibilité ;

Cass. 25 juill. 1883. *De Beaucourt c. cⁿᵉ de Pont-l'Évêque.* M. Legendre, rapp.

42. le jugement qui, au cas de modification proposée par la commission, conformément à l'article 11, et de seconde décision ministérielle, modifiant la première, s'est dispensé de viser cette seconde décision, bien qu'elle fût mentionnée dans le réquisitoire du ministère public ;

Cass. 30 mars 1870. D. 70, 5, 182; S. 70, 1, 349; P. 70, 882. *Thomas c. chemin de fer de l'Ouest.* M. Rieff, rapp.

43. le jugement qui prononce l'expropriation sans constater l'existence d'un arrêté préfectoral contenant la désignation des localités sur lesquelles les travaux doivent avoir lieu, lorsque le décret d'utilité publique ne fait pas cette désignation ;

Cass. 13 nov. 1878. D. 79, 1, 174; S. 80, 1, 134; P. 80, 286. *Chemin de fer de Picardie c. préfet de la Somme.* M. Requier, rapp.

44. le jugement qui se borne à viser la lettre d'envoi du préfet, le réquisitoire du ministère public et les pièces indiquant que les formalités voulues par la loi ont été remplies sans qu'il résulte des

mentions du jugement que chacune de ces pièces a été vue et
vérifiée par le tribunal.

Cass. 10 déc. 1883. *De Chabrillan c.*
cᵐᵉ de Saint-Vallier. M. Guérin, rapp.

45. La mention insérée au jugement que les pièces relatives à
l'expropriation ont été vues par le
juge et qu'il est légalement établi
que toutes les formalités prescrites
par l'article 2 et par le titre II de
la loi du 3 mai 1841 ont été accomplies, est insuffisante pour attester la production de toutes les
pièces exigées et leur examen
par le juge. En négligeant d'indiquer spécialement les diverses
pièces produites et chacune des
formalités accomplies, le jugement viole les articles ci-dessus
visés de la loi du 3 mai 1841.

Cass. 16 fév. 1881. D. 81, 5, 197 ; S.
81, 1, 227 ; P. 81, 537. *de Dreux-Brézé*
c. cᵐᵉ de Souvigny. M. Goujet, rapp.
— 12 août 1884. *Godart c. préfet de*
l'Ain. M. Guérin, rapp.

46. Toutefois il a été jugé
qu'aucune disposition législative
n'oblige au visa détaillé de chacune des pièces qui doivent être
envoyées par le préfet ; cette sorte
de visa forme sans doute un mode
de constatation plus sûr et qui
doit être recommandé aux tribunaux ; mais le vœu de la loi est
rempli quand de la formule employée résultent la production et
la vérification des pièces, sous le
contrôle de la Cour de cassation.

Cass. 11 mai 1835. D. 35, 1, 307 ; S.
35, 1, 949 ; P. 35, 165. *Dumarest c. che-*
min de fer de la Loire. M. Quéquet,
rapp.

47. Ainsi a été rejeté le pourvoi formé contre un jugement portant : *Vu les pièces au nombre de*
neuf, transmises au ministère pu-
blic par le préfet et constatant
que les formalités exigées par la
loi ont été remplies ; cette formule
contenant en même temps la *pro-*
duction et le *vu* des pièces qui,
transmises, d'ailleurs, au greffe
de la Cour de cassation et vérifiées
par elle, ont été reconnues établir
l'entier accomplissement de toutes
les formalités prescrites par la loi
d'expropriation.

Même arrêt.

48. De même en a-t-il été pour
un jugement portant cette formule : *Vu les pièces jointes à*
l'appui du réquisitoire du minis-
tère public, alors que le détail des
pièces se trouvait dans ce réquisitoire, et que l'accomplissement
des formalités résultait suffisamment de l'ensemble des mentions
employées.

Cass. 9 avr. 1877. D. 77, 1, 470, P.
78, 293 ; S. 78, 1, 128. *Hainᵉque de Saint-*
Senoch c. ville de Paris. M. Merville,
rapp.

49. Le jugement d'expropriation qui vise l'arrêté de cessibilité
et les pièces jointes à cet arrêté au
nombre desquelles se trouve le
décret d'utilité publique et qui
constate, en outre, qu'il résulte
des documents produits que toutes
les formalités pour arriver à l'expropriation ont été remplies, établit suffisamment la production
du décret d'utilité publique et son
examen par le juge.

Cass. rej. 21 fév. 1882. D. 83, 1, 29 ;
S. 84, 1, 36 ; P. 84, 58. *Bull. civ.* 82 ; P.
56. M. Legendre, rapp.

50. Le contrôle auquel la Cour
de cassation a droit de se livrer,
en ces matières, ne saurait d'ailleurs se borner à constater l'existence de la pièce d'où résulterait
l'accomplissement de la formalité
prescrite, il doit avoir pour effet
de reconnaître que, non seulement

la pièce existe, mais qu'elle a été vue et vérifiée par le tribunal, avant de prononcer l'expropriation.

Cass. 10 juill. 1866; D. 66, 5, 210; S. 67, 1, 84; P. 67, 172. *Burnet-Stears c. préfet du Finistère*. M. Glandaz, rapp.

51. Le visa des pièces nécessaires pour justifier l'accomplissement des formalités prescrites satisfait à l'obligation imposée à tout jugement d'être motivé; des motifs sous forme d'attendus sont inutiles.

Cass. 3 juill. 1839. D. 39, 1, 267; S. 39, 1, 748; P. 46, 2, 544. *Bourgon c. préfet du Doubs*. M. Quéquet, rapp.

52. Relativement aux immeubles appartenant à des incapables, l'autorisation d'aliéner ne figure pas parmi les pièces qui doivent être produites au tribunal et que le jugement doit viser; cette production n'est nécessaire que lorsqu'il s'agit de cessions amiables.

Cass. 16 fév. 1846. D. 46, 1, 64; S. 46, 1, 287; P. 46, 1, 500. *Préfet des Bouches-du-Rhône c. hospices de Vitrolles*. M. Renouard, rapp.

53. Si le jugement d'expropriation ne doit être rendu qu'après vérification de l'accomplissement des formalités prescrites, il ne peut étendre ces formalités et en ordonner qui ne sont pas écrites dans la loi; ainsi, encourt la cassation, le jugement qui ordonne qu'un exemplaire certifié du plan parcellaire restera annexé à sa décision.

Cass. 6 fév. 1878. S. 78, 1, 181; D. 78, 1, 462; P. 78, 430. *Préfet du Puy-de-Dôme c. Dacher*. M. Goujet, rapp.

54. Les jugements d'expropriation doivent, à peine de nullité, être prononcés publiquement.

Cass. 6 janv. 1886; D. 36, 1, 49; S.
36, 1, 5; P. 36, 893. *Gaullieur l'Hardy c. Boyer-Fonfrède*. M. Quéquet, rapp.

55. Est nul le jugement qui renvoie un propriétaire devant le jury pour régler l'indemnité à lui due, sans mentionner que l'immeuble a été cédé amiablement ou a été réuni au domaine public par suite d'alignement, alors que les formalités de l'expropriation n'ont pas été accomplies.

Cass. 10 janvier 1877. D. 78, 1, 127; P. 77, 480; S. 77, 1, 181. *Vve Deligny c. ville de Paris*. M. Guérin, rapp.

§ 2. — *Désignation des propriétaires expropriés*.

56. Le jugement d'expropriation doit, à peine de nullité, mentionner les noms des propriétaires contre lesquels l'expropriation est prononcée.

Cass. 2 févr. 1836. D. 36, 1, 85; S. 36, 1, 337; P. 36, 1020. *Houzet c. préfet du Nord*. M. Quéquet, rapp.
— 4 août 1841; D. 41, 1, 344; S. 41, 1, 661; P. 41, 2, 317. *De Coniac c. préfet des Côtes-du-Nord*. M. Renouard, rapp.
— 6 janvier 1857. D. 57, 1, 46; S. 57, 1, 302; P. 58, 99. *Chaney c. chemin de fer de Lyon*. M. Alcock, rapp.
— 25 août 1857. D. 57, 1, 353; S. 58, 1, 224; P. 58, 984. *Verbois c. chemin de fer de Lyon*. M. Quénault, rapp.
— 9 fév. 1858. D. 58, 1, 127; P. 59, 682. *Gontaut c. chemin de fer des Ardennes*. M. Lavielle, rapp.
— 26 juin 1882. D. 83, 1, 183; P. 83, 418. *Tournier frères c. cne de Salives*. M. Legendre, rapp.

57. Est nul le jugement qui a prononcé l'expropriation d'un terrain, lorsque le plan parcellaire ne contient pas les noms de chaque propriétaire, tels qu'ils sont portés à la matrice cadastrale.

Cass. 27 janv. 1880. D. 80, 1, 164; S. 80, 1, 472; P. 80, 1173. *Delouis c. cne de Saint-Léonard*. M. Merville, rapp.

58. Le propriétaire qui a cédé amiablement son immeuble ne doit pas figurer dans le jugement qui nomme un directeur du jury et renvoie son locataire devant le jury ; par suite, l'omission des noms du propriétaire n'entraîne pas la nullité du jugement.

Cass. rej. 1er juin 1881. S. 81, 1, 381; P. 81, 908. *Grosset c. ville de Sens*, M. Rohault de Fleury, rapp.

59. L'obligation de désigner les propriétaires est remplie quand les noms des propriétaires sont portés au jugement tels qu'ils sont inscrits sur la matrice des rôles, l'expropriant n'ayant pas à rechercher si cette inscription est exacte ou non.

Cass. 16 fév. 1864. D. 64, 5, 153. *Wahler c. cne de Munster*. M. Laborie, rapp.
21 fév. 1882. D. 83, 1, 29; S. 84, 1, 36; P. 84, 58. *Pocquet c. c.ne de Pont-Faverger*. M. Legendre, rapp.

60. Est nul :
le jugement d'expropriation rendu contre un individu décédé depuis plusieurs années, alors que sa veuve est seule inscrite à la matrice cadastrale ;

Cass. 20 juin 1860. D. 60, 1, 406. *Montbrun c. cne de Chantenay*. M. Gaultier, rapp.
— 7 mai 1878. D. 78, 1, 438; S. 78, 1, 276; P. 78, 685. *Aguilhon c. préfet de l'Ardèche*. M. Greffier, rapp.

61. le jugement d'expropriation qui désigne pour la parcelle expropriée un numéro du cadastre sous lequel elle n'est pas inscrite à la matrice cadastrale et comme propriétaire une personne non inscrite à cette matrice ;

Cass. 29 janv. 1884. *Cne d'Ambrières c. Martin*. M. Legendre, rapp.

62. le jugement d'expropriation rendu contre un nommé Jean-Baptiste Lépine, jardinier, exproprié d'une parcelle portant, au ca-dastre, le n° 65, tandis que le propriétaire, inscrit à la matrice cadastrale est un sieur Alexan-dre-François Lépine, ancien huis-sier, et que la parcelle à exproprier porte le n° 64 (*bis*).

Cass. 15 janvier 1884. *Lépine c. la ville de Saint-Denis*. M. Merville, rapp.

63. La procédure d'expropria-tion est régulièrement suivie con-tre le mari, bien que l'immeuble appartienne à la femme, si c'est le mari qui est inscrit à la matrice des rôles.

Arrêt précité du 21 fév. 1882. D. 83, 1, 29; S. 84, 1, 36; P. 84, 58. *Bull. civ.* 82, p. 56. M. Legendre, rapp.

64. Une personne qui aurait, sur l'immeuble, des droits que n'indiquerait pas la matrice cadas-trale, ne pourrait poursuivre la nullité du jugement, par ce motif qu'elle n'y a pas été mentionnée, alors même qu'en outre du proprié-taire inscrit à la matrice cadas-trale, en serait désigné un autre comme ayant des droits de copro-priété.

Cass. 16 fév. 1864. D. 64, 5, 153; *Wahler c. cne de Munster*. M. Laborie, rapp.

65. Cette mention d'une autre personne, en outre de celle inscrite à la matrice cadastrale, ne saurait d'ailleurs être une cause de nullité du jugement d'expropriation qui ne peut être vicié par des indi-cations plus complètes que celles strictement exigées par la loi.

Cass. 5 fév. 1862. D. 62, 1, 378; S. 62, 1, 890; P. 63, 381. *Maujouan. c. Chemin de fer d'Orléans*. M. Renouard, rapp.

66. Mais, au contraire, l'obli-gation, quant aux noms des pro-priétaires, n'est pas remplie lors-que sont mentionnés d'autres noms que ceux inscrits à la matrice ca-dastrale ; quand, par exemple, au cas de mutation sur la matrice, c'est le nom de l'ancien proprié-taire qui a été porté au jugement d'expropriation ; ce jugement se trouve, par suite, entaché de nul-lité.

Cass. 6 janv. 1857. D. 57, 1, 46 ; S. 57, 1, 303 ; P. 58, 99. *Chaney c. chemin de fer de Lyon.* M. Alcock, rapp.
— 9 fév. 1858. D. 58, 1, 127 ; P. 59, 682. *Gontaut c. chemin de fer des Ardennes.* M. Lavielle, rapp.

67. C'est l'état de la matrice cadastrale, *au moment où le juge-ment est rendu*, qui doit déter-miner les noms à porter au juge-ment ; il appartient à l'expropriant de mettre, pour cet instant, le juge en situation d'indiquer exac-tement les propriétaires contre lesquels l'expropriation est pro-noncée.

Daffry de la Monnoye, t. I, p. 125.

68. Si un propriétaire décédé figure à la matrice des rôles, l'ex-propriation peut valablement être prononcée contre lui.

Cass. 20 juin 1860. D. 60, 1, 406 ; P. 61, 268. *Montbrun c. c^ne de Chantenay.* M. Gaultier, rapp.

69. Mais si l'administration poursuit l'expropriation contre un ou plusieurs des héritiers du pro-priétaire et en laisse d'autres en dehors, ceux qui ne seront pas mentionnés au jugement pourront en faire prononcer la nullité.

Même arrêt.

70. Chacun des expropriés doit, en effet, être individuellement et nominativement désigné au juge-ment ; il ne suffirait pas qu'il se trouvât compris dans une désigna-tion collective.

Même arrêt.

71. Avec une désignation col-lective telle que : *Enfants N...* ou *N... et consorts,* le jugement ne pourrait être à l'abri de la cas-sation qu'autant que, dans une autre partie de ce même jugement, les expropriés seraient individuel-lement dénommés avec indication des parcelles que l'expropriation leur enlève.

Cass. 22 août 1838. D. 38, 1, 367 ; S. 38, 1002. *Houzet c. préfet du Nord.* M. Quéquet, rapp.

72. Lorsque la femme est seule inscrite à la matrice cadastrale, le jugement d'expropriation pro-noncé contre le mari est nul, la qualité d'administrateur ne don-nant pas au mari, en l'absence d'un mandat spécial, pouvoir pour représenter la femme dans la pro-cédure d'expropriation.

Cass. 4 juill. 1864. D. 64. 5, 152. *Epoux Bauguel c. chemin de fer d'Or-léans.* M. Delapalme, rapp.

73. L'expropriation d'un im-meuble appartenant à une femme séparée de biens ne peut être vala-blement poursuivie contre le mari seul.

Cass. 24 août 1846. D. 46, 1, 329 ; S. 46, 1, 879 ; P. 46, 2, 509. *D. Forest c. préfet du Gard.* M. Renouard, rapp.

74. Et l'expropriation poursui-vie et prononcée contre la femme ne l'est valablement qu'autant que cette femme est *assistée* de son mari.

Cass. 11 janv. 1848. D. 48, 5, 182 ; S. 48, 1, 158 ; P. 48, 1, 10. *de Dar-mailhac c. préfet de la Gironde.* M. Re-nouard, rapp.
— 2 avr. 1873. D. 73, 5, 252 ; P. 73, 1189 ; S. 73, 1, 473. *Epoux Loyer c. préfet d'Ille-et-Vilaine.* M. Casenave, rapp.

75. Aucune disposition de loi n'exige d'ailleurs, sous peine de nullité d'un jugement, qu'il men-tionne expressément l'autorisation donnée par le mari à sa femme, partie au procès ; il suffit que cette autorisation résulte des conclusions déposées.

Civ. Rej. 16 fév. 1881. D. 82, 5, 218. *Epoux Mathis c. chemin de fer d'Anvin.* M. Goujet, rapp.

76. Lorsqu'il s'agit d'exproprier des biens appartenant à des incapables, il n'y a lieu de produire une autorisation d'aliéner, qu'autant qu'il s'agit d'un traité amiable ; cette production n'est pas nécessaire quand c'est un jugement d'expropriation qui doit être rendu.

Cass. 16 fév. 1846. D. 46, 1, 64 ; S. 46, 1, 237 ; P. 46, 1, 500. *Préfet des Bouches-du-Rhône c. hospices de Vitrolles.* M. Renouard, rapp.

§ 3. — *Désignation des immeubles expropriés.*

77. En outre des noms des propriétaires expropriés, le jugement doit contenir la désignation exacte des parcelles que l'expropriation enlève à chacun d'eux.

78. Cette désignation doit être en parfaite concordance avec celle portée en l'arrêté de cessibilité ; le jugement ne pouvant rien modifier aux désignations faites dans cet arrêté.

Cass. 14 mars 1842. D. 42. 1, 158 ; S. 42, 1, 437 ; P. 42, 1, 735. *Jayle c. préfet de Tarn-et-Garonne.* M. Renouard, rapp.
— 28 juin 1852. D. 52, 1, 206 ; S. 52, 1, 672 ; P. 52, 2, 242. *Riant c. chemin de fer de Saint-Germain.* M. Grandet, rapp.

79. Lorsque l'arrêté de cessibilité contient l'état indicatif des parcelles à acquérir avec les numéros du cadastre, la situation des terrains, leur nature, leur contenance, et les noms des propriétaires tels qu'ils sont portés à la matrice des rôles ; qu'il vise l'état parcellaire contenant les mêmes désignations ; que ces états sont mentionnés dans la requête du ministère public ; qu'enfin le tribunal, après avoir visé l'arrêté préfectoral, les pièces jointes, la requête du ministère public, et mentionné les noms des propriétaires, prononce l'expropriation, en cet état de constatations, il est inexact de prétendre que les biens expropriés ne sont pas désignés au jugement.

Cass. rej. 21 fév. 1882. D. 83, 1, 29 ; S. 84, 1, 36 ; P. 84, 58. *Bull. cir.* 82, p. 56 ; *Pocquet c. c^{ne} de Pont-Faverger.* M. Legendre, rapp.

80. Les réclamations faites par une partie devant la commission d'enquête, et tendant à la distraction d'une partie des terrains désignés au plan parcellaire et dans l'arrêté du préfet comme nécessaires à l'exécution des travaux, non plus que l'obligation, imposée par le ministre à la compagnie adjudicataire d'abandonner gratuitement ces terrains dans un cas donné, ne sauraient autoriser le tribunal à laisser en dehors du jugement d'expropriation aucune des parcelles désignées au plan et à l'arrêté de cessibilité.

Arrêt précité du 28 juin 1852.

81. Mais si le jugement d'expropriation doit comprendre tous les terrains et bâtiments désignés en l'arrêté de cessibilité, il ne doit comprendre rien qui n'ait été mentionné dans cet arrêté.

82. Ainsi est nul :
le jugement qui prononce l'expropriation de 105 hectares 47 ares, quand l'arrêté de cessibilité ne la réclamait que pour 10,547 mètres ;

Arrêt précité du 14 mars 1842.

83. le jugement qui, au lieu

de prononcer l'expropriation des seules portions de terrain désignées par l'arrêté de cessibilité, exproprie la totalité des parcelles touchées par les travaux ;

Cass. 7 juill. 1846 ; P. 47, 2, 314. *Préfet du Gard c. habitants de Grasse.* M. Renouard, rapp.

84. le jugement qui prononcerait l'expropriation d'une servitude de *passage* sur une zone établie par le décret d'utilité publique autour d'un bois (bois de Boulogne) et frappée seulement d'une servitude de *non-construction.*

Cass. 28 mai 1861. D. 61, 1, 287 ; S. 61, 1, 992 ; P. 62, 237. *Delcambre c. ville de Paris.* M. Delapalme, rapp.

85. Le jugement d'expropriation qui est en conformité avec le décret d'utilité publique et le décret de cessibilité est inattaquable ; ainsi en est-il quand ce jugement prononce l'expropriation de terrains excédant ce qui est nécessaire à la stricte exécution de l'ouverture d'une rue simplement visée par le décret d'utilité publique, si au décret est annexé un plan comprenant ces terrains indiqués comme nécessaires aux travaux à effectuer ;

Cass. rej. 14 janv. 1868. D. 68, 1, 53 ; S. 68, 1, 227 ; P. 68, 538. *Roideau c. préfet de la Loire-Inférieure.* M. de Laborie, rapp.

86. ou quand la contenance des parcelles indiquée au jugement d'expropriation est inférieure à la contenance réelle, si ces parcelles sont désignées avec relation au plan cadastral qui en énonce les numéros et de manière qu'elles comprennent exactement le terrain figuré au plan visé par l'arrêté de cessibilité.

Cass. 24 février 1863. D. 64, 1, 289 ;

S. 65, 1, 143. *Novion c. chemin de fer du Midi.* N. Nicolas, rapp.

87. Sauf à la partie expropriée à demander un supplément de prix conformément à l'article 1618, C. civ., c'est-à-dire, au cas où l'indemnité ayant été fixée à tant la mesure, la contenance réelle dépasserait d'un vingtième celle indiquée dans le jugement.

Même arrêt.

88. L'action en supplément de prix devrait alors être intentée dans l'année du jugement d'expropriation par application de l'article 1622 du Code civil.

Même arrêt.

89. De même en est-il encore du jugement qui considère comme partielle l'expropriation d'un terrain représentant, en réalité, par suite de l'étendue mentionnée, la contenance totale de l'immeuble exproprié, si le jugement n'a fait que reproduire les désignations du décret d'utilité publique et de l'arrêté de cessibilité.

Cass. Req. 23 juin 1852. D. 54, 1, 363 ; S. 55, 1, 138 ; P. 55, 1, 370. *Jaumes c. ville de Montpellier.* M. Nachet, rapp.

90. Quand le jugement d'expropriation est conforme au décret d'utilité publique et au décret de cessibilité, l'extension abusive qui en aurait été faite, dans l'exécution, ne saurait donner ouverture à cassation.

Cass. rej. 5 fév. 1840. D. 40, 1, 127 ; S. 40, 1, 162 ; P. 40, 1, 307. *Charnay c. ville de Paris.* M. Quéquet, rapp.

91. La désignation des parcelles expropriées doit être faite d'une façon qui ne laisse aucune place à l'équivoque ; pour cela, il convient de les désigner par leur nature : *terres labourables, prai-*

ries, vignes, bois, bâtiments, etc.

92. Les biens expropriés sont suffisamment désignés au jugement quand l'arrêté de cessibilité contient l'état indicatif des parcelles à acquérir, avec les numéros du cadastre, la situation des terrains, leur nature et leur contenance, et les noms des propriétaires tels qu'ils sont portés à la matrice des rôles ; qu'il vise l'état parcellaire qui y est joint et qui contient les mêmes désignations ; qu'enfin le tribunal, après avoir visé l'arrêté préfectoral, les pièces jointes, la requête du ministère public, et mentionné les noms des diverses parcelles à acquérir tels qu'ils sont désignés aux états visés, prononce l'expropriation des parcelles sous les noms ainsi désignés.

Cass. rej. 21 fév. 1882. D. 83, 1, 29 ; S. 84, 1, 36 ; P. 84, 58. *Pocquet c. cne de Pont-Faverger*. M. Legendre, rapp.

93. La désignation faite par le jugement d'expropriation est suffisante quand il prononce l'expropriation des maisons entières telles qu'elles sont expressément et individuellement désignées par rues et par numéros, dans l'arrêté préfectoral de cessibilité, et telles qu'elles sont portées au plan administratif sous les noms des propriétaires inscrits à la matrice des rôles, et que cet arrêté et ce plan sont visés dans le jugement.

Cass. 14 fév. 1855. D. 55, 1, 178 ; S. 55, 1, 538 ; P. 55, 1, 391. *Yon de Jonage c. ville de Lyon*. M. Gillon, rapp.

94. Est nul le jugement qui prononce l'expropriation de terrains déjà expropriés par un précédent jugement pour d'autres travaux.

Cass. 26 juin 1882. S. 83, 1, 135 ; P. 83, 306. *Bull. civ.* 82, p. 267. *De Ra-*

patel c. ville de Rennes. M. Merville, rapp.

95. Il a été jugé qu'une erreur matérielle commise dans le jugement d'expropriation par suite de la production de l'expédition inexacte de l'arrêté de cessibilité, erreur qui avait eu pour effet de faire appliquer l'expropriation à des terrains non compris, en réalité, dans cet arrêté, pouvait être rectifiée par voie d'interprétation, de telle sorte que, par un second jugement il fût déclaré que l'expropriation ne frappait que certaines parcelles et non d'autres précédemment expropriées.

Cass. rej. 6 avril 1859. S. 59, 1, 524 ; P. 59, 949.

96. En mentionnant cette solution il nous paraît qu'on peut en même temps élever des doutes sur son exactitude, et, en tous cas, conseiller de ne la point prendre pour règle.

97. Mais le droit pour les tribunaux d'interpréter leurs décisions existe certainement, en matière d'expropriation, quand il s'agit de décider si une parcelle de terrain a été ou non comprise dans un jugement d'expropriation.

Cons. d'Etat, 3 juillet 1869 (*Liauzu-Despous*). L. 69, à sa date. D. 71, 3, 42 ; P. 69, 463. M. du Martroy, rapp.
Cass. 19 mars 1872. D. 72, 1, 106. *Rouge c. ville de Paris*. M. Massé, rapp.

§ 4. — *Désignation du magistrat qui doit présider le jury et mode de remplacement de ce magistrat.*

98. Les magistrats désignés par le jugement d'expropriation tiennent leurs pouvoirs de la délégation qui leur en est faite expressément et personnellement par le tribunal ; et, s'ils sont dans l'impossibilité de les exercer, il appartient soit au tribunal déléguant, soit au président du tribunal, de pourvoir à leur remplacement.

Cass. 9 mars 1880. S. 80, 1, 471; D. 81, 5, 200; P. 80, 1172. *Cne de Saint-Pierre de Soucy c. Durbet.* M. Greffier, rapp.
— 2 mai 1883. D. 83, 1, 392; S. 84, 1, 132. *Bull. civ.* 83, p. 196. *De Fumel c. cne de Marmanhac.* M. Blondel, rapp.

99. Le magistrat qui siège en remplacement du magistrat-directeur sans avoir été spécialement commis, commet un excès de pouvoir.

Mêmes arrêts.

100. Ainsi, un second suppléant de juge de paix ne saurait trouver dans sa seule qualité le pouvoir de remplacer les magistrats désignés.

Mêmes arrêts.

101. L'excès de pouvoir commis par le magistrat non désigné portant atteinte à la constitution même du jury, constitue une nullité d'ordre public qui vicie toute la procédure et par suite les décisions attaquées, et que la Cour de cassation doit relever d'office.

Mêmes arrêts.

102. Un juge suppléant peut, à défaut de magistrat titulaire, être désigné comme magistrat-directeur du jury.

Cass. rej. 25 janvier 1853. D. 53, 1, 27; S. 53, 1, 287; P. 53, 1, 293. *Troyon c. préfet de la Seine.* M. Renouard, rapp.

103. Le fait même de la désignation, contient présomption suffisante qu'elle n'a été faite qu'à raison des nécessités du service et dans la prévision de légitimes empêchements des juges titulaires.

Même arrêt, et 16 mars 1863. D. 63, 1, 184; S. 63, 1, 317.
De Perronny et Delamarre, n° 227.
— Dufour, n° 86.

104. De même en est-il, quand le président pourvoit au remplacement des magistrats précédemment désignés sans mentionner leur empêchement;

Cass. rej. 4 mars 1861. D. 61, 1, 183. *Ville de Paris c. Duffié.* M. Quénault, rapp.
— 2 fév. 1864. *Chevalier c. préfet de la Seine.* M. Delapalme, rapp.
— 5 déc. 1865. *Bull. civ.* 65, p. 287, *Ardoin c. de Flers.* M. Pont, rapp.

105. Ou lorsque c'est le vice-président qui pourvoit au remplacement au lieu et place du président que l'ordonnance n'indique pas comme empêché;

Cass. rej. 18 fév. 1863. D. 63, 1, 253. *Bourdely c. ville de Paris.* M. Renouard, rapp.
— 8 juill. 1863. D. 63, 1, 253; S. 63, 1, 400; P. 63, 1104. *Malice c. Petit.* M. Moreau de la Meurthe, rapp.

106. Ou lorsque le second magistrat désigné a rempli les fonctions de magistrat-directeur à la place du premier;

Cass. rej. 31 mai 1865. D. 65, 5, 173. *Bull. civ.* 65, p. 170. *Granger-Chotard c. chemin de fer d'Orléans.* M. Leroux de Bretagne, rapp.

107. Ou, quand, en remplacement du greffier qui doit assister le magistrat-directeur, un citoyen a été désigné par le juge et admis au serment.

Arrêt précité du 8 juill. 1863. D. 63, 1, 253; S. 63, 1, 400; P. 63, 1104.

108. Il n'existe aucun motif légal d'incompatibilité entre l'attribution conférée au président du tribunal de procéder au remplacement du magistrat-directeur absent ou empêché et la mission de directeur du jury donnée au

7

président lui-même ; conséquemment eelui-ci, au cas d'empêchement, peut pourvoir à son propre remplacement comme magistrat-directeur.

Cass. rej. 20 mars 1855. D. 55, 1, 61 ; S. 55, 1, 451 ; P. 56, 1, 556. *Montrochet c. ville de Laon.* M. Laborie, rapp.

109. Pendant le service des vacations , c'est le président de la chambre qui exerce les attributions confiées par l'article 14 au président du tribunal.

Cass. rej. 25 janv. 1853. D. 53, 1, 27 ; S. 53, 1, 285 ; P. 53, 1, 294. *Cottin c. préfet de la Seine.* M. Alcock, rapp.

110. Aucun texte de loi n'oblige le même magistrat à diriger les opérations du jury, depuis le moment où elles ont commencé jusqu'à celui où elles prennent fin. Ainsi le premier magistrat peut présider à la formation des jurys constitués pour plusieurs catégories d'affaires et au jugement des affaires de la première catégorie, et le second magistrat désigné, présider au jugement des affaires des autres catégories.

Cass. rej. 23 mars 1857. *Mogis c. ville de Paris.* M. Renouard, rapp.

111. Un magistrat, membre du conseil municipal d'une commune intéressée dans l'expropriation peut exercer les fonctions de magistrat-directeur, sans que sa participation aux opérations du jury les vicie de nullité.

Cass. rej. 2 déc. 1863. D. 64, 5, 154 ; S. 64, 1, 193 ; P. 64, 746. *Préfet du Gers c. héritiers Berger.* M. Laborie, rapp.
— 12 janv. 1864. D. 64, 5. 154 ; S. 64, 1, 193 ; P. 64, 746. *Soubiran c. préfet du Gers.* M. Laborie, rapp.

112. Le magistrat-directeur, en dehors du cas où il est personnellement intéressé dans l'expro-priation, peut être écarté par la voie de la récusation ; mais ne peut l'être que par cette voie.

Mêmes arrêts.

113. Aucune disposition de loi n'interdit au tribunal qui a désigné un de ses membres pour présider le jury désigné conformément à l'article 16 de la loi du 21 mai 1836, de commettre par un nouveau jugement un autre magistrat pour le cas où le premier désigné viendrait à être empêché.

Cass. rej. 17 déc. 1877. D. 78, 1, 52 ; S. 78, 1, 80 ; P. 78, 165 . *Touchy c. ville de Nantes.* M. Sallé, rapp.

114. Au cas de renvoi, à un autre jury, après cassation, le magistrat désigné pour présider le jury en cas d'empêchement du premier commis, peut exercer ces fonctions devant le nouveau jury.

Cass. rej. 6 mars 1878. D. 78, 1, 439 ; S. 78, 1, 181 ; P. 78, 430. *Aguilhon c. préfet de l'Ardèche.* M. Greffier, rapp.

115. Pour la récusation du magistrat-directeur, les prescriptions du Code de procédure civile au titre de la récusation, devront être suivies, la juridiction d'expropriation participant de la justice civile par la nature des affaires dont elle s'occupe et des actes de la procédure.

Arnaud, *Manuel du directeur de jury d'expropriation*, n° 9. — Rapport de M. Barthe, ministre de la justice, en présentant l'ordonnance de septembre 1833.

SECTION III. — *Droit pour le propriétaire dont les terrains figurent à l'arrêté de cessibilité de poursuivre l'expropriation si l'administration ne l'a pas poursuivie dans l'année de l'arrêté.*

116. Le second paragraphe de l'article 14 est une innovation de la loi du 3 mai 1841, introduite malgré la vive opposition du commissaire du gouvernement. Cette disposition a pour but d'empêcher l'administration ou les concessionnaires de prolonger plus que de raison l'état d'incertitude d'une propriété désignée pour l'expropriation.

117. C'est l'arrêté de cessibilité qui fait courir le délai d'une année édicté par l'article 14, non le décret de déclaration d'utilité publique, alors même qu'il contiendrait l'indication des propriétés à exproprier.

Cass. rej. 2 mars 1857. D. 57, 1, 127; S. 57, 1, 769; P. 58, 408. *Garreau c. ville de Paris.* M. Lavielle, rapp.
Déclaration de M. Legrand, *Monit.* du 3 mars 1841, p. 519. — Dellalleau et Jousselin, t. II, nos 893 et suiv. — De Peyronny et Delamarre, nº 233. — Daffry de la Monnoye, t. I, p. 146.

118. C'est au propriétaire seul, non aux locataires ou autres ayants droit de requérir l'expropriation.

119. Le second paragraphe de l'article 14, en consacrant le droit du propriétaire à poursuivre l'expropriation, lui indique, en même temps, la procédure à suivre; elle consiste uniquement, en ce qui le concerne, à présenter requête au tribunal. Cette formalité remplie, c'est au ministère public qu'il appartient, par l'avis donné au préfet, de mettre celui-ci en demeure, d'envoyer les pièces sur le vu desquelles le jugement d'expropriation devra être rendu.

SECTION IV. — *Effets du jugement d'expropriation.*

120. Le jugement d'expropriation est irrévocable, et son effet est de transférer immédiatement la propriété de l'immeuble à l'Etat, au département ou à la commune, suivant celui de ces êtres collectifs dans l'intérêt duquel l'expropriation est poursuivie.

Chambre des Pairs. MM. de Rossi, Girod de l'Ain, Persil. *Monit.* du 12 mai 1840, p. 1014 et 1016.

121. L'absence de fixation d'indemnité, tout comme le défaut de son paiement, ne dénaturent pas l'effet qui résulte de l'existence seule du jugement, à savoir que l'exproprié n'a plus la propriété qui a été transmise à l'Etat.

Colmar, 28 juill. 1841. D. 42, 2, 218; S. 42, 2, 449; P. 42, 1, 459.

122. Le jugement rendu, il ne peut appartenir à l'expropriant d'y renoncer et d'en détruire les effets; alors même qu'il abandonnerait les travaux pour lesquels l'expropriation a été prononcée; il restera propriétaire des immeubles dont il fera tel usage que bon lui semblera.

Cass. 28 mai 1845. S. 45, 1, 414. *Barberon c. préfet de l'Indre.* M. Renouard, rapp.
— 13 fév. 1861. S. 61, 1, 554; D. 61, 1, 136; P. 61, 984. *Gallet-Lefebvre c. ville de Paris.* M. Lavielle, rapp.
— 16 avril 1862. D. 62, 1, 300; S. 62, 1, 721; P. 62, 1, 465. *Préfet de la Seine c. Bernardin.* M. d'Ubexi, rapp.
Favard de Langlade. *Rep. vº Expr. pour util. pub.*, nº 7. — Dellalleau et Jousselin, t. I, nº 270. — De Perronny et Delamarre, nº 205. — Daffry de la Monnoye, t. I, p. 144. — Gabriel Dufour, nº 62.
Contra : Cotelle, *Cours de dr. admin.*, t. I, p. 447 et suiv.

123. Sauf, bien entendu, l'exercice du droit concédé à l'exproprié par les articles 60 et 61 de la loi du 3 mai 1841, de se faire rétrocéder les terrains acquis pour des travaux d'utilité publique et qui n'ont pas reçu cette destination — Voir ces articles.

124. Le jugement, qui prononcerait une seconde fois l'expropriation de terrains précédemment expropriés, commettrait un véritable excès de pouvoir, donnant ouverture à cassation, les droits acquis par l'effet du premier jugement ne pouvant plus être modifiés par une décision postérieure.

Cass. 26 juin 1882. S. 83, 1, 135 ; P. 83, 306. *Rapatel c. ville de Rennes.* M. Merville, rapp.

125. L'immeuble est transféré à l'expropriant libre de toutes charges et d'une façon incommutable.

Tous les droits utiles qui existaient sur cet immeuble disparaissent, par rapport à l'expropriant, pour être remplacés par un droit de créance ouvert au profit de ceux à qui ils appartenaient.

Mêmes arrêts et mêmes auteurs qu'au n° 122.

126. L'expropriation a, notamment pour effet l'expropriation des servitudes qui grèvent l'immeuble, sans qu'il soit besoin de le mentionner expressément.

Cass. 9 février 1863. S. 63, 1, 400 ; D. 63, 1, 254. *Delcambre c. ville de Paris.* M. Renouard, rapp.
— 12 mai 1863. S. *ibid.*; D. 63, 1, 255 ; P. 63, 1118. *Delcambre c. ville de Paris.* M. Delapalme, rapp.

127. Le jugement d'expropriation pour cause d'utilité publique a pour effet immédiat de résoudre les baux qui existent sur l'immeuble exproprié, et d'ouvrir aux locataires le droit à une indemnité d'éviction.

Cass. rej. 16 avril 1862. S. 62, 1, 721 ; D. 62, 1, 300 ; P. 62, 465. *Préfet de la Seine c. Bernardin.* M. d'Ubexi, rapp.

— 4 juill. 1864. D. 64, 1, 443 ; S. 64, 1, 368 ; P. 64, 787. *Lepage-Moutier c. ville de Paris.* M. Glandaz, rapp.
— 2 août 1865. D. 65, 1, 257 ; S. 65, 1, 458 ; P. 65, 1193. *Préfet de la Seine c. Fleury.* M. Pont, rapp.
Req. 23 nov. 1880. D. 81, 1, 259 ; S. 81, 1, 129 ; P. 81, 280. *Ville de Rouen c. Poutrel.* M. Féraud-Giraud, rapp., et de nombreux arrêts de Cours d'appel.

128. Il n'y a aucune distinction à faire entre les baux verbaux dont le terme se détermine d'après les usages locaux et les baux écrits indiquant ce terme, l'immeuble exproprié passant entre les mains de l'expropriant affranchi de toutes charges de nature à en entraver la libre disposition.

Arrêt précité du 23 nov. 1880.

129. Après le jugement d'expropriation, l'exproprié ne pourrait plus :
exercer l'action résolutoire à défaut de paiement du prix ;

Paris, 17 janv. 1853. D. 54, 5, 355 ; *Chemin de fer de Sceaux c. Guillot.*

130. céder autre chose que son droit de créance, et, par suite, payer autre chose que le droit d'enregistrement dû pour une cession de créance ;

131. concéder sur l'immeuble aucun droit de privilège ou d'hypothèque ; et les créanciers qui n'auraient acquis une hypothèque judiciaire que postérieurement au jugement d'expropriation ne pourraient prétendre à partager le prix par voie d'ordre ; il n'y aurait lieu qu'à contribution.

Delalleau et Jousselin, t. I, n° 274.

132. Si l'exproprié venait à mourir, ses héritiers n'auraient pas de droits de mutation à payer pour la propriété de l'immeuble transmis au domaine public ;

133. S'il mourait laissant un testament instituant un légataire pour les meubles, et un légataire pour les immeubles, le droit de créance tomberait dans le lot du légataire des meubles, tandis que l'immeuble lui-même appartiendrait au légataire de la succession immobilière, si le jugement d'expropriation n'était pas encore rendu.

134. La créance remplaçant le droit immobilier, ferait partie de la commuuauté mobilière, sauf l'action en reprise, s'il y avait lieu.

135. Après le jugement, la chose périrait pour l'expropriant.

Observations de M. Persil, Ch. des Pairs, *Moniteur* du 8 mai 1840, p. 957.
De Peyronny et Delamarre, n° 208.
Dellalleau et Jousselin, t. I, n° 273 et suiv.

136. Le jugement d'expropriation prononcé, l'exproprié ne conserve que la possession de l'immeuble, comme garantie du paiement de la créance qui a pris la place du droit réel.

137. Le jugement d'expropriation ne peut enlever cette possession à l'exproprié ; c'est le magistrat directeur qui, après la décision du jury fixant l'indemnité, a seul qualité pour envoyer l'administration en possession.

138. Un jugement qui aurait envoyé un concessionnaire en possession ne serait pas nul si de la formule employée il résultait que cet envoi en possession est subordonné au règlement de l'indemnité par le jury.

Cass. rej. 11 mai 1835. D. 35, 1, 307 ; S. 35, 1, 949 ; P. 35, 2, 119. *Dumarest c. Henry.* M. Quéquet, rapp.

139. L'exproprié, qui conserve la possession jusqu'à l'ordonnance du magistrat-directeur, continue de percevoir les fruits naturels, civils et industriels de l'immeuble.

140. L'administration ne peut rien faire dans l'immeuble ou sur l'immeuble qui soit de nature à nuire au droit de jouissance réservé au propriétaire exproprié, tant que l'envoi en possession de l'expropriant n'a pas été régulièrement prononcé.

141. L'exproprié peut exercer toutes les actions nécessaires pour faire respecter sa possession, agir par voie de complainte, de réintégrande ou de dénonciation de nouvel œuvre.

De Peyronny et Delamarre, n° 209. — Dellalleau et Jousselin, t. I, n° 276. — Dalloz, n° 327.

142. Mais, ne pouvant posséder à titre de propriétaire, il ne saurait invoquer une possession ayant les caractères voulus pour conduire à la prescription, et conséquemment pour achever une prescription commencée.

Cass. 19 juin 1854. S. 54, 1, 630 ; D. 54, 1, 242 ; P. 56, 2, 471. *Pilleau-Delbit c. Ranc.* M. Moreau, rapp.
Contrà : De Peyronny et Delamarre, n° 209.
Dellalleau et Jousselin, t. I, n° 276.

143. La possession laissée à l'exproprié se transmet de la même manière que toute autre possession, par succession, legs, donation, vente, échange, etc.

Dellalleau et Jousselin, t. I, n° 276.

SECTION V. — *Consentement à la cession et désaccord sur le prix.*

144. Le jugement d'expropriation n'est rendu qu'autant que le propriétaire de l'immeuble n'en consent pas amiablement la cession ; si cette cession est consentie, elle produit tous les effets du jugement d'expropriation et en tient lieu.

Civ. rej. 2 août 1865. D. 65, 1, 256;
S. 65, 1, 458; P. 65, 1193. *Préfet de la
Seine c. Fleury.* M. Pont, rapp.
— 1ᵉʳ juin 1881. S. 81, 1, 381; P.
81, 908. *Grosset c. ville de Sens.* M.
Rohault de Fleury, rapp.

145. Si le propriétaire de l'immeuble et l'expropriant sont d'accord et sur la cession et sur le prix, et que le propriétaire n'ait pas fait connaître l'existence, sur l'immeuble, de droits de la nature de ceux qui sont mentionnés dans l'article 21, l'expropriant peut se dispenser de s'adresser à la justice pour se faire donner acte du consentement du propriétaire et provoquer la nomination d'un magistrat directeur du jury; il peut se contenter de faire publier l'acte de cession dans la forme indiquée par le premier paragraphe de l'article 15 et attendre, pour demander la nomination d'un magistrat directeur, que des intéressés se soient fait connaître et que l'accord sur le chiffre de l'indemnité ait été reconnu impossible.

146. Si aucun intéressé ne se fait connaître dans le délai imparti par le second paragraphe de l'article 21, c'est-à-dire, dans la huitaine de l'avertissement qui doit être donné, les conditions de l'expropriation sont définitivement fixées par la convention intervenue entre l'expropriant et l'exproprié.

147. Mais il faut recourir à la justice pour faire donner acte du consentement du propriétaire et provoquer la désignation d'un magistrat directeur du jury: — 1° Si on n'est pas d'accord sur le prix de la cession. — 2° Si étant d'accord, même sur le prix, le propriétaire a fait connaître des fermiers, locataires, usufruitiers, usagers, des ayants droit à l'exercice de servitudes qui refusent de ré-

gler amiablement l'indemnité à laquelle ils peuvent prétendre.

147 bis. Au cas où il a consenti à la cession amiable de son immeuble, dont il abandonnait immédiatement la possession à l'expropriant, l'exproprié est en droit de saisir les juges compétents afin que ceux-ci désignent les jurés qui fixeront l'indemnité à laquelle il prétend.

Cass. 18 août 1884. *Metgé c. Blanchard et d'Alpy.* M. Michaux-Bellaire, rapp.

148. Le jugement qui donne acte du consentement du propriétaire à la cession de l'immeuble doit nécessairement porter en lui-même la preuve directe du fait même de ce consentement.

Cass. 29 janv. 1850. D. 50, 1, 128; S. 50, 1, 192. *Buffault c. préfet de la Seine.* M. Gillon, rapp.
— 23 déc. 1862. D. 62, 1, 544; S. 63, 1, 317; P. 63, 912. *Guérin c. ville de Paris.* M. Aylies, rapp.
— 10 janv. 1877; D. 78, 1, 127; S. 77, 1, 181; P. 77, 430. *Veuve Deligny c. ville de Paris.* M. Guérin, rapp.

149. Par suite, est nul le jugement qui se borne à cette formule: *Vu les pièces jointes à l'appui du réquisitoire du ministère public,* lequel réquisitoire lui-même ne mentionne aucun acte d'où résulte l'adhésion du propriétaire.

Arrêt du 29 janv. 1850.

150. Et le jugement qui, sans viser aucune pièce établissant le consentement du propriétaire, constate qu'il a été rendu sur la simple et unique déclaration du préfet attestant l'existence du consentement allégué.

Arrêt du 23 déc. 1862.

151. Le consentement dont il doit être donné acte est exclusivement celui du propriétaire; lorsque ce consentement est constaté et qu'il y a déclaration d'utilité publique, il n'y a plus d'expropriation à prononcer, ni de vérification à faire des formalités prescrites par le titre 2, mais uniquement à faire fixer par le jury l'indemnité due soit au propriétaire, soit aux autres ayants droit.

Civ. rej. 15 mars 1853 (deux arrêts. *Beauvallet-Jouanard c. la ville de Paris*). D. 53, 1, 86 ; S. 53, 1, 352 ; P. 53, 2, 459. M. Moreau, rapp.

152. Si la cession avait été subordonnée à une condition qui ne se serait point réalisée, elle serait non avenue, et conséquemment le dernier paragraphe de l'article 14 ne pourrait trouver son application.

Cass. 5 juill. 1836. D. 36, 1, 304 ; S. 36, 918 ; P. 37, 1, 119. *Dusserech c. préfet du Lot*. M. Quéquet, rapp.

153. Le tribunal , avant de donner acte du consentement, n'a point à rechercher si la personne qui a signé la convention est véritablement propriétaire ; c'est à l'administration à vérifier si la personne avec laquelle elle traite a qualité pour stipuler.

Dellaleau et Jousselin, t. II, n° 761.

154. Mais il a le droit de s'assurer que la cession, dont on lui demande de donner acte a été réellement consentie.

Daffry de la Monnoye, t. I, p. 161.

155. En cette matière , comme dans les matières de droit commun, les tribunaux ont le droit d'interpréter les conventions intervenues et d'y voir la volonté de consentir à la cession du fonds lui-même, alors que, d'après les termes de l'acte, le propriétaire avait consenti à l'*occupation immédiate* du terrain, moyennant une indemnité à régler ultérieurement à l'amiable *ou par le jury*.

Civ. rej. 26 déc. 1854. D. 55, 1, 450 ; S. 55, 1, 604 ; P. 55, 1, 184. *Chemin de fer du Midi c. Mas-Latrie*. M. Mérilhou, rapp.

156. Le tribunal n'a pas besoin *de s'assurer que les formalités prescrites par le titre 2 ont été remplies* ; mais il doit constater l'accomplissement des formalités prescrites par le titre 1er et notamment, viser la loi ou le décret qui désigne les localités ou territoires sur lesquels les travaux doivent être exécutés.

Arrêts précités des 15 mars 1853 et 26 déc. 1854. — Delalleau et Jousselin, t. II, n° 763. — Daffry de la Monnoye, t. I, p. 157.

157. En l'absence d'arrêté de cessibilité et de cession amiable, c'est à bon droit que le tribunal se refuse, sur la requête d'un prétendu exproprié, à désigner un magistrat directeur du jury.

Cass. rej. 18 déc. 1883. *Gelé c. préfet de la Seine-Inférieure*. M. de Lagrevol, rapp.

ARTICLE XV.

Le jugement est publié et affiché, par extraits, dans la commune de la situation des biens, de la manière indiquée en l'article 6. Il est en outre inséré dans l'un des journaux publiés dans l'arrondissement, ou, s'il n'en existe aucun, dans l'un de ceux du département.

Cet extrait contenant les noms des propriétaires, les motifs et le dispositif du jugement, leur est notifié au domicile qu'ils auront élu dans l'arrondissement de la situation des biens, par une déclaration faite à la mairie de la commune où les biens sont situés ; et, dans les cas où cette élection de domicile n'aurait pas eu lieu, la notification de l'extrait serait faite en double copie au maire et au fermier, locataire, gardien ou régisseur de la propriété.

Toutes les autres notifications prescrites par la présente loi seront faites dans la forme ci-dissus indiquée (1).

§ 1. — *Publication et notification de l'extrait du jugement d'expropriation.*

§ 2. — *A quel domicile la notification doit être faite.*

§ 1. — *Publication et notification de l'extrait du jugement d'expropriation.*

(1) *Loi du 7 juillet 1833*, art. 15 :
Le jugement est publié et affiché, par extrait, dans la commune de la situation des biens, de la manière indiquée en l'article 6. Il est en outre inséré dans l'un des journaux de l'arrondissement *et dans l'un de ceux du chef-lieu du département.*

Cet extrait, contenant les noms des propriétaires, les motifs et le dispositif du jugement, leur est notifié au domicile qu'ils auront élu dans l'arrondissement de la situation des biens par une déclaration faite à la mairie de la commune où les biens sont situés ; et dans le cas où cette élection de domicile n'aurait pas eu lieu, la notification de l'extrait sera faite en double copie au maire et au fermier, locataire, gardien ou régisseur de la propriété.

Toutes les autres notifications prescrites par la présente loi seront faites dans la forme ci-dessus indiquée.

1. L'article 15, pour que le jugement d'expropriation soit porté à la connaisance de qui de droit, prescrit deux choses : une *publication*, faite dans l'intérêt de *tous*, et une *notification*, faite dans un intérêt *individuel*.

2. La publication et notification de l'extrait du jugement d'expropriation sont prescrites à peine de nullité.

Cass. 18 juill. 1836. *Bull. civ.*, n° 76. *Dupir c. préfet du Nord*. M. Quéquet, rapp.

3. La *publication* se fait *de la manière indiquée en l'article* 6 ; conséquemment toutes les décisions relevées sur cet article, relativement à la publication, à l'affiche, à l'insertion dans les journaux, trouvent ici leur application.

V. art. 6.

4. La *notification* est faite aux propriétaires expropriés qui, à partir et par l'effet du jugement d'expropriation, deviennent parties dans la procédure pour la fixation de l'indemnité, et qui, par suite, chacun en particulier, doivent être mis en demeure de faire valoir leurs droits.

Rapport de M. Martin (du Nord) à la Chambre des députés. *Moniteur* du 27 janv. 1833, p. 210.

5. La notification prescrite par l'article 15 a une importance considérable, puisqu'elle fait courir le délai soit pour le pourvoi en cassation (art. 20), soit pour les déclarations que les propriétaires et autres intéressés sont tenus de faire aux termes de l'article 21.

6. Une notification irrégulière ne fait pas courir les délais.

Cass. 30 mars 1859. D. 59, 1, 165 ; P. 59, 763. *Mauriac c. préfet de la Gironde*. M. Renouard, rapp.

— 27 mars 1867. S. 67, 259 ; P. 67, 652. *De Follin c. préfet de la Sarthe*. M. Renouard, rapp.

— 7 mai 1867. *Bull. civ.*, n° 95. *Vérité c. préfet de la Sarthe*. M. Renouard, rapp.

— 14 nov. 1876. D. 77, 1, 70 ; S. 77, 1, 278 ; P. 77, 687. *Chemin de fer de Lyon. c. ville de Nice*. M. Guérin, rapp.

— 7 mai 1878. D. 78, 1, 438 ; S. 78, 1, 276 ; P. 78, 685. *Aguilhon c. préfet de l'Ardèche*. M. Greffier, rapp.

— 21 fév. 1882. D. 83, 1, 29 ; S. 84, 1, 36 ; P. 84, 58. *Pocquet c. c^{ne} de Pont-Faverger*. M. Legendre, rapp.

— 26 juin 1882. S. 83, 1, 133 : P. 83, 418. *Tournier c. c^{ne} de Salives*, M. Legendre, rapp.

7. Les propriétaires auxquels la notification doit être faite sont ceux qui sont inscrits sur la matrice des rôles.

Civ. rej. 10 fév. 1869. D. 69, 1, 175. *Sève c. chemin de fer de Lyon*. M. Pont, rapp.

— 4 août 1880. D. 81, 1, 479 ; S. 82, 1, 38 ; P. 81, 60. *Nepveu c. c^{ne} de Biville la Baignarde*. M. de Lagrévol, rapp.

8. Ainsi la notification est régulièrement faite au mari, porté seul sur la matrice des rôles, bien, qu'en fait, l'immeuble appartînt à la femme et eût un caractère dotal.

Arrêt précité du 10 fév. 1869. D. 69, 1, 175.

9. La notification du jugement d'expropriation est valablement faite au propriétaire décédé quand le décès n'a pas été porté à la connaissance de l'expropriant.

Cass. rej. 10 mai 1875. D. 77, 1, 31 ; S. 75, 1, 319 ; P. 75, 756. *Flipo c. ville de Turcoing*. M. Casenave, rapp.

10. Si la matrice des rôles porte une désignation collective telle que : *enfants* ou *héritiers de N...*, une seule notification faite sous une dénomination cor-

respondante à celle de la matrice suffira.

11. Mais si, au contraire, la matrice contient le nom de plusieurs copropriétaires, une notification devra être faite individuellement à chacun d'eux.

Cass. 7 mai 1878. D. 78, 1, 438; S. 78, 1, 276; P. 78, 685. *Aguilhon c. préfet de l'Ardèche.* M. Greffier, rapp. Delalleau et Jousselin, t. I, n° 221.

12. La notification faite à l'éclusier chargé de la garde d'un canal exproprié est régulière et fait courir les délais du pourvoi en cassation.

Cass. 26 août 1850. D. 50, 1, 280; S. 51, 1, 58; P. 51, 1, 169. *Canal du Midi c. Caisse hypothécaire.* M. Renouard, rapp.

13. L'extrait publié, affiché, inséré dans les journaux doit contenir les noms de tous les propriétaires expropriés.

14. L'extrait notifié individuellement à chaque propriétaire peut se borner à ne reproduire que la partie du jugement qui le concerne et, par suite, omettre les noms des autres propriétaires.

15. L'extrait doit, en outre, contenir les motifs du jugement, c'est-à-dire, le visa des pièces constatant que les formalités prescrites ont été observées.

16. De même que l'absence de *visa* des pièces par le jugement en entraînerait la nullité, de même l'absence de *visa* dans l'extrait le rendrait non avenu et l'empêcherait de faire courir le délai du pourvoi.

Cass. 30 mars 1859. D. 59, 1. 165; P. 59, 763. *Mauriac c. préfet de la Gironde.* M. Renouard, rapp.
— 14 nov. 1876. D. 77, 1, 70; S. 77, 1, 278; P. 77, 687. *Chemin de fer de Lyon c. ville de Nice.* M. Guérin, rapp.
De Peyronny et Delamarre, n° 270.
— Delalleau et Jousselin, t. I, n° 224.
— Daffry de la Monnoye, t. 1, p. 165.
— Dufour, n° 56.

17. Ainsi, en matière d'expropriation de terrains nécessaires pour l'ouverture de chemins vicinaux de grande communication, l'extrait qui se borne à mentionner « *que toutes les formalités prescrites ont été remplies* » sans viser les pièces constatant l'accomplissement de ces formalités, et notamment la délibération du conseil général, ne porte pas, à la connaissance de l'exproprié l'intégralité des motifs du jugement qui l'exproprie, et, par suite, ne peut servir de point de départ au délai du pourvoi.

Arrêt du 30 mars 1859.

18. De même en est-il de l'extrait qui ne mentionnant le visa d'aucune des pièces visées au jugement, porte seulement que « *toutes les formalités prescrites ont été exactement remplies.* »

Arrêt du 14 nov. 1876.

19. Il a été jugé que, lorsqu'une expédition du jugement d'expropriation a été délivrée à l'exproprié sur sa demande, antérieurement à la notification faite par le préfet de l'extrait, conformément aux prescriptions de l'article 15, et que ce jugement contient le visa de toutes les pièces constatant l'accomplissement des formalités voulues, l'omission de ce visa dans l'extrait ne peut être invoquée comme une cause de nullité du jugement.

Civ. rej. 31 juill. 1843. D. 43, 1, 408; P. 43, 2, 363. *Jayle c. préfet de Tarn-et-Garonne.* M. Renouard, rapp.

20. Mais la décision ci-dessus n'examine pas la question de savoir si l'omission du visa dans l'extrait n'empêche pas le délai du pourvoi de courir et, conséquemment n'est point en contradiction avec les arrêts de 1859 et de 1876.

Voy. Daffry de la Monnoye, t. I, p. 165.

21. Si la publication et la notification concernent un jugement qui se borne à donner acte de la cession amiablement consentie, dans les conditions prévues par le dernier paragraphe de l'article 14, l'extrait devra se borner à mentionner le consentement, la déclaration d'utilité publique et l'arrêté de désignation des terrains.

Cass. 16 janv. 1865. *Gaz. des trib.,* 16-17 janv. 1865.

22. En outre, des noms des propriétaires expropriés et des motifs du jugement, l'extrait doit encore comprendre le dispositif, c'est-à-dire, la partie du jugement qui prononce l'expropriation et qui, le plus souvent, contiendra, en même temps, la désignation de ceux contre lesquels elle est prononcée.

23. Enfin, l'extrait doit encore contenir les indications qui sont de nature à établir que les conditions exigées pour la validité de toute décision judiciaire ont été accomplies.

Civ. Cass. 27 mars 1867. *Bull. civ.,* n° 78; S. 67, 259; P. 67, 652. *De Follin c. préfet de la Sarthe.* M. Renouard, rapp.
— 7 mai 1867. *Bull. civ.,* n° 95. *Vérité c. préfet de la Sarthe.* M. Renouard, rapp.

24. L'acte par lequel un propriétaire fait connaître les noms de ses fermiers sur les immeubles expropriés ne couvre pas l'irrégularité résultant d'une notification incomplète, si ce propriétaire ne s'exprime sur l'expropriation

qu'en termes conditionnels et proteste formellement contre toute procédure qui serait contraire aux dispositions de la loi de 1841.

Mêmes arrêts.

25. Mais la comparution et l'acceptation du débat devant le jury couvrent les irrégularités qui pourraient avoir été commises dans la notification du jugement d'expropriation.

Cass. rej. 8 nov. 1859. D. 60, 1, 414. *Françon c. cne de La Tour-en-Jarret.* M. Alcock, rapp.
— 27 janv. 1869. D. 69, 1, 244; S. 69, 1, 385; P. 69, 946. *Barbe c. chemin de fer de Lyon.* M. Pont, rapp.

26. L'exploit de signification ne comprenant ni commandement ni injonction en vertu du jugement d'expropriation, il n'est pas nécessaire de revêtir l'extrait de ce jugement de la formule et de l'intitulé réglés par les articles 146 et 545 du Code de procédure.

Civ. 28 fév. 1855. D. 55, 1, 121; S. 55, 456; P. 56, 1, 207. *Detroyat c. Cie de la rue Impériale, à Lyon.* M. Gillon, rapp.

§ 2. — *A quel domicile doit être faite la notification de l'extrait du jugement d'expropriation.*

27. En matière d'expropriation, l'influence du domicile réel disparaît pour être remplacée par celle du domicile élu.

28. En l'absence d'une élection de domicile que la loi d'expropriation invite le propriétaire exproprié à faire, dans l'arrondissement de la situation des biens, les notifications nécessaires devront être faites, non au domicile réel, mais, d'une part, au maire de la commune, de l'autre au fermier, locataire, gardien ou régisseur de la propriété.

29. Et la notification serait

régulière, alors que le propriétaire aurait son domicile réel, indiqué à la matrice des rôles dans l'arrondissement ou même dans la commune.

Daffry de la Monnoye, t. I, p. 170, *Contrà* : Delalleau et Jousselin, t. II, p. 273. — De Peyronny et Delamarre n° 237.

30. Toutefois, dans ces dernières conditions, il est loisible à l'administration de renoncer au droit que lui donne l'article 15 de notifier à un des représentants du propriétaire sur l'immeuble ; et on devrait tenir pour régulière la notification faite au propriétaire lui-même, à son domicile réel.

Dufour, *Traité de droit admin.*, n° 519. — Delalleau et Jousselin, t. II, p. 276.

31. Mais s'il y a eu élection de domicile, c'est au lieu indiqué par cette élection, et là seulement, que la notification doit être faite ; partout ailleurs, fût-ce au domicile réel, elle serait irrégulière.

Daffry de la Monnoye, t. I, p. 172.

32. Bien que l'article 15 indique l'élection de domicile comme devant être faite par une déclaration à la mairie de la commune où les biens sont situés, on ne doit pas tenir cette forme comme exclusive de toute autre qui serait de nature à faire connaître à l'administration, d'une façon certaine, l'intention de faire élection de domicile dans un lieu déterminé.

De Peyronny et Delamarre, n° 237. — Daffry de la Monnoye, t. I, p. 167. — Delalleau et Jousselin, t. II, p. 273.

33. Mais l'indication d'un domicile par l'exproprié, dans une pétition antérieure à l'expropriation, ne saurait être considérée comme une élection de domicile

autorisant la notification prescrite par l'article 15.

Cass. 2 avr. 1849. D. 49, 1, 79 ; S. 49, 1, 370 ; P. 49, 2, 33. *Carlot-Parquin c. préfet de la Seine.* M. Gillon, rapp.

34. L'élection de domicile, pour assurer leur régularité aux significations faites, doit avoir une authenticité suffisante. Les déclarations sont généralement reçues sur un registre ouvert dans les mairies à cet effet. Il convient qu'elles soient signées du déclarant et du maire ; elles devraient toutefois être considérées comme valables si elles étaient signées du déclarant seul, ou du maire seul, au cas où le déclarant ne saurait ou ne pourrait signer.

35. Dans le cas où il ne serait pas tenu de registre, le maire devrait viser la déclaration et en donner reçu au déclarant.

36. L'élection de domicile peut-être faite par un fondé de pouvoir ; si la procuration est notariée, il suffit de la viser dans la déclaration ; si elle est sous seing-privé, elle doit être annexée.

Delalleau et Jousselin, t. II, n° 986.

37. L'élection de domicile ne vaut qu'à l'égard de celui qui l'a faite ; elle n'autorise pas à faire au domicile élu par la mère nue propriétaire la signification destinée au fils usufrutier.

Cass. 1ᵉʳ juill. 1867. D. 67, 1, 253. *Duveyrier c. chemin de fer de Lyon.* M. Quénault, rapp.

38. La notification faite au maire et au colon partiaire est régulière, si l'élection de domicile n'a été faite que postérieurement à cette notification.

Cass. rej. 27 janv. 1869. D. 69, 1, 244 ; S. 69, 385 ; P. 69, 946. *Barbe c. chemin de fer de Lyon.* M. Pont, rapp.

39. L'élection de domicile ne vaut qu'autant qu'elle a été faite dans l'arrondissemeut de la situation des biens ; lorsque le domicile désigné est hors de cet arrondissement, les significations sont régulièrement faites au fermier, locataire, gardien ou régisseur.

Cass. rej. 15 mai 1855 ; D. 55, 1, 204; S. 55, 1, 537; P. 57, 383. *De Bonardi du Ménil c. ville de Paris.* M. Gillon, rapp.

40. Il a été jugé que, dans les villes où comme à Paris, il y a plusieurs arrondissements munipaux, l'arrondissement, dont parle l'article 15, doit s'entendre de l'arrondissement municipal de la situation des biens et qu'une élection de domicile faite en un autre arrondissement, bien qu'en la ville où se trouvent les immeubles expropriés, doit être considérée comme non avenue.

Même arrêt.
Contrà : De Peyronny et Delamarre, n° 237.

41. Si l'exproprié est décédé après avoir fait une élection de domicile, et qu'aucune mutation n'ait été faite sur la matrice des rôles, la notification sera valablement faite au domicile élu.

42. S'il n'y avait pas eu d'élection de domicile, la notification serait valablement faite au maire et au fermier, locataire, gardien ou régisseur, que l'expropriant ait connu ou non le décès.

Cass. rej. 6 août 1866. *Langellé c. chemin de fer de Paris-Lyon-Méditerranée.* M. Delapalme, rapp.

43. La loi n'a établi entre les personnes qu'elle considère comme les représentants du propriétaire sur l'immeuble aucun ordre de préférence ; quel que soit celui de ces représentants auquel la copie aura été remise, pourvu qu'il ait la qualité que la loi indique, la notification aura été valablement faite.

Cass. 12 janv. 1870. D. 70, 1, 168. *Beurier c. ville de Paris.* M. Massé, rapp.

44. Ainsi la copie est valablement remise à un gardien alors qu'il y avait un locataire dans l'immeuble ;

Même arrêt.

45. A un éclusier, seul agent, dans la commune de la situation des biens, d'une compagnie propriétaire d'un canal, si cette compagnie n'a pas fait élection de domicile.

Cass. 26 août 1850. D. 50, 1, 280; P. 51, 1, 169; S. 51, 1, 58. *Canal du Midi c. Caisse hypothécaire.* M. Renouard, rapp.

46. La dénomination de gardien doit s'appliquer non seulement au concierge chargé de la surveillance d'une habitation, mais aux gardes des bois et forêts.

Delalleau et Jousselin, t. II, p. 275.

47. Mais elle ne saurait s'appliquer au garde champêtre de la commune qui ne peut être considéré comme le représentant du propriétaire au même titre que le fermier, locataire, gardien ou régisseur.

Cass. 28 nov. 1860. D. 61, 1, 133 ; S. 61, 1, 552; P. 61, 983. *Chaillou de l'Étang c. chemin de fer d'Orléans.* M. Lavielle, rapp.

48. Ne saurait non plus être considérée comme valable la notification faite à une compagnie de chemin de fer dans la personne d'un employé de la gare qui ne peut être tenu comme rentrant dans les catégories indiquées par l'article 15.

Cass. rej. 26 janv. 1875. D. 75, 1, 230; S. 75, 1, 278; P. 75, 409. *Chemin de fer d'Orléans à Châlons c. ville de Troyes.* M. Casenave, rapp.

49. La circonstance exceptionnelle de la résisidence du fermier hors de l'arrondissement ne saurait affranchir l'expropriant de lui faire les notifications destinées au propriétaire exproprié, si celui-ci n'a pas fait d'élection de domicile, et n'a pas, sur l'immeuble, d'autre représentant.

Cass. 28 nov. 1860. D. 61, 1, 138; S. 61, 1, 552; P. 61, 983. *Chaillou de l'Etang c. chemin de fer d'Orléans.* M. Lavielle, rapp.

ARTICLE XVI

Le jugement sera, immédiatement après l'accomplissement des formalités prescrites par l'article 15 de la présente loi, transcrit au bureau de la conservation des hypothèques de l'arrondissement, conformément à l'article 2181 du Code civil (1).

1. D'après la loi du 3 mai 1841, la transcription du jugement n'a point lieu pour arriver à la purge des privilèges et hypothèques, mais seulement pour donner de la publicité à l'acte qui a consacré l'expropriation, et faire courir le délai dans lequel doivent être inscrites les hypothèques qui ne le sont pas.

Gillon et Stourm : *Code des municip.*, p, 71.

2. C'est le jugement d'expropriation lui-même qui transmet la propriété d'une manière irrévocable, et qui la transmet à l'expropriant purgée de tous droits immobiliers.

3. La loi du 23 mars 1855 n'a point dérogé à la loi d'expropriation ; les effets du jugement restent tels qu'ils ont été fixés par cette dernière loi, c'est-à-dire, qu'ils demeurent entiers vis-à-vis de l'acquéreur de l'immeuble exproprié qui aurait fait transcrire son titre avant la transcription du jugement d'expropriation.

Delalleau et Jousselin, t. I, p. 197. — De Peyronny et Delamarre, n° 243.

4. La transcription étant le point de départ d'un délai pendant lequel les créanciers sont admis à faire inscrire leurs privilèges ou hypothèques, ne peut utilement avoir lieu qu'après l'accomplissement des formalités de l'article 15 destinées à avertir les intéressés et à les mettre en demeure de faire valoir leurs droits.

Circulaire du ministre des trav. pub. du 26 mars 1853. — *Id.* du ministre de l'intérieur du 30 mars de la même année.

5. L'article 2108 du Code civil, qui prescrit au conservateur des hypothèques de faire une inscription d'office au profit du vendeur n'est pas applicable en matière d'expropriation.

Cass. rej. 13 janv. 1847. D. 47, 1, 71; S. 47, 1, 139 ; P. 47, 1, 171. — 5 avr. 1854. D. 54, 1, 311 ; S. 54, 733 ; P. 47, 2, 594. *Conservateur des hypoth. de Mâcon c. chemin de fer de Lyon.* M. Pécourt, rapp.

(1) *Loi du 7 juillet 1833*, art. 16 :
Le jugement sera immédiatement transcrit au bureau de la conservation des hypothèques de l'arrondissement, conformément à l'article 2181 du Code civil.

ARTICLE XVII

**Dans la quinzaine de la transcription, les privilèges et les hypothèques conventionnelles, judiciaires ou légales, seront inscrits.
A défaut d'inscription dans ce délai, l'immeuble exproprié sera affranchi de tous privilèges et hypothèques, de quelque nature qu'ils soient, sans préjudice du droit des femmes, mineurs et interdits, sur le montant de l'indemnité, tant qu'elle n'a pas été payée ou que l'ordre n'a pas été réglé définitivement entre les créanciers.
Les créanciers inscrits n'auront, dans aucun cas, la faculté de surenchérir, mais ils pourront exiger que l'indemnité soit fixée conformément au titre IV (1).**

1. Les privilèges et les hypothèques, dont l'article 15 autorise l'inscription dans la quinzaine de la transcription, sont les privilèges et hypothèques existant antérieurement au jugement d'expropriation ; ce jugement prononcé, aucune hypothèque ne peut être utilement consentie. Les mots « *antérieurs au jugement* » qui se trouvaient dans la loi de 1833 n'ont disparu de la loi de 1841 que parce qu'ils ont été considérés comme inutiles.

2. L'inscription d'une hypothèque consentie par un acte postérieur au jugement d'expropriation serait inopposable à l'expropriant alors même qu'elle aurait eu lieu antérieurement à la transcription du jugement.

Delalleau et Jousselin, t. I, p. 179, — De Peyronny et Delamarre, p. 184. — Dalloz, n° 344. — Daffry de la Monnoye, t. I, p. 178.
Contrà : Mourlon, *Traité de la transcrip.*, n° 88.

3. La loi d'expropriation ne fait aucune distinction entre les hypothèques légales et les hypothèques conventionnelles ou judiciaires relativement aux formalités destinées à leur faire produire effet et au délai d'inscription.

4. La loi d'expropriation ayant organisé, en matière de privilèges et d'hypothèques, un régime spécial, il en résulte que les hypothèques judiciaires et conventionnelles peuvent encore être inscrites dans la quinzaine de la transcription du jugement d'ex-

(1) *Loi du 7 juillet 1833,* art. 17 :
Dans la quinzaine de la transcription, les privilèges et les hypothèques conventionnelles, judiciaires ou légales, *antérieurs au jugement,* seront inscrits.
A défaut d'inscription dans ce délai, l'immeuble exproprié sera affranchi de tous privilèges et *de toutes hypothèques,* de quelque nature qu'ils soient,

sans préjudice *du recours contre les maris, tuteurs ou autres administrateurs qui auraient dû requérir les inscriptions.*
Les créanciers inscrits n'auront, dans aucun cas, la faculté de surenchérir; mais ils pourront exiger que l'indemnité soit fixée conformément au titre IV.

propriation, bien que l'article 6 de la loi du 23 mars 1855 ait abrogé les articles 834 et 835 du code de procédure auxquels cette faculté d'inscription était empruntée.

De Peyronny et Delamarre, n° 248. — Daffry de la Monnoye, t. I, p. 180. — Troplong, *Transcript.*, n° 103. — Bressolles, n° 84. — Rivière et Huguet, n° 353. — Ducruet, n° 8. — Gauthier, n° 19.
Contrà : Delalleau et Jousselin, t. I, n° 292. — Mourlon, *Transcript.*, n° 88. — Flandin, n° 598 à 607.

5. Les expressions dont se sert le second paragraphe de l'article 17, « *à défaut d'inscription dans ce délai, l'immeuble exproprié sera affranchi de tous privilèges et hypothèques,* » sont inexactes, en ce sens, que l'immeuble a été réellement affranchi de tous priviléges et hypothèques par l'effet du jugement d'expropriation ; l'absence d'inscriptions donne seulement à l'administration le droit de régler l'indemnité, même à l'amiable, et d'en verser le montant, sans se préoccuper de créanciers qui ne se sont pas fait connaître.

6. L'inscription donne aux créanciers le droit de toucher le montant de l'indemnité préférablement aux autres créanciers, et d'exiger, s'ils pensent que le chiffre de cette indemnité est inférieur à la valeur réelle de l'immeuble, que l'indemnité soit fixée par le jury.

7. Cette dernière faculté devra s'exercer dans le délai accordé aux intéressés par le second paragraphe de l'article 21 pour intervenir et formuler leurs réclamations.

Discussion de la loi de 1841.

8. L'expropriation rend exigibles les créances à terme. Pour conserver le bénéfice du terme, le propriétaire exproprié ne peut, sans le consentement du créancier, transporter l'hypothèque sur un autre immeuble.

Paris, 13 fév. 1858. D. 58, 2, 57 ; S. 58, 2, 170.
Contrà : Dalloz, n° 351. — De Peyronny et Delamarre, n° 249.

9. Les inscriptions hypothécaires prises sur un immeuble compris parmi ceux désignés comme nécessaires à l'exécution de travaux déclarés d'utilité publique et cédé amiablement à l'administration, sont, par l'effet de cette cession et de la transcription qui l'a suivie, dispensées du renouvellement décennal.

Cass. 30 janv. 1865. D. 65, 1, 75 ; S. 65, 1, 141 ; P. 65, 302. *Caisse des consignations c. Sicre.* M. Gastambide, rapp.

10. Le recours inscrit dans la loi de 1833 contre les maris, tuteurs ou administrateurs qui auraient dû requérir les inscriptions, subsiste, bien qu'il n'ait pas été mentionné dans la loi de 1841 ; on a jugé inutile de reproduire dans la loi spéciale un principe consacré par le droit commun.

ARTICLE XVIII

Les actions en résolution, en revendication et toutes autres actions réelles, ne pourront arrêter l'expropriation ni en empêcher l'effet. Le droit des réclamants sera transporté sur le prix, et l'immeuble en demeurera affranchi (1).

1. L'article 18 a pour but de consacrer par une disposition formelle cette conséquence de l'expropriation : qu'une fois la propriété acquise, soit par l'effet du jugement d'expropriation, soit par l'effet de la cession consentie après déclaration d'utilité publique et désignation des terrains nécessaires à l'exécution des travaux, l'immeuble ne peut plus sortir des mains de l'expropriant par une action réelle qu'exercerait un prétendant droit quelconque.

2. Les actions réelles qui auraient pu être exercées, d'après le droit commun, et que l'article 18 transforme en actions qui devront être exercées sur le prix, ne peuvent toutefois jouir de ce bénéfice qu'autant que les réclamants se seront fait connaître dans le délai imparti par l'article 21. (V. art. 21.)

Cass. 10 juill. 1850. P. 51, 1, 197; D. 54, 5, 355.
Delalleau et Jousselin, t. I, p. 193. — De Peyronny et Delamarre, n° 259.

3. Si les réclamants ont omis de se faire connaître dans ce délai, et que l'indemnité ait été payée, ils ont perdu tout droit vis-à-vis de l'expropriant.

(1) *Loi du 7 juillet 1833,* art. 18 : Texte identique.

4. Mais l'extinction de tout droit à exercer vis-à-vis de l'expropriant n'entraîne pas l'extinction de ceux qu'ils peuvent avoir à exercer contre l'exproprié, soit pour défaut de paiement du prix, soit pour privation de jouissance.

5. Si l'indemnité n'a pas été payée, ils conservent, jusqu'au paiement, le droit de former opposition au paiement du prix.

6. L'article 18 n'est applicable qu'autant que l'indemnité est bien une indemnité d'expropriation, allouée dans les conditions de la loi d'expropriation ; il ne l'est pas, notamment, à l'indemnité allouée pour la démolition de bâtiments nécessitée, en temps de guerre, par les besoins de la défense et alors que l'Etat n'a rien acquis ni des bâtiments, ni des terrains sur lesquels ils reposaient. Dans ces conditions, l'indemnité allouée est un capital purement mobilier qui, par sa nature, n'est pas susceptible d'une affectation hypothécaire et qui doit appartenir à la masse des créanciers, sans distinction entre eux.

Cass. rej. 12 mars 1877. D. 77, 1, 97. *Cunningham c. Allotte.* M. Bécot, rapp. (Voir conclusions de M. l'avocat général Desjardins.)

ARTICLE XIX

Les règles posées dans le premier paragraphe de l'article 15 et dans les articles 16, 17 et 18 sont applicables dans le cas de conventions amiables passées entre l'administration et les propriétaires.
Cependant l'administration peut, sauf les droits des tiers, et sans accomplir les formalités ci-dessus tracées, payer le prix des acquisitions dont la valeur ne s'élèverait pas au-dessus de 500 francs.
Le défaut d'accomplissement des formalités de la purge des hypothèques n'empêche pas l'expropriation d'avoir son cours, sauf, pour les parties intéressées, à faire valoir leurs droits ultérieurement, dans les formes déterminées par le titre IV de la présente loi (1).

1. Les articles 15, 16, 17 et 18 constituent le système particulier de *purge* organisé par la loi d'expropriation relativement aux immeubles expropriés par *jugement*. L'article 19 a pour objet de déclarer ce mode de purge applicable aux *cessions amiables*.

2. La loi de 1833 s'était bornée à déclarer applicables aux cessions amiables les dispositions concernant les délais d'inscription des hypothèques et l'extinction réelle, la loi de 1841 y a joint tout ce qui concerne la *publicité*.
Conséquemment :

3. La convention amiable doit être publiée et affichée par extrait dans la commune de la situation des biens, de la manière indiquée en l'article 6 ; et elle doit être en outre insérée dans un des journaux publiés dans l'arrondissement, ou, s'il n'en existe pas, dans l'un de ceux du département.

4. L'extrait doit contenir tout ce que les tiers et particulièrement les créanciers privilégiés ou hypothécaires ont intérêt à connaître, c'est-à-dire, les noms des vendeurs, la nature et la situation de l'immeuble vendu, le prix et les charges faisant partie du prix.

(1) *Loi du 7 juillet 1833*, art. 19 :
Les règles posées aux deux articles qui précèdent sont applicables, dans le cas de conventions amiables, aux contrats passés entre l'administration et le propriétaire.

Rapport de M. le comte Daru. (*Monit.* du 20 avr. 1841, p. 1042.)

5. Rien ne s'oppose à ce qu'on réunisse plusieurs contrats dans un même extrait, pour une même publication et une même insertion.

6. Après l'accomplissement des formalités de *publication*, le traité devra être *transcrit* au bureau de la conservation des hypothèques de l'arrondissement où sont situés les biens.

Voy. art. 56.

7. Dans la quinzaine qui suit la transcription, les créanciers devront et pourront faire inscrire leurs priviléges et hypothèques, et, malgré la disposition de l'article 6 de la loi du 23 mars 1855, ce n'est qu'à l'expiration de ce délai que doit être délivré le certificat du conservateur donnant l'état des inscriptions existantes ou attestant l'absence d'inscriptions.

Instruction de l'admin. de l'enreg. du 15 nov. 1856. (*Instructions générales*, n° 2086.)

8. Le certificat ne doit contenir que les inscriptions prises sur le propriétaire exproprié, mais non celles prises sur les anciens propriétaires.

9. Ceux-ci, d'après la loi d'expropriation, ne devant recevoir aucune notification de la part de l'administration, se trouvent rangés parmi les *tiers intéressés* qui, pour la conservation de leurs droits, doivent se faire connaître à l'administration dans la huitaine qui suit la publication du contrat de vente.

10. Les créanciers, qui auront fait inscrire leurs priviléges ou hypothèques dans la quinzaine de la transcription du contrat de cession, auront le droit de demander que l'indemnité soit réglée par le jury.

11. Les traités amiables, pour produire les mêmes effets que le jugement d'expropriation et pour être soumis aux mêmes formalités, doivent avoir été passés postérieurement à la déclaration d'utilité publique, sans qu'il soit besoin qu'en outre de cette déclaration, le dépôt des plans parcellaires ait été effectué.

Moniteur du 8 mai 1810, p. 957, et du 24 avril 1841, p. 1100. — Delalleau et Jousselin, t. II, n° 726. — De Peyronny et Delamarre, n° 257. — Daffry de la Monnoye, t. I, p. 190. — Dufour, n° 44.

12. Si la convention amiable avait été passée avant la déclaration d'utilité publique et la désignation des territoires où les travaux doivent être exécutés, celles-ci intervenant, feraient produire à la cession les mêmes effets que si elle n'avait été passée qu'après que ces formalités auraient été accomplies.

13. Le droit accordé à l'administration de payer, sans recourir aux formalités de la purge, les indemnités dont la valeur ne s'élèverait pas au-dessus de 500 francs est une innovation de la loi de 1841.

14. Cette exception confirme la règle : que, pour les indemnités supérieures à 500 francs, la purge doit toujours avoir lieu.

Observations de M. Barthe. (*Monit.* du 7 mai 1840, p. 940.)

15. Le droit donné de payer, sans recourir aux formalités de la purge, les indemnités qui ne sont pas supérieures à 500 francs, n'est qu'une faculté dont l'administration est libre de ne pas user ; elle est juge de l'opportunité qu'il y a de se placer cu non dans l'exception.

Delalleau et Jousselin, t. II, n° 742.

16. Lorsqu'elle se place dans l'exception, elle ne le fait d'ailleurs qu'à ses risques et périls, c'est-à-dire, non avec la possibilité d'être dépossédée de l'immeuble, mais avec la possibilité d'avoir à payer, malgré le versement de l'indemnité au propriétaire, les créances ayant hypothèque sur l'immeuble.

17. D'ailleurs, lorsque ce danger se produit, l'administration est toujours maîtresse de le restreindre en remplissant les formalités de la purge, c'est-à-dire, en publiant et faisant transcrire et, après l'expiration du délai de quinzaine, en consignant son prix, conformément à l'article 54.

Delalleau et Jousselin, t. II, n° 746.

18. La loi du 23 mars 1855 sur la transcription n'a point abrogé la disposition de la loi de 1841 qui autorise à payer les indemnités jusqu'au chiffre de 500 francs, avec dispense de transcription et de purge.

Avis du Cons. d'Etat du 31 mars 1869. L. 69 à sa date; D. 70, 3, 112; S. 69, 2, 219.

19. Un décret du 14 juillet 1866 a permis aux maires des communes, autorisés par délibérations des conseils municipaux approuvées par le préfet, de se dispenser de remplir les formalités de purge des hypothèques pour les acquisitions d'immeubles faites de gré à gré et dont le prix n'excède pas 500 francs.

20. Les communes peuvent bénéficier de ce décret sans qu'il y ait besoin de produire un certificat d'inscriptions hypothécaires.

Avis du Cons. d'Etat précité du 31 mars 1869.

ARTICLE XX

Le jugement ne pourra être attaqué que par la voie du recours en
cassation, et seulement pour incompétence, excès de pouvoir ou
vices de formes du jugement.

Le pourvoi aura lieu, au plus tard, dans les trois jours, à dater de
la notification du jugement, par déclaration au greffe du tribunal. Il sera notifié dans la huitaine, soit à la partie, au domicile
indiqué par l'article 15, soit au préfet ou au maire, suivant la
nature des travaux ; le tout à peine de déchéance.

Dans la quinzaine de la notification du pourvoi, les pièces seront
adressées à la chambre civile de la Cour de cassation, qui statuera
dans le mois suivant.

L'arrêt, s'il est rendu par défaut, à l'expiration de ce délai, ne sera
pas susceptible d'opposition (1).

(1) *Loi du 7 juillet 1833*, article 20 :
Le jugement ne pourra être attaqué
que par la voie du recours en cassation, et seulement pour incompétence,
excès de pouvoir ou vices de formes
du jugement.

Le pourvoi aura lieu dans les trois
jours, à dater de celui de la notification
du jugement, par déclaration au greffe
du tribunal qui l'aura rendu.

Ce pourvoi sera notifié dans la huitaine, soit au préfet, soit à la partie,
au domicile indiqué par l'article 15, et
les pièces adressées dans la quinzaine
à la Chambre civile de la Cour de cassation, qui statuera dans le mois suivant.

L'arrêt, s'il est rendu par défaut, à
l'expiration de ce délai, ne sera pas
susceptible d'opposition.

SECTION I. — *Formation du pourvoi.*

§ 1. — *Voies de recours ouvertes contre le jugement d'expropriation.*

§ 2. — *Quelles personnes ont qualité pour se pourvoir.*

§ 3. — *Quels moyens de cassation peuvent être invoqués.*

SECTION II. — *Recevabilité du pourvoi. — Délai. — Notification.*

SECTION III. — *Envoi des pièces et consignation d'amende.*

SECTION 1. — *Formation du pourvoi.*

Nota. *Le commentaire de l'article 20 doit être complété par les décisions rapportées au n° 42.*

§ 1. — *Voies de recours ouvertes contre le jugement d'expropriation.*

1. Le recours en cassation est la seule voie de recours ouverte contre le jugement d'expropriation qui ne peut être attaqué :

2. ni par la voie de l'opposition qu'accordait la loi de 1810 et qu'ont supprimée les lois de 1833 et de 1841 ;

3. ni par la voie de l'appel, jamais applicable à l'expropriation proprement dite, et ne pouvant être suivie que sur les questions de *fond du droit* nées au cours de la procédure d'expropriation et pour lesquelles il a dû être renvoyé devant le juge du droit commun, statuant d'après les règles du droit commun ;

Cass. 21 juin 1864. D. 64, 1, 447 ; S. 64, 1, 508 ; P. 64, 1254. *Gœpp et Bloch c. préfet de la Moselle.* M. Le Roux de Bretagne, rapp.

— 26 mars 1862, D. 62, 1, 379. *Duplessis-Daubremont c. chemin de fer d'Orléans.* M. Delapalme, rapp.

4. ni par la voie de la tierce-opposition, refusée à ceux qui n'auraient pu être appelés au jugement et, conséquemment impossible en matière d'expropriation, alors même que le texte n'aurait pas formellement interdit tout autre recours que le pourvoi en cassation.

Delalleau et Jousselin, t. I, n° 226. — De Peyronny et Delamarre, n° 263. — Daffry de la Monnoye, t. I, p. 201.

5. Toutefois l'arrêt d'une cour qui prononcerait l'expropriation, alors que ce droit n'appartient qu'au tribunal, subsiste tant qu'il n'a pas été réformé par les voies légales ; par suite, les décisions du jury convoqué en vertu de cet arrêt sont valablement rendues, si l'arrêt n'a pas été attaqué dans le délai imparti par la loi.

Cass. 11 avr. 1864. D. 64, 5, 152. *Bloch c. préfet de la Moselle.* M. Renouard, rapp.

6. On peut se pourvoir contre tout jugement prononçant ou refusant de prononcer l'expropriation.

7. Et il faut assimiler à ce jugement celui qui donne acte du consentement à la cession et nomme un magistrat directeur, ou qui refuse de donner acte et de nommer le magistrat qui doit diriger les opérations du jury.

Cass. 18 août 1884. *Metgé c. Blanchard et d'Alpy.* M. Michaux-Bellaire, rapp. — Daffry de la Monnoye, t. I, p. 198.

§ 2. — *Quelles personnes ont qualité pour se pourvoir.*

8. Ont qualité pour se pourvoir en cassation ceux qui ont poursuivi l'expropriation et ceux contre lesquels elle a été pro-

noncée, autrement, l'expropriant et l'exproprié.

9. Quand il s'agit d'expropriations concernant l'Etat ou des départements, l'Etat est représenté par le préfet ; conséquemment, c'est ce fonctionnaire qui a qualité pour former le pourvoi en cassation.

10. Est valable le pourvoi formé par le sous-préfet déclarant agir au nom du préfet, lequel a adhéré à ce pourvoi et l'a soutenu par des instructions écrites.

Cass. 13 mai 1846. D. 46, 1, 207 ; P. 46, 2, 273. *Préfet du Finistère c. Blacabe.* M. Lavielle, rapp.

11. Mais n'est pas valable le pourvoi formé par le procureur de la République qui n'a qualité, ni pour représenter l'expropriant, ni pour former un pourvoi dans l'intérêt de la loi.

Cass. 11 janv. 1836. D. 36, 1, 51 ; S. 36, 1, 12 ; P. 36, 1, 368. *Préfet de la Côte-d'Or c. commune de Chazilly.* M. Quéquet, rapp.
— 13 déc. 1843. D. 44, 1, 27 ; S. 44, 1, 39 ; P. 44, 1, 29. *L'Etat c. Piccioni et Soave.* M. Miller, rapp.
— 25 août 1847. D. 47, 1, 280 ; S. 47, 1, 829 ; P. 47, 2, 576. *Préfet de la Vendée c. David.* M. Hello, rapp.

11 bis. Est non recevable, le pourvoi formé par le préfet, en l'hôtel de la préfecture et remis au greffe du tribunal par le procureur de la République.

Cass. 25 août 1884. *Consorts Simon c. préfet des Basses-Alpes.* M. Merville, rapp.

12. Pour les expropriations concernant les communes, c'est le maire qui a qualité pour former le pourvoi au nom de la commune.

13. Le pourvoi n'est toutefois recevable qu'autant que la com-

mune a été autorisée à le former.

Cass. 9 janv. 1878. S. 78, 1, 79 ; D. 78, 1, 35 ; P. 78, 164. *Commune d'Azerat c. Chesnaud.* M. Hely d'Oissel, rapp.

14. Mais la loi n'exige pas, sous peine de déchéance, que l'autorisation nécessaire précède ou accompagne la déclaration de pourvoi ; il suffit qu'il en soit justifié devant la Cour de cassation.

Cass. 11 juill. 1881. S. 82, 1, 86 ; P. 82, 57 ; *Commune de Saint-Loup c. Gautreau.* M. Guérin, rapp.

15. Il n'est pas indispensable, pour que le pourvoi soit recevable, que l'autorisation ait été donnée au moment où il est formé, ce qui, étant donné le délai de trois jours imparti pour se pourvoir, créerait une sorte d'impossibilité ; il suffit qu'on puisse justifier de cette autorisation au moment où le pourvoi vient en discussion devant la Cour de cassation.

16. Les concessionnaires pouvant exercer tous les droits conférés à l'administration (art. 63) ont manifestement le droit de se pouvoir en cassation comme l'administration elle-même.

17. L'exproprié ayant qualité pour se pourvoir en cassation est celui-là seul contre lequel a été prononcé le jugement d'expropriation.

Cass. rej. 12 août 1844. D. 44, 1, 303 ; S. 44, 1, 785 ; P. 44, 2, 321. *Lamothe c. préfet de l'Allier.* M. Gillon, rapp.

18. Ainsi est sans qualité pour se pourvoir celui qui, n'étant point inscrit à la matrice des rôles, n'a pas figuré comme partie au jugement d'expropriation.

Cass. rej. 3 fév. 1880. D. 82, 1, 268 ; S. 82, 1, 479 ; P. 82, 1186. *Capdeville c. commune de Castelnau-Durban.* M. Sallé, rapp.

19. La femme ne peut se pourvoir contre le jugement d'expropriation rendu contre son mari seul, alors même qu'elle alléguerait que la propriété n'appartenait qu'à elle.

Arrêt précité du 12 août 1844.

20. Le locataire est sans qualité pour se pourvoir contre le jugement d'expropriation dans lequel le propriétaire est seul en nom.

Cass. 7 août 1854. D. 54, 1, 277 ; S. 55, 1, 136 ; P. 55, 1, 14. *Jacomet c. préfet de la Seine.* M. Renouard, rapp.
— 18 mai 1868. D. 68, 1, 406 ; S. 68, 1, 454 ; P. 68, 1203. *Galvier et Bidot c. ville de Paris.* M. Henriot, rapp.
— 26 août 1868. D. *ibid.*; S. *ibid.*; P. *ibid. Marx c. préfet de la Seine.* M. de Vaulx, rapp.
Sic : Daffry de la Monnoye, t. I, p. 206. — Delalleau et Jousselin, t. I, n° 231. — Arnaud, n° 21.
Contrà : De Peyronny et Delamarre, n° 265. — Dufour, *De l'expropr.*, n° 54 et *Dr. adm.*, t. V, n° 375.

21. Il en est de même pour tous ceux qui, en dehors du propriétaire, pourraient prétendre à des droits réels sur l'immeuble ; le propriétaire est réputé leur représentant légal au moment du jugement ; leur droit à une action personnelle ne commence que relativement au règlement de l'indemnité, quand ils ont été signalés ou qu'ils se sont fait connaître à l'expropriant, conformément aux dispositions de l'article 21.

Arrêts précités des 12 août 1844 et 26 août 1868.
Daffry de la Monnoye, t. I, p. 206.

22. Le créancier qui agit comme exerçant les droits de son débiteur exproprié, en vertu de l'article 1166 du code civil, peut se pourvoir en cassation contre le jugement d'expropriation.

Cass. rej. 4 déc. 1866. D. 66, 5, 197 ; S. 67, 1, 259 ; P. 67, 652. *Robbino c. préfet de la Savoie.* M. Renouard, rapp.

23. Il en serait ainsi, alors même que son titre serait postérieur au jugement d'expropriation.

Arrêt précité, qui d'ailleurs ne résout pas explicitement la question. — Daffry de la Monnoye, t. I, p. 207.

24. En tous cas, le pourvoi du créancier ne serait recevable que sous la condition d'appeler en cause l'exproprié, directement intéressé au sort du jugement, c'est-à-dire, de lui notifier le pourvoi dans la huitaine.

Même arrêt.

25. Est recevable à se pourvoir contre le jugement d'expropriation le prétendant droit dont l'expropriant a connu et reconnu les prétentions, par exemple, dans une instance antérieurement suivie au possessoire.

Cass. 29 janvier 1884. *Commune d'Ambrières c. Martin.* M. Legendre, rapp.

26. Le copropriétaire indivis inscrit à la matrice cadastrale et dont le nom ne figure pas au jugement d'expropriation, a droit de se pourvoir contre le jugement d'expropriation.

Cass. 7 nov. 1883. *Durand c. commune de Queiger.* M. Dareste, rapp.

27. Ce pourvoi profite aux autres propriétaires indivis, qui ont eux-mêmes le droit de se pourvoir.

Même arrêt.

28. Le pourvoi peut être formé par mandataire.

29. Aucune des formalités prescrites, pour la déclaration du pourvoi par mandataire, par l'article 417 du code d'instruction criminelle, n'est applicable en matière de pourvoi contre un jugement d'expropriation.

Cass. rej. 14 déc. 1842. D. 43, 1, 96 ; S. 43, 1, 171 ; P. 43, 1, 378. *Dupontavice c. préfet du Calvados.* M. Renouard, rapp.

30. Une procuration générale donnée « à l'effet de gérer et d'administrer les biens et les intérêts ; en cas de difficultés, exercer toutes poursuites, citer et comparaître devant tous tribunaux, former toutes demandes, prendre toutes conclusions, signer tous procès-verbaux », donne au mandataire pouvoirs suffisants pour se pourvoir en cassation.

Cass. rej. 29 janv. 1850 ; D. 50, 1, 123 ; S. 50, 1, 192 ; P. 50, 1, 602. *Buffault c. préfet de la Seine.* M. Gillon, rapp.

31. Le défaut d'enregistrement du mandat écrit, au moment de la déclaration de pourvoi ne lui enlève pas son effet.

Cass. rej. 18 janv. 1837. D. 37, 1, 228 ; S. 37, 1, 124 ; P. 37, 1, 83. *Houzet c. préfet du Nord.* M. Quéquet, rapp.

32. Le mandat peut être simplement verbal ; il suffit que celui au nom duquel il a été formé le ratifie en le soutenant devant la Cour de cassation.

Cass. 18 janv. 1837. D. 37, 1, 228 ; S. 37, 1, 224 ; P. 37, 1, 83. *Houzet c. préfet du Nord.* M. Quéquet, rapp.
-- 14 déc. 1842. D. 43, 1, 96 ; S. 43, 1, 171 ; P. 43, 1, 378. *Dupontavice c. préfet du Calvados.* M. Renouard, rapp.
— 26 avril 1843. D. 43, 1, 266 ; S. 43, 1, 620 ; P. 43, 2, 209. *Mournan c. l'État.* M. Barennes, rapp.
— 11 fév. 1861. D. 61, 1, 281 ; S. 61, 1, 293. *Chemin de fer du Midi c. Ducasse et autres.* M. Renouard, rapp.
— 17 mars 1875. D. 75, 1, 268 ; S. 75, 1, 318 ; P. 75, 754. *Préfet de Lot-et-Garonne c. de Montesquiou.* M. Casenave, rapp.
Sic : De Peyronny et Delamarre, n°

267. — *Daffry de la Monnoye*, t. I, p. 207.

33. Mais le mandat verbal ne suffirait pas pour former, devant la Cour de cassation, une demande en inscription de faux ; l'ordonnance de 1737 et celle du 28 juin 1738 exigeant, sous peine de nullité, que la requête en inscription de faux soit signée par le demandeur ou par le porteur de sa procuration spéciale qui sera jointe à la requête.

Cass. 31 déc. 1850. D. 51, 1, 286 ; S. 51, 1, 364 ; P. 51, 2, 475. *Douzelot c. préfet de Seine-et-Oise.* M. Gillon, rapp.

34. La femme mariée ne peut se pourvoir sans être assistée de son mari, ou, à son défaut, sans être autorisée par justice.

35. Au cas où l'assistance ne serait pas mentionnée dans le pourvoi lui-même, il suffira que la femme puisse justifier d'une autorisation régulière au moment où son pourvoi viendra en discussion devant la Cour de cassation.

36. L'article 13, relativement aux actes que peuvent faire les représentants des incapables avec l'autorisation du tribunal, n'est applicable qu'aux traités amiables ; le pourvoi en cassation contre un jugement d'expropriation ne rentre pas dans cette catégorie ; c'est une action en justice concernant les droits immobiliers du mineur (art. 464 C. civ.) et qui ne peut, par suite être formée, par le tuteur, qu'avec l'autorisation du conseil de famille, par les représentants des établissements publics, en tutelle, qu'avec l'autorisation administrative.

37. Le pourvoi ne pourra être formé par le mineur émancipé qu'avec l'assistance de son curateur.

38. De même, pour le prodigue, qui ne pourra se pourvoir qu'assisté de son conseil judiciaire.

39. En cas de refus du curateur, le mineur émancipé peut s'adresser au conseil de famille et provoquer la nomination d'un curateur *ad hoc*.

Demolombe, t. VIII, n° 314.

40. De même, en cas de refus du conseil judiciaire, le prodigue peut s'adresser au tribunal et provoquer, soit le remplacement de son conseil, soit la nomination d'un conseil *ad hoc*.

Orléans, 15 mai 1847. D. 47, 2, 138; S. 47, 2, 567.
— Besançon, 11 janv. 1851. D. 51, 2, 61; S. 51, 2, 75; P. 51, 1, 334.
Demolombe, t. VIII, n° 762.

41. La renonciation au droit de se pourvoir en cassation contre le jugement d'expropriation ne se présume pas.

Cass. rej. 6 janv. 1857. D. 57, 1, 46; S. 57, 1, 308; P 58, 99. *Chaney c. chemin de fer de Lyon.* M. Alcock, rapp.

42. Ainsi le copropriétaire indivis qui ne figure pas au jugement et n'a pas été appelé devant le jury, bien qu'inscrit à la matrice des rôles, conserve le droit de se pourvoir, même après la fixation de l'indemnité par le jury. On ne pourrait lui opposer le pourvoi formé conjointement avec son copropriétaire contre la décision du jury, quand il a eu soin de donner pour motif de ce pourvoi l'absence de base légale résultant de la nullité du jugement d'expropriation.

Même arrêt.

§ 3. — *Quels moyens de cassation on peut invoquer.*

43. L'article 20 n'admet d'autres moyens de cassation que l'incompétence, l'excès de pouvoir ou le vice de forme du jugement.

44. Il ne parle pas de la contravention expresse à la loi ; mais ce cas, lorsqu'il se produit et que la contravention porte sur une formalité substantielle , rentre dans l'excès de pouvoir.

Cass. 28 janv. 1834. D. 34, 1, 48 ; S. 34, 1, 206 ; P. 34, 2, 109. *Dumarest c. Henry.* M. Rupérou, rapp.
— 6 janv. 1836. D. 36, 1, 49 ; S. 36. 1, 5 ; P. 36, 893. *Gaullieur l'Hardy c. Boyer-Fonfrède.* M. Quéquet, rapp.
— 14 mars 1842. D. 42, 1, 156 ; S. 42, 1, 437 ; P. 42, 1, 735. *Dupontavice c. préfet du Calvados.* M. Renouard, rapp.
— 14 mars 1870. D. 70, 1, 368 ; S. 70, 1, 175 ; P. 70, 403. *D'Aurelle de Montmorin c. commune de Courpière.* M. Merville, rapp.
Delalleau et Jousselin, t. I, n° 228. — De Peyronny et Delamarre, n° 264. — Daffry de la Monnoye, t. I, p. 212. — Arnaud, n° 521.

45. Le fait qu'un jugement rendu en matière d'expropriation publique aurait ordonné que des pièces, qu'on prétendait affranchies de l'obligation du timbre et de l'enregistrement seraient timbrées et enregistrées, ne donne pas ouverture à cassation contre ce jugement.

Cass. 16 juill. 1873. S. 73, 1, 472 ; P. 73, 1186. *Préfet de la Haute-Savoie c. Guillot.* M. Aucher, rapp.

SECTION II. — *Recevabilité du pourvoi. — Délai. — Notification.*

46. La partie, qui ne s'est pas présentée devant le jury, bien qu'elle y eût été régulièrement appelée, et qui a laissé expirer le délai du pourvoi contre la décision du jury, n'est plus recevable à se pourvoir contre le jugement d'expropriation.

Cass. 12 janv. 1870. D. 70, 1, 158.

Beurier c. ville de Paris. M. Massé, rapp.

47. Le pourvoi contre un jugement d'expropriation n'est plus recevable lorsque la partie, par son concours aux actes de la procédure en règlement d'indemnité, a participé à l'exécution du jugement attaqué.

Cass. 11 mai 1858. D. 58, 1, 324 ; S. 59, 1, 959 ; P. 59, 933. *Martin c. ville de Vannes.* M. Renouard, rapp.
— 8 nov. 1859. D. 60, 1, 414.
— 11 avr. 1864. D. 64, 1, 447. *Françon c. commune de Latour-en-Jarret.* M. Alcock, rapp.
— 11 août 1873. D. 74, 1, 447 ; S. 73, 1, 474 ; P. 73, 1191. *Duroulet c. commune de Piégut.* M. Greffier, rapp.

48. Le concours du demandeur en cassation du jugement d'expropriation, à la procédure de règlement d'indemnité, ne le rend pas non recevable dans son pourvoi, s'il est établi par les pièces et le procès-verbal des opérations du jury qu'à toutes les phases de la procédure il a fait des protestations et réserves au sujet de la nullité dont il prétend que le jugement est affecté.

Cass. 7 mai 1878. D. 78, 1, 438 ; S. 78, 1, 276 ; P. 78, 685. *Aguilhon c. préfet de l'Ardèche.* M. Greffier rapp.

49. Ainsi en est-il, notamment, quand la partie expropriée, cinq jours après la signification du jugement, a signalé à la partie expropriante l'irrégularité radicale dont elle estimait le jugement atteint ; qu'elle a réitéré ses protestations à toutes les phases de la procédure et particulièrement dans le procès-verbal d'offres et dans ceux rédigés par le magistrat-directeur du jury, pour constater les opérations du jury ; qu'elle a accompagné ses protestations des réserves les plus formelles et les plus expresses, tant

au sujet de la procédure qui a abouti au jugement d'expropriation qu'au sujet de ce jugement lui-même.

Arrêt du 7 mai 1878.

50. Mais la partie qui s'est présentée au moment de la constitution du jury, qui a pris part à cette constitution sans élever aucune réclamation contre le défaut de notification de la liste du jury, est irrecevable à se prévaloir de cette irrégularité devant la Cour de cassation.

Cass. 7 mars 1883. S. 83, 1, 376 ; P. 83, 955. *Bull. civ.* 83, p. 96. *Commune de Savenay c. Lemarié.* M. Crépon, rapp.

51. Des réserves exprimées par une partie ayant pris part à la procédure en règlement de l'indemnité, en termes vagues et sans précision telles que : *réserves de se pourvoir contre toute procédure qui ne serait pas conforme à la loi,* ne peuvent s'appliquer à un pourvoi que cette partie aurait eu l'intention de former contre le jugement d'expropriation, et, dès lors, ce pourvoi est non recevable.

Arrêt précité du 11 août 1873.

52. Est recevable, même après la décision du jury, le pourvoi formé contre le jugement d'expropriation, quand l'exproprié n'a pas comparu devant le jury et qu'une notification régulière du jugement n'a pas fait courir le délai du pourvoi.

Cass. 25 août 1857. D. 57, 1, 354 ; S. 58, 1, 224 ; P. 58, 984. *Verbois c. chemin de fer de Lyon.* M. Quénault, rapp.

53. Il en est de même, si la partie qui s'est d'abord pourvue contre la décision du jury, ne l'a attaqué que comme manquant de base légale par suite de la nullité du jugement d'expropriation.

Cass. 6 janv. 1857. D. 57, 1, 46; S. 57, 1, 308; P. 58, 99. *Chanay c. chemin de fer de Lyon.* M. Alcock, rapp.

54. Le pourvoi contre le jugement d'expropriation doit, à peine de déchéance, être formé dans les trois jours au plus tard à dater de la notification du jugement à l'exproprié.

Cass. 16 janv. 1883. *Bull. civ.* 83, p. 22. *De Noblet c. commune de la Clayette.* M. Manau, rapp.

55. Le pourvoi en cassation formé par l'exproprié, même pour défaut de qualité de l'expropriant, est non recevable, s'il a été formé après le délai de trois jours et notamment après la notification et la discussion des offres d'indemnité.

Cass. 11 mai 1858. D. 58, 1, 324; S. 59, 1, 959; P. 59, 933. *Martin c. ville de Vannes.* M. Renouard, rapp.

56. C'est la notification du jugement d'expropriation qui fait courir le délai du pourvoi ; mais pour qu'elle produise cet effet, il faut une notification régulière, intervenue après l'entier accomplissement des formalités de publication prescrites par les paragraphes 1 et 2 de l'article 15.

Cass. rej. 1er juill. 1834. D. 34, 1, 295; P. 34, 691. *Dumarest c. chemin de fer de la Loire.* M. Quéquet, rapp.
— 26 juin 1882. S. 83, 1, 183; P. 83, 418. *Tournier c. commune de Salives.* M. Legendre, rapp.
Voy. *infrà* n° 58.

57. Ainsi le délai ne commencerait pas à courir après la notification si, à ce moment, le jugement n'avait pas été publié, affiché, inséré dans les journaux, conformément aux prescriptions du paragraphe 1er de l'article 15.

Le pourvoi déclaré moins de trois jours après l'accomplissement de ces formalités de publicité n'est pas tardif.

Même arrêt.

58. Une notification irrégulière ne vicie pas le jugement, mais elle empêche le délai de courir et laisse subsister le droit au pourvoi tant que cette irrégularité n'a pas été réparée par celui qui l'a commise, ou tant qu'elle n'a pas été couverte par celui qui peut l'invoquer.

Cass. 30 mars 1859. D. 59, 1, 165; P. 59, 763. *Mauriac c. préfet de la Gironde.* M. Renouard, rapp.
— 27 mars 1867. S. 67, 1, 259; P. 67, 652. *De Follin c. préfet de la Sarthe.* M. Renouard, rapp.
— 7 mai 1867. *Bull. civ.* n° 95. *Vérité c. préfet de la Sarthe.* M. Renouard, rapp.
— 14 nov. 1876. D. 77, 1, 70; S. 77, 1, 278; P. 77, 687. *Chemin de fer de Lyon c. ville de Nice.* M. Guérin, rapp.
— 7 mai 1878. D. 78, 1, 438; S. 78, 1, 276; P. 78, 685. *Aguilhon c. préfet de l'Ardèche.* M. Greffier, rapp.
— 21 fév. 1882. D. 83, 1, 29; S. 84, 1, 36; P. 84, 58. *Pocquet c. commune de Pont-Faverger.* M. Legendre, rapp.
— 26 juin 1882. S. 83, 1, 163; P. 83, 418. *Tournier c. commune de Salives.* M. Legendre, rapp.
Sic : De Peyronny et Delamarre, n° 270. — Dufour, *Expropr.*, n° 56 et *Dr. adm.*, t. V, n° 377. — Daffry de la Monnoye, t. I, p. 213.

59. Ainsi en est-il de la notification de l'extrait de jugement qui ne contient pas les noms des propriétaires expropriés.

Arrêt du 26 juin 1882.

60. La notification du jugement d'expropriation qui a été faite sans que l'on puisse établir s'il y a eu deux copies ou une seule, ni à quelle personne les copies ou la copie unique ont été remises, est irrégulière et ne fait pas courir les délais du pourvoi.

Cass. 7 mai 1878. D. 78, 1, 488 ; S. 78, 1, 276 ; P. 78, 685. *Aguilhon c. préfet de l'Ardèche.* M. Greffier, rapp.

60 bis. Est régulière, la notification du pourvoi faite au domicile indiqué dans le tableau des offres et demandes quand, d'aucunes mentions du procès-verbal il ne résulte qu'un autre domicile ait dû être substitué à celui primitivement mentionné.

Cass. 16 juill. 1884. *L'Etat c. Boyer.* M. Legendre, rapp.

61. Quand il y a jugement prononçant l'expropriation, ou donnant acte du consentement, à la cession, l'expropriant est toujours maître de faire courir le délai du pourvoi en cassation par l'accomplissement des formalités que prescrit l'article 15.

62. Mais, quand le jugement refuse de prononcer l'expropriation, ceux contre lesquels cette expropriation était demandée, n'ayant pas été appelés et ne devenant *parties* que par l'effet du jugement qui les déclare expropriés, n'ont pas qualité pour lever, et signifier le jugement et ainsi faire courir le délai du pourvoi.

Contrà : Daffry de la Monnoye, t. I, p. 215.
Voy. aussi Tarbé, p. 113.

63. La notification, qui fait courir le délai du pourvoi, n'est pas une formalité qui ait dû être nécessairement accomplie pour que le pourvoi puisse être formé ; il peut l'être aussitôt après le jugement d'expropriation et avant la notification.

Cass. rej. 6 janv. 1836. D. 36, 1, 49 ; S. 36, 1, 5 ; P. 36, 893. *Gaullieur-l'Hardy c. Boyer-Fonfrède.* M. Quéquet, rapp.
Delalleau et Jousselin, t. I, n° 233.
— De Peyronny et Delamarre, n° 268.
— Daffry de la Monnoye, t. I, p. 217.

64. Le demandeur en cassation a trois jours pleins, à partir de la notification, pour former son pourvoi ; mais ce pourvoi serait tardif, s'il avait été formé le quatrième jour, l'article 1033 du code de procédure n'étant pas applicable au recours autorisé contre le jugement d'expropriation à cause de la formule : « *au plus tard, dans les trois jours.* »

Monit. du 3 fév. 1833, p. 281.
Cass. 23 juin 1862. D. 62, 1, 384 ; S. 62, 1, 1061 ; P. 63, 141. *Lafeuillade c. préfet du Gers.* M. Delapalme, rapp.

65. Toutefois, les principes généraux de la procédure sur la computation des délais devant être appliqués aux délais fixés par les lois spéciales, toutes les fois que ces lois ne contiennent pas de dispositions contraires, il y a lieu d'appliquer aux délais, en matière d'expropriation, la disposition de l'article 1033 C. pr. civ. relative aux jours fériés.

Cass. 15 janv. 1877. D. 78, 1, 74 ; S. 79, 1, 89 ; P. 79, 63. *Commune de Ruguet-le-Ferron c. Raignoux.* M. Salmon rapp.

66. Les termes limitatifs employés par l'article 20, ainsi que la règle d'après laquelle le délai des distances ne s'ajoute pas au délai accordé pour l'exercice d'un recours, ne permettent pas d'admettre qu'il y ait lieu d'ajouter, aux trois jours impartis pour le pourvoi, un jour de plus par chaque fois cinq myriamètres existant entre le domicile réel ou le domicile élu conformément à l'article 15 et le tribunal d'arrondissement.

Cass. rej. 26 août 1850. D. 50, 1, 280 ; S. 51, 1, 58. *Canal du Midi c. Caisse hypothécaire.* M. Renouard, rapp.
Voy. aussi : Cass. 23 juin 1862. D. 62, 1, 384 ; S. 62, 1, 1061.
Delalleau et Jousselin, t. I, p. 152.

— De Peyronny et Delamarre, n° 268.
— Herson, n° 11. — Daffry de la Monnoye, t. I, p. 216.
Contrà : Dalloz, n° 288.

67. Le pourvoi doit, à peine de déchéance, être formé par déclaration faite *au greffe du tribunal* qui a rendu le jugement. Il ne saurait être suppléé à cette formalité par la signification d'une déclaration contenant assignation devant la Cour de cassation.

Cass. 16 janv. 1883. *Charbonnier c. préfet de la Loire-Inférieure. Bull. civ.* 83, p. 17. M. Legendre, rapp.

68. Est non recevable le pourvoi formé par déclaration faite à l'hôtel de la préfecture où le greffier s'est transporté, sur la demande du préfet.

Cass. 21 juin 1847. D. 47, 1, 262 ; S. 47, 1, 757 ; P. 48, 1, 73. *Préfet de la Seine c. Nélaton.* M. Gillon, rapp.

69. De même que le pourvoi formé au greffe de la Cour de cassation par un avocat près cette cour.

Cass. 20 août 1840. P. 1844, 2, 364. *Préfet du Bas-Rhin c. ville de Schélestadt.* M. Renouard, rapp.

69 bis. En matière d'expropriation pour ouverture ou redressement d'un chemin vicinal, le pourvoi contre la décision du jury peut être formé au tribunal de paix, lorsque d'ailleurs il est constaté que toutes les pièces de la procédure sont encore déposées au greffe de ce tribunal.

Cass. 7 avr. 1868. D. 68, 1, 161 ; S. 68, 1, 272 ; P. 68, 661. *Renold-Faget c. commune de Saint-Avit.* M. Fauconneau-Dufresne, rapp.

Nota. Même avec cette dernière restriction, la doctrine de cet arrêt doit être considérée comme très douteuse, la loi, en

prescrivant que le pourvoi serait formé par déclaration au greffe *du tribunal,* ayant manifestement désigné le tribunal qui a rendu le jugement d'expropriation, le tribunal de l'arrondissement où sont situés les biens expropriés, celui au greffe duquel devront être déposées les minutes et autres pièces se rattachant aux opérations qu'a nécessitées l'expropriation, le tribunal, en un mot, où commence, se suit et finit l'expropriation. Quant au tribunal de paix, il n'apparaît à aucune des phases de l'expropriation, et le juge de paix ne préside le jury que comme *délégué du tribunal de l'arrondissement* qui peut confier à un de ses membres le fonctions de directeur du jury.

70. La déclaration du pourvoi n'est pas assujettie à l'indication des moyens de cassation et des articles de loi que l'on soutient avoir été violés.

Cass. 1er juill. 1834. D. 34, 1, 295 ; S. 34, 691. *Dumarest c. chemin de fer de la Loire.* M. Quéquet, rapp.
— 11 fév. 1861. D. 61, 1, 281 ; S. 61, 1, 793 ; P. 62, 42. *Chemin de fer du Midi c. Ducasse.* M. Renouard, rapp.
— 27 mars 1867. S. 67, 1, 259 ; P. 67, 652. *De Follin c. préfet de la Sarthe.* M. Renouard, rapp.

71. Le pourvoi n'est recevable que relativement aux personnes qui y sont dénommées et contre lesquelles il est dirigé ; une notification postérieure faite à d'autres personnes ne permettrait pas de leur appliquer les effets du pourvoi.

Cass. 19 mars 1849. S. 49, 1, 370 ; P. 49, 1, 396. *Ville de Saint-Denis c. Anquetin.* M. Renouard, rapp.

72. La Cour de cassation peut suppléer d'office des moyens, quand ces moyens intéressent l'ordre public.

Cass. 28 fév. 1859. D. 59, 1, 121; P. 61, 1052. *Préfet de l'Hérault c. Dufour.* M. Alcock, rapp.

— 21 déc. 1859. D. 59, 1, 496; P. 60, 14. *Commune de Gentilly c. Venèque.* M. Renouard, rapp.

73. Le défaut de notification *du pourvoi* aux propriétaires contre lesquels il a été dirigé rend ce pourvoi non recevable.

Cass. 23 juin 1846. S. 46, 1, 580; P. 46, 2, 64. *Préfet du Gers c. propriétaires des communes de Saint-Germain du Puch et autres.* M. Renouard. rapp.

74. De même le défaut de notification au véritable bénéficiaire de l'expropriation par l'exproprié qui s'est pourvu contre un jugement ayant prononcé cette expropriation rend le pourvoi non recevable.

75. Ainsi est non recevable le pourvoi formé contre un jugement d'expropriation intervenu pour la translation d'un cimetière communal, bien que ce pourvoi ait été notifié au préfet, s'il ne l'a pas été au maire de la commune.

Cass. 28 août 1848. D. 49, 2, 371. *Delagrange c. préfet de la Nièvre.* M. Miller, rapp.

76. Le pourvoi en cassation est valablement notifié au préfet, quand l'expropriation relative à des travaux communaux a été poursuivie par ce fonctionnaire.

Cass. 5 fév. 1883. *Bull. civ.* 83, p. 51. M. Greffier, rapp.

77. Le créancier qui agit en vertu de l'article 1116 du code civil doit, à peine de déchéance, notifier son pourvoi, non seulement à l'expropriant, mais aussi à l'exproprié.

Cass. 4 déc. 1866. D. 66, 5, 197; S. 67, 1, 259; P. 67, 652. *Robbino c. préfet de la Savoie.* M. Renouard, rapp.

78. Et la déchéance pourrait être demandée par l'expropriant, dans le silence de l'exproprié.

Daffry de la Monnoye, t. I, p. 222.

79. En matière d'expropriation pour cause d'utilité publique, le pourvoi doit être notifié au domicile réel du défendeur. La notification faite simplement au domicile élu au cours de la procédure d'expropriation pour en faciliter l'instruction est irrégulière et entraîne la nullité du pourvoi.

Cass. 17 fév. 1879. D. 79, 1, 175. S. 79, 1, 178; P. 79, 425. *Groquin c. chemin de fer de Lille.* M. Sallé, rapp.

80. La huitaine au cours de laquelle doit être notifié le pourvoi est celle qui s'écoule à partir de la déclaration du pourvoi.

Cass. 26 janv. 1841. D. 41, 1, 93; S. 41, 1, 229; P. 41, 1, 196. *Ville de Paris c. Charnay.* M. Renouard, rapp.

— 2 janv. 1843. D. 43, 1, 80; S. 43, 1, 20; P. 43, 1, 129. *Jacques Laffite c. l'Etat.* M. Renouard, rapp.

— 4 avr. 1843. D. 43, 1, 192; S. 43, 1, 344; P. 43, 1, 636. *Soulbieu et Prévost c. préfet de l'Eure.* M. Renouard, rapp.

81. Il en serait ainsi, alors même que le pourvoi aurait été formé avant la notification du jugement.

Arrêt précité du 2 janv. 1843.

— 4 mars 1844. D. 44, 1, 112; S. 44, 1, 329; P. 44, 1, 372. *Fourtanier c. préfet de la Haute-Garonne.* M. Renouard, rapp.

82. Le délai de huitaine imparti pour la notification n'est pas un délai franc, dans le sens de l'article 1033 code pr. civ; il se compte à partir du jour du pourvoi et non compris ce jour, mais en y comprenant celui de l'échéance.

Cass. 6 janv. 1857. D. 57, 1, 46; S. 57, 1, 303; P. 58, 99. *Chaney c. chemin de fer de Lyon.* M. Alcock, rapp.

— 12 janv. 1857. D. 57, 1, 46; S. 57, 1, 266; P. 57, 266. *Lebâtard c. chemin de fer de l'Est.* M. Renouard, rapp.

83. Si l'article 1033 n'est pas applicable quant à la supputation du délai de pourvoi à cause des termes employés par la loi spéciale, il n'en est pas de même de l'augmentation du délai à raison des distances ; c'est là une disposition de droit commun et de nécessité à laquelle les dispositions de droit commun ne contiennent rien de contraire.

Arrêt du 6 janv. 1857.

84. Par suite, si une compagnie concessionnaire, subrogée aux droits de l'Etat ne justifie pas qu'elle ait sur les lieux un représentant pour recevoir les significations à elle adressées, les demandeurs ont droit de notifier leur pourvoi au lieu où la compagnie est dûment représentée et de profiter du délai accordé à raison des distances de ce domicile de la partie adverse au lieu où l'expropriation a eu lieu.

Même arrêt.

85. La simple notification du pourvoi suffit sans qu'il soit nécessaire de reproduire les termes même de la déclaration de pourvoi.

Cass. rej. 16 fév. 1846. D. 46, 1, 64; S. 46, 1, 287; P. 46, 1, 499. *Préfet des Bouches-du-Rhône c. hospices de Vitrolles.* M. Renouard, rapp.

86. Il n'est pas nécessaire que la notification contienne assignation devant la Cour de cassation ; dans l'esprit de la loi spéciale, l'assignation résulte suffisamment du rapprochement de la simple dénonciation du pourvoi et des injonctions de l'article 20

qui veut que, dans la quinzaine, les pièces soient adressées au greffe de la chambre civile, et que celle-ci prononce sa décision dans le mois.

Cass. 29 mars 1852. D. 52, 5, 76; S. 52, 1, 655; P. 52, 1, 614. *De Labédoyère c. commune de Gragny.* M. Gillon, rapp.
— 3 janv. 1854. D. 54, 1, 315; S. 55, 1, 141; P. 55, 1, 64. *Boulard de Gatelier c. ville de Charlieu.* M. Gillon, rapp.

87. Le ministère des avocats à la Cour de cassation n'est pas obligatoire dans les affaires d'expropriation.

88. Par suite, il n'est pas nécessaire d'indiquer, dans l'exploit de dénonciation du pourvoi, le nom de l'avocat qui doit représenter le demandeur ; la loi spéciale déroge en cela à la disposition générale de l'article 2, titre Ier du règlement du 28 juin 1738, 2e partie, qui, reproduisant la disposition de l'article 1er du règlement du 17 juin 1687, prononce la nullité de l'assignation et punit de 20 livres d'amende l'huissier, si l'exploit ne fait pas connaître l'avocat du demandeur.

Arrêt précité du 29 mars 1852.

89. Le ministère des huissiers-audienciers près la Cour de cassation est obligatoire, pour les notifications faites à Paris, en matière d'expropriation comme en toutes autres matières.

90. Ainsi est non recevable le pourvoi notifié à Paris par un huissier qui ne fait pas partie des audienciers de la Cour de cassation.

Cass. 19 fév. 1872. D. 73, 1, 20; S. 72, 1, 168; P. 72, 386. *Thomas c. ville de Paris.* M. Hely d'Oissel, rapp.
— 14 août 1876. D. 77, 1, 504; S. 76, 1, 479; P. 76, 1201. *De Cibeins c. chemin de fer de Lyon.* M. Hely d'Oissel, rapp.

— 11 juill. 1881. D. 82, 1, 246; S. 82, 1, 56; P. 82, 57. *Magnier c. ville de Paris.* M. de Lagrevol, rapp. Jurisprudence constante.

SECTION. III. — *Envoi des pièces et consignation d'amende.*

91. Les pièces qui doivent être envoyées à la Cour de cassation sont adressées par le procureur de la République au préfet qui les transmet au ministère au département duquel se trouve rattachée l'expropriation poursuivie. Celui-ci les fait parvenir à la Cour de cassation.

Circulaire du ministre des travaux publics du 18 janv. 1845. — *Id.* du garde des sceaux du 25 sept. 1845. — *Id.* du ministre de l'intérieur du 24 oct. 1845. (Lois annotées par MM. Devilleneuve et Carette, 1845, p. 113. D. 46, 3, 18.)

92. Ce mode doit être suivi, soit que le pourvoi ait été formé par l'expropriant, soit qu'il l'ait été par l'exproprié.

93. Toutefois celui-ci est libre de faire déposer les pièces directement au greffe de la Cour de cassation par un avocat en cette cour.

Delalleau et Jousselin, t. I, p. 163. — Daffry de la Monnoye, t. I, p. 227.

94. Les pièces qui doivent être transmises sont celles sans le vu et la vérification desquelles le jugement d'expropriation ne peut être rendu; sans quoi la Cour de cassation ne pourrait utilement exercer son contrôle et s'assurer de l'entier accomplissement des formalités essentielles.

Delalleau et Jousselin, t. I, p. 165.

95. Le délai de quinzaine court à partir de la notification du pourvoi, et comme cette notification n'est pas faite au procu-

reur de la République, ce magistrat doit supposer qu'elle a eu lieu dans le délai légal, et conséquemment transmettre les pièces au préfet dans les trois semaines qui suivent la déclaration du pourvoi.

Delalleau et Jousselin, t. I, p. 164.

96. Le délai de quizaine n'est d'ailleurs pas de rigueur, et son expiration n'entraîne pas déchéance du pourvoi. Tant que la Cour n'a pas rendu arrêt, le demandeur peut mettre sa demande en état.

Cass. rej. 21 juill. 1862. D. 62, 1, 380; S. 62, 1069; P. 63, 285. *De Legge c. commune du Pertre.* M. Aylies, rapp. — 17 nov. 1875. D. 76, 1, 145-148. *Préfet du Rhône c. Coignet.* M. Salmon, rapp. — 15 janv. 1877. D. 78, 1, 74; S. 79, 1, 89; P. 79, 63. *Commune de Nurret-le-Ferron c. Raignoux.* M. Salmon rapp. — 31 janv. 1881. D. 81, 1, 318. S. 81, 1, 180; P. 81, 412. *Ville de Cette c. Chavasse.* M. Sallé, rapp. — 11 juill. 1881. S. 82, 1, 36; D. 82, 1, 246; P. 82, 57. *Commune de Saint-Loup c. Gautreau.* M. Guérin, rapp. — 19 juill. 1881. D. 82, 1, 267; S. 81, 1, 429; P. 81, 1085. *Malartre c. préfet de la Loire.* M Sallé, rapp. — 16 janv. 1883. *Bull. civ.* 83, p. 12. *Marquis de Nobllet c. commune de la Clayette.* M. Manau, rapp. — 7 mars 1883. S. 83, 1, 376; P. 83, 955. *Bull. civ.* 83, p. 96. *Commune de Savenay c. Lemarié.* M. Crépon, rapp. — 2 mai 1883. S. 84, 1, 132. *De Fumel c. commune de Marmanhac.* M. Blondel, rapp.

97. Les délais expirés, si le pourvoi a été formé par l'expropriant et que les pièces n'aient pas été tranmises à la Cour de cassation, l'exproprié peut faire prononcer la déchéance du pourvoi.

Cass. 9 mai 1843. S. 43, 1, 521. *Préfet de la Vendée c. Bonnefond.* M. Renouard, rapp.

— 29 juill. 1878. D. 78, 1, 436; S. 78, 1, 384; P. 78, 945. *Guérie c. préfet de l'Eure*. M. Pont, rapp.

— 21 août 1882. S. 83, 1, 134; P. 83, 304. *Bull. civ.* 82, p. 338. *Bayle c. préfet de la Haute-Loire*. M. Legendre, rapp.

98. Si le pourvoi a été formé par l'exproprié, et que l'administration néglige d'envoyer les pièces en temps utile, le demandeur pourrait solliciter la Cour de cassation d'ordonner, par un arrêt préparatoire, l'apport des pièces.

Delalleau et Jousselin, t. I, p. 164.

99. La chambre civile, saisie directement du pourvoi, doit, par un motif d'urgence d'après l'article 20, statuer dans le mois qui suivra la réception des pièces, ce qu'il faut entendre en ce sens que les affaires d'expropriation doivent être jugées comme affaires urgentes, mais sans que l'expiration du délai indiqué puisse entraîner aucune déchéance.

100. Mais si l'on n'attendait pas l'expiration du mois pour statuer et que le défendeur fût défaillant, on doit conclure des termes de l'article 20 que, contrairement à ce qui se passe dans les affaires ordinaires, l'arrêt serait susceptible d'opposition.

101. La loi d'expropriation n'ayant pas affranchi les pourvois formés en cette matière, de l'obligation imposée par l'article 5, titre IV du règlement de 1738, 1re partie, à tout demandeur en cassation, celui-ci est tenu de consigner l'amende, sous peine de voir déclarer son pourvoi non recevable.

Cass. 2 janv. 1837. D. 37, 1, 210; S. 37, 1, 615; P. 37, 1, 577. *Arizzoli c. Percire*. M. Quéquet, rapp.

— 22 juill. 1839. D. 39, 1, 288; S. 39, 802. *Commune de Saint-Vincent-de-*

Paule c. préfet de la Gironde. M. Quéquet, rapp.

— 8 juill. 1874. D. 75, 5, 235. *Commune de la Destrousse c. Trugelly*. M. Glandaz, rapp.

— 2 janv. 1877. S. 77, 1, 181; P. 77, 480. *Leyiaret-Gilz c. commune de Viens*. M. Hely d'Oissel, rapp.

— 24 avr. 1877. S. 77, 1, 279, P. 77, 689. *Commune d'Azerac c. Chérauld*. M. Aucher, rapp.

— 29 déc. 1879. S. 80, 1, 224; P. 80, 517. *Digne c. préfet du Var*. M. Onofrio, rapp.

— 19 juill. 1881. D. 81, 1, 267; S. 81, 1, 429; P. 81, 1085. *Malartre c. préfet de la Loire*. M. Sallé, rapp.

— 21 août 1882. S. 83, 1, 134; P. 83, 304. *Bayle c. préfet de la Haute-Loire*. M. Legendre, rapp.

— 28 août 1883. S. 84, 1, 85; P. 84, 174. *Pouscelot c. préfet du Doubs*. M. Blondel, rapp.

101 bis. L'amende n'est pas régulièrement consignée entre les mains du greffier de la justice de paix où les opérations d'expropriation se sont passées. Ce fonctionnaire n'a pas qualité pour donner une quittance qui ne peut équivaloir à la production d'un récépissé émané du receveur de l'enregistrement.

Cass. 26 août 1884. *Falcon c. commune de Chapareillan*. M. Rohault de Fleury, rapp.

102. Lorsque le pourvoi est dirigé distinctement contre le jugement d'expropriation et contre la décision du jury, c'est-à-dire contre des décisions émanant de deux juridictions différentes, deux amendes doivent être consignées, sans quoi, le pourvoi doit être déclaré non recevable.

Cass. 12 déc. 1882. D. 84, 1, 164. *Levesque c. ville de Nantes*. M. Blondel, rapp.

— 18 déc. 1882. D. 84, 1, 164. *Héricourt c. commune de Lagny*. M. Merville, rapp.

103. Si le pourvoi est déclaré non recevable pour défaut de consignation d'amendes, le demandeur en cassation doit être condamné, envers le trésor, au paiement des amendes non consignées, et envers le défendeur, au paiement d'une indemnité égale à la moitié de ces amendes.

Même arrêt.

104. Les affaires d'expropriation étant directement portées devant la chambre civile, ne comportent pas la double amende à laquelle est soumis le demandeur en cassation qui succombe devant la chambre civile après admission de la chambre des requêtes : c'est une seule amende qui est prononcée.

Arrêt précité du 9 janv. 1839. Pratique constante.

105. Les expropriés n'ayant pas été appelés au jugement d'expropriation, ce jugement, quant à l'amende à consigner, a été assimilé aux jugements par défaut ; par suite la consignation n'est que de 75 francs.

Cass. 9 janv. 1839. D. 39, 1, 68 ; S. 39, 1, 129 ; P. 46, 2, 657. *Riant c. chemin de fer de Saint-Germain.* M. Gillon, rapp.
Jurisprudence et pratique constante.

106. Si le pourvoi est dirigé contre la décision du jury d'expropriation, l'amende sera de 150 ou de 75 francs suivant que devant le jury le débat aura été contradictoire ou que le demandeur en cassation ne se sera pas présenté.

Cass. 12 déc. 1882. D. 84, 1, 164. *Levesque c. ville de Nantes.* M. Blondel, rapp.

107. Si le pourvoi est formé par plusieurs copropriétaires indivis, ou s'il est dirigé contre plusieurs copropriétaires indivis ou contre plusieurs coïntéressés dans une même expropriation,

une seule amende doit être consignée, parce qu'il n'y a lieu qu'à la prononciation d'une seule amende.

Cass. rej. 10 août 1852. *Chemin de fer de Saint-Germain c. comtesse de Montblin et autres.* M. Grandet, rapp. — Non publié.
V. Cass. 14 juin 1881. *Bull. civ.* 81 p. 219. M. Merville, rapp.

108. Au cas où, dans cette double hypothèse, plusieurs amendes auraient été consignées, la cour en rejetant le pourvoi, et ne condamnant qu'à une seule amende, ordonnerait la restitution des autres.

Même arrêt du 10 août 1852.

108 bis. Lorsque deux pourvois ont été formés par deux propriétaires indiqués distinctement sur la matrice cadastrale et séparément expropriés, la consignation d'une seule amende est insuffisante et rend les pourvois non recevables, bien que les demandeurs en cassation se soient dits unis d'intérêt et propriétaires indivis, sans en produire d'ailleurs aucune justification.

Cass. 19 mai 1884. *Bessi et Dabrai c. ville de Nice.* M. de Lagrévol, rapp.

109. Il n'est pas nécessaire que l'amende soit consignée préalablement à la déclaration du pourvoi ; il suffit qu'elle l'ait été avant le jour où la cause a été en état de recevoir arrêt.

Cass. 14 déc. 1842. D. 43, 1, 95 ; S. 43, 1, 171 ; P. 43, 1, 378 ; *Dupontavice c. préfet du Calvados.* M. Renouard, rapp.
— 2 janv. 1843. D. 43, 1, 80 ; S. 43, 1, 20 ; P. 43, 1, 129. *Jacques Laffitte c. l'Etat.* M. Renouard, rapp.
— 31 janv. 1881. D. 81, 1, 318 ; S. 81, 1, 180 ; P. 81, 412. *Ville de Cette c. Chavasse.* M. Sallé, rapp.
— 19 juill. 1881. D. 82, 1, 267 ; S. 81, 1, 429 ; P. 81, 1055. *Malartre c. préfet de la Loire.* M. Sallé, rapp.

— 7 mars 1883. S. 83, 1, 376; P. 83, 955. *Commune de Savenay c. Lemarié.* M. Crépon, rapp.

110. De même que pour le défaut d'envoi de pièces, le défendeur au pourvoi peut en faire prononcer la déchéance pour défaut de consignation d'amende.

Cass. 29 juill. 1878. D. 78, 1, 436; S. 78, 1, 384; P. 78, 945. *Guérie c. préfet de l'Eure.* M. Pont, rapp.
Jurisprudence constante. En ce sens, de nombreux arrêts non publiés.

111. L'indemnité est due au défendeur par le demandeur qui succombe, en matière d'expropriation, comme en toutes matières ; cette indemnité, la moitié du chiffre de l'amende, est de 37 fr. 50, au cas de pourvoi dirigé contre le jugement d'expropriation et de 75 francs, au cas de pourvoi contre une décision contradictoire du jury.

Cass. 12 et 18 déc. 1882. D. 84, 1, 164. V° n° 102.

112. Et il faut ici appliquer la règle constamment suivie par la chambre civile et d'après laquelle l'indemnité est attribuée même au défendeur défaillant.

Cass. 5 mars 1872. D. 73, 1, 63; S. 73, 1, 176; P. 73, 406. *Commune de Vauxrenard c. Burgaud.* M. Merville, rapp.
Jurisprudence constante.

113. Si le demandeur en cassation se désiste de son pourvoi et que le défendeur accepte ce désistement, les pièces sont retirées du greffe, et le pourvoi est comme non avenu ; mais si l'amende a été consignée, elle ne peut être retirée.

114. Si un arrêt intervient pour donner acte du désistement, cet arrêt condamne à l'amende et à l'indemnité le défendeur considéré comme ayant succombé dans son pourvoi.

Cass. 9 janv. 1839. D. 39, 1, 68; S. 39, 1, 129; P. 46, 2, 657. *Riant c. chemin de fer de Saint-Germain.* M. Quéquet, rapp.
— 27 fév. 1850. D. 50, 1, 184; S. 50, 1, 384. *Chantreine c. chemin de fer du Nord.* M. Renouard, rapp.
— 4 avr. 1883. S. 84, 1, 196. *Mauduit c. ville de la Châtre.* M. Crépon, rapp.

115. Si le pourvoi a été formé par une commune, celle-ci ne peut s'en désister sans une autorisation de l'autorité administrative supérieure. Si cette autorisation n'est pas produite, la Cour de cassation doit se refuser à donner acte du désistement qui est considéré comme non avenu.

Cass. 5 mars 1845. D. 45, 1, 171. S. 45, 1, 430; P. 45, 1, 385. *Ville de Clermont-Ferrand c. Bujadoux.* M. Renouard, rapp.

116. Elle ne peut non plus intervenir dans une instance d'expropriation devant la Cour de cassation sans une autorisation de plaider.

Cass. 18 janv. 1837. D. 37, 1, 228; S. 37, 1, 124; P. 37, 1, 83. *Houzet c. préfet du Nord.* M. Quéquet, rapp.

117. En matière d'expropriation pour l'ouverture ou le redressement de chemins vicinaux de grande communication, ces chemins étant placés sous l'autorité du préfet, un maire n'a qualité ni pour se pourvoir ni pour se désister.

Cass. 7 avr. 1845. D. 45, 1, 207; S. 45, 1, 529; P. 45, 1, 585. *L'Etat c Jeansoone.* M. Renouard, rapp.

118. Les préfets sont dispensés de la consignation de l'amende, en matière d'expropriation, comme en toute autre, lorsqu'ils agissent au nom de l'Etat.

119. Et ils doivent bénéficier de cette exemption, même quand ils poursuivent une expropriation relative à l'ouverture ou au redressement d'une route départementale ou d'un chemin vicinal de grande communication, les préfets, pour ces sortes de travaux, agissant dans un but d'utilité publique nationale.

Cass. 20 déc. 1842. D. 43, 1, 158; S. 43, 1, 70; P. 43, 1, 257. *Préfet d'Ille-et-Vilaine c. Thomas.* M. Gillon, rapp.
— 3 août 1859. D. 60, 1, 418; S. 61, 1, 380; P. 61, 710. *Préfet de la Seine c. Ruelle.* M. Quénault, rapp.
Contrà: Daffry de la Monnoye, t. I, p. 234.

120. Aucune exemption de ce genre n'existe en faveur des communes qui, au cas de pourvoi contre un jugement d'expropriation ou une décision du jury, doivent consigner l'amende.

Cass. 22 juill. 1839. D. 39, 1, 288; S. 39, 1, 802; P. 43, 2, 409. *Commune de Saint-Vincent-de-Paule c. préfet de la Gironde.* M. Quéquet, rapp.
Jurisprudence constante.

121. L'amende n'est due qu'autant que la Cour de cassation a été réellement saisie. Si de plusieurs parties ayant fait une déclaration commune de pourvoi, un certain nombre n'ont pas donné suite à ce pourvoi dont personne n'a demandé la déchéance, l'amende ne doit pas être prononcée contre ces dernières.

Cass. 21 juill. 1875. D. 75, 1, 415; S. 75, 1, 428; P. 75, 1067. *Chemin de fer de Clermont à Tulle c. Prat.* M. Merville, rapp.

122. Au cas où le jugement d'expropriation est annulé, les défendeurs à la cassation doivent toujours être condamnés aux dépens; qu'ils aient défendu au pourvoi ou qu'ils soient défaillants.

Jurisprudence constante.

123. Lorsque le pourvoi est rejeté, le jugement d'expropriation devenant irrévocable, les pièces sont renvoyées au procureur de la République pour être déposées au greffe du tribunal qui a rendu le jugement.

124. Le pourvoi *dans l'intérêt de la loi* peut avoir lieu en matière d'expropriation comme dans les autres matières; il ne saurait rien changer à la situation faite par le jugement d'expropriation; son seul effet est, par une décision de principe, de prévenir de nouvelles violations de la loi.

125. Lorsque le jugement d'expropriation a été cassé, la cassation entraîne l'annulation de tout ce qui a été fait en vertu de ce jugement, notamment l'annulation de la décision du jury et de l'ordonnance du magistrat directeur.

Cass. 6 janv. 1857. D. 57, 1, 47; S. 58, 1, 623; P. 58, 99. *Chaney c. chemin de fer de Lyon.* M. Alcock, rapp.
— 7 mai 1878. D. 78, 1, 438; S. 78, 1, 276; P. 78, 685. *Aguilhon c. préfet de l'Ardèche.* M. Greffier, rapp.

126. Il n'en est ainsi qu'à l'égard des parties qui se sont pourvues en cassation, le jugement continuant à subsister à l'égard de celles qui se sont abstenues de se pourvoir.

127. Toutefois si le jury d'expropriation a fixé une seule indemnité pour les propriétaires indivis d'un même immeuble et qu'il y ait impossibilité de déterminer la part afférente à chacun d'eux, la cassation intervenue sur le pourvoi d'un de ces propriétaires entraîne la nullité du jugement d'expropriation, même à l'égard de ceux qui ne se sont pas pourvus.

Cass. 6 janv. 1857. D. 57, 1, 47; S. 58, 1, 623; P. 58, 99. *Chaney c. chemin de fer de Lyon.* M. Alcock, rapp.

128. Après cassation, les pièces sont envoyées au tribunal de renvoi ; le procureur de la République près ce siège requiert l'expropriation sans qu'il y ait lieu de donner assignation aux parties intéressées qui ne doivent pas plus être appelées devant ce tribunal qu'elles n'ont dû l'être devant le tribunal originairement saisi.

Cass. 11 août 1841. D. 41, 1, 327; S. 41, 2, 670; P. 41, 2, 285. *Desbrosses c. ville de la Rochelle.* M. Renouard, rapp.

129. Le tribunal de renvoi ne peut statuer que sur la demande d'expropriation maintenue exactement dans les termes où elle a été présentée devant le tribunal de la situation des lieux.

Cass. 18 janv. 1837. D. 37, 1, 228; S. 37, 1, 124; P. 37, 1, 83. *Houzet c. préfet du Nord.* M. Quéquet, rapp.

130. Et entre les mêmes parties ; serait nul un jugement rendu par un tribunal de renvoi prononçant l'expropriation contre des propriétaires qui n'ont pas figuré au premier jugement.

Même arrêt.

131. Mais, devant le tribunal de renvoi les parties remises au même et semblable état qu'avant le jugement cassé, ont tout droit, soit de prendre des conclusions nouvelles, soit de produire des titres, pièces ou documents qui n'auraient pas été produits devant le premier tribunal, ou même qui n'auraient existé qu'à une date postérieure au premier jugement.

Arrêt précité du 11 août 1841. D. 41, 1, 327; S. 41, 2, 670; P. 41, 2, 285.

132. Le tribunal de renvoi procède comme devait procéder le tribunal primitivement saisi ; c'est-à-dire qu'il vérifie l'accomplissement des formalités essentielles et vise les pièces qui en témoignent.

133. Si le tribunal de renvoi considère la nouvelle procédure administrative comme irrégulière et déclare qu'en l'état il n'y a pas lieu de prononcer l'expropriation, sa juridiction n'est pas épuisée par cette déclaration, et on peut revenir devant lui avec une procédure une seconde fois complétée.

Cass. 20 juill. 1841. D. 41, 1, 286; S. 41, 1, 665; P. 41, 2, 354. *Préfet du Doubs c. Bourgon.* M. Gillon, rapp.

134. Le tribunal qui prononce l'expropriation est seul compétent pour désigner le magistrat-directeur, et ce magistrat ne peut être pris que parmi les membres de ce tribunal ; par suite, le tribunal de renvoi doit désigner un de ses membres comme directeur du jury.

Cass. 17 déc. 1860. D. 61, 1, 133; S. 61, 1, 378; P. 61, 848. *De Forestier c. ville de Paris.* M. Aylies, rapp.

Daffry de la Monnoye, t. I, p. 242.

Contra : Delalleau et Jousselin, t. I, nos 263 et 264. — De Peyronny et Delamarre, n° 277. — Dalloz, n° 324.

135. La juridiction de ce tribunal ne pouvant s'étendre, et les pouvoirs du magistrat-directeur qui s'y réfèrent ne pouvant s'exercer en dehors des limites de l'arrondissement où siège ce tribunal, c'est exclusivemt au jury spécial de ce même arrondissement, placé sous son autorité, qu'il appartient de fixer les indemnités réclamées à la suite des expropriations prononcées.

Même arrêt.

136. Ces règles tiennent à l'ordre même des juridictions et, à ce titre, leur infraction ne peut être couverte par le silence des parties ni par leur consentement.

Même arrêt.

137. Le tribunal de renvoi après cassation, qui a désigné à tort comme magistrat-directeur du jury un membre du tribunal des lieux litigieux, peut, si les parties y consentent, réparer son erreur et désigner un magistrat de son siège.

Cass. 19 nov. 1866. *Bull. civ.* 1866, p. 260. *Granier de Cassagnac c. Rosapelly.* M. Aylies, rapp.

138. Par la cassation, le tribunal qui a rendu le jugement d'expropriation cassé, est dessaisi de l'affaire dont la connaissance au fond est renvoyée à un autre tribunal en cet état, l'administration ne peut plus, sans égard pour le renvoi prononcé et au moyen d'un désistement de la première poursuite, requérir du tribunal dessaisi et désormais incompétent, une instruction nouvelle et dépouiller par là le tribunal de renvoi de l'attribution qui lui a été conférée.

Cass. 15 mai 1843. D. 43, 1, 311 ; S 43, 1, 498 ; P. 43, 2, 211. *Corneille c. Bernex-Philippon.* M. Fabvier, rapp.
Daffry de la Monnoye, t. I, p. 243. — Delalleau et Jousselin, t. I, n° 265.

139. Pas plus que dans les autres matières civiles, le pourvoi, en matière d'expropriation, n'est suspensif ; conséquemment, le pourvoi formé par un propriétaire n'empêcherait pas l'administration de poursuivre l'accomplissement des autres formalités prescrites par la loi.

Moniteur des 13 déc. 1832, p. 2136 et 6 fév. 1833, p. 300 et 301.
Delalleau et Jousselin, t. I, n° 248. — Daffry de la Monnoye, t. I, p. 243.

Titre IV. Du règlement des indemnités.

CHAPITRE PREMIER

MESURES PRÉPARATOIRES

ARTICLE XXI

Dans la huitaine qui suit la notification prescrite par l'article 15, le propriétaire est tenu d'appeler et de faire connaître à l'administration les fermiers, locataires, ceux qui ont des droits d'usufruit, d'habitation ou d'usage, tels qu'ils sont réglés par le Code civil, et ceux qui peuvent réclamer des servitudes résultant des titres mêmes du propriétaire ou d'autres actes dans lesquels il serait intervenu; sinon il restera seul chargé envers eux des indemnités que ces derniers pourront réclamer.

Les autres intéressés seront en demeure de faire valoir leurs droits par l'avertissement énoncé en l'article 6, et tenus de le faire connaître à l'administration dans le même délai de huitaine, à défaut de quoi ils seront déchus de tous droits à l'indemnité (1).

(1) *Loi du 7 juillet 1833,* article 21 : Dans la huitaine qui suit la notification prescrite par l'article 15, le propriétaire est tenu d'appeler et de faire connaître *au magistrat directeur du jury* les fermiers, locataires, ceux qui ont des droits d'usufruit, d'habitation ou d'usage, tels qu'ils sont réglés par le Code civil, et ceux qui peuvent réclamer des servitudes résultant des titres mêmes *de propriété* ou d'autres actes dans lesquels il serait intervenu; sinon il restera seul chargé envers eux des indemnités que ces derniers pourront réclamer.

Les autres intéressés seront en demeure de faire valoir leurs droits par l'avertissement énoncé en l'article 6, et tenus de se faire connaître *au magistrat directeur du jury* dans le même délai de huitaine; à défaut de quoi, ils seront déchus de tous droits à l'indemnité.

SECTION I.— *Obligation de dénoncer les ayants droit sur l'immeuble.*

§ 1. — *A qui elle incombe.*
§ 2. — *Délai pour la faire.*
§ 3. — *Effets de la dénonciation ou de l'absence de dénonciation des ayants droit.*

SECTION II. — *Droit des intéressés à se faire connaître eux-mêmes.*

§ 1 —. *Quels sont ces intéressés.*
§ 2. *Délai dans lequel ils doivent se faire connaître.*
§ 3. — *Effet de la réclamation faite par les intéressés dans les délais ou de leur silence.*

SECTION I. — *Obligation de dénoncer les ayants droit sur l'immeuble.*

§ 1. — *A qui elle incombe.*

1. Le propriétaire qui est tenu de faire connaître les intéressés énumérés dans le premier paragraphe de l'article 21 est celui auquel a été faite la notification prescrite par l'article 15, c'est-à-dire, celui qui est inscrit à la matrice des rôles.

2. Peu importerait qu'il eût vendu son immeuble avant l'expropriation, si, au moment du jugement, étant encore porté sur la matrice cadastrale, l'expropriation a été prononcée contre lui, et la notification du jugement d'expropriation lui a été faite.

Cass. req. 29 déc. 1873. D. 74. 1, 195; S. 74, 1, 181; P. 74, 430. *Hunebelle c. Aschermann*. M. Sallé, rapp.

3. Il en serait ainsi, lors même que la vente aurait eu lieu au profit du concessionnaire des travaux, devenu ainsi expropriant et exproprié; le fait de cette vente ne pourrait qu'autoriser une action en garantie du vendeur vis-à-vis du concessionnaire pour être indemnisé par celui-ci des condamnations prononcées au profit d'un locataire qui n'a pas été placé en situation de réclamer directement une indemnité à l'expropriant.

Même arrêt.

4. Toutefois, dans ce dernier cas, il appartient au juge du fait de rechercher quel était, au moment de l'expropriation le véritable propriétaire et, par conséquent celui qui, par sa négligence, doit rester tenu de l'indemnité réclamée, de telle sorte que si le réclamant s'est adressé directement au concessionnaire, son action soit admise contre ce dernier.

Cass. req. 11 janvier 1865. D. 65, 1, 180; S. 65, 1, 148. *Chemin de fer du Dauphiné c. Savoyat*. M. Dumolin, rapp.

5. L'exproprié est tenu de faire connaître tous les ayants droit rentrant dans les catégories indiquées par l'article 21; mais son obligation doit être strictement limitée à ces ayants droit.

6. Ainsi, dans la désignation de fermiers et locataires sont compris tous ceux qui peuvent exercer un droit de jouissance sur

l'immeuble, en vertu d'un bail d'une nature quelconque, tel que bail à rente, à location perpétuelle, à colonie partiaire, à covenant ou domaine congéable, bail emphytéotique, etc.

Delalleau et Jousselin, t. I, n° 365 et s. — De Peyronny et Delamarre, n° 289.

7. Mais l'article 21 restreignant, relativement aux usagers, l'obligation du propriétaire, à ceux qui ont des droits d'usage réglés par le code civil, le propriétaire n'est pas tenu de faire connaître ceux qui ont des droits de pacage et de pâturage, tels qu'ils sont déterminés par les lois et usages sur les bois et forêts.

Moniteur du 27 janv. 1833, p. 211. — Gillon et Stourm, p. 89. — Delalleau et Jousselin, t. I, n° 393. — De Peyronny et Delamarre, n° 281. — Caudaveine et Théry, n° 202. — Dalloz, n° 375. — Daffry de la Monnoye, t. I, p. 259. — Arnaud, n° 23.

8. Il appartient à ces intéressés de se faire eux-mêmes connaître dans les délais impartis par le paragraphe 2 de l'article 21 ; s'ils ont négligé de le faire, ils ne peuvent recourir contre le propriétaire exproprié.

Delalleau et Jousselin, t. I, p. 315. —Gillon et Stourm, p. 89. — Proudhon, de l'Usufruit, t. VI, n° 3082. — De Peyronny et Delamarre, n° 281. — Daffry de la Monnoye, t. I, p. 258. — Dalloz, n° 375.
Contrà : Duvergier, Collect. 1833, p. 298. — Foucard, t. II, n° 673.

9. De même, pour les servitudes existant sur l'immeuble exproprié, l'obligation du propriétaire de les faire connaître a été restreinte à celles résultant de ses titres mêmes ou d'autres actes dans lesquels il serait intervenu.
10. Ceux qui ont sur l'immeuble des droits de servitude

résultant de la prescription ou d'actes passés avec les anciens propriétaires et non mentionnés dans les titres du propriétaire actuel, doivent réclamer eux-mêmes les indemnités auxquelles ils ont droit ; à défaut de quoi, ils seraient déchus de tout recours.

Cass. 25 janv. 1859. D. 59, 1, 497 ; P 59, 1099. Bellé et Daozan c. chemin de fer de l'Ouest. M. Nachet, rapp.
— 8 déc. 1868. D. 69, 1, 112 ; S. 69, 1, 130 ; P. 69, 297. De Belloc c. Betous. M. de Vaulx, rapp.
Bordeaux, 5 mai 1882. S. 82, 2, 181 ; P. 82, 916.
Mêmes auteurs que dessus ; adde : Arnaud, n° 40. — Roquière, n° 94. — Herson, n° 128.

11. Dans ce cas, le propriétaire n'est pas tenu de dénoncer l'existence de la servitude, alors même qu'elle lui serait connue.

Arrêt du 5 mai 1882.

12. Le propriétaire n'est pas tenu de dénoncer les sous-locataires de l'immeuble ; il lui suffit de faire connaître le locataire principal.

Cass. 20 avr. 1859. D. 59, 1, 166 ; S. 59, 1, 950 ; P. 59, 784. Perraud c. Riveron. M. Moreau de la Meurthe, rapp.
— 9 mars 1864. D. 64, 1, 441 ; S. 64, 1, 192 ; P. 64, 660. Bonetti c. ville de Paris. M. Glandaz, rapp.
Angers, 14 juillet 1864. D. 64, 2, 188 ; S. 64, 2, 298 ; P. 64, 1169.
Delalleau et Jousselin, t. I, p. 327. — De Peyronny et Delamarre, n° 286. — Daffry de la Monnoye, t. I, p. 270. — Dalloz, n° 382. — Arnaud, n° 31.

13. Si le propriétaire exproprié n'a pas dénoncé le locataire principal, les sous-locataires rentrent alors dans la catégorie des intéressés visée par le paragraphe 2 de l'article 21, et ils doivent se faire connaître, à peine de déchéance dans le délai imparti par ce paragraphe.

Arrêt précité du 14 juill. 1864 (An-

gers). — Lyon, 12 mars 1857. D. 58,
2, 18; S. 57, 2, 537; P. 58, 392.

14. Le propriétaire qui n'a
dénoncé ni le locataire principal
ni les sous-locataires, n'est responsable de son silence que vis-à-
vis du locataire principal.

Arrêt du 14 juill. 1864.

15. Le locataire principal n'est
pas tenu de faire connaître à l'expropriant les sous-locataires dans
le délai déterminé par l'article 21 ;
il peut seulement lorsqu'il est
lui-même directement interpellé
et mis en demeure par les offres
de l'expropriant, indiquer à l'administration les sous-locations
par lui consenties.

Arrêts précités du 12 mars 1856
(Lyon) et du 20 avr. 1859 (Cass.).
De Peyronny et Delamarre, n° 286.
— Arnand, n° 81.

16. Le locataire principal doit
d'ailleurs, par une obligation dérivant du contrat même de bail à
louage, et sous peine d'être responsable, vis-à-vis de ses locataires, de la perte de leur indemnité, les avertir des offres par lui
reçues, pour qu'ils puissent intervenir personnellement, et, toutes
choses étant encore entières, faire
valoir leurs prétentions.

Arrêt du 20 avr. 1859.
De Peyronny et Delamarre, n° 286.

17. Le sous-locataire ne pouvant avoir plus de droits que le
locataire principal de qui il tient
son bail, ne peut en cas d'expropriation, prétendre à une indemnité pour la partie de sa location
qui dépasserait la durée du bail
principal ; mais il a son recours
contre le locataire principal son
bailleur.

Paris, 23 juin, 1871. *Gaz. des trib.*
n° du 7 juill. 1871.

18. Le propriétaire n'est pas
tenu de faire connaître son copropriétaire ; sauf, bien entendu, le
partage avec celui-ci de l'indemnité attribuée à lui seul.

Tribun. de la Seine, 25 juin 1868.
Gaz. des trib., n° du 28 juin 1868.

19. Les cessionnaires d'un droit
de pêche ne sont ni fermiers, ni
locataires, ni usufruitiers, ni
usagers, ni possesseurs d'une
servitude ; conséquemment, au
cas d'expropriation, le propriétaire
n'est pas tenu de les faire connaître à l'expropriant.

Besançon, 17 déc. 1881. D. 82, 2, 234.

20. Mais ils rentrent dans la
catégorie des intéressés qui peuvent se faire connaître eux-mêmes
à l'expropriant.

Même arrêt.

21. Les expressions appeler
et faire connaître, employées par
l'article 21, ne doivent pas être
entendues cumulativement ; le
propriétaire a rempli l'obligation
à lui imposée quand il a avisé
l'administration de l'existence des
ayants droit, sans qu'il soit, de
plus, nécessaire, pour éviter le
recours de ces ayants droit, de les
provoquer à intervenir par une
notification directement faite.

Cass. 5 fév. 1840. D. 40, 1, 127; S.
40, 1, 162; P. 40, 1, 307. *Charnay c*
ville de Paris: M. Quéquet, rapp.
Delalleau et Jousselin, t. I, n° 396.
— Daffry de la Monnoye, t. I, p. 250.
— De Peyronny et Delamarre, n° 282.
— Dalloz, n° 378.
Contrà : Gillon et Stourm, p. 85 et
86. — Sevin, *Revue critique*, 1859.

22. Aucune forme particulière
n'est obligatoire pour l'avertissement qui doit être donné par le
propriétaire à l'administration ;
il suffit qu'il soit certain que
l'administration a été avisée.

23. Ainsi une simple lettre missive peut suffire pour justifier, de la part du propriétaire, que l'obligation qui lui incombait a été remplie.

Cass. 17 juin 1868. D. 68, 1, 326; S. 69, 1, 37; P. 69, 58. *Lacarrière c. préfet d'Indre-et-Loire.* M. Henriot, rapp.

24. Mais il faut, pour qu'il produise les effets légaux qui y sont attachés, que l'avertissement dénonce d'une façon formelle l'existence d'ayants droit sur l'immeuble, avec les indications nécessaires pour que l'administration puisse procéder vis-à-vis d'eux au règlement des indemnités auxquelles ils peuvent avoir droit. De simples réserves, faites par le propriétaire en termes généraux, de tous les droits et actions de ses locataires seraient insuffisantes pour engager la responsabilité de l'administration et celle du propriétaire.

Cass. 19 mars 1849. D. 50, 5, 221; S. 49, 1, 371; P. 49, 2, 232. *Leveau c. ville de Saint-Denis.* M. Renouard, rapp.
De Peyronny et Delamarre, n° 285. — Daffry de la Monnoye, t. I, p. 251.

25. De même la simple remise par l'exproprié à l'expropriant de titres dans lesquels serait mentionnée l'existence d'une servitude sur l'immeuble exproprié ne remplacerait pas l'avis qui doit être donné de telle sorte que l'expropriant ne puisse ignorer le droit sur l'immeuble, et laisserait subsister la responsabilité du propriétaire vis-à-vis le bénéficiaire de la servitude.

25 juin 1868. Trib. de la Seine. *Gaz. des trib.* du 28 juin 1868.

26. Le propriétaire n'est d'ailleurs tenu de faire connaître les ayants droit sur l'immeuble qu'autant qu'ils ne sont pas certainement connus à l'avance de l'administration. Dès lors que cette connaissance existe, quelle que soit la voie par laquelle elle est arrivée, la responsabilité de l'administration se substitue à celle du propriétaire.

Delalleau et Jousselin, t. I, n° 406. — Arnaud, n° 26.

27. Ainsi en est-il notamment, quand l'administration, en vertu de l'article 15, aura remis au domicile du fermier ou du locataire, en leur donnant cette qualification, les notifications destinées au propriétaire.

Mêmes auteurs.

§ 2. — *Délai pour faire la dénonciation.*

27 bis. Le délai de huitaine accordé aux parties intéressées pour se faire connaître à l'expropriant part, non de l'avertissement affiché et publié conformément à l'article 6, mais de la notification au propriétaire du jugement d'expropriation.

Cass. 9 mars 1864. D. 64, 1, 441; S. 64, 1, 192; P. 64, 660. *Bonetti c. ville de Paris.* M. Glandaz, rapp.
Sic : Delalleau et Jousselin, t. I, n° 414. — De Peyronny et Delamarre, n° 288. — Cotelle, t. II, n° 600. — Daffry de la Monnoye, t. I, p. 248. — Dufour, n° 73.

28. La huitaine accordée au propriétaire pour faire connaître les ayants droit sur l'immeuble doit s'entendre en ce sens que le propriétaire aura avisé l'administration au plus tard le huitième des jours écoulés après celui de la notification du jugement d'expropriation.

Cass. 10 août 1841. D. 41, 1, 313; S. 41, 1, 692; P. 41, 2, 376. *Préfet de l'Oise c. Pillon.* M. Gillon, rapp.
Daffry de la Monnoye, t. I, p. 248.

29. Les mots *huitaine franche*

inscrits dans un arrêt postérieur du 12 janvier 1841, rendu au rapport du même magistrat que l'arrêt précité, doivent être interprétés par les termes de ce dernier arrêt qui, à l'aide de dates, précise de la façon la plus claire la façon dont doit être comptée la huitaine impartie ; sans quoi l'arrêt du 12 janvier 1842 serait en contradiction avec une série de décisions sur la computation des délais en matière d'expropriation.

Voy, art. 5, 6 et 10.
Sic : Daffry de la Monnoye, t. I, p. 249.

30. L'expiration de ce délai emporte déchéance, en sorte que l'administration a le droit de ne pas tenir compte des avis qui lui seraient donnés par le propriétaire postérieurement à la huitaine impartie.

Même arrêt du 10 août 1841.
— 12 janv. 1842. D. 42, 1, 147 ; S. 42, 1, 420 ; P. 42, 2, 17. *Méritan c. ville d'Apt.* M. Gillon, rapp.

§ 3. — *Effets de la dénonciation ou de l'absence de dénonciation des ayants droit.*

31. Si la dénonciation par l'exproprié de ses fermiers ou locataires est faite sans réserves, elle emporte acquiescement au jugement d'expropriation.

32. L'indication du locataire principal par le propriétaire a pour effet de conserver les droits des sous-locataires ; l'administration avertie en temps utile qu'elle doit une indemnité pour la totalité de la jouissance locative comprise dans le bail principal, est désormais sans intérêt et sans droit à opposer aucune déchéance à la demande qui lui est faite de cette indemnité, que ladite demande soit formée isolément par

le principal locataire qui a satisfait aux conditions de la loi, ou qu'elle soit formée par le principal locataire et les sous-locataires qui ne sont que ses représentants ou ses ayants droit.

Cass. 9 mars 1864. D. 64, 1, 441 ; S. 64, 1, 192 ; P. 64, 660. *Bonetti c. ville de Paris.* M. Glandaz, rapp.
De Peyronny et Delamarre, n° 286
Contrà : Daffry de la Monnoye, t. I p. 270.

33. Les sous-locataires peuvent, dès lors, exercer leur action en se révélant à l'administration, tant que les choses sont encore entières, et jusqu'au moment où, faute par eux de s'être fait connaître, l'administration a obtenu du jury, vis-à-vis du locataire principal, le règlement de l'indemnité afférente à la jouissance locative, dont il est resté le seul titulaire.

Même arrêt.

34. Lorsque le locataire principal, dénoncé par le propriétaire, a lui-même, avant la formation du jury, fait connaître ses sous-locataires à l'expropriant, celui-ci est tenu d'appeler devant le jury les sous-locataires dont les noms ont été portés à sa connaissance et ne pourrait leur opposer la décision rendue par le jury avec le locataire principal.

Arrêt du 9 mars 1864.

35. Le locataire principal, qui a averti ses sous-locataires, est à l'abri de tout recours de leur part si, par ses conclusions devant le jury, il s'est borné à réclamer indemnité pour la partie de l'immeuble dont il avait personnellement la jouissance.

Arrêt du 9 mars 1864. — Voy. dans le recueil de Dalloz la note qui accompagne cet arrêt.

36. Alors même que l'indemnité réglée en l'absence des sous-locataires, n'aurait porté que sur la partie de l'immeuble occupée par le locataire principal.

Même arrêt.

37. Dans ces conditions, les sous-locataires ont le droit de provoquer la convocation d'un nouveau jury pour procéder au règlement des indemnités auxquelles ils peuvent prétendre.

Même arrêt.

38. Aucune indemnité ne peut être allouée au locataire, lorsque le propriétaire d'un terrain exproprié n'a point fait connaître à la partie expropriante, dans les délai de la loi, l'existence de ce locataire, et que ce locataire ne s'est pas lui-même fait connaître.

Cass. 27 fév. 1882. *Bull. civ.* 82, p. 61. *Commune de Chatou c. veuve Vallet.* M. de Lagrévol, rapp.

39. Le propriétaire qui obtient le règlement de son indemnité sans avoir signalé les autres ayants droit sur l'immeuble, est considéré comme ayant reçu plus qu'il ne lui était dû et comme ayant touché par anticipation le montant de l'indemnité qui devait être attribuée à ces autres ayants droit ; par suite il doit leur tenir compte sur son indemnité de la valeur des droits qui leur appartenaient.

De Peyronny et Delamarre, n° 280. — Delalleau et Jousselin, t. I, n° 392.

40. Le propriétaire est responsable vis-à-vis toute personne appartenant aux catégories indiquées par le premier paragraphe de l'article 21 et qu'il aurait omis de dénoncer à l'expropriant, alors même que cette personne aurait tenté d'intervenir devant le jury

à titre d'intéressé, si son intervention a été repoussée comme tardive.

Req. rej., 24 avr. 1866. D. 66, 5, 212 ; S. 66, 1, 303 ; P. 66, 788. *Vaudoré c. Massé.* M. d'Ubexi, rapp.

41. Le propriétaire qui n'a pas fait connaître son fermier, dans le délai fixé par l'article 21, n'est pas recevable à demander lui-même, devant le jury, une indemnité pour ce fermier.

Cass. rej. 17 juill. 1844. D. 44, 1, 371 ; S. 45, 1, 234 ; P. 45, 1, 455. *Chion c. préfet de la Drôme.* M. Hello, rapp.

42. Si le défaut de notification par le propriétaire à l'administration des fermiers, locataires, usufruitiers, usagers ayant droit à des servitudes a pour effet de le rendre responsable des indemnités auxquelles ces différents intéressés peuvent prétendre et qu'ils ont été dans l'impossibilité de demander à l'expropriant, d'un autre côté, la manifestation de leurs qualités , dans le délai imparti, a pour conséquence de séparer complètement les intérêts du propriétaire de ceux des fermiers , locataires ou autres ayants droit sur l'immeuble.

Cass. 21 août 1877. S. 77, 1, 432 ; P. 77, 1123. *Bull. civ.* 77, 254. *Jacquier c. ville de Lyon.* M. Merville, rapp.
— 14 mars 1882. S. 82, 1, 430 ; P. 82, 1056. *Bull. civ.* 82, p. 92. *Chabal c. préfet du Gard.* M. Merville, rapp.

43. Par suite, un propriétaire, qui a rempli l'obligation imposée par l'article 21, ne saurait se prévaloir, comme moyen d'annulation de la décision qui lui a accordé une indemnité, de ce que l'administration a négligé d'appeler le locataire ou le fermier dont l'existence lui avait été révélée.

Cass. rej. 27 mars 1843. D. 43, 1, 189 ; S. 43, 1, 439 ; P. 43, 1, 635. *Thi-*

nières c. préfet du Lot. M. Bryon, rapp.

44. Et il est sans qualité pour se plaindre de ce qu'aucune indemnité n'ait été accordée à son fermier.

Arrêt précité du 14 mars 1882.

45. Lorsque le propriétaire n'a pas dénoncé ses fermiers ou locataires, les contestations qui peuvent s'élever entre lui et ces derniers sont étrangères à l'expropriant et, dès lors, le propriétaire ne peut être admis, devant le jury, à formuler en un chef particulier de demande l'indemnité qu'il devra payer à son fermier ou locataire.

Cass. 17 juill. 1844. D. 44, 1, 371; S. 45, 1, 284; P. 45, 1, 455. *Chion c. préfet de la Drôme.* M. Hello, rapp.

46. Quand il y a eu, de la part du propriétaire, omission de faire connaître à l'expropriant un ayant droit dont il devait dénoncer l'existence, la responsabilité qui en résulte vis-à-vis de ce dernier constitue une contestation de droit commun qui doit être réglée par le tribunal civil; c'est ce dernier, non le jury qui fixe le chiffre de l'indemnité due.

Cass. rej. 29 déc. 1873. D. 74, 1, 195; S. 74, 1, 181; P. 74, 430. *Hunebelle c. Aschermann.* M. Sallé, rapp.

SECTION II. — *Droit des intéressés à se faire connaître eux-mêmes.*

§ 1. — *Quels sont ces intéressés?*

47. Parmi les intéressés auxquels le paragraphe 2 de l'article 21 reconnaît la faculté d'agir personnellement se trouvent en première ligne les ayants droit sur l'immeuble désignés par le paragraphe 1er lesquels peuvent, dans le délai imparti, se faire connaître eux-mêmes à l'administration,

et, en faisant celle-ci directement obligée vis-à-vis d'eux, se garantir des suites que pourrait avoir le silence gardé par le propriétaire.

Cass. 27 mars 1843. D. 43, 1, 189; S. 43, 1, 439; P. 43, 1, 635. *Thinières c. préfet du Lot.* M. Bryon, rapp.
— 16 août 1852. D. 52, 1, 295; S. 53, 1, 16; P. 53, 2, 380. *Poix-Vandelle c. préfet de la Seine.* M. Moreau de la Meurthe, rapp.
— 17 juin 1868. D. 68, 1, 226; S. 69, 1, 37; P. 69, 1, 58. *Lacarrière c. préfet d'Indre-et-Loire.* M. Henriot, rapp.
Monit. 1833, p. 301.
Delalleau et Jousselin, t. I, n° 395.
— Dalloz, n° 377. — Caudaveine et Théry, n° 197. — Daffry de la Monnoye, t. I, p. 252. — Arnaud, n° 34.

48. Y figurent également:
celui qui se prétend propriétaire de l'immeuble exproprié, bien qu'il ne soit pas inscrit sur la matrice des rôles;

Cass. 6 déc. 1842. D. 43, 1, 33; S. 43, 1, 66; P. 42, 2, 749. *Vaissier c. ville de Besançon.* M. Miller, rapp.
— 5 fév. 1845. D. 45, 1, 152; S. 45, 1, 217; P. 45, 1, 218. *L'Etat c. Boudard.* M. Miller, rapp.
— 15 juin 1858. D. 58, 1, 324; P. 58, 1123. *Pallix c. Mosselmann.* M. Quénault, rapp.
— 15 mars 1865. D. 65, 5, 185. *Delair c. ville de Paris.* M. Gastambide, rapp.
— 17 juin 1868. D. 68, 1, 326. *Lacarrière c. préfet d'Indre-et-Loire.* M. Henriot, rapp.

49. celui qui soutient qu'il y a eu erreur dans l'indication des prénoms d'un des copropriétaires indivis de l'immeuble et que la désignation s'applique, en réalité, à la loi même;

Cass. rej. 27 janv. 1869. D. 69, 1, 244; S. 69, 1, 385; P. 69, 946. *Andrac c. comp. du chemin de fer de Paris à Lyon et à la Méditerranée.* M. Pont, rapp.

50. ceux qui auraient à exercer des actions de la nature de celles prévues par l'article 18, c'est-à-dire, des actions en résolution, en revendication, et toutes autres actions réelles,

Cass. 10 juill. 1850. P. 51, 1, 197. *Préfet de la Seine c. Finot.* M. Gaultier, rapp.

51. notamment, les créanciers inscrits sur l'immeuble ; comme les autres intéressés, ces créanciers seront en demeure d'intervenir par l'avertissement collectif énoncé en l'article 6 ; s'ils s'abstiennent, ils sont déchus à l'expiration du délai ;

Dufaure, rapp. de la loi de 1841 (*Moniteur* du 20 juin 1841, supplém. B). — Delalleau et Jousselin, t. I, n° 411. — De Peyronny et Delamarre, n° 291. — Arnaud, n° 43. *Contrà :* Gand, p. 28.

52. les créanciers qui ont une hypothèque légale, quoique non inscrite, lors même que l'effet de l'hypothèque ne se produirait pas au jour de l'expropriation ;

Arnaud, n° 48.

53. les créanciers chirographaires eux-mêmes ; ils ont intérêt à ce que le chiffre de l'indemnité soit le plus élevé possible, en même temps que droit d'agir au nom de leur débiteur et ils peuvent invoquer les termes généraux de l'article 22 qui ne distingue pas entre les divers créanciers ;

Arnaud, n° 45.

54. ceux qui prétendraient, sur l'immeuble, à un droit de servitude dérivant de titres autres que ceux du propriétaire ou d'actes dans lesquels il ne serait pas intervenu ;

Req. 25 janv. 1859. D. 59, 1, 407 ; P. 60, 1099. *Bellé et Daozan c. chemin de fer de l'Ouest.* M. Nachet, rapp.

Civ. cass. 8 déc. 1868. D. 69, 1, 112 S. 69, 1, 130 ; P. 69, 297. *De Belloc c. Detous.* M. de Vaulx, rapp. Delalleau et Jousselin, t. I, n° 394 et 410. — Herson, n° 128. — Daffry de la Monnoye, t. I, p. 258. — De Peyronny et Delamarre, n° 289. — Arnaud, n° 40. — Caudaveine et Théry, n° 195. — Roquière, n° 94.

55. la déchéance encourue par le possesseur d'une servitude de cette nature qui ne l'a pas fait connaître dans le délai imparti lui enlève son recours, non seulement contre l'expropriant, mais aussi contre le propriétaire du fonds ;

Arrêt précité du 8 déc. 1868. Delalleau et Jousselin, t. I, n° 416. — De Peyronny et Delamarre, n°s 281 et 292. — Arnaud, n° 41. — Roquière, n° 97. *Contrà :* Gand, p. 291.

56. les propriétaires riverains d'une rue dont le sol a été, en partie, exproprié pour la construction d'un chemin de fer et qui prétendent que le rétrécissement de la rue leur cause un dommage ; ce dommage étant la conséquence directe, non d'un travail public exécuté postérieurement à l'expropriation, mais du fait même de l'expropriation, l'indemnité due doit être réglée par le jury ;

Cons. d'Etat 14 fév. 1861 (*Chemin de fer du Midi c. Deselaux*). L. 61, 111 ; D. 61, 3, 65 ; P. 61, 23. M. Pascalis, rapp.

57. les usagers de terrains communaux ;

Delalleau et Jousselin, t. I, n° 393. — De Peyronny et Delamarre, n° 281. — Dalloz, n° 375. — Daffry de la Monnoye, t. I, p. 259. — Arnaud, n° 23. — Caudaveine et Théry, n° 195. *Contrà* Duvergier, *Coll.* 1833, p. 293. — Foucart, t. I, n° 553.

58. les sous-locataires de l'immeuble exproprié ;

V. *suprà* nº 33 et suiv.

59. les cessionnaires d'un droit de pêche ;

Besançon, 17 déc. 1881. D. 82, 2, 284.

60. le membre d'une société expropriée, et qui prétendrait à une indemnité en son propre nom et dans son intérêt exclusif.

Cass. 16 déc. 1862. D. 63, 1, 254; S. 63, 1, 319; P. 63, 911. *Vesin c. ville de Marseille*. M. Glandaz, rapp.

61. Mais ne peuvent élever la prétention d'intervenir pour règlement d'une indemnité à fixer par le jury :

Les locataires ou sous-locataires d'un immeuble qui n'est pas exproprié ;

Cass. rej. 24 fév. 1864. D. 64 ; S. 150. *Morin c. ville de Paris*. M. Delapalme, rapp.

Cass. rej. 12 mai 1868. D. 68, 1, 320. *Arvin Bérot c. ville de Paris*. M. Aylies, rapp.

— 13 mai 1868. D. 68, 1, 319. *Brateau c. préfet de la Seine*. M. Laborie, rapp.

— 15 juin 1868. D. 68, 1, 323. *Bassot c. Thome*. M. Henriot, rapp.

62. le propriétaire d'un immeuble voisin de celui exproprié et qui prétendrait à une indemnité pour le dommage que lui cause le travail d'utilité publique en vue duquel l'expropriation a été prononcée ;

Cass. rej. 21 avr. 1856. D. 56, 1, 158; P. 56, 2, 352. *Frain c. préfet d'Ille-et-Vilaine*. M. Delapalme, rapp.

63. le locataire d'un immeuble non exproprié et qui est privé de jours de souffrance par les constructions élevées sur l'immeuble voisin exproprié ; ce locataire a recours ou contre son propriétaire ou contre l'administration, par la voie administrative pour dommage causé par des travaux publics ;

Paris, 22 avr. 1872. *Gaz. des trib.*, nº du 25 avr. 1872.

64. le bénéficiaire d'une servitude qui disparaît par l'effet de travaux publics, mais sans qu'il y ait eu expropriation ni du fonds dominant, ni du fonds servant ;

Trib. des confl. 16 déc. 1850 (D'Espagnet). L. 50, 944; D. 51, 3, 21; S. 51, 2, 300; P. 51, 356. M. Mestadier, rapp.

Cass. 26 avr. 1865. D. 65, 1, 166 ; S. 65, 1, 210 ; P. 65, 512. *Préfet du Calvados c. Lebaudy*. M. Lamy, rapp.

Req. 27 janv. 1868. D. 68, 1, 114 ; S. 68, 1, 213 ; P. 68, 516. *Horliac c. Darblay*. M. Guillemard, rapp.

Contrà : Req. 2 fév. 1859. D. 59, 1, 262; S. 60, 1, 267; P. 59, 669. *Chemin de fer de Lyon c. Flottard*. M. d'Esparbès, rapp. (Jurisprudence abandonnée.)

65. le gérant d'une société expropriée, prétendant à une indemnité pour le préjudice personnel qu'il éprouve par suite de la dissolution de la société.

Cass. rej. 16 déc. 1862. D. 63, 1, 254; S. 63, 1, 319; P. 63, 911. *Vesin c. ville de Marseille*. M. Glandaz, rapp.

§ 2. — *Délai dans lequel les intéressés doivent se faire connaître.*

66. Le délai de huitaine imparti aux intéressés pour se faire connaître à l'expropriant, court, non à partir de l'avertissement énoncé en l'article 6 ; mais à partir de la notification du jugement d'expropriation faite au propriétaire, conformément à l'article 15.

Cass. 9 mars 1864. D. 64, 1, 441; S. 64, 1, 192; P. 64, 660. *Bonetti c. ville de Paris*. M. Glandaz, rapp.

Delalleau et Jousselin, t. I, nº 414. — De Peyronny et Delamarre, nº 288. — Cotelle, t. II, nº 600. — Gabriel Dufour, nº 73. — Daffry de la Monnoye, t. I, p. 263.

67. Par suite, le délai n'a pas commencé de courir, si l'expropriant ne justifie pas de la notification du jugement d'expropriation.

Même arrêt.

68. L'expiration du délai sans avis donné à l'expropriant, emporte déchéance du droit de se faire connaître à lui, et rend l'intéressé non recevable à intervenir devant le jury.

Cass. 23 déc. 1863. D. 64, 5, 149. *Chemin de fer d'Orléans c. Quinet.* M. Renouard, rapp.
— 27 juin 1864. D. 64, 5, 149. *Charton c. chemin de fer de Lyon.* M. Renouard, rapp.
— 10 janv. 1883. D. 83, 1, 460. *Gallo c. Grattoni.* M. Monod, rapp.

§ 3. — *Effets de la réclamation faite par les intéressés, dans les délais ou de leur silence.*

69. Si une personne ne rentrant pas dans la catégorie des ayants droit que doit faire connaître le propriétaire, a cependant été dénoncée par lui, cette dénonciation a pour effet, si cette personne rentre dans la catégorie des *intéressés*, de conserver son droit d'intervention devant le jury, alors qu'elle ne se serait pas fait elle-même connaître à à l'expropriant, dans le délai imparti par le paragraphe 2 de l'article 21.

Cass. 17 juin 1868. D. 68, 1, 326. *Lacarrière c. préfet d'Indre-et-Loire.* M. Henriot, rapp.

70. Ceux qui se sont fait connaître à l'expropriant avant le jugement d'expropriation n'ont pas besoin, pour éviter la déchéance, de se dénoncer une seconde fois après le jugement.

Cass. 6 déc. 1842. D. 43, 1, 33; S. 43, 1, 66; P. 42, 2, 749. *Vaissier c. ville de Besançon.* M. Miller, rapp.

71. L'intéressé qui se fait connaître à l'expropriant doit formuler nettement sa prétention à une indemnité et la qualité en laquelle elle est prétendue. Une simple protestation faite dans une enquête contre la suppression d'un chemin et dans des termes qui ne font point connaître si c'est comme s'opposant en principe à la direction d'une voie ferrée, ou comme prétendant sur le chemin qu'elle doit supprimer un droit de copropriété ou de servitude, ne suffirait point pour remplir le vœu de l'article 21 et le droit de demander une indemnité devant le jury.

Cass. 2 janv. 1867. D. 67, 1, 124; S. 67, 1, 260; P. 67, 654. *Chemin de fer de Lyon c. Blunat-Perret.* M. Lamy, rapp.

72. Quand un fermier prétend intervenir par ce motif que, si le propriétaire n'avait pas fait connaître le fermier de l'immeuble, lui-même, par une série d'actes, avait révélé sa qualité à l'expropriant, le magistrat-directeur n'a pas compétence pour se faire juge de la légitimité de la prétention élevée par le fermier et pour repousser son intervention.

Cass. 17 juin 1883. S. 84, 1, 35; P. 84, 57. *Paillard c. préfet de l'Aube.* M. Greffier, rapp.

73. La demande d'indemnité formée par un locataire qui n'a pas été dénoncé par son propriétaire et qui ne s'est pas fait connaître lui-même est non recevable ; ce locataire ne peut plus qu'exercer, devant les tribunaux civils, un recours contre le propriétaire.

Cass. 19 août 1856. D. 56, 1, 367; S. 59, 1, 272; P. 58, 614. *Chemin de fer de Lyon c. Delay.* M. Lavielle, rapp.
— 11 janv. 1865. S. 65, 1, 240; D.

65, 5, 182 ; P. 65, 563. *Ville de Bordeaux c. Montferrand.* M. Renouard, rapp.

74. Lorsque les autres intéressés n'ont pas été dénoncés par le propriétaire et qu'ils ne se sont pas fait connaître, dans le délai prescrit, le magistrat-directeur ni le jury ne peuvent admettre la demande en indemnité formée par un de ces ayants droit ou intéressés qui intervient pour la première fois devant eux.

Cass. 10 août 1841. D. 41, 1, 313 ; P. 41, 2, 376. *Préfet de l'Oise c. Pillon.* M. Gillon, rapp.
— 17 juill. 1844. D. 44, 1, 371 ; S. 45, 1, 234 ; P. 45, 1, 455. *Chion c. préfet de la Drôme.* M. Hello, rapp.
— 24 nov. 1846. P. 2, 639. *Préfet du Gard c. Caron.* M. Hello, rapp.
— 19 août 1856. D. 56, 1, 367 ; S. 59, 1, 272 ; P. 58, 614. *Chemin de fer de Lyon c. Delay.* M. Lavielle, rapp.
— 23 déc. 1863. D. 64, 5, 149. *Chemin de fer d'Orléans c. Quinet.* M. Renouard, rapp.
— 11 janv. 1865. D. 65, 5, 182 ; S. 65, 1, 240 ; P. 65, 563. *Ville de Bordeaux c. Montferrand.* M. Renouard, rapp.
Arnaud, n° 28. — Daffry de la Monnoye, t. I, p. 266.

75. Si l'indemnité a été réglée vis-à-vis du propriétaire comme s'il avait la disposition et jouissance pleine et entière de l'immeuble, les ayants droit ou intéressés qui ne se sont pas fait connaître conservent, malgré cela, le droit de réclamer du propriétaire la part de l'indemnité correspondant à leur part de jouissance.

Cass. rej. 14 mai 1867. D. 67, 1, 199 ; S. 67, 1, 360 ; P. 67, 971. *Prémillieux c. ville de Lyon.* M. Gastambide, rapp.

76. La déchéance encourue par des intéressés qui ne se seraient pas fait connaître à l'expropriant dans le délai imparti, ne peut être appliquée que par les tribunaux et non par le conseil de préfecture.

Cons. d'Etat, 13 janv. 1859 (*Chemin de fer de l'Est*). L. 59, 29 ; D. 59, 3, 176 ; S. 59, 2, 170 ; P. 59, 629. M. Aubernon, rapp.

77. La déchéance résultant de ce que l'intervention des intéressés s'est produite postérieurement au délai imparti par l'article 21 est couverte par le silence de l'expropriant qui a omis d'opposer la tardiveté de la réclamation.

Lyon, 4 fév. 1858. *Monit. judic.* du 2 mars 1858.
Cass. 28 juill. 1879. D. 79, 1, 81. *Préfet de la Lozère c. Galonnier.* M. Sallé, rapp.
De Peyronny et Delamarre, n° 295.

78. L'intéressé qui s'est fait connaître en temps utile et qui, malgré cela, n'a pas été appelé par l'expropriant ne peut s'en prévaloir comme moyen de cassation, s'il a comparu et conclu devant le jury.

Cass. 29 nov. 1853. S. 55, 1, 135 ; P. 55, 1, 427.

79. Cette comparution est suffisamment établie par des conclusions signées de l'avoué chez lequel la partie avait fait élection de domicile et annexées au procès-verbal, bien que ce procès-verbal ne les relate pas.

Même arrêt.

80. La déchéance édictée par l'article 21 contre les intéressés qui ne se sont pas fait connaître en temps utile ne peut être invoquée contre les copropriétaires d'un chemin d'exploitation appartenant aux riverains, quand ces copropriétaires n'ont figuré ni dans l'arrêté de cessibilité, ni dans le jugement d'expropriation.

Limoges, 2 juill. 1862. S. 63, 2, 35.

81. Dès lors, ces copropriétaires sont recevables à faire valoir leurs droits, même après que l'expropriant a pris possession et que le sol a été incorporé au chemin de fer.

Même arrêt.

82. S'il ne peut appartenir au tribunal d'ordonner la destruction des travaux et la remise des lieux en leur premier état, il doit, du moins, reconnaître le droit de propriété et renvoyer les réclamants devant le jury d'expropriation pour le règlement de l'indemnité qui peut leur être due.

Même arrêt.

83. Les intéressés dont parle l'article 21 n'ont droit, comme ils n'ont intérêt, qu'à recevoir des offres, quand ils se sont fait connaître en temps utile ; par suite, l'expropriant n'est pas tenu de leur notifier le jugement d'expropriation.

Cass. rej. 27 janv. 1869; D. 69, 1, 244; S. 69, 1, 385; P. 69, 946. *Tollemache Saint-Clair c. chemin de fer de Lyon.* M. Pont, rapp.

84. La cession amiable produisant les mêmes effets que le jugement d'expropriation, l'article 21 est applicable au cas où l'immeuble a été cédé amiablement, comme au cas d'expropriation par jugement, pour ce qui concerne les obligations et les droits du propriétaire, et les intéressés du premier et du second paragraphe.

Delalleau et Jousselin, t. II, n°s 749 et s. — Daffry de la Monnoye, t. I, p. 281 et s. — De Peyronny et Delamarre, n° 294.

85. La signature du traité de cession équivaut, pour le propriétaire, à la notification du jugement d'expropriation et le met en demeure, comme ce jugement, de faire connaître à l'expropriant les fermiers, locataires, usufruitiers, usagers, ayants droit à des servitudes sur l'immeuble.

86. Quant aux *intéressés* ils sont avertis et mis en demeure de la même façon qu'au cas de jugement d'expropriation ; le traité de cession devant être publié dans les mêmes formes.

Delalleau et Jousselin, t. II, n°s 749 et s. — Daffry de la Monnoye, t. I, p. 181 et s.

87. Le jugement qui a donné acte du consentement à la cession, dans les conditions prévues par le dernier paragraphe de l'article 14, équivaut à un jugement d'expropriation et a, conséquemment les mêmes effets, relativement, à l'application de l'article 21.

Orléans, 25 janv. 1868. D. 68, 2, 43 S. 8, 62, 134; P. 68, 587.

88. Lorsque des intéressés visés par le 1er ou le 2e paragraphe de l'article 21 ont été dénoncés ou se sont fait connaître, le règlement de l'indemnité à laquelle ils peuvent prétendre *doit* être fait par le jury d'expropriation, et non par le conseil de préfecture statuant comme en matière de dommage permanent causé par l'exécution de travaux publics.

Avis du Cons. d'Etat du 24 janv. 1849.
Cons. d'Etat 18 août 1849 (*Mouth et Révollon*). L. 49, 528; D. 50, 3, 5; S. 50, 2, 58; P. 50, 112. M. Lucas, rapp.
— 19 janv. 1850 (*De Nouvellet*). L. 50, 77; D. 51, 3, 7; S. 50, 2, 302; P. 50, 172. M. Reverchon, rapp.
— 29 mars 1851 (*Chevalier et Truchon*). L. 51, 233; P. 51, 428. M. Daverne, rapp.

Dufour, *Traité de dr. admin.*, t. V, p. 323. — Delalleau et Jousselin, t. II, p. 5, 60 et s. — Daffry de la Monnoye, t. I, p. 281 et s.

89. Le jury et le magistrat qui le dirige ne pouvant connaître du mérite des prétentions à la propriété sur lesquelles les parties sont renvoyées à se pourvoir devant qui de droit, le règlement des indemnités, qui ne peut souffrir de retard, doit se faire contradictoirement avec les intervenants, lesquels ne sauraient être privés du droit essentiel de débattre le chiffre d'indemnité, lorsqu'ils ont réclamé en temps utile.

ARTICLE XXII

Les dispositions de la présente loi relatives aux propriétaires et à leurs créanciers sont applicables à l'usufruitier et à ses créanciers (1).

1. C'est à l'usufruitier qu'incombe l'obligation de prévenir les fermiers et locataires qui tiennent de lui leur droit de jouissance.

2. Dans le cas où il aurait omis de remplir cette obligation, c'est lui qui est responsable vis-à-vis des fermiers et locataires de la perte des indemnités auxquelles ils pourraient avoir droit.

3. Cette responsabilité remonterait jusqu'au propriétaire si celui-ci n'avait pas, lui-même, rempli vis-à-vis de l'usufruitier l'obligation à laquelle il est tenu en vertu de l'article 21, c'est-à-dire, s'il ne l'avait pas fait connaître et n'avait pas mis l'expropriant en demeure de lui adresser toutes les notifications nécessaires.

(1) *Loi du 7 juillet 1833*, article 22 : Texte identique.

4. L'usufruitier n'est tenu de faire connaître que les ayants droit tenant de lui la jouissance de l'immeuble ; la même obligation ne lui incombe pas relativement à ceux qui auraient sur l'immeuble des droits de jouissance antérieurs à son usufruit et distincts de cet usufruit.

5. Ainsi en serait-il de droits d'usage et d'habitation non conférés par lui et qui, à son égard, n'auraient d'autre effet que de restreindre l'étendue de son usufruit ;

6. Ou de droits de servitude constitués sur l'immeuble et qui, tenant au fonds et devant le suivre indépendamment de la jouissance de l'usufruitier, rentrent, au cas d'expropriation, dans la catégorie des droits que le propriétaire doit faire connaître à l'expropriant.

ARTICLE XXIII

L'administration notifie aux propriétaires et à tous autres intéressés qui auront été désignés ou qui seront intervenus dans le
délai fixé par l'article 21, les sommes qu'elle offre pour indemnités.

Ces offres sont, en outre, affichées et publiées conformément à
l'article 6 de la présente loi (1).

§ 1. — *Nécessité des offres*.

§ 2. — *Ce qu'elles doivent comprendre*.

§ 3. — *A qui elles doivent être
faites*.

§ 4. — *En quel lieu et en quelle
forme*.

§ 5. — *Caractère de la nullité
résultant du défaut d'offres et d'irrégularité dans la notification*.

Nota. *Le commentaire de cet article doit être complété par les arrêts
mentionnés à l'article 37*.

§ 1. — *Nécessité des offres*.

1. Pour satisfaire aux exigences de cet article, il est indispensable que des offres aient été
faites et que la notification ordonnée par l'article 23 les ait
suivies.

2. La notification exigée pour
faire connaître aux expropriés
la somme offerte comme indemnité, condition essentielle du droit
de défense, est une formalité
substantielle à laquelle il ne peut
être suppléé par un équivalent.

Cass. 26 mai 1840. D. 40, 1, 233; S.
40, 1, 207; P. 40, 2, 474. *Paris c. préfet des Deux-Sèvres*. M. Renouard, rapp.
— 12 juin 1860. D. 60, 1, 405; S. 60,

(1) *Loi du 7 juillet 1833,* article 23 :
L'administration notifie aux propriétaires, *aux créanciers inscrits* et à
tous autres intéressés qui auront été
désignés ou qui seront intervenus *en
vertu des articles 21 et 22,* les sommes
qu'elle offre pour indemnité.

1, 1003; P. 61, 267. *Mauriac c. chemin de fer d'Orléans.* M. Renouard, rapp.
— 4 juill. 1860. D. 60, 1, 411; P. 62, 120. *Hainguerlot contre ville de Paris.* M. Glandaz, rapp.
— 30 janv. 1861. D. 61, 1, 125; S. 61, 1, 554; P. 61, 984. *Ventujol c. préfet de la Seine.* M. Alcock, rapp.
— 26 août 1867. D. 67, 1, 816. *Oblin c. chem. de fer de l'Ouest.* M. Gastambide, rapp.
— 27 août 1878. D. 78, 1, 433; S. 79, 1, 40; P. 79, 64. *Cie de Panisse-Passis c. cne de Villeneuve-Loubet.* M. Gonjet, rapp.
— 15 juin 1880. D. 81, 1, 160; S. 80, 1, 376; P. 80, 898. *Abérard c. cne de Mirepoix.* M. Rohault de Fleury, rapp.
— 1er déc. 1880. D. 82, 1, 80; S. 81, 1, 226; P. 81, 536. *Gourju c. préfet de l'Isère.* M. Guérin, rapp.
— 11 juill. 1881. S. 82, 1, 85; P. 82, 55. *Préfet des Basses-Pyrénées c. chem. de fer du Midi.* M. Guérin, rapp.

3. Cette formalité étant substantielle, l'irrégularité résultant de l'absence de notification, ne serait pas couverte par la comparution, devant le jury, des parties ou de leur fondé de pouvoir, et pourrait être invoquée pour la première fois devant la Cour de Cassation.

Arrêts des 1er déc. 1880 et 11 juillet 1881.

4. Ainsi des offres adressées par de simples lettres, alors même qu'il y aurait été répondu par des refus émis dans la même forme, ne sauraient répondre au vœu de la loi; en ces conditions, il y a absence de notification d'offres et, par suite, nullité de la décision du jury et de l'ordonnance du magistrat-directeur.

Cass. 15 juin 1880. D. 81, 1, 160; S. 80, 1, 376; P. 80, 898. *Abérard c. cne de Mirepoix.* M. Rohault de Fleury, rapp.

5. Le certificat d'un maire constatant que cet officier municipal a fait notifier à l'exproprié une ampliation d'un arrêté préfectoral aux termes duquel une somme de 1 fr. était offerte pour toute indemnité, ne saurait établir une notification régulière d'offres, quand ce certificat ne mentionne ni le nom de l'agent qui a notifié, ni le domicile où la notification a été faite, ni le nom et la qualité de la personne à laquelle la copie aurait été remise.

Arrêt du 27 août 1878.

6. Des offres orales ne peuvent, en aucun cas, suppléer à la notification exigée par la loi; celle-ci fait seule courir le délai de quinzaine auquel ont droit les expropriés entre les offres et le débat devant le jury; de telle sorte qu'une notification faite le jour même de la réunion du jury est insuffisante, alors même qu'elle aurait été précédée d'offres orales.

Arrêt précité du 26 mai 1840. D. 40, 1, 233; S. 40, 1, 207; P. 40, 2, 474.

7. L'obligation de notifier des offres et de laisser à l'exproprié, pour délibérer, l'intégralité du délai de quinze jours fixé par l'article 24 n'existe pas seulement pour les offres originaires, mais aussi pour toutes offres nouvelles portant sur un objet nouveau.

Cass. 9 juin 1874. D. 75, 1, 207. *Duroulet c. cne de Piégut.* M. Greffier, rapp.
— 7 fév. 1882. *Bull. cir.* 1882, pp. 36 38 et 39. *Armingaud c. préfet de l'Hérault.* M. Rohault de Fleury, rapp.
— *Boudu c. préfet de Seine-et-Oise.* M. Monod, rapp.
— *Bourdel c. préfet de l'Hérault.* M. Rohault de Fleury, rapp.
— 23 avril 1883. D. 83, 1, 424. *Landon contre préfet de la Haute-Vienne.* M. Pont, rapp.

8. Cette obligation des offres nouvelles se présente, notamment, chaque fois que l'exproprié, invoquant l'article 50, requiert l'acquisition totale d'un ou de plusieurs immeubles dont l'expropriation partielle était jusqu'à lors poursuivie.

Mêmes arrêts.

9. Elle subsiste alors même que dans son acte de réquisition, l'exproprié, prenant les devants, a lui-même demandé une somme déterminée pour prix de l'acquisition totale.

Mêmes arrêts.

10. L'obligation de notifier des offres avec le délai de quinzaine entre la notification et la comparution devant le jury n'existe pas pour les offres complémentaires qui ont simplement pour objet d'élever le chiffre de l'indemnité, l'objet exproprié restant le même.

En conséquence, ces offres complémentaires peuvent être simplement présentées devant le jury.

Cass. 8 juill. 1867. D. 67, 1, 279. *Vieillard c. chem. de fer du Médoc.* M. Mercier, rapp.

Cass. 26 août 1867. D. 67, 1, 317. *Mayet c. ville de Paris.* M. Glandaz, rapp.

— rej. 11 mai 1881. D. 82, 1, 462; S. 81, 1, 381; P. 81, 906. *Martin c. préfet de la Meuse.* M. Greffier, rapp.

— 20 mars 1882. *Bull. civ.* 82, p. 100. *Caillot-Poncy contre ville de Marseille.* M. Monod, rapp.

— 24 mai 1882. *Bull. civ.*, 82, p. 214. *Dalloy c. préfet du Jura.* M. de Lagrevol, rapp.

11. Spécialement, si des offres ont été notifiées à un locataire, un supplément d'indemnité a pu lui être offert pour la première fois devant le jury à raison de constructions élevées par lui et dont il est propriétaire en vertu de son bail.

Arrêt du 26 août 1867.

12. Et le délai de quinze jours est inapplicable aux offres complémentaires faites par l'expropriant qui reconnaît une erreur dans l'évaluation de la contenance et élève ses offres en proportion de la contenance réelle.

Arrêt du 11 mai 1881.

§ 2. — *Ce que les offres doivent comprendre.*

13. Les offres doivent, sous peine d'insuffisance, et par suite, de nullité, comprendre la totalité de l'immeuble exproprié.

14. Toutefois s'il résulte clairement des faits constatés par le procès-verbal et des documents de la cause que les offres incomplètes en apparence, s'appliquaient, en réalité, à la totalité de l'immeuble et que l'exproprié n'a pas pu se tromper sur leur portée, ces offres doivent être tenues pour valables.

Cass. 2 août 1870. D. 70, 1, 406. *Aubrespy c. préfet de l'Hérault.* M. Casenave, rapp.

— rej. 2 juill. 1872. D. 72, 5, 233. *Accary c. ville de Paris.* M. Hély d'Oissel, rapp.

15. Il en est ainsi, notamment, quand, par une erreur matérielle, les offres indiquent une contenance inférieure à celle indiquée dans le jugement d'expropriation et dans la décision du jury, si cette erreur n'a pu tromper l'exproprié.

Mêmes arrêts.

§ 3. — *A qui les offres doivent être faites.*

16. Les propriétaires auxquels la notification doit être faite sont ceux mentionnés au jugement d'expropriation, lesquels sont, eux-mêmes, les propriétaires inscrits à la matrice des rôles.

Cass. rej. 10 fév. 1869. D. 69, 1. 175, *Sève c. chem. de fer de Lyon.* M. Pont, rapp.

17. Le jugement d'expropriation ayant déterminé ceux contre lesquels cette expropriation a été prononcée, la notification faite aux propriétaires dont le nom se trouve porté au jugement est suffisante, alors même qu'entre le jugement d'expropriation et la notification des offres, une mutation a eu lieu sur la matrice cadastrale, si le nouvel inscrit ne s'est pas fait connaître à l'expropriant et ne l'a pas mis en demeure de lui faire des offres.

Cass. 4 juill. 1860. D. 60, 1, 411; P. 62, 120. *Hainguerlot c. ville de Paris.* M. Glandaz, rapp.
— Daffry de la Monnoye, t. I, p. 292.

18. Si le nouvel inscrit s'est fait connaître à l'expropriant avant la notification des offres, celui-ci est tenu de les lui notifier.

19. Et vis-à-vis de ce nouvel inscrit qui se serait révélé avant la notification des offres, l'expropriant n'aurait pas le droit de se prévaloir des délais de l'article 21, lesquels, en principe, ne concernent pas le propriétaire et ne l'atteignent qu'autant que, n'étant pas inscrit à la matrice cadastrale, il rentre simplement dans la catégorie *des autres intéressés.*

20. Si la matrice cadastrale et le jugement d'expropriation désignent plusieurs copropriétaires, la notification d'offres n'est suffisante qu'autant qu'elle a été faite à chacun des copropriétaires désignés. L'omission d'un seul d'entre eux vicie la décision du jury, non seulement à l'égard du copropriétaire omis, mais encore à l'égard des autres communistes.

Cass. 26 nov. 1862. D. 63, 1, 252; S. 63, 1, 399; P. 63, 1117. *Bourcard c. préfet de la Loire-Inférieure.* M. Laborie, rapp.
— 1er mai 1866. D. 66, 5, 196. — 3 juin 1867. D. 67, 1, 197. *Mignardet c. ville de Paris.* M. Delapalme, rapp.

21. Quand des immeubles sont indiqués à la matrice cadastrale ou au jugement d'expropriation comme appartenant à des individus nominativement désignés et à d'autres copropriétaires compris sous une désignation collective, telle que: immeubles appartenant à *Louis Gourju et frères,* il ne suffit pas que la notification soit faite aux propriétaires individuellement dénommés; elle doit encore être faite collectivement à ceux qui n'auraient été indiqués que par une mention collective.

Cass. 1er déc. 1880. D. 82, 1, 80; S. 81, 1, 226; P. 81, 536. *Gourju c. préfet de l'Isère.* M. Guérin, rapp.

22. Si le propriétaire indiqué à la matrice cadastrale est décédé, sans que ses héritiers aient fait connaître leurs noms et leurs droits respectifs, la notification des offres est régulièrement faite au dernier domicile du défunt et d'une manière collective.

Cass. rej. 27 juill. 1877. S. 77, 1, 478; P. 77, 1248. *Violettes c. ville de Rodez.* M. Merville, rapp.

23. Les *tous autres intéressés* dont parle l'article 23 et auxquels notification d'offres doit être faite ainsi qu'au propriétaire sont ceux compris dans les deux paragraphes de l'article 21.

24. Les créanciers inscrits auxquels, d'après la loi de 1833, des offres devaient être nécessairement signifiées, rentrent, d'après la loi de 1841, dans la catégorie des *intéressés*, obligés de se faire connaître, et ils n'ont plus droit à la notification des offres qu'autant qu'ils ont dénoncé leur qualité, en temps utile, à l'expropriant.

Daffry de la Monnoye, t. I, p. 289.
— Delalleau et Jousselin, t. I, n° 426.

25. Les intéressés ne peuvent exiger d'offres qu'autant qu'ils se sont fait connaître à l'expropriant dans les délais impartis par l'article 21 ; ces délais expirés, la dénonciation de leurs droits et qualités est comme non avenue vis-à-vis de l'expropriant qui n'est pas obligé d'en tenir compte.

Cass. rej. 27 janv. 1869. D. 69, 1, 245. *Barbe c. chem. de Lyon.* M. Pont, rapp.
— 25 août 1875. D. 76, 1, 56 ; S. 76, 1, 430 ; P. 76, 1087. *Séguin c. chem. de fer de Lyon.* M. Casenave, rapp.
— 22 déc. 1875. D. 76, 5, 233 ; S. 76, 1, 175 ; P. 76, 404. *Pallix c. chem. de fer de Vitré.* M. Gastambide, rapp.

26. En tous cas, l'irrégularité qui pourrait résulter du défaut d'offres serait couverte par la comparution de l'exproprié devant le jury.

Mêmes arrêts.

27. L'expropriant qui, devant le jury, a omis d'opposer à un réclamant la tardiveté de sa demande formée après l'expiration du délai fixé par l'article 21, et qui a discuté, sans réserves, cette demande, ne peut plus être admis à se faire un grief de ce que l'indemnité a été réclamée en dehors des délais impartis par la loi.

Cass. 28 juill. 1879. D. 80, 1, 81 ; S. 81, 1, 377 ; P. 81, 900. *Préfet de la Lozère c. Bessières.* M. Sallé, rapp.

28. Et si la demande d'indemnité a été formée pour la première fois devant le jury, on ne peut tirer aucun moyen de cassation de ce que la parcelle sur laquelle portait la demande n'a pas figuré au tableau des offres et demandes mis sous les yeux du jury.

Même arrêt.

29. Mais si les intéressés ont été dénoncés ou se sont fait connaître dans les délais impartis par l'article 21, l'expropriant est tenu, à peine de nullité des opérations du jury, de leur notifier des offres.

Cass. 27 janv. 1863. *Bull. civ.* 63, p. 21. *Duffet contre ville de Marseille.* M. Glandaz, rapp.
— 13 déc. 1865. *Bull. civ.* 65, p. 297. *Lohyer c. ville de Paris.* M. Laborie, rapp.
— 24 mars 1869. *Bull. civ.* 60, p. 102. D. 69, 1, 256. *Syndicat des digues d'Allex c. chem. de fer de Lyon.* M. Lamy, rapp.
— 29 juin 1869. D. 69, 1, 344. *Desvaux c. c^ne de Lisore.* M. Henriot, rapp.
— 29 août 1877. S. 77, 1, 432 ; P. 77, 1123. *Jacquier c. ville de Lyon.* M. Merville, rapp.

30. Ainsi est nulle :
la décision du jury rendue sur offres faites seulement au propriétaire inscrit à la matrice cadastrale, quand celui-ci a notifié à l'expropriant, dans les délais de l'article 21, la vente par lui faite à un tiers des terrains expropriés ;

Cass. 11 juill. 1881. S. 81, 1, 478 ; P. 81, 1216. *De Saint-Poney c. préfet de la Haute-Loire.* M. Sallé, rapp.

31. la décision du jury rendue sur offres faites seulement devant le jury à un propriétaire qui s'était fait connaître dès la première enquête et qui, plus tard, par acte extrajudiciaire, avait dénoncé à l'expropriant sa qualité et sa prétention à une indemnité ;

Arrêt du 24 mars 1869.

32. la décision du jury rendue sur l'expropriation d'un immeuble désigné par la matrice cadastrale et le jugement comme appartenant à deux époux, alors que le survivant avait notifié, en temps utile à l'administration le décès de son conjoint et les droits de ses enfants sur l'immeuble, et que, malgré cette notification, il n'avait été fait aucunes offres aux héritiers de l'époux décédé ;

Cass. 2 juill. 1861. D. 61, 1, 283 ; P. 62, 1004. *Lefoullon c. ville de Paris.* M. Lavielle, rapp.

33. la décision du jury rendue sur une propriété et des offres collectives, alors qu'antérieurement aux offres, notification avait été faite à l'expropriant de droits distincts attribuant à chacun des copropriétaires une part déterminée de l'immeuble ;

Cass. 7 août 1865. D. 65, 5, 184 ; S. 66, 1, 81 ; P. 66, 181. *Fournier c. ville de Paris.* M. Delapalme, rapp.

34. la décision du jury fixant l'indemnité due à un locataire auquel des offres n'avaient pas été notifiées, bien qu'il eût fait connaître sa qualité dans le délai légal ;

Arrêt du 29 juin 1869.

35. la décision intervenue sur offres faites au seul propriétaire, alors que celui-ci avait, dans les délais, dénoncé à l'administration un locataire, intéressé dans l'immeuble comme acquéreur d'un four à chaux. L'administration ne pouvait se contenter de faire des offres au propriétaire et à en avertir simplement la personne dénoncée « sauf à celle-ci, s'il y a lieu, à se faire attribuer par son coïntéressé l'indemnité partielle qui peut lui être due. »

Cass. 21 août 1877. D. 80, 5, 192 ; S. 77, 1, 432 ; P. 77, 1123. *Jacquier c. ville de Lyon.* M. Merville, rapp.

36. L'intéressé qui s'est désigné à l'expropriant comme véritable et seul propriétaire de l'immeuble exproprié ne saurait se faire un moyen de nullité de ce que les offres ont été notifiées conformément à ses déclarations et non conformément aux indications de la matrice cadastrale.

Cass. rej. 25 juin 1867 ; D. 67, 1, 495. *Bourret c. chem. de fer de Lyon.* M. Le Roux de Bretagne, rapp.

§ 4. — *En quel lieu et en quelle forme les offres doivent être faites ?*

37. Les offres doivent être notifiées conformément aux prescriptions de l'article 15, paragraphe 2 ; c'est-à-dire, au domicile élu, s'il y a eu élection de domicile, et à défaut de cette élection, la notification doit être faite en deux copies remises, l'une au maire, l'autre au fermier, locataire, gardien ou régisseur de la propriété.

Cass. 1er déc. 1880. D. 82, 1, 80 ; S. 81, 1, 226 ; P. 81, 536. *Gourju c. préfet de l'Isère.* M. Guérin, rapp.

38. En l'absence d'élection de domicile, elles doivent être notifiées par double copie remise au maire et au fermier, locataire, gardien ou régisseur de la propriété.

Cass. 11 juill. 1881. S. 82, 1, 35 ; P. 82, 1216. *Préfet des Basses-Pyrénées c. chem. de fer du Midi.* M. Guérin, rapp.

39. Est nulle la notification faite seulement au maire et non au fermier, locataire, gardien ou régisseur.

Même arrêt.

40. Quand l'élection de domicile est faite d'une façon générale et sans restriction, elle embrasse dans sa généralité, conformément aux dispositions de l'article 15 de la loi du 3 mai 1841, l'ensemble des opérations administratives et judiciaires de l'expropriation.

Cass. rej. 8 nov. 1881. D. 83, 1, 24, S. 82, 1, 133; P. 82, 285. *Bull. civ.* 81; p. 324. *De l'Hopital c. chem. de fer de Lyon.* M. Greffier, rapp.

41. Par suite, les offres peuvent être valablement notifiées à ce domicile.

Même arrêt.

42. L'expropriant peut ne pas tenir compte d'une élection de domicile faite en dehors de l'arrondissement; en pareil cas, la notification faite au maire ou au locataire, gardien ou régisseur de la propriété est régulière.

Cass. rej. 15 mai 1855. D. 55, 1, 204. *De Bonardi du Ménil c. ville de Paris.* M. Gillon, rapp.

43. La nullité tirée de ce que les offres n'auraient pas été notifiées au domicile élu est couverte par le refus d'acceptation de ces offres et par leur discussion devant le jury.

Même arrêt.
Cass. 30 avril 1872. D. 73, 1. 21; S. 72, 1, 341; P. 72, 879. *Varnier c. chem. de fer du Nord.* M. Greffier, rapp.

44. A défaut d'élection de domicile, la notification des offres doit être faite à l'exproprié par double copie entre les mains du maire et du fermier, locataire, gardien ou régisseur de la propriété.

Cass. 1er déc. 1880. D. 82, 1, 80; S. 81, 1, 226; P. 81, 536. *Gourju c. préfet de l'Isère.* M. Guérin, rapp.

45. Lorsqu'il n'y a pas eu élection de domicile et que c'est l'expropriant qui est locataire de l'immeuble exproprié, il n'est pas tenu de se faire à lui-même la notification prescrite en double copie par le paragraphe 2 de l'article 15.

Cass. rej. 15 mars 1869. D. 69, 1, 272. *Ardouin contre Docks de Saint-Ouen.* M. Renouard, rapp.

46. Les offres à faire par l'expropriant à l'exproprié ne sont point assujetties aux conditions des offres réelles; mais si elles ont eu lieu dans cette forme, l'exproprié est sans intérêt à s'en plaindre, dès lors qu'il n'en est résulté pour lui ni augmentation de frais, ni obstacle à l'exercice de ses droits, ni préjudice quelconque.

Cass. rej. 6 avril 1859. D. 59, 1, 164; S. 59, 1, 957; P. 59, 834. *Raud et Desgrées c. ville de Vannes.* M. Renouard, rapp.
Sic. : Delalleau et Jousselin, t. I, n° 424. — Debray, n° 69. — Daffry de la Monnoye, t. I, p. 300.

47. Aucune disposition n'oblige l'expropriant à mettre un intervalle entre la notification du jugement d'expropriation et la notification des offres; par suite, cette double notification peut être faite par un seul et même acte.

Cass. rej. 27 janv. 1869. D. 69, 1, 244 et 245; S. 69, 1, 385; P. 69, 946. *Barbe et Ferrand c. chem. de fer de Lyon.* M. Pont, rapp.
— *Contrà :* Daffry de la Monnoye, t. I. p. 300.

48. Si l'article 23 prescrit, d'une part, la notification des offres à la partie expropriée et, d'autre part, l'affichage et la publication des mêmes offres, il résulte de la combinaison de cet article et de l'article 37 que la violation de la disposition relative à l'affichage et à la publication n'est pas visée dans l'article 42 comme moyen de cassation.

Cass. 6 août 1883. *Gasnier c. ville de Saint-Denis.* M. Manau, rapp.
— Daffry de la Monnoy, t. I, p. 304.

§ 5. — *Caractère de la nullité résultant du défaut d'offres ou d'irrégularités dans la notification.*

49. La nullité résultant du défaut d'offres étant substantielle, peut être produite pour la première fois devant la Cour de cassation.

Cass. 27 janv. 1863. *Bull. civ.* 63, p. 21. *Duffet c. ville de Marseille.* M. Glandaz, rapp.
— 24 mars 1869. *Bull. civ.* 69, p. 102 ; D. 69, 1, 256. *Syndicat des digues d'Allex c. chem. de fer de Lyon.* M. Lamy, rapp.

50. Toutefois elle n'est pas d'ordre public, et l'exproprié qui a renoncé à exciper de la tardiveté des offres à lui faites ne peut plus se faire de ce retard couvert par la renonciation un moyen de cassation de la décision du jury.

Cass. 6 août 1856. D. 56, 1, 331. *Chauchart c. chemin de fer de l'Est.* M. Alcock, rapp.
— 20 août 1860. D. 60, 1, 415 ; P. 61, 765. *Gérard c. chemin de fer de Lyon.* M. Moreau de la Meurthe, rapp.

51. Mais cette renonciation, si elle porte sur l'existence des offres, ou leur tardiveté, doit être formelle et ne saurait s'induire de simples présomptions, telles que le silence gardé par l'exproprié lors de sa comparution devant le jury et de la discussion des offres ;

Cass. 5 fév. 1855. D. 55, 1, 61 ; S. 55, 1, 606 ; P. 56, 1, 624. *Monrochet c. ville de Lyon.* M. Laborie, rapp.
— 11 fév. 1857. D. 57, 1, 71 ; S. 57, 1, 861 ; P. 58, 470. *Meyer c. chemin de fer de Lyon.* M. Gaultier, rapp.
— 18 août 1857. D. 57, 1, 330 ; S.

57, 1, 862 ; P. 58, 470. *Bernard c. Cie de la rue Impériale à Lyon.* M. Lavielle, rapp.
— 29 mars 1858. D. 58, 1, 321 ; S. 59, 1, 351 ; P. 59, 189. *Dissart c. chemin de fer de Lyon.* M. Delapalme, rapp.
— 12 juin 1860. D. 60, 1, 405 ; S. 60, 1, 1003. *Mauriac c. chemin de fer d'Orléans.* M. Renouard, rapp.
— Delalleau et Jousselin, t. I, n° 443.
— Daffry de la Monnoye, t. I, p. 291.

52. A plus forte raison, si, tout en discutant les offres, l'exproprié s'est réservé le droit d'en faire valoir l'irrégularité et l'inadmissibilité.

Cass. 4 juill. 1860. D. 60, 1, 411 ; P. 62, 120. *Hainguerlot c. ville de Paris.* M. Glandaz, rapp.
— 30 janv. 1861. D. 61, 1, 135 ; S. 61, 1, 554 ; P. 61, 984. *Ventujol c. ville de Paris.* M. Alcock. rapp.

53. S'il s'agit simplement d'une irrégularité matérielle dans le mode ou la forme de la notification des offres, cette irrégularité est couverte par le refus d'acceptation de ces offres, par une demande d'une somme supérieure et par la discussion devant le jury.

Cass. rej. 29 nov. 1853. D. 54, 1, 377 ; S. 55, 1, 135 ; P. 55, 1, 427. *Bienaymé c. ville de Paris.* M. Lavielle, rapp.
— 15 mai 1855. D. 55, 1, 204 ; S. 55, 1, 537 ; P. 57, 383. *De Bonardi du Ménil c. ville de Paris.* M. Gillon, rapp.
— 23 déc. 1861. D. 62, 1, 272 ; S. 62, 1, 892 ; P. 62, 1188. *Billat c. préfet de l'Isère.* M. Renouard, rapp.
— 25 mai 1868. D. 68, 1, 406. *Cambreling c. préfet de la Seine.* M. Laborie, rapp.
— 22 juill. 1868. D. 68, 5, 206. *Légier c. cne de Saint-Martin.* M. Aylies, rapp.
— 2 août 1870. D. 70, 1, 407. *Dumas c. préfet de la Gironde.* M. Merville. rapp.
— 5 nov. 1879. D. 80, 1, 163 ; S. 80, 1, 175 ; P. 80, 388. *Beaussier c. chemin de fer de Tulle.* M. Sallé, rapp.
— 29 janv. 1884. *Meranda c. chemin de fer de l'Est.* M. Michaux-Bellaire, rapp.

54. Ainsi ; lorsque la partie

intéressée n'a pas reçu personnellement notification des offres, la nullité qui en résulterait est couverte s'il résulte des actes de la procédure qu'elle a eu, au moins quinze jours avant la réunion du jury, connaissance des offres afférentes à l'immeuble dont elle est propriétaire ou à sa part de propriété dans cet immeuble, offres signifiées à d'autres, et que d'ailleurs elle a comparu et discuté devant le jury.

Cass. rej. 1er juill. 1867. D. 67, 1, 253. *Duveyrier c. chem. de fer de Lyon.* M. Quénault. rapp.
— 9 juin 1874. D. 75, 1, 207. *Duroulet c. cne de Piégut.* M. Greffier, rapp.

55. Le nu propriétaire qui n'a pas reçu personellement notification des offres faites seulement à l'usufruitier, mais qui, par une déclaration à l'expropriant, faite plus de quinze jours avant la réunion du jury, prouve qu'il a eu connaissance des offres le concernant et qui, depuis, a comparu devant le jury sans protestation ni réserves, ne saurait plus se faire un moyen de nullité de l'irrégularité commise dans la notification des offres.

Même arrêt du 9 juin 1874.

56. L'irrégularité dans la notification des offres résultant de ce que le nom de la personne à qui ces offres étaient faites a été omis dans la copie qui lui était destinée est couverte par la réponse que cette personne a faite aux offres et par sa comparution devant le jury sans protestation ni réserves.

Cass. rej. 5 nov. 1879. D. 80, 1, 163; S. 80, 1, 175; P. 80, 388. *Beaussier c. chemin de fer de Tulle.* M. Sallé, rapp.

57. La notification des offres n'est pas nulle pour avoir été faite à la requête du préfet, au lieu de l'être au nom du maire de la commune, si le conseil municipal, a ratifié ces offres et si le maire a comparu devant le jury et maintenu les offres signifiées.

Cass. rej. 14 août 1867. D. 67, 1, 493. *Guffroy-Meunier c. ville de Lille.* M. Mercier, rapp.
— 4 mai 1869. D. 69, 1, 341-342. *Vve Péan c. cne de Sambin.* M. Pont, rapp.

58. En tous cas, l'exproprié qui, sur des offres ainsi faites, a comparu devant le jury et a discuté le chiffre de l'indemnité sans protestation ni réserves, ne saurait trouver un moyen de nullité de la décision du jury dans l'irrégularité de la notification des offres.

Mêmes arrêts.

59. L'expropriant ne peut se faire un grief contre la partie expropriée, qui ne s'en plaint pas, d'un défaut de formalité commis par lui-même dans la notification des offres.

Cass. rej. 20 avril 1859. D. 59, 1, 165; S. 59, 1, 523; P. 59, 917. *Préfet de l'Hérault c. Cayrol.* M. Alcock, rapp.
— 16 déc. 1863. D. 64, 5, 164. *Préfet du Pas-de-Calais c. Lepellet-Lemaire.* M. Glandaz, rapp.
— 23 mai 1864. D. 64, 5, 170. *Vallade c. ville de Périgueux.* M. Le Roux de Bretagne, rapp.

ARTICLE XXIV

Dans la quinzaine suivante, les propriétaires et autres intéressés sont tenus de déclarer leur acceptation, ou, s'ils n'acceptent pas les offres qui leur sont faites, d'indiquer le montant de leurs prétentions (1).

1. Le délai de quinzaine accordé aux expropriés pour faire connaître leur acceptation ou leur refus des offres se calcule comme les délais précédemment impartis (art. 6, 8, 9, 10, 21), c'est-à-dire que le jour de la notification des offres ne compte pas, et que le délai expire le soir du quinzième des jours qui suivent la notification.

Cass. 24 déc. 1845. D. 45, 4, 260 ; P. 46, 2, 437. *Catherinet c. préfet de la Seine.* M. Renouard, rapp.

2. L'observation du délai prescrit par l'article 24 est substantielle ; par suite, lorsque quinze jours pleins n'ont pas été laissés à l'exproprié pour délibérer sur les offres à lui notifiées, les offres sont dites tardives et entachées d'une nullité qui vicie la décision du jury.

Cass. 12 juin 1860. D. 60, 1, 405 ; S. 60, 1, 1003 ; P. 61, 267. *Mauriac c. chemin de fer d'Orléans.* M. Renouard, rapp.
— 4 juill. 1860. D. 60, 1, 411 ; P. 62, 120. *Hainguerlot contre ville de Paris.* M. Glandaz, rapp.
— 30 janv. 1861. D. 61, 1, 135 ; S.

(1) *Loi du 7 juillet 1833,* article 24 : Texte identique.

61, 1, 554 ; P. 61, 984. *Ventujol c. ville de Paris.* M. Alcock, rapp.
— 5 avril 1869. D. 69, 1, 343 ; S. 69, 1, 228 ; P. 69, 541. *Levesque c. ville de Paris.* M. Renouard, rapp.
Sic. : Delalleau et Jousselin, t. I, nos 428 et s. — Arnaud, nº 63. — Daffry de la Monnoye, t. I, p. 286.

3. Le délai de quinzaine est de rigueur et ne pourrait être abrégé alors même que l'exproprié aurait fait connaître antérieurement ses prétentions à l'expropriant.

Cass. 2 mai 1859. D. 59, 1, 208 ; P. 59, 1043. *Lécuyer c. chem. de fer de Lyon.* M. Renouard, rapp.

4. La réponse de l'exproprié aux offres de l'expropriant est, le plus ordinairement, notifiée par ministère d'huissier; mais il n'est pas interdit d'employer une autre forme.

5. Ainsi l'exproprié peut légalement refuser les offres et faire connaître le montant de ses prétentions par une simple lettre écrite au préfet.

Cass. 21 juin 1842. D. 42, 1, 272 ; S. 42, 1, 573 ; P. 42, 2, 129. *Préfet d'Indre-et-Loire c. de Trobriant.* M. Gillon, rapp.

6. Le refus des offres ainsi manifesté a pu suffire pour mettre l'administration en demeure de faire assembler le jury.

Même arrêt.

7. Si les offres avaient été notifiées au propriétaire et au fermier à des jours différents, le délai de quinzaine courrait, à l'égard de chacun d'eux du jour où la notification leur aurait été faite.

Cass. 24 mars 1841. D. 41, 1, 193 ; S. 41, 1, 344 ; P. 47, 1, 216. *Préfet des B.-du-Rhône c. de Grignan.* M. Renouard, rapp.

8. Les propriétaires ou ayants droit sur le même immeuble ne sont pas obligés de s'entendre pour les accepter ou les refuser ; l'un peut accepter les offres quand l'autre les refuse.

9. Si les copropriétaires ont des droits déterminés dans l'immeuble, l'acceptation des offres par l'un d'eux fixe le montant de l'indemnité pour sa part, et le jury n'aura qu'à régler l'indemnité revenant à ceux qui ont refusé, en proportion de leurs droits dans l'immeuble.

10. Si les droits des copropriétaires ne sont pas déterminés, l'acceptation de quelques-uns n'empêche pas que l'on ne doive soumettre au jury l'évaluation de l'indemnité totale.

Delalleau et Jousselin, t. I, n° 429. — Arnaud, n° 85.

11. Dans les cas prévus par les articles 25 et 26, le délai accordé aux tuteurs et autres administrateurs pour faire connaître leur acceptation est d'un mois.

12. L'obligation imposée à l'expropriant de laisser au propriétaire exproprié un délai de quinzaine entre la notification des offres et la comparution devant le jury existe pour *les offres nouvelles* s'appliquant à un objet nouveau comme aux offres originaires.

— Jurisprudence constante dont il suffit de citer les derniers monuments : Cass. 22 fév. 1870. D. 70, 1, 208 ; S. 70, 1, 174 ; P. 70, 404. *Ansas c. ville de Toulouse.* M. Rieff, rapp.
— 12 juill. 1870. D. 70, 5, 179 ; S. 70, 1, 434 ; P. 70, 1134. *Gariel c. préfet du Var.* M. Casenave, rapp.
— 26 août 1873. D. 73, 1, 488 ; S. 73, 1, 473 ; P. 73, 1188. *Hardivillé c. cⁿᵉ d'Etrepagny.* M. Merville, rapp.
— 10 fév. 1874. D. 74, 1, 416 ; S. 74, 1, 222 ; P. 74, 545. *Dauriac c. préfet de l'Ariège.* M. Merville, rapp.
— 8 fév. 1875. D. 75, 1, 206. *Cabley c. Delloye-Tiburghien.* M. Merville, rapp.
— 9 janv. 1883. D. 84, 1, 152. *Barrey c. préfet de l'Yonne.* M. Guérin, rapp.
— 23 avril 1883. *Landon c. préfet de la Haute-Vienne.* M. Pont, rapp.
Delalleau et Jousselin, t. I, n° 444. — De Peyronny et Delamarre, n° 320. — Daffry de la Monnoye, t. 1, p. 467. — Perrin et Rendu, n° 2084. — Arnaud, art. 591 et suiv.

13. Cela est vrai, notamment, lorsque l'exproprié a requis l'acquisition totale et qu'il y a lieu de lui faire des offres pour la partie de l'immeuble non mentionnée au jugement d'expropriation.

Mêmes arrêts et mêmes auteurs.

14. L'exproprié qui n'a pas fait connaître, dans le délai imparti par la loi, son acceptation, et, au cas de refus, le chiffre de ses prétentions, n'est pas déchu du droit de faire connaître ce chiffre, soit par une notification, soit par des conclusions prises, devant le jury ; le silence gardé a pour seule sanction la condamnation aux dépens (art. 40).

Cass. 21 juin 1842. D. 42, 1, 272 ; S. 42, 1, 573 ; P. 42, 2, 129. *Préfet d'Indre-et-Loire c. de Trobriand.* M. Gillon, rapp.

— 11 avril 1843. D. 43, 1, 265; S. 43, 1, 463; P. 43, 1, 672. *De Joybert contre préfet de la Marne.* M. Gillon, rapp.

— 13 mai 1846. D. 46, 1, 206; S. 46, 1, 582; P. 46, 2, 281. *Préfet des Bouches-du-Rhône c. Turcat.* M. Renouard, rapp.

— 30 janv. 1849. D. 49, 1, 83; S. 49,
1, 216; P. 49, 1, 152. *Préfet de Lot-et-Garonne c. Richemont.* M. Gillon, rapp.

— 16 août 1854. D. 54, 1, 343; S. 55, 1, 141; P. 55, 1, 485. *Préfet du Jura c. Jouhard.* M. Pascalis, rapp.

— 28 déc. 1859. D. 60, 1, 39; S. 60, 1, 1004; P. 60, 1044. *Cne de Mallemort c. Boutière.* M. Alcock, rapp.

ARTICLE XXV

Les femmes mariées sous le régime dotal, assistées de leurs maris, les tuteurs, ceux qui ont été envoyés en possession provisoire des biens d'un absent, et autres personnes qui représentent les incapables, peuvent valablement accepter les offres énoncées en l'article 23, s'ils y sont autorisés dans les formes prescrites par l'article 13 (1).

ARTICLE XXVI

Le ministre des finances, les préfets, maires ou administrateurs peuvent accepter les offres d'indemnités pour expropriation des biens appartenant à l'État, à la couronne, aux départements, communes ou établissements publics, dans les formes et avec les autorisations prescrites par l'article 13 (2).

1. Les articles 25 et 26 sont le corollaire de l'article 13 relatif à l'aliénation amiable par les incapables des biens désignés comme devant être expropriés pour cause d'utilité publique. La faculté d'aliénation amiable comprend naturellement la faculté d'accepter les offres faites par l'administration avec les autorisations prescrites.

(1) *Loi du 7 juillet 1833*, article 25 :
Les tuteurs, maris et autres personnes qui n'ont pas qualité pour aliéner un immeuble, peuvent valablement accepter les offres énoncées en l'article 23, lorsqu'ils s'y sont fait autoriser par le tribunal.

Cette autorisation peut être donnée sur simple mémoire, en la Chambre du Conseil, le ministère public entendu.

Le tribunal ordonne les mesures de conservation ou de remploi que chaque cas peut nécessiter.

(2) *Loi du 7 juillet 1833*, article 26 :
S'il s'agit de biens appartenant à des départements, à des communes ou à des établissements publics, les préfets, maires ou administrateurs pourront valablement accepter les offres énoncées en l'article 23, s'ils y sont autorisés par délibération du Conseil général du département, du Conseil municipal ou du Conseil d'administration, approuvée par le préfet en conseil de préfecture.

ARTICLE XXVII

Le délai de quinzaine fixé par l'article 24 sera d'un mois dans les cas prévus par les articles 25 et 26 (1).

1. Le délai d'un mois doit être calculé comme le délai de quinzaine prescrit par l'article 24.

2. Comme ce dernier délai, le délai d'un mois dans les conditions prévues par les articles 25 et 26 est une partie essentielle du droit de la défense et, à ce titre, son inobservation donne ouverture à un moyen de nullité qui peut être invoqué pour la première fois devant la Cour de cassation.

Cass. 12 juin 1860. D. 60, 1, 405; S. 60, 1, 1003; P. 61, 267. *Mauriac c. chemin de fer d'Orléans.* M. Renouard, rapp.

— 26 août 1867. D. 67, 1, 316; *Bull. civ.* 67, p. 260. *Oblin c. chemin de fer de l'Ouest.* M. Gastambide, rapp.

3. C'est à l'expropriant qu'il appartient de rechercher la qualité de la partie à laquelle des

(1) *Loi du 7 juillet 1833,* article 27 : Texte identique.

offres doivent être notifiées et notamment le régime matrimonial sous lequel une femme est mariée. Il ne saurait invoquer contre celle-ci la dissimulation de sa qualité de femme dotale.

Mêmes arrêts.

4. Il n'importe point d'ailleurs que la qualité de femme dotale ait été, ou non connue, si, en fait, il s'est écoulé un délai d'un mois entre le jour où les offres lui ont été notifiées et celui où elle a comparu devant le jury.

Cass. rej. 10 fév. 1869. D. 69, 1, 175. *Sève c. chemin de fer de Lyon.* M. Pont, rapp.

5. De même, est régulière la notification du jugement d'expropriation et des offres faite au mari inscrit à la matrice cadastrale, bien que les parcelles expropriées appartinssent à la femme.

ARTICLE XXVIII

Si les offres de l'administration ne sont pas acceptées dans les délais prescrits par les articles 24 et 27, l'administration citera devant le jury, qui sera convoqué à cet effet, les propriétaires et tous autres intéressés qui auront été désignés, ou qui seront intervenus, pour qu'il soit procédé au règlement des indemnités de la manière indiquée au chapitre suivant. La citation contiendra l'énonciation des offres qui auront été refusées (1).

1. Lorsque les offres ont été faites et non acceptées par les expropriés dans la quinzaine ou dans le mois, suivant les distinctions établies par les articles 24 et 27, l'expropriant doit poursuivre le règlement contradictoire de l'indemnité, et, pour cela, citer devant le jury.

2. Cette citation peut être donnée avant l'expiration du délai de quinzaine ou du mois, à condition qu'au jour indiqué pour la réunion du jury, ce délai soit complètement expiré.

Cass. 24 déc. 1845. D. 45, 4, 260; S. 46, 2, 437. *De Rancey c. ville de Paris.* M. Renouard, rapp.

3. Les intéressés des deux catégories indiquées par l'article 21 n'ont point à se préoccuper de la détermination prise par le propriétaire relativement aux offres qui lui ont été faites ; le délai court vis-à-vis d'eux dès que la notification leur a été personnellement faite.

4. Pour le mois, le délai doit être calculé de quantième à quantième, de telle sorte que si la citation a été donnée, par exemple, le 1er février, le délai doit être considéré comme expiré le 1er mars et à cette date, la citation sera utilement donnée.

5. Si, au jour indiqué pour la réunion du jury, le délai n'était pas complètement expiré, les opérations seraient nulles, d'une nullité qui pourrait être invoquée devant la Cour de cassation, bien que l'article 28 ne soit pas visé dans l'article 42 ; le tableau des offres et des demandes qui, d'après l'article 37, doit être mis par le magistrat-directeur sous les yeux du jury, ne saurait être qu'incomplet quand l'exproprié n'a pas eu pour délibérer tout le temps qui lui est accordé, par la

(1) *Loi du 7 juillet 1833,* article 28 : Si les offres de l'administration ne sont pas acceptées, ou si, nonobstant l'acceptation du propriétaire, les créanciers inscrits et autres intéressés déclarent, dans la quinzaine de la notification leur en est faite, qu'ils ne veulent pas se contenter de la somme convenue entre l'administration et le propriétaire, il sera procédé au règlement des indemnités de la manière indiquée au chapitre suivant.

loi ; et dès lors l'article 28 se rattache à l'article 37 dont la violation autorise le recours en cassation.

V. art. 37.

6. Mais cette nullité peut être couverte par la comparution de l'exproprié devant le jury, par son refus des offres, la demande et la discussion d'une indemnité supérieure à l'indemnité offerte.

Cass. rej. 15 mai 1855. D. 55, 1, 204 ; S. 55, 1, 537 ; P. 57, 383. *De Bonardi du Ménil c. ville de Paris.* M. Renouard, rapp.
— 27 déc. 1864. D. 65, 5, 171. *Couturier c. c*^{ne} *de Montreuil.* M. Delapalme, rapp.

7. La citation et les opérations du jury ne seraient régulières qu'autant que l'exproprié n'a pu se tromper non seulement sur le jour mais encore sur l'heure de la réunion du jury ; s'il a pu être induit en erreur par quelques énonciation de l'exploit et que, par suite, il ait été privé du droit de présenter ses observations devant le jury, la décision prise par celui-ci est nulle.

Cass. 21 avril 1874. D. 74, 1, 488. *Coustet c. c*^{ne} *de Marsonnat.* M. Casenave, rapp.

8. Citation à comparaître devant le jury doit être donnée, sans exception, à tous les expropriés figurant au jugement d'expropriation, comme à tous les intéressés indiqués par le propriétaire ou qui se seront fait connaître eux-mêmes.

9. Cette règle doit être observée même à l'égard du failli locataire d'une maison expropriée et qui a été nommément dénoncé à l'administration.

Cass. 16 août 1852. D. 52, 1, 295 ; S. 53, 1, 16 ; P. 53, 2, 380. *Poix-Van-delle c. ville de Paris.* M. Moreau de la Meurthe, rapp.

10. Et aussi, à l'égard de la personne, différente de celle inscrite à la matrice des rôles, et qui, en temps utile, s'est fait connaître comme propriétaire de l'immeuble exproprié.

Cass. rej. 14 avril 1846. D. 46, 1. 157 ; P. 46, 1, 691. *Préfet des Bouches-du-Rhône c. Gazielle.* M. Renouard. rapp.

11. Il n'y a pas de solidarité entre le propriétaire exproprié et les intéressés dénoncés par lui, en sorte que le propriétaire puisse se faire un moyen de nullité de ce que son fermier ou locataire n'a pas été cité devant le jury en même temps que lui, si l'indemnité qui lui a été offerte ne concerne que le droit de propriété, abstraction faite de ce qui peut être dû au locataire ou au fermier.

Cass. rej. 22 juill. 1850. D. 50, 1, 280 ; S. 51, 1, 57 ; P. 50, 2, 140. *Achardy c. préfet des Bouches-du-Rhône.* M. Renouard, rapp.

12. Rien n'oblige, en effet, l'expropriant à procéder en même temps au règlement de toutes les indemnités qui peuvent être dues pour la dépossession des immeubles expropriés ; il peut faire régler les indemnités dues aux locataires, fermiers, usufruitiers, possesseurs de servitudes ou autres intéressés séparément du propriétaire et par une citation postérieure à celle donnée au propriétaire dont, par l'envoi en possession, il prend purement et simplement la place, sans que cet envoi en possession puisse nuire aux locataires et autres tant que leur indemnité n'a pas été réglée.

Cass. rej. 12 mai 1863 ; D. 63, 1, 255 ;

S. 63, 1, 400; P. 63, 1118. *Delcambre c. ville de Paris*. M. Delapalme, rapp.

13. Si les droits prétendus par cette personne n'ont pas été contestés, l'administration ne saurait postérieurement à la décision du jury, la soutenir nulle, par ce motif que l'indemnité a été réglée avec une personne sans qualité.

Même arrêt.

14. Il ne peut appartenir au magistrat-directeur d'écarter un intervenant qui s'est fait connaître en temps utile, sous le prétexte que cet intervenant ne justifie pas de la qualité prétendue par lui.

Cass. 15 juin 1858. D. 58, 1, 324; P. 58, 1, 1123. *Pallix contre Mosselmann.* M. Quénault, rapp.
— 5 août 1873. D. 74, 1, 446; S. 73, 1. 476; P. 73, 1194. *Besnard c. ville de Paris*. M. Aucher, rapp.
— 17 nov. 1873. D. 74, 1, 447; S. 73,

1, 476; P. 73, 1194. *Bidault c. ville de Paris*. M. Aucher, rapp.

15. La contestation de la qualité de l'intervenant constitue un litige sur le fond du droit qui doit être renvoyé à la décision du juge compétent et donne lieu à la fixation d'une indemnité éventuelle conformément au paragraphe 4 de l'article 39.

Mêmes arrêts.

16. La citation donnée devant le jury et la discussion du chiffre d'indemnité demandé par l'exproprié ne permet plus à l'expropriant de soutenir nulle la décision du jury par ce motif que les offres avaient été acceptées antérieurement à la citation.

Cass. rej. 20 déc. 1842. D. 43, 1, 158; S. 43, 1, 70; P. 43, 1, 257. *Préfet d'Ille-et-Vilaine c. Thomas*. M. Gillon, rapp.

CHAPITRE II

DU JURY SPÉCIAL CHARGÉ DE RÉGLER LES INDEMNITÉS

ARTICLE XXIX

Dans sa session annuelle, le Conseil général du département désigne, pour chaque arrondissement de sous-préfecture, tant sur la liste des électeurs que sur la seconde partie de la liste du jury, trente-six personnes au moins et soixante-douze au plus qui ont leur domicile réel dans l'arrondissement, parmi lesquelles sont choisis, jusqu'à la session suivante ordinaire du Conseil général, les membres du jury spécial appelé, le cas échéant, à régler les indemnités dues par suite d'expropriation pour cause d'utilité publique.
Le nombre des jurés désignés pour le département de la Seine sera de 600 (1).

1. La partie de l'article 29 qui mentionne la seconde partie de la liste du jury n'a plus son application depuis l'établissement du suffrage universel ; la liste électorale dressée conformément au décret des 2-21 février 1852 et à la loi des 30 novembre 31 décembre 1875 est le seul élément à consulter par le conseil général.

2. La loi des 22-26 juin 1854 a élevé, pour l'arrondissement de Lyon, le nombre des jurés au chiffre de 200 (2).

3. Les chiffres *minimum* et *maximum* fixés par l'article 29 pour la liste de jurés d'expropriation qui doit être dressée, pour chaque arrondissement, par le conseil général, sont une condition substantielle et d'ordre public de la validité des opérations faites par un jury choisi sur cette liste.

Cass. 13 et 27 juin 1881. *Bull. civ.*

(1) *Loi du 7 juillet 1833*, article 29 : Texte identique.
(2) Article unique.
Le nombre des personnes désignées, conformément à l'article 29 de la loi du 3 mai 1841, et parmi lesquelles sont choisis les membres du jury spécial chargé de régler les indemnités dues par suite d'expropriation pour cause d'utilité publique est porté à deux cents pour l'arrondissement de Lyon (Rhône).

81, p. 214. *Chemin de fer du Nord-Est c. Legrain.* M. Monod, rapp.
— 27 juin 1881. *Bull. civ.* 81, p. 232, *Chemin de fer du Nord-Est c. bureau de bienfaisance d'Aire.* M. Monod, rapp.

4. Est nulle la décision rendue par un jury choisi sur une liste dépassant le nombre des soixante-douze jurés fixé par l'article 29.

Cass. 23 janv. 1861. D. 61, 1, 134; S. 61. 1, 379; P. 61, 1, 583. *Grosset et autres c. ville de Rouen* (six arrêts). M. Glandaz, rapp.
— 11 août 1875. D. 76, 5, 234; S. 75, 1, 427; P. 75, 1066. *Chemin de fer de Lyon c. Marquis.* M. Greffier, rapp.
— 9 mars 1881. D. 82, 1, 461. *Chemin de fer du Nord-Est c. Blondel.* M. Monod, rapp.
— 20 nov. 1882. S. 83, 1, 134; P. 83, 304. *Guigne c. Préfet du Rhône.* M. Onofrio, rapp.
— 18 déc. 1882. S. 83, 1, 184; D. 84, 1, 135; P. 83, 419. *Paimparey c. ville de Meaux.* M. Merville. rapp.
— 7 fév. 1883. D. 83, 5, 267. *L'Etat c. ville de Dijon. Bull. civ.* 83, p. 59. M. Blondel, rapp.

5. Il en est ainsi, alors même que le juré inscrit sous le n° 73 aurait été récusé.

Arrêt du 9 mars 1881.

6. Cette nullité est substantielle et d'ordre public, et elle ne peut être couverte ni par les actes ni par le silence des parties devant le jury.

Arrêts précités et 28 juin 1882. *Bull. civ.*, 82, p. 273. M. Guérin, rapp.

7. C'est le conseil général tout entier qui doit dresser la liste du jury d'expropriation, non la commission permanente instituée par la loi du 10 août 1871 ; serait nulle une liste dressée par cette commission, alors même que délégation eût été donnée par le conseil général.

Daffry de la Monnoye, t. I, p. 319.

8. L'insertion au recueil des procès-verbaux du conseil général de la liste des propriétaires devant composer le jury d'expropriation sous cette rubrique : *Liste des jurés désignés par chaque conseiller général,* n'autorise pas à soutenir que la liste n'est pas l'œuvre du conseil général et n'a pas été votée par lui, quand, en outre de son insertion au recueil des délibérations du conseil général, ell y figure avec l'indication de la séance dans laquelle elle a été arrêtée.

Cass. rej. 12 juin 1883. *Veuve Claudot c. préfet des Vosges.* M. Guérin, rapp.

ARTICLE XXX

Toutes les fois qu'il y a lieu de recourir à un jury spécial, la première Chambre de la Cour royale, dans les départements qui sont le siège d'une Cour royale, et, dans les autres départements, la première Chambre du tribunal du chef-lieu judiciaire, choisit en la Chambre du Conseil, sur la liste dressée en vertu de l'article précédent pour l'arrondissement dans lequel ont lieu les expropriations, seize personnes qui formeront le jury spécial chargé de fixer définitivement le montant de l'indemnité, et, en outre, quatre jurés supplémentaires; pendant les vacances, ce choix est déféré à la Chambre de la Cour ou du tribunal chargée du service des vacations. En cas d'abstention ou de récusation des membres du tribunal, le choix du jury est déféré à la Cour royale.

Ne peuvent être choisis :

1° Les propriétaires, fermiers, locataires des terrains et bâtiments désignés en l'arrêté du préfet pris en vertu de l'article 11, et qui restent à acquérir ;

2° Les créanciers ayant inscription sur lesdits immeubles;

3° Tous autres intéressés désignés ou intervenant en vertu des articles 21 et 22.

Les septuagénaires seront dispensés, s'ils le requièrent, des fonctions de juré (1).

(1) *Loi du 7 juillet 1833,* article 30: Toutes les fois qu'il y a lieu de recourir à un jury spécial, la Cour royale, dans les départements qui sont le siège d'une Cour royale, et, dans les autres départements, le tribunal du chef-lieu judiciaire *du département* (*toutes chambres réunies en Chambre du Conseil*) choisit sur la liste dressée en vertu de l'article précédent, seize personnes pour former le jury spécial chargé de fixer définitivement le montant de l'indemnité.

La Cour ou le tribunal choisit en outre et en même temps quatre jurés supplémentaires.

Ne peuvent être choisis :

1° Les propriétaires, fermiers, locataires de terrains et bâtiments désignés dans l'arrêté du préfet pris en vertu de l'article 11, et qui restent à acquérir;

2° Les créanciers ayant inscription sur lesdits immeubles;

3° Tous autres intéressés désignés ou intervenant en vertu des articles 21 et 22.

Les septuagénaires seront dispensés, s'ils le requièrent, des fonctions de juré.

SECTION I.— *Désignation des jurés.*
§ 1. — *Par qui ils sont désignés.*
§ 2.—*Sur quelle liste ils sont choisis.*
§ 3. — *Forme et effets de la désignation.*

SECTION II. — *Quels jurés il est interdit de choisir.*

SECTION I. — *Désignation des jurés.*

§ 1. — *Par qui ils sont désignés.*

1. La loi de 1833 confiait à la Cour entière ou à tout le tribunal la désignation qui ne doit plus être faite que par la première chambre.
2. La première chambre de la Cour ou du tribunal est la chambre civile.
3. Le procès-verbal dressé de la désignation des jurés n'est pas nul pour ne pas porter la mention que cette désignation a été faite par la première chambre ; il suffit que les magistrats mentionnés au procès-verbal comme ayant procédé à l'opération fassent partie de cette chambre.

Cass. rej. 9 janv. 1861. D. 61, 1, 182 ;
S. 61, 1, 653 ; P. 62, 40. *Surieux c. Cie immobière de Saint-Etienne.* M. Delapalme, rapp.
— 13 mars 1861. D. 61, 1, 181 ; S. 61, 1, 653 ; P. 62, 40. *Roubichon c. chemin de fer du Nord.* M. Delapalme, rapp.
— 3 fév. 1880. D. 82, 1, 268 ; S. 82, 1, 479 ; P. 82, 1186. *Capdeville c. c^ne de Castelneau-Durban.* M. Sallé, rapp.

4. A plus forte raison, en est-il de même si le procès-verbal porte que la désignation a été faite par la chambre civile, alors que la Cour ou le tribunal n'a qu'une chambre civile.

Cass. rej. 3 fév. 1874. D. 74, 1, 240 ; S. 74, 1, 221 ; P. 74, 544. *Chemin de fer de Frévent c. Dumoulin.* M. Merville, rapp.

5. La présence d'un magistrat de la seconde chambre mentionné comme ayant pris part à la désignation du jury ne vicierait pas l'opération s'il était mentionné que ce magistrat a été appelé par suite de l'empêchement d'un ou de plusieurs magistrats de la première chambre.
6. Il en serait de même si les parties, prévenues que le magistrat de la seconde chambre a été mentionné par erreur comme ayant pris part à une opération à laquelle il est demeuré étranger, ont renoncé à se prévaloir de la mention et ont discuté au fond.

Cass. rej. 17 nov. 1874. D. 75, 1, 62 ; S. 75, 1, 39 ; P. 75, 62. *Foriel c. chemin de fer de Lyon.* M. Caseneuve, rapp.

7. C'est encore la première chambre de la Cour, non les chambres réunies qui, après cassation, doit désigner le jury.

Orléans, 17 mars 1864. D. 64, 5, 158 ; S. 64, 2, 236 ; P. 64, 708.

8. L'arrêt ou le jugement portant désignation des jurés ne doit pas, à peine de nullité, mentionner expressément que la désignation a lieu d'après la liste dressée annuellement par le conseil général ; en visant l'article 30, le jugement indique suffisamment que la désignation est faite d'après les prescriptions légales.

Cass. 27 août 1878. D. 78, 1, 433. *De Panisse-Passis c. préfet des Alpes-Maritimes.* M. Goujet, rapp.

9. La désignation est faite sur simple requête présentée par l'expropriant, sans que celui-ci soit tenu d'appeler les expropriés, l'opération, faite en chambre du conseil, ne comportant la présence d'aucune des parties intéressées à l'expropriation.

Cass. 12 juin 1860. D. 61. 1, 130 ; S. 60, 1, 1005 ; P. 61. 885. *Ville de Paris c. Bernardin.* M. Delapalme, rapp.

10. Pour le département de la Seine, la désignation est faite sur la liste de six cents jurés annuellement dressée, sans qu'il y ait lieu de tenir compte des arrondissements de la ville de Paris.

Cass. rej. 16 mars 1863. D. 63, 1, 134 ; S. 63, 1, 817 ; P. 63, 916. *Nézot c. cne de Puteaux.* M. Glandaz, rapp.

§ 2. — *Sur quelle liste les jurés sont choisis.*

11. Les jurés doivent être choisis sur la liste arrêtée par le conseil général pour l'année qui suit la session.

Cass. 11 juill. 1883. M. Manau, rapp.

12. Les jurés ne peuvent être utilement désignés qu'autant que la liste annuelle sur laquelle ils figurent n'a pas été renouvelée.

13. Si cette liste a été renouvelée après leur désignation, mais avant que le jury se soit réuni et ait commencé ses opérations, la désignation doit être tenue pour non avenue, et les opérations qui seraient faites par les jurés ainsi désignés se trouveraient entachées de nullité.

Jurisprudence constante affirmée par de très nombreux arrêts dont il suffit de citer les plus récents.

Cass. 22 déc. 1869. D. 70, 1, 16 ; S. 70, 1, 83 ; P. 70, 171. *Corneille c. ville de Pithiviers.* M. Rieff, rapp.
— 11 fév. 1873. D. 73, 1, 326 ; S. 73. 1, 176 ; P. 73, 406. *Thomas c. ville de Toulouse.* M. Casenave, rapp.
— 5 mai 1873. S. 73, 1, 473 ; P. 73, 1189. *Meyran contre ville de Toulouse.* M. Casenave, rapp.
— 27 mai 1873. D. 73, 1, 192 ; S. 73, 1, 473 ; P. 73, 1189. *Ville de Murat c. Cheyrouse.* M. Merville, rapp.
— 29 janv. 1877. S. 77, 1, 278 ; P. 77, 688. *Garnier c. cne de Châtillon.* M. Aubry, rapp.
— 2 mars 1881. S. 81, 1, 225 ; D. 82, 1, 462 ; P. 81, 535. *Préfet de Vaucluse c. Vieil.* M. Onofrio, rapp.
— 11 juill. 1883. *Bull. civ.*, 83, p. 308. *Cne d'Arpajon contre veuve Bonhomme.* M. Manau, rapp.
Delalleau et Jousselin, t. I, no 476. — Dufour, no 114. — De Peyronny et Delamarre, no 351. — Debray, no 129. — Daffry de la Monnoye, t. 1, no 326. — Malapert et Protat, no 169. — Arnaud, no 114.

14. Le jury est réputé avoir commencé ses opérations lorsqu'il s'est réuni, qu'il a été constitué et que les jurés ont prêté serment.

Cass. 15 fév. 1843. D. 43, 1, 109 ; S. 43, 1, 127 ; P. 43, 1, 195. *Rebellac c. préfet de l'Hérault.* M. Gillon, rapp.
— 26 déc. 1859. D. 60, 1, 16 ; S. 60, 1, 479 ; P. 60, 99. *Rollin c. cne de Clamecy.* M. Le Roux de Bretagne, rapp.
— 16 mai 1860. D. 60, 1, 216 ; S. 60, 1, 912 ; P. 61, 755. *Barbier c. ville de Paris.* M. Lavielle, rapp.
— 22 déc. 1869. D. 70, 1, 16 ; S. 70, 1, 83 ; P. 70, 171. *Corneille c. ville de Pithiviers.* M. Rieff, rapp.
— 27 mai 1873, D. 73, 1, 192 ; S. 73, 1, 473 ; P. 73, 1189. *Ville de Murat c. Cheyrouse.* M. Merville, rapp.

15. La constitution du jury et sa prestation de serment dans une première affaire suffisent pour que les opérations soient réputées commencées relativement à toutes les affaires de la session, alors même que la liste du jury aurait été renouvelée avant la constitution des jurys chargés de statuer dans les autres affaires ou les autres séries d'affaires.

Cass. rej. 13 mars 1861. D. 61, 1, 181; S. 61, 1, 653; P. 62, 40. *Roubichon c. chemin de fer du Midi.* M. Delapalme, rapp.

16. Ce n'est pas l'ouverture de la session du conseil général qui met fin aux pouvoirs des jurés désignés, mais seulement le renouvellement de la liste par le conseil, c'est-à-dire la substitution d'une liste à une autre.

Cass. rej. 2 fév. 1864. D. 64, 5, 160; S. 64, 1, 370; P. 64, 1047. *Gros c. ville de Marseille.* M. Delapalme, rapp.
— 30 avril 1872. D. 73, 1, 21; S. 72, 1, 341; P. 72, 879. *Varnier c. chemin de fer du Nord.* M. Greffier, rapp.
— 2 juill. 1872. D. 73, 1, 22. *Accary c. ville de Paris.* M. Hély d'Oissel, rapp.
— 6 mai 1878. D. 79, 1, 172; S. 78, 1, 277; P. 78, 686. *Préfet de l'Orne c. Daliphard.* M. Rohault de Fleury, rapp.

17. Par suite, lorsque la session du conseil général a été retardée, les jurés portés sur la liste précédente restent investis de pouvoirs réguliers tant que cette liste n'a pas été remplacée par une liste nouvelle ;

Mêmes arrêts.

18. Et le tribunal qui refuserait, en ces circonstances, de désigner le jury sous le prétexte qu'il y a doute sur la validité de la liste des jurés, commettrait un excès de pouvoir.

Arrêt du 6 mai 1878.

19. Si les opérations faites par des jurés désignés sur une liste en vigueur au moment de la désignation sont nulles quand la liste a été renouvelée avant le commencement des opérations du jury, à plus forte raison il en de même quand la désignation a été faite sur une liste déjà renouvelée.

Cass. 10 avril 1850. D. 50, 1, 84; S. 50, 1, 355; P. 50, 1, 560. *Préfet de Maine-et-Loire c. ville d'Angers.* M. Laborie, rapp.

20. La nullité résultant de ce que les jurés ont été désignés sur une liste qui n'était plus en vigueur au moment où ils commençaient leurs opérations est d'ordre public et n'est pas couverte par le silence des parties.

Cass. 10 mars 1858. D. 58, 1, 127; S. 58, 1, 832; P. 58, 709. *Ville de Niort c. Chaumier-Dauphin.* M. Alcock, rapp.
— 29 déc. 1863. D. 64, 5, 169. *Préfet de l'Yonne c. de Maynard.* M. Glandaz, rapp.
— 22 déc. 1869. D. 70, 1, 16; S. 70, 1, 83; P. 70, 171. *Corneille c. ville de Pithiviers.* M. Rieff, rapp.
— 27 mai 1873. D. 73, 1, 192; S. 73, 1, 473; P. 73, 1189. *Ville de Murat c. Cheyrouse.* M. Merville, rapp.
— 11 juill. 1883. *Bull. civ.*, 83, p. 308. *Cne d'Arpajon c. veuve Bonhomme.* M. Manau, rapp.

21. Et le pourvoi formé contre les décisions rendues par un jury constitué dans de pareilles conditions est recevable, bien qu'il n'en ait pas été formé contre la délibération de la Cour ou du tribunal qui a désigné les jurés.

Cass. 15 fév. 1843. D. 43, 1, 109; S. 43, 1, 127; P. 43, 1, 195. *Comte de Sémalé c. préfet de la Manche.* M. Renouard, rapp.

22. Si le magistrat-directeur reconnaît que les jurés ont été choisis sur une liste renouvelée depuis ce choix, il doit refuser de constituer le jury spécial.

Même arrêt.

23. La Cour d'appel ou le tribunal qui doivent désigner les jurés ne peuvent qu'examiner si la partie qui a présenté requête en trouve le droit dans la qualité d'expropriant ou d'exproprié ; mais il leur est interdit, cette qualité reconnue, d'apprécier les droits des parties, relativement aux effets du jugement d'expropriation, et, par suite, de refuser la désignation du jury requise par l'une d'elles.

Cass. 13 fév. 1861. D. 61, 1, 136 ; S. 61, 1, 554 ; P. 61, 984. *Gallet c. ville de Paris.* M. Lavielle, rapp.

24. La délibération qui formule ce refus peut être attaquée par la voie du recours en cassation.

Cass. 27 juill. 1857. S. 57, 1, 765 ; P. 58, 269 ; D. 57, 1, 287. *Ville de Paris c. Fabre.* M. Gaultier, rapp.
— 26 août 1857. S. 57, 1, 858 ; P. 58, 825 ; D. 57, 1, 353. *Martin c. ville de Paris.* M. Gaultier, rapp.
— 11 juill. 1859. S. 59, 1, 955 ; P. 60, 722 ; D. 59, 1, 364. *Bernardin c. préfet de la Seine.* M. Delapalme, rapp.
— 30 août 1859. S. *ibid.*; P. *ibid.*; D. *ibid.* *Bureau c. Pra.* M. Delapalme, rapp.
— Arrêt précité du 13 février 1861.

25. Il en est de même de la délibération qui, sans refuser d'une façon absolue la désignation demandée, l'ajourne par le motif qu'il y a doute sur la validité de la liste dressée par le conseil général, et qu'il y a lieu d'attendre le résultat d'un pourvoi en cassation.

Cass. 6 mai 1878. *Bull. civ.,* 78, p. 136 ; D. 79, 1, 172 ; S. 78, 1, 277 ; P. 78, 686. *Préfet de l'Orne c. Daliphart.* M. Rohault de Fleury, rapp.

26. Après cassation de la délibération qui a refusé de désigner le jury, la Cour ou le tribunal de renvoi doivent choisir les jurés sur la liste de l'arrondissement dans lequel a lieu l'expropriation.

Daffry de la Monnoye, t. I, p. 333.

27. Losqu'une erreur a été commise dans la désignation du jury, elle peut être rectifiée par une nouvelle délibération du tribunal, tant que la liste n'a point été notifiée aux expropriés et que ceux-ci n'ont point été convoqués devant le jury.

Cass. 3 janv. 1883. *Bull. civ.,* 83, p. 4. *Ronfard c. cne de Souvigny.* M. de Lagrevol, rapp.
Contrà : Daffry de la Monnoye, t. I, p. 335.

28. Ainsi en est-il quand, après cassation d'un jugement d'expropriation rendu par le tribunal du chef-lieu judiciaire du département et renvoi devant un tribunal de ce même département, le tribunal du chef-lieu, chargé de désigner les jurés, les a, par une première décision, choisis sur la liste de son propre arrondissement, au lieu de les choisir sur la liste dressée pour l'arrondissement de renvoi ; il peut réparer son erreur, si la désignation entachée de nullité n'a pas encore été notifiée et si les jurés n'ont pas été convoqués.

Même arrêt.

29. Bien qu'un jury ait été désigné pour statuer sur les indemnités dues pour toutes les expropriations prononcées par le même jugement, si l'expropriant n'a appelé devant le jury qu'une partie des expropriés, il peut, postérieurement, provoquer la désignation de nouveaux jurés pour statuer sur les affaires non soumises au jury précédemment choisi.

30. Il en est ainsi, notamment, lorsqu'au moment de la seconde désignation, la liste a été renouvelée par le conseil général.

Cass. rej. 26 août 1868. D. 68, 1, 445; S. 69, 1, 87; P. 69, 60. *Ville d'Elbeuf c. Hébert.* M. Rieff, rapp.

31. En est-il de même quand le second jugement de désignation a été rendu peu de temps après le premier et sous l'empire de la même liste ?

Trois arrêts de rej. du 29 juin 1868 ont décidé l'affirmative (D. 68, 1, 445; P. 69, 60). *Changenet et autres c. préfet de la Seine.* MM. Gastambide et de Vaux, rapp.), enseignée aussi par M. Daffry de la Monnoye (t. I, p. 336), cette solution, malgré ces autorités, doit être considérée comme extrêmement douteuse.

32. Dès l'instant que l'autorité judiciaire n'a désigné que des jurés figurant sur la liste du conseil général, son œuvre est régulière, en dépit des incapacités dont peuvent être atteints les individus portés sur cette liste. Il n'appartient point à la Cour ou au tribunal de rectifier les erreurs commises par le conseil général.

Cass. rej. 24 nov. 1846. D. 47, 1, 208; S. 47, 1, 378; P. 47, 1, 727. *Orliac c. préfet de Tarn-et-Garonne.* M. Renouard, rapp.
— 18 août 1851. D. 51, 1, 229; S. 51, 1, 784; P. 52, 1, 230. *Sausse c. Préfet des Bouches-du-Rhône.* M. Renouard, rapp.
— 26 déc. 1854. D. 54, 5, 331; S. 55, 1, 256; P. 55, 1, 128. *Bachellerie c. chemin de fer Grand-Central.* M. Delapalme, rapp.
— 22 août 1855. D. 55, 1, 396; S. 56, 1, 174; P. 56, 2, 612. *Chemin de fer du Midi c. de Moissac.* M. Renouard, rapp.
— 8 avril 1868. D. 68, 1, 297; S. 68, 1, 414; P. 68, 1103. *Dunod de Charnage c. préfet de la Haute-Saône.* M. Lamy, rapp.

— 26 juin 1878. D. 78, 1, 435; S. 78, 1, 429; P. 78, 1101. *Aubert c. ville de Paris.* M. Sallé, rapp.
— 28 juin 1881. D. 83, 1, 28; S. 81, 1, 429; P. 81, 1086. *Cne de Decize c. Royer.* M. Merville, rapp.

33. Par suite, la décision du jury est régulière, alors même que parmi les jurés se serait trouvé un failli non réhabilité, si ce failli figurait sur la liste du conseil général.

Arrêt du 26 juin 1878.

34. Si, par suite de l'erreur commise sur la liste du conseil général, un juré n'a pas été trouvé dans la commune indiquée ni dans la région avoisinante, ce juré doit être remplacé.

Arrêt du 28 juin 1881.

35. Il y aurait nullité de l'ordonnance du magistrat-directeur qui, au lieu de pourvoir à ce remplacement aurait renvoyé le jugement de l'affaire à une autre session, sous prétexte que le jury ne pouvait être légalement constitué.

Même arrêt.

35 bis. La présence dans le jury de jugement d'un juré n'ayant pas l'âge légal ne saurait vicier la décision, lorsque le nom de ce juré se trouve sur la liste annuelle dressée par le conseil général.

Cass. 30 juin 1884. *De Jonage c. l'Etat.* M. Monod, rapp.

35 ter. Ne sauraient infirmer l'autorité de la décision du jury les simples réserves faites après la lecture de la décision au sujet de ce qu'un des membres du jury n'avait pas l'âge légal.

Cass. 30 juin 1884. *De Jonage c. l'Etat.* M. Monod, rapp.

36. L'introduction dans le jury d'un juré non porté sur la liste du conseil général vicie de nullité les opérations faites par ce jury.

Cass. 26 août 1856. *Bull. civ.*, 56, p. 190. *Marié c. c^ne de Forges-les-Eaux.* M. Renouard, rapp.

37. Il en est de même si un juré, bien que porté sur la liste du conseil général, n'avait pas été désigné par la Cour ou le tribunal.

Cass. 26 juin 1861. D. 61, 1, 284; S. 61, 1, 996; P. 61, 1, 1103. *Quézac c. c^ne d'Aquessac.* M. Delapalme, rapp.

38. Pour que le jury soit régulièrement composé, il suffit que les indications portées sur la liste du conseil général s'appliquent exactement à l'individu qui a fait partie de ce jury, alors même que ces indications pouvant s'adresser à un autre individu, il y a lieu de penser que c'est ce dernier qu'on a entendu inscrire sur la liste.

Cass. rej. 22 fév. 1859. D. 59, 1, 208; P. 60, 1155. *C^ne de Mer c. Aubry-Pouteau.* M. Lavielle, rapp.

§ 3. — *Forme et effets de la désignation.*

39. La délibération par laquelle la Cour ou le tribunal désignent les jurés doit être revêtue des formes voulues pour la validité des décisions judiciaires; elle est nulle, particulièrement, si le procès-verbal n'indique pas le nombre des magistrats qui y ont pris part et ne donne pas leurs noms.

Cass. 22 nov. 1841. D. 41, 1, 385; S. 42, 1, 129; P. 41, 2, 661. *Huvé de Garel c. ville de Paris.* M. Renouard, rapp.

40. Cette délibération doit, à peine de nullité, être prise dans la chambre du conseil.

Cass. 19 juill. 1870. D. 70, 1, 428; S. 70, 1, 349; P. 70, 883. *Syndicat des cours d'eau de la Leuc c. Bassand.* M. Rieff, rapp.
— 21 fév. 1882. D. 83, 1, 29; S. 84, 1, 36; P. 84, 58. *Bull. civ.*, 82, p. 56. *Pocquet c. c^ne de Pont-Faverger.* M. Legendre, rapp.

41. L'insertion des noms des jurés dans le jugement d'expropriation n'implique pas qu'il ait été contrevenu aux dispositions d'après lesquelles le choix des jurés doit être fait en la chambre du conseil.

Mêmes arrêts.

42. Il n'est pas nécessaire, pour la régularité de la délibération, que l'expédition soit revêtue de la formule exécutoire.

Cass. rej. 17 juill. 1844. D. 44, 1, 371; S. 45, 1, 234; P. 45, 1, 455. *Chion c. préfet de la Drôme.* M. Hello, rapp.

43. Le jury désigné pour régler les indemnités qui peuvent être dues dans les expropriations prononcées par un jugement auquel la désignation se réfère, a exclusivement compétence pour ces expropriations.

Cass. 27 août 1856. D. 56, 1, 334; S. 59, 1, 271. *Poiret c. ville de Paris.* M. Renouard, rapp.
— 31 juill. 1866. S. 67, 1, 84; P. 67, 173. *Gouerre c. ville de Paris.* M. Renouard, rapp.

44. Est nulle la décision qui porte sur toute expropriation prononcée par un autre jugement, alors même que les parties auraient expressément consenti au règlement de l'indemnité par le jury devant lequel elles ont comparu.

Mêmes arrêts.

45. Et il en serait ainsi, alors

même que deux jugements d'expropriation auraient été rendus pour deux fractions d'un même immeuble. Le jury désigné pour le règlement des indemnités dues relativement à la première fraction, n'a pas compétence pour régler les indemnités dues relativement à la seconde.

Cass. 26 déc. 1859. D. 60, 1, 39; S. 60, 1, 1008; P. 60, 1020. *Laporte c. chemin de fer du Midi.* M. Quénault, rapp.

46. Mais, s'il n'y avait pas eu d'expropriation prononcée, par exemple pour une fraction de l'immeuble, et que le règlement de l'indemnité relative à cette fraction fût volontairement remis au jury désigné pour statuer sur la partie expropriée, la décision rendue serait valable, par ce motif qu'il n'y a pas eu attribution de compétence par un acte émané de l'autorité judiciaire, et que, dans ces conditions, les parties sont maîtresses de se soumettre à la décision d'un jury qui participe alors du caractère arbitral.

Arrêt précité du 26 déc. 1859.
— rej. 26 nov. 1860. D. 60, 1, 484; S. 61, 1, 382; P. 61, 846. *Prat-Salles c. ville de Lyon.* M. Delapalme, rapp.

SECTION II. — *Quels jurés il est interdit de choisir.*

47. L'exclusion prononcée par l'article 30 contre les propriétaires fermiers, locataires des bâtiments expropriés s'applique uniquement à ceux qui sont compris dans le même arrêté de cessibilité.

Cass. 14 août 1855. D. 55. 1, 416; S. 56, 1, 620; P. 57, 420. *Mounier c. chemin de fer de Saint-Rambert.* M. Delapalme, rapp.

48. L'exclusion cesse dès l'instant qu'il s'agit de deux arrêtés de cessibilité différents,

alors même qu'il existerait un lien étroit entre les deux expropriations.

Cass. rej. 11 juin 1856. D. 58, 1, 196; S. 58, 1, 826; P. 58, 2, 414. *Chemin de fer de Strasbourg c. Forest.* M. Renouard, rapp.
— 3 fév. 1858. D. 58, 1, 126; S. 58, 1, 621; P. 58, 570. *Chemin de fer Grand-Central c. Albouy.* M. Renouard, rapp.

49. Les parties n'ont plus alors que la voie de la récusation.

Mêmes arrêts.

50. C'est au moment de l'appel des jurés et avant l'exercice des récusations péremptoires que les motifs d'exclusion fondés sur le paragraphe 2 de l'article 30 doivent être proposés.

51. Le magistrat directeur doit statuer sur ces causes d'exclusion conformément au dernier paragraphe de l'article 32.

Cass. 11 juill. 1859. D. 60, 1, 412; S. 61, 1, 380; P. 61, 710. *Bertrand c. ville de Béziers.* M. Renouard, rapp.

52. Le refus par un magistrat-directeur de prononcer l'exclusion d'un juré contre lequel sont invoquées des incompatibilités mentionnées dans le paragraphe 2 de l'article 30 ne peut, par lui seul, donner ouverture à cassation, l'article 42 ne visant que le paragraphe 1er de cet article.

Cass. rej. 26 mai 1846. D. 46, 1, 208; S. 46, 1, 581; P. 46, 2, 275. *Lacoste de l'Isle c. l'État.* M. Renouard, rapp.
— 19 août 1846. D. 46, 1, 318; S. 46, 1, 877; P. 46, 2, 507. *Leguillette c. Préfet de l'Aisne.* M. Miller, rapp.
— 11 juin 1856. D. 56, 1, 196; S. 56, 1, 826; P. 56, 2, 414. *Chemin de fer de Strasbourg c. Forest.* M. Renouard, rapp.
— 28 mai 1861. D. 61, 1, 282; S. 61, 1, 995; P. 62, 324. *Edet c. ville de Paris.* M. Sevin, rapp.
— 2 déc. 1863. D. 64, 5, 154; S. 64, 1, 193; P. 64, 746. *Préfet du Gers c. Berger.* M. Laborie, rapp.
— 12 janv. 1863. D. 64, 5, 154; S.

64, 1, 193; P. 64, 746. *Soubiran c. Préfet du Gers.* M. Laborie, rapp.

— 27 janv. 1869. D. 69, 1, 244; S. 69, 1, 385; P. 69, 946. *Barbe et autres c. chemin de Lyon.* M. Pont, rapp.

— 2 fév. 1869. D. 69, 1, 246; S. 69, 1, 385; P. 69, 946, *Barbe et autres c. chemin de fer de Lyon.* M. Pont, rapp.

53. Mais il en est autrement si ce refus a porté atteinte au droit de récusation péremptoire, auquel cas, c'est le paragraphe 2 de l'article 34 qui est violé, paragraphe visé par l'article 42 comme donnant ouverture à cassation.

Cass. 5 avril 1854. D. 54, 1, 161; S. 54, 1, 464; P. 54, 1. 448. *Legros c. ville de Saint-Valéry en Caux.* M. Gillon, rapp.

54. Par exemple, si le magistrat-directeur a refusé à une partie l'exercice du droit de récusation péremptoire sous le prétexte que ce droit aurait été épuisé par les récusations motivées.

Même arrêt.

55. Ou si l'exclusion ayant été à tort refusée, et l'une des récusations péremptoires ayant porté sur le juré maintenu, la partie s'est vue ainsi privée de son droit complet de récusation qui, au cas d'exclusion prononcée, aurait pu porter sur un autre juré.

Cass. 11 juill. 1859. D. 60, 1, 412; S. 61, 1, 380; P. 61, 710. *Bertrand c. ville de Béziers.* M. Renouard, rapp.

56. La non-exclusion d'un juré atteint par les incompatibilités mentionnées au paragraphe 2 de l'article 30 ne saurait être une cause d'ouverture à cassation, si la demande d'exclusion n'a pas été formulée.

Cass. 2 fév. 1846. D. 46, 1, 78; S. 46, 1, 237; P. 47, 1, 222. *Ville de Marseille c. Mille.* M. Renouard, rapp.

— 26 mai 1846. D. 46, 1, 208; S. 46,

1, 581; P. 46, 2, 275. *Lacoste de l'Isle c. l'Etat.* M. Renouard, rapp.

— 22 mai 1854. D. 54, 1, 205; S. 55, 1, 217; P. 54, 2, 453. *Segond c. chemin de fer de Lyon.* M. Renouard, rapp.

— 19 juin 1861. D. 61, 1, 285; S. 61, 1, 996; P. 62, 326. *Bertrand c. ville de Béziers.* M. Renouard, rapp.

— 2 déc. 1863. D. 64, 5, 154: S. 64, 1, 193; P. 64, 746. *Préfet du Gers c. Berger.* M. Laborie, rapp.

— 12 janv. 1864. D. 64, 5, 154; S. 64, 1, 193; P. 64, 746. *Soubiran c. préfet du Gers.* M. Laborie, rapp.

— 27 janv. et 2 fév. 1869. D. 69, 1, 244 et 246; S. 69, 1, 385; P. 69, 946. *Barbe et autres c. chemin de fer de Lyon.* M. Pont, rapp.

57. Il en est de même si, malgré l'exclusion proposée et refusée, le juré n'a pas siégé, sans qu'il ait été besoin, pour obtenir ce résultat, de recourir à la récusation péremptoire.

Cass. rej. 5 mars 1844. D. 44, 1, 173. S. 44, 1, 532; P. 44, 1, 759. *Français c. cne de la Villette.* M. Miller, rapp.

— 7 avril 1845. D. 45, 1, 207; S. 45, 1, 531; P. 45, 1, 588. *L'Etat c. Jansoone.* M. Renouard, rapp.

— 5 mai 1857. D. 57, 1, 166. *Marié c. cne de Forges-les-Eaux.* M. Renouard, rapp.

58. En dehors des causes d'exclusion mentionnées dans le paragraphe 2 de l'article 30 et en vertu du principe que nul ne peut être juge dans sa propre cause, il y aurait un motif de nullité de la décision du jury dans le fait de la participation d'un juré ayant dans l'affaire un *intérêt personnel.*

Cass. 3 août 1859. D. 60, 1, 413; S. 61, 1, 380; P. 61, 710. *Préfet de la Seine c. Ruelle.* M. Quénault, rapp.

— 28 mai 1861. D. 61, 1, 282; S. 61, 1, 995; P. 62, 324. *Edet c. ville de Paris.* M. Sévin, rapp.

Sic. : Delalleau et Jousselin, t. I, n° 472. — De Peyronny et Delamarre, n° 352. — Daffry de la Monnoye, t. I, p. 352.

59. Le créancier inscrit sur

l'immeuble exproprié a un intérêt personnel dans le règlement de l'indemnité, et ne saurait, conséquemment, sans la vicier, prendre part à la décision du jury.

Daffry de la Monnoye, t. I, p. 354.

60. Le vice ne peut s'appliquer d'ailleurs qu'à l'affaire même dans laquelle le juré est intéressé, et non réagir sur les autres affaires à la décision desquelles ce juré aurait pris part.

Arrêt du 28 mai 1861.
Arrêts précités des : 3 août 1859. D. 60, 1, 413 ; S. 61, 1, 380 ; P. 61, 710.
— 28 mai 1861. D. 61, 1, 282 ; S. 61, 1, 995 ; P. 62, 324.

61. Les maires, adjoints, conseillers municipaux ne peuvent, comme jurés, participer à la décision d'un jury statuant sur les expropriations prononcées dans l'intérêt de la commune où ils exercent des fonctions municipales.

Cass. 2 fév. 1846. D. 46, 1, 78 ; S. 46, 1, 237 ; P. 47, 1, 222. *Ville de Marseille c. Mille.* M. Renouard, rapp.
— 5 avril 1854. D. 54, 1, 161 ; S. 54, 1, 464 ; P. 54, 1, 448. *Legros c. ville de Saint-Valéry en Caux.* M. Gillon, rapp.
— 11 juill. 1859, D. 60, 1, 412 ; S. 61, 1, 380 ; P. 61, 710. *Bertrand c. ville de Béziers.* M. Renouard, rapp.

62. Il en est de même du maire, président du bureau de bienfaisance pour les expropriations concernant les biens des pauvres.

Cass. 14 août 1855. D. 55, 1, 416 ; S. 56, 1, 620 ; P. 57, 420. *Mounier c. chemin de fer de Saint-Rambert.* M. Delapalme, rapp.

63. Mais il en est autrement pour les maires et adjoints des

arrondissements de Paris qui ne participent pas à l'administration des affaires de la ville.

Cass. rej. 6 mars 1861. D. 61, 1, 182 ; S. 61, 1, 655 ; P. 62, 72. *Duc de Brunswick c. ville de Paris.* M. Renouard, rapp.
— 10 juill. 1861. D. 61, 1, 284 ; P. 62, 1187. *Lemasson c. ville de Paris.* M. Alcock, rapp.

64. Toutefois, postérieurement aux arrêts ci-dessus, il a été jugé que les conseillers municipaux ni les propriétaires imposés dans la commune n'étaient personnellement intéressés dans les expropriations poursuivies au nom de la commune, et, par suite, que leur présence dans le jury chargé de régler les indemnités, ne viciait pas ses décisions.

Cass. rej. 2 déc. 1863. D. 64, 5, 154 ; S. 64, 1, 193 ; P. 64, 746. *Préfet du Gers c. Berger.* M. Laborie, rapp.
— 12 janv. 1864. D. S. P. *ibid. Soubiran c. préfet du Gers.* M. Laborie, rapp.

65. Doivent être considérés comme *personnellement intéressés* les administrateurs d'une compagnie expropriée ou expropriante ;

Daffry de la Monnoye, t. I, p. 358.

66. Mais non les actionnaires de cette compagnie.

Même auteur, *ibid.*

67. Les membres du conseil général sur la provocation duquel a eu lieu l'expropriation ne sauraient être exclus du jury en vertu du paragraphe 2 de l'article 30.

Cass. rej. 8 août 1853. D. 53, 1, 283 ; S. 53, 1, 773 ; P. 54, 1, 573. *Francain c. préfet du Gers.* M. Lavielle, rapp.

ARTICLE XXXI

La liste des seize jurés et des quatre jurés supplémentaires est transmise par le préfet au sous-préfet qui, après s'être concerté avec le magistrat-directeur du jury, convoque les jurés et les parties, en leur indiquant, au moins huit jours à l'avance, le lieu et le jour de la réunion. La notification aux parties leur fait connaître les noms des jurés (1).

(1) *Loi du 7 juillet 1833*, article 31 : Texte identique.

§ 1er. — *Par qui est faite la convocation des jurés et des expropriés.*

1. Les convocations des jurés et des expropriés sont faites à la requête du préfet ou du sous-préfet, ou du maire, s'il s'agit d'expropriations d'un intérêt communal, ou même des concessionnaires.

Cass. 29 août 1854. D. 54, 1, 320 ; S. 54, 1, 734 ; P. 55, 1, 88. *D'Auger c. chemin de fer de Strasbourg.* M. Mérilhou, rapp.
— 4 juin 1855. D. 55, 1, 285 ; S. 56, 1, 78 ; P. 57, 97. *Fourtanier c. chemin de fer du Midi.* M. Renouard, rapp.
— 6 avril 1859. D. 59, 1, 164 ; S. 59, 1, 957 ; P. 59, 834. *Raud et Desgrées c. ville de Vannes.* M. Renouard, rapp.

2. Le préfet et le sous-préfet agissent comme dépositaires de la puissance publique, même dans les affaires d'un intérêt communal, et aussi en vertu de la faculté qui leur est attribuée par l'article 31.

Arrêt du 4 juin 1855.

3. Les maires agissent en

vertu de l'intérêt de la commune et de la qualité qu'ils ont pour la représenter.

Arrêts des 29 août 1854 et 6 avr. 1859.

4. Quand c'est le préfet qui a fait les notifications, la commune ou le concessionnaire, représentés par lui, n'ont pas qualité pour se prévaloir des irrégularités que le préfet a pu commettre dans les exploits notifiés à sa requête.

Cass. rej. 2 fév. 1846. D. 46, 1. 78; S. 46, 1, 237; P. 47, 1, 222. *Ville de Marseille c. Mille.* M. Renouard, rapp.. — 9 janv. 1883. D. 84, 1, 128; S. 83, 1, 277. *Chemin de fer du Midi c. Lassardy.* M. de Lagrevol, rapp.

5. La compagnie qui poursuit l'expropriation en agissant au nom de l'État, ne saurait être admise à se prévaloir des nullités qui peuvent se rencontrer dans les convocations adressées, soit à ladite compagnie, soit aux jurés, non plus même que du défaut de convocation à un juré, alors que ces convocations ont été faites par le sous-préfet, représentant légal de l'État et par conséquent de la compagnie.

Arrêt du 9 janv. 1883.

6. L'obligation imposée par l'article 31 de s'entendre préalablement avec le magistrat-directeur est suffisament constatée par la mention au procès-verbal « que les jurés ont été convoqués conformément à l'article 31 de la loi du 3 mai 1841 ».

Cass. rej. 29 juill. 1857. D. 57, 1, 348; P. 59, 577. *Gontaut-Biron c. ville de Pau.* M. Lavielle, rapp.

7. D'ailleurs, les irrégularités qui auraient pu être commises relativement à l'accomplissement de cette formalité seraient couvertes par le silence des parties, lors de leur comparution devant le jury.

Même arrêt.

§ 2. — *Convocation des jurés.*

8. Si l'erreur de désignation d'un juré se trouve sur la liste du conseil général indiquant un faux domicile, et que l'officier public chargé de faire la notification ait constaté qu'à ce domicile n'existait aucun individu du nom désigné, l'absence de convocation effective du juré ne vicie pas les opérations ultérieures.

Cass. rej. 5 fév. 1855. D. 55, 1, 59; S. 55, 1, 454; P. 56, 1, 23. *Saint-Hilaire c. préfet du Rhône.* M. Renouard, rapp. — 4 juill. 1856. D. 56, 1, 196; S. 56, 1, 825; P. 56, 2, 514. *Bordes c. préfet de la Charente-Inférieure.* M. Lavielle, rapp. — 28 juill. 1856. D. 56, 1, 292. *Madlaine c. ville de Paris.* M. Pascalis, rapp. — 16 mai 1859. D. 59, 1, 206; S. 59, 1, 864; P. 60, 760. *Fraisse c. cne de Firminy.* M. Renouard, rapp. — 28 juin 1881. D. 83, 1, 28; S. 81, 1, 429; P. 81, 1086. *Intérêt de la loi.* M. Merville, rapp. — 26 nov. 1883. *Tartoué et autres c. préfet de la Loire-Inférieure.* M. Crépon, rapp.

9. Si c'est exactement l'individu porté sur la liste du conseil général qui a été convoqué, les causes d'incapacité qui peuvent exister en sa personne et qui auraient dû empêcher de l'inscrire sur cette liste ne vicient pas les opérations.

Cass. rej. 24 juill. 1860. D. 60, 1, 406; S. 60, 1, 1009; P. 61, 100. *Pascal c. ville de Marseille.* M. Quénault, rapp. — 1er mai 1861. D. 61, 1, 397; S. 61, 1, 994; P. 62, 772. *Blanchet c. ville de Paris.* M. Renouard, rapp.

10. Soit que le juré ait été exclu par le magistrat-directeur;

Arrêt du 24 juill. 1860.

11. Soit, même, qu'il ait pris part aux opérations du jury ;

Arrêt du 1er mai 1861.

12. Et alors même que l'erreur du conseil général aurait consisté à porter sur la liste un individu dépourvu de la qualité de Français.

Même arrêt.

13. Il en est de même si l'erreur a été commise par la Cour ou le tribunal dans l'indication des noms et demeure exactement mentionnés sur la liste du conseil général.

Cass. rej. 22 août 1855. D. 55, 1, 936; S. 56, 1, 174; P. 56, 2, 512. *Chemin de fer du Midi c. cne de Moissac.* M. Renouard, rapp.
— 30 juin 1856. D. 56, 1, 269. *Ville de Pamiers c. Passeron.* M. Pascalis, rapp.
— 19 juin 1861. D. 61, 1, 285; S. 61, 1, 996; P. 62, 326. *Bertrand c. ville de Béziers.* M. Renouard, rapp.
— 21 août 1861. D. 61, 1, 399. *Wuichet c. chemin de fer de Lyon.* M. Alcock, rapp.
— 27 janv. 1869. D. 69, 1, 241; S. 69, 1, 385; P. 69, 946. *Barbe et autres c. chemin de fer de Lyon.* M. Pont, rapp.
— 2 fév. 1869. D. 69, 1, 246; S. 69, 1, 385 ; P. 69, 946.
Contrà :
Cass. 22 nov. 1841. D. 41, 1, 385; S. 42, 1, 129; P. 41, 2, 661. *Huvé de Garel c. ville de Paris.* M. Renouard, rapp.
— 2 fév. 1846. D. 46, 1, 115; P. 48, 2, 694. *Préfet des Bouches-du-Rhône c. divers.* M. Renouard, rapp.

13 bis. La non-convocation du juré ne vicie pas la composition du jury si elle provient d'un changement de résidence survenu depuis l'établissement de la liste par le conseil général, changement qui n'a pas permis de convoquer le juré en temps utile.

Cass. rej. 20 mars 1855. D. 55, 1, 62; S. 55, 1, 451; P. 56, 1, 556. *Mont-*

rochet c. ville de Lyon. M. Laborie, rapp.

13 ter. Il en est de même si le procès-verbal constate que deux jurés, qui n'ont pas répondu à l'appel de leurs noms, n'ont pas été touchés par la sommation à eux faite de venir concourir aux opérations du jury, et que, d'un autre côté, les conclusions de l'exproprié signalent ces jurés comme *inconnus.*

Cass. 31 juill. 1883. *Bull. civ.,* 83, p. 337. *Demoiselle Combe c. préfet de l'Isère.* M. Merville, rapp.

14. Au contraire si l'irrégularité dans la convocation provient du fait de l'auteur même de la convocation ou de ceux qui ont notifié pour lui, cette irrégularité emporte nullité de ce qui a suivi.

Cass. 20 juill. 1840. D. 40, 1, 267; S. 40, 1, 705; P. 40, 2, 470. *Bayle c. préfet de la Drôme.* M. Renouard, rapp.
— 22 août 1853. D. 53, 1, 232; S. 53, 1, 636; P. 54, 1, 574. *Monthus c. cne de Lavardac.* M. Renouard, rapp.
— 7 avril 1858. D. 58, 1, 156; P. 59, 764. *Barbou c. chemin de fer de Lyon.* M. Lavielle, rapp.

15. Ainsi en est-il lorsque le juré, assigné par erreur dans une autre commune que celle indiquée sur la liste du conseil général, a été remplacé par un autre juré.

Arrêt du 20 juill. 1840.

16. Ou lorsque l'administration a fait assigner dans la commune indiquée une personne portant le même nom, mais d'autres prénoms que ceux mentionnés sur la liste.

Arrêts des 22 août 1853 et 7 avr. 1858.

17. La nullité qui résulte de ces erreurs et qui tient à la composition irrégulière du jury est substantielle, non couverte par le silence des parties et peut être présentée pour la première fois devant la Cour de cassation.

Mêmes arrêts.

18. Toutefois, les irrégularités qui ne seraient pas de nature à tromper sur l'identité des personnes et à entraver le droit de récusation ne vicieraient pas la décision.

Cass. rej. 30 avril 1839. D. 39, 1, 193 ; S. 39, 1, 606 ; P. 46, 2, 656. *Cⁿᵉ de Cogolin c. Bérenguier.* M. Quéquet, rapp.
— 26 mai 1846. D. 46, 1, 208 ; S. 46, 1, 581 ; P. 46, 2. 245. *Lacoste de l'Isle c. l'Etat.* M. Renouard, rapp.
— 22 juill. 1846. D. 46, 1, 695 ; P. 47, 2, 764. *Henry c. préfet du Gard.* M. Renouard, rapp.
— 22 juill. 1850. D. 50, 1, 280 ; S. 51, 1, 57 ; P. 50, 2, 140. *Achardy c. préfet des Bouches-du-Rhône.* M. Renouard, rapp.
— 29 juin 1852. D. 52, 1, 172 ; S. 52, 1, 669 ; P. 52, 2, 242. *Préfet des Bouches-du-Rhône c. Jourdan.* M. Lavielle, rapp.
— 7 mars 1855. D. 55, 1, 122 ; S. 55, 1, 455 ; P. 55, 1, 414. *Chemin de fer de Lyon c. Dulac.* M. Gillon, rapp.
— 5 juin 1861. D. 61, 1, 288 ; S. 61, 1, 994 ; P. 62, 325. *Marion-Vallée c. ville de Rouen.* M. Renouard, rapp.
— 19 juin 1861. D. 61, 1, 285 ; S. 61, 1, 996 ; P. 62, 326. *Bertrand c. ville de Béziers.* M. Renouard, rapp.
— 10 fév. 1866. D. 66, 5, 205. *Fontaine c. préfet de la Haute-Savoie.* M. Fauconneau-Dufresne, rapp.
— 14 août 1867. D. 67, 1, 493. *Guffroy-Meunier c. ville de Lille.* M. Mercier, rapp.
— 2 fév. 1869. D. 69, 1, 184. *Blottieau c. cⁿᵉ d'Ecommoy.* M. Glandaz, rapp.
— 8 juin 1874. D. 74, 1. 387 ; S. 75, 1, 39 ; P. 75, 62. *Autran c. chemin de fer de Lyon.* M. Casenave, rapp.

19. Les inexactitudes dans la désignation du juré qui seraient de nature à jeter quelque incertitude sur son identité ne sont un moyen de cassation qu'autant qu'elles ont fait l'objet d'une protestation de la part des parties intéressées, au moment de l'appel des jurés.

Arrêts des 10 avr. 1866 et 14 août 1867.

20. L'erreur commise n'entraînera pas non plus nullité, s'il est constaté que le juré porté sur la liste a été, malgré les fausses indications mentionnées dans la convocation, touché par l'assignation.

Cass. rej. 11 déc. 1876. D. 78, 1, 72. *Dubost c. préfet de l'Ain.* M. Sallé, rapp.

21. Il en est de même si l'erreur, ayant eu pour conséquence de faire convoquer un juré supplémentaire autre que celui réellement désigné, le jury s'est trouvé régulièrement formé sans qu'il y ait eu besoin de recourir aux jurés supplémentaires.

Cass. rej. 19 juin 1861. D. 61, 1, 286 ; S. 62, 1, 894 ; P. 62, 715. *Bertrand c. ville de Béziers.* M. Renouard, rapp.

22. Alors même qu'une expropriation est poursuivie par une commune, la signification faite à un juré afin qu'il ait à se présenter pour l'accomplissement de sa mission, est valablement remise par l'huissier au maire de la commune, au cas où l'officier ministériel ne trouve au domicile du juré qu'il assigne ni ce juré, ni personne le représentant, et que les voisins ont refusé de recevoir la citation.

Cass. 30 mai 1881. *Bull. civ.*, 81, p. 197. *Desoutter c. ville d'Amiens.* M. Baudoin, rapp.

23. Mais il y a manifestement nullité, s'il y a eu défaut absolu de convocation d'un juré.

Cass. 31 janv. 1849. D. 49, 5, 187 ; S. 49, 1, 217 ; P. 49, 1, 153. *Martin c. préfet de l'Orne.* M. Gillon, rapp.

24. L'absence de preuve de la convocation équivaut à la non-convocation.

Même arrêt.

25. La nullité résultant du défaut de convocation ne peut toutefois être invoquée que par la partie expropriée.

Cass. rej. 19 mars 1849. S. 49, 1, 370 ; P. 49, 1, 396. *Ville de Saint-Denis c. Desnoyelles.* M. Renouard, rapp.
— 16 déc. 1863. D. 64, 5, 164. *Préfet du Pas-de-Calais c. Lepellet-Lemaire.* M. Glandaz, rapp.

26. Si le défaut de convocation a pour cause le décès du juré, il n'en peut résulter nullité des opérations du jury.

Cass. rej. 19 août 1846. *Droeslisch c. ville de Paris.* M. Miller, rapp.

27. Si, un domicile inexact ayant été indiqué sur la liste du conseil général, il y avait lieu de chercher le juré hors de l'arrondissement où se fait l'expropriation, le défaut de convocation de ce juré n'entraîne pas nullité des opérations, quand il est constaté d'ailleurs que des recherches ont été infructueusement faites au lieu indiqué sur la liste.

Cass. 12 avril 1870. D. 70, 1, 390. *Dalbis de Gissac c. chemin de fer du Midi.* M. Gastambide, rapp.
— 26 nov. 1883. *Tartoué et autres c. préfet de la Loire-Inférieure.* M. Crépon, rapp.

28. La question d'identité entre le juré désigné et le juré convoqué est tranchée par le magistrat-directeur, sauf le droit de contrôle de la Cour de cassation.

Cass. rej. 25 avril 1875. D. 76, 1, 56 ; S. 76, 1, 430 ; P. 76, 1087. *Séguin c. chemin de fer de Lyon.* M. Casenave, rapp.

29. Bien que le juré ait changé de domicile, l'assignation est régulièrement donnée au domicile indiqué par l'arrêt de désignation.

Cass. 28 fév. et 2 mars 1853. D. 53, 1, 68 ; S. 53, 1, 505 ; P. 53, 1, 634. *Cottin c. préfet de la Seine.* M. Renouard, rapp.

30. Dans ce cas, il y a lieu d'appliquer l'article 69, § 8 du code de procédure civile, c'est-à-dire, de citer au parquet avec affiche dans l'auditoire du tribunal.

Arrêts précités : — 2 mars 1853. D. 53, 1, 136 ; P. 53, 2, 605.
— 23 août 1854. D. 54, 1, 319 ; S. 55, 1, 143 ; P. 55, 1, 126. *Jacomet et Navet c. préfet de la Seine.* M. Renouard, rapp.

31. Si le nouveau domicile a été porté à la connaissance de l'administration, la convocation devra y être faite, à condition, toutefois, que le juré puisse être convoqué en temps utile.

Cass. rej. 20 mars 1855. D. 55, 1, 61 ; S. 55, 1, 451 ; P. 56, 1, 556. *Montrochet c. ville de Lyon.* M. Laborie, rapp.

§ 3. — *Convocation des expropriés.*

32. L'expropriant, en même temps qu'il convoque les jurés désignés, doit convoquer les expropriés devant le jury.

33. Ceux-là seuls doivent être compris dans la catégorie des expropriés et cités, qui sont mentionnés dans le jugement d'expropriation, ou qui, par suite de mutations opérées depuis le jugement, sont inscrits à la matrice cadastrale comme propriétaires des parcelles expropriées, ou qui ont été dénoncés, ou sont intervenus conformément au premier et au second paragraphe de l'article 21.

34. La citation est valablement donnée au propriétaire décédé, si son nom est demeuré inscrit sur la matrice cadastrale.

Cass. rej. 10 mai 1875. D. 77, 1, 31 ; S. 75, 1, 319 ; P. 75, 756. *Flipo et autres c. ville de Turcoing.* M. Casenave, rapp.

35. En matière d'expropriation, comme en toute autre matière, la femme n'est valablement assignée qu'autant que citation est donnée en même temps au mari.

Cass. 11 janv. 1848. D. 48, 5, 182; S. 48, 1, 158; P. 48, 1, 10. *Darmailhac c. préfet de la Gironde.* M. Renouard, rapp.

36. Cela est vrai, même lorsqu'il s'agit de l'expropriation d'un immeuble dotal.

Même arrêt.

37. Ou lorsqu'il s'agit d'un immeuble se rattachant au commerce de la femme, marchande publique.

Cass. 25 mai 1868. S. 68, 1, 308; D. 68, 1, 265; P. 68, 784. *Rivière c. préfet de la Seine.* M. Laborie, rapp.

38. Pour les immeubles de la communauté, il suffit de donner citation au mari.

Cass. rej. 19 août 1846. *Droeslich c. ville de Paris.* M. Miller, rapp.
Daffry de la Monnoye, t. I, p. 380.

39. Pour l'exproprié pourvu d'un conseil judiciaire, la citation n'est régulière qu'autant qu'elle a été donnée au conseil en même temps qu'au prodigue.

Cass. 17 avril 1866. D. 66, 5, 195. *Quesnot c. ville de Paris.* M. Mercier, rapp.

40. La nullité ne saurait être couverte par la comparution du conseil se présentant seul devant le jury, en l'absence du prodigue.

Même arrêt.

40 bis. Est nulle l'assignation donnée à l'exproprié pourvu d'un conseil judiciaire, au domicile de ce conseil.

Cass. 16 août 1864. D. 64, 5, 165. *Quesnot c. ville de Paris.* M. Renouard, rapp.

41. La convocation de l'expro-

prié doit être faite au domicile, par lui élu, s'il a fait élection d'un domicile.

42. S'il n'y a pas eu élection de domicile, la convocation doit être faite dans les formes indiquées au second paragraphe de l'article 15, c'est-à-dire, par citation remise en même temps au maire et au fermier, locataire, gardien ou régisseur de la propriété.

Cass. 25 mai 1846. D. 46, 1, 211; P. 46, 2, 438. *Henry c. préfet du Gard.* M. Renouard, rapp.

43. La citation, par copie remise simplement au maire, mais non au représentant de l'exproprié ne serait pas valable.

Même arrêt.

44. Le maire est considéré comme empêché lorsque la citation a été remise à un adjoint ou à un conseiller municipal, sans qu'il soit nécessaire de constater, par une mention spéciale, l'empêchement du maire.

Cass. rej. 18 mai 1863. D. 63, 1, 320; S. 63, 1, 548; P. 64, 397. *Cne de Courbevoie c. préfet de la Seine.* M. Delapalme, rapp.

45. Il n'y a pas lieu de tenir compte du délai des distances pour la citation donnée conformément à l'article 15, c'est-à-dire, ou au domicile élu dans l'arrondissement, ou au représentant de l'exproprié.

Cass. rej. 3 mai 1848. D. 48, 1, 336; S. 48, 1, 504; P. 48, 1, 664. *De Taintegnies c. préfet du Pas-de-Calais.* M. Renouard, rapp.

46. Si la citation des parties intéressées est faite par le sous-préfet, alors que l'expropriation est poursuivie dans l'intérêt de la commune, le maire de cette commune doit, à peine de nullité, comme partie intéressée, être cité à comparaître devant le jury.

Cass. 30 nov. 1857. D. 58, 1, 82; P. 58, 526. *Cne de Bellenaves c. Mancel.* M. Renouard, rapp.
— 17 déc. 1867. D. 68, 1, 15; S. 67, 1, 453; P. 67, 1197. *Cne de Salles c. Tymbeau.* M. Le Roux de Bretagne, rapp.

47. La décision intervenue relativement à l'indemnité d'une partie non citée est entachée de nullité.

Cass. 18 juill. 1876. S. 76, 1, 432; P. 76, 1090. *Dupont c. ville de Paris.* M. Gastambide, rapp.

48. La comparution de la partie devant le jury la rend non recevable à exciper d'un défaut de convocation ou des vices de cette convocation.

— Jurisprudence constante dont il suffit de citer les derniers arrêts :
Cass. rej. 1er juill. 1867. D. 67, 1, 253. *Duveyrier c. chemin de fer de Lyon.* M. Quénault, rapp.
— 7 août 1867. D. 67, 1, 494. *Coré c. cne de Clamecy.* M. Laborie, rapp.
— 27 janv. 1869. D. 69, 1, 245; S. 69, 1, 385; P. 69, 946. *Andrac c. chemin de fer de Lyon.* M. Pont, rapp.
— 22 déc. 1875. D. 76, 5, 233; S. 76, 1, 175; P. 76, 404. *Pallix c. chemin de fer de Vitré.* M. Gastambide, rapp.
— 12 mai 1880. S. 80, 1, 471; D. 81, 1, 260; P. 80, 1171. *Jacquier c. cne de Lyon.* M. Sallé, rapp.
— 29 janv. 1884. *Méranda c. chemin de fer de l'Est.* M. Michaux-Bellaire, rapp.

49. L'article 31 veut que la convocation qu'il prescrit ait lieu au moins huit jours avant celui indiqué pour la réunion du jury. La décision qui intervient est nulle si la convocation a eu lieu moins de huit jours avant cette réunion.

Cass. 29 juin 1846. *Bull. civ.*, 46, p. 229. *Duhallay-Coetquen c. cne de Retiers.* M. Renouard, rapp.

49 bis. Lorsque l'expropriant n'est pas représenté par le préfet et le sous-préfet qui convoque, par exemple, lorsque l'expropriation est poursuivie par une commune, il doit être convoqué, comme l'exproprié, au moins huit jours à l'avance, avec indication du lieu et du jour de la réunion du jury.

Cass. 28 nov. 1857. D. 58, 1, 82. *Cne de Bellenaves c. Mancel.* M. Renouard, rapp.

50. Les huit jours exigés par l'article 31, doivent être pleins, sous peine de nullité de la décision.

Cass. 14 déc. 1869. D. 70, 1, 80; S. 70, 1, 83; P. 70, 170. *Nolleau c. ville de Malesherbes.* M Mercier, rapp.
Sic : Delalleau et Jousselin, t. I, no 489. — De Peyronny et Delamarre. no 370. — Daffry de la Monnoye, t. I, p. 383.
Contrà : Cass. 27 août 1862. D. 66, 5, 207. *Pitrat c. l'Etat.* M. Delapalme, rapp.

50 bis. A moins que les jurés, bien que convoqués tardivement se soient trouvés présents, le jour fixé pour la réunion;

Daffry de la Monnoye, *loco citato.*

51. Ou que les parties, ayant comparu, n'aient pas élevé l'exception et aient, sans protestation, débattu au fond.

Cass. 13 janv. 1840. D. 40, 1, 91; S. 40, 1, 159; P. 40, 1, 54. *Bayard de la Vingtrie c. Fabvier.* M. Quéquet, rapp.
— 5 déc. 1865. *Bull. civ.*, 65, p. 287. *Ardouin et Cie c. de Flers.* M. Pont, rapp.
Arrêts précités des 22 août 1853 et 27 janv. 1869.

52. La convocation tardive des jurés n'est une cause de nullité qu'autant qu'elle a eu pour conséquence de les empêcher de se présenter au jour indiqué. S'ils sont tous présents ou ont fait parvenir des excuses jugées valables par le magistrat-directeur, les parties intéressées qui auraient elles-mêmes été convoquées en temps utile, ne sauraient être admises à se prévaloir des irrégularités commises dans la convocation des jurés.

Cass. rej. 27 mars 1843. D. 43, 1, 189 ; S. 43, 1, 439 ; P. 43, 1, 635. *Thinières c. préfet du Lot.* M. Bryon, rapp.
— 7 janv. 1874. D. 74, 1, 215 ; S. 74, 1, 88 ; P. 74, 171. *Cne de la Selle c. Grillot.* M. Aucher, rapp.

53. L'article 31 prescrit d'indiquer dans la convocation des jurés et des parties *le lieu* de la réunion.

54. Ce lieu ne saurait être changé à volonté par le jury qui, par exemple, après un transport sur les lieux, ne peut procéder et délibérer dans la salle de la mairie de la commune où sont situés les immeubles, ou dans un des immeubles même, quand il avait annoncé devoir, le lendemain du transport, reprendre séance au lieu de réunion indiqué dans la convocation.

Cass. 9 avril 1862. D. 62, 1, 379 ; S. 62, 1, 395 ; P. 63, 390. *Préfet des Bouches-du-Rhône c. Brémond.* M. Lavielle, rapp.
— 20 août 1856. D. 56, 1, 332 ; S. 57, 1, 142 ; P. 57, 869. *Chemin de fer de Lyon c. Guitton.* M. Alcock, rapp.

55. La décision du jury rendue dans une maison d'école non désignée comme le lieu où devait siéger le jury est nulle, lorsque rien ne constate qu'un endroit nouveau eût été indiqué aux parties comme lieu de la discussion et du prononcé de la décision.

Cass. 1er fév. 1882. S. 82, 1, 381 ; P. 82, 950. *Pons c. préfet des Hautes-Alpes.* M. Blondel, rapp.

56. Et cela, alors même que le procès-verbal indiquerait que la séance tenue dans la maison d'école a été publique.

Même arrêt.

57. S'il y a utilité à changer le lieu de la réunion, ce changement est possible à condition qu'il soit indiqué et ordonné en audience publique.

Cass. rej. 13 janv. 1840. D. 40, 1, 91 ; S. 40, 1, 159 ; P. 40, 1, 54. *Bayard de la Vingtrie c. Fabvier.* M. Quéquet, rapp.
— 19 déc. 1871. D. 73, 1, 71 ; S. 72, 1, 139 ; P. 72, 311. *Ville d'Annonay c. Frachon.* M. Casenave, rapp.
— 5 mars 1877. D. 77, 1, 469 ; S. 77, 1, 278 ; P. 77, 687. *Bonnet c. chemin de fer de Lyon.* M. Salmon, rapp.

58. L'article 31 veut encore que l'acte de convocation indique *le jour* de la réunion du jury.

59. Une erreur de date qui ne permettrait pas aux parties ou aux jurés de connaître d'une façon certaine le jour de la réunion entraînerait nullité des opérations.

Cass. 23 juin 1840. D. 40, 1, 239 ; S. 40, 1, 705 ; P. 40, 2, 470. *Lacoste de Lisle c. préfet de Tarn-et-Garonne.* M. Bérenger, rapp.
— 29 juin 1846. *Bull. civ.*, 46, p. 229. *Duhallay-Coetquen c. cne de Retiers.* M. Renouard, rapp.

60. De même, lorsque, dans une session comportant un certain nombre d'affaires, un jour d'audience a été indiqué pour une affaire déterminée ; si, n'attendant pas la date fixée le magistrat-directeur a constitué le jury la veille du jour convenu et reçu le serment des jurés, sans avertissement donné aux parties et en leur absence, il y a nullité des opérations ainsi faites.

Cass. rej. 7 mars 1855. D. 55, 1, 122 ; S. 55, 1, 455 ; P. 55, 1, 414. *Chemin de fer de Lyon c. Dulac.* M. Gillon, rapp.

61. Mais cette nullité est couverte par la comparution et le silence des parties.

Même arrêt.

§ 4. —*Notification aux expropriés des noms des jurés.*

62. L'article 31 exige, en outre, que les noms des jurés soient notifiés aux parties.

63. Est nulle l'assignation donnée à l'exproprié devant le jury, si elle ne contient pas la désignation des jurés.

Cass. 14 août 1867. D. 67, 1, 316; S. 67, 1, 453; P. 67, 1198. *Guffroy-Meunier c. ville de Lille.* M. Mercier, rapp.

64. Par suite, la décision du jury rendue sur une pareille assignation est elle-même viciée de nullité, sans que le silence des parties et l'absence de protestation de leur part leur enlève le droit d'en poursuivre la cassation.

Même arrêt.

65. Et alors même que l'exproprié cité par erreur à comparaître devant le jury chargé, par un premier jugement, de statuer sur un certain nombre d'expropriations auxquelles il était étranger, avait reçu notification d'une liste de jurés demeurée identiquement la même dans le second jugement qui le concernait.

Même arrêt.

66. L'erreur dans la désignation du nom d'un juré n'entraîne pas la nullité de la décision du jury, s'il n'existait aucun doute sur l'identité de ce juré et si, dès lors, aucune atteinte n'a été portée à l'exercice du droit de récusation.

Cass. 26 mai 1846. D. 46, 1, 208; S. 46, 1, 580; P. 46, 2, 275. *Lacoste de Lisle c. l'Etat.* M. Renouard, rapp.
— 16 janv. 1888. *Bull. civ.,* 88, p. 22. *De Noblet c. c^ne de la Clayette.* M. Manau, rapp.

67. L'omission des prénoms de certains jurés et la qualification de père, donnée à l'un d'eux alors qu'il n'a pas d'enfants, ne sont pas de nature, en dehors de toute autre indication, à pouvoir induire en erreur sur l'identité des jurés.

Cass. 28 mars 1881. S. 81. 1, 227; P. 81, 538. *Meilheurat c. c^ne de Montmarault.* M. Rohault de Fleury, rapp.

68. La partie ne peut être admise à se plaindre de l'insuffisance de désignation des jurés lorsqu'il est constaté que cette désignation est conforme aux indications du jugement par lequel les jurés appelés à siéger dans la cause ont été choisis, conformément à la loi, sur la liste dressée par le conseil général du département, et que d'ailleurs aucune réclamation n'a été élevée à l'encontre des jurés qu'on prétendait insuffisamment désignés.

Cass. rej. 10 avril 1866. D. 66, 5, 205. *Fontaine c. préfet de la Haute-Savoie.* M. Fauconneau-Dufresne, rapp.
— 12 mai 1880. D. 81, 1, 260; S. 80, 1, 471; P. 80, 1171. *Jacquier c. c^ne de Lyon.* M. Sallé, rapp.
— 23 mars 1881. S. 81, 1, 227; P. 81, 538. *Meilheurat c. c^ne de Montmarault.* M. Rohault de Fleury, rapp.
— 26 avril 1881. S. 81, 1, 273; P. 81, 647. *Gellerat c. c^ne de Cluis.* M. de Lagrévol, rapp.

69. S'il y a des incertitudes possibles sur l'identité de certains jurés résultant d'une désignation insuffisante, le demandeur doit soumettre la difficulté au magistrat-directeur par des conclusions formelles et non se borner à demander acte de cette prétendue irrégularité et de ses réserves de s'en prévaloir ultérieurement ; il ne peut, pour la première fois, devant la Cour de cassation, soulever un moyen mêlé de fait et de droit.

Arrêt du 26 avril 1881.

70. Et le magistrat-directeur n'est pas tenu de trancher une difficulté ou de motiver sa décision alors qu'il n'est pas saisi par des conclusions formelles, mais qu'il a été fait de simples réserves dont il n'a eu qu'à donner acte.

Même arrêt.

71. La désignation inexacte d'un juré dans la notification de la liste à l'exproprié n'est pas une cause de nullité si, avant la constitution du jury de jugement, le nom de ce juré a été rayé de la liste par ordonnance du magistrat-directeur, comme excusé.

Cass. rej. 11 déc. 1876. D. 78, 1, 72 ; S. 79, 1, 39 ; P. 79, 62. *Dubost c. préfet de l'Ain.* M. Sallé, rapp.

72. La mention, dans l'exploit de convocation, que l'arrêt ou le jugement qui a désigné les jurés a été joint et laissé en copie, établit suffisamment que le vœu de la loi, relativement aux noms des jurés, a été rempli.

Cass. rej. 29 mars 1853. D. 53, 1, 103. *Veuve Roy c. préfet de la Seine.* M. Gillon, rapp.
— 19 déc. 1871, D. 73, 1, 71 ; S. 72, 1, 139 ; P. 72, 311. *Ville d'Annonay c. Frachon.* M. Casenave, rapp.

73. Il n'y a pas cause de nullité, si le nom d'un juré décédé depuis la formation de la liste ou la désignation a été omis.

Cass. rej. 19 mars 1849. D. 50. 5, 219 ; S. 49, 1, 371 ; P. 49, 2, 232. *Leveau c. ville de Saint-Denis.* M. Renouard, rapp.

— 3 fév. 1880. D. 82, 1, 268 ; S. 82, 1, 479 ; P. 82, 1186. *Capdeville c. cⁿᵉ de Castelnau.* M. Sallé, rapp.

74. Le vœu de la loi, quant à la notification des noms des jurés est rempli, quelle que soit la forme adoptée, s'il est constant que les noms des jurés, avec les indications de nature à fixer sur l'identité des personnes, ont été portés à la connaissance des parties.

Cass. rej. 8 août 1853. D. 53, 1, 233 ; S. 53, 1, 773 ; P. 54, 1, 573. *Bourdely c. ville de Paris.* M. Renouard, rapp.
— 18 fév. 1863. D. 63, 1, 253. *Francain.* M. Lavielle, rapp.
— 8 juill. 1863. D. 63, 1, 253 ; S. 63, 1, 400 ; P. 63, 1104. *Malice c. Petit.* M. Moreau de la Meurthe, rapp.

75. Ainsi, il n'est pas nécessaire que l'arrêt ou le jugement de désignation soit intégralement notifié.

Mêmes arrêts.

76. La mention du jugement qui a désigné le magistrat-directeur dans l'acte qui convoque les parties devant le jury n'est pas prescrite à peine de nullité.

Cass. 26 avril 1881. S. 81, 1, 273 ; P. 81, 647. *Jallerat c. cⁿᵉ de Cluis.* M. de Lagrévol, rapp.

77. Si l'exproprié a, lui-même, dispensé l'administration de la convocation devant le jury, il est censé, par suite, avoir connu le lieu, le jour, l'heure de la réunion et les noms des jurés.

Cass. rej. 26 nov. 1860. D. 60, 1. 484 ; S. 61, 1, 382 ; P. 61, 846. *Prat-Salles c. ville de Lyon.* M. Delapalme, rapp.

78. Le jury, après avoir ouvert ses opérations au jour indiqué dans la convocation, peut en remettre la suite à un autre jour par décision publiquement prise et rendue exécutoire par le magistrat-directeur, sans qu'il y ait lieu de donner une nouvelle convocation.

Cass. rej, 5 août 1844. D. 44, 1 368 ; P. 44, 2, 162. *Préfet d'Ille-et-Vilaine c. Leclerc.* M. Renouard, rapp.

79. Lorsque l'exproprié, conformément à l'article 55, poursuit lui-même l'expropriation, il est tenu de remplir, à peine de nullité, l'obligation imposée à l'expropriant de notifier la liste du jury.

Cass. 25 juill. 1883. *Préfet de l'Hérault c. Meinadier.* M. Monod, rapp.

ARTICLE XXXII

Tout juré qui, sans motifs légitimes, manque à l'une des séances ou refuse de prendre part à la délibération, encourt une amende de 100 francs au moins et de 300 francs au plus.

L'amende est prononcée par le magistrat-directeur du jury.

Il statue en dernier ressort sur l'opposition qui serait formée par le juré condamné.

Il prononce également sur les causes d'empêchement que les jurés proposent, ainsi que sur les exclusions et les incompatibilités dont les causes ne seraient survenues ou n'auraient été connues que postérieurement à la désignation faite en vertu de l'article 30 (1).

1. Rien n'autorise le magistrat-directeur à statuer sur les nullités proposées par les parties contre les actes de la procédure antérieurs à la réunion du jury et relatifs à la convocation des parties ; tout débat portant sur ces nullités constitue un litige exclusivement réservé à la Cour de cassation.

Cass. rej. 9 janv. 1883. S. 83, 1, 277; P. 83, 655. *Bull. civ.*, 83, p. 10. *Chemin de fer du Midi c. Lissardy.* M. de Lagrevol, rapp.

2. Par suite c'est à bon droit que le magistrat-directeur se déclare incompétent pour statuer sur ces difficultés, et qu'il ordonne qu'il sera passé outre aux débats, en se bornant à donner acte des conclusions prises.

Même arrêt.

2 bis. Mais l'article 32 donne tous pouvoirs au magistrat-directeur pour prononcer sur les causes d'empêchement, d'exclusion ou d'incompatibilité qui ne sont survenues ou n'ont été connues que postérieurement à la désignation faite en conformité de l'article 30 de la loi du 3 mai 1841 ; le magistrat-directeur doit exercer ce pouvoir de façon qu'après l'élimination des noms

(1) *Loi du 7 juillet 1833,* article 32 : Texte identique.

des jurés susceptibles d'être rayés de la liste par suite de récusation motivée, le droit d'exercer deux récusations péremptoires soit entier au moment où se forme la liste définitive; si la cause d'exclusion ou d'incompatibilité n'est connue qu'après la formation de la liste du jury de jugement, mais avant que le jury ait commencé ses opérations, le magistrat-directeur doit statuer sur cette cause d'exclusion, et, s'il la reconnaît admissible et fondée, annuler la liste précédemment dressée et ordonner qu'il sera procédé à une nouvelle désignation des jurés, lors de laquelle les parties pourront récuser péremptoirement deux jurés chacune.

Cass. 11 juill. 1883. *Bull. civ.*, 83, p. 310. *Pellarin c. c^{ne} d'Annemasse.* M. Greffier, rapp.

3. L'article 32 n'étant pas mentionné dans l'article 42 comme étant de ceux dont la violation peut donner ouverture à cassation, les excuses présentées par les jurés, les causes d'exclusion ou d'incompatibilité sont *souverainement appréciées par le magistrat-directeur.*

Cass. rej. 2 janv. 1855. D. 55, 1, 14; S. 55, 1, 64; P. 55, 1, 39. *Feuillâtre c. préfet de la Seine.* M. Glandaz, rapp.
— 14 avril 1858. D. 58, 1, 322. *Rondel c. préfet de la Seine.* M. Lavielle, rapp.
— 21 juill. 1858. D. 58, 1, 326; S. 59, 1, 56. *Antérieu c. Lazard.* M. Lavielle, rapp.
— 18 déc. 1861. D. 62, 1, 376; S. 62, 1, 1006; P. 63, 415 et 416. *Boude et autres c. préfet des Bouches-du-Rhône.* M. Sévin, rapp.
— 30 mars 1863. D. 63, 1, 134; S. 63, 1, 318; P. 63, 888. *Nicolas c. ville de Saint-Étienne.* M. Delapalme, rapp.
— 12 avril 1870. D. 70, 1, 390. *Dalbis de Gissac c. chemin de fer du Midi.* M. Gastambide, rapp.
— 11 mars 1878. D. 78, 1, 435; S. 78,

1, 180; P. 78, 429. *Préfet de l'Aveyron c. Vidal.* M. Massé, rapp.
— 14 fév. 1883. S. 83, 1, 478; P. 83, 1185.
— 6 fév. 1884. *Sourson c. préfet du Lot.* M. Tappie, rapp.

3 bis. Le magistrat-directeur du jury, lors de la composition de la liste générale du jury, a qualité pour statuer sur les excuses présentées par un certain nombre de jurés et tendant à les faire excuser pour toute la durée de la session, alors même qu'il déclarerait se récuser dans une des affaires qui devront être soumises au jury.

Cass. 20 mai 1884. *Mines de Saint-Santin c. préfet du Cantal.* M. Greffier, rapp.

4. Il y a incompatibilité entre les fonctions de juge au tribunal de commerce et celles de membre d'expropriation d'un jury.

Cass. 20 mars 1854. D. 54, 1, 112; S. 54, 1, 688; P. 54, 383. *Intérêt de la loi.* M. Renouard, rapp.

5. Il n'en est pas de même, en ce qui concerne les juges *suppléants* des tribunaux civils.

— Cass. rej. 6 déc. 1854. D. 54, 5, 351; S. 55, 1, 221; P. 54, 2, 556. *Chemin de fer de Graissesac c. Bonnet.* M. Gillon, rapp.

6. Ni en ce qui concerne les juges suppléants des tribunaux de commerce, qui ne cessent de faire partie du jury qu'autant qu'ils ont été excusés par le magistrat-directeur.

Cass. 14 mai 1873. D. 73, 1, 192; S. 73, 1, 474; P. 73, 1190. *Ville de Nantes c. Leglas-Maurice.* M. Casenave, rapp.
— 12 août 1873. D. 73, 1, 487; S. 73, 1, 477; P. 73, 1195. *Ville de Nantes c. Baranger.* M. Aucher, rapp.

7. La décision du magistrat-directeur ne serait pas soumise au contrôle de la Cour de cassation, alors même qu'elle serait motivée sur l'incompatibilité à tort déclarée entre les fonctions de juré et celle de suppléant du tribunal de commerce.

Cass. rej. 11 août 1873. D. 73, 1, 487; S. 73, 1, 474; P. 73, 1190. *Quiquandon c. ville de Nantes.* M. Aucher, rapp.

8. L'incompatibilité existe relativement aux juges de paix qui bénéficient de l'article 5 de la loi de ventôse an VIII.

Cass. 5 fév. 1855. D. 55, 1, 59; S. 55, 1, 454; P. 56, 1, 23. *Saint-Hilaire c. préfet du Nord.* M. Renouard, rapp.

9. Mais la présence du juge de paix parmi les jurés ne vicie pas la décision si aucune réclamation n'a été élevée ni par lui ni par les parties.

Même arrêt.

10. Le magistrat-directeur peut, dans une expropriation poursuivie par l'Etat, déclarer les fonctions de juré incompatibles avec celles de conducteur des ponts et chaussées au service de l'Etat.

Cass. 11 mars 1878. S. 78, 1, 180; D. 78, 1, 435; P. 78, 429. *Préfet de l'Aveyron c. Vidal.* M. Massé, rapp.

11. S'il existe entre un juré et les parties un degré de parenté prohibé, le magistrat-directeur a le droit d'exclure ce juré, alors même que le droit de récusation péremptoire a été épuisé.

Cass. rej. 20 mai 1845. D. 45, 1, 295; S. 45, 1, 415; P. 45, 1, 692. *Mannoury c. préfet de la Seine.* M. Renouard, rapp.

12. En tous cas, les parties ne sont pas recevables à se faire un moyen de cassation de l'exclusion prononcée, quand, interpellées par le magistrat-directeur, elles n'ont contesté ni la

cause ni le fait de l'exclusion.

Cass. rej. 8 avril 1863. *Bull. civ.*, 63, p. 94. *Neyron c. ville de Saint-Etienne.* M. Aylies, rapp.

13. Lorsque les parties ont établi volontairement un lien entre les différentes affaires en consentant à ce qu'elles fussent toutes jugées par le même jury, l'incompatibilité qui existe entre un des jurés et l'une des parties suffit pour que ce juré soit exclu pour le règlement de toutes les affaires.

Cass. rej. 30 mars 1863. D. 63, 1, 134; S. 63, 1, 318; P. 63, 888. *Nicolas c. ville de Saint-Etienne.* M. Delapalme, rapp.

14. La parenté entre un juré et le magistrat-directeur ne constitue point un cas d'incompatibilité qui doive entraîne l'exclusion du juré.

Cass. rej. 19 juin 1861. D. 61, 1, 285; S. 61, 1, 996; P. 62, 326. *Bertrand c. ville de Béziers.* M. Renouard, rapp.

15. La règle écrite dans l'article 1er de la loi du 21 novembre 1872 et par suite de laquelle nul ne peut remplir les fonctions de juré, s'il n'est âgé de trente ans accompli, est applicable aussi bien en matière d'expropriation pour cause d'utilité publique qu'en matière criminelle.

Cass. rej. 1er fév. 1882. S. 82, 1, 328; P. 82, 787. *Bull. civ.*, 82, p. 29. *Turin c. préfet d'Ille-et-Vilaine.* M. Bernard, rapp.

16. Par suite, le magistrat-directeur qui a connu l'incapacité d'un juré âgé de moins de trente ans, après la désignation faite en vertu de l'article 30, se conforme exactement à la loi, en déclarant, après l'appel fait du nom des jurés pour constater leur présence, que le nom du juré âgé de moins de trente ans ne ferait pas partie du jury de jugement.

Même arrêt.

17. Le magistrat-directeur, relativement aux empêchements, exclusions, incompatibilités, n'est pas tenu de motiver sa décision.

Cass. rej. 5 janv. 1847. *Ville de Paris c. Larousse.* M. Gaultier, rapp.
— 14 avril 1847. *Chabrier c. préfet des Bouches-du-Rhône.* M. Hello, rapp.

18. L'admission d'une excuse est suffisamment constatée par une référence à la décision prise dans une précédente affaire.

Cass. rej. 24 juill. 1860. D. 60, 1, 406; P. 61, 100. *Pascal c. ville de Marseille.* M. Quénault, rapp.

19. Lorsqu'un seul procès-verbal a été dressé pour une série d'affaires qui doivent être jugées par le même jury, l'excuse admise dans une première affaire vaut pour toutes les autres, sans qu'il y ait besoin de mentionner à nouveau, dans chacune d'elles, la décision prise.

Cass. rej. 22 nov. 1864. D. 66, 5, 206. *Jongla c. chemin de fer du Midi.* M. Fauconneau-Dufresne, rapp.
— 8 janv. 1872. D. 72, 5, 281; S. 72, 1, 85; P. 72, 174. *Blanchy c. chemin de fer du Midi.* M. Gastambide, rapp.

20. Quand des jurés ont été rayés par suite d'incompatibilité ou excusés pour toute la session, il n'est pas nécessaire que la mention relative à ces radiations ou à ces excuses, qui se trouve dans le procès-verbal d'une des séances, soit reproduite dans les procès-verbaux subséquents.

Cass. 28 juill. 1879. D. 80, 1, 81; S. 81, 1, 377; P. 81, 900. *Préfet de la Lozère c. Bessières.* M. Sallé, rapp.

21. Une erreur matérielle commise dans le procès-verbal, relativement à la présence d'un juré, ne vicie pas les opérations, si cette erreur peut être rectifiée par les autres énonciations du procès-verbal, sans qu'il puisse subsister de doutes.

Cass. rej. 31 déc. 1873. D. 74, 1, 213; S. 74, 1, 84; P. 74, 172. *Cne de Saint-Nazaire c. Cie des Paquebots et autres.* M. Casenave, rapp.

22. Si les parties n'ont pas proposé de cause d'exclusion, elles ne peuvent être admises à se faire un grief de celles qui pouvaient exister relativement à un ou plusieurs des jurés maintenus.

Cass. rej. 17 mars 1869. D. 69, 1, 272; S. 69, 1, 386; P. 69, 947. *Morin et Montrond c. chemin de fer de Lyon.* M. Aylies, rapp.

23. Surtout si, au moment de l'appel des jurés, les parties ont été interpellées par le magistrat-directeur et invitées à faire connaître les causes d'exclusion qui pourraient exister.

Cass. rej. 10 avril 1866. D. 66, 5, 205. *Fontaine c. préfet de la Haute-Savoie.* M. Fauconneau-Dufresne, rapp.

24. Toutefois, en dehors des causes d'exclusion proposées par les parties et malgré leur silence, le magistrat-directeur peut et doit d'office prononcer l'exclusion s'il connaît une cause d'incapacité légale.

Cass. rej. 8 fév. 1876. D. 76, 1, 145-147; S. 76, 1, 176; P. 76, 405. *L'État c. Montrochet et autres.* M. Merville, rapp.

25. Par exemple, s'il sait qu'un des jurés est âgé de moins de trente ans.

Même arrêt.

26. Les parties ne peuvent se faire un grief de ce qu'un juré, d'abord excusé, a été ensuite rétabli sur la liste, si les choses ne se sont passées ainsi que de leur consentement.

Cass. rej. 26 août 1867. *Préfet des Basses-Alpes c. Autran.* M. Glandaz, rapp.

27. Si, après les exclusions prononcées et la formation de la liste des seize jurés sur laquelle doivent s'exercer les récusations, le magistrat-directeur reconnaît une cause d'exclusion non aperçue, il peut rapporter son ordonnance de formation de la liste, exclure le juré, le remplacer et procéder à l'appel définitif sur lequel s'exerceront les récusations.

Cass. rej. 20 mars 1855. D. 55, 1, 61; S. 55, 1, 451; P. 56, 1, 556. *Montrochet c. ville de Lyon.* M. Laborie, rapp.
— 4 août 1863. *Préfet des Landes c. Decoup.* M. Sevin, rapp.

28. Il y aurait au contraire nullité, si, au moment de l'exclusion et du remplacement du juré, les récusations avaient déjà été exercées et n'avaient pu porter sur le nouveau juré.

Cass. 22 nov. 1843. D. 44, 1, 45; S. 44, 1, 246; P. 44, 1, 354. *Ducouédic c. préfet du Finistère.* M. Fabvier, rapp.
— 21 fév. 1848. D. 48, 5, 188; P. 48, 1, 607. *Préfet des Bouches-du-Rhône c. Félix.* M. Hello, rapp.
— 11 août 1869. D. 69, 1, 503; S. 69, 1, 474; P. 69, 1225. *Veuve Moulin et*

autres c. préfet du Loiret. M. Larombière, rapp.

29. Si, au moment où la cause d'exclusion s'est manifestée, les parties ont, sans protestation, exercé leur droit de récusation vis-à-vis du juré qu'elles ont elles-mêmes ainsi écarté, elles ne sauraient se faire un grief de l'exclusion de ce juré ainsi opérée.

Arrêt précité du 20 mars 1855. D. 55, 1, 61; S. 55, 1, 461; P. 56, 1, 556.

30. Le juré qui ne s'est pas présenté lors des appels sur lesquels a été constitué le jury, ne saurait, plus tard, être rétabli sur la liste de manière à ce que les opérations de constitution du jury fussent recommencées.

Cass. 26 déc. 1859. D. 59, 1, 496; P. 60, 200. *Chaudun c. cne d'Asnières,* M. Aylies, rapp.
— 28 mai 1861. D. 61, 1, 286; S. 61, 1, 997; P. 62, 731. *Anselin c. ville de Paris.* M. Gaultier, rapp.
— 3 janv. 1872. S. 72, 1, 85; P. 72, 1, 174. *Blanchy et autres c. chemin de fer du Midi.* M. Gastambide, rapp.

31. Soit que le juré absent se présente avant ou après la prestation de serment; mais lorsque le jury a été constitué.

Mêmes arrêts.

ARTICLE XXXIII

Ceux des jurés qui se trouvent rayés de la liste par suite des empêchements, exclusions ou incompatibilités prévus à l'article précédent, sont immédiatement remplacés par les jurés supplémentaires, que le magistrat-directeur appelle dans l'ordre de leur inscription.

En cas d'insuffisance, le magistrat-directeur du jury choisit, sur la liste dressée en vertu de l'article 29 les personnes nécessaires pour compléter le nombre des seize jurés (1).

§ 1. — *Remplacement par les jurés supplémentaires des jurés exclus ou excusés.*

§ 2. — *Appel, en cas d'insuffisance, de jurés complémentaires.*

§ 1. — *Remplacemet par les jurés supplémentaires des jurés exclus ou excusés.*

(1) *Loi du 7 juillet 1833,* article 33. Ceux des jurés qui se trouvent rayés de la liste par suite des empêchements, exclusions ou incompatibilités prévus à l'article précédent, sont immédiatement remplacés par les jurés supplémentaires, que le magistrat-directeur

1. Après les excuses admises ou les exclusions prononcées par le magistrat-directeur, celui-ci doit toujours constituer, avant l'appel des jurés, sur lequel s'exerceront les récusations péremptoires, une liste de seize noms formée, d'abord avec les jurés titulaires non excusés ou non exclus, ensuite avec les jurés supplémentaires, enfin, si la liste demeure incomplète, malgré l'emploi de ces deux éléments, avec des noms puisés dans la liste d'arrondissement dressée par le conseil général.

2. L'article 33 n'étant pas mentionné parmi ceux qui donnent ouverture à cassation, l'inobservation des règles qu'il prescrit ne vicie les opérations qu'autant que la façon de procéder aurait nui au droit de récusation.

Cass. rej. 17 mars 1869. D. 69, 1, 272 ; S. 69, 1, 386 ; P. 69, 947. *Morin de*

du jury appelle dans l'ordre de leur inscription.

En cas d'insuffisance, *le tribunal de l'arrondissement* choisit sur la liste dressée en vertu de l'article 29, les personnes nécessaires pour compléter le nombre des seize jurés.

Montrond c. chemin de fer de Lyon.
M. Aylies, rapp.

3. Lorsqu'il est régulièrement constaté qu'un juré n'a pas été trouvé à son domicile ni personne pour lui, que les voisins ont refusé de recevoir la copie qui lui était destinée et que cette copie a été déposée entre les mains du maire qui a visé l'original, il est valablement pourvu au remplacement de ce juré par le magistrat-directeur du jury.

Cass. rej. 30 mars 1881. S. 81, 1, 326 ; P. 81, 784. *Desouttes c. ville d'Amiens.* M. Beaudoin, rapp.

4. Les jurés supplémentaires ne peuvent être appelés qu'à défaut et à la suite des jurés titulaires ; les opérations sont viciées si des noms de jurés supplémentaires ont été intercalés parmi les noms des jurés titulaires; cette intercalation ayant pour effet de réagir sur l'exercice du droit de récusation.

Cass. 23 juill. 1856. D. 56, 1, 293. *Alcock c. chemin de fer d'Orléans.* M. Quénault, rapp.
— 20 août 1856. D. 56, 1, 330 ; S. 57, 1, 140 ; P. 58, 43. *Chemin de fer de l'Est c. cne d'Altkirch.* M. Quénault, rapp.
— 26 août 1856. D. 56, 1, 330 ; S. 57, 1, 139 ; P. 58, 43. *Maridet c. chemin de fer d'Orléans.* M. Renouard, rapp.
— 11 juill. 1859. D. 59, 1, 365 ; S. 59, 1, 938 ; P. 60, 352. *Molinié c. ville de Béziers.* M. Renouard, rapp.
— 1er déc. 1863. D. 64, 5, 156. *Deblais c. ville de Chinon.* M. Delapalme, rapp.
— 25 fév. 1874. D. 74, 1, 248 ; S. 74, 1, 222 ; P. 74, 546. *Depétré c. préfet des Hautes-Alpes.* M. Casenave, rapp.
— 14 déc. 1875. D. 76, 5, 233 ; S. 76, 1, 128 ; P. 76, 293. *Ville de Saint-Amand c. Auclair.* M. Aubry, rapp.
— 22 mai 1878. D. 78, 1, 437 ; S. 78, 1, 328 ; P. 78, 802. *Sabrier c. préfet de la Dordogne.* M. Aubry, rapp.
Delalleau et Jousselin, t. I, n° 529 et s. — De Peyronny et Delamarre, n° 389. — Daffry de la Monnoye, t. I, p. 405. — Arnaud, n° 218.

5. La nullité résultant de cette manière de procéder, étant d'ordre public, n'est pas couverte par la comparution et le silence des parties.

Mêmes arrêts.

6. Les jurés supplémentaires doivent être appelés dans l'ordre d'après lequel ils sont inscrits sur la liste de désignation.

Cass. 23 juin 1846. S. 46, 1, 575 ; P. 48, 2, 384. *Cne de Saint-Germain-des-Fossés c. Challier.* M. Renouard, rapp.

7. Toutefois, si la liste porte moins de seize noms, quinze, par exemple, par suite de l'adjonction insuffisante de jurés supplémentaires, ou si le dernier juré supplémentaire n'avait pas été appelé à son rang, les opérations resteront régulières, si, avant d'arriver au seizième juré, ou au juré à tort porté sur la liste, les récusations ont été complètement exercées par la partie qui prétend se faire un grief de la composition irrégulière du jury.

Cass. rej. 3 mai 1841. D. 41, 1, 242 ; S. 41, 1, 691 ; P. 41, 2, 334. *Chamecin c. préfet du Jura.* M. Gillon, rapp.
— 3 janv. 1844. D. 44, 1, 89 ; S. 44, 1, 154 ; P. 44, 1, 152. *Chemin de fer de Saint-Germain c. l'Etat.* M. Gillon, rapp.
— 3 janv. 1854. D. 54, 1, 315 ; S. 55, 1, 141 ; P. 55, 1, 64. *Boulard de Gatelier c. ville de Charlieu.* M. Gillon, rapp.
— 17 déc. 1856. D. 57, 1, 45 ; S. 57, 1, 380 ; P. 58, 266. *Société de la rue Impériale de Lyon c. Danquin.* M. Delapalme, rapp.

8. La partie qui n'a pas exigé que le nombre des jurés, réduit à quatorze ou quinze fût porté à seize et qui a accepté le jury ainsi composé, ne peut se faire un moyen de cassation tiré de l'irrégularité de la composition du jury, bien qu'elle n'ait exercé aucune récusation contre les quinze noms portés sur la liste.

Cass. rej. 5 août 1857. D. 57, 1, 329.
— 25 juill. 1883. D. 84, 1, 344; S. 83, 1, 478; P. 83, 1184, *Ville de Cherbourg c. manufacture de dentelles.* M. Onofrio, rapp.

9. Il y a nullité, si un juré présent a été remplacé par un juré supplémentaire sans que rien constate l'empêchement ou l'exclusion du juré titulaire.

Cass. 29 déc. 1847. D. 48, 1, 159; S. 48, 1, 297; P. 48, 1, 127. *Chemin de fer de Dieppe c. Hocquart.* M. Miller, rapp.
— 17 fév. 1851. D. 51, 1, 25; S. 51, 1, 272; P. 51, 1, 464. *Colliau-Carment c. ville de Paris.* M. Miller, rapp.
— 4 juill. 1855. D. 55, 1, 253; S. 56, 1, 177; P. 55, 2, 120. *De Talleyrand c. préfet de la Nièvre.* M. Renouard, rapp.
— 14 déc. 1875. D. 76. 5, 233; S. 76, 1. 128; P. 76, 293. *Ville de Saint-Amand c. Auclair.* M. Aubry, rapp.

10. Et cette nullité, d'ordre public, n'est pas couverte par le silence des parties.

Mêmes arrêts.

11. L'exproprié ne peut se faire un grief de ce qu'un juré, absent lors du premier appel, a été maintenu sur la liste et remplacé par un juré supplémentaire, seulement lors du second appel et alors que les récusations étaient en partie exercées, si c'est sur sa demande que les choses se sont ainsi passées.

Cass. rej. 10 mai 1875. D. 77, 1, 32; S. 75, 1, 319; P. 75, 755. *Pontico c. préfet du Gers.* M. Gastambide, rapp.

§ 2.— *Appel, en cas d'insuffisance, de jurés complémentaires.*

12. Lorsque le magistrat-directeur est amené à compléter la liste par l'adjonction de jurés pris sur la liste d'arrondissement dressée par le conseil général, il n'est astreint, pour cette opéra-

tion, à aucune condition de temps ni de forme.

Cass. rej. 18 fév. 1863. D. 63, 1, 253. *Bourdely c. ville de Paris.* M. Renouard, rapp.

13. Elle peut être faite, dans son cabinet, en dehors de toute publicité et en l'absence des parties.

Cass. rej. 16 janv. 1844. D. 44, 1, 83; S. 44, 1, 374; P. 46, 1, 670. *Berry c. préfet de la Seine.* M. Hello, rapp.
— 6 fév. 1844. D. 44, 4, 190; P. 46, 2, 547. *Ville de Paris c. l'État.* M. Hello, rapp.
— 4 mars 1844. D. 44, 1, 185; S. 44, 1, 375; P. 44, 1, 691. *Luys c. préfet de la Seine.* M. Gillon, rapp.

14. Il appartient au magistrat-directeur de prendre, pour convoquer les jurés complémentaires, le mode qu'il juge le plus convenable.

Mêmes arrêts.

15. Et il n'est pas tenu de faire connaître aux parties le nom de ce juré avant l'appel sur lequel doivent s'exercer les récusations.

Mêmes arrêts.

16. Au cas où, par suite d'insuffisance de jurés titulaires ou supplémentaires, le magistrat-directeur doit recourir à la liste dressée par le conseil général, il choisit, à son gré sur cette liste, sans être tenu de prendre les jurés dont les noms suivent ceux qui ont été choisis par le tribunal.

Cass. 14 avril 1880. S. 80, 1, 431; P. 80, 1072. *François c. Cⁱᵉ du Nord.* M. Rohault de Fleury, rapp.

16 bis. Mais, en cas d'insuffisance des jurés supplémentaires ou complémentaires, nulle personne non portée sur la liste dressée en vertu de l'article 29 ne peut être appelée pour compléter le nombre des seize jurés.

Cass. 30 juill. 1883. *Bull. civ.*, 83, p. 334. *Préfet des Basses-Pyrénées c. Détroyat.* M. Blondel, rapp.

17. Le magistrat-directeur peut convoquer un nombre de jurés complémentaires plus considérable que le nombre des jurés à remplacer, à condition de ne les appeler que dans l'ordre dans lequel il les a convoqués.

Cass. rej. 7 mai 1867. *Bull. civ..* 67, p. 147. *Boymond c. ville de Lyon.* M. Renouard, rapp.
— 14 déc. 1875. S. 76, 1, 128 ; P. 76, 293 ; D. 76, 5, 233. *Ville de Saint-Amand c. Auclair.* M. Aubry, rapp.
— 14 avril 1880. S. 80, 1, 431 ; P. 80, 1072. *François c. Cie du Nord.* M. Rohault de Fleury, rapp.

18. L'opération est régulière, alors même qu'on n'aurait pas pris soin d'éliminer d'abord de la liste les jurés complémentaires dépassant le nombre de seize, si c'est, sur ce dernier nombre, et d'après l'ordre qui devait être suivi, que se sont exercées les récusations.

Cass. rej. 21 août 1861. D. 61, 1, 399. *Wuichet c. chemin de fer de Lyon.* M. Alcock, rapp.
Arrêts précités des 14 déc. 1875 et 14 avril 1880.

19. Lorsque, par suite des excuses ou exclusions, le nombre des jurés titulaires et supplémentaires s'est trouvé inférieur à seize, l'appel des jurés complémentaires est inutile, si les parties ont expressément déclaré consentir à ce que les jurés titulaires et supplémentaires, réduits, par exemple, au nombre de quatorze, ne fussent pas complétés.

Cass. 11 avril 1866. D. 66, 5, 206 ;

S. 66, 1, 367 ; P. 66, 998. *Martin c. ville de Paris.* M. Glandaz, rapp.

20. Ainsi en est-il, notamment, quand les jurés étant réduits au nombre de douze, les parties ont déclaré n'en vouloir récuser aucun.

Même arrêt.

21. Ou, quand les jurés, étant réduits au nombre de quatorze, chacune des parties a consenti à n'exercer qu'une récusation au lieu de deux.

Cass. 26 nov. 1860. D. 60, 1, 484 ; S. 61, 1, 382 ; P. 61, 846, *Prat-Salles c. ville de Lyon.* M. Delapalme.

22. Ou si, dans ce cas, l'une d'elles a déclaré renoncer complètement à son droit de récusation.

Cass. rej. 15 mars 1869. D. 69, 1, 272 *Ardoin c. docks de Saint-Ouen et autres* M. Renouard, rapp.

23. Les opérations sont régulières si, après constitution du jury, un juré a été excusé pour cause de maladie, sans que cette excuse fasse descendre le nombre des jurés au-dessous du chiffre indiqué dans le second paragraphe de l'article 35, c'est-à-dire, au-dessous de neuf.

Arrêt précité du 11 avril 1866.

24. Si des jurés complémentaires doivent être appelés dans plusieurs affaires d'une session, il n'est pas nécessaire que ces jurés soient les mêmes dans ces différentes affaires.

Cass. rej. 1er juill. 1845. D. 45, 1, 350 ; S. 45, 1, 392 ; P. 45, 2, 92. *Préfet des Bouches-du-Rhône c. Despaus.* M. Renouard, rapp.

ARTICLE XXXIV

Le magistrat-directeur du jury est assisté, auprès du jury spécial, du greffier ou commis greffier du tribunal, qui appelle successivement les causes sur lesquelles le jury doit statuer, et tient procès-verbal des opérations.

Lors de l'appel, l'administration a le droit d'exercer deux récusations péremptoires; la partie adverse a le même droit.

Dans le cas où plusieurs intéressés figurent dans la même affaire, ils s'entendent pour l'exercice du droit de récusation, sinon le sort désigne ceux qui doivent en user.

Si le droit de récusation n'est point exercé, ou s'il ne l'est que partiellement, le magistrat-directeur du jury procède à la réduction des jurés au nombre de douze, en retranchant les derniers noms inscrits sur la liste (1).

§ 1. — *Procès-verbal des opérations.*

§ 2. — *Exercice du droit de récusation par un seul intéressé.*

§ 3. — *Exercice du droit de récusation par plusieurs intéressés figurant dans la même affaire.*

§ 4. — *Réduction des jurés au nombre de douze.*

§ 1. — *Procès-verbal des opérations.*

1. Au jour indiqué par une convocation régulière, le magistrat-directeur, assisté du greffier ou du commis greffier du tribunal, *doit* procéder à la constitution du jury et aux opérations de règlement des indemnités.

Cass. rej. 19 janv. 1852. D. 52, 1, 31; S. 52, 1, 367; P. 52, 2, 689. *Préfet de l'Hérault c. Dupin.* M. Laborie, rapp.

---

(1) *Loi du 7 juillet 1833*, art. 34 : Texte identique.

— 24 fév. 1864. D. 64, 5, 165. *C^ne de Beaumont-le-Roger c. Blot-Lecomte.* M. Delapalme, rapp.

2. L'absence des parties n'autorise pas le magistrat-directeur à surseoir au jugement.

Mêmes arrêts.

3. En cas d'empêchement du greffier et du commis greffier, ils sont remplacés par un citoyen assermenté pour la circonstance.

Cass. rej. 8 juillet 1863. D. 63, 1, 253; S. 63, 1, 400; P. 63, 1104. *Malice c. Petit.* M. Moreau de la Meurthe, rapp.
— 14 août 1866. D. 66, 5, 214; S. 67, 1, 85; P. 67, 174. *Boursin c. ville de Paris.* M. de Vaulx, rapp.
— 1er fév. 1870. D. 70, 1, 392. *Pinaud et Meyer c. préfet de la Seine.* M. Massé, rapp.
Sic : Arnaud, n° 234.

4. Procès-verbal doit être dressé de la succession des opérations qui ont été accomplies; c'est cette pièce qui fait foi de leur accomplissement.

5. Le procès-verbal doit donner exactement le détail des opérations et l'exposé des incidents qui ont pu se produire, sans qu'il doive toutefois contenir le texte même des conclusions prises par les parties.

Cass. 15 mars 1869. D. 69, 1, 272. *Ardouin c. docks de Saint-Ouen.* M. Renouard, rapp.
— 29 juin 1869. D. 69, 1, 344; S. 69, 1, 386; P. 69, 948. *Desvaux c. c^ne de Lisores.* M. Henriot, rapp.

6. L'accomplissement des formalités prescrites ne trouvant sa preuve légale que dans le procès-verbal dressé par le magistrat-directeur, il y a nullité des opérations si cette preuve fait défaut, ce qui arrive quand le procès-verbal manque d'une des conditions nécessaires pour sa régularité.

7. Ainsi en est-il, si la signa- ture du magistrat-directeur a été omise sur le procès-verbal, alors même qu'on y trouverait celle du greffier.

Cass. 31 déc. 1844. D. 45, 1, 78; S. 45, 1, 110; P. 45, 1, 311. *Mouren c. Ferre et autres.* M. Gillon, rapp.
— 27 août 1845. D. 45, 4, 263. *Grubis et Royer c. mines de Montrambert.* M. Renouard, rapp.

8. Il n'est pas nécessaire qu'un procès-verbal soit dressé pour les opérations de chaque jour; un seul et même procès-verbal peut être dressé pour toutes les affaires jugées par un même jury, le règlement de ces affaires eût-il nécessité de nombreuses audiences.

Cass. rej. 28 fév. 1859. D. 59, 1. 64; S. 59, 1, 351; P. 59, 254. *Eymery c. chemin de fer d'Orléans.* M. Delapalme, rapp.
— 23 déc. 1863. D. 64. 5, 149. *Chemin de fer d'Orléans c. Monclar.* M. Renouard, rapp.
— 1er avril 1868. D. 68, 1, 221; S. 68, 1, 309; P. 68, 784. *Deladerière c. ville de Roubaix.* M. Pont, rapp.

9. Lorsque les affaires soumises au jury ont été réunies en une seule catégorie pour être l'objet d'une instruction commune et être jugées par le même jury, il suffit qu'un seul procès-verbal soit dressé.

Cass. rej. 19 juill. 1881. D. 82, 1, 267; S. 82, 1, 134; P. 82, 286. *Tulle c. préfet du Lot.* M. Bernard, rapp.

10. Par suite, est régulier le procès-verbal unique qui a été dressé, lorsqu'il porte, avec la signature du magistrat-directeur, celle du greffier du tribunal qui l'assistait lors de la clôture des opérations.

Même arrêt.

11. Peu importerait que le procès-verbal constatât que, lors des audiences précédentes, le magistrat-directeur était assisté du commis greffier ; on ne saurait tirer de l'absence de la signature de ce commis greffier dans le procès-verbal, un moyen de nullité, la loi de 1841 n'exigeant nulle part qu'il soit dressé, lors de chaque séance, un procès-verbal spécial signé du greffier qui y aurait assisté. A supposer que la signature du commis greffier à la fin du procès-verbal, à côté de celle du greffier, constituât une manière de procéder plus régulière, l'irrégularité qui résulterait de cette omission n'est pas de celles pour lesquelles l'article 42 autorise le recours en cassation.

Même arrêt.

12. Lorsqu'un procès-verbal spécial a été rédigé pour les opérations de chacun des jurys constitués pour le règlement des affaires composant une session, et qu'un procès-verbal général a ensuite été dressé pour résumer les différentes décisions rendues, ces procès-verbaux peuvent se compléter ou se rectifier les uns les autres.

Cass. rej. 14 mars 1865. *Bull. civ.*, 65, p. 86. *Chemin de fer du Midi c. Sénat.* M. Renouard, rapp.

13. Aucune forme particulière n'est prescrite pour le procès-verbal ; il suffit qu'il reproduise exactement ce qui s'est passé avant la décision du jury et cette décision elle-même.

Cass. rej. 12 juin 1843. D. 43, 1, 314 ; S. 43, 1, 483 ; P. 43, 2, 196. *Benoist c. préfet des Bouches-du-Rhône.* M. Gillon, rapp.

14. L'emploi de procès-verbaux contenant des parties imprimées d'avance n'est pas interdit et ne saurait être une cause de nullité.

Cass. rej. 4 août 1863. *Préfet des Landes c. Decoup.* M. Sévin, rapp.
— 14 mars 1865. *Chemin de fer du Midi c. Sénat.* M. Renouard, rapp.

15. Il en serait autrement si les mentions manuscrites n'étaient pas en concordance avec les mentions imprimées et laissaient subsister quelque doute sur l'accomplissement de formalités substantielles.

Cass. 22 mai 1855. D. 55, 1, 212 ; S. 55, 1, 541 ; P. 56, 2, 32. *Chemin de fer du Nord c. de Garraube.* M. Renouard, rapp.

16. Le procès-verbal dressé par le magistrat-directeur est un acte authentique dont les constatations ne peuvent être attaquées que par l'inscription de faux.

Cass. rej. 19 janv. 1835. D. 35, 1, 113 ; S. 35, 1, 172 ; P. 35, 1278. *Cne de Charny c. Guillemineau.* M. Faure, rapp.
— 5 août 1857. D. 57, 1, 329 ; S. 61, 1, 381. *Préfet de Lot-et-Garonne c. Sabaros.* M. Renouard, rapp.
— 5 mars 1861. D. 61, 1, 181 ; S. 61, 1, 1000 ; P. 61, 1056. *De Benoist c. Lazard.* M. Gaultier, rapp.
— 2 août 1870. D. 70, 1, 407. *Aubrespy c. préfet de l'Hérault.* M. Casenave. rapp.
— 10 fév. 1879. D. 79, 1, 175 ; S. 79, 1, 429 ; P. 79, 1101. *Clappier c. chemin de fer de Lyon.* M. Onofrio, rapp.
— 11 oct. 1882. D. 84, 1, 324. *Cne de Vaucluse c. Arnoux.* M. Rohault de Fleury, rapp.
— 11 déc. 1882. D. 84, 1, 324. *Cne de Vaucluse c. Mille.* M. Rohault de Fleury, rapp.
Sic : Delalleau et Jousselin, t. I, n° 503. — De Peyronny et Delamarre, n° 307. — Dufour, n° 89. — Daffry de la Monnoye, t. I, p. 419. — Arnaud, n° 235. — Dalloz, n° 462.

17. Elles ne sauraient l'être par l'allégation de faits à prouver par témoins ou par des attestations délivrées par des jurés.

Mêmes arrêts.

18. La voie de l'inscription de faux n'est admise qu'autant qu'elle est accompagnée d'un ensemble d'indices rendant les faits allégués vraisemblables.

Cass. rej. 26 avril 1843. D. 43, 1, 266 ; S. 43, 1, 620 ; P. 43, 2, 209. *Mournau c. l'Etat.* M. Barennes, rapp.
— 7 avril 1845. D. 45, 1, 207 ; S. 45, 1, 529 ; P. 45, 1, 585 et 588. *L'Etat c. Jansoone.* M. Renouard, rapp.
— 9 août 1847. D. 51. 5, 241 ; P. 47, 2, 761. *Lessertisseux c. chemin de fer de Lyon.* M. Hello, rapp.
— 21 août 1860. D. 60, 1, 416 ; S. 61, 1, 385 ; P. 61, 842. *Sardou c. chemin de fer de Lyon.* M. Quénault, rapp.
— 5 mars 1861. D. 61, 1, 181 ; S. 61, 1, 1000 ; P. 61, 1056. *De Benoist c. Lazard.* M. Gaultier, rapp.
— 5 mars 1862. D. 62, 1, 379. *Saint-Paul c. préfet de la Haute-Garonne.* M. Renouard, rapp.
— 1er fév. 1870. D. 70, 1, 392. *Pinaud et Meyer c. préfet de la Seine.* M. Massé, rapp.
— 10 fév. 1879. D. 79, 1, 175 ; S. 79, 1, 429 ; P. 79, 1101. *Clappier c. chemin de fer de de Lyon.* M. Onofrio, rapp.

19. Des énonciations inexactes d'un procès-verbal peuvent être rectifiées par d'autres énonciations du même procès-verbal.

Cass. rej. 9 nov. 1857. D. 58, 1, 82 ; P. 58, 596. *Gérard de la Cantrie c. chemin de fer d'Orléans.* M. Delapalme, rapp.
— 11 déc. 1860. D. 61, 1, 280 ; P. 62, 38. *Vayré c. chemin de fer d'Orléans.* M. Glandaz, rapp.
— 29 janv. 1866. D. 66, 5, 203. *Renault c. chemin de fer des Deux-Charentes.* M. Renouard, rapp.
— 5 mai 1873. D. 73, 1, 244 ; S. 73, 1, 476 ; P. 73, 1193. *Maillard c. chemin de fer de Lyon.* M. Henriot, rapp.

20. Mais on ne saurait être admis à chercher et trouver des rectifications dans d'autres procès-verbaux concernant d'autres affaires.

Cass. 6 avril 1870. D. 70, 1, 368. *Bull. civ.,* 70, p. 119. *Levesque c. ville de Paris.* M. Rieff, rapp.

21. Tous les incidents qui viennent à se produire au cours des opérations et même après leur clôture et l'ordonnance d'envoi en possession doivent être relatés au procès-verbal.

Cass. rej. 26 nov. 1862. D. 63, 1, 252 ; S. 63, 1, 400 ; P. 63, 1096. *Chemin de fer de Lyon c. Bouvet.* M. Glandaz, rapp.

22. Ce qui n'enlève pas au magistrat-directeur le droit de les apprécier et de les trancher comme il le juge convenable. Ainsi, en relatant des conclusions demandant à ce qu'il fût donné acte de faits tendant à établir l'inobservation des formalités légales dans une visite de lieux, le magistrat-directeur a pu refuser de faire droit à ces conclusions par le motif que l'allégation, qui contredisait les énonciations du procès-verbal, n'était pas exacte.

Même arrêt.

23. Le procès-verbal des opérations du jury doit être dressé dans le temps le plus rapproché de la clôture des débats ; mais l'article 34 ne prescrit aucun délai déterminé dans lequel, à peine de nullité, la rédaction et la clôture du procès-verbal doivent avoir lieu.

Cass. rej. 11 mai 1881. D. 82, 1, 462 ; S. 81, 1, 381 ; P. 81, 906. *Martin c. préfet de la Meuse.* M. Greffier, rapp.

24. Les paragraphes 2 et 4 de l'article 34 étant seuls mentionnés dans l'article 42, le défaut de mentions de l'appel des causes, prescrit par le paragraphe 1er, ne donne pas ouverture à cassation.

Cass. rej. 18 nov. 1846. D. 47, 1, 77 ; P. 46, 2, 647. *De Montalembert c. préfet de la Charente.* M. Renouard, rapp.

25. Il en est de même du défaut de mention du jugement d'expropriation, lorsque l'existence de ce jugement est reconnue par toutes les parties.

Cass. rej. 2 août 1865. D. 65, 1, 258 et 260 ; S. 65, 1, 458 ; P. 65, 1194. *Ville de Paris c. Astorgue.* M. Pont, rapp.

— 16 août 1865. D. 65, 5, 177. *Ville de Paris c. Maigre.* M. Gastambide, rapp.

§ 2. — *Exercice du droit de récusation par un seul intéressé.*

26. Le droit de récusation péremptoire s'exerce sur l'appel qui est fait des jurés après que les causes d'empêchement ou d'exclusion ont été appréciées et que les jurés absents, excusés ou exclus ont été remplacés par des jurés supplémentaires.

27. Si, au moment où il va être procédé à cet appel, un juré, absent lors de l'appel général, vient à se présenter, le nom de ce juré doit être rétabli sur la liste au lieu et place du juré supplémentaire appelé pour le remplacer.

Cass. 26 avril 1853. D. 53, 1, 190 ; S. 53, 1, 720 ; P. 53, 2, 655. *Du Sordet c. chemin de fer de Lyon.* M. Laborie, rapp.

— 10 mars 1862. D. 62, 1, 303 ; S. 62, 1, 893 ; P. 63, 510. *Quennec c. préfet du Morbihan.* M. Sevin, rapp.

28. Le non-rétablissement de ce juré sur la liste constituerait une nullité d'ordre public.

Mêmes arrêts.

29. Si ce juré ne s'est présenté que le jury définitivement constitué, son arrivée tardive ne peut avoir pour effet de modifier la composition du jury.

Cass. rej. 25 fév. 1840. D. 40, 1. 145 ; S. 40, 1, 212 ; P. 40, 1, 233. *Valogne c. préfet de Seine-et-Oise.* M. Quéquet, rapp.

30. Les parties doivent être averties par le magistrat-directeur du droit qu'elles ont d'exercer des récusations et du mode d'exercice de ce droit.

31. Cet avertissement consti-

titue une formalité substantielle intéressant le droit de la défense et dont la mention doit, à peine de nullité, se trouver dans le procès-verbal.

Cass. 25 août 1858. D. 58, 1, 328 ; P. 58, 1092. *C^ne de Salaunes c. Orlion.* M. Renouard, rapp.

— 29 juin 1869. D. 69, 1. 344 ; S. 69, 1, 386 ; P. 69, 948. *Vivier-Labretonnière c. c^ne de Lisores.* M. Henriot, rapp.

— 11 août 1873. D. 74, 1, 447 ; S. 73, 1, 474 ; P. 73, 1191. *Duroulet c. c^ne de Piégut.* M. Greffier, rapp.

— 17 mars 1874. D. 74, 1, 424 ; S. 75, 1, 85 ; P. 75, 173. *Lacène c. préfet du Rhône.* M. Greffier, rapp.

— 21 mars 1877. D. 78, 1, 439 ; S. 79, 1, 824 ; P. 79, 796. *Viton de Jassaud, c. préfet du Gard.* M. Hély d'Oissel, rapp.

— 18 déc. 1882. *Bull. civ.,* 82, p. 409. *Veuve Héricourt e. c^ne de Lagny.* M. Merville, rapp.

32. La mention « qu'aucune récusation n'a été exercée » n'établit pas suffisamment que l'avertissement ait été donné.

Arrêts précités des 29 juin 1869 et 18 décembre 1882.

33. Non plus que la mention « que le droit de récusation a été exercé par une des parties ».

Arrêt précité du 17 mars 1874.

34. Toutefois aucune formule n'est obligatoire pour cet avertissement ; il suffit qu'il résulte, d'une façon non douteuse d'une des mentions ou de l'ensemble des constatations du procès-verbal que l'avertissement a été réellement donné.

Cass. rej. 18 nov. 1874. D. 75, 1, 81 ; S. 75, 1, 177 ; P. 75, 406. *Rimailho et autres c. préfet de la Seine.* M. Greffier, rapp.

— 21 mars 1877. D. 78, 1, 439 ; S. 79, 1, 824 ; P. 79, 796. *Viton de Jassaud c. préfet de la Seine.* M. Hély d'Oissel, rapp.

35. L'exproprié ne peut se faire un grief de cassation de ce que le magistrat-directeur a averti les parties de leur droit de récusation, sans distinguer entre l'expropriant et l'exproprié.

Arrêt du 21 mars 1877.

36. Le défaut d'avertissement aux parties du droit de récusation péremptoire que la loi leur accorde ne saurait constituer un grief de cassation, si celui qui l'invoque a, en fait, exercé le droit dont il se plaint d'avoir été privé.

Cass. arrêt précité du 17 mars 1874. D. 74, 1, 424; S. 75, 1, 85; P. 75, 173. — 24 déc. 1879. D. 80, 1, 165; S. 80, 1, 174; P. 80, 386. *Des Etangs c. préfet de l'Aube.* M. Merville, rapp.

37. Il en est de même, lorsqu'au moment de la formation du jury de jugement, les parties ont déclaré qu'elles acceptaient d'un commun accord le jury tel qu'il avait été constitué pour l'affaire précédente, dans laquelle l'avertissement avait été donné, et le droit de récusation exercé.

Cass. 28 juill. 1879. D. 80, 1, 81; S. 81, 1, 377; P. 81, 900. *Préfet de la Lozère c. Bessières.* M. Sallé, rapp.

38. Est régulier l'avertissement donné aux parties que leur droit de récusation devra s'exercer sur les douze premiers noms de la liste, et successivement sur ceux qui seraient appelés à remplacer les récusés.

Cass. rej. 14 août 1855. D. 55, 1, 416; S. 56, 1, 620; P. 57, 420. *Monnier et Perrin c. chemin de fer de Saint-Rambert.* M. Delapalme, rapp.

39. Les parties peuvent renoncer à l'exercice de leur droit de récusation; la constatation, dans le procès-verbal, de cette renonciation les met dans l'impossibilité d'invoquer, plus tard, la violation du second paragraphe de l'article 34.

Cass. rej. 22 août 1876. *Cne de Montcel c. Mailland.* M. Hély d'Oissel, rapp. — 25 juill. 1883. S. 83, 1, 478; P. 83, 1184. *Ville de Cherbourg c. Manufacture de dentelles.* M. Onofrio, rapp.

39 bis. Il en est ainsi, notamment, lorsque le nombre des jurés titulaires s'étant trouvé réduit à quatorze par l'excuse de deux jurés, les parties dûment averties par le magistrat-directeur de leur droit de récusation, n'ont point exigé que, selon le mode tracé par l'article 33 de la loi de 1841, la liste des titulaires fût portée à seize par l'adjudication immédiate de deux des jurés supplémentaires présents à l'audience.

Arrêt du 25 juill. 1883.

40. L'opération est régulière, si, l'appel ayant été commencé, en vue d'exercice du droit de récusation, il a été recommencé du consentement de toutes les parties.

Cass. rej. 17 janv. 1866. D. 66, 5, 206. *Gaget c. cne de Bourgoin.* M. Quénault, rapp.

41. Est nulle la décision du jury lorsqu'il résulte des constatations du procès-verbal qu'un juré récusé y a pris part.

Cass. 18 fév. 1851. D. 51, 1, 25; S. 51, 1, 272; P. 51, 1, 464. *Colliau-Carwent c. ville de Paris.* M. Miller, rapp.

42. Et cette nullité peut être invoquée par toutes les parties; même par celle qui n'avait pas récusé le juré.

Même arrêt.

43. Il y a également nullité si une récusation a été exercée par une personne qui n'était pas partie.

Cass. 2 fév. 1764. *Bull. civ.,* 64, p. 88. *Dety c. ville de Marseille.* M. Delapalme, rapp.

44. Il y a violation du paragraphe 2 de l'article 34 quand, par le maintien dans le jury, de personnes, à l'égard desquelles avaient été proposés des motifs légitimes d'exclusion, il a été porté atteinte au droit de récusation.

Cass. 11 juill. 1859. D. 60, 1, 412; S. 61, 1, 380; P. 61, 710. *Bertrand c. ville de Béziers*. M. Renouard, rapp.

45. Ou quand les parties ont pu être trompées sur l'indentité de certains jurés par de fausses désignations.

Cass. 22 août 1853. D. 53, 1, 332; S. 53, 1, 636; P. 54, 1, 574. *Monthus c. cne de Lavardac*. M. Renonard, rapp.
— 7 avril 1858. D. 58, 1, 156; P. 59, 764. *Salomon c. chemin de fer de Lyon*. M. Lavielle, rapp.

46. Ou quand un juré a été irrégulièrement remplacé par un autre juré.

Voir art. 33.

47. Ou, encore, quand plusieurs affaires distinctes ont indûment été réunies en une seule.

Cass. 7 juin 1853. D. 53, 1, 285; S. 54, 1, 63; P. 54, 2, 411. *Forcheron c. ville de Lyon*. M. Gillon, rapp.
— 23 août 1854. D. 54, 1, 319; S. 55, 1, 143; P. 55, 1, 126. *Jacomet et Navet c. préfet de la Seine*. M. Renouard, rapp.

47 bis. Le magistrat-directeur doit statuer sur les causes d'exclusion ou d'incompatibilité des jurés qui lui sont révélées après la formation de la liste du jury de jugement et exercer ce pouvoir de façon qu'après l'élimination des noms des jurés susceptibles d'être rayés de la liste par suite de récusation motivée, le droit des parties d'exercer deux récusations péremptoires soit entier au moment où se forme la liste définitive.

Cass. 11 juill. 1883. D. 84, 1, 360.

Dejacques c. cne d'Annemasse. M. Greffier, rapp.

47 ter. Si la cause d'exclusion ou d'incompatibilité, connue seulement après la formation du jury de jugement, mais avant que le jury ait commencé ses opérations, paraît fondée le magistrat-directeur doit annuler la liste précédemment dressée et ordonner qu'il sera procédé à une nouvelle désignation des jurés lors de laquelle les parties pourront récuser péremptoirement chacune deux jurés.

Le refus par le magistrat-directeur de faire usage de ses pouvoirs, porte atteinte au droit de récusation et, par suite, entraîne la nullité de la décision du jury.

Même arrêt.

48. Lorsque plusieurs intéressés figurent dans une *même affaire*, le paragraphe 3 de l'article 34 détermine le mode d'après lequel s'exercent les récusations.

49. Pour qu'il y ait une même affaire, il faut que les demandes d'indemnité portent, à un titre quelconque, sur le même immeuble.

Delalleau et Jousselin, t. I, p. 503. — Daffry de la Monnoye, t. I, p. 428.

50. Dès l'instant qu'il s'agit d'immeubles différents, les propriétaires de ces immeubles ont droit à un jury distinct qui, sur leur demande, doit, à peine de nullité, être constitué.

Cass. arrêts précités des 23 août 1854. D. 54, 1, 319; S. 55, 1, 143; P. 55, 1, 126.
— 27 juin 1853. D. 53, 1, 285; S. 54, 1, 63; P. 54, 2, 411.

51. Il importe peu que l'expropriation de ces immeubles ait été comprise dans une même instance administrative.

Cass. arrêt précité du 7 juin 1853.
D. 53. 1, 285; S. 54, 1, 63; P. 54, 2,
411.

52. Si la partie à laquelle le
jury distinct, réclamé par elle, a
été refusé, ne conclut devant le
jury qui lui a été imposé que sous
réserves, elle conserve le droit de
demander la nullité de la décision
intervenue.

Même arrêt.

53. La réunion de plusieurs
affaires distinctes est possible si
toutes les parties intéressées y
consentent.

Cass. 14 avril 1880. S. 81, 1, 431;
P. 80, 1072. *François c. chemin de fer
du Nord.* M. Rohault de Fleury, rapp.
Et les numéros *infrà*.

54. La preuve de ce consentement doit résulter des mentions
expresses ou implicites du procès-
verbal.

Cass. rej. 3 mai 1841. D. 41, 1, 242;
S. 41, 1, 691; P. 41, 2, 334. *Chamecin
c. préfet du Jura.* M. Gillon, rapp.
— 17 août 1847. S. 48, 1, 318; P. 48,
1, 696. *Pestiaux c. chemin de Montereau.*
M. Renouard, rapp.
— 23 août 1854. D. 54, 1, 319; S. 55,
1, 143; P. 55, 1, 126. *Jacomet et Navet c.
préfet de la Seine.* M. Renouard, rapp.
— 24 avril 1855. D. 55, 1, 132; S.
55, 1, 607; P. 55, 1, 599. *Falcout c.
Cie de la rue Impériale à Lyon.* M. Delapalme, rapp.
— 25 mai 1859. D. 59, 1, 207; P. 60,
1214. *Cartier c. chemin de fer du Nord.*
M. Renouard, rapp.
— 19 juin 1861. D. 61, 1, 286; S. 62,
1, 894; P. 62, 715. *Bompied c. chemin
de fer d'Orléans.* M. Delapalme, rapp.
— 16 avril 1862. D. 62, 1, 381. *Cne
de Saint-Galmier c. Puvel.* M. Renouard,
rapp.
— 2 juill. 1872. D. 72, 5, 232. *Accary c. ville de Paris.* M. Hély d'Oissel,
rapp.
— 28 août 1876. D. 77, 1, 23; S. 77,
1, 224; P. 77, 549. *Chemin de fer d'Orléans c. Crédit agricole.* M. Merville,
rapp.
— 10 fév. 1879. D. 79, 1, 175; S. 79,
1, 429; P. 79, 1501. *Clappier c. chemin
de fer de Lyon.* M. Onofrio, rapp.

— 6 août 1883. *Gasnier c. ville de
Saint-Denis.* M. Manau, rapp.

55. Le consentement à la jonction est suffisamment établi
quand le procès-verbal constate
qu'après avoir fait procéder à
l'appel des parties, et avant de
passer à la formation du jury, le
magistrat-directeur avait fait remarquer que les parties, en s'en-
tendant entre elles, avaient le
droit d'exercer deux récusations,
et que le même droit appartenait
à la partie expropriante ; que, de
de plus, une fois le jury constitué,
les diverses affaires ayant été successivement appelées, la compagnie demanderesse, aussi bien que
les expropriés avaient fait, à chaque appel de cause, l'exposé de
leurs prétentions sans réclamer
ni faire aucune réserve contre la
formation du jury.

Arrêt du 28 août 1876.

56. Le procès-verbal qui constate que, lors de l'appel d'une
affaire, l'exproprié qu'elle concerne
ne s'est pas présenté ni personne
pour lui, bien qu'il eût été régulièrement cité et qui ne constate
pas la présence de cet exproprié
au moment de la constitution du
jury unique, n'établit pas, par
suite, le consentement à la constitution de ce jury.

Arrêt précité du 6 août 1883.

57. Lorsqu'il est constaté au
procès-verbal des opérations que
toutes les parties ont consenti à
la jonction des affaires, il n'y a
pas à tenir compte de la prétendue protestation de l'une d'elles,
s'il n'est pas établi qu'elle ait été
produite avant le jugement des
affaires.

Cass. 19 juill. 1881. S. 81, 1, 429;
D. 82, 1, 267; P. 82, 286. *Malartre c.*

préfet de la Loire. M. Sallé, rapp.

58. La partie absente et non représentée au moment de la jonction est censée l'avoir acceptée si elle débat devant le jury sans protestation ni réserve.

Cass. rej. 20 mai 1845. D. 45, 1, 295; S. 45, 1, 415; P. 45, 1. 692. *Maunoury c. préfet de la Seine.* M. Renouard, rapp.
— 25 mai 1859. D. 59, 1, 207; P. 60, 1214. *Cartier c. chemin de fer du Nord.* M. Renouard, rapp.

59. On peut encore, si les parties y consentent, diviser les affaires en plusieurs catégories et constituer un jury spécial pour chacune de ces catégories.

Cass. rej. 5 janv. 1847. S. 47, 835. *Ville de Paris c. Gaubert.* M. Gaultier, rapp.
— 24 déc. 1851. D. 51, 5, 246. *Molaix c. préfet de la Seine.* M. Renouard, rapp.
— 2 janv. 1855. D. 55, 1, 14; S. 55, 1, 64; P. 55, 1, 39. *Feuillâtre c. préfet de la Seine.* M. Glandaz, rapp.
— 15 mai 1855. D. 55, 1, 204; P. 57, 1, 829. *Detroya c. Cie de la rue Impériale à Lyon.* M. Gillon, rapp.

60. Le consentement des parties à cette division doit toujours résulter des termes du procès-verbal.

Mêmes arrêts.

61. Si ce consentement a été donné lors de l'appel général des causes, le magistrat-directeur n'est pas tenu de procéder à un nouvel appel des parties, lors de la constitution du jury de chaque catégorie.

Cass. rej. 14 avril 1858. D. 58, 1, 322. *Rondel c. préfet de la Seine.* M. Lavielle, rapp.

62. Les jurys spéciaux peuvent être formés pour les différentes affaires ou catégories d'affaires dès l'ouverture de la session ;

Cass. rej. 24 déc. 1851. D. 51, 5, 246;

S. 52, 1, 670; P. 52, 1, 71. *Molaix c. préfet de la Seine.* M. Renouard, rapp.
— 3 août 1859. D. 60, 1, 414. *Préfet de la Seine c. Reynaud.* M. Quénault, rapp.

63. Ou au moment de l'appel de chaque affaire ou de catégorie d'affaires.

Cass. rej. 1er juill. 1845. D. 45, 1, 350; S. 45, 1, 492; P. 45, 2, 92. *Préfet des Bouches-du-Rhône contre Despans.* M. Renouard, rapp.

64. Dans ce dernier cas, les affaires étant indépendantes les unes des autres, rien ne s'oppose à ce qu'un juré absent lors de la constitution du jury pour une affaire ou catégorie d'affaires, figure dans le jury constitué pour une autre.

Cass. rej. 4 juill. 1854. D. 54, 1, 310; S. 55, 1, 218; P. 54, 2, 557. *Lequin c. chemin de fer de Strasbourg.* M. Lavielle, rapp.

65. Le jury constitué, du consentement des parties, pour chaque catégorie d'affaires, est définitif et ne peut plus être modifié, bien qu'ait cessé, avant le jugement, l'empêchement par suite duquel un ou plusieurs jurés avaient été écartés de la liste.

Cass. rej. 26 juin 1866. D. 66, 5, 204. *Long c. chemin de fer de Lyon.* M. Lamy, rapp.

66. Il est régulièrement procédé si, après la constitution du jury dans la première affaire, les parties intéressées dans les affaires suivantes, déclarent, sur l'interpellation du magistrat-directeur, accepter le jury tel qu'il vient d'être constitué.

Cass. rej. 26 août 1856. D. 56, 1, 333. *Gillier et autres c. chemin de fer de Lyon.* M. Alcock, rapp.
— 11 août 1873. D. 73, 1, 487; S. 73, 1, 474; P. 73, 1190. *Quiquandon c. ville de Nantes.* M. Aucher, rapp.
— 8 juin 1874. D. 74, 1, 387; S. 75,

1, 39; P 75, 62. *Autran c. chemin de fer de Lyon.* M. Casenave, rapp.

67. Ce consentement existe pour toutes les affaires dans lesquelles, sur l'interpellation du magistrat-directeur, les parties ont déclaré n'avoir aucune récusation à exercer, ou pour toutes celles dans lesquelles les récusations ont porté sur les mêmes jurés.

Cass. rej. 23 mai 1842. D. 42, 1, 266; S. 42, 1, 571; P. 42, 2, 135. *Préfet de l'Isère c. Lebrun.* M. Gillon, rapp.

68. Les affaires réunies peuvent être simultanément instruites.

69. Une visite de lieux collective peut être ordonnée.

Cass. rej. 17 août 1847. S. 48, 1, 318; P. 48, 1, 696. *Pestiaux c. chemin de fer de Montereau.* M. Renouard, rapp.
— 2 déc. 1863. D. 64, 5, 154; S. 64, 1, 193; P. 64, 746. *Préfet du Gers c. Berger.* M. Laborie, rapp.
— 12 janv. 1864. D. 64, 5, 154; S. 64, 1, 193; P. 64, 746. *Soubiran c. préfet du Gers.* M. Laborie, rapp.

70. Et après discussion des différentes affaires, il peut être délibéré simultanément et rendu une seule décision sur ces affaires.

Cass. rej. 24 avril 1855. D. 55, 1, 132; S. 55, 1, 607; P. 55, 1, 599. *Falcout c. société de la rue Impériale à Lyon.* M. Delapalme, rapp.
— 15 mai 1855. D. 55, 1, 204; P. 57, 829. *Detroya c. Cie de la rue Impériale à Lyon.* M. Gillon, rapp.
— 6 août 1882. D. 84, 1, 335. *Bull. civ.*, 83, p. 344. *Gasnier c. ville de Saint-Denis.* M. Manau, rapp.
— 10 nov. 1884, *Gerecke, c. chemin de fer de Lyon.* M. Tappie, rapp.

71. Comme aussi, il peut être délibéré et jugé par décision séparée dans chaque affaire.

Cass. rej. 4 janv. 1860. D. 60, 1, 40; S. 60, 1, 480; P. 61, 600. *Lecointre c. ville de Poitiers.* M. Sevin, rapp.
— 13 fév. 1860. D. 60, 1, 408; P. 61, 638. *Moreau c. chemin de fer de Lyon.* M. Renouard, rapp.

— 17 déc. 1872. D. 72, 5, 228; P. 72, 1156; S. 72, 441. *Verlaguet c. chemin de fer de Lyon.* M. Casenave, rapp.

72. Au cas, où des jurys distincts ont été constitués pour différentes affaires et que ces jurys sont composés de jurés qui ne sont pas tous les mêmes, l'instruction de ces différentes affaires doit, à peine de nullité, être faite séparément.

Cass. 22 juin 1840. D. 40, 1, 281; P. 40, 2, 468. *Chemin de fer de Strasbourg c. divers.* M. Renouard, rapp.
— 2 déc. 1846. D. 47. 1, 59; S. 47, 1, 281; P. 46, 2, 751. *Lehir c. préfet du Finistère.* M. Renouard, rapp.
— 5 août 1857. D. 57, 1, 329. *Préfet de Lot-et-Garonne contre Sabaros.* M. Renouard, rapp.

73. Ainsi sont nulles les opérations du jury quand une visite de lieux a été collectivement faite par des jurys non identiquement composés.

Mêmes arrêts.

74. Il en est autrement si les jurys, bien que distinctement constitués dans chaque affaire, sont identiquement composés des mêmes personnes.

Cass. rej. 11 juin 1856. D. 56, 1, 196; S. 56, 1. 826; P. 56, 2, 414. *Chemin de fer de Strasbourg c. Forest.* M. Renouard, rapp.

75. On ne saurait considérer comme mesure d'instruction collective un ajournement prononcé, sur la demande d'un juré, dans toutes les affaires, alors que ce juré a été l'organe de tous les membres des différents jurys et que les parties elles-mêmes ont consenti à l'ajournement.

Cass. rej. 20 août 1862. D. 62, 1, 368. *Vimort c. chemin de fer de Lyon.* M. Delapalme, rapp.

76. Au cas de constitution de jurys distincts, il est nécessaire qu'il résulte des termes du procès-verbal que ces jurys ont distinctement procédé ; mais cette constatation, en dehors d'une mention expresse, peut résulter de l'ensemble des énonciations.

Cass. rej. 16 janv. 1877. D. 77, 1, 471. *Quesnel c. chemin de fer du Nord.* M. Goujet, rapp.

77. Quand il y a plusieurs intéressés dans une même affaire, les récusations exercées par l'un d'eux, sans réclamation des autres, sont censées l'avoir été, par suite d'accord, au nom de tous.

Cass. rej. 11 janv. 1865. D. 65, 5, 170; S. 65, 1, 240; P. 65, 562. *Menet et Masson c. chemin de fer de Lyon.* M. Glandaz, rapp.

78. Il en est de même au cas de réunion de plusieurs affaires.

Cass. 20 août 1856. D. 56, 1, 368. *Chemin de fer de l'Est c. Baumlin.* M. Quénault, rapp.

79. Les tuteurs peuvent, sans autorisation du conseil de famille, représenter le mineur dans les divers actes de la procédure d'expropriation, et, notamment, exercer en leur nom le droit de récusation.

Cass. rej. 13 mars 1861. D. 61, 1, 181; S. 61, 1, 653; P. 62, 40. *Roubichon c. chemin de fer du Nord.* M. Delapalme, rapp.

§ 4. — *Réduction des jurés au nombre de douze.*

80. Le procès-verbal doit, à peine de nullité, constater que la réduction au nombre de douze a été opérée et qu'elle l'a été dans l'ordre et suivant les prescriptions de la loi.

Cass. 22 mai 1855. D. 55, 1, 212; S. 55, 1, 541; P. 56, 2, 32. *Chemin de fer du Midi c. de Garraube.* M. Renouard, rapp.

— 11 fév. 1861. D. 61, 1, 281; S. 61, 1, 793; P. 62, 42. *Chemin de fer du Midi c. Bruch et autres.* M. Renouard, rapp.

— 28 avril 1858. D. 58, 1, 328; S. 59, 1, 959; P. 59, 895, *Igier c. c^ne de Longuyon.* M. Delapalme, rapp.

— 31 déc. 1867. D. 68, 1, 16; S. 68, 1, 186; P. 68, 307. *Reid c. c^ne de Trouville.* M. Quénault, rapp.

— 6 avril 1870. D. 70, 1, 368. *Bull. civ.,* 70, p. 119. *Lévesque c. ville de Paris.* M. Rieff. rapp.

81. Une mention erronée du procès-verbal relativement à la réduction des jurés au nombre douze n'entraîne pas nullité, si l'erreur peut être rectifiée à l'aide des autres énonciations du *même* procès-verbal.

Cass. rej. 9 nov. 1857. D. 58, 1, 82; P. 58, 596. *Gérard de la Cantrie c. chemin de fer d'Orléans.* M. Delapalme, rapp.

— 29 janv. 1866. D. 66, 5, 203. *Renault c. chemin de fer des Deux-Charentes.* M. Renouard, rapp.

82. Mais la rectification de l'erreur ne peut être cherchée dans les énonciations de procès-verbaux concernant des affaires distinctes.

Cass. arrêt précité du 6 avril 1870 D. 70, 1, 368. *Bull. civ.,* 70, p. 119 M. Rieff, rapp.

ARTICLE XXXV

Le jury spécial n'est constitué que lorsque les douze jurés sont présents.
Les jurés ne peuvent délibérer valablement qu'au nombre de neuf au moins (1).

1. Le jury de jugement, au moment de sa constitution, doit nécessairement se composer de douze personnes.

2. Il y a nullité des opérations, si, la liste ayant, avant la constitution du jury, été réduite à quinze, par l'effet d'une excuse admise sans qu'un juré supplémentaire eût été appelé en remplacement du juré excusé, le jury de jugement, à la suite des récusations exercées, ne s'est plus trouvé composé que de onze personnes.

Cass. 11 mars 1878. S. 78, 1, 180 ; D. 78, 1, 435 ; P. 78, 429. *Préfet de l'Aveyron c. Vidal.* M. Massé, rapp.

3. Lorsque les parties ont été averties par le magistrat-directeur que chacune d'elles avait droit à deux récusations ; que le nombre des jurés titulaires s'étant trouvé réduit à quatorze par l'excuse de deux jurés, les parties n'ont point exigé que la liste des titulaires fût portée à seize par l'adjonction de deux jurés supplémentaires ; que le demandeur en cassation n'a exercé aucune récusation et a accepté le jury tel qu'il a été com-

posé par douze jurés non excusés, il ne peut invoquer aucune violation de la loi contre cette composition du jury.

Cass. rej. 25 juill. 1883. S. 83, 1, 478 ; P. 83, 1184. *Ville de Cherbourg c. Manufacture de dentelles.* M. Onofrio, rapp.

4. Il importe peu que le magistrat-directeur, en excusant le juré, eût énoncé que ce juré faisait partie des douze chargés de juger l'affaire, si cette énonciation est contredite par les constatations du procès-verbal des opérations.

Même arrêt.

5. Lorsque le jury d'expropriation a été régulièrement et légalement constitué, sans protestation des parties, présentes aux opérations qui ont amené cette constitution, celles-ci ne peuvent baser un recours en cassation sur la prétendue insuffisance ou inexactitude dans la désignation de certains jurés.

Cass. rej. 12 mai 1880. D. 81, 1, 260 ; S. 80, 1, 471 ; P. 80, 1171. *Jacquier c. c^ne de Lyon.* M. Sallé, rapp.

6. Le jury, une fois constitué au nombre de douze jurés, si des empêchements surviennent, ils

(1) *Loi du 7 juillet 1833,* article 35 : Texte identique.

peuvent être admis à condition que le nombre des jurés ne descende pas au-dessous de neuf.

7. Ces empêchements peuvent être admis :

Entre la constitution du jury et la prestation de serment ;

Cass. rej. 16 janv. 1844. D. 44, 1, 83; S. 44, 1, 374; P. 46, 1, 670. *Berry et autres c. préfet de la Seine.* M. Hello, rapp.

— 6 fév. 1844. D. 44, 4, 190. *Ville de Paris c. l'Etat.* M. Hello, rapp.

— 23 mai 1870. D. 70, 1, 391. *De la Tullaye c. préfet de la Loire-Inférieure.* M. Henriot, rapp.

8. Ou entre la prestation de serment et l'entrée en fonctions ;

Cass. rej. 24 déc. 1851. D. 51, 5, 246; S. 52, 1, 670; P. 52, 1, 71. *Molaix et autres c. préfet de la Seine.* M. Renouard, rapp.

— 2 janv. 1855. D. 55, 1, 14; S. 55, 1, 64; P. 55, 1, 39. *Feuillâtre c. préfet de la Seine.* M. Glandaz, rapp.

— 30 nov. 1859. D. 60, 1, 168; P. 60, 1, 14. *Préfet de l'Isère c. Jay.* M. Lavielle, rapp.

9. Ou après l'entrée en fonctions.

Cass. rej. 6 fév. 1844. D. 44, 1, 165; S. 44, 1, 828; P. 44, 274. *Préfet de l'Hérault c. Janssen.* M. Renouard, rapp.

10. La constitution du jury par l'appel de douze jurés présents et non récusés est définitive et ne peut plus être modifiée par l'adjonction ou la substitution de nouveaux noms.

11. Ainsi, un juré titulaire, absent lors de l'appel et qui ne se présente qu'après l'appel de douze jurés non récusés ne doit pas être rétabli sur la liste.

Cass. rej. 21 mars 1877. S. 79, 1, 324; D. 78, 1, 439; P. 79, 796. *Viton de Jassaud c. préfet du Gard.* M. Hély d'Oissel, rapp.

12. Le juré titulaire, régulièrement excusé lors de la première réunion du jury, qui se présente après la constitution définitive du jury, ne peut être réintégré sur la liste des jurés.

Cass. rej. 22 juill. 1878. D. 78, 1, 434; S. 78, 1, 429; P. 78, 1102. *Chemin de fer de Clermont c. Jay.* M. Onofrio, rapp.

13. Et, au cas d'empêchement survenu après la constitution du jury, un juré supplémentaire ne saurait, à peine de nullité des opérations, être appelé en remplacement du juré empêché.

— Cass. 17 mars 1875. D. 75, 1, 268; S. 75, 1, 318; P. 75, 754. *Préfet de Lot-et-Garonne c. de Montesquieu.* M. Casenave, rapp.

14. Lorsqu'après l'appel spécial des affaires comprises dans la même série, les parties ont expressément accepté le jury constitué dans la première affaire, mais qu'au moment de l'acceptation se présente un juré précédemment absent et faisant partie de la liste des seize sur laquelle devait être constitué le jury, ce juré doit être réintégré sur la liste des seize membres dont il faisait partie et y prendre la place du dernier des jurés complémentaires appelé par le magistrat-directeur.

Cass. 12 juin 1882. S. 83, 1, 327; P. 83, 785. *Bull. civ.*, 82, p. 235. *Ville de Marseille c. Poussibet.* M. Bernard, rapp.

15. Par suite, la liste qui avait servi à la formation du jury dans la première affaire se trouvant ainsi modifiée, il devient nécessaire d'en avertir les parties et de former un nouveau jury de jugement.

Même arrêt.

16. Il ne saurait être permis de procéder autrement, même avec l'assentiment des parties intéressées ; tout ce qui tient à la composition du jury étant d'ordre public, les parties n'ont pas le droit de déroger aux règles qui la régissent.

Même arrêt.

17. La retraite volontaire d'un juré avant la décision, par suite de lien de parenté existant entre lui et l'exproprié doit être considérée comme l'effet d'un empêchement, et ne vicie, par suite, en rien, les opérations.

Cass. rej. 25 janv. 1853. D. 53, 1, 27 ; S. 53, 1, 285 ; P. 53, 1, 294. *Cottin c.*

préfet de la Seine. M. Alcock, rapp.

18. L'omission du nom d'un juré, dans la partie du procès-verbal qui mentionne la composition du jury, ne vicie pas les opérations si cette omission est réparée par les autres mentions du procès-verbal et notamment par la signature du juré au pied de la décision.

Cass. rej. 20 mai 1845. D. 45, 1, 295 ; S. 45, 1, 415 ; P. 45, 1, 692. *Maunoury c. préfet de la Seine.* M. Renouard, rapp.

ARTICLE XXXVI

Lorsque le jury est constitué, chaque juré prête serment de remplir ses fonctions avec impartialité (1);

1. La prestation de serment des jurés avant leur entrée en fonctions est une formalité substantielle qui doit, à peine de nullité, non seulement être remplie, mais être mentionnée au procès-verbal.

Jurisprudence constante, dont il suffit d'indiquer les plus récents monuments.
Cass. 4 août 1862. D. 62, 1, 382. *Chemin de fer de Lyon c. Comolet.* M. Le Roux de Bretagne, rapp.
— 26 août 1863. D. 64, 5, 156. *Lauzin c. ville de Paris.* M. Lamy, rapp.
— 30 mai 1865. D. 65, 5, 178. *Bancillon c. cne d'Ambierles.* M. Aylies, rapp.
— 21 juin 1865. D. 65, 5, 178. *Cne d'Ambierles c. Bouquet.* M. Aylies, rapp.
— 14 mars 1870. D. 70, 5, 176. *Bru-*

(1) *Loi du 7 juillet 1833*, article 36 : Texte identique.

netière c. cne de Lorbrie. M. Mercier, rapp.
— 28 déc. 1880. D. 81. 1, 259; S. 81, 1, 428; P. 81, 1083. *Chemin de fer du Midi c. Burgubiera.* M. Rohault de Fleury, rapp.
— 12 juin 1882. *Bull. civ.,* 82, p. 231. *Dommergue c. préfet du Cantal.* M. Blondel, rapp.
— 2 janv. 1883. S. 83, 1, 182; D. 83, 1, 391; P. 83, 417. *Bull. civ.,* 83, p. 1. *Berthon c. préfet de la Loire.* M. Descoutures, rapp.
— 30 avril 1883. *Bull. civ.,* 83, p. 168. *Cne de Villegenos c. Bacchon.* M. Legendre, rapp.

2. La prestation de serment des jurés s'applique à l'ensemble des chefs de réclamation sur lesquels le jury est appelé à statuer.

Cass. 28 juill. 1879. D. 80, 1, 81; S. 81, 1, 377; P. 81, 900. *Préfet de la Lozère c. Bessières.* M. Sallé, rapp.

3. La formule du serment n'est pas sacramentelle ; le serment ne serait pas vicié par cela qu'on aurait fait jurer « *devant Dieu et devant les hommes* de remplir ses fonctions avec impartialité.

Cass. rej. 7 fév. 1837. D. 37, 1, 178; S. 37, 1, 126; P. 37, 1, 94. *Pouillot c. ville de Montargis.* M. Le Roux de Bretagne, rapp.

4. Toutefois, les termes du serment prescrit par l'article 36 sont exclusifs de toute modification dont le résultat serait de changer la substance du serment ; s'il résulte des termes du procès-verbal que les jurés avaient prêté le serment de remplir leurs fonctions *en conscience et avec probité*, ces dernières expressions n'étant pas celles prescrites par la loi, constituent, en réalité, un changement dans la substance et la partie du serment imposé au jury.

Cass. 31 janv. 1881. D. 81, 1, 318; S. 81, 1, 180; P. 81, 1, 412. *Ville de Cette c. Chevasse.* M. Sallé, rapp.

5. Les jurés doivent prêter serment *individuellement*.

Cass. rej. 26 avril 1843. D. 43, 1, 266; S. 43, 1, 620; P. 43, 2, 209. *Mournau c. l'Etat.* M. Barennes, rapp.
— 24 déc. 1851. D. 51, 5, 244; S. 52, 1, 670; P. 52, 1, 71. *Molaix et autres c. préfet de la Seine.* M. Renouard, rapp.

6. La simple mention au procès-verbal que le magistrat-directeur a reçu *le serment des jurés* ne suffit pas pour qu'on en doive induire que le serment a eu lieu collectivement; on doit supposer au contraire qu'il a eu lieu conformément à la loi.

Même arrêt du 24 déc. 1851.

7. Il en serait autrement si le procès-verbal employait une expression collective telle que « le serment *du jury.* »

Même arrêt.

8. Au cas de réunion de plusieurs affaires ou de catégories, p'affaires qui doivent être soumises au même jury, le serment drêté avant l'ouverture des opérations vaut pour toutes les affaires et n'a pas besoin d'être renouvelé.

Cass. rej. 23 mai 1842. D. 42, 1, 266; S. 42, 1, 571; P. 42, 2, 135. *Préfet de l'Isère c. Lebrun.* M. Gillon, rapp.
— 25 juill. 1855. D. 55, 1, 374; S. 55, 1, 841; P. 55, 2, 236. *Préfet des*

Basses-Alpes c. Frison. M. Renouard, rapp.
— 26 août 1856. D. 56, 1, 333. *Gillier c. chemin de fer de Lyon.* M. Alcock, rapp.
— 17 août 1875. D. 76, 1, 120; S. 75, 1, 469; P. 75, 1185. *David et autres c. chemin de fer de Lyon.* M. Hély d'Oissel, rapp.
— 14 fév. 1883. S. 83, 1, 478; P. 83, 1185. *Préfet de la Haute-Loire c. Boudarel.* M. Dareste, rapp.
Arnaud, n° 258 et suiv. — Morin, n° 96. — De Peyronny et Delamarre, n° 426. — Delalleau et Jousselin, t. 1, n° 549 et suiv. — Daffry de la Monnoye, t. I, p. 448. — Cotelle, t. II, n° 636. — Malapert et Protat, n° 245. — Dufour, n° 95.

9. Mais il y a nullité des opérations, si les parties n'ayant consenti à la jonction des affaires qu'après la constitution du jury et la prestation du serment dans la première affaire, le serment n'a pas été renouvelé en vue des affaires jointes.

Cass. 28 déc. 1880. D. 81, 1, 259; S. 81, 1, 428; P. 81, 1088. *Chemin de fer du Midi c. Burgubiera.* M. Rohault de Fleury, rapp.

10. L'exproprié qui a consenti à ce qu'un jury unique réglât toutes les affaires de la session ne peut, lorsque ce jury a régulièrement prêté serment, se prévaloir de ce qu'une irrégularité aurait été commise, dans une affaire spéciale, relativement à la prestation du serment.

Cass. rej. 21 août 1882. S. 83, 1, 277; P. 83, 656. *Bull. civ.*, 82, p. 335. *Paulet c. préfet de la Haute-Loire.* M. Legendre, rapp.

11. Dès lors qu'il y a modification dans la composition du jury, un nouveau serment doit être prêté par *tous* les jurés.

Cass. 23 mai 1842, D. 42, 1, 266; S. 42, 1, 571; P. 42, 2, 135. *Préfet de l'Isère c. Lebrun.* M. Gillon, rapp.

12. Le serment doit être

prêté aussitôt que le jury est constitué et préalablement aux actes d'accomplissement de la mission confiée à ce jury.

Cass. 28 avril 1858. D. 58, 1, 323; P. 59, 216. *Briet c. préfet de l'Eure.* M. Delapalme. rapp.

— 7 mai 1872. S. 73, 1, 177. *Mariotte c. préfet de Saône-et-Loire.* M. Merville, rapp.

— 2 janv. et 30 avril 1883. D. 83, 1, 391; S. 83, 1, 182; P. 83, 417 et 1184. *Berthon c. préfet de la Loire.* M. Descoutures, rapp. et *Cne de Villegenou c. Benchon.* M. Legendre, rapp.

Gand, p. 325. — Delalleau et Jousselin, t. I, n° 549. — De Peyronny et Delamarre, p. 346. — Daffry de la Monnoye, t. I, p. 449. — Roquière, n° 113. — Morin, p. 85. — Arnaud, n° 281.

13. La nullité qui résulterait d'un serment tardivement prêté ne peut être couverte par une déclaration de la partie qu'elle renonce à se prévaloir de la nullité et consent à ce que les opérations ne soient pas recommencées.

Arrêt du 2 janv. 1883.

14. Ni par une prestation de serment ultérieure, faite du consentement des parties et suivie de la reprise des conclusions et des débats.

Arrêt du 30 avril 1883.

15. La prestation de serment doit, à peine de nullité, précéder:

16. une simple communication des pièces concernant l'affaire;

Cass. 7 mai 1872. D. 73, 1, 62; S. 73, 1, 177; P. 73, 407. *Mariotte c. préfet de Saône-et-Loire.* M. Merville, rapp.

17. la communication des offres faites par l'administration, et des plans parcellaires;

Cass. 9 mai 1843. D. 43, 1, 361; P. 43, 2, 521. *Acoquat Fontvive c. préfet de l'Ariège.* M. Renouard, rapp.

— 12 juin 1882. S. 83, 1, 184; P. 83, 420. *Vidal c. préfet du Cantal.* M. Blondel, rapp.

— 30 avril 1883. S. 83, 1, 478; P. 83, 1184. *Cne de Villegenou c. Benchon.* M. Legendre, rapp.

18. les explications des parties;

Cass. 28 avril 1858. D. 58, 1, 323; P. 59, 216. *Briet c. préfet de l'Eure.* M. Delapalme, rapp.

— 7 mai 1872. D. 73, 1, 62; S. 73, 1, 177; P. 73, 407. *Mariotte c. préfet de Saône-et-Loire.* M. Merville, rapp.

19. un transport sur les lieux.

— Nombreux arrêts dont il suffit de citer les derniers.

Cass. 30 mai 1864. D. 64, 5, 173; S. 64, 1, 407; P. 64, 1279. *Préfet des Basses-Alpes c. Gazon.* M. Quénault. rapp.

— 31 juill. 1867. D. 67, 1, 318. *Pouillet c. ville de Montargis.* M. Le Roux de Bretagne, rapp.

— 7 janv. 1868. D. 68, 1, 123. *Forestier c. préfet de la Savoie.* M. Aylies, rapp.

— 28 janv. 1868. D. 68, 1, 122. *Dabas c. ville de Rennes.* M. Renouard, rapp.

— 17 nov. 1868. D. 68, 5, 207. *Fabre c. chemin de fer du Midi.* M. Glandaz, rapp.

— 22 déc. 1875. D. 76, 5, 234; S. 76, 1, 128; P. 76, 293. *Ville de Châlon-sur-Saône c. Cie des Dombes.* M. Aucher, rapp.

— 29 janv. 1877. S. 77. 1, 278; P. 77, 688. *Milhé c. préfet de l'Hérault.* M. Greffier, rapp.

— 6 août 1877. D. 78, 1, 52; P. 78, 163; S. 78, 1, 78. *Chollet c. ville de Nantes.* M. Guérin, rapp.

Arrêts précités des 2 janvier et 30 avril 1883. D. 83. 1, 391; S. 83. 1, 182 et 478; P. 83, 417 et 1184. Voir n° 12.

20. Pour donner au transport sur les lieux le caractère d'une opération faite par le jury, il suffit que la visite ait été annoncée en audience publique avec indication précise du moment auquel elle aura lieu; il y a nullité de la décision si la visite, ainsi annoncée, a été effectuée avant la prestation de serment des jurés.

Arrêt du 6 août 1877.

ARTICLE XXXVII

Le magistrat-directeur met sous les yeux du jury :
1° Le tableau des offres et demandes notifiées en exécution des articles 23 et 24 ;
2° Les plans parcellaires et les titres ou autres documents produits par les parties à l'appui de leurs offres et demandes
Les parties ou leurs fondés de pouvoir peuvent présenter sommairement leurs observations.
Le jury pourra entendre toutes les personnes qu'il croira pouvoir l'éclairer.
Il pourra également se transporter sur les lieux ou déléguer à cet effet un ou plusieurs de ses membres.
La discussion est publique; elle peut être continuée à une autre séance (1).

(1) *Loi du 7 juillet 1833*, art. 37. Texte identique.

DIVISION

SECTION I. — *Mise sous les yeux*

du jury du tableau des offres et
demandes, des plans parcellaires
et des titres et autres documents
produits par les parties.

§ 1. — *Tableau des offres et demandes.*

§ 2. — *Régularité et validité des
offres.*

§ 3 — *Plans parcellaires.*

§ 4. — *Titres et autres documents
produits par les parties.*

Section II. — *Observations par les
parties ou leurs fondés de pouvoirs.*

Section III. — *Droit du jury d'entendre toutes personnes qu'il croit
pouvoir l'éclairer.*

Section IV. — *Transport sur les
lieux.*

Section V. — *Publicité de la
discussion.*

§ Section I. *Mise sous les yeux
du jury du tableau des offres
et demandes des plans parcellaires et des titres et autres
documents produits par les
parties.*

§ 1. — *Tableau des offres et demandes.*

1. La remise du tableau des
offres et des demandes, qui fait
connaître les prétentions respectives des parties, est une formalité essentielle dont l'omission
vicie de nullité les opérations du
jury.

Cass. 11 août 1841. D. 41, 1, 312;
P. 47, 1, 212. *Préfet de l'Aveyron c.
Albin.* M. Gillon, rapp.
— 15 juill. 1844. D. 44, 1, 308; S.
44, 1, 607; P. 44, 2,160. *Badinaud c.
mines de Montrambert.* M. Gillon, rapp.
— 25 août 1858. D. 58, 1, 328; P.
58, 1092. *Cne de Salaunes c. Ornou.*
M. Renouard, rapp.
— 23 mars 1881. S. 81, 1, 227; P.
81, 538. *Meilheurat c. cne de Montma-
raut.* M. Rohault de Fleury, rapp.
— 19 mai 1884. *Guilland c. ville de
Belley.* M. Greffier, rapp.

2. Par suite, cette remise doit,
à peine de nullité, être mentionnée dans le procès-verbal.

Mêmes arrêts.

3. En l'absence d'une mention
spéciale, il est satisfait au vœu
de la loi, si la remise des documents indiqués par l'article 37
résulte de l'ensemble des énonciations du procès-verbal, et des
conclusions qui y auraient été
annexées.

Cass. rej. 9 août 1847. D. 51, 5, 241
et 244; S. 47, 1, 756; P. 47, 2, 761.
Lessertisseux c. chemin de fer de Lyon.
M. Hello, rapp.
— 6 fév. 1861. D. 61, 1, 135; P. 62,
128. *Ville de Grenoble c. Brun.* M. Delapalme, rapp.

4. Mais il serait interdit d'aller
chercher dans d'autres procès-
verbaux des indices d'où l'on
prétendrait conclure à l'accomplissement de la formalité pour
l'affaire où le procès-verbal est
resté muet.

Cass. 1er mai 1877. S. 77, 1, 277; P.
77, 686. *Cne de Fresnes c. Jessard.*
M. Goujet, rapp.

5. S'il est constant, en fait,
que le tableau remis contenait en
même temps les offres et les demandes, on ne saurait tirer un
moyen de nullité de ce que la
mention insérée au procès-verbal
ne parle que du tableau des
offres.

Cass. rej. 3 mai 1843. D. 43, 1, 336;
S. 43, 1, 504; P. 43, 1, 664. *De Tain-
tegnies contre préfet du Pas-de-Calais.*
M. Renouard, rapp.

6. Lorsque le procès-verbal
des opérations du jury constate
que le tableau des offres a été mis
sous les yeux du jury sans mentionner que ce tableau comprenait aussi les demandes, s'il
résulte des autres énonciations
du procès-verbal que divers documents contenant les demandes
des parties expropriées, et notamment leurs conclusions, ont

été placées sous les yeux du jury, il est suffisamment établi que la prescription de la loi a été remplie.

Cass. 2 juill. 1883. *Bull. civ.*, 83, p. 284. *Laborie-Lagarde c. préfet du Puy-de-Dôme.* M. Descoutures, rapp.

7. La constation de la remise du tableau n'a besoin d'être mentionnée qu'au début des opérations ; il n'est pas nécessaire qu'elle soit renouvelée pour chaque séance.

Cass. rej. 24 avril 1855. D. 55, 1, 132 ; S. 55, 1, 607 ; P. 55, 1, 599. *Falcout c. Cⁱᵉ de la rue Impériale à Lyon.* M. Delapalme, rapp.
— 13 août 1855. S. 56, 1, 829 ; P. 57, 419. *De Saint-Seine c. chemin de fer de Dôle.* M. Delapalme, rapp.
— 5 juin 1861. D. 61, 1, 228 ; S. 61, 1, 994 ; P. 62, 325. *Marion-Vallée c. ville de Rouen.* M. Renouard, rapp.

8. S'il ne s'agit que d'une seule affaire, il n'est pas nécessaire que la communication des offres et des demandes soit faite au jury sous forme de tableau ; cette communication est suffisamment établie par la notification de l'arrêté préfectoral contenant les offres et par l'exploit notifié au nom de l'exproprié pour les refuser.

Cass. rej. 16 mars 1870. D. 70, 1, 407. *Dumas c. préfet de la Gironde,* M. Merville, rapp.
— 24 déc. 1879. D. 80, 1, 165 ; S. 80, 1, 174 ; P. 80, 386. *Des Étangs c. préfet de l'Aube.* M. Merville, rapp.
— 11 déc. 1882. D. 84. 1. 324 ; *Bull. civ.*, 82, p. 397. *Cⁿᵉ de Vaucluse c. Arnoux.* M. Rohault de Fleury, rapp.

9. Il suffit que le tableau remis au jury contienne, en même temps que le chiffre de l'offre, l'indication précise de l'immeuble. auquel elle se rapporte, sans qu'il soit nécessaire d'indiquer la nature et le détail de composition de cet immeuble.

Cass. rej. 3 fév. 1874. D. 74, 1, 240 ; S. 74, 1, 221 ; P. 74, 544. *Chemin de fer de Frévent c. Dumoulin.* M. Merville, rapp.

10. De même, pour la demande, il suffit d'en indiquer le chiffre, sans qu'on soit tenu d'en détailler les éléments.

Cass. rej. 24 nov. 1846. D. 47, 4, 229 ; S. 47, 1, 219 ; P. 47, 1, 469. *Girard c. préfet de l'Indre.* M. Hello, rapp.
— 5 juin 1860. D. 60, 1, 411 ; S. 61, 1, 383 ; P. 61, 639. *Nœtinger c. chemin de fer de l'Est.* M. Lavielle, rapp.
— 11 déc. 1876. D. 78, 1, 72, *Dubost c. préfet de l'Ain.* M. Sallé, rapp.
Sic : Delalleau et Jousselin, t. I, p. 526. — De Peyronny et Delamarre, nº 487. — Daffry de la Monnoye, t. I, p. 457. — Arnaud, nº 298.

11. Il importerait peu que les parties eussent écrit elles-mêmes leurs demandes sur le tableau destiné a être remis au jury.

Cass. rej. arrêt précité du 5 juin 1860. D. 60, 1, 411 ; S. 61, 1, 383 ; P. 61, 639.
— 30 mars 1863. D. 63, 1, 255. *Zeller c. chemin de fer de l'Est.* M. Le Roux de Bretagne, rapp.

12. Lorsqu'il résulte des constatations du procès-verbal que le magistrat-directeur a mis sous les yeux du jury les plans parcellaires des terrains expropriés, ainsi que les documents, titres et pièces produits par les parties, et que, d'autre part, le jury s'est transporté sur les lieux, une inexactitude commise dans le tableau des offres et demandes, relativement à la nature du terrain exproprié, ne saurait suffire pour rendre nulle la décision du jury.

Cass. arrêt précité du 11 déc. 1876. D. 78, 1, 72.

13. Il n'est pas nécessaire que le tableau des offres et demandes soit mis sous les yeux du jury avant la visite des lieux ; il suffit que ces documents soient mis à la disposition du jury avant l'ouverture des débats.

Cass. rej. 12 mai 1880. D. 81, 1, 260 ; S. 80, 1, 471 ; P. 80, 1171. *Jacquier c. cⁿᵉ de Lyon*. M. Sallé, rapp.

14. La remise au jury du tableau des offres et demandes doit avoir lieu avant l'ouverture des débats ou, tout au moins, au moment même de cette ouverture.

Cass. rej. 13 fév. 1860. D. 60, 1, 408 ; P. 61, 638. *Moreau c. chemin de fer de Lyon*. M. Renouard, rapp.

15. Est nulle la décision du jury, lorsque, des énonciations du procès-verbal, il résulte que le tableau des offres et les plans parcellaires n'ont été mis sous les yeux du jury qu'après la clôture des débats.

Cass. 4 fév. 1884. *Préfet du Calvados c. Lavarde*. M. Manau, rapp. — 19 mai 1884. S. 84, 1, 344. *Guilland c. ville de Belley*. M. Greffier, rapp.

16. Si la visite des lieux a précédé l'ouverture des débats, il n'est pas indispensable que la remise du tableau des offres et demandes au jury ait eu lieu avant cette visite.

Cass. rej. 4 août 1862. D. 62, 1, 383 ; S. 62, 1, 1068 ; P. 63, 159. *Siyes de Reyens c. préfet de la Drôme*. M. Lavielle, rapp.

17. Alors même que des offres n'auraient été produites qu'oralement, au cours de la discussion, il est du devoir du magistrat-directeur de les soumettre au jury.

Cass. 25 fév. 1840. D. 40, 1, 145 ; S. 40, 1, 274 ; P. 40, 1, 245. *Valogne c. préfet de la Seine*. M. Quéquet, rapp.

18. Le défaut de remise du tableau des offres et demandes ne saurait être invoqué par la partie qui avait l'obligation de faire cette communication, c'est-à-dire par l'expropriant.

Cass. rej. 19 janv. 1852. D. 52, 1, 31 ; S. 52, 1, 367 et 368 ; P. 52, 2, 688 et 689. *Préfet de l'Hérault c. Dupin*. M. Laborie, rapp.

19. Et cette impossibilité pour celui qui a créé la nullité de l'invoquer à son profit, s'applique non seulement à l'omission de la remise du tableau des offres et demandes et des plans parcellaires, mais aussi à l'omission de la notification des offres ;

Cass. rej. 7 août 1861. *Bull. civ.*, 1861, p. 212. *Ville de Marseille c. Signoret*. M. Lavielle, rapp. — 3 avril 1865. D. 65, 5, 183. *Cⁿᵉ de la Ferté-Macé c. Lebreton*. M. Quénault, rapp.

20. Comme à la non-communication au jury d'offres qui faites avant le jugement, n'ont pas été renouvelées dans les conditions et délais établis par la loi du 3 mai 1841 et qui, par suite, étaient étrangères à la procédure en règlement d'indemnité.

Arrêt précité du 3 avril 1865.

§ 2. — *Régularité et validité des offres.*

21. Pour remplir le vœu de la loi, il faut que les offres dont le tableau est remis au jury aient été régulièrement faites.

22. Les offres ne sont valables qu'autant qu'elles ont été effectuées par une personne ayant qualité pour les faire.

23. Ainsi sont nulles les offres faites par un préfet quand il s'agit d'une expropriation poursuivie dans un intérêt purement communal.

Cass. 12 mai 1858. D. 58, 1, 328; S. 59, 1, 270; P. 59, 738. *Desgrées et Raud c. ville de Vannes.* M. Renouard, rapp.

24. Si, en matière d'expropriation concernant exclusivement une commune légalement représentée par son maire, le préfet est sans qualité pour notifier les offres, et si les offres ainsi notifiées sont entachées d'un vice de nullité qui affecte la décision du jury elle-même, il n'en est pas ainsi lorsque la notification n'est pas seulement faite à la requête du préfet agissant dans l'intérêt de la commune, mais encore sur les poursuites et diligences du maire de cette commune, pour lequel un domicile est spécialement élu en l'étude d'un avoué ; dans ce cas, l'exproprié n'a pas seulement devant lui le préfet requérant, mais encore la partie expropriante elle-même à laquelle il peut régulièrement signifier ses demandes.

Cass. 6 août 1883. D. 84, 1, 335 ; *B. civ.* 83, p. 344. *Gasnier c. ville de Saint-Denis.* M. Manau, rapp.

25. La nullité résultant de l'absence de qualité de celui qui a fait les offres est couverte par le silence de l'exproprié, discutant les offres sans protestation ni réserves.

Cass. rej. 31 juill. 1860. D. 60, 1, 407; P. 61, 1189. *Arnaud c. ville de Lons-le-Saulnier.* M. Renouard, rapp.
— 4 août 1862. D. 62, 1, 383; S. 62, 1, 1068; P. 63, 159. *Sieys de Reyens c. préfet de la Drôme.* M. Lavielle, rapp.
— 14 août 1867. D. 67, 1, 493. *Guffroy-Meunier c. ville de Lille.* M. Mercier, rapp.
— 4 mai 1869. D. 69, 1, 342. *Veuve Péan c. cⁿᵉ de Sambin.* M. Pont, rapp.

26. De même en est-il quand c'est le préfet qui a fait les offres, bien que l'expropriation fût poursuivie dans l'intérêt d'une compagnie de chemins de fer, si on a accepté de discuter et de débattre ces mêmes offres avec la compagnie ;

Cass. rej. 31 mai 1865. D. 65, 5, 173. *Granger-Chotard c. chemin de fer d'Orléans.* M. Le Roux de Bretagne, rapp.

27. Ou, quand l'expropriation étant poursuivie en même temps dans l'intérêt de l'État et dans l'intérêt de la ville, c'est le préfet seul qui a fait, au nom des deux parties expropriantes, des offres discutées par les expropriés;

Cass. rej. 23 déc. 1861. D. 62, 1, 272; S. 62, 1, 892 ; P. 62, 1188. *Billat c. préfet de l'Isère.* M. Renouard, rapp.
— 24 juill. 1877. S. 77, 1, 478; P. 77, 1248. *Vialettes c. ville de Rodez.* M. Merville, rapp.

28. Ou encore, quand, pour des travaux communaux, c'est le concessionnaire de ces travaux qui a fait les offres.

Cass. rej. 6 avril 1869. D. 69, 1, 343. *Lesoufaché c. ville de Paris.* M. Aylies, rapp.

29. L'exproprié est sans droit pour contester la qualité du fonctionnaire poursuivant l'expropriation, et, par suite, la régularité des offres, quand il n'a formulé de ce chef aucune protestation en notifiant à ce fonctionnaire les noms de ceux ayant des droits à exercer sur l'immeuble exproprié.

Cass. 16 janv. 1883. *Bull. civ.*, 83, p. 22. *De Noblet c. cⁿᵉ de la Clayette.* M. Manau, rapp.

30. Sont valables les offres faites par le maire pour des travaux de redressement et d'élargissement de routes nationales à effectuer sur le territoire de la commune, quand un décret a déclaré que, moyennant une contribution fixe de l'État, les travaux seront exécutés aux risques et péril de la commune.

Cass. rej. 26 août 1867. D. 67, 1, 493; S. 68, 1, 136; P. 68, 306, *Dupont c. ville de Nantes*. M. de Vaulx, rapp.

31. Sont également valables les offres faites par le préfet en matière de chemins vicinaux de grande communication et d'intérêt commun ; ce fonctionnaire peut agir et notamment faire des offres, en cas d'inaction du maire.

Cass. rej. 4 mars 1868. D. 68, 1, 206; S. 68, 1, 413; P. 68, 1102. *Meunier et Bodet c. préfet de la Charente*. M. Quénault, rapp.
— 25 mai 1868. D. 68, 1, 405. *Cambreling c. préfet de la Seine*. M. Laborie, rapp.

32. Pour que les offres soient régulières, il faut non seulement qu'elles soient faites par ceux qui ont qualité pour les faire, mais aussi à ceux qui ont qualité pour les recevoir.

33. Les offres relatives au domaine de l'Etat doivent être notifiées au préfet et non au sous-préfet.

Cass. 11 juill. 1881. S. 82, 1, 35; P. 82, 55. *Préfet des Basses-Pyrénées c. chemin de fer du Midi*. M. Guérin, rapp.

34. Ceux-là seuls ont qualité pour recevoir les offres, qui sont inscrits comme propriétaires à la matrice des rôles ou qui, en temps utile, se sont fait connaître comme propriétaires ou comme intéressés.

35. Sont nulles les offres faites au mari seul pour un immeuble appartenant en propre à la femme.

Cass. 24 août 1846. D. 46, 1, 329; S. 46, 1, 879; P. 46, 2, 509. *De Forest c. préfet du Gard*. M. Renouard, rapp.
— 5 fév. 1862. D. 62, 1, 378; S. 62, 1, 890; P. 63, 381. *Du Gasset c. chemin de fer d'Orléans*. M. Renouard, rapp.

— 4 juill. 1864. D. 64, 5, 152. *Bauguel contre chemin de fer d'Orléans*. M. Delapalme, rapp.
— 2 avril 1873. D. 73, 5, 252; S. 73, 1, 473; P. 73, 1189. *Loyer c. préfet d'Ille-et-Vilaine*. M. Casenave, rapp.
— 11 juill. 1881. S. 81, 1, 478; P. 81, 1216. *Bull. civ.*, 81, p. 257. *De Saint-Poncy c. préfet de la Haute-Loire*. M. Sallé, rapp.

36. Les offres faites au propriétaire inscrit à la matrice cadastrale sont régulières si, au cas de vente de l'immeuble, aucune mutation n'a été opérée.

Cass. rej. 4 juill. 1860. D. 60, 1, 411; P. 62, 120. *Hainguerlot c. ville de Paris*. M. Glandaz, rapp.

37. Mais si le propriétaire réel s'est fait connaître par un acte extrajudiciaire, les offres doivent, à peine de nullité, lui être notifiées.

Cass. 2 juill. 1861. D. 61, 1, 288; P. 62, 1004. *Lefoullon c. ville de Paris*. M. Lavielle, rapp.
— 7 août 1865. D. 65, 5, 184; S. 66, 1, 81; P. 66, 181. *Fournier c. ville de Paris*. M. Delapalme, rapp.

38. Il en est ainsi, notamment, soit, lorsqu'une propriété indiquée à la matrice cadastrale comme n'appartenant qu'à une seule personne est devenue, par la mort du propriétaire, indivise entre plusieurs cohéritiers qui se sont fait connaître ; soit lorsqu'un immeuble indiqué comme indivis est devenu la propriété exclusive d'un seul individu qui a notifié son titre à l'administration.

Mêmes arrêts.

39. Lorsque le propriétaire inscrit à la matrice cadastrale contre lequel est poursuivie l'expropriation, a fait connaître par une lettre adressée au maire de la commune expropriante, dans la huitaine de la notification de l'offre d'indemnité, que, par un acte authentique antérieur, il a cédé à sa femme séparée de biens ses droits sur l'immeuble exproprié, il doit être fait à la cessionnaire ainsi déclarée une offre d'indemnité personnelle et distincte, suivie de citation à comparaître devant le jury. A défaut de ces offres et citation, la décision du jury rendue avec le mari seul et lui attribuant l'indemnité avec la simple addition des mots « *et à ses ayants droit* », doit être cassée pour violation des articles 23, 24 et 37 de la loi du 3 mai 1841.

Cass. 11 juill. 1881. S. 81, 1, 478 ; P. 81, 1216. *Bull. civ.*, 81, p. 257. *De Saint-Poncy c. préfet de la Haute-Loire.* M. Sallé, rapp.

40. Au cas, où il existe plusieurs copropriétaires de l'immeuble, les offres ne sont valables qu'autant qu'elles ont été faites à tous les copropriétaires.

Cass. 26 nov. 1862. D. 63, 1, 252 ; S. 63, 1, 399 ; P. 63, 1117. *Chemin de fer de Lyon c. Bouvet.* M. Glandaz, rapp.
— 1er mai 1866. D. 66, 5, 196. *Mignardet et Picard c. ville de Paris.* M. Delapalme, rapp.
— 3 juin 1867. D. 67, 1, 197. *De Villiers c. ville de Paris.* M. Renouard, rapp.

41. Et la nullité résultant de ce qu'on a omis de notifier des offres à quelqu'un des copropriétaires profite à tous, même à ceux qui ont accepté le débat.

Mêmes arrêts.

42. Quand les héritiers d'un propriétaire décédé n'ont pas fait connaître leurs droits respectifs, la notification des offres est valablement faite au domicile du défunt.

Cass. rej. 24 juill. 1877. S. 77, 1, 478 ; P. 77, 1248. *Vialettes c. ville de Rodez.* M. Merville, rapp.

43. N'est pas valable l'offre *collective* faite à deux propriétaires d'immeubles séparés, l'offre devant déterminer ce qui est offert à chacun d'eux.

Cass. 18 août 1857. D. 57, 1, 330 ; S. 57, 1, 862 ; P. 58, 470. *Bernard c. Cie de la rue Impériale à Lyon.* M. Lavielle, rapp.

44. Il en est ainsi alors même que l'administration a fait des offres séparées au moment de l'ouverture du débat.

Même arrêt.

45. Toutefois, si c'est l'exproprié lui-même qui, devant le jury, a revendiqué des droits de propriété personnelle sur une partie de l'immeuble considérée comme indivise, et qui a accepté le débat sur l'indemnité distincte offerte par suite de cette réclamation, il ne peut plus invoquer contre la décision du jury une violation de l'article 37.

Cass. rej. 18 nov. 1874. D. 75, 1, 81 ; S. 75, 1, 177 ; P. 75, 406. *Rimailho c. préfet de la Seine.* M. Greffier, rapp.

46. Une somme unique peut être offerte pour plusieurs parcelles appartenant à un même propriétaire.

Cass. rej. 17 nov. 1874. D. 75, 1, 62 ; S. 75, 1, 39 ; P. 75, 62. *Foriel c. chemin de fer Lyon.* M. Casenave, rapp.

47. Si plusieurs sommes ont été offertes au même propriétaire pour plusieurs parcelles réunies et groupées, il suffit, pour que l'offre soit valable, que le propriétaire ne puisse se tromper sur les groupes de parcelles auxquelles s'appliquent les différentes offres.

Même arrêt.

48. Des actes extrajudiciaires signifiés avant le jugement d'expropriation et contenant l'indication de sommes en vue d'une cession amiable ne sauraient tenir lieu des offres, qui ne peuvent être valablement notifiées qu'après le jugement d'expropriation.

Cass. 1er juin 1864. D. 64, 5, 164. *Boisgontier c. cne de Passais.* M. Glandaz, rapp.

49. Les offres ne sont valables qu'autant que le délai accordé à l'exproprié pour délibérer lui aura été complètement accordé avant la réunion du jury.

50. Et la nullité résultant de ce que le délai n'a pas été intégralement accordé est substantielle, et n'est pas couverte par la discussion de l'insuffisance des offres à laquelle l'exproprié s'est livré devant le jury.

Cass. 5 fév. 1855. D. 55, 1, 61; S. 55, 1, 606; P. 56, 1, 624. *Minguet c. préfet de la Seine.* M. Lavielle, rapp.
— 11 fév. 1857. D. 57, 1, 71; S. 71, 1, 861; P. 58, 470. *Meyer c. chemin de fer d'Orléans.* M. Gaultier, rapp.
— 12 juin 1860. D. 60, 1, 405. *Mauriac c. chemin de fer d'Orléans.* M. Renouard, rapp.
Et les arrêts cités *infrà.*

51. L'obligation du délai imparti par l'article 24 n'existe pas seulement pour les offres originaires, mais pour toutes les offres nouvelles qui viendraient à porter sur un objet nouveau.

52. Notamment, au cas où, sur réquisition d'acquisition totale faite par l'exproprié, dans les conditions prévues par l'article 50, des offres nouvelles sont devenues nécessaires de la part de l'expropriant.

Nombreux arrêts dont il suffit de citer les plus récents :
Cass. 5 avril 1869. D. 69, 1, 343; S. 69, 1, 228; P. 69, 541. *Lévesque c. ville de Paris.* M. Renouard, rapp.
— 22 fév. 1870. D. 70, 1, 208; S. 70, 1, 174; P. 70, 403. *Ansass c. ville de Toulouse.* M. Rieff, rapp.

— 12 juill. 1870. D. 70, 5, 179; S. 70, 1, 434; P. 70, 1134. *Gariel c. préfet du Var.* M. Casenave, rapp.
— 26 août 1873. D. 73, 1, 488; S. 73, 473; P. 73, 1188. *Hardivillé c. cne d'Étrepagny.* M. Merville, rapp.
— 10 fév. 1874. D. 74, 1, 416; S. 74, 1, 222; P. 74, 54. *Dauriac c. préfet de l'Ariège.* M. Merville, rapp.
— 8 fév. 1875. D. 75, 1, 206. *Cabley c. Delloye.* M. Merville, rapp.
— 9 janv. 1883. D. 84, 1, 152; S. 84, 1, 295; P. 84, 706. *Barrey c. préfet de l'Yonne.* M. Guérin, rapp.
— 23 avril 1883. *Landon c. préfet de la Haute-Vienne.* M. Pont, rapp.

53. Il en est ainsi, bien que l'expropriant se soit opposé à l'acquisition totale.

Cass. 2 mai 1859. D. 59, 1, 208; P. 59, 1013. *Lécuyer c. chemin de fer de Lyon.* M. Renouard, rapp.
— Arrêts précités des 3 janvier et 23 avril 1883.

54. Et bien que l'exproprié ait lui-même demandé une somme déterminée pour l'acquisition totale.

Cass. arrêts précités des : 2 mai 1859. D. 59, 1, 208; P. 59, 1013.
— 5 avril 1869. D. 69, 1, 343; S. 69, 1, 228; P. 69, 541.
— 22 fév. 1870. D. 70, 1, 208; S. 70, 1, 174; P. 70, 403.
— 26 août 1873. D. 73, 1, 488; S. 73, 1, 473; P. 73, 1188.

55. Alors même que les premières offres auraient été faites à tant par are ou par mètre, et que cette base d'évaluation pût être appliquée à la partie du terrain non comprise dans ces offres, des offres nouvelles sont encore nécessaires, pour lesquelles le délai ordinaire doit courir.

Cass. arrêt précité du 12 juill. 1870. D. 70, 5, 179; S. 70, 1, 434; P. 70, 1134.

56. Il en est de même si, les premières offres ont été faites collectivement à des propriétaires ayant des droits distincts qu'ils ont fait connaître en temps utile et si de nouvelles offres n'ont pas été notifiées à chacun d'eux, avec l'observation du délai pour délibérer.

Cass. 18 août 1857. D. 57, 1, 330; S. 57, 1, 862; P. 58, 70. *Bernard c. Cie de la rue Impériale à Lyon*. M. Lavielle, rapp.

57. L'offre collective demeure valable si c'est seulement à l'audience que ceux qui ont été considérés comme copropriétaires, dans la notification des offres, ont fait connaître leurs droits respectifs sur l'immeuble.

Cass. rej. 10 juill. 1861. D. 61, 1, 284; P. 62, 1187. *Lemasson c. ville de Paris*. M. Alcock, rapp.
— 18 nov. 1874. D. 75, 1, 81; S. 75, 1, 177; P. 75, 406. *Rimailho c. préfet de la Seine*. M. Greffier, rapp.

58. Les offres et les demandes inscrites au tableau peuvent être modifiées par de nouvelles conclusions prises sans observation de délai ou seulement devant le jury, *si l'objet de l'indemnité reste le même.*

Cass. rej. 15 mars 1869. D. 69, 1, 272. *Ardouin c. docks de Saint-Ouen.* M. Renouard, rapp. Et les arrêts ci-dessus mentionnés.

59. Ainsi l'exproprié a le droit de conclure devant le jury à une indemnité plus forte que celle formulée dans sa demande.

Cass. 11 avril 1843. D. 43, 1, 265; S. 43, 1, 463; P. 43, 1, 672. *De Joybert c. préfet de la Marne.* M. Renouard, rapp.
— 13 mai 1846. D. 46, 1, 206; S. 46, 1, 582; P. 46, 2, 281. *Préfet des Bouches-du-Rhône c. Turcat.* M. Renouard, rapp.

60. Et le magistrat-directeur commet un excès de pouvoir s'il refuse de soumettre au jury la demande ainsi modifiée et ne le provoque à délibérer que sur la demande originaire.

Arrêt précité du 11 avril 1843.

61. De son côté, l'expropriant peut, devant le jury, diminuer le chiffre de ses offres.

Cass. rej. 27 avril 1859. D. 59, 1, 207; S. 59, 1, 954; P. 59, 1012. *Chibout c. ville de Paris.* M. Alcock, rapp.
— 18 mars 1874. D. 74, 1, 212. *Fizot-Lavergne c. chemin de fer des Charentes.* M. Rieff, rapp.

62. Ou l'augmenter;

Cass. rej. 12 mars 1856. D. 56, 1, 169; S. 56, 1, 828; P. 57, 604. *Ardouin c. ville de Paris.* M. Renouard, rapp.
— 6 mars 1861. D. 61, 1, 182; S. 61, 1, 655; P. 62, 72. *Duc de Brunswick c. ville de Paris.* M. Renouard, rapp.
— 5 juin 1861. D. 61, 1, 288; S. 61, 1, 994; P. 62, 325. *Marion-Vallée c. ville de Rouen.* M. Renouard, rapp.
— 18 déc. 1861. D. 62, 1, 376; S. 62, 1, 1066; P. 63, 416. *Cayot c. préfet des Bouches-du-Rhône.* M. Sévin, rapp.
— 26 août 1867. D. 67, 1, 317; S. 67, 1, 454; P. 67. 1200. *Mayet c. ville de Paris.* M. Glandaz, rapp.
— 28 mai 1877. D. 77, 1, 470; S. 77, 1, 432; P. 77, 1112. *Boulland c. préfet de l'Hérault.* M. Merville, rapp.

63. Ou y ajouter la promesse d'exécution de travaux que l'expropriant s'engage à faire à ses frais.

Cass. rej. 8 déc. 1863. D. 64, 5, 152. *Wolf Guttmann c. préfet de la Seine.* M. Lamy, rapp.

64. Si l'exproprié, devant le jury, a divisé sa demande et en a discuté séparément les éléments, l'expropriant peut, de son côté, faire une division correspondante de ses offres.

Cass. rej. 20 août 1862. D. 62, 1, 383; S. 62, 1, 1063; P. 63, 110. *Bouze c. ville de Marseille.* M. Glandaz, rapp.

65. De même peut-il les diviser entre divers intéressés qui n'ont fait connaître qu'à l'audience leurs droits distincts.

Cass. rej. 10 juill. 1861. D. 61, 1, 284 ;
P. 62, 1187. *Lemasson c. ville de Paris.*
M. Alcock, rapp.

— 18 nov. 1874. D. 75, 1, 81 ; S. 75,
1, 177 ; P. 75, 406. *Rimailho c. préfet
de la Seine.* M. Greffier, rapp.

66. L'introduction, par l'exproprié, devant le jury, de nouveaux éléments d'indemnité n'o-
blige pas l'expropriant à faire de
nouvelles offres si l'objet de l'indemnité demeure le même.

Cass. rej. 8 juill. 1867. D. 67, 1, 280.
Vieillard c. chemin de fer du Médoc.
M. Mercier, rapp.

— 20 mars 1882. S. 83, 1, 87 ; P. 83,
177. *Caillol-Poncy c. ville de Marseille.*
M. Monod, rapp.

67. Les offres et demandes
portées au tableau ne peuvent
d'ailleurs être tenues pour modifiées que par des conclusions formelles.

Cass. rej. 25 juill. 1855. D. 55, 1,
874 ; S. 55, 1, 841 ; P. 55, 2, 236. *Préfet des Basses-Alpes c. Esmiol.* M. Renouard, rapp.

68. C'est le dernier état des
offres et des demandes qui doit
être placé sous les yeux du jury ;
lorsqu'il est constaté par le procès-verbal, d'une part, que les
offres et demandes primitives ont
été modifiées, d'autre part, que les
offres et demandes telles qa'elles
étaient fixées par les dernières
conclusions ont été communiquées
au jury, peu importe que le tableau ne leur ait pas été remis.

Cass. rej. 19 janv. 1852. D. 52, 1, 31 ;
S. 52, 1, 368 ; P. 52, 2, 688. *Préfet
d'Ille-et-Vilaine c. Ursulines de Vitré.*
M. Pascalis, rapp.

— 16 août 1865. D. 65, 5, 177. *Ville
de Paris c. Maigre.* M. Gastambide,
rapp.

— 20 mars 1882. S. 83, 1, 87 ; P. 83,
177. *Caillol-Poncy c. ville de Marseille.*
M. Monod, rapp.

69. Mais il est indispensable
que des termes du procès-verbal

il résulte clairement que les conclusions fixant le dernier état des
demandes et offres ont été placées sous les yeux du jury.

Cass. rej. 14 avril 1833. D. 65, 5,
185. *Picomes c. préfet des Basses-Pyrénées.* M. Quénault, rapp.

— 16 août 1865. D. 65, 5, 177. *Ville
de Paris c. Maigre.* M. Gastambide,
rapp.

— 29 juin 1869. D. 69, 1, 344 ; S.
69, 1. 386 ; P. 69, 948. *Vivien-Labretonnière c. c^ne de Lizores.* M. Henriot,
rapp.

70. Si les offres et demandes
n'ont pas été modifiées par des
conclusions écrites, mais seulement par des conclusions orales,
il est nécessaire que ces conclusions soient relatées au procès-
verbal avec l'indication des
chiffres substitués à la demande
ou à l'offre primitive.

Cass. rej. 15 mars 1869. D. 69, 1,
272. *Ardoin c. docks de Saint-Ouen.*
M. Renouard, rapp.

71. La production et la remise
au jury d'un tableau des offres
n'est nécessaire que relativement
aux offres qui ont dû être notifiées.

72. Ainsi lorsque des intéressés ne se sont pas fait connaître
dans les délais de l'article 21 et
que cependant ils ont été cités devant le jury, la production d'un
tableau d'offres et de demandes
relativement à eux n'est pas obligatoire ; il suffit que des offres
leur soient faites à l'audience.

Cass. rej. 4 mars 1844. D. 44, 1, 185 ;
S. 44, 1, 375 ; P. 44, 1, 691. *Luys c.
préfet de la Seine.* M. Gillon, rapp.

— 4 mars 1861. D. 61, 1, 183 et 184.
Ville de Paris c. Duffié. M. Quénault,
rapp.

— 24 fév. 1864. D. 64, 5, 150. *Morin
c. ville de Paris.* M. Delapalme, rapp.

— 31 mai 1865. D. 65, 5, 173. *Granger-Chotard c. chemin de fer d'Orléans.*
M. Le Roux de Bretagne, rapp.

— 30 août 1865. D. 65, 5, 182. *Ga-
pon c. ville de Paris.* M. Delapalme,
rapp.

— 28 juill. 1879. D. 80, 1, 81 ; S. 81, 1, 377 ; P. 81, 900. *Préfet de la Lozère c. Bessières.* M. Sallé, rapp.

73. De même en est-il, relativement à une parcelle non expropriée, lorsque le règlement de l'indemnité concernant cette parcelle, n'a été soumis au jury que du consentement exprès des deux parties.

Cass. rej. 31 déc. 1850. D. 51, 1, 286 ; S. 51, 1, 364 ; P. 51, 2, 475. *Donzelot c. préfet de Seine-et-Oise.* M. Gillon, rapp.
— 17 déc. 1856. D. 57, 1, 45 ; S. 57, 1, 380 ; P. 58, 266. *Société de la rue Impériale à Lyon c. Danguin.* M. Delapalme, rapp.
— 24 juin 1857 . D. 57, 1, 292 ; S. 57, 1, 778 ; P. 58, 267. *Koechlin-Bourcart c. chemin de fer de Dijon.* M. Lavielle, rapp.
— 8 juill. 1863. D. 63, 1, 253 ; S. 63. 1, 400 ; P. 63, 1104. *Malice c. Petit.* M. Moreau de la Meurthe, rapp.
— 2 fév. 1869. D. 69, 1, 246 ; S. 69, 1, 385 ; P. 69, 946. *Hugues c. chemin de fer de Lyon.* M. Pont, rapp.

§ 3. — *Plans parcellaires.*

74. L'article 37 exige qu'avec le tableau des demandes et des offres, les plans parcellaires soient placés sous les yeux du jury.

75. La production des plans parcellaires est exigée, à peine de nullité, comme celle du tableau des demandes et offres, et conséquemment elle doit être mentionnée au procès-verbal dans des termes qui ne permettent aucun doute sur sa réalisation.

Cass. 11 août 1841. D. 41, 1, 312 ; P. 47, 1, 212. *Préfet de l'Aveyron c. Albin.* M. Gillon, rapp.
— 18 août 1884. *Camus c. ville de Gournay.* M. Greffier, rapp.

76. La mention que *toutes les pièces produites par les parties* ont été placées sous les yeux du jury, n'établit pas d'une façon suffisante, la remise des plans parcellaires.

Cass. 2 janv. 1844. D. 44, 1, 72 ; S. 44, 1, 188 ; P. 44, 1, 152. *Maury c. cne de Rouvière.* M. Gillon, rapp.
— 26 fév. 1851. D. 51, 1, 157 ; S. 51, 1, 246 ; P. 51, 548. *Avisse c. préfet d'Eure-et-Loir.* M. Delapalme, rapp.

77. Toutefois, lorsque le procès-verbal des opérations du jury, après avoir rappelé que les immeubles compris dans le jugement prononçant l'expropriation y étaient désignés suivant les directions indiquées sur un plan d'ensemble de la commune et les alignements tracés en rouge et en noir sur les plans parcellaires, constate que le magistrat-directeur a mis sous les yeux du jury le tableau des offres et demandes qu'il a annexé au présent ainsi que les titres, pièces et documents fournis par les parties à l'appui de leurs offres et demandes, de l'ensemble de ces énonciations, il ne peut être douteux que les plans parcellaires n'aient fait partie des titres, pièces et documents mis sous les yeux du jury.

Cass. rej. 28 fév. 1860 (2 arrêts). D. 60, 1, 410 ; P. 61, 711. *Dupin et Gaugain c. ville de Paris.* M. Gaultier, rapp.

78. Mais, est insuffisante pour établir que le plan parcellaire a été mis sous les yeux du jury, cette mention : « *Qu'il a été exposé à MM. les jurés que la loi mettait à leur disposition tous les moyens de s'éclairer qui pourraient leur paraître nécessaires.* »

Cass. 21 et 22 août 1865. D. 65, 5, 184. *O'Lombel et autres c. chemin de fer du Midi.* M. de Vaulx, rapp.

79. La remise des *plans* constatée au procès-verbal doit s'entendre des plans *parcellaires*, à moins qu'il ne soit prouvé que ces plans n'ont pas été remis.

Cass. rej. 25 fév. 1840. D. 40, 1, 145, S. 40, 1, 212; P. 40, 1, 233. *Valogne c. préfet de Seine-et-Oise*. M. Quéquet; rapp.

— 5 mars 1844. D. 44, 1, 173 ; P. 46, 2, 436. *François c. c^{ne} de la Villette*. M. Miller, rapp.

— 26 août 1868. D. 68, 1, 445 ; S. 69, 1, 37; P. 69, 60. *Ville d'Elbeuf c. Hébert*. M. Rieff, rapp.

Sic : Delalleau et Jousselin, t. I, n° 553. — De Peyronny et Delamarre, n° 435. — Daffry de la Monnoye, t. I, p. 478.

79 *bis*. Le plan parcellaire, eu égard à la nature des travaux pour lesquels l'expropriation a été prononcée, avec prise de possession d'urgence, peut être remplacé par le plan qu'avait dressé le chef du génie, et qui est demeuré annexé au décret de prise de possession, en vertu d'une de ses prescriptions formelles.

Cass. 19 mai 1884. S. 84, 1, 344 ; P. 84, 836. *Guillant c. ville de Belley*. M. Greffier, rapp.

80. Les plans parcellaires peuvent être produits simplement en copie; celle-ci a la même valeur que l'original si aucune réclamation n'a été élevée contre son exactitude.

Cass. rej. 27 mars 1843. D. 43, 1, 189; S. 43, 1, 439; P. 43, 1, 635. *Thinières c. préfet du Lot*. M. Bryon, rapp.

— 27 mars 1843. D. 43, 1, 217; S. 43, 1. 343; P. 43, 2, 89. *Cluze c. préfet de Vaucluse*. M. Barennes, rapp.

— 29 mars 1858. D. 58, 1, 321; S. 58, 1, 830. *Dubois c. ville de Gray*. M. Delapalme, rapp.

— 8 déc. 1863. D. 64, 5, 170. *Bories. c. chemin de fer d'Orléans*. M. Laborie, rapp.

— 7 août 1867. D. 67, 1, 494. *Coré c. c^{ne} de Clamecy*. M. Laborie, rapp.

81. Les inexactitudes qu'on prétendrait relever dans le plan parcellaire doivent être signalées avant la décision du jury; cette décision rendue, sans protestation ni réserves relativement à l'exactitude du plan, aucune

nullité ne peut plus être invoquée de ce chef.

Cass. rej. 7 avril 1869. D. 69, 1, 342. *Juloux c. ville de Quimperlé*. M. Glandaz, rapp.

82. Lorsque l'exproprié, en consentant amiablement la cession de son immeuble, a dispensé l'expropriant de l'accomplissement des formalités relatives à l'expropriation, la non-production du plan parcellaire ne saurait entraîner nullité.

Cass. rej. 21 nov. 1871. D. 71, 1, 242. *Riche c. préfet de la Corse* M. Henriot, rapp.

83. Si, d'après le consentement des parties, un jury est appelé à prononcer sur plusieurs affaires, il suffit qu'il soit constaté par le procès-verbal qu'un tableau général des offres et demandes ainsi que les plans parcellaires, concernant les diverses propriétés ont été remis au jury après sa constitution.

Cass. rej. 23 août 1875. D. 77, 1, 31; S. 75, 1, 427 ; P. 75, 1066. *Chemin de fer nantais c. hospices de Nantes*. M. Gastambide, rapp.

84. De même, lorsque les affaires, ont été divisées en plusieurs catégories, il suffit que des termes du procès-verbal dressé pour la première catégorie, il résulte que le tableau des offres et demandes et les plans parcellaires ont été remis aux jurés de toutes les catégories.

Cass. rej. 24 avril 1867. S. 67, 1, 260; P. 67, 655. *Marguerit c. ville de Paris*. M. Renouard, rapp.

85. Mais la mention du procès-verbal constatant que le tableau des offres et demandes, les plans parcellaires, les titres et autres documents produits par les parties ont été remis au jury dans deux affaires, n'établit pas suffisamment qu'il en a été ainsi dans une troisième.

Cass. 1er mai 1877. D. 79, 5, 218; P. 77, 686; S. 77, 1, 277. *Cne de Fresnes c. Jenart*, M. Goujet, rapp.

86. Le défaut de remise des plans parcellaires ne peut être invoqué par la partie qui avait l'obligation de faire cette communication, c'est-à-dire par l'expropriant.

Cass. rej. 24 mars 1841. D. 41, 1, 193; S. 41, 1, 344; P. 47, 1, 216. *Préfet des Bouches-du-Rhône c. de Grignan.* M. Renouard, rapp.
— 6 fév. 1844. D. 44, 1, 165; S. 44, 1, 328; P. 44, 1, 274. *Préfet de l'Hérault c. Janssen.* M. Renouard, rapp.
— 4 fév. 1864. D. 64, 5, 166. *Cne de de Quincié c. Santallié.* M. Glandaz, rapp.

§ 4. — *Titres et autres documents produits par les parties.*

87. L'article 37 exige encore qu'on place sous les yeux du jury *les titres ou documents produits par les parties à l'appui de leurs offres et demandes.*

88. Cette obligation concerne les pièces et documents produits par les parties dans le débat et dont elles ne doivent user qu'après communication préalable à l'adversaire.

89. Dès l'instant qu'un document a été produit dans le débat par une des parties, le magistrat-directeur ne peut se refuser, sans outre-passer ses pouvoirs, à le mettre sous les yeux du jury.

Cass. 7 mars 1877. D. 77, 1, 469; S. 77,1,279; P.77, 689. *Vin c. ville de Paris.* M. Aubry, rapp.

90. Mais il a le choix du moment où la communication au jury des documents produits par les parties doit être faite.

Cass. 11 janv. 1854. D. 54, 1, 238;

S. 54, 1, 202; P. 54, 2, 607. *Collot c. ville de Paris.* M. Renouard, rapp.
— 13 fév. 1860. D. 60, 1, 408; P. 61, 638. *Moreau c. chemin de fer de Lyon.* M. Renouard, rapp.

91. Le magistrat-directeur use de son droit d'appréciation en s'abstenant de communiquer au jury, au cours de sa délibération, une pièce que l'exproprié avait tardivement produite sans demander d'ailleurs la réouverture du débat.

Cass. rej. 19 juill. 1881. D. 82, 1, 267. *Malartre c. le préfet de la Loire.* M. Sallé, rapp.

92. Des conclusions tendant à restreindre le droit de préemption de l'exproprié, lorsqu'elles ont été à bon droit écartées du débat, ne devaient pas être retenues par le magistrat-directeur comme un document qui devait être placé sous les yeux du jury, ni comme soulevant un litige sur le fond du droit et sur la qualité des réclamants.

Cass. rej. 14 mars 1881; S. 81, 1, 227; P. 81, 538. *Préfet de la Haute-Marne c. Thiébault.* M. Blondel, rapp.

93. La remise au jury des documents produits par les parties à l'appui de leurs dires et prétentions doit être constatée par le procès-verbal.

94. Il suffit toutefois que cette constatation résulte de l'ensemble des mentions du procès-verbal.

95. Ainsi en est-il lorsque le procès-verbal constate que, les parties ayant été invitées à faire remettre au jury tous leurs titres et documents, le magistrat-directeur a fait remettre aux jurés, *toutes les pièces*, au moment où ils se retiraient pour délibérer.

Cass. rej. 7 août 1866. D. 66, 5, 202 *Préfet de Loir-et-Cher c. Cormier.* M. Glandaz, rapp.

— 7 juill. 1868. D. 68, 1, 329. *Picot c. chemin de fer d'Orléans.* M. Glandaz, rapp.

96. Il appartient au jury d'apprécier l'opportunité de la remise de la cause demandée pour produire un document nouveau.

Cass. rej. 19 juill. 1881. D. 82, 1, 267 : 1re espèce, *de Malartre c. préfet de la Loire.* M. Sallé, rapp.

97. Si des affaires avaient été réunies pour être soumises au même jury ou divisées en catégories, la remise d'un tableau général des offres et demandes après la constitution du jury ou au moment de l'ouverture des débats pour chaque catégorie ne serait suffisante qu'autant qu'il ne serait pas justifié que les parties aient produit à l'appui de leurs offres et demandes des titres ou autres documents que le magistrat-directeur aurait négligé de mettre sous les yeux du jury.

Cass. rej. 23 août 1875. D. 77, 1, 31 ; S. 75, 1, 427 ; P. 75, 1066. *Ch. de fer Nantais c. Hospices de Nantes.* M. Gastambide, rapp.

98. Au cas de silence du procès-verbal relativement à la production des titres et documents fournis par les parties à l'appui de leurs prétentions, il appartient à la partie, qui allègue cette production et la non-communication au jury, de l'établir par des moyens de preuve pertinents.

99. Ainsi l'exproprié soutient vainement avoir formé une demande en réponse à l'exploit d'offres à lui notifié, demande non mentionnée au procès-verbal, lorsqu'il n'appuie sa prétention que sur une copie, sans authenticité, d'une lettre qu'il ne prouve pas avoir écrite et dont lui-même n'indique pas la date.

Cass. rej. 9 mars 1864. *Bull. civ.* 1864, p. 69. *Vilcocq c. ville de Paris.* M. Renouard, rapp.

Section II. — *Observations par les parties ou leurs fondés de pouvoirs.*

100. Il n'y a pas, devant le jury, de mandataire *ad litem*, puisant, par exemple dans sa qualité d'officier ministériel, un droit particulier à représenter les parties. Ainsi un avoué ne comparaît que comme un simple mandataire.

Cass. rej. 15 janv. 1855. D. 55, 1, 168 ; S. 55, 1, 383 ; P. 55, 1. 148. *Adville c. préfet de Seine-et-Oise.* M. Silvestre, rapp.

101. Un mandat écrit n'est pas obligatoire, un mandat oral ou tacite peut suffire.

Cass. rej. 29 nov. 1853. D. 53, 1, 377 ; S. 55, 1, 135 ; P. 55, 1, 428. *Bienaymé c. ville de Paris.* M. Lavielle, rapp.
— 6 août 1856. D. 56, 1, 331. *Chauchart c. chemin de fer de l'Est.* M. Alcock, rapp.
— 28 déc. 1859. D. 60, 1, 39 ; S. 60. 1, 1004 ; P. 60, 1044. *Cne de Mallemort c. Boutière.* M. Alcock, rapp.

102. L'existence d'un mandat tacite résulte de l'ensemble des documents de la cause et des constatations du procès-verbal ; il appartient à la Cour de cassation de l'en dégager.

Mêmes arrêts.

103. Dès l'instant que le mandat existe, il confère tous les droits qui appartiennent à la partie elle-même ; notamment celui de consentir à la jonction de l'affaire avec d'autres pour être soumises à un même jury, ou le classement par catégories ;

Cass. rej. 6 août 1856. D. 56, 1, 331. *Chauchart, c. chemin de fer de l'Est.* M. Alcock, rapp.
— 11 août 1857. S. 57, 1, 861 ; P. 58,

765. *Préfet du Finistère. c. Durand.* M. Renouard, rapp.

104. Le droit de consentir une cession amiable comme celui de suivre sur une procédure en expropriation.

Arrêt précité du 6 août 1856.

105. Une partie qui a discuté sans protestation ni réserves les conclusions prises par le mandataire de son adversaire, ne saurait être admise à soutenir postérieurement que ce mandataire n'avait pas un mandat suffisant.

Cass. rej. 26 août 1867. D. 67, 1, 493 ; S. 68, 1, 136 ; P. 68, 306. *Dupont. c. Ville de Nantes.* M. de Vaulx, rapp.

106. La liberté de la défense interdit au magistrat-directeur toute observation de nature à faire connaître son opinion sur le fond de l'affaire ou sur la partie des observations présentées au nom des parties.

107. Ainsi est de nature à entraîner la nullité de la décision du jury l'observation que les maisons n'étaient pas bâties, faite par le magistrat-directeur à l'avocat qui, pour indiquer la valeur future de la propriété, parlait de constructions projetées, observation accompagnée de ces paroles : « Vous plaidez depuis une demi-heure sur des suppositions, permettez-moi de vous dire que cela n'est pas sérieux. »

Cass. 18 déc. 1861. D. 62, 1, 302 ; S. 62, 1, 434 ; P. 62, 414. *Desautels. c. préfet des Bouches-du-Rhône.* M. Sevin, rapp.

SECTION III. — *Droit du jury d'entendre toutes personnes qu'il croit pouvoir l'éclairer.*

108. Le droit conféré au jury d'entendre toutes personnes qu'il croira pouvoir l'éclairer est absolu et ne comporte pas de restriction.

109. Ainsi il peut mander devant lui l'expert de l'administration ;

Cass. rej. 26 avril 1843. D. 43, 1, 266 ; S. 43, 1, 620 ; P. 43, 2, 209. *Mournau c. l'État.* M. Barennes, rapp.

110. Les parties devant être à même de s'expliquer sur tous les éléments de la cause, il s'ensuit que l'audition des personnes mandées par le jury doit avoir lieu en leur présence.

Cass. 4 juill. 1855. D. 55, 1, 284 ; S. 55, 1, 843 ; P. 56, 1, 615. *Dupuy. c. préfet du Gers.* M. Alcock, rapp.

111. Les parties n'ont pas le droit d'amener des tiers devant le jury pour fournir des renseignements à l'appui de leurs prétentions ; le jury a seul le pouvoir de les appeler.

Cass. rej. 30 avril 1844. D. 44, 1, 252 ; S. 44, 1, 432 ; P. 44, 2, 109. *Singer c. préfet de la Seine.* M. Hello, rapp.

112. Un maire entendu sans avoir été appelé par le jury, doit être considéré, non comme un tiers, mais comme une partie défendant ses intérêts, quand la commune contribue à l'indemnité d'expropriation.

Même arrêt.

113. Le jury peut entendre toutes personnes qu'il croira pouvoir l'éclairer, mais non ordonner une enquête proprement dite ; par suite, lors de l'audition des personnes appelées, il n'y a pas lieu à remplir les formalités des articles 252 à 294 C. pr.

Delalleau et Jousselin, t. I, n° 570.

114. Il ne peut, non plus, ordonner une expertise, c'est-à-dire, commettre des experts chargés spécialement de telle mission, prêtant serment de la remplir fidèlement, dressant procès-verbal de leur opération, et remettant ce procès-verbal sous les yeux du jury.

Discussion de la loi de 1833. *Moniteur* du 8 juin 1833, p. 1607.

Cass. rej. 9 juin 1834. D. 34, 1, 337; S. 35, 1, 87; P. 34, 482. *de Boubert c. Ministre des travaux public.* M. Rupéron, rapp.

115. Toutefois le jury, soit qu'il se transporte en corps sur les lieux, soit qu'il agisse par un de ses membres délégué, peut se faire assister par tel homme de l'art auquel il demandera les renseignements qu'il jugera convenables, mais cet assistant n'aura pas le caractère d'un expert chargé de dresser rapport de ses opérations.

Même arrêt.

116. Des assistants pourront même être désignés par le magistrat-directeur pour accompagner le jury, s'il est spécifié que ces assistants ne sont pas désignés à titre d'experts, mais seulement pour donner les renseignements que les jurés croiraient utiles.

Cass. rej. 11 fév. 1861. D. 61, 1, 136; P. 62, 234. *Deshayes-Bonneau. c. chemin de fer d'Orléans.* M. Renouard, rapp.

117. Les personnes que le jury désire entendre doivent être assignées, à moins que le magistrat-directeur n'ait la conviction qu'elles comparaîtront sur un simple avis.

118. Assignées, elles doivent comparaître, sous peine de se voir condamner à l'amende et d'être réassignées à leurs frais, par application de l'article 263 du code de procédure.

Delalleau et Jousselin, t. I, n° 571. — *Contrà :* Herson, n° 209. — Foucart, t. Ier, p. 208.

119. Quand elles comparaissent, elles doivent donner, sur leurs noms, profession, demeure, sur les liens de parenté ou de domesticité qui peuvent exister entre elles et les parties, toutes les indications de nature à mettre à même les jurés d'apprécier le degré de confiance qui peut être accordé à leurs déclarations, sous peine de ne pas être entendues.

120. De même le serment n'est pas obligatoire, mais s'il était refusé, alors que le jury aurait désiré qu'il fût prêté, celui-ci pourrait lui-même refuser d'entendre la personne appelée.

Delalleau et Jousselin, t. I, p. 570. — Daffry de la Monnoye, t. I, p. 495.

121. De même encore, il appartient au jury d'entendre ou de refuser d'entendre la personne contre laquelle des reproches ont été formulés.

Delalleau et Jousselin, t. I, n° 570.

122. Le procès-verbal doit contenir les noms des personnes appelées et entendues, sans qu'il y ait lieu de reproduire leurs déclarations.

Delalleau et Jousselin, *ibid.*

123. Ces mentions ne concernant pas d'ailleurs des formalités substantielles, ne doivent pas se rencontrer dans le procès-verbal à peine de nullité.

124. Une indemnité de déplacement et de voyage est allouée, si elles la requièrent, aux personnes appelées pour éclairer le jury (article 19 de l'ordonnance du 18 sept. 1833.)

125. Quand elles ne sont pas domiciliées à plus d'un myriamètre du lieu où elles doivent être entendues, elles reçoivent une indemnité de comparution de 1 fr. 50 c. — Quand elles sont domiciliées à plus d'un myriamètre, elles reçoivent, pour indemnité de ce voyage, lorsqu'elles ne seront pas sorties de leur arrondissement, 1 franc par myriamètre parcouru en allant et revenant et, lorsqu'elles seront sorties de leur arrondissement, 1 fr. 50 c. — Dans le cas où l'indemnité de voyage est allouée, il ne doit être accordé aucune taxe de comparution.

126. Les personnes appelées devant le jury qui reçoivent un traitement quelconque à raison d'un service public n'ont droit qu'à l'indemnité de voyage, s'il y a lieu et si elles la requièrent.

Section IV. — *Transport sur les lieux.*

127. Le jury seul, non le magistrat-directeur, a le droit d'ordonner son transport sur les lieux.

Cass. rej. 10 août 1852. D. 54, 5, 354. *Chemin de fer de Saint-Germain c. de Mantblin.* M. Grandet, rapp.
— 5 mai 1857. D. 57, 1, 166. *Marie c. c^{ne} de Forges-les-Eaux.* M. Renouard, rapp.

128. Aucune disposition de loi n'assujettit à des formes spéciales la constatation de la décision que prend le jury relativement à la visite des lieux.

Cass. rej. 24 déc. 1851. D. 51, 5, 246; S. 52, 1, 670; P. 52, 1, 71. *Molaix et autres c. préfet de la Seine.* M. Renouard, rapp.
— 10 août 1852. D. 54, 5, 353. *Chemin de fer de Saint-Germain c. préfet de la Seine.* M. Renouard, rapp.

128 bis. Par suite est régu-

lière la décision du jury quand le procès-verbal contient la mention que les jurés, sur la demande des représentants de l'administration et des parties expropriées, ont déclaré qu'ils se rendraient sur les lieux immédiatement.

Cass. 30 juin 1884. *De Jonage c. l'État.* M. Monod, rapp.

129. De la mention insérée au procès-verbal, que le directeur du jury a annoncé aux parties que les jurés se transporteront sur les lieux, résulte suffisamment la preuve que le transport avait été résolu par les jurés.

Mêmes arrêts.

130. Le seul fait de l'invitation à se rendre sur les lieux adressée au jury par le magistrat-directeur, après la demande expresse faite à cet égard par toutes les parties, ne suffit nullement pour établir que le jury, en obtempérant à cette invitation, ne s'est pas décidé librement et n'a pas délibéré sur ce transport autant qu'il le fallait pour en apprécier l'opportunité.

Cass. rej. 5 mai 1857. D. 57, 1, 166. *Marié c. c^{ne} de Forges-les-Eaux.* M. Renouard, rapp.

131. Ni l'article 37 de la loi du 3 mai 1841, ni aucune autre disposition de loi n'interdit au magistrat-directeur du jury la faculté de faire les observations qu'il croit utiles pour la direction de l'instruction. Ainsi, en avertissant les jurés que si une visite des lieux était jugée nécessaire, elle serait plus utilement faite avant la discussion et, après que les parties intéressées et l'administration auraient indiqué sommairement les points litigieux qui les divisaient, le magistrat-directeur n'a violé aucune loi.

Cass. rej. 19 août 1846. D. 46, 1, 318; S. 46, 1, 877; P. 46, 2, 507. *Léguillette c. Préfet de l'Aisne.* M. Miller, rapp.

132. Pour prendre la décision en vertu de laquelle il ordonne son transport sur les lieux, le jury n'est pas dans l'obligation de se retirer dans la chambre de ses délibérations et de nommer un président, cette décision pouvant être prise au début ou au cours de l'instruction , c'est-à-dire , avant le moment où il se retire pour délibérer sur le fond de l'affaire et où il nomme un président.

Arrêt précité du 19 août 1846. — 7 avril 1845. D. 45, 1, 207 ; S. 45, 1, 529 ; P. 45, 1, 585. *L'État c. Feron.* M. Renouard, rapp.

133. Lorsqu'il résulte des constatations du procès-verbal qu'un juré, ne faisant pas partie du jury unique chargé de régler les indemnités, s'est trouvé, pendant une délibération relative au transport sur les lieux, dans la même salle avec les douze jurés du jury unique, et que la présence de cet étranger n'a donné lieu à aucune réclamation de la part des parties, celles-ci doivent être considérées comme ayant donné un consentement tacite à ce qu'il soit passé outre et ne sauraient, dès lors, se faire de l'irrégularité commise, un grief de nullité.

Cass. rej. 21 août 1882. S. 83, 1, 277; P. 83, 656. *Bull. civ.*, 82, p. 335. *Paulet c. préfet de la Haute-Loire.* M. Legendre, rapp.

134. Si la teneur de la décision par laquelle le jury ordonne son transport sur les lieux n'est pas textuellement reproduite dans le procès-verbal, l'existence

de cette décision est suffisamment établie lorsque, signée de tous les membres du jury, elle a été jointe au procès-verbal, et que, des mentions du procès-verbal, il résulte que les parties en ont eu connaissance et ont concouru à l'exécution.

Cass. rej. 11 fév. 1861. D. 61, 1, 135 ; P. 62, 234. *Deshayes-Bonneau c. chemin de fer d'Orléans.* M. Renouard. rapp.

135. Alors même que la décision, signée des jurés, ne porterait pas le visa du magistrat-directeur et du greffier.

Même arrêt.

136. Il n'y a point délibération commune et, par suite, point de violation de la loi, dans le fait, par trois jurys, composés en partie des mêmes personnes, de s'être concertés pour fixer les jour et heure des visites à faire.

Cass. rej. 30 janv. 1860. D. 60, 1, 412; P. 61, 1, 1182. *Meynard c. chemin de fer d'Orléans.* M. Lavielle, rapp.

137. La visite des lieux ainsi que le moment où elle s'effectuera doivent être portées à la connaissance des parties.

Cass. 20 avril 1858. D. 58, 1, 323. *Pinet c. chemin de fer de Lyon.* M. Alcock, rapp.

138. Il y a nullité, s'il ne résulte d'aucune des mentions du procès-verbal que cette connaissance ait été donnée, et que les parties aient été mises à même d'y assister.

Même arrêt.

139. Aucune forme n'est prescrite pour la connaissance à donner aux parties du transport sur les lieux ; il suffit que, de l'ensemble des énonciations du procès-verbal, il résulte que les parties n'ont pu se tromper ni sur le fait de la visite, ni sur le moment auquel elle devait s'effectuer.

Cass. rej. 18 nov. 1846. D. 47, 1, 77 ; P. 46, 2, 647. *de Montalembert c. préfet de la Charente*, M. Renouard, rapp.

140. Ainsi une suspension de séance pour procéder à la visite des lieux ordonnée avec indication de reprise de la séance à une heure de relevée, indique suffisamment à quel moment la visite doit être effectuée.

Même arrêt.

141. De même, au cas de jonction de plusieurs affaires, si, en indiquant le jour et l'heure de la visite des immeubles, on a indiqué l'ordre d'après lequel cette visite aurait lieu.

Cass. rej. 24 juin 1857. D. 57, 1, 292; S. 57, 1, 773 ; P. 58, 267. *Koechlin-Bourcart c. chemin de fer de Dijon.* M. Lavielle, rapp.
— 15 mars 1869. D. 69, 1, 272. *Ardouin c. docks de Saint-Ouen.* M. Renouard, rapp.

142. En tous cas, alors même que manqueraient au procès-verbal des indications suffisantes sur la fixation du moment de la visite des lieux, la nullité qui en pourrait résulter est couverte si, la visite effectuée, la partie est revenue discuter devant le jury sans élever de réclamation relativement aux conditions de la visite.

Cass. rej. 16 fév. 1846. D. 46, 1, 63 ; S. 46, 1, 223; P. 46, 1, 501. *Préfet des Bouches-du-Rhône c. Masson.* M. Renouard, rapp.
— 5 janv. 1847. S. 47, 1, 835. *Gaubert c. ville de Paris.* M. Gaultier, rapp.
— Arrêts précités des 24 juin 1857 et 15 mars 1869.
— 31 juill. 1883. *Bull. civ.*, 83, p. 337. *Demoiselle Combe c. préfet de l'Isère.* M. Merville, rapp.

142 bis. Sont couvertes les irrégularités qui pourraient exister dans la mesure du transport sur les lieux, lorsque les parties ont comparu et discuté devant le jury sans élever de protestations ni faire de réserves.

Cass. 30 juin 1884. *De Jonage c. l'Etat.* M. Monod, rapp.

143. Le manque de précision dans l'indication du jour et de l'heure auxquels le jury se transporterait sur les lieux n'entraîne pas la nullité de la décision quand, après la visite des immeubles, le demandeur en cassation a plaidé au fond sans alléguer n'avoir pu assister à ladite visite et sans exprimer, à cet égard, ni protestations ni réserves.

Cass. rej. 7 déc. 1881. S. 82, 1. 133; P. 82, 286. *Bull. civ.*, 81, p. 358. *Thierry-Delanoue c. chemin de fer de Vassy.* M. Merville, rapp.

144. L'avertissement donné en séance publique relativement au transport sur les lieux vaut vis-à-vis de toutes les parties présentes et *non présentes*, sans qu'il y ait besoin de faire à ces dernières aucune notification.

Cass. rej. 18 nov. 1846. D. 47, 1, 77; P. 46, 2, 647. *De Montalembert c. préfet de la Charente.* M. Renouard, rapp.

145. La visite des lieux par le jury est facultative ; lorsque, malgré la demande qui lui en est faite, il décide qu'il ne se transportera pas sur les lieux, il ne fait qu'user du droit qui lui appartient.

Cass. rej. 9 nov. 1857. D. 58, 1, 82; P. 58. 596. *Gérard de la Cantrie c. chemin de fer d'Orléans.* M. Delapalme, rapp.
— 16 juill. 1873. D. 74, 1, 447. S. 73, 1, 477; P. 73, 1195. *Garret c. cont de Marchenoir.* M. Rieff rapp.

146. Lorsque le transport sur les lieux a été ordonné, le procès-verbal doit constater que cette décision, acquise aux parties, a été exécutée.

Cass. 28 janv. 1868. D. 68, 1, 122. *Dabas c. ville de Rennes.* M. Renouard, rapp.

147. Il importe peu que, pour ne pas faire cette visite, le jury se détermine par la connaissance extrinsèque que les jurés ou quelques-uns d'entre eux peuvent avoir de l'état des lieux.

Arrêts précités du 9 nov. 1857 et du 16 juill. 1873.

148. Le transport sur les lieux peut encore être ordonné, alors même que le magistrat-directeur a considéré l'instruction comme terminée et en a ordonné la clôture. La conséquence de cette décision préparatoire est de rouvrir les débats et de donner aux parties le droit de présenter de nouvelles observations ; après quoi, et lorsque l'instruction ainsi rouverte a été close de nouveau, les jurés se retirent dans leur chambre pour délibérer.

Cass. rej. 18 nov. 1846. D. 47, 1, 77 ; P. 46, 2, 647. *De Montalembert c. préfet de la Charente.* M. Renouard, rapp. — 4 juill. 1855. D. 55, 1, 284 ; S. 55, 1, 843 ; P. 56, 1, 615. *Dupuy c. préfet du Gers.* M. Alcock, rapp. — 25 juill. 1855. D. 55, 1, 374 ; S. 55, 1, 841 ; P. 55, 2, 286. *Préfet des Basses-Alpes c. Frison.* M. Renouard, rapp.

149. L'énonciation au procès-verbal qu'avant d'entrer dans la chambre de ses délibérations, le jury s'est transporté sur les lieux, qu'ensuite il s'est rendu au palais de justice où la séance a été reprise en audience publique, et que le magistrat-directeur a donné connaissance aux jurés des articles 38 et 51, après quoi, ils se sont retirés dans leur chambre pour délibérer, indique suffisamment que l'instruction réouverte a été close de nouveau, malgré l'absence de mention expresse d'une nouvelle déclaration de clôture.

Arrêt précité du 25 juill. 1855.

150. Lorsque le procès-verbal constate qu'avant la clôture de l'instruction et, en présence des parties, le jury a fait connaître son intention de se transporter sur les lieux ; que deux heures environ plus tard, le jury est rentré en séance publique ; que rien n'indique qu'à cette rentrée en la séance publique les parties intéressées, suffisamment averties par les circonstances susrelatées, aient été absentes de l'audience, ni que la faculté de présenter des observations leur ait été refusée ; que le jury, se trouvant en état de statuer sur les affaires à lui soumises, s'est retiré en la chambre du conseil, ce procès-verbal, qui n'était point tenu de s'expliquer sur les causes du silence que les parties ont jugé à propos de garder, indique suffisamment : d'une part, que les droits de la défense ont été sauvegardés ; d'autre part : que l'instruction a été régulièrement close.

Cass. rej. 11 août 1857. D. 57, 1, 329 ; S. 57, 1, 861 ; P. 58, 765. *Préfet du Finistère c. Durand.* M. Renouard, rapp.

151. Mais la décision est entachée de nullité quand, des énonciations du procès-verbal, il ne résulte pas que les débats ont été rouverts après un transport sur les lieux effectué alors que la discussion avait été close.

Cass. 8 déc. 1880. D. 81, 5, 198 ; S. 82, 1, 480 ; P. 82, 1187. *Préfet de la Corse c. Rossi.* M. Rohault de Fleury, rapp.

152. Le jury a le droit de se transporter sur les lieux, même après qu'il est entré dans la chambre de ses délibérations ; et, si le magistrat-directeur, au désir qui lui est manifesté d'effectuer ce transport, répond qu'il est trop tard et que la chose n'est plus possible, il y a, dans cet obstacle apporté à un moyen légitime d'instruction, une cause suffisante de nullité.

Cass. 13 août 1866. D. 66, 5, 198 ; S. 67, 1, 85 ; P. 67, 173. *Ville de Pau c. Power.* M. Le Roux de Bretagne, rapp.

153. Le magistrat-directeur et le greffier ne sont pas tenus d'assister à la visite des lieux ; mais leur assistance à la visite n'y introduit aucune cause de nullité.

Cass. rej. 7 fév. 1887. D. 87, 1, 178 ; S. 87, 1, 126 ; P. 87, 1, 94. *Parmentier-Carlier c. Urbain et Piard.* M. Thil, rapp.
— 27 mars 1843. D. 43, 1, 217 ; S. 43, 1, 348 ; P. 43, 2, 89. *Cluze c. préfet de Vaucluse.* M. Barennes, rapp.
— 11 janv. 1854. D. 54, 1, 238 ; S. 54, 1, 202 ; P. 54, 2, 607. *Collot c. ville de Paris.* M. Renouard, rapp.
— 16 juill. 1866. D. 66, 5, 214. *Delestang c. ville de Marseille.* M. de Vaulx, rapp.
— 14 août 1866. D. 66, 5, 214 ; S. 67, 1, 85 ; P. 67, 174. *Boursin c. ville de Paris.* M. de Vaulx, rapp.
— 24 avril 1867. S. 67, 1, 260. *Marguerit et autres c. ville de Paris.* M. Renouard, rapp.
— 21 mars 1877. D. 78, 1, 437 ; S. 78, 1, 79 ; P. 78, 164. *Lamothe et autres c. ville de Nancy.* M. Aucher, rapp.
Sic : Delalleau et Jousselin, t. I, nº 568. — De Peyronny et Delamarre, nº 459. — Arnaud, nº 334. — Daffry de la Monnoye, t. I, p. 503.

154. Le magistrat-directeur peut même assister à la visite

sans être accompagné de son greffier.

Cass. rej. 8 juin 1874. D. 74, 1, 387 ; S. 75, 1, 39 ; P. 75, 62. *Autran c. chemin de fer de Lyon.* M. Casenave, rapp.

155. La visite de lieux étant une mesure purement facultative et qui n'est sujette à aucune formalité particulière, la constatation dans le procès-verbal de cette opération n'est point prescrite à peine de nullité.

Cass. rej. 14 avril 1858. D. 58, 1, 322. *Rondel c. préfet de la Seine.* M. Lavielle, rapp.
— 23 janv. 1865. D. 65, 5, 188. *Lieutaud c. ville de Marseille.* M. Quénault. rapp.
— 16 juill. 1866. D. 66, 5, 214. *Delestang c. ville de Marseille.* M. de Vaulx, rapp.
— 14 août 1866. D. 66, 5, 214 ; S. 67, 1, 85 ; P. 67, 174. *Boursin c. ville de Paris.* M. de Vaulx, rapp.
— 24 avril 1867. S. 67, 1, 260. *Marguerit et autres c. ville de Paris.* M. Renouard, rapp.
— 21 mars 1877. S. 78, 1, 79 ; P. 78, 164 ; D. 78, 1, 437. *Lamothe et autres c. ville de Nancy.* M. Aucher, rapp.

156. La mention au procès-verbal que l'audience a été ultérieurement reprise sans réclamation des parties indique suffisamment que le transport a été régulièrement effectué.

Mêmes arrêts.

157. Les règles qui précèdent s'appliquent notamment et particulièrement aux visites de lieux ordonnées et effectuées après la prestation de serment des jurés.

158. Quant à la visite de lieux qui aurait été accomplie avant la prestation de serment, la présomption est que le transport des jurés n'aurait été qu'une démarche privée, purement officieuse et sans portée légale.

Cass. rej. 21 août 1860. D. 60, 1, 416 ; S. 61, 1, 385 ; P. 61, 842. *Sardou c.*

chemin de fer de Lyon. M. Quénault, rapp.

— 5 mars 1861. D. 61, 1, 181 ; S. 61, 1, 1000 ; P. 61, 1056. *De Benoist c. Lazard.* M. Gaultier, rapp.

— 21 août 1861. D. 61, 1, 899. *Wuichet c. chemin de fer de Lyon.* M. Alcock, rapp.

159. La preuve contraire appartient aux parties intéressées ; mais cette preuve n'est pas suffisamment faite quand il a été établi :

que, sur l'avertissement à eux donné par le magistrat-directeur de la faculté qu'ils avaient de visiter les immeubles expropriés et d'entendre toutes personnes qu'ils croiraient pouvoir les éclairer, les jurés ont déclaré qu'ils s'étaient officieusement transportés sur les lieux et avaient visité les immeubles dont la valeur était soumise à leur appréciation ; que, de plus, ils s'étaient entourés de tous les renseignements qui leur étaient nécessaires, — et que cette déclaration des jurés n'avait soulevé ni protestation ni contradiction de la part du demandeur et des autres intéressés ;

Cass. rej. 28 mai 1870. D. 70, 1, 891. *De la Tullaye c. préfet de la Loire-Inférieure.* M. Henriot, rapp.

160. qu'après un premier appel, les jurés, avant leur constitution et leur prestation de serment, se sont rendus spontanément sur les lieux, et qu'à un second appel fait à leur retour, aucune observation n'avait été émise sur la visite des immeubles qui avait été annoncée et était connue des parties ;

Cass. rej. 26 avril 1843. D. 43, 1. 266 ; S. 43, 1, 620 ; P. 43, 2, 209, *Mournau c. l'Etat.* M. Barennes, rapp.

161. qu'avant la constitution du jury et la prestation de serment, les jurés ont manifesté le désir de se rendre individuellement sur les lieux, et que, par suite, le magistrat-directeur a renvoyé la séance au lendemain, à laquelle séance aucune réclamation n'a été élevée ;

Cass. rej. 22 juill. 1846. S. 46. 1, 695 ; P. 46, 2, 764. *Henry c. préfet du Gard.* M. Renouard, rapp.

162. qu'après formation de la liste des jurés de la session, le magistrat-directeur a ajourné la séance à une heure et demie de l'après-midi, que dans cet intervalle, tous les jurés de cette liste se sont rendus sur les terrains expropriés, sans que la visite des lieux ait été délibérée, demandée ni ordonnée, et sans l'assistance du magistrat-directeur, du greffier, des parties et de leurs conseils. — Que ce n'est qu'après la rentrée en séance publique, que le jury a été constitué, qu'il a prêté serment, qu'il a reçu du magistrat-directeur les plans parcellaires et le tableau des offres et que les débats se sont engagés.

Cass. rej. 13 août 1866. D. 66, 5, 214. *Ville de Pau c. Dufau.* M. Le Roux de Bretagne, rapp.

163. Rien ne s'oppose, lorsqu'un jury unique a été constitué pour plusieurs affaires, à ce que ce jury, en visitant officiellement les lieux pour l'instruction d'une affaire, après la prestation de serment, les examine à titre purement officieux, sans nouvelle prestation de serment, en prévision d'une autre affaire dont les débats ne sont pas encore ouverts.

Cass. rej. 30 juill. 1856. D. 56, 1, 295 ; S. 57, 1, 144 ; P. 57, 1136. *Pullès c. chemin de fer du Midi.* M. Renouard, rapp.

—21 juill. 1858. D. 58, 1, 326 ; P. 59,

56. *Antérieu c. Lazard*. M. Lavielle, rapp.

— 12 août 1873. D. 73, 1, 487; S. 73, 1, 477; P. 73, 1195. *Ville de Nantes c. Baranger*. M. Aucher, rapp.

164. Ainsi la visite des lieux faite officiellement à l'égard du propriétaire de l'immeuble, peut avoir été faite, au même instant officieusement, à l'égard du locataire.

Même arrêt.

165. Au contraire, la visite des lieux, avant la prestation de serment, a été faite dans des conditions qui vicient la décision du jury, quand il est établi :

qu'avant leur prestation de serment, les jurés ont manifesté le désir de visiter les lieux. — Que le magistrat-directeur les a invités à se retirer dans leur chambre pour prendre, quant à ce, telle délibération, qu'ils aviseraient. — Que les jurés se sont immédiatement retirés dans leur chambre des délibérations et qu'ensuite, rentrés en séance publique, ils ont déclaré qu'avant faire droit et pour recueillir sur les lieux tous les renseignements propres à éclairer leur religion, ils se transporteraient le même jour sur les immeubles expropriés;

Cass. 24 nov. 1847. D. 48, 1, 159. *De Montferrand c. préfet de Seine-et-Marne*. M. Miller, rapp.

166. que les jurés n'ont prêté serment qu'après avoir visité les lieux en exécution d'une décision par eux prise sur interpellation du magistrat-directeur, avec indication du renvoi de la discussion au lendemain et fixation du moment de la visite;

Cass. 23 mars 1864. D. 64, 5, 172. *Chemin de fer du Midi c. Saissac*. M. Le Roux de Bretagne, rapp.

— 25 mai 1864. D. 64, 5, 173; S. 64,

1, 467. *Bontau c. chemin de fer du Midi*. M. Lamy, rapp.

— 30 mai 1864. D. 64, 5, 173; S. 64, 1, 467; P. 64, 1279. *Préfet des Basses-Alpes c. Gazon*. M. Quénault, rapp.

— 18 avril 1870. D. 70, 1, 391; S. 71, 1, 81; P. 71, 212. *Dandrieu c. préfet du Gers*. M. de Vaulx, rapp.

— 6 août 1877. D. 78, 1, 54; S. 78, 1, 78; P. 78, 164. *Chollet c. ville de Nantes*. M. Guérin, rapp.

167. qu'avant la prestation de serment, la visite des lieux a été faite par les jurés, à la suite d'une délibération annoncée publiquement sous la surveillance du magistrat-directeur assisté de son greffier, et en présence des parties ou de leurs mandataires qui ont fourni leurs observations;

Cass. 31 juill. 1867. D. 67, 1, 317. *Veuve Pouillot c. ville de Montargis*. M. Le Roux de Bretagne, rapp.

168. que les jurés ont déclaré, en audience publique, qu'ils fixaient la reprise de cette audience au lendemain, à neuf heures et demie auquel jour il serait procédé aux opérations de la session relatives à la fixation de de l'indemnité réclamée; et qu'ils ont déclaré, en outre, au même moment, toujours en audience publique, qu'ils visiteraient les immeubles, le même jour, à neuf heures, avant d'entrer en séance. — Que le lendemain, l'audience a, en effet, été reprise à neuf heures et demie, et qu'alors, après l'appel de la cause, le magistrat-directeur a reçu individuellement le serment des jurés;

Cass. 7 janv. 1868. D. 68, 1, 123. *Veuve Forestier c. préfet de la Savoie*. M. Aylies, rapp.

169. que le jury a ordonné son transport sur les lieux; que cette décision signée par tous les jurés et visée par le magistrat-directeur et par le greffier est annexée au procès-verbal, ainsi que l'ordonnance du magistrat-directeur qui la rend exécutoire; que cependant le procès-verbal garde le silence sur le transport, ce qui ne permet de constater ni à quel moment la décision du jury a été rendue, ni à quel instant le transport a été effectué, ni si les parties ont été dûment averties de ce transport;

Cass. 28 janv. 1868. D. 68, 1, 122. *Dabas c. ville de Rennes.* M. Renouard, rapp.

170. que la décision du transport sur les lieux mentionnée au procès-verbal a été prise avant constitution du jury, après communication des pièces et sur délibération à laquelle ont pris part toutes les personnes portées sur la liste de la session.

Cass. 17 nov. 1868. D. 68, 5, 207. *Fabre c. chemin de fer du Midi.* M. Glaudaz, rapp.

171. Peu importe, pour déterminer si la visite a eu un caractère officiel ou officieux que le magistrat-directeur et le greffier y aient ou non assisté.

Arrêts précités des 25 mai 1864 et 18 avril 1870.

172. Le jury peut effectuer la visite des lieux, soit en se transportant en corps, soit en déléguant un ou plusieurs de ses membres.

173. S'il a dû se transporter en corps, l'énonciation au procès-verbal que la visite des terrains a eu lieu telle qu'elle avait été arrêtée suffit pour établir que tous les jurés se sont effectivement transportés sur les lieux.

Cass. rej. 10 fév. 1879. D. 79, 1, 175; S. 79, 1, 429; P. 79, 1101. *Clappier c. chemin de fer de Lyon.* M. Onofrio, rapp.

174. La preuve contraire ne saurait résulter d'un acte extrajudiciaire dressé en dehors des opérations du jury, plusieurs jours après sa décision, contenant une déclaration demandée à l'un des jurés et donnée par lui sans qualité.

Même arrêt.

175. Si le jury se transporte en corps, ceux-là seulement des jurés qui auront pris part à sa visite, pourront prendre part au règlement de l'indemnité.

Cass. 26 mars 1850. D. 50, 1, 85; S. 50, 1, 400; P. 50, 1, 560. *Pascal c. préfet du Var.* M. Lavielle, rapp.

176. Une partie qui n'a pas protesté contre l'absence de deux jurés, lors du transport sur les lieux, ne peut se faire un grief de cette absence, alors d'ailleurs que dix jurés présents se trouvaient en nombre pour statuer.

Cass. 14 fév. 1883. S. 83, 1, 478. P. 83, 1185. *Préfet de la Haute-Loire c. Boudarel.* M. Dareste, rapp.

177. La dispense d'assister à la visite expressément accordée à un certain nombre de jurés par la décision même qui ordonne le transport sur les lieux, vaut délégation aux autres membres, et permet, par suite, aux dispensés de prendre part au règlement de l'indemnité.

Cass. rej. 18 juin 1861. D. 61, 1, 288; S. 61, 1, 887; P. 62,481. *Ourgault c. chemin de fer du Midi.* M. Gaultier, rapp.
— 8 juin 1874. D. 74, 1, 387; S. 75, 1, 89; P. 75, 62. *Autran c. chemin de fer de Lyon.* M. Casenave, rapp.

178. De même en est-il quand, au moment où le transport a été ordonné, il a été constaté qu'un juré a déclaré ne pouvoir, à cause de ses affaires, y assister, et qu'aucune réclamation n'a été élevée ni par les autres jurés, ni par les parties ; dans ces conditions, les jurés assistant à la visite sont implicitement délégués par le juré empêché.

Cass. rej. 18 mai 1868. D. 68, 1, 406 ; S. 68, 1, 454 ; P. 68,1203. *D'Helle c. ville de Paris.* M. Henriot, rapp.

179. L'étendue de la délégation, quant aux immeubles à visiter se détermine par les termes employés par le procès-verbal pour constater cette délégation et par les circonstances de la cause.

Cass. rej. 17 août 1875. D. 76, 1, 120 ; S. 75, 1, 469 ; P. 75, 1185. *David et autres c. chemin de fer de Lyon.* M. Hely d'Oissel, rapp.

180. Après avoir ordonné que la visite des lieux serait effectuée en corps, le jury peut, par une décision ultérieure, ordonner qu'elle sera faite par quelques-uns seulement de ses membres délégués à cet effet.

Cass. rej. 8 mai 1865. D. 66, 5, 213. *Chemin de fer d'Orléans c. Murat.* M. Glandaz, rapp.
— 21 août 1865. D. 65, 5, 188. *Ville de Neuilly c. Cubertier.* M. Le Roux de Bretagne, rapp.
— 16 janv. 1877. D. 77, 1, 471. *Quesnel et liquidateur Ducz c. chemin de fer du Nord.* M. Goujet, rapp.

181. Ou, par une seconde décision, dispenser un ou plusieurs jurés d'assister à la visite, ce qui équivaut à délégation pour les autres.

Cass. rej. 24 déc. 1860. D. 61, 1, 134 ; S. 61, 1, 575 ; P. 61, 1129. *Chemin de fer de Lyon c. de Gatigny.* M. Lavielle, rapp.

182. La seconde décision doit être portée à la connaissance des parties, et le procès-verbal doit le constater.

Mêmes arrêts.

183. En tous cas, si les parties, sans avoir eu connaissance de la délégation donnée à un ou plusieurs membres, ni du jour et de l'heure où il serait procédé par les délégués, ont néanmoins connu la manière dont il avait été procédé et si devant le jury elles n'ont élevé aucune réclamation, elles ne sauraient être admises, plus tard, à se faire un grief de l'irrégularité résultant de l'absence d'avis à elle donné.

Arrêt précité du 16 janvier 1877.

184. L'absence de réclamation des parties contre la présence dans le jury de jugement de jurés qui n'ont pas assisté à la visite des lieux, bien qu'aucune délégation ou aucune dispense ne soit constatée, les rend irrécevables à se prévaloir d'une irrégularité qu'elles sont censées avoir voulu couvrir par leur silence.

Cass. rej. 9 fév. 1857. D. 57, 1, 70 ; S. 57, 1, 774 ; P. 58, 371. *Chemin de fer Grand-Central c. Boyer.* M. Quénault, rapp.
— 8 déc. 1863. D. 64, 5, 170. *Bories c. chemin de fer d'Orléans.* M. Laborie, rapp.
— 1er juill. 1867. D. 67, 1, 250 ; S. 67, 1, 360 ; P. 67, 970. *Préfet de l'Hérault c. de Ginestous.* M. Renouard, rapp.

185. Mais cette intention, ne se présumerait pas, si c'était en vertu d'une ordonnance du magistrat-directeur qu'il aurait été passé outre, soit à la visite en l'absence d'un ou plusieurs jurés ; soit aux débats avec le concours de jurés non présents à la visite. En procédant ainsi, le magistrat-directeur excède ses pouvoirs.

Cass. 8 juill. 1856. D. 56, 1, 294. *Andrau c. chemin de fer du Midi.* M. Delapalme, rapp.

186. Au cas de division des affaires en diverses catégories, une commission composée de jurés faisant partie de tous les jurys a pu être déléguée par ceux-ci pour visiter successivement et séparément les immeubles expropriés.

Cass. rej. 30 janv. 1860. D. 60, 1, 412; P. 61, 1, 1182. *Meynard c. chemin de fer d'Orléans.* M. Lavielle, rapp.

187. Si, au contraire, il a été collectivement procédé à la visite des lieux par des jurés distinctement constitués pour différentes affaires, cette façon de procéder entraîne nullité des décisions prises par ces jurys.

Cass. 22 juin 1840. D. 40, 1, 281; P. 40, 2, 468. *Chemin de fer de Strasbourg c. divers.* M. Renouard, rapp.
— 2 déc. 1846. D. 47, 1, 59; S. 47, 1, 281; P. 46, 2, 751. *Le Hir c. préfet du Finistère.* M. Pascalis. rapp.
— 5 août 1857. D. 57, 1, 329. *Préfet de Lot-et-Garonne c. Sabaros.* M. Renouard, rapp.

188. La mention que deux jurys distincts se sont transportés ensemble sur les lieux, n'entraîne pas comme conséquence que la visite elle-même ait été faite confusément et sans tenir compte de la composition de chacun des deux jurys.

Cass. rej. 12 juin 1883. *Veuve Claudot c. préfet des Vosges.* M. Guérin, rapp.

189. Lorsque des énonciations du procès-verbal ne résultent ni l'absence de jurés à la visite des lieux, ni des reéclamations élevées à ce sujet par les parties devant le jury, celles-ci ne sauraient être admises, devant la Cour de cassation, à se faire un grief de cette absence.

Cass. rej. 5 mai 1856. D. 56, 1, 302; S. 56, 1, 619; P. 57, 656. *Béguinot c.*

chemin de fer de Strasbourg. M. Renouard, rapp.

190. La preuve de cette absence ne pourrait être faite à l'aide de certificats produits par les jurés.

Cass. rej. 21 août 1860. D. 60, 1, 416; S. 61, 1, 385; P. 61, 842. *Sardou c. chemin de fer de Lyon.* M. Quénault, rapp.
— 2 févr. 1864. D. 64, 5, 171; S. 64, 1, 370; P. 64, 1047. *Gros c. ville de Marseille.* M. Delapalme, rapp.

191. Un repas pris en commun par les jurés et les parties; le paiement par l'expropriant des frais de transport et de nourriture du jury ne constituent pas un moyen de nullité qui puisse être invoqué par les parties intéressées, surtout si elles n'ont, devant le jury, formulé aucune protestation à raison de ces faits.

Cass. rej. 9 janv. 1855. D. 55, 1, 96; S. 55, 1, 576; P. 56, 1, 614. *Valette c. chemin de fer de Lyon.* M. Mérilhou, rapp.
— 26 août 1863. D. 64, 5, 155. *Lugagne-Delpon c. chemin de fer du Midi.* M. Delapalme, rapp.
— 17 mars 1869. D. 69, 1, 272; S. 69, 1, 386; P. 69, 947. *Morin et de Montrond c. chemin de fer de Lyon.* M. Aylies, rapp.
— 19 nov. 1869. D. 70, 1, 54. *Calendre c. chemin de fer de Lyon.* M. Henriot, rapp.
— 5 mars 1877. D. 77, 1, 469; S. 77, 1, 278; P. 77, 687. *Bonnet c. chemin de fer de Lyon.* M. Salmon, rapp.

SECTION V. — *Publicité de la discussion.*

192. La discussion des affaires soumises au jury doit être publique et la décision être publiquement prononcée; l'accomplissement de cette formalité substantielle doit être constaté, à peine de nullité, par le procès-verbal des opérations du jury.

Cass. 11 août 1841. D. 41, 1, 312;

P. 47, 1, 212. *Préfet de l'Aveyron c. Albin.* M. Gillon, rapp.

— 21 fév. 1853, D. 53, 1, 51 ; S. 53, 1, 430 ; P. 53, 1, 680. *Dupinet c. préfet de la Haute-Loire.* M. Feuillade Chauvin, rapp.

— 7 août 1876. *Bull. civ.,* 76, p. 241 ; D. 78, 5, 263. *Préfet de la Nièvre c. Brunot.* M. Aubry, rapp.

— 1er fév. 1882. S. 82, 1, 381 ; P. 82, 950. *Pons c. préfet des Hautes-Alpes.* M. Blondel, rapp.

— 12 juin 1883. D. 83, 1, 400 ; S. 84, 1, 196. *Bull. civ.,* 83, p. 261. *Jarry c. préfet de la Mayenne.* M. Onofrio. rapp.

193. La constatation de la publicité n'est astreinte à aucune forme sacramentelle ; il suffit qu'il résulte de l'ensemble des énonciations du procès-verbal que les opérations du jury ont eu lieu publiquement.

Cass. rej. 18 déc. 1861. D. 62, 1, 376 ; S. 62, 1, 1066 ; P. 63, 415. *Boude et Cayol c. préfet des Bouches-du-Rhône.* M. Sevin, rapp.

194. La mention : *fait et prononcé en audience publique,* inscrite à la fin du procès-verbal, s'applique à la totalité des opérations du jury.

Cass. rej. 12 juin 1843. D. 43, 1, 314 ; S. 43, 1, 483 ; P. 43, 2, 196. *Benoit c. préfet des Bouches-du-Rhône.* M. Gillon, rapp.

— 22 juill. 1850. D. 50, 1, 280 ; S. 51, 1, 57 ; P. 50, 2, 140. *Achardy c. préfet des Bouches-du-Rhône.* M. Renouard, rapp.

— 24 juill. 1860. D. 60, 1, 406 ; P. 61, 100. *Pascal c. ville de Marseille.* M. Quénault, rapp.

195. De même en est-il de la mention de publicité insérée en tête du procès-verbal d'une séance tenue par le jury.

Cass. rej. 4 juill. 1854. D. 54, 1, 310 ; S. 55, 1, 218 ; P. 54, 2, 557. *Lequin c. chemin de fer de Strasbourg.* M. Lavielle, rapp.

— 20 août 1862. D. 62, 1, 382 ; S. 63, 1, 318 ; P. 63, 871. *cne de Puy-Laurent c. Albouy.* M. Moreau de la Meurthe, rapp.

196. Alors même que, dans cette séance, auraient été examinées successivement plusieurs affaires ou plusieurs catégories d'affaires.

Mêmes arrêts.

197. La mention au procès-verbal : que l'audience a été reprise à deux heures de relevée suffit pour établir la publicité pour la première comme pour la seconde partie des débats.

Cass. 14 fév. 1883. S. 83, 1, 478 ; P. 83, 1185. *Préfet de la Haute-Loire c. Boudarel.* M. Dareste, rapp.

198. Ou que les opérations du jury auraient pris plusieurs séances, si, de mentions telles que celles-ci : « Nous avons pris séance pour continuer les opérations, — nous avons repris les opérations commencées par les opérations qui précèdent, » il résulte un lien nécessaire entre les différentes séances.

Cass. rej. 6 déc. 1854. D. 54, 5, 350 ; S. 55, 1, 221 ; P. 54, 2, 556. *Chemin de fer de Graissesac c. Bonnet.* M. Gillon, rapp.

— 14 avril 1858. D. 58, 1, 322. *Rondel c. préfet de la Seine.* M. Lavielle, rapp.

199. On a vu une constatation suffisante de publicité dans les mentions suivantes :

« Après les débats contradictoires et l'entrée du jury en délibération, le magistrat-directeur, les parties, le conseil et le public se sont retirés ; »

Cass. rej. 30 avril 1844. D. 44, 1, 252 ; S. 44, 1, 432 ; P. 44, 2, 109. *Singer c. préfet de la Seine.* M. Hello, rapp.

200. « les jurés, après le transport sur les lieux, sont rentrés avec le magistrat-directeur, en séance publique, au palais de justice, où ils ont repris leur place à l'audience ; »

Cass. rej. 18 août 1851. D. 51, 1, 229; S. 51, 1, 784; S. 52, 1, 230. *Sausse c. préfet des Bouches-du-Rhône.* M. Renouard, rapp.

201. « toutes les affaires soumises au jury ayant été expliquées dans les audiences précédentes, le jury est rentré en séance et l'audience a été reprise ; »

24 avril 1855. D. 55, 1, 132 ; S. 55, 1, 607 ; P. 55, 1, 599. *Falcout c. Société de la rue Impériale à Lyon.* M. Delapalme, rapp.

202. « après les explications données à l'audience, les jurés ont été invités à se retirer dans la salle des délibérations, d'où ils sont sortis pour la reprise de l'audience ; »

Cass. rej. 14 avril 1858. D. 58, 1, 322; P. 59, 889. *Rondel c. préfet de la Seine.* M. Lavielle, rapp.

203. « qu'il a été procédé aux débats et au jugement de l'affaire dans la salle des audiences de la justice de paix. »

Cass. rej. 20 mai 1879. D. 79, 1, 349; S. 80, 1, 86; P. 80, 174. *Combay et Rey c. préfet de la Savoie.* M. Guérin, rapp.

204. La publicité est insuffisamment établie, quand le procès-verbal se borne à constater que le jury s'est réuni dans la salle des délibérations du conseil municipal sans mentionner que le public ait été admis à la séance et que la discussion ait été publique.

Cass. 7 août 1876. D. 78, 5, 263. *Préfet de la Nièvre c. Brunot.* M. Aubry, rapp.

205. Ou dans la salle de la mairie, sans qu'il soit constaté que cette salle ait été ouverte au public.

Cass. 12 juin 1883. D. 83, 1, 400;

S. 84, 1, 196. *Bull. civ.* 84, p. 261. *Jarry c. préfet de la Mayenne.* M. Onofrio, rapp.

206. A plus forte raison, y a-t-il nullité, s'il résulte des termes mêmes du procès-verbal qu'au cours de l'instruction, les opérations du jury ont cessé d'être publiques pour, à un instant, devenir secrètes.

Cass. 26 déc. 1866. *Bull. civ.* 66, p. 303. *cne de Saint-Jorry de Challais c. Grenouillet.* M. Renouard, rapp.

207. Le jury ne peut abandonner le local qui lui a été régulièrement assigné comme siège de ses séances, pour se retirer, après descente sur les lieux, dans une autre salle, y continuer les débats et y rendre sa décision, si cette salle n'a été régulièrement et à l'avance désignée comme lieu de la seconde réunion.

Cass. 1er fév. 1882. S. 82, 1, 381 ; P. 82, 950. *Bull. civ.* 82, p. 35. *Pons c. préfet des Hautes-Alpes.* M. Blondel, rapp.
28 août 1883. S. 84, 1, 85. *Ponscelot et Blondeau c. préfet du Doubs.* M. Blondel, rapp.

208. Les parties ne sauraient être admises à contester une publicité régulièrement affirmée sous le prétexte que les dimensions de la salle où siégeait le jury ne permettaient pas au public d'y pénétrer.

Cass. rej. 13 janv. 1840. D. 40, 1, 91 ; S. 40, 1, 159; P. 40, 1, 54. *Bayard de la Vingtrie c. Fabvier.* M. Quéquet, rapp.

209. Tant que les débats ne sont pas clos et que la délibération n'est pas ouverte, la communication des jurés avec le public n'est pas une cause de nullité.

Cass. rej. 26 avril 1843. D. 43, 1, 266; S. 43, 1, 620; P. 43, 2, 209. *Mourneau c. l'État.* M. Barennes, rapp.

210. Il n'est pas interdit au jury de continuer à une autre séance une affaire commencée, lorsque les besoins de l'instruction l'exigent, ou qu'un repos est devenu nécessaire pour les jurés.

Cass. 10 nov. 1884. *Gerack c. ch. de fer de Lyon.* M. Tappie, rapp.

210 bis. Mais, du moins faut-il que ce besoin d'ajournement ne soit pas démenti par les circonstances de la cause telles que les constate le procès-verbal, et que l'ajournement n'ait pas, en réalité, pour effet de changer la durée de l'époque de la session, dont la fixation n'appartient pas au jury.

Cass. 10 mars 1857. D. 57, 1, 118; S. 57, 1, 608; P. 58, 372. *De Saünhac c. chemin de fer Grand-Central.* M. Renouard, rapp.

211. L'article 37, loin d'autoriser l'interruption à long terme et non motivée, des opérations qu'il prescrit, place immédiatement à la suite les unes des autres chacune de ces opérations; la faculté de continuation de la discussion ne peut s'entendre que combinée et conciliée avec la disposition de l'article 44 aux termes duquel le jury est tenu de statuer sur chaque affaire successivement et sans interruption.

Même arrêt.

212. Le jury peut surseoir à la visite des lieux jugée par lui nécessaire, lorsqu'un obstacle momentané (la neige) empêche qu'il y soit procédé immédiatement. Le magistrat-directeur, en ajournant les opérations d'accord avec le jury, et le jury lui-même, en les reprenant à l'époque où il a été de nouveau convoqué, n'ont commis aucune violation de la loi.

Cass. rej. 5 nov. 1879. D. 80, 1, 163; S. 80, 1, 175; P. 80, 388. *Beaussier c. chemin de fer de Tulle.* M. Sallé, rapp.

ARTICLE XXXVIII

La clôture de l'instruction est prononcée par le magistrat-directeur du jury.

Les jurés se retirent immédiatement dans leur chambre pour délibérer, sans désemparer, sous la présidence de l'un d'eux, qu'ils désignent à l'instant même.

La décision du jury fixe le montant de l'indemnité ; elle est prise à la majorité des voix.

En cas de partage, la voix du président du jury est prépondérante (1).

(1) *Loi du 7 juillet 1833,* article 38 : Texte identique.

DIVISION.

SECTION I. — *Rôle du magistrat-directeur.*

1. La loi du 3 mai 1841 n'oblige le magistrat-directeur à poser des questions au jury, ni ne le lui défend ; elle le laisse maître de le faire ou de ne pas le faire, suivant le besoin des circonstances.

— Discussion de la loi du 3 mai 1841, Monit. du 20 avril 1841, p. 1043.

2. Lorsque le magistrat-directeur use du droit qu'il a de poser des questions, ces questions doivent être portées à la connaissance des parties qui peuvent présenter des observations sur la formule adoptée et en demander la modification.

Delalleau et Jousselin, t. I, n° 578.

3. Les questions posées par le magistrat-directeur et mises sous les yeux du jury doivent être mentionnées dans le procès-verbal, ou être inscrites dans un tableau annexé à ce procès-verbal.

Delalleau et Jousselin, t. I, n° 579.

4. Les parties peuvent prendre des conclusions écrites pour demander la position d'une question déterminée ; le procès-verbal doit faire mention de ces conclusions de telle sorte qu'au cas de non-position de la question, la Cour de cassation puisse juger si la question devait être posée.

Delalleau et Jousselin, *ibid.*

5. Lorsqu'une question a été posée au jury après un accord intervenu entre les parties intéressées, et dans les termes même de l'accord, il s'est ainsi formé un contrat judiciaire qui ne touche en rien à aucun objet d'ordre public, et contre l'exécution duquel l'une des parties est non recevable à réclamer.

Cass. rej. 2 mai 1882. S. 83, 1, 86; P. 83, 176. *Bull. civ.,* 82, p. 172. *Préfet du Gers c. Carles.* M. Greffier, rapp.

6. Le jury doit répondre à toutes les questions qui lui ont été posées par le magistrat-directeur.

Cass. 25 fév. 1840. D. 40, 1, 145; S. 40, 1, 274. *Valogne c. préfet de Seine-et-Oise.* M. Quéquet, rapp.

7. Il peut même répondre à une demande formulée par une des parties, alors que le magistrat-directeur aurait refusé de poser une question soumettant cette demande au jury.

Cass. rej. 7 avr. 1845 (5° espèce).

D. 45, 1, 207 ; S. 45, 1, 532 ; P. 45, 1. 589. *Rieder-Monborne c. l'Etat.* M. Renouard, rapp.

8. Le magistrat-directeur n'excède pas d'ailleurs ses pouvoirs en refusant de poser une question relativement à une demande irrégulièrement formée.

Même arrêt et même espèce.

9. En l'absence d'un mandataire ayant qualité pour lier l'administration, c'est à bon droit que le magistrat-directeur refuse de donner acte à l'exproprié de ce que, indépendamment de l'indemnité pécuniaire, il lui aurait été fait offre, par l'administration, de l'exécution de certains travaux.

Cass. rej. 21 août 1882. S. 83, 1, 277 ; P. 83, 656. *Bull. civ.*, 82, p. 335. *Paulet c. préfet de la Haute-Loire.* M. Legendre, rapp.

9 bis. Le magistrat-directeur, saisi par les parties de conclusions dans lesquelles elles demandent acte, tant de certaines protestations et réserves que de certaines déclarations, n'est pas tenu de trancher le différend dont témoignent ces protestations respectives ; le magistrat satisfait à ses obligations en se bornant à donner acte des conclusions à lui remises.

Cass. 31 juill. 1883. *Bull. civ.*, 83, p. 337. *Demoiselle Combe c. préfet de l'Isère.* M. Merville, rapp.

10. Avant de clore les débats, le magistrat-directeur est maître d'adresser au jury les observations qu'il juge convenables pour appeler son attention sur les faits et circonstances indiqués par la procédure et la discussion.

Cass. rej. 24 nov. 1846. D. 47, 4, 248 ; S. 47, 1, 219 ; P. 47, 1, 469. *Gi-*

rard c. préfet de l'Indre. M. Hello, rapp.

— 22 mai 1865. *Bull. civ.*, 65, p. 160. *Guérin-Marais c. ville de Cholet.* M. Quénault, rapp.

11. Mais ces observations ne doivent pas contenir une appréciation personnelle sur les questions soumises au jury et être de nature à influencer ses décisions.

Cass. 25 mars 1873. D. 73, 1. 179 ; S. 73, 1, 177 ; P. 73, 407. *Préfet de l'Aveyron c. Galtayries.* M. Aucher rapp.

12. Ainsi en serait-il si, négligeant de distinguer entre les dommages directs et les dommages indirects, certains ou éventuels, il avait invité le jury « à tenir compte de tout ce qui peut être, pour le propriétaire, une cause de préjudice. »

Même arrêt.

13. Le magistrat-directeur n'a pu tromper le jury en lui expliquant qu'une indemnité éventuelle accordée à l'usufruitier pour le cas où la récolte pendante ne lui serait pas attribuée, ne se confondait pas avec l'indemnité collective attribuée au propriétaire et à l'usufruitier, et par suite, cette observation ne peut être considérée comme outre-passant ses pouvoirs.

Cass. 2 mai 1882. D. 84, 1, 296 ; S. 83, 1, 86, P. 83, 176. *Préfet du Gers c. Carles.* M. Greffier, rapp.

14. En informant les jurés qu'ils ne devaient sortir de la salle des délibérations qu'après avoir résolu toutes les affaires soumises à leur décision et sous la présidence du membre qu'ils s'étaient choisi, et auquel ils maintiendraient ce mandat à l'issue des délibérations, le magistrat-directeur a uniquement entendu dire que le président du jury resterait en fonctions jusqu'après la lecture de la décision en audience publique, et n'a nullement induit les jurés en erreur sur leur droit de nommer un président pour chaque affaire.

Cass. rej. 14 fév. 1888. S. 88, 1, 478 ; P. 88, 1185. *Préfet de la Haute-Loire c. Boudarel.* M. Dareste, rapp.

15. Les observations du magistrat-directeur doivent être faites avant la clôture des débats, et de manière à ce que les parties puissent répondre à ces observations ou, tout au moins, présenter les explications qu'elles jugeront convenables.

Delalleau et Jousselin, t. I, n° 581.

16. Le procès-verbal doit contenir la mention de la clôture des débats ; mais il n'est pas nécessaire que cette mention soit formulée en termes exprès ; il suffit que le fait de la clôture résulte nécessairement de l'ensemble ou de quelques-unes des énonciations.

17. Ainsi en est-il quand le procès-verbal constate :

qu'à la suite d'un transport sur les lieux, le jury étant rentré en séance publique, la partie, seule présente, a déclaré n'avoir aucune observation à présenter, après quoi, le jury est entré dans la chambre de ses délibérations ;

Cass. rej. 18 nov. 1846. D. 47, 1, 77 ; P. 46, 2, 647. *De Montalembert c. préfet de la Charente.* M. Renouard, rapp.

18. que le magistrat-directeur a invité les jurés à se retirer dans leur chambre des délibérations ;

Cass. rej. 27 nov. 1855. D. 55, 1, 456 ; S. 56, 1, 880 ; P, 56, 1, 44. *Préfet de la Gironde c. veuve Kuff.* M. Renouard, rapp.

19. que le jury se trouvant en état de statuer sur les affaires à lui soumises, s'est retiré en la chambre du conseil.

— 11 août 1857. D. 57, 1, 829 ; S. 57, 1, 861 ; P. 58, 765. *Préfet du Finistère c. Durand.* M. Renouard, rapp.

20. Les débats clos et les jurés entrés dans leur salle des délibérations, l'instruction peut être rouverte, notamment pour un transport sur les lieux que le jury a manifesté le désir d'effectuer.

Voir art. 89.

SECTION II. — *Mode de délibérer du jury.*

21. Il n'est pas indispensable que le président du jury ne soit désigné qu'après la rentrée des jurés dans la salle de leurs délibérations ; la désignation peut être utilement faite en audience publique.

Cass. rej. 22 juill. 1889. D. 89, 1, 280 ; S. 89, 1, 801 ; P. 46, 2, 640. *Préfet du Pas-de-Calais c. Allard.* M. Quéquet, rapp.
— 24 mars 1841. D. 41, 1, 193 ; S. 41, 1. 344 ; P. 47, 1, 216. *Préfet des Bouches-du-Rhône c. de Grignan.* M. Renouard, rapp.
— 11 juin 1856. D. 56, 1, 196 ; S. 56, 1, 826 ; P. 56, 2, 414. *Chemin de fer de Strasbourg c. Forest.* M. Renouard, rapp.
— 4 janv. 1860. D. 60, 1, 40 ; S. 60, 1. 480 ; P. 61, 600. *Lecointre c. Ville de Poitiers.* M. Sevin, rapp.
Sic. : Delalleau et Jousselin, t. I, n° 583. — Debray, n° 98. — Malapert et Protat, n° 298. — De Peyronny et Delamarre, p. 380. — Dufour, n° 103. — Arnaud, n° 864. — Daffry de la Monnoye, t. II, p. 10. — Dalloz, n° 516.

22. Ou, tout au moins, la désignation faite en audience publique, est confirmée en chambre du conseil par l'apposition des **signatures de chaque juré au pied**

de la délibération indiquée comme prise sous la présidence du juré précédemment désigné.

Mêmes arrêts.

23. Si la loi ne parle de la nomination du président du jury que comme devant précéder la délibération, il n'est pas défendu, au jury, lorsqu'il est constitué, de procéder auparavant à cette nomination, surtout lorsqu'il a à délibérer, au cours du débat, sur une question préliminaire.

Arrêt précité du 4 janvier 1860.

24. La désignation du président du jury et la constatation de cette nomination ne sont soumises à aucune forme particulière ; elles résultent suffisamment de la qualification de président donné à l'un des jurés par le procès-verbal.

Arrêts précités des 22 juillet 1839, 24 mars 1841, et 11 juin 1856.
— 25 juill. 1855. D. 55, 1, 374. *Préfet des Basses-Alpes c. Frison.* M. Renouard, rapp.
— 16 janv. 1877, rej. D. 77, 1, 471. *Quesnel et liquidateur Duez c. chemin de fer du Nord.* M. Goujet, rapp.
Delalleau et Jousselin, t. I, n° 583.
— De Peyronny et Delamarre, p. 379.
— Daffry de la Monnoye, t. II, p. 11.
— Arnaud, n° 362.

25. La nomination du président est régulière lorsque des constatations du procès-verbal il résulte que les jurés ont désigné leur président lors de leur entrée dans la salle de leurs délibérations, avant de rendre leur décision.

Cass. rej. 7 janv. 1879. D. 79, 1, 172 ; Etienne et Moulinier c. préfet de l'Hérault. M. Baudoin, rapp.

26. Lorsque, d'un commun accord entre toutes les parties, un seul jury de jugement a été formé pour toutes les affaires portées au

tableau et qu'il a été procédé à la discussion successive de toutes les affaires, les jurés peuvent délibérer simultanément sur les affaires qui ont été discutées devant lui.

Cass. rej. 19 juill. 1881. D. 82, 1, 267 ; S. 82, 1, 134 ; P. 82, 286. Tulle c. préfet du Lot. M. Bernard, rapp.
10 nov. 1884. *Gerac c. ch. de fer de Lyon.* M. Tappic, rapp.

27. Le paragraphe 2 de l'article 38 portant que *les jurés se retirent dans leur chambre pour délibérer*, doit être compris en ce sens : que les jurés doivent délibérer en secret et hors de la présence du public.

28. Mais il leur est loisible de délibérer dans la salle même où se sont poursuivis les débats, s'il est constaté que le public est sorti de cette salle, et que les jurés y sont demeurés seuls.

Cass. rej. 25 fév. 1840. D. 40, 1, 145 ; S. 40, 1, 212 ; P. 40, 1, 233. Valogne c. préfet de Seine-et-Oise. M. Quéquet. rapp.
— 10 fév. 1874. *Bull. civ.*, 74, p. 60. *David c. préfet de l'Orne.* M. Merville, rapp.

29. Ainsi, lorsqu'il résulte du procès-verbal que, après la clôture des débats, les jurés sont restés dans la salle de la mairie, qui a servi de chambre du conseil ; qu'ils y ont délibéré sur la résolution qu'ils avaient à prendre ; qu'après la délibération terminée, les portes de la mairie ont été de nouveau ouvertes, l'ensemble de ces énonciations atteste suffisamment que la délibération du jury a eu lieu hors de la présence du public, les portes de la salle étant closes.

Arrêt précité du 10 février 1874.

30. La constatation au procès-verbal que les jurés ont délibéré sans désemparer sous la présidence de l'un d'eux qu'ils ont désigné pour président, et *qu'étant rentrés en audience publique*, ils ont remis leur décision au directeur du jury, indique suffisamment que la délibération a eu lieu hors de la présence du public.

Cass. rej. 28 août 1848. D. 48, 5, 187. *Préfet du Morbihan c. Bouvier.* M. Gaultier, rapp.

31. La délibération doit avoir lieu secrètement et *sans désemparer*, c'est-à-dire sans aucune communication avec le public.

32. Ces conditions de délibérer doivent résulter tout au moins de l'ensemble des énonciations du procès-verbal, sans qu'il soit nécessaire qu'elles soient indiquées par une mention expresse.

Cass. 29 juin 1869. D. 69, 1, 344; S. 69, 1, 886; P. 69, 948. *Vivien-Labretonnière c. c^ne de Lizores.* M. Henriot, rapp.

— 28 août 1876. D. 77, 1, 23; S. 77, 1, 224; P. 77, 549. *Chemin de fer d'Orléans c. Crédit agricole.* M. Merville, rapp.

— 7 mai 1878. *Jeunet c. ville de Paris.* M. Sallé, rapp.

33. En l'absence, au procès-verbal, d'aucune mention établissant la manière dont il a été procédé à la délibération, indiquant ni à quel moment ni en quel lieu le jury s'est retiré pour délibérer, en sorte que rien ne constate le secret de cette délibération, la décision doit être annulée.

Arrêt précité du 29 juin 1869.

34. Toute communication des jurés avec le public ou avec des personnes étrangères au jury, pendant le cours de la délibération constitue un désemparé et entraîne la nullité de la décision.

35. Ainsi, est nulle la décision lorsqu'il est constaté :

que la délibération du jury a été prise dans une salle dont les portes étaient ouvertes et où le public pouvait pénétrer et circuler librement ;

Cass. 22 août 1864. D. 64, 5, 158. *Hardouin c. préfet du Rhône.* M. Renouard, rapp.

36. qu'une [personne étrangère dont la profession d'arpenteur est reconnue y est entrée, sur la demande d'un des jurés, y est restée de dix à quinze minutes, et n'en est sortie que sur l'injonction du magistrat-directeur ;

Cass. 18 mars 1844. D. 44, 1, 186; S. 44, 1, 378; P. 44, 1, 673. *Duc d'Aremberg c. préfet du Nord.* M. Hello, rapp.

37. quand des constatations du procès-verbal, il résulte qu'après la clôture des débats, alors que le jury s'était retiré dans la salle de ses délibérations, le magistrat-directeur a été appelé par les jurés pour leur donner des renseignements dont ils avaient besoin pour éclairer leur conscience, et qu'il est resté un certain temps dans leur salle pendant leur délibération ;

Cass. 26 avril 1881. S. 81, 1, 274; P. 81, 647. *Bull. civ.,* 81, p. 147. *Allizard c. c^ne de Cenis.* M. De Lagrevol, rapp.

38. qu'un des jurés, malgré les observations du magistrat-directeur, a voulu sortir de la salle des délibérations et se diriger dans la rue vers des personnes avec lesquelles il est entré en relations ;

Cass. 20 août 1845. D. 45, 1, 359. *Préfet des Pyrénées-Orientales c. Pujade.* M. Renouard, rapp.

39. que le jury a fait appeler dans la salle de ses délibérations un agent voyer représentant l'administration pour avoir de lui quelques renseignements, sans que les expropriés aient été appelés ;

Cass. 9 déc. 1856. D. 56, 1, 437 ; S. 57, 1, 512 ; P. 57, 121. *Valry c. préfet de l'Hérault.* M. Glandaz, rapp.

— 30 juill. 1860. D. 60, 1, 407 ; S. 60, 1, 1009 ; P. 61, 101 ; *Weter c. cⁿᵉ de Fontaine-sur-Saône.* M. Quénault, rapp.

— 2 avril 1873. D. 73, 1, 188 ; S. 73, 1, 475 ; P. 73, 1192. *Granal c. préfet de l'Hérault.* M. Henriot, rapp.

— 29 mai 1877. D. 77, 5, 228 ; *Duboscq c. ville de Rennes.* M. Gastambide, rapp.

40. que le président du jury est sorti de la salle des délibérations pour entrer dans la salle d'audience et y faire dresser un plan avec lequel il est retourné rejoindre les autres membres du jury, sans que les débats eussent été réouverts sur la création et la portée du nouveau document mis sous les yeux du jury ;

Cass. 1ᵉʳ déc. 1857. D. 58, 1, 82 ; S. 58, 1, 830 ; P. 59, 80. *Chemin de fer d'Orléans c. Bourgerel.* M. Renouard, rapp.

41. que pendant la délibération des jurés, leur président était entré à deux reprises différentes dans la salle d'audience, et que là, en l'absence du magistrat-directeur et des expropriés, il avait conféré avec des agents de la Compagnie expropriante ;

Cass. 29 juill. 1862. D. 62, 1, 377 ; S. 62, 1, 1064 ; P. 63, 878. *Gigard et Michaz c. chemin de fer de Lyon.* M. Sevin, rapp.

42. qu'après être rentrés dans leur salle des délibérations, les jurés ont appelé et entendu plusieurs personnes, hors la présence du magistrat-directeur et des parties, sans discussion publique et à huis clos ;

Cass. 16 déc. 1862. D. 62, 1, 544. *Carion de Nizas c. chemin de fer du Midi.* M. Delapalme, rapp.

— 30 août 1865. D. 65, 5, 180.

Veuve Tymbeau c. cⁿᵉ de Salles. M. Lamy, rapp.

43. que le jury après la prestation de serment, s'étant retiré dans la chambre du conseil pour délibérer au sujet de son transport sur les lieux, a mandé deux fois auprès de lui l'ingénieur de la Compagnie expropriante, en l'absence des autres parties intéressées et sans qu'elles eussent été appelées à présenter leurs observations ;

Cass. 13 avril 1863. D. 63, 1, 256. *De Fitz James c. Petit et de Vauchier.* M. Renouard, rapp.

44. qu'étant articulé, avant que le magistrat-directeur eût rendu son ordonnance, qu'un juré aurait désamparé à la délibération pour venir conférer avec les parties, le magistrat-directeur s'est borné à dire, qu'absent de la salle d'audience au moment où le fait se serait passé, il ne savait s'il était exact, sans procéder à aucune vérification du fait allégué et de manière à laisser complètement dans le doute ce qui avait pu se passer.

Cass. 19 fév. 1855. D. 55, 1, 132 ; S. 55, 1, 456 ; P. 56, 1, 160. *Raton, c. chemin de fer de Dôle.* M. Renouard, rapp.

45. La nullité existerait alors même que les deux parties auraient été appelées et entendues à la Chambre du conseil à huis clos.

Il importe peu que les parties aient été appelées ensemble et aient ainsi pu être entendues contradictoirement ; leur comparution simultanée ne saurait couvrir la nullité résultant de l'infraction aux dispositions de la loi qui, dans un intérêt d'ordre public, exigent que la discussion soit publique et, que, lorsque la clôture en est prononcée, les jurés se retirent dans leur chambre pour y délibérer à huis clos et sans désemparer.

Cass. 6 janv. 1874. D. 74, 1, 215; S. 74, 1, 83 ; P. 74, 171. *C^ne de Calvisson c. Sully-Chapel.* M. Pont, rapp.
— 16 juill. 1884. *L'Etat c. Boyer.* M. Legendre, rapp.

46. Mais ne constitue pas une violation de la loi : .

Une suspension d'audience entre la clôture des débats et la délibération du jury, quand il est constaté que, pendant la suspension, les jurés n'ont communiqué avec aucun étranger et que, la délibération une fois commencée n'a pas été interrompue;

Cass. 25 août 1884. *Préfet du Doubs c. Blondeau et autres.* M. Rohault de Fleury, rapp.

46 bis. l'entrée du magistrat-directeur dans la chambre du conseil, sur la demande des jurés voulant s'éclairer sur la forme à donner à leur décision.

Cass. rej. 2 janv. 1837. D. 37, 1, 178 ; S. 38, 1, 23 ; P. 37, 1, 150. *Préfet de l'Hérault c. Glaize.* M. Quéquet, rapp.
— 15 avril 1840. D. 40, 1, 185 ; S. 40, 1, 706 ; P. 40, 2, 167. *Maury c. préfet de la Haute-Vienne.* M. Quéquet, rapp.
— 7 avr. 1845. D. 45, 1, 207 ; S. 45, 1, 529 ; P. 45, 1, 585. *L'Etat c. Feron.* M. Renouard, rapp.

47. Il en serait autrement, si l'introduction du magistrat-directeur dans la chambre du conseil avait eu pour objet un acte d'instruction fait en dehors de l'audience et des parties.

Cass. 1er juin 1869. D. 69, 1, 344 ; S. 69, 1, 475 ; P. 69, 1226. *Blondeau et Lanck c. chemin de fer d'Orléan.* M. Lamy, rapp.

48. Si, par exemple, le magistrat-directeur, sur demande à lui faite dans la chambre du conseil,

avait recueilli et rapporté au jury des explications fournies par les représentants de la compagnie expropriante.

Même arrêt.

49. Le désemparé des jurés se constate par l'acte qui en est demandé par les parties et qui est accordé par le magistrat-directeur. Mention expresse de l'un et de l'autre doit être faite dans le procès-verbal.

Arnaud, n° 370.

50. Il ne saurait s'établir, contrairement aux affirmations du procès-verbal, constatant que la délibération a eu lieu *en secret et sans désemparer.*

Cass. rej. 19 janv. 1835. D. 35, 1, 113; S. 35, 1, 172. P. 35, 1278. *C^ne de Charny c. Guillemineau.* M. Faure, rapp.

51. Par des lettres ou des déclarations émanant des jurés.

Cass. rej. 23 juin 1840. D. 40, 1, 254; S. 40, 1, 714 ; P. 40, 2, 480. *Mareau c. préfet de l'Orne.* M. Thil, rapp.
— 12 avril 1847. *De Guignand et Haag c. préfet de la Seine.* M. Lavielle, rapp.

52. Le jury est considéré comme ayant délibéré sans désemparer, et secrètement, quoique l'un des jurés soit sorti de la chambre du conseil, pendant la délibération, si sa sortie a été motivée par une nécessité de fait ;

Cass. rej. 5 mars 1856. D. 56, 1, 119; S. 56, 1, 832; P. 56, 1, 497. *Chemin de fer de Bessèges c. de Boisset.* M. Delapalme, rapp.

53. lorsque le magistrat-directeur, le greffier et l'avocat de l'exproprié, introduits dans la chambre du conseil sur la demande des jurés, n'y ont pénétré qu'au moment où la décision était définitivement arrêtée et n'y sont demeurés que le temps nécessaire pour que le magistrat-directeur donnât le renseignement sollicité sur la forme à donner à une décision qu'on n'a d'ailleurs pas fait connaître ;

Cass. rej. 27 mars 1843. D. 43, 1, 189 ; S. 43, 1, 439 ; P. 43, 1, 635. *Thinières c. préfet du Lot.* M. Bryon, rapp.

54. quand un greffier ou un huissier n'ont pénétré dans la salle des délibérations que pour remettre un document demandé par les jurés ;

Cass. rej. 3 mai 1843. D. 43, 1, 386 ; S. 43, 1, 504 ; P. 43, 1, 664. *De Taintegrin c. préfet du Pas-de-Calais.* M. Renouard, rapp.

55. ou pour leur faire connaître que la pièce réclamée par eux n'a pas pu être trouvée ;

Cass. rej. 27 fév. 1837. D. 37, 1, 262 ; S. 37, 1, 126 ; P. 37, 1, 334. *Urbain c. Piard.* M. Quéquet, rapp.

56. ou pour leur faire connaître la réponse du magistrat-directeur à la question de savoir si l'on pouvait provoquer de nouvelles explications des parties en la chambre du conseil ;

Cass. rej. 13 août 1866. D. 66, 5, 199 ; S. 67, 1, 85 ; P. 67, 173. *Ville de Pau c. Dufau.* M. Le Roux de Bretagne, rapp.

57. lorsqu'au moment d'entrer dans la salle des délibérations et avant que le délibéré ne fût commencé, un juré aurait, dans la salle d'audience, adressé quelques mots à une personne présente.

Cass. rej. 7 déc. 1857. D. 58, 1, 81 ; P. 59, 636. *Chemin de fer de l'Ouest c. de Robillard.* M. Renouard, rapp.

58. ou bien du seuil de la porte servant de communication entre la chambre du conseil et la salle d'audience, aurait demandé à haute voix la remise d'un titre de propriété ;

Cass. rej. 27 fév. 1837. D. 37, 1, 262 ; S. 37, 1, 126 ; P. 37, 1, 334. *Urbain c. Piard.* M. Quéquet, rapp.

59. ou n'est sorti un instant que pour demander du sable nécessaire aux jurés ;

Cass. rej. 5 mars 1856. D. 56, 1, 119 ; S. 56, 1, 832 ; P. 56, 1, 497. *Chemin de fer de Bessèges c. de Boisset.* M. Delapalme, rapp.

59 bis. Est régulière la décision du jury, lorsqu'il est énoncé au procès-verbal, qu'après la clôture des débats et l'avis donné par le magistrat-directeur de délibérer sans désemparer, les jurés se sont immédiatement retirés dans leur chambre et, après cinquante minutes de délibération, sont rentrés en séance publique, pour la lecture de leur décision ; que, après cette lecture, l'avocat du demandeur s'est borné, sans autrement préciser, à demander acte de sa réserve au sujet de ce qu'un des jurés aurait communiqué, et que le magistrat-directeur a donné l'acte demandé, tout en déclarant qu'il ne tenait pas pour certain le fait allégué.

Cass. 30 juin 1884. *De Jonaye c. l'Etat.* M. Monod, rapp.

60. L'article 137 n'interdit pas absolument toute interruption ; il autorise, au contraire, cette mesure lorsqu'elle est commandée par les besoins de l'instruction ou d'un repos devenu nécessaire.

Cass. rej. 7 janv. 1879. D. 79, 1, 172 ; S. 79, 1, 80 ; P. 79, 165. *Moulinié c. préfet de l'Hérault.* M. Baudoin, rapp.

61. Ainsi, le magistrat-directeur et les jurés qui, après avoir employé un certain nombre de séances à l'instruction et à l'expédition d'une partie importante des affaires à juger, ont estimé nécessaire de s'ajourner, pour la continuation des opérations, du 8 juin veille de la Pentecôte, au 18 du même mois, n'ont en rien violé, par cette mesure, la disposition de l'art. 38 de la loi du 3 mai 1841.

Même arrêt.

62. Il n'y a pas non plus nullité, lorsque les jurés ont interrompu leur délibération pour aller prendre un repas ;

Cass. rej. 7 janv. 1845. D. 45, 1, 84 ; S. 45, 1, 15 ; P. 45, 1, 82. *De Clermont Mont Saint-Jean c. l'Etat.* M. Renouard, rapp.
Contrà : Arnaud, n° 372.

63. Ou pour aller se livrer au sommeil, lorsqu'aucune communication avec les parties ou leurs conseils n'est alléguée ; lorsque, surtout, il est affirmé par le procès-verbal que cette communication n'a pas eu lieu.

Cass. rej. 18 avril 1854. D. 54, 1, 161 ; S. 54, 1, 485 ; P. 54, 2, 527. *Jacquemet c. préfet du Cher.* M. Renouard, rapp.
Arrêt précité du 7 janvier 1845.

64. Le magistrat-directeur peut, alors même qu'il aurait prononcé la clôture des débats, renvoyer au lendemain matin l'ouverture de la délibération.

Arrêt précité du 7 janvier 1845.

65. Mais, lorsque les débats sont terminés à une heure assez avancée pour qu'il y ait lieu de craindre que la délibération ne ne puisse pas prendre fin dans la journée, il est préférable de ne clore les débats que le lendemain.

66. Il n'y a pas non plus vio-

lation de la règle du délibéré sans désemparer, dans le fait de la rentrée des jurés dans leur salle des délibérations :

Pour la réparation d'un oubli portant, par exemple, sur un point où le contrat judiciaire existait entre les parties, et où il n'y avait en définitive qu'à leur donner acte de leur consentement mutuel ;

Cass. rej. 20 août 1860. D. 60, 1, 415 ; P. 61, 502. *Ville d'Aix c. de Long* M. Aylies, rapp.

67. ou pour la rectification d'une erreur matérielle, telle que celle provenant d'un chiffre mal écrit ou mal exprimé.

Cass. rej. 27 janv. 1869. D. 69, 1, 244 ; S. 69, 1, 385 ; P. 69, 946. *De Jaume c. chemin de fer de Lyon.* M. Pont, rapp.

68. Il y aurait, au contraire, nullité, si le jury après une première délibération était rentré dans la chambre du conseil à la suite de nouvelles explications qui lui auraient été fournies, non pour rectifier une erreur matérielle, mais pour modifier le chiffre de l'indemnité.

Cass. 1er mai 1877. S. 77, 1, 277 ; D. 77, 1, 472 ; P. 77, 685. *Cne de Fresnes c. veuve Monnier.* M. Goujet, rapp.

69. Et cette nullité n'est pas couverte par le silence des parties.

Même arrêt.

70. Les réunions que les jurés peuvent avoir entre eux, après chaque séance, pour se communiquer leurs souvenirs et leurs notes ne constituent pas des délibérations et ne sont pas, par suite, soumises aux prescriptions du second paragraphe de l'article 38.

Cass. rej. 20 mars 1855. D. 55, 1, 61. S. 55, 1, 451 ; P. 56, 1, 556. *Montrochet c. ville de Lyon.* M. Laborie, rapp.

— 19 juin 1861. D. 61, 1, 286 ; S. 62, 1, 894 ; P. 62, 715. *Bompied c. chemin de fer d'Orléans.* M. Delapalme rapp.

71. Ces prescriptions d'ailleurs ne s'appliquent qu'à la délibération en cours, mais non à la délibération terminée.

Cass. rej. 16 juin 1858. D. 58, 1, 325 ; P. 59, 98. *Michalet c. ville de Paris* M. Aylies, rapp.

72. Ainsi n'est pas nulle la décision du jury bien que les jurés fussent sortis de la salle des délibérations pour aller au dehors et ne rentrer qu'après un certain temps, lorsqu'il est constaté qu'au moment de leur sortie, la délibération était complètement terminée et que, signée par chacun des jurés, elle n'a pas cessé, de ce moment, d'être entre les mains du président du jury qui l'a remise au magistrat-directeur sans qu'aucune délibération nouvelle ait eu lieu dans l'intervalle écoulé entre la sortie de la salle des délibérations et la rentrée en audience publique.

Même arrêt.

73. Il en est de même si un juré, rentrant à la salle d'audience avant ses collègues, et causant avec une personne qui se trouvait dans l'auditoire, ne l'a fait qu'après la délibération.

Cass. rej. 7 janv. 1862. D. 62, 1, 377 ; S. 62, 1, 1064 ; P. 63, 378. *Roche c. chemin de fer d'Orléans.* M. Renouard, rapp.

74. L'obligation, une fois les débats clos et la délibération commencée, de délibérer sans désemparer, n'empêche pas de rouvrir l'instruction, si les jurés l'estiment nécessaire, soit pour une demande de renseignements, une production de titres, un trans-

port sur les lieux ; mais alors les débats ainsi réouverts, doivent être clos à nouveau, et les prescriptions du second paragraphe de l'article 38 ne reprennent leur empire qu'à partir de cette nouvelle clôture.

Voir art. 37.

SECTION III. — *Règlement de l'indemnité.*

§ 1. — *Valeur et étendue de l'immeuble exproprié.*

75. *Valeur de l'immeuble.* C'est la valeur *actuelle*, c'est-à-dire déterminée au moment où se fait le règlement de l'indemnité par le jury.

Cass. rej. 7 fév. 1876. D. 76, 1, 278 ; P. 76, 613 ; S. 76, 253. *Cély c. préfet d'Oran.* M. Gastambide, rapp.

76. Ainsi, lorsqu'avant le règlement de l'indemnité, des terrains ont été occupés par l'administration pour l'établissement de travaux publics, cette occupation laissant subsister le droit de propriété jusqu'au jour du règlement de l'indemnité, c'est à ce jour que doivent être évalués les terrains pour lesquels une indemnité est due au propriétaire.

Même arrêt.

77. Bien que la valeur à apprécier soit la valeur *actuelle*, il n'est pas interdit au jury de tenir compte dans son évaluation de la situation de l'immeuble et de sa situation future.

Cass. rej. 9 juill. 1856. D. 56, 1, 293 ; P. 56, 2, 378. *Chemin de fer de Saint-Rambert c. d'Avancourt.* M. Lavielle. rapp.

78. Ce n'est là, en définitive, dans l'appréciation du jury, qui n'a pas à faire connaître les mo-

17

tifs de son estimation, qu'un des éléments de la valeur actuelle.

Même arrêt.

78 *bis,* En dehors du consentement formellement exprimé par les parties, le jury n'a compétence, soit pour accorder une indemnité actuelle et définitive, soit pour allouer une indemnité hypothétique qu'à raison des expropriations judiciairement ordonnées.

Cass. 7 avril 1845. D. 45, 1, 207 ; S. 45, 1, 529 ; P. 45, 1, 585. *Rieder Monborne c. l'Etat.* M. Renouard, rapp.
— 17 déc. 1845. D. 46, 1, 30 ; S. 46, 1, 66 ; P. 46, 1. 35. *Godefroy et autres c. l'Etat.* M. Renouard, rapp.
— 3 janv. 1855. D. 55, 1, 33 ; S. 55, 1, 844 ; P. 56, 1, 387. *Chemin de fer de Caen c. Leroy de Beaulieu.* M. Alcock, rapp.
— 19 mai 1884. *L'Etat c. Truchet.* M. Rohault de Fleury, rapp., et les arrêts cités aux n°s *infra.*

79. La compétence du jury est fixée par le jugement d'expropriation visé dans la délibération de la Cour ou du tribunal qui a désigné les jurés ; elle ne saurait s'appliquer à d'autres immeubles expropriés par un autre jugement.

Cass. 27 août 1856. D. 56, 1, 334 ; S. 59, 1, 271 ; P. 59, 737. *Poiret c. ville de Paris.* M. Renouard, rapp.
— 26 déc. 1859. D. 60. 1, 89 ; S. 60, 1, 1008, P. 60, 1020. *Laporte c. chemin de fer du Midi.* M. Quénault, rapp.
— 19 mai 1884. S. 84, 1, 296 ; P. 84, 708. *Préfet du Loiret c. Farnault-Dumesny.* M. Rohault de Fleury, rapp.

80. Ainsi : lorsque deux jugements d'expropriation s'appliquant à des immeubles différents ont été successivement rendus, si le jugement qui désigne les jurés ne vise qu'un de ces jugements, il n'attribue compétence aux jurés désignés que relativement aux immeubles expropriés par ce ju-

gement ; par suite, il y a nullité de la décision qui fixe l'indemnité afférente aux immeubles expropriés par le jugement non visé.

Cass. 20 fév. 1884. S. 84, 1, 344 ; P. 84, 835. *Carro c. ville de Meaux.* M. Tappie, rapp.

81. Lorsque, pour des expropriations prononcées par deux jugements différents, deux jurys distincts ont été désignés, il ne peut appartenir ni au magistrat-directeur, ni aux parties de dessaisir le second jury d'une affaire qui lui était réservée pour en saisir le premier jury, les attributions et la compétence du jury étant d'ordre public et ne pouvant être changées par la volonté des parties.

Cass. arrêt précité du 26 déc. 1859. D. 60, 1, 89 ; S. 60, 1, 1008 ; P. 60, 1020.

82. La compétence du jury est expressément limitée à déterminer d'après les documents donnés et d'après les demandes des parties, le montant de l'indemnité due pour la parcelle expropriée ; et si le jury, dans son estimation, peut apprécier les circonstances diverses qui influent sur la valeur de la parcelle expropriée ou sur le préjudice plus ou moins grand qui peut résulter de sa privation pour le propriétaire, cette valeur et ce préjudice ne peuvent toujours être appréciés que dans le rapport de l'expropriation avec la parcelle expropriée.

Cass. rej. 18 janv. 1854, D. 54, 1, 315 ; S. 54, 1, 735 ; P. 55, 1, 47. *Canal de Pierre-Late c. chemin de fer de Lyon.* M. Delapalme, rapp.

83. L'indemnité à régler par le jury doit s'appliquer à la totalité des biens frappés d'expropriation sans en rien excepter, et sans aucune modification aux dispositions du jugement qui prononce cette expropriation.

Cass. 28 mai 1845. D. 45, 1, 302; S. 45, 1, 414; P. 45, 1, 732. *Barberon c. préfet de l'Indre*. M. Renouard, rapp.
— 14 juill. 1863. D. 66, 5, 199. *Porte c. préfet de l'Isère*. M. Delapalme, rapp.
— 27 juill. 1870. D. 70, 5. 181. *Cne d'Objat c. veuve Blanc*. M. Rieff rapp.
— 29 juin 1858. D. 58, 1, 326; P. 59, 841. *Marjoribanks c. chemin de fer du Nord*. M. Gaultier, rapp.
Sic: Delalleau et Jousselin. t. I, n° 606. — De Peyronny et Delamarre, n° 542. — Arnaud, n° 419 et s. — Daffry de la Monnoye, t. 2, p. 43.

84. Il ne peut appartenir à la partie expropriante, au moyen, ou de modifications par elle consenties, ou de réduction dans l'étendue des parcelles expropriées, de réduire dans des proportions analogues l'indemnité par elle offerte, et au jury d'accorder une indemnité moindre en raison de ces modifications ou réductions.

Arrêt précité du 14 juillet 1863.

85. Pour que l'indemnité soit valablement fixée, tout en étant appliquée à une contenance inférieure à celle indiquée au jugement, il faut que les parties y aient consenti expressément ou tacitement, en tous cas, d'une manière non équivoque.

Cass. rej. 28 janv. 1868. D. 68, 1, 123. *De Bercy c. Petit*. M. Laborie rapp.

86. Ainsi en est-il, quand le jugement d'expropriation indiquant une contenance de un hectare vingt-neuf ares et l'expropriant dans son exploit d'assignation à l'exproprié, déclarant que la contenance n'est que de un hectare neuf ares, l'exproprié n'a élevé aucune réclamation sur

la rectification de la contenance.

Cass. rej. 12 août 1857. D. 57, 1, 330; P. 59, 584. *Glaces de Montluçon c. Grand-Central*. M. Delapalme, rapp.

87. Dès que le consentement de l'exproprié fait défaut, le jury perd le droit de tenir compte, dans la fixation de l'indemnité, des propositions faites par l'expropriant et qui auraient pour conséquence de restreindre les effets de l'expropriation.

Cass. 23 déc. 1861. D. 62, 1, 304; S. 62, 1, 891; P. 63, 420. *Ricard c. préfet du Gard*. M. Lavielle, rapp.
— 14 juill. 1863. D. 66, 5, 199. *Porte c. préfet de l'Isère*. M. Delapalme, rapp.

88. Ainsi, l'expropriant, offrant de respecter un puits compris dans l'expropriation, le jury ne peut allouer une indemnité, *sans avoir égard à la valeur du puits*, alors que l'exproprié n'a pas accepté la proposition faite par l'expropriant.

Arrêt du 23 décembre 1861.

89. Le principe, en vertu duquel le jury ne peut apprécier la valeur de l'immeuble exproprié que tel qu'il est déterminé et délimité par le jugement d'expropriation, s'oppose, non seulement à ce que l'importance ou l'étendue de cet immeuble soient restreintes, mais aussi à ce qu'elles soient augmentées.

Cass. 29 juin 1858. D. 58, 1, 326. P. 59, 841. *Marjoribanks c. chemin de fer du Nord*. M. Gaultier, rapp.
— 9 fév. 1874. D. 74, 1, 206; S. 74, 1, 222; P. 74, 546. *Delagarde c. chemin de fer de Poitiers*. M. Aucher, rapp.

90. Mais, dans cette hypothèse de l'extension de l'immeuble exproprié, il en est comme de l'hypothèse de sa restriction; c'est-à-dire que les pouvoirs refusés au jury par le jugement d'expropriation peuvent lui être conférés par le consentement des parties.

Cass. rej. 18 mars 1874. D. 74, 1, 212. *Fizot-Lavergne c. chemin de fer des Charentes*. M, Rieff, rapp.
— 25 août 1875. D. 76, 1, 56; S. 76, 1, 430; P. 76, 1087. *Séguin c. chemin de fer de Lyon*. M. Casenave, rapp.

91. On objecterait en vain que les modifications apportées par la Compagnie expropriante à ses offres primitives n'avaient pas seulement porté sur le chiffre de l'indemnité, mais qu'elles auraient encore eu pour résultat de changer les bases même de l'expropriation en y faisant comprendre certains terrains qui n'avaient pas été désignés dans le jugement d'expropriation, s'il résulte des mentions du procès-verbal que ces terrains n'ont nullement été considérés comme faisant partie de l'expropriation, mais comme cédés à la Compagnie en dehors de l'expropriation, les parties étant tombées d'accord pour laisser évaluer par le jury aussi bien les terrains cédés par convention que ceux expropriés.

Arrêt du 18 mars 1874.

92. Si, dans le jugement d'expropriation, figurent des parcelles sans nom déterminé et que, devant le jury, ces parcelles soient respectivement reconnues appartenir à l'un des propriétaires expropriés dont l'indemnité se discute devant le jury, il suffit, pour que la décision rendue par celui-ci le soit valablement, que, des énonciations du procès-verbal il résulte qu'un contrat judiciaire s'est formé entre l'expropriant et l'exproprié pour le règlement, par le jury, de l'indemnité concernant non seulement les parcelles attribuées à l'exproprié par le jugement d'expropriation, mais aussi les parcelles sans nom de propriétaire.

Arrêt du 25 avril 1875.

93. Le jury n'est pas obligé de tenir compte de l'accord intervenu entre les parties et par suite duquel seraient comprises dans l'évaluation des parcelles non expropriées; il reste libre de fixer l'indemnité d'après la contenance portée au tableau des offres.

Cass. 7 fév. 1883. D. 83, 5, 266. *Bull. civ.*, 83, p. 57. *Voisine de la Fresnais c. préfet d'Indre-et-Loire*. M. Onofrio, rapp.

94. Une partie ne saurait être admise à se plaindre de ce que le jury a alloué une indemnité pour une contenance supérieure à celle désignée dans le jugement d'expropriation, quand elle a formellement et librement adhéré à ce que le règlement fût fait dans ces conditions.

Cass. rej. 31 déc. 1850. D. 51, 1, 286; S. 54, 4, 864; P. 51, 2, 475. *Dourjelot c. préfet de Seine-et-Oise*. M. Gillon, rapp.
12 août 1857. D. 57, 1, 329. S. 57, 1, 864; P. 51, 2, 766. *Rambourg c. Grand-Central*. M. Delapalme, rapp.

95. Mais il y a nullité de la décision, si le jury accorde une indemnité pour la valeur d'emprises supplémentaires sur l'existence desquelles les parties seraient convenues par des conclusions prises à la barre, quand rien, dans le procès-verbal, ne constate ces accords.

Cass. 5 mars 1873. D. 73, 1, 184; S. 73, 1, 176; P. 73, 405. *Chemin de fer du Midi c. Pascal*. M. Merville, rapp.

96. Quand le consentement à

l'extension des attributions du jury n'a pas été donné, le magistrat-directeur peut refuser de soumettre au jury la question tendant à fixer la somme qui serait due pour la partie de l'immeuble ajoutée à celle figurant seule dans le jugement d'expropriation.

Cass. rej. 4 mai 1869. D. 69, 1, 342 ; *Veuve Péan c. cne de Sambin*. M. Pont, rapp.

97. Le mandataire ne peut consentir à l'extension des attributions du jury au delà des limites du jugement d'expropriation qu'en vertu d'un mandat exprès.

Cass. 3 janv. 1848. D. 48, 1, 153 : S. 48, 1, 671 ; P. 48, 1. 31. *Cortil c. chemin de fer du Nord*. M. Renouard, rapp.
— 15 janv. 1849. D. 49, 1, 88 ; S. 49, 1, 217 ; P. 49, 1, 393. *Moral c. chemin de fer du Nord*. M. Hello, rapp.
— 19 nov. 1856. D. 56, 1, 396 ; P. 56, 2, 563. *De Hauregard c. chemin de fer de l'Est*. M. Renouard, rapp.
— 29 juin 1858. D. 58, 1, 326 ; P. 59, 841. *Marjoribancks c. chemin de fer du Nord*. M. Gaultier, rapp.
— 13 fév. 1861. D. 61, 1, 180 ; S. 61, 1, 999 ; P. 61, 902. *Boujonnier c. chemin de fer du Nord*. M. Alcock, rapp.

98. Ainsi : la procuration qui donne pouvoir de soutenir les droits d'une partie concernant l'indemnité due pour diverses portions de terre dont l'expropriation a été prononcée, n'autorise pas le mandataire à consentir la cession d'une autre parcelle non comprise dans le jugement d'expropriation.

Arrêt précité du 3 janvier 1848.

99. Mais la procuration qui confère pouvoir au mandataire *de faire tout ce qu'il jugera être dans les intérêts de son mandant* a été considérée comme autorisant

le mandataire à consentir la cession d'autres parties de l'immeuble que celles mentionnées au jugement d'expropriation.

Cass. rej. 26 août 1861. D. 61, 1, 400. *Veuve Chauret c. préfet de la Savoie*. M. Renouard, rapp.

100. Un propriétaire indivis, pour consentir valablement la cession d'une parcelle commune non comprise dans le jugement d'expropriation, a besoin d'un mandat exprès à lui délivré par les autres copropriétaires.

Cass. arrêts précités des : 19 novembre 1856. D. 56, 1, 396 ; P. 56, 2, 563. — 13 fév. 1861. D. 61, 1, 180 ; S. 61, 1, 999 ; P. 61, 902.

101. Une commune ne peut consentir valablement, devant le jury, à la cession d'une parcelle non comprise dans le jugement d'expropriation sans y être habilitée par les autorisations administratives nécessaires pour l'aliénation des biens communaux.

Cass. 12 avril 1870. D. 70, 1, 388 ; S. 71, 1, 82 ; P. 71, 214. *Ville de Milhau c. chemin de fer du Midi*. M. Gastambide, rapp.

102. Si une indemnité unique a été accordée, tant pour les parcelles contenues dans le jugement d'expropriation que pour celles qui n'y étaient pas mentionnées et à l'égard desquelles il n'y a pas eu consentement de cession régulièrement donné, la décision du jury doit être cassée pour le tout.

Arrêts précités des 19 nov. 1856, 13 fév. 1861 et 29 juin 1858.

103. Alors même que l'expropriant aurait plus tard renoncé à profiter de l'extension abusivement donnée à l'expropriation, si l'exproprié n'a pas accepté cette renonciation et ne s'est pas désisté de son pourvoi.

Arrêt du 29 juin 1858.

104. La valeur de l'immeuble exproprié doit rester, relativement à la fixation de l'indemnité, dans les conditions où elle a été placée par le jugement d'expropriation, non seulement, quant aux parties de l'immeuble comprises dans l'expropriation, mais aussi quant à la destination qu'elles doivent recevoir.

105. Ainsi est nulle la décision du jury fixant l'indemnité de terrains expropriés pour établir une gare de chemin de fer dans l'intérieur de Paris (gare de Saint-Germain) alors que, devant e jury, on avait déclaré être dans l'intention d'employer autrement les terrains et de transporter la gare projetée loin de l'emplacement primitivement désigné.

Cass. 9 janv. 1839. D. 39, 1, 68 ; S. 39, 1, 129 ; P. 46, 2, 657. *Riant et autres c. chemin de fer de Saint-Germain.* M. Quéquet, rapp

106. L'application de l'indemnité à une dépendance essentielle de l'immeuble, considérée comme telle dans les offres et les conclusions de l'exropriant, sans réclamation de la part de l'exproprié, ne constitue pas une extension de l'expropriation.

Cass. rej. 30 mai 1865. D. 65, 5, 187. *Salvan c. ville de Béziers.* M. Sevin, rapp.

107. Par exemple : à un barrage créant la force motrice d'un moulin exproprié et portant le même numéro que ce moulin au plan cadastral.

Même arrêt.

108. L'indemnité déterminée eu égard à l'état de la propriété, comprend par cela même la valeur de la récolte des arbres à fruits et à fleurs existant sur les terrains expropriés au moment de la décision, sans qu'il résulte aucune incertitude dans la fixation de l'indemnité, de ce qu'il n'a rien été précisé par le jury quant à l'époque de la prise de possession, époque qu'il n'appartient d'ailleurs ni au jury ni au magistrat-directeur de déterminer.

Cass. rej. 27 janv. 1869. D. 69, 1, 244 ; S. 69, 1, 385 ; P. 69, 946. *Barbe et autres c. chemin de fer de Lyon.* M. Pont, rapp.
— 2 fév. 1869. D. 69, 1, 246 ; S. et P. ut suprà. *Hugues c. chemin de fer de Lyon.* M. Pont, rapp.

109. Le jugement d'expropriation étant la base d'attribution relativement au règlement de l'indemnité, le jury ne doit être considéré comme ayant outrepassé ses pouvoirs qu'autant qu'il est démontré par les termes même de sa décision, qu'il est sorti des limites fixées par le jugement d'expropriation.

Cass. 13 août 1855. S. 56, 1, 829 ; P. 57, 419. *De Saint-Seine c. chemin de fer de Dôle.* M. Delapalme, rapp.
— 5 juin 1861. D. 61, 1, 288 ; S. 61, 1, 994 ; P. 62, 325. *Marion-Vallée c. ville de Rouen.* M. Renouard, rapp.
— 26 janv. 1863. *Bull. civ.*, 63, p. 17. *Préfet des Bouches-du-Rhône c. Mouren.* M. Sevin, rapp.
— 8 avril 1863. *Bull. civ.*, 63, p. 92. *Préfet du Morbihan c. Bucan.* M. Renouard, rapp.
— 10 avril 1866. D. 66, 5, 205. *Fontaine c. préfet de la Haute-Savoie.* M. Fauconneau-Dufresne, rapp.

110. Les effets mobiliers attachés au fonds à perpétuelle demeure, dans les conditions prévues par l'article 525 du code civil, font partie intégrante de l'immeuble et sont compris dans le règlement de l'indemnité.

Cass. 3 juill. 1843. D. 43, 1, 369 ; S.

48, 1, 578; P. 48, 2, 294. *Castex c.*
préfet de Tarn-et-Garonne. M. Renouard,
rapp.

111. Il en est de même des
objets qui sont immeubles par
destination dans les termes de
l'article 524 du code civil.

112. Ainsi la prisée d'un moulin est un accessoire nécessaire
d'un établissement de cette nature, et la valeur de cette prisée
doit être un des éléments du
capital de l'indemnité due à
l'exproprié.

Ordonnance du Conseil d'Etat du
9 juin 1830. D. A. v° *Expropriation,*
n° 24, 1°; S. 30, 2, 451; P. 30, 67.

Daffry de la Monnoye, t. II, p. 46
et s.

113. D'après une seconde opinion, qui paraît bien mieux tenir
compte de la nature des choses,
l'immobilisation des objets placés
par le propriétaire pour le service
et l'exploitation du fonds n'étant
que fictive, il n'y a pas lieu de
les considérer comme atteints par
l'expropriation de l'immeuble; la
destination devant changer par
le fait de l'expropriation, les
objets reprennent leur nature
mobilière, et le propriétaire en
conserve la propriété, sauf à réclamer une indemnité pour le
dommage causé par le changement de destination.

Dalloz, V. *Expropriation,* n° 36. —
Herson, n° 5.

114. Le jury, tout en allouant
une indemnité en argent, peut
laisser en dehors de l'expropriation des objets qui peuvent être
détachés du sol, tels que, dans
l'exploitation d'un pépiniériste,
les châssis, arbres, arbustes, plan-
tes, terreaux.

Cass. rej. 13 juill. 1852. D. 52, 1,
202; S. 52, 1, 668; P. 52, 2, 242. *Pré-*
fet de la Seine c. Mercier. M. Renouard,
rapp.

115. La propriété du sol comportant la propriété du dessous,
aux termes de l'article 552 du
code civil, l'indemnité, au cas
d'expropriation pure et simple,
doit comprendre, non seulement
la valeur de la superficie, mais
encore celle des richesses minérales qu'il renferme et dont le propriétaire est dépossédé, par suite
de l'expropriation.

Cass. 21 déc. 1858. D. 59, 1, 25; S.
59, 1, 522; P. 59, 140. *Clerget de Saint-*
Léger c. chemin de fer d'Orléans.
M. Delapalme, rapp.

116. Par suite, c'est au jury
spécial institué par la loi du
3 mai 1841 qu'il appartient de
statuer sur l'indemnité due par le
fait de l'expropriation et conséquemment d'apprécier la valeur
entière du sol exproprié.

Même arrêt.

117. Est nulle la décision du
jury qui se déclare incompétent
pour apprécier la valeur du sous-
sol ou tréfonds existant sous le
terrain exproprié pour la construction d'un chemin de fer.

Même arrêt.

118. L'expropriant, au cas
d'expropriation de parcelles de
terrains, purement et simplement
prononcée, ne saurait avoir le
droit de restreindre cette expropriation au sous-sol des parcelles.

Cass. 7 juill. 1868. D. 68, 1, 328;
P. 69, 59; S. 69, 1, 37. *Cne de Montri-*
chard c. chemin de fer d'Orléans.
M. Glandaz, rapp.

119. Aucune question tendant
à la fixation d'une indemnité
hypothétique ne doit, en regard
de la prétention de restreindre

l'expropriation au sous-sol, être posée au jury qui commet un excès de pouvoir s'il fait autre chose que de fixer l'indemnité pour les parcelles dont la dépossession est prononcée par le jugement d'expropriation.

Même arrêt.

120. L'expropriant et l'exproprié peuvent, par contrat, convenir que la propriété du tréfonds sera réservée à l'exproprié.

Cass. rej. 8 nov. 1859. D. 60, 1. 414; P. 62, 324. *Françon c. c^ne de Latour en Jarret.* M. Alcock, rapp.

121. Lorsque cet accord a été formellement constaté par le magistrat-directeur qui en a donné acte aux parties, l'exproprié ne peut plus être admis à se plaindre, devant la Cour de cassation, de ce que l'indemnité n'a pas compris tout l'objet de l'expropriation.

Même arrêt.

122. L'arrêté de cessibilité et le jugement d'expropriation ne peuvent séparer la superficie et le droit à la redevance existant pour le propriétaire de la surface sur le produit des mines, de telle sorte que l'expropriation ne frappe que la superficie et laisse intact le droit à la redevance.

Conseil d'Etat, 19 avril 1859 (*Marsais*). L. 59, 302; D. 59, 3, 83; S. 60, 2, 107; P. 59, 686. M. Aubernon, rapp.

123. Mais, la propriété du dessous pouvant être cédée et acquise distinctement de la propriété du dessus et étant, par suite, susceptible d'une expropriation particulière, l'arrêté de cessibilité et le jugement d'expropriation peuvent limiter cette expropriation à une étendue de terrain prise à une profondeur détermi-

née et laissant la superficie en dehors.

Cass. 1er août 1866. D. 66, 1, 305; S. 66, 1, 408; P. 66, 1094. *Préfet de la Seine c. Delamarre.* M. Aylies, rapp.
Contrà : Daffry de la Monnoye, t. II, p. 65 et s.

124. C'est d'ailleurs à l'autorité judiciaire qu'il appartient de statuer sur la question de savoir s'il y a lieu à indemnité à raison de la dépossession par expropriation du sous-sol de la propriété.

Conseil d'Etat, 18 mars 1857 (*Chemin de fer de Lyon à Genève*). L. 57, 272; D. 58, 83; S. 58, 2, 143; P. 57, 289. M. Flandin, rapp.
— Trib. des Conflits, 13 fév. 1875 (*Badin c. chemin de fer de Paris-Lyon-Méditerranée.*) L. 75, 152; D. 75, 3, 112; S. 76, 2, 311; P. 75, 406. M. Mercier, rapp.
Daffry de la Monnoye, t. II, p. 60.

125. Et de procéder au règlement de cette indemnité.

Mêmes arrêts.

126. On peut recourir contre l'arrêté de cessibilité qui prétend exproprier isolément soit la superficie, soit le tréfonds, par la voie gracieuse devant le ministre,
127. Ou, pour excès de pouvoir, devant le Conseil d'Etat.

Cass. 10 mars 1857. *Chemin de fer Grand-Central.* M. Alcock, rapp.
Arrêt précité du Conseil d'Etat du 19 avril 1859.

128. Mais le tribunal ne doit sous aucun prétexte sortir des limites que détermine l'arrêté de cessibilité; son droit et son devoir se bornent à vérifier si toutes les formalités voulues ont été remplies, et, en cas d'affirmative, à prononcer l'expropriation dans les limites indiquées par l'arrêté.

Arrêt précité du 10 mars 1857.

129. L'exproprié n'a pas non plus le droit de requérir l'acquisition totale de l'immeuble, en vertu de l'article 50 de la loi du 3 mai 1841.

Cass. 1er août 1866. D. 66, 1, 305 ; S. 66, 1, 408 ; P. 66, 1094. *Préfet de la Seine c. Delamarre.* M. Aylies, rapp.

130. A moins qu'il ne s'agisse de l'expropriation de la partie supérieure d'un bâtiment.

Conseil d'Etat, 27 déc. 1860 (*Cie du Pont de la Penfeld*). L. 60, 824 ; D. 61, 3, 9 ; S. 61, 2, 521 ; P. 60, 942. M. Perret, rapp.

131. Toutefois, il a été jugé, mais antérieurement à l'arrêt du 1er août 1866, que la réclamation de l'exproprié relativement à la division faite de la superficie et du sous-sol, pouvait constituer un litige sur le fond du droit, comportant l'allocation d'une indemnité alternative.

Cass. 22 juin 1852. D. 52, 1, 176 ; S. 52, 1, 751 ; P. 52, 2, 721. *Préfet de la Loire c. veuve Praire.* M. Gillon, rapp.
— 22 août 1853. D. 53, 1, 285 ; S. 53, 1, 752 ; P. 54, 2, 412. *Préfet de la Loire c. de Rochetaillée.* M. Gillon, rapp.
Daffry de la Monnoye, t. II, p. 61 et s.

132. Une mine ne devient propriété privée que par l'acte de concession émanant de la puissance publique. Jusque-là personne ne peut exploiter la mine et personne n'y a droit. Personne ne peut donc rien réclamer à titre de propriétaire avant la concession.

Delalleau et Jousselin, t. I, n° 332. — Jousselin. *Traité des servitudes d'utilité publique,* t. II, p. 8.

133. Mais il n'est pas interdit au jury, qui n'a pas à rendre compte du chiffre de son indem-nité, de prendre en considération pour sa fixation, l'existence démontrée de richesses minérales dans les terrains expropriés.

Herson, n° 252. — Dalloz, v° *Expropriation,* n° 583. — Dufour, *Droit administratif,* t. V, p. 461. — Daffry de la Monnoye, t. II, p. 75 et s.
Contrà : De Peyronny et Delamarre, n° 503.

134. Lorsque la mine a été concédée, si une expropriation de la surface a lieu, et que l'exploitation de la mine n'en soit pas atteinte, le concessionnaire n'a aucune indemnité à prétendre.

Conseil d'Etat, 11 mars 1861 (*Mines des Combes c. chemin de fer de Paris-Lyon-Méditerranée*). L. 61, 173 ; D. 61, 3, 25 ; P. 61, 39. M. Boulatignier, rapp.
Delalleau et Jousselin, t. I, n° 332. — Daffry de la Monnoye, t. II, p. 69.

135. Si l'exploitation de la carrière ou de la mine est touchée par l'expropriation, les règles tracées par la loi du 3 mai 1841 pour l'expropriation et pour le règlement de l'indemnité doivent être appliquées.

Conseil d'Etat, 15 avril 1857 (*Chemin de fer de Lyon à Genève c. Desbordes*). L. 57, 272 ; D. 58, 3, 3 ; S. 58, 2, 143 ; P. 57, 289. M. Boulatignier, rapp.
— 5 fév. 1875 (*Ogier c. Paris-Lyon-Méditerranée*). L. 75, 112 ; D. 75, 3, 112 ; S. 76, 2, 309 ; P. 75, 403. M. de Baulny, rapp.
Trib. des Conflits, 13 fév. 1875 (*Badin c. Paris-Lyon-Méditerranée*). L. 75, 152 ; D. 75, 3, 112 ; S. 76, 2, 311 ; P. 75, 406. M. Mercier, rapp.
Cass. 18 juill. 1837. D. 37, 1, 441 ; S. 37, 1, 664 ; P. 37, 2, 232. *Allimand c. chemin de fer de Saint-Etienne.* M. Tripier, rapp.
— Chambres réunies 3 mars 1841 *Bull. civ.,* 41, p. 109.

136. Le jury est maître de fixer pour la partie de la mine expropriée, telle indemnité qu'il jugera convenable, sans être obligé de faire payer au propriétaire le terrain au double de sa valeur comme le veut l'article 44 de la loi du 21 avril 1810, applicable seulement quand il s'agit d'acquisition de terrains occupés ou dégradés par le concessionnaire d'une mine.

Daffry de la Monnoye, t. II, p. 69.
Contrà : Herson, n° 252.

137. La suppression des caves existant sous les voies publiques dans l'étendue de la généralité de Paris peut toujours être ordonnée par mesure de police, aux termes de divers édits encore en vigueur, et notamment de l'ordonnance du 4 septembre 1778 : mais, bien que la suppression ait lieu sans l'accomplissement des formalités prescrites pour l'expropriation, le propriétaire de la cave supprimée a le droit de faire régler par l'autorité judiciaire l'indemnité qui lui est due.

Cons. d'Etat, 23 janv. 1862 (*Legendre*). L. 62, 70 ; D. 62, 3, 25 ; S. 62, 2, 302 ; P. 62, 158. M. Perret, rapp.
— 22 nov. 1866 (*Lecourtois*). L. 66, 1970 ; D. 67, 3, 21 ; S. 67, 2, 27 ; P. 66, 128. M. Perret, rapp.

§ 2. — *Préjudice; de quelle nature il doit être.*

Préjudice, dommage.

138. Le jury n'a pas seulement à tenir compte de la valeur totale que représente, pour l'exproprié, l'immeuble dont il est privé ; mais encore, au cas d'expropriation partielle, du dommage qui peut être causé par l'expropriation à la partie de l'immeuble non acquise.

139. L'importance de l'indemnité doit être déterminée en raison, tant de la valeur des biens que du préjudice que le propriétaire dépossédé peut éprouver,

soit par la dépréciation de la portion de propriété qui reste entre ses mains, soit de la dépense qu'il sera obligé de faire pour coordonner cette portion de propriété qui lui reste à la disposition ultérieure des lieux.

Cass. 18 fév. 1857. D. 57, 1, 71 ; S. 57, 1, 863 ; P. 58, 471. *Préfet de l'Ain c. Dailly.* M. Delapalme, rapp.

140. L'indemnité de dépréciation est régulièrement accordée alors même que le terrain aurait été vendu par l'exproprié, si l'expropriation a eu pour conséquence une diminution dans le prix de vente.

Cass. rej. 30 janv. 1865. *Bull. civ.,* 65, p. 41. *Ville de Châlon-sur-Saône c. Muiron.* M. Renouard, rapp.

141. En matière d'expropriation, la décision du jury, seul compétent pour régler les indemnités dues aux expropriés, comprenant nécessairement tous les dommages qui résultent du fait même de l'expropriation, après que le jury a statué, aucune demande d'indemnité nouvelle n'est recevable pour un dommage dont la cause existant à l'époque où la décision a été rendue, pouvait être révélée par l'état matériel des lieux et par les documents soumis au jury.

Cass. 15 janv. 1879. S. 81, 1, 428 ; P. 81, 1084. *Chemin de fer du Midi c. Cénac.* M. Sallé, rapp.
Rennes, 2 juill. 1883. S. 84, 2, 101. *Leroux et Bonamy c. l'Etat.*

142. Le jury a exclusivement compétence pour connaître des dommages qui sont la conséquence actuelle, directe et nécessaire de l'expropriation.

Cass. rej. 23 avril 1883. D. 83, 1, 391 ; S. 83, 1, 423 ; P. 83, 1060. *Bull. civ.,* 83, p. 160. *Préfet de Saône-et-Loire c. Perret.* M. De Lagrevol, rapp.

Et les numéros *infrà*.

143. Les conseils de préfecture sont incompétents pour connaître des dommages résultant de l'exécution de travaux publics, lorsque ces dommages sont la conséquence directe et nécessaire d'une expropriation pour cause d'utilité publique ; dans ce cas le jury est seul compétent pour fixer l'indemnité.

Cass. 20 mai 1879. S. 79, 1, 382 ; P. 79, 940. *Chemin de fer de l'Ouest c. c^{ne} de Pleudchen.* M. Sallé, rapp.

144. Il en est ainsi quand il s'agit d'une indemnité fondée sur les emprises, occupations ou changements pratiqués sur des chemins communaux et se rattachant directement à l'expropriation.

Même arrêt.

145. Mais alors même que le jury accorde une somme déterminée pour *toutes choses*, les conseils de préfecture sont compétents pour apprécier une demande d'indemnité fondée sur le dommage causé au restant de la propriété par la déviation d'un chemin vicinal avec exhaussement, si les plans soumis au jury n'indiquaient pas l'exhaussement et son niveau.

Cons. d'Etat, 28 mars 1879. L. 79, à sa date ; S. 80, 2, 308 ; P. 79, 334. *Chemin de fer de Lyon c. Souteyran.* M. Gomel, rapp.

146. Le dommage est la conséquence actuelle, directe ou nécessaire de l'expropriation :

quand l'état d'enclave sur lequel se fonde la demande d'une indemnité supplémentaire résulte, non de changements dans l'exécution des travaux qui ont suivi l'expropriation mais de l'as-

siette du passage à niveau tel qu'il est figuré sur le plan qui a servi à l'expropriation et qui a été soumis aux parties et au jury ; cette cause de dommage procédant du fait même de l'expropriation, s'est trouvée comprise dans l'indemnité fixée par le jury ;

Cass. 15 janv. 1879. S. 81, 1, 428 ; P. 81, 1084. *Chemin de fer du Midi c. Cénac.* M. Sallé, rapp.

147. lorsqu'il résulte des plans et états parcellaires mis sous les yeux des jurés qu'en détachant les parcelles expropriées de l'ensemble du tènement, l'emprise a, dans une certaine mesure, isolé les bâtiments affectés à une usine et produit une gêne et des difficultés d'accès sur la voie publique, soit pour le service de l'usine, soit pour celui du surplus de la propriété ;

23 avril 1883. D. 83, 1, 391 ; S. 83, 1, 423 ; P. 83, 1060. *Préfet de Saône-et-Loire c. Perret.* M. Pont, rapp.

148. lorsque la partie de l'immeuble non expropriée se trouve enclavée par suite de l'expropriation ;

Cass. 31 juill. 1876. D. 76, 1, 468 ; S. 76, 1, 431 ; P. 76, 1088. *Fontaneau c. préfet de la Haute-Vienne.* M. Guérin, rapp.

149. quand l'expropriation a pour effet de diminuer le volume d'eau servant de force motrice pour la marche d'un moulin et, par conséquent, de diminuer cette force motrice ;

Cass. rej. 8 juill. 1862. D. 62, 1, 381 ; S. 62, 1, 1069 ; P. 63, 285. *Ville de Bordeaux c. Tenet.* M. Cordoen, rapp.

150. ou qu'elle doit avoir pour effet de faire souffrir l'exproprié de la stagnation des eaux dans la partie supérieure de son pré ;

Cass. rej. 21 juill. 1875. D. 75, 1, 416 ;

S. 75, 1, 428 ; P. 75, 1067. *Chemin de fer de Clermont c. Prat.* M. Merville, rapp.

151. Lorsqu'un chemin, propriété particulière, a été coupé par une voie de fer, l'indemnité résultant des difficultés qui sont la conséquence du changement de direction du chemin et des travaux nécessaires pour son raccordement doit être réglée, non par les tribunaux administratifs, mais, comme en matière d'expropriation, le dommage étant la suite directe de l'expropriation et devant être apprécié par le jury en même temps que la valeur du terrain exproprié.

Cons. d'Etat 26 août 1858 (*Crispon*). L. 58, 615 ; D. 59, 3, 36 ; P. 58, 581. M. Lemarié, rapp.

152. Si la suppression d'une conduite d'eau était la conséquence directe des travaux qui venaient d'être exécutés par une compagnie de chemin de fer sur les terrains expropriés, le dommage résultant de cette suppression devait être compris dans l'indemnité allouée par le jury d'expropriation, et le propriétaire n'est plus en droit, postérieurement au règlement de cette indemnité, d'introduire une demande spéciale en réparation du dommage, devant le conseil de préfecture.

Cons. d'Etat 20 mars 1874 (*d'Autun*). L. 75, 277 ; D. 75, 3, 23. M. Gomel, rapp.

153. De même en est-il pour la somme nécessaire au rétablissement des clôtures telles qu'elles existaient avant l'ouverture d'une route et la réparation des dommages causés à la propriété par suite du bris de clôtures.

Cons. d'Etat, 8 mai 1869 (*Rhiel*). L. 69, 431 ; D. 70, 3, 90 ; S. 70, 2, 198 ; P. 69, 439. M. Barry, rapp.

154. Alors même que le terrain aurait été occupé pour l'exécution des travaux publics, avec le consentement du propriétaire et sans que les formalités de l'expropriation eussent été accomplies.

Même arrêt.

155. La nécessité où se trouve la partie expropriée de se procurer un autre local pour l'exercice de son industrie, ne constitue pas un préjudice éventuel, mais un dommage actuel compris dans l'indemnité qui doit être allouée par le jury.

Cass. 25 juill. 1883. D. 84, 1, 344 ; S. 83, 1, 478 ; P. 83, 1184. *Ville de Cherbourg c. manufacture de dentelles.* M. Onofrio, rapp.

156. Il en est de même du dommage pouvant résulter de la privation du passage à travers la propriété voisine pour la vidange de la fosse d'aisance, ainsi que de la fermeture des fenêtres ouvertes dans la cour du voisin ; ce dommage étant la cause directe de l'expropriation ne peut donner lieu à une indemnité alternative.

Cass. rej. 14 juin 1882. S. 83, 1, 376 ; P. 83, 954. *Bull. civ.*, 82, p. 237. *Planchon c. ville de Cherbourg.* M. Monod, rapp.

157. Est actuel et certain le dommage résultant :

de ce que l'exproprié dont la propriété est coupée par un chemin de fer subit une augmentation des frais de garde de ses troupeaux ;

Cass. req. 16 mai 1881. S. 81, 1, 382 ; P. 81, 909. *Chemin de fer de Bône à Guelma c. Gouse.* M. Petit, rapp.

158. de ce qu'il est obligé d'empierrer un chemin conduisant à un passage à niveau et qui, devant désormais suffire seul à l'exploitation, sera soumis à un usage beaucoup plus fréquent ;

Même arrêt.

159. de la nécessité d'établir des clôtures le long du passage à niveau afin d'empêcher les troupeaux de pénétrer sur le terrain exproprié ;

Même arrêt.

160. de la nécessité de créer un passage latéral au chemin de fer et bordé d'un fossé;

Même arrêt.

161. Le préjudice causé par la dépréciation que les terrains restant à l'exproprié doivent éprouver par les difficultés plus grandes apportées dans l'exploitation de gisements d'ocre, est une suite directe de l'expropriation et des changements qu'elle doit amener dans l'état des lieux.

Cass. rej. 2 août 1881. S. 82, 1, 35; P. 82, 55. *Préfet de la Dordogne c. Maillefer.* M. Rohault de Fleury, rapp.

162. C'est à l'autorité chargée de régler l'indemnité principale à laquelle peut avoir droit un riverain dépossédé par expropriation qu'il appartient de régler également l'indemnité accessoire demandée pour le trouble apporté à la jouissance, par le chômage antérieurement à l'expropriation.

Cons. d'Etat 9 juin 1876 (*Digonnet-Thiange*). L. 76, à sa date; D. 76, 3, 92; P. 76, 57. M. Mathéus. rapp.

163. Le dommage causé aux propriétaires riverains par le rétrécissement d'une rue dont une partie du sol a été expropriée pour l'établissement d'un chemin de fer est une conséquence directe de l'expropriation, et doit être réglé par le jury d'expropriation.

Cons. d'Etat, 14 fév. 1861 (*Chemin de fer du Midi c. Desclaux*). L. à sa date; D. 61, 3, 65; S. 62, 2, 234; P. 61, 23. M. Pascalis, rapp.

164. Mais le jury n'a pas compétence pour évaluer les dommages qui ne sont que la conséquence *indirecte* de l'expropriation ou qui ne sont qu'*incertains* et *éventuels*. Par suite, est nulle toute autre décision du jury d'expropriation qui alloue une indemnité pour des dommages de cette nature.

Cass. 28 juill. 1879. D. 80, 1, 81; S. 81, 1, 377; P. 81, 900. *Préfet de la Lozère c. Bessières.* M. Sallé, rapp.

Et les numéros *infrà*.

164 *bis.* Par suite, le jury n'est pas compétent pour apprécier le dommage qui pourra résulter de l'exécution des travaux en vue desquels se fait l'expropriation ; ses pouvoirs ne s'étendent qu'à l'évaluation du dommage né de la dépossession subie par le propriétaire et des conséquences immédiates qu'elle entraîne pour les terrains qui lui sont laissés.

Cass. 20 août 1884. *Préfet de l'Aisne c. C^nes de Chauny et de Sinceny.* M. Descoutures, rapp.

165. Ce principe étant d'ordre public, il ne peut y être dérogé même par le consentement mutuel des parties.

Même arrêt.

166. Est nulle :

La décision du jury qui accorde une indemnité pour dommage causé à une usine, alors qu'il ne résulte ni du tableau des offres ni demandes ni des constatations du procès-verbal que l'exproprié ait réclamé une indemnité spéciale à raison de la dépréciation qu'aurait subie une usine à lui apparte-

nant et soutenu que cette dépréciation était une conséquence directe et immédiate de l'expropriation ;

Cass. 2 août 1881. S. 81, 1, 479 ; P.
81, 1217. *Bull. civ.*, 81, p. 284. *Préfet
de la Dordogne c. Taillefer*. M. Rohault
de Fleury, rapp.

166 *bis*. la décision du jury
qui, en dehors de l'indemnité accordée pour l'emprise alloue une
somme déterminée et spéciale
pour la suppression, sur la partie
non expropriée d'un lavoir ou
d'une buanderie, par l'interception
que devront entraîner les travaux
à exécuter des eaux venant de la
montagne.

Cass. 24 juin 1884 (deux arrêts).
Truffert et Pérard c. l'État. M. Monod,
rapp.

167. Le jury ne peut allouer
une indemnité pour le dommage
qui pourrait résulter du cas où,
par suite des travaux à exécuter,
la partie non expropriée d'une
prairie ne pourrait plus être régulièrement irriguée.

Cass. 8 janv. 1883. S. 83, 1, 230 ; P.
83, 545. *Bull. civ.*, 83, p. 9. *Chemin de
fer du Nord c. Schayé*. M. Monod,
rapp.

168. Le dommage n'est pas la
conséquence *directe* de l'expropriation :

lorsque le propriétaire d'une
usine a été exproprié d'une parcelle de terrain pour l'établissement d'un chemin vicinal. Le
dommage résultant d'un trajet
plus long pour l'alimentation de
son usine ne résulte pas de l'expropriation, mais bien du changement de direction du chemin et
prend son fondement dans le fait
seul de ce changement ;

Cass. 20 janv. 1858. *Bull. civ.*, 58,
p. 22. *Chemin de fer de l'Est c.
Vitry*. M. Pascalis, rapp.

169. lorsque la réparation est
demandée pour dommages causés
à des bâtiments d'exploitation par
suite de l'expropriation de terrains voisins ;

Cass. 14 août 1854. D. 54, 1, 344 ;
S. 55, 1, 142 ; P. 55, 1, 405. *Préfet du
Puy-de-Dôme c. Audiguier*. M. Pascalis,
rapp.

170. ou du changement apporté dans la direction d'un cours
d'eau par le canal de fuite du
moulin appartenant à l'exproprié,
lequel changement devait nécessairement faire refouler les eaux
vers l'usine et occasionner des
inondations ;

Cass. 2 août 1881. S. 82, 1, 35 ; P.
82, 56. *Préfet de la Dordogne c. Tou-
ron*. M. Rohault de Fleury, rapp.

171. quand le dommage résulte, pour des propriétés non
expropriées, de ce qu'une rue a
été interceptée par l'établissement
d'un chemin de fer ;

Cass. rej. 21 avril 1856. D. 56, 1, 158.
Frain c. préfet d'Ille-et-Vilaine. M. Delapalme, rapp.

172. quand il résulte de la
privation de jouissance de la partie non expropriée pendant l'exécution des travaux et par le fait
de cette exécution ;

Cass. 23 juin 1862. D. 62, 1, 380 ;
S. 62, 1, 1069 ; P. 63, 285. *Préfet de
la Corse c. Péraldi*. M. Delapalme,
rapp.

173. ou qu'il s'agit des dépenses occasionnées à l'exproprié
par les travaux de raccordement
avec le nouveau chemin de fer,
pour l'établissement duquel l'expropriation a eu lieu, d'un embranchement qu'il avait sur l'ancien
chemin ;

Cass. 20 août 1856. D. 56, 1, 392 ;
S. 57, 1, 143. *Chemin de fer de Lyon
c. C*ⁱᵉ *du Cluzel*. M. Alcock, rapp.

174. que le dommage provient de la perte de la qualité de gérant d'une société dissoute par suite de l'expropriation ;

Cass. rej. 16 déc. 1862. D. 63, 1, 254 ; S. 63, 1, 319. *Vezin c. ville de Marseille.* M. Glandaz, rapp.

175. ou que l'indemnité est réclamée par une autre compagnie pour le préjudice que lui causent, en dehors de la privation des terrains expropriés, les travaux entrepris par la compagnie expropriante ;

Cass. rej. 18 janv. 1854. D. 54, 1, 315. *Canal de Pierre-Latte c. chemin de fer de Lyon.* M. Delapalme, rapp.

176. ou pour la réparation du dommage causé aux propriétés riveraines par l'aggravation des servitudes résultant de l'agrandissement d'un cours d'eau ;

Cass. rej. 19 juill. 1870. D. 70, 1, 428 ; S. 70, 1, 349 ; P. 70, 883. *Syndicat de la Leue c. Bassand.* M. Rieff, rapp.

177. ou causé par les fouilles qu'a pratiquées l'expropriant ;

Cass. rej. 11 avril 1870. D. 70, 1, 427 ; S. 70, 1, 318 ; P. 70, 800. *Lamblin c. chemin de fer des Charentes.* M. Rieff, rapp.

178. ou par l'occupation temporaire des terrains non expropriés ;

Cass. 23 juin 1862. D. 62, 1, 380 ; S. 62, 1, 1009 ; P. 63, 285. *Préfet de la Corse c. Péraldi.* M. Delapalme, rapp. — 8 nov. 1865. D. 65, 5, 181 ; S. 66, 1, 221 ; P. 66, 557. *Lemoyne c. préfet du Calvados.* M. Quénault, rapp. *Contrà* : Cons. d'Etat, 12 mai 1858 (*De Niort*). L. 58, 521. M. Daverne, rapp.

179. ou par le changement de direction d'un chemin ;

Même arrêt.

180. ou résultant de ce que le jardin d'un couvent est exposé aux regards des passants par suite de l'exhaussement d'un chemin vicinal.

Cons. d'Etat, 28 mars 1879. L. 79, à sa date ; S. 80, 2, 308 ; D. 79, 3, 69 ; P. 79, 334. *Chemin de fer de Lyon c. Soutayran.* M. Gomel, rapp.

181. On ne peut considérer comme un élément de préjudice se rattachant à l'expropriation l'obligation effective ou éventuelle de supporter les frais d'une instance engagée entre l'expropriant et l'exproprié sur un litige étranger à l'expropriation elle-même (suspension de travaux exécutés sur la partie non expropriée).

Cass. 2 juill. 1883. S. 84, 1, 166 ; P. 84, 389 ; Bull. civ., 83, p. 234. *Laborie-Lagarde c. préfet du Puy-de-Dôme.* M. Descoutures, rapp.

182. Le dommage est incertain et éventuel :

lorsqu'il consiste dans la possibilité d'interdiction, par l'administration, d'ouvrir une carrière nouvelle, ou d'étendre l'exploitation commencée dans une zone déterminée autour de la ligne du chemin de fer pour la construction duquel a lieu l'expropriation ;

Cass. 6 fév. 1854. D. 54, 1, 58 ; S. 56, 1, 220 ; P. 54, 1, 445. *Préfet de la Mayenne c. de Vaurfleury.* M. Renouard, rapp. — 29 avril 1856. D. 56, 1, 211. *Chemin de fer de Bessège.* M. Delapalme, rapp. — 5 mai 1873. S. 73, 1, 476 ; D. 73, 1, 244 ; P. 73, 1193. *Maillard et autres c. chemin de fer de Lyon.* M. Henriot, rapp. — 16 janv. 1877. D. 77, 1, 471. *Quesnel et liquidateur Duez c. chemin de fer du Nord.* M. Goujet, rapp. — 16 août 1880. D. 81, 5, 195 ; S. 81, 1, 86 ; P. 81, 175. *Préfet des Basses-Pyrénées c. Lavignolle.* M. Sallé, rapp.

183. ou dans la possibilité d'une dépréciation qui serait causée, dans la partie de l'immeuble non expropriée par les travaux projetés pour la construction d'un chemin de fer ;

Cass. rej. 26 janv. 1863. D. 63, 1, 133. *Boisson c. préfet du Jura.* M. Le Roux de Bretagne, rapp.

184. ou, de ce qu'une maison, non comprise dans l'expropriation, deviendrait sujette à reculement et se trouverait en contre-bas du sol ;

Cass. 24 août 1880. D. 81, 1, 479 ; S. 81, 1, 129 ; P. 81, 279. *Cne d'Aix en Othe c. Legrand-Lécorché.* M. Legendre, rapp.

185. ou d'une dépréciation qui peut résulter, pour un moulin, du rapprochement d'une nouvelle enceinte fortifiée ;

Cass. rej. 7 avril 1845. D. 45, 1, 208. *Rieder Monborne c. l'État.* M. Renouard, rapp.

186. ou du préjudice qui viendrait à être subi par les modifications qui seraient apportées au régime des eaux dont se sert l'exproprié ;

Cass. rej. 3 mars 1863. D. 63, 1, 254 ; S. 63, 1, 319 ; P. 63, 888. *Veuve Raboin c. chemin de fer du Midi.* M. Sevin, rapp.

— 5 nov. 1883. *Bull. civ.,* 83, p. 386. *Préfet de la Côte-d'Or c. Richard de Vesvrottes.* M. Legendre, rapp.

187. ou qui résulterait de l'éventualité d'occupation d'un terrain non compris dans l'expropriation ;

Cass. rej. 4 mai 1868. D. 68, 1, 304 ; S. 68, 1, 309 ; P. 68, 684. *De Sarrazin c. ville d'Aurillac.* M. Aylies, rapp.

188. ou des travaux projetés par l'expropriant pour une prise d'eau ;

Même arrêt.

189. ou de la suppression d'une source par les travaux exécutés pour l'établissement d'un chemin de fer ;

Cass. 28 juill. 1879. D. 80, 1, 81 ; S. 81, 1, 377 ; P. 81, 900. *Préfet de la Lozère c. Bessières.* M. Sallé, rapp.

190. ou de l'éventualité de la suppression, par la Compagnie expropriante, d'une rue de servitude conduisant du moulin de l'exproprié à un hameau où il exploite une terre et où il prend part à la jouissance des biens communaux et du four banal.

Cass. rej., 21 juill. 1875. D. 75, 1, 415 ; S. 75, 1, 427 ; P. 75, 1067. *Chemin de fer de Clermont c. Magne* M. Merville, rapp.

191. ou du dommage pouvant résulter de l'établissement projeté d'un viaduc dans le voisinage de l'habitation de l'exproprié ;

Cass. 24 nov. 1874. D. 75, 1, 305. *Préfet de l'Aveyron c. Triadou.* M. Requier, rapp.

192. ou, pour une blanchisserie, de la fumée des locomotives passant sur une voie ferrée ;

Cass. 20 août 1856. D. 56, 1, 332 ; S. 57, 1, 143 ; P. 57, 1250. *Chemin de fer de Lyon c. Cie du Cluzel.* M. Alcock, rapp.

193. Au cas où l'indemnité réclamée concerne des dommages éventuels, le magistrat-directeur peut décider que le jury n'a pas à tenir compte de ces éventualités, tous les droits des parties restant réservés.

Cass. rej. 6 janv. 1862. D. 62, 1, 304 ; S. 62, 1, 891 ; P. 63, 284. *Bréger c. préfet du Morbihan.* M. Lavielle, rapp. — 5 mai 1873. D. 73, 1, 244 ; S. 73, 1, 476 ; P. 73, 1193. *Maillard et autres c. chemin de fer de Lyon.* M. Henriot, rapp.

194. Il peut notamment, refuser un sursis pour la production d'un avant-projet destiné à faire connaître des travaux à exécuter par l'expropriant dans le voisinage du moulin de l'exproprié et pouvant modifier les conditions hydrauliques de ce moulin ;

Arrêt du 6 janvier 1862.

195. Lorsque l'expropriant a reconnu qu'il entendait réserver la réparation de tous dommages éventuels pouvant résulter des travaux à exécuter par lui ultérieurement, la mission du jury se trouvant restreinte à l'indemnité pour réparation du dommage actuel et certain, conséquence directe de l'expropriation, la décision et l'ordonnance qui interviennent dans ces conditions sont régulières ; le jury n'a point à donner acte des réserves relatives aux autres chefs de dommages et la déclaration faite à cet égard par le magistrat-directeur est surabondante.

Cass. rej. 25 nov. 1874. D. 75, 1, 306. *De Boissieu c. Cⁱᵉ des Dombes.* M. Casenave, rapp.

196. Bien que le jury n'ait pas à faire réserve à l'exproprié des dommages éventuels qu'il pourrait subir, ces réserves accordées, ne causant aucun préjudice aux parties, ne sauraient vicier la décision.

Cass. rej. 2 déc. 1846. D. 47, 4, 247 ; S. 47, 1, 219 ; P. 47, 1, 469. *Chauvin c. préfet de la Charente.* M. Renouard, rapp.
— 20 avril 1863. *Bull. civ.*, 68, p. 108, *Gontié c. chemin de fer du Midi.* M. Sevin, rapp.

197. Lorsque le jury a accordé indemnité pour le prix du terrain et *pour les préjudices résultant de l'expropriation*, cette formule doit s'entendre des préjudices dont il est permis au jury de

connaître, non de préjudices éventuels qu'on ne doit admettre comme ayant influé sur la décision du jury qu'autant que, par les termes même de cette décision, il est démontré qu'il en a tenu compte.

Cass. rej. 22 août 1853. D. 53, 1, 284 ; S. 54, 1, 64 ; P. 54, 2, 347. *Préfet de la Somme c. Dupuis.* M. Gillon, rapp.
— 12 mai 1874. *Ville de Dax c. Lanquet.* M. Aubry, rapp.
— 10 juill. 1876. *Chemin de fer de Bayonne à Biarritz.* M. Guérin, rapp.

198. Ainsi encore, lorsque l'exproprié a demandé une somme pour l'emprise et le dommage résultant de l'expropriation et une autre somme pour le préjudice qui résulterait ultérieurement de l'établissement et de l'exploitation du chemin de fer, l'allocation, par le jury, d'une seule somme pour l'emprise et pour dommages et dépréciation générale de la propriété et de l'usine, doit être considérée comme exclusivement affectée au dommage actuel et certain résultant directement de l'expropriation.

Cass. rej. 25 nov. 1873. D. 74, 1, 85. *Chemin de fer des Charentes c. Lambert.* M. Casenave, rapp.

198 bis. Des conclusions qui demandent une indemnité pour la suppression d'une source, d'un puits et d'un bassin *par l'établissement de la voie*, ne démontrent pas que cette source, ce puits et bassin se trouvent placés en dehors de l'emprise et ; par suite, doit être rejeté le pourvoi du demandeur en cassation, qui se borne à produire ces conclusions pour établir que le dommage n'est qu'éventuel et doit résulter de travaux faits à la suite de l'expropriation.

Cass. 16 juin 1884. *État c. ville de Cherbourg.* M. Monod, rapp.

199. Le jury, en déclarant « qu'il ne croit pas devoir s'occuper des dépréciations que pourra éprouver la maison du demandeur en indemnité par suite des travaux de l'établissement d'un chemin, les inconvénients ne pouvant pas être vus en ce moment, » indique qu'il ne veut statuer que sur les dommages certains et actuels, et, conséquemment, se renferme dans sa mission.

Cass. rej. 26 janv. 1863. D. 63, 1, 133. *Boisson c. préfet du Jura.* M. Le Roux de Bretagne, rapp.

199 bis. Lorsque le jury alloue une indemnité unique « *pour toutes causes énumérées dans les conclusions* », et que celles-ci ne mentionnent que la valeur de parcelles dont les numéros sont indiqués et d'excédents de terrains, on ne saurait prétendre que le jury a alloué une indemnité pour un préjudice éventuel, sous le prétexte qu'un document énumérant les causes d'indemnité et y faisant figurer un dommage éventuel, document d'ailleurs non signé et non visé ni aux conclusions ni au procès-verbal, avait été produit aux débats et mis sous les yeux du jury, lequel, par le chiffre alloué aurait manifestement tenu compte du dommage énoncé.

Cass. 11 juin 1884. *L'Etat c. ville de Cherbourg.* M. Monod, rapp.

200. Le refus par le jury d'accorder la réparation d'un dommage considéré comme éventuel laisse tout droit à l'exproprié de demander ultérieurement la réparation de ce dommage, quand il se sera produit, à la juridiction compétente, c'est-à-dire à la juridiction administrative.

Cass. rej. 4 mai 1868 ; S. 68, 1, 309 ; D. 68, 1. 304 ; P. 60, 785. *De Sarrazin*

c. ville d'Aurillac. M. Aylies, rapp.
— 19 juill. 1870. S. 70, 1, 349 ; D. 70, 1, 428. *Syndicat de la Leue c. Bassand.* M. Rieff, rapp.
— 5 mai 1873 ; S. 73, 1, 476 ; D. 73, 1, 244 ; P. 73, 1193. *Maillard et autres c. chemin de fer de Lyon.* M. Henriot, rapp.
Conseil d'Etat, 9 juin 1876. *Chemin de fer du Midi c. Bergonnier.* L. 76, 551 ; D. 76, 3, 94. M. de Saint-Laumer, rapp.

201. A moins que les réclamants à l'indemnité ne fussent les redevanciers d'une mine agissant en vertu des dispositions de la loi du 21 avril 1810 ; auquel cas, compétence appartiendrait aux tribunaux civils.

Cass. rej. 3 janv. 1853. S. 53, 1, 347 ; D. 53, 1, 133. *Chemin de fer de Saint-Etienne c. Fleurdelin.* M. Delapalme, rapp.

202. Si, d'un commun accord, les parties ont discuté un dommage comme étant la conséquence directe de l'expropriation, par exemple, le changement apporté au régime des eaux, elles ne seront pas admises à se faire ultérieurement un moyen de cassation de ce que ce changement, n'étant pas une conséquence directe de l'expropriation, n'aurait pas du être compris dans le règlement de l'indemnité.

Cass. rej. 8 juill. 1867. D. 67, 1, 280. *Vieillard c. chemin de fer du Médoc.* M. Mercier, rapp.

§ 3. — *Décision non équivoque ; indemnité en argent ; éléments complets d'indemnité.*

203. La décision du jury qui fixe le montant de l'indemnité doit être claire, précise, définitive et ne donner lieu à aucune contestation ultérieure.

Cass. 16 fév. 1846. D. 46, 1, 64 ; S. 46, 1, 286 ; P. 46, 1, 502. *Préfet des Bouches-du-Rhône c. Gros.* M. Renouard, rapp.

Et les numéros qui vont suivre.

204. Il appartient à la Cour de cassation de vérifier si elle a ce caractère.

Cass. rej. 15 mars 1869. D. 69, 1, 272. *Ardoin c. docks de Saint-Ouen.* M. Renouard, rapp.

— 1er mai 1877. S. 77, 1, 277 ; P. 77, 686. *Cne de Fresnes c. Dahiez-Moché.* M. Goujet, rapp.

205. L'indemnité due à l'exproprié doit être fixée d'une manière ferme, eu égard à l'état des choses existant au moment de la décision, et non eu égard à l'époque de la prise de possession qui dépend uniquement de l'administration expropriante et dont le jury n'a pas à se préoccuper.

Cass. 11 juill. 1881. S. 82, 1, 36 ; P. 82, 57. *Cne de Saint-Loup c. Gautreau.* M. Guérin, rapp.

206. Il faut qu'il ressorte des termes de la décision que l'indemnité comprend bien tous les éléments légitimes de réclamation ; pour cela, il est nécessaire que l'indemnité accorde des sommes distinctes pour chacun des éléments, si c'est le seul moyen d'indiquer que le jury a statué sur toutes les parties de la demande.

Cass. 2 janv. 1877. S. 77, 1, 276 ; P. 77, 684 ; D. 78, 1, 74. *Veuve Barthez c. cne de Castres.* M. Hély d'Oissel, rapp.

207. Ainsi, lorsque, dans le cours de l'instance, l'administration a été autorisée à prendre possession d'urgence d'une partie des terrains expropriés, sous la condition que l'intérêt à 5 % de l'indemnité qui serait ultérieurement fixée par le jury d'expropriation commencerait à partir du jour de la dépossession, les indemnités dues devant donner lieu à des perceptions d'intérêt différentes selon la date de la prise de possession des terrains expropriés, il y a nécessité d'allouer deux indemnités distinctes, applicables, l'une aux parcelles occupées d'urgence, l'autre aux parcelles occupées suivant les règles ordinairement suivies en matière d'expropriation.

Arrêt précité du 2 janvier 1877.

208. Lorsqu'une partie demande acte de ce qu'une commune la reconnaît propriétaire de la moitié du lit d'un ruisseau, que la commune proteste contre toute reconnaissance et que le magistrat-directeur se borne à donner acte aux parties de leurs conclusions respectives, l'indemnité allouée par le jury dans les termes du jugement d'expropriation reste certaine et non équivoque, en dépit de conclusions qui ne nécessitaient point l'allocation d'une indemnité alternative et ne modifiaient en rien les conditions de l'expropriation.

Cass. rej. 8 janv. 1884. *Dame de Villers c. cne de Brecy.* M. Monod, rapp.

209. Ne prête pas à équivoque la décision du jury qui alloue purement et simplement un chiffre d'indemnité, alors même que le magistrat-directeur, après avoir posé la question relative au chiffre de l'indemnité avait ajouté « sauf justification de ses droits dans le délai d'un mois à partir de ce jour, et sans autre mise en demeure », rien n'indiquant que le jury ait entendu s'approprier cette déclaration et subordonner l'indemnité à la condition formulée par le magistrat-directeur.

Cass. rej. 10 juin 1879. D. 79, 1, 368 ; S. 80, 1, 135 ; P. 80, 288, *Pedeu-*

coig c. préfet des Basses-Pyrénées.
M. Baudoin, rapp.

210. A un caractère certain et définitif, l'indemnité d'une somme fixe alternativement accordée et afférente à deux hypothèses soumises au jury, hypothèses consistant dans la dépossession plus ou moins grande, mais déterminée dans l'un ou l'autre cas ; le jury n'étant pas tenu à indiquer une estimation par are ou par mètre.

Même arrêt.

211. La nécessité d'une correspondance manifeste et certaine entre l'indemnité et le dommage résultant de la dépossession de l'immeuble entraîne comme conséquence que cette indemnité doit consister exclusivement en une somme d'argent mise à la disposition de l'exproprié.

Jurisprudence constante, affirmée par de très nombreux arrêts dont il suffit de citer les plus récents. Cass. 16 avril 1862. D. 62, 1, 380 ; S. 62, 1, 1069 ; P. 63, 285. *Saint-Geneys c. préfet de l'Ardèche.* M. Lavielle, rapp.
— 21, 29 juill. et 13 août 1862. D. *ibid.*; S. *ibid.*; P. *ibid. De Legge c. cne du Pertre.* M. Aylies, rapp. — *Chemin de fer de Lyon c. Barral.* M. Sévin, rapp. -- *Chemin de fer de Lyon c. Pavin de la Farge.* M. Le Roux de Bretagne, rapp.
— 7 fév. et 3 avril 1865. D. 65, 5, 175 et 176. *Préfet de la Haute-Marne c. Châtelain.* M. Delapalme, rapp. — *Cne de La Ferté-Macé c. Lebreton.* M. Quénault, rapp.
— 18 fév. 1867. S. 67, 1, 261 ; P. 67, 655. *Grand c. préfet de la Savoie.* M. Renouard, rapp.
— 3 déc. 1873. D. 74. 1, 64. *Chastenet-Géry c. chemin de fer des Charentes.* M. Casenave, rapp.
— 7 janv. 1874. S. 74, 1, 83 ; P. 74, 171.
19 déc. 1877. D. 78, 1, 54 ; S. 78, 1, 78 ; P. 78, 168. *Ferrey c. cne de Saint-Pierre.* M. Massé, rapp.
— 27 juin 1882. *Bull. civ.*, 82, p. 270. *Chambert c. Préfet du Lot.* M. de Lagrevol, rapp.
— 5 fév. 1883. *Bull. civ.*, 83, p. 51.

Brau c. préfet de l'Ariège. M. Greffier rapp.
1er août 1883, *de Dreux-Brézé c. Cne de Sourigny. Bull. civ.*, 83, p. 343. M. de Lagrevol, rap.
De Peyronny et Delamarre, n° 480 et s. — Delalleau et Jousselin, t. I, n° 313. — Daffry de la Monnoye, t. II, p. 93. — Arnaud, n° 404. — Dalloz, v° *Expropriation,* n° 624. — Morin, n° 204 et s.

212. Par suite, à moins d'un consentement exprès des parties, l'indemnité ne peut consister, pour partie, en matériaux provenant de la démolition de l'immeuble exproprié ;

Arrêts précités des 21 juillet 1862, 7 fév. 1865 et 5 fév. 1883.

213. ou en arbres et bois existant sur l'immeuble ;

Arrêts des 16 avril, 29 juillet. 13 août 1862, 3 avril 1865, 18 fév. 1867, 3 déc. 1873 et 19 déc. 1877.

214. ou en objets mobiliers ou immobilisés par destination, que le jury autoriserait l'exproprié à détacher de l'immeuble avant la prise de possession par l'expropriant.

Cass. 3 juill. 1843. D. 43, 1, 369 ; S. 43, 1, 578 ; P. 43, 2, 294. *Castex c. préfet de Tarn-et-Garonne.* M. Renouard, rapp.
— 2 janv. 1844. D. 44, 1, 72 ; S. 44, 1, 153 ; P. 44, 1, 152. *Dutertre c. l'Etat.* M. Tarbé, rapp.

215. L'indemnité n'est pas fournie en matériaux, lorsque, le bail ayant autorisé le locataire à élever des constructions sur le sol à lui loué avec faculté de les enlever à la fin dudit bail si le bailleur ne déclare vouloir les garder en en payant la valeur, l'expropriant, qui est au lieu et place du bailleur, déclare n'entendre pas user de la faculté qui lui a été réservée et consentir à ce que le locataire démolisse ses constructions et en enlève les matériaux. Il suffit que le magistrat-directeur donne acte de ce consentement ; et la décision du jury qui laisse en dehors de l'expropriation les constructions et se borne à régler l'indemnité pour le sol sur lequel elles ont été élevées est régulièrement rendue, si toutefois le locataire n'a pas élevé la prétention de contraindre l'expropriant à garder et à payer le prix des constructions par le motif que les termes du contrat étaient changés, dès lors qu'il était obligé d'enlever ces constructions avant la fin du bail.

Cass. rej. 30 août 1858. D. 58, 1, 328 ; P. 60, 199. *Eon c. ville de Paris.* M. Renouard, rapp.

216. S'il avait élevé cette prétention, il en résulterait un litige sur le fond du droit qui nécessiterait le renvoi au juge compétent et l'allocation d'une indemnité alternative.

Daffry de la Monnoye, t. II, p. 98.

217. Si la proposition faite par l'expropriant de laisser à l'exproprié des matériaux provenant de démolition l'a été en dehors des offres d'indemnité demeurées et discutées telles qu'elles avaient été formulées, cette proposition n'empêche pas l'indemnité d'être fixée exclusivement en argent, l'exproprié restant libre de faire tel état qu'il jugera convenable de l'offre à lui faite.

Cass. rej. 4 juin 1856. D. 56, 1, 196 ; S. 56, 1, 825 ; P. 56, 2, 514. *Bordes c. préfet de la Charente-Inférieure.* M. Lavielle, rapp.
— 26 déc. 1859. D. 59, 1, 496 ; P. 60, 200. *Chaudun c. c^ne d'Asnières.* M. Aylies, rapp.
— 26 août 1861. D. 61, 1, 400. *Veuve Chauvet c. préfet de la Savoie.* M. Renouard, rapp.
— 13 janv. 1869. D. 69, 1, 158 ; S. 69, 1, 228 ; P. 69, 541. *C^ne d'Yerville c. Vincent.* M. Lamy, rapp.

218. Il en est de même de la proposition faite dans les mêmes conditions par l'expropriant d'abandonner à l'exproprié une portion du terrain d'un ancien chemin.

Cass. rej. 5 mars 1872. D. 73, 1, 63 ; S. 73, 1, 176 ; P. 73, 406. *C^ne de Vauxrenard c. Burgaud.* M. Merville, rapp.

219. Les énonciations du procès-verbal des débats doivent prévaloir contre toutes les allégations contraires des parties. On ne peut admettre que le jury ait compris dans l'indemnité par lui fixée le prix d'objets mobiliers, quand même il en aurait été question dans une note distribuée aux jurés par l'exproprié, si cette circonstance n'est appuyée par aucune conclusion des parties et par aucun passage du procès-verbal.

Cass. 7 déc. 1881. S. 82, 1, 133 ; P. 82, 286. *Bull. civ.*, 81, p. 358. *Thierry-Delanoue c. chemin de fer de Vassy à Doulevant-le-Château.* M. Merville, rapp.

220. L'indemnité ne peut non plus, en l'absence d'un consentement exprès, consister en des travaux imposés à l'expropriant dans l'intérêt de l'exproprié.

Jurisprudence constante dont il suffit de citer les derniers monuments.
Cass. 31 mai 1864. D. 64, 5, 148. *Monsacré c. chemin de fer du Midi.* M. de Vaulx, rapp.
7 août 1867. D. 67, 1, 494. *Préfet de l'Hérault c. Hubertino.* M. Fauconneau-Dufresne, rapp.
— 4 mai 1869. D. 69, 1, 341. *Ville de Lyon c. Courbès.* M. Glandaz, rapp.
— 19 déc. 1871. D. 73, 1, 71 ; S. 72, 1, 139 ; P. 72, 311. *Ville d'Annonay c. Frachon.* M. Casenave, rapp.
— 19 mars 1872. D. 73, 1, 72 ; S. 72, 1, 440 ; P. 72, 1155. *Grange c. chemin de fer de Lyon.* M. Casenave, rapp.
— 7 janv. 1874. D. 74, 1, 215 ; S. 74, 1, 83 ; P. 74, 171. *C^ne de Selle c. Grillot.* M. Aucher, rapp.

221. Alors même qu'option

eût été donnée à l'expropriant entre l'exécution des travaux et une somme d'argent.

Cass. 14 août 1855. D. 55, 1, 416 ; S. 56, 1, 620 ; P. 57, 420. *Mounier et Perrin c. chemin de fer de Saint-Rambert.* M. Delapalme, rapp.

— 7 avril 1858. D. 58, 1, 171 ; S. 59, 1, 272 ; P. 59, 838. *Sandral c. Grand-Central.* M. Aylies, rapp.

222. Les offres supplémentaires en travaux sont comme non avenues si elles n'ont pas été acceptées; conséquemment le jury n'a pas à en tenir compte et on ne peut soutenir qu'il a alloué une indemnité inférieure aux offres quand il a alloué le total de l'indemnité offerte en argent, sans rien ajouter pour la partie correspondante aux travaux offerts et non acceptés.

Cass. 1er août 1883. *Cne de Souvigny c. Evéque de Moulins.* M. de Lagrevol, rapp.

223. Toutefois si l'expropriant ayant le choix de travaux à exécuter ou d'une somme d'argent à payer, a opté pour ce dernier parti, il a, par cela même, donné à l'indemnité le caractère fixe et déterminé qu'elle doit avoir, et il ne peut plus, dès lors, être admis à se plaindre de ce qu'elle n'ait pas ce caractère.

Cass. rej. 2 fév. 1858. D. 58, 1, 83 ; S. 58, 1, 831 ; P. 58, 577. *Grand-Central c. Rébois.* M. Pascalis, rapp.

224. De même, l'indemnité doit être considérée comme consistant exclusivement en une somme d'argent, quand l'exproprié est maître de maintenir la somme fixée en se refusant à l'exécution des travaux en prévision desquels le jury avait réduit l'indemnité d'un chiffre déterminé.

Cass. rej. 29 janv. 1866. D. 66, 5, 203. *Renault c. chemin de fer des Charentes.* M. Renouard, rapp.

225. Ainsi en est-il, lorsque le jury décide qu'au cas où l'expropriant ouvrirait une porte donnant accès sur une route, l'indemnité sera réduite de 500 francs, l'exproprié restant maître, en ne se prêtant pas à l'exécution du travail, de toucher le montant intégral de l'indemnité.

Même arrêt.

226. L'indemnité est fixe et déterminée, encore qu'après l'indication de la somme allouée à l'exproprié, la décision du jury ait ajouté la réserve de tous les droits de l'indemnitaire contre une compagnie d'assurances à raison d'un incendie antérieur à l'expropriation.

Cass. rej. 21 mars 1877. D. 77, 1, 439 ; S. 79, 1, 824 ; P. 79, 796. *Viton de Jassaud c. ville de Nimes.* M. Hély d'Oissel, rapp.

227. L'indemnité ne consiste pas en travaux quand, une somme de 10 francs par mètre carré à acquérir, ayant été allouée pour indemnité de toute nature, le magistrat-directeur s'est borné à ordonner l'annexion au procès-verbal de l'engagement pris hypothétiquement par le maire au nom de la commune d'effectuer certains travaux destinés à faire couler sur la propriété du demandeur l'eau de la source que celui-ci prétendait exister sur le terrain exproprié, dans le cas où cette source viendrait à être mise à jour. Cet engagement est resté absolument indépendant de l'indemnité qui a bien été exclusivement fixée en argent.

Cass. rej. 4 mai 1869. D. 69, 1, 842. *Veuve Péan c. cne de Sambin.* M. Pont, rapp.

228. Le jury ne pourrait faire entrer dans l'indemnité la création au profit de l'exproprié, pour la partie de l'immeuble qui reste entre ses mains, d'une servitude active sur le fonds compris dans l'expropriation.

Cass. 15 janv. 1877. D. 78, 1, 74; S. 79, 1, 39; P. 79, 63. *Cne de Muret-le-Ferron c. Raignoux.* M. Salmon, rapp.

229. L'expropriant ne peut pas plus être contraint de se dessaisir d'objets matériels compris dans l'expropriation que l'exproprié ne peut être obligé de les recevoir comme partie de son indemnité.

Cass. 7 fév. 1865. D. 65, 5, 176. *Préfet de la Haute-Marne c. Châtelain,* M. Delapalme, rapp.

230. Au cas où l'indemnité aurait consisté en une servitude créée au profit de l'exproprié sur le terrain qui fait l'objet de l'expropriation, l'expropriant a, tout aussi bien que l'autre partie, le droit de demander la nullité de la décision.

Arrêt précité du 15 janvier 1877.

231. Mais cette nullité ne peut être demandée qu'autant qu'il n'y a pas eu accord entre les parties, lesquelles peuvent valablement convenir que l'indemnité sera fournie pour la totalité ou pour fraction autrement qu'en argent.

Jurisprudence constante résultant des nombreux arrêts qui, tout en décidant que l'indemnité doit consister en une somme d'argent, ont soin de réserver le cas où les parties auraient consenti à un autre mode de réglement.
V. notamment les arrêts des 16 avril, 21, 29 juillet et 13 août 1862. D. 62, 1, 379; S. 62, 1, 1069.
De Peyronny et Delamarre, nos 480 et s. — Delalleau et Jousselin, t. I. no 315. — Daffry de la Monnoye, t. II. p. 105. — Arnaud, no 405. — Dalloz, vo *Expropriation,* no 624. — Morin, nos 204 et s.

232. Ainsi l'exproprié a pu, avec le consentement de l'expro-

priant, se réserver les glaces et cheminées en marbre existant dans la maison objet de l'expropriation.

Cass. rej. 21 août 1848. D. 48, 1, 450; S. 48, 1, 880; P. 48, 2, 658. *Préfet du Pas-de-Calais c. Boucher.* M. Fabvier, rapp.

233. Ou accepter, comme faisant partie de l'indemnité la construction par l'expropriant d'un égoût à établir dans des conditions déterminées entre les parties.

Cass. rej. 20 août 1860. D. 60, 1, 415; P. 61, 702. *Ville d'Aix c. dame Long.* M. Aylies, rapp.

234. Mais le consentement doit être exprès et résulter des termes du procès-verbal.

Daffry de la Monnoye, t. II, p. 105. — Arnaud, no 405.

235. Ainsi l'option laissée à l'expropriant de fournir l'indemnité en argent ou en travaux à exécuter dans l'intérêt de l'exproprié entraîne nullité de la décision si le procès-verbal ne constate pas que ce mode de réglement a été accepté par l'exproprié;

Cass. 7 avril 1858. D. 58, 1, 171; S. 59, 1, 272; P. 59, 838. *Sandral c. Grand-Central.* M. Aylies, rapp.

236. Ou s'il ne constate que la demande de travaux faite par l'exproprié sans constater, en même temps, le consentement de l'expropriant à l'exécution de ces travaux;

Cass. 9 fév. 1874. D. 74, 1, 304; S. 74, 1, 223; P. 74, 547. *Boislère c. chemin de fer de Poitiers.* M. Aucher, rapp.

237. Ou si la décision du jury réserve à l'exproprié des récoltes ou des arbres sans qu'il résulte du procès-verbal que ces récoltes ou arbres aient été demandés ni offerts ;

Cass. 16 avril et 29 juill. 1862. D. 62, 1, 379; S. 62, 1, 1069. *Saint-Geneys c. préfet de l'Ardèche.* M. Lavielle, rapp. — *Chemin de fer de Lyon c. Barral.* M. Sevin, rapp.

238. Ou, encore, si la décision fixe l'indemnité en considération, de la conservation, par l'exproprié, de matériaux de démolition dont l'abandon était proposé par l'expropriant, sans qu'il fût constaté que l'exproprié eût accepté cet abandon.

Cass. 21 juill. 1662. D. 62, 1, 379; S. 62, 1, 1069; P. 63, 285. *De Legge c. c^ne du Pertre.* M. Aylies, rapp.

239. De même, à plus forte raison, en est-il quand, sur l'offre par l'expropriant de travaux à exécuter, les conclusions de l'exproprié se bornent à demander, pour indemnités de toute nature, une somme d'argent déterminée.

Cass. 20 août 1873. D. 74, 1, 40; S. 73, 1, 477; P. 73, 1195. *Sohet-Thibaut c. chemin de fer des Charentes.* M. Casenave, rapp.

240. Il faut, non seulement que le consentement à l'indemnité fournie en travaux, soit formellement exprimé, mais encore qu'il soit en parfaite concordance avec l'offre faite.

Cass. rej. 14 août 1855. D. 55, 1, 416; S. 56, 1, 620; P. 57, 420. *Mounier et Perrin c. chemin de fer de Saint-Rambert.* M. Delapalme, rapp.

241. L'offre de travaux à exécuter, acceptée par l'exproprié, constitue un contrat judiciaire qui lie les parties, de sorte que l'exproprié trouve dans le procès-verbal un titre suffisant pour poursuivre l'exécution des travaux ou la réparation par dommages-

intérêts au cas de retard ou de refus d'exécution.

Cass. 20 août 1860. D. 60, 1, 415; P. 61, 502. *Ville d'Aix c. dame Long.* M. Aylies, rapp.

— 8 déc. 1863. D. 64, 5, 162. *Wolf Gutman c. préfet de la Seine.* M. Lamy, rapp.

Cons. d'Etat 12 mai 1876. L. 76, 446; D. 77, 3, 4. *Chemin de fer de Lyon c. Assénat.* M. Levavasseur de Précourt, rapp.

241 bis. Ainsi en est-il, lorsque, devant le jury, l'expropriant, tout en maintenant ses offres primitives portant sur une indemnité pécuniaire, a pris des conclusions tendant à offrir l'établissement d'un chemin, et que cette offre additionnelle a été expressément acceptée.

Cass. 29 février 1884. S. 84, 1, 343; p. 84, 834. *Meranda c. chemin de fer de l'Est.* M. Michaux-Bellaire, rapp.

242. La connaissance des contestations qui pourront naître relativement à l'accomplissement des engagements pris par ce contrat appartient à l'autorité judiciaire.

Arrêt précité du 12 mai 1876.

Cour de Paris, 12 déc. 1851. D. 54, 5, 342; P. 52, 1, 241.

Cass. req. 31 mai 1859. *Chemin de fer de l'Ouest.* M. de Boissieux, rapp.

243. Il en est de même, d'ailleurs, toutes les fois qu'il s'agit d'interpréter une décision du jury ou de connaître des difficultés relatives à son exécution.

Cass. 18 mars 1861. Req. rej. (*Ville de Paris*). M. d'Ubexi, rapp.

— 20 août 1861 (*Bernard*). M. de Boissieux, rapp.

— 24 fév. 1863. Req. D. 64, 1, 289; P. 65, 304. *Norion c. chemin de fer du Midi.* M. Nicolas, rapp.

Cons. d'Etat 29 juin 1842 (*Pruvost*). L. 42, 323; S. 42, 2, 504; P. 42, 358. M. d'Haubersart, rapp.

— 9 déc. 1845 (*Hoche Saint-Pierre*). L. 42, 530; D. 46, 3, 84; S. 46, 2, 153; P. 42, 53. M. Raulin, rapp.

— 22 août 1853 (*Duhoux*). L. 53, 818; S. 54, 2, 283; P. 53, 146. M. Robert, rapp.

— 7 fév. 1856 (*Chemin de fer du Nord*). L. 56, 121; D. 56, 3, 70; S. 56, 2, 729; P. 56, 86. M. Lemarié, rapp.

— 26 août 1858 (*Chatagner*). L. 58, 613; D. 59, 3, 45; P. 58, 581. M. Robert, rapp.

— 7 août 1863 (*Clary*). L. 63, 660; D. 65, 3, 6. M. de Belbœuf, rapp.

— 12 mai 1876. *Chemin de fer Paris-Lyon-Méditerranée*). L. 76, 446; D. 77, 3, 4. M. Levavasseur de Précourt, rapp.

244. La confection de travaux étrangers au fait même de l'expropriation, tels que aqueducs, viaducs, reconstruction de murs de clôture, établissement de chemins nouveaux ou raccordement avec les anciens, doit être l'objet d'une entente préalable entre l'expropriant et l'exproprié; le jury doit tenir compte, dans la fixation de l'indemnité, des travaux consentis ou refusés; mais il ne peut lui-même les ordonner.

Arnaud, n° 407.

245. Ainsi, est nulle la décision du jury qui, en sus de l'indemnité en argent, impose à l'expropriant l'obligation d'exécuter certains travaux pour réparer le préjudice causé par l'expropriation à la partie non expropriée.

Cass. 19 mars 1872. D. 73, 1, 72; S. 72, 1, 440; P. 72, 1155. *Grange c. chemin de fer de Lyon*. M. Casenave, rapp.

— 20 août 1873. D. 74, 1, 40; S. 73, 1, 477; P. 73, 1195. *Sohet-Thibaut c. chemin de fer des Charentes*. M. Casenave, rapp.

246. Est également nulle la décision qui, après l'allocation d'une indemnité en argent, ajoute que c'est sans préjudice des travaux à exécuter pour conserver les servitudes d'irrigation dont jouit l'exproprié au moment de l'expropriation.

Cass. 7 janv. 1874. D. 74, 1, 215; S.

74, 1, 83; P. 74, 171. *Cne de la Selle c. Grillot*. M. Aucher, rapp.

247. Et celle qui ordonnerait l'établissement par l'administration d'un chemin de communication entre une partie de terrain enclavée, restant à l'exproprié et la voie publique;

Cass. 14 août 1855. D. 55, 1, 416; S. 56, 1, 620; P. 57, 420. *Mounier et Perrin c. chemin de fer de Saint-Rambert*. M. Delapalme, rapp.

248. Ou qui ordonnerait des travaux de clôture alors que l'exproprié ne concluait qu'à une indemnité pécuniaire de ce chef.

Cass. 23 juin 1862. D. 62, 1, 379; S. 62, 1, 1069; P. 63, 285. *Préfet de la Corse c. Péraldi*. M. Delapalme, rapp.

249. Mais il n'y a pas travaux ordonnés par le jury lorsque, conformément à une question posée avec le consentement des parties, il a alloué à l'exproprié une indemnité représentant le dommage causé par la démolition partielle d'une terrasse et la somme nécessaire pour la reconstruction, l'exproprié restant maître de faire de cette somme tel emploi que bon lui semblera.

Cass. rej. 10 avril 1866. D. 66, 5, 205. *Fontaine c. préfet de la Haute-Savoie*. M. Fauconneau-Dufresne, rapp.

250. L'indemnité concédée en argent ne saurait être subordonnée à aucune condition. Ainsi le jury, après avoir fixé l'indemnité pour la privation d'un cours d'eau, ne pourrait en subordonner le paiement au cas où l'administration ne rétablirait pas le cours d'eau, sans quoi l'indemnité se trouverait convertie en une faculté de faire des travaux.

Cass. 7 fév. 1837. D. 37, 1, 178; S. 37, 1, 126. *Parmentier-Carlier c. Urbain et Piard*. M. Thil, rapp.

251. L'indemnité doit non seulement être fixée en argent, mais encore ne prêter à aucune incertitude quant à son chiffre.

Cass. 10 août 1841. D. 41, 1, 313 ; P. 41, 2, 376. *Préfet de l'Oise c. Raimbault.* M. Gillon, rapp.
— 9 fév. 1846. D. 46, 1, 79 ; S. 46, 1, 236 ; P. 46, 1, 401. *Préfet de la Seine c. Bedeau et Luce.* M. Hello, rapp.

252. Ainsi est incertain le chiffre de l'indemnité quand il est indiqué dans ces termes : « dix francs par pied d'arbre existant sur la partie du terrain qui sera prise, douze francs par pied d'arbre se trouvant à moins de cinquante centimètres du fossé qui bordera le chemin, le procès-verbal ne contenant d'ailleurs aucune indication sur le nombre d'arbres existant et appartenant à chacune des deux catégories visées par le jury.

Arrêt précité du 10 août 1841.

253. Ce mode de fixation est, au contraire, régulier, si les parties en sont convenu, en subordonnant à une vérification ultérieure la détermination du nombre d'arbres et que leurs accords sont mentionnés dans le procès-verbal.

Cass. rej. 27 fév. 1860. D. 60, 1, 409 ; S. 61, 1, 384 ; P. 61, 689. *Bucaille c. ville du Havre.* M. Renouard, rapp.

254. Il en est de même, relativement à la contenance, de la fixation à tant le mètre ou à tant l'are, si les parties sont convenues de s'en rapporter à un arpentage ultérieur.

Cass. rej. 31 déc. 1850. D. 51, 1, 286 ; S. 51, 1, 364 ; P. 51, 2, 475. *Donzelot c. préfet de Seine-et-Oise.* M. Gillon, rapp.
— 26 juin 1855. D. 55, 1, 285 ; S. 55, 1, 843 ; P. 56, 2, 261. *Holker c.*

préfet de la Seine. M. Lavielle, rapp.
— 6 mars 1867. *Bull. civ.,* 67, p. 86. *Ville de Toulon c. de Salasc.* M. Renouard, rapp.
— 17 déc. 1872. D. 72, 5, 229 ; P. 72, 1156. *Verlaguet c. chemin de fer de Lyon.* M. Casenave, rapp.

255. La fixation à tant par mètre ou par are peut encore être adoptée par le jury quand les parties sont d'accord sur la contenance.

Cass. 15 janv. 1844. D. 44, 1, 121 ; S. 44, 1, 353 ; P. 44, 1, 623. *Préfet du Var c. Verlaque.* M. Hello, rapp.
— 2 déc. 1851. D. 52, 1, 9 ; S. 52, 1, 462 ; P. 52, 2, 704. *Préfet des Basses-Alpes c. Jaumard.* M. Renouard, rapp.
— 5 juill. 1864. D. 65, 5, 173. *Bothier c. chemin de fer d'Orléans.* M. Quénault, rapp.
— 6 mars 1867. *Bull. civ.,* 67, p. 86. *Ville de Toulon c. de Salasc.* M. Renouard, rapp.

256. Ou même, quand il n'y a pas accord sur la contenance, l'expropriant et l'exproprié ne pouvant se plaindre d'une décision qui ne saurait leur causer préjudice, puisque l'un ne peut payer que ce qu'il acquiert et que l'autre doit recevoir le prix de tout ce dont il est dépossédé.

Cass. rej. 9 fév. 1846. D. 46, 1, 79 ; S. 46, 1, 224 ; P. 46, 1, 343. *Préfet de la Seine c. Bedeau et Luce.* M. Hello, rapp.
— 29 juin 1852. D. 52, 1, 172 ; S. 52, 1, 669 ; P. 52, 2, 242. *Préfet des Bouches-du-Rhône c. Jourdan.* M. Lavielle, rapp.
— 9 août 1858. D. 60, 1, 410 ; S. 61, 1, 384 ; P. 61, 689. *Chemin de fer du Midi c. Dayan.* M. Glandaz, rapp.
— 19 juin 1861. D. 61, 1, 285 ; S. 61, 1, 996 ; P. 62, 326. *Bertrand c. ville de Béziers.* M. Renouard, rapp.
— 8 avril 1868. D. 68, 1, 297 ; S. 68, 1, 414 ; P. 68, 1103. *Dunod de Charnage c. préfet de la Haute-Savoie.* M. Lamy, rapp.
— 15 mars 1869. D. 69, 1, 272. *Ardoin c. Docks de Saint-Ouen.* M. Renouard, rapp.
— 19 juill. 1870. D. 70, 1, 428 ; S. 70, 1, 349 ; P. 70, 883. *Syndicat de la Leue c. Bassand.* M. Rieff, rapp.

257. Toutefois, antérieurement à ces arrêts, il a été jugé que l'indemnité fixée à tant par are est nulle quand la contenance n'est pas, au moment de la décision, exactement déterminée.

Cass. 29 août 1848. D. 48, 1, 459; S. 48, 1, 817; P. 48, 2, 386. *Préfet de l'Aisne c. François.* M. Fabrier, rapp.

257 bis. En tout cas, est nulle la décision qui alloue une indemnité fixe et en bloc, alors qu'une indemnité à tant par mètre carré a été demandée et que la contenance du terrain exproprié est incertaine.

Cass. 21 mai 1860. D. 60, 1, 251. S. 60, 1, 913. *Cne de Marchampt c. Durand.* M. Delapalme, rapp.

258. L'indemnité accordée au propriétaire exproprié doit consister en une somme d'argent a toucher immédiatement, non en annuités.

Cass. 19 déc. 1838. D. 39, 1, 30; S. 39, 1, 255. *Préfet de Seine-et-Oise c. chemin de fer de Versailles.* M. Quéquet, rapp.

259. Alors même que ce propriétaire serait l'Etat et que l'expropriation aurait eu lieu pour l'établissement d'un chemin de fer qui devrait, dans un temps donné, faire retour à l'Etat.

Même arrêt.

260. Pour que la décision du jury soit valablement rendue, il faut que l'indemnité porte sur tous les chefs de la demande.

Cass. 21 mars 1854. D. 54, 1, 125; S. 64, 1, 640; P. 54, 1, 473. *Darfeuille c. préfet de la Dordogne.* M. Renouard, rapp.
— 10 mars 1858. D. 58, 1, 128; P. 59, 869. *Coste c. cne de Caluire.* M. Renouard, rapp.
— 19 avril 1858. D. 58, 1, 322; P. 59, 55. *Festuguières c. chemin de fer d'Orléans.* M. Renouard, rapp.
— 28 mars 1859. D. 59, 1, 163; P.

59, 869. *Sellier c. chemin de fer de l'Est.* M. Lavielle, rapp.

261. Et quand la cassation est prononcée pour omission d'un des éléments qui devaient être compris dans l'endemnité, cette cassation n'est pas seulement partielle; mais porte sur la décision tout entière.

Mêmes arrêts.

262. C'est d'ailleurs d'après le dernier état des conclusions qu'on détermine si le jury a statué sur tous les éléments qui devaient être compris dans l'indemnité, l'exproprié ayant le droit, au cours du débat, de modifier sa demande en retirant des chefs de réclamations primitivement formulés par lui.

Cass. rej. 31 déc. 1850. D. 51, 1, 286; S. 51, 1, 364; P. 51, 2, 475. *Donzelot c. préfet de Seine-et-Oise.* M. Gillon, rapp.
— 8 déc. 1863. D. 64, 5, 162. *Wolf Gutman c. préfet de la Seine.* M. Lamy. rapp.

263. Il n'y a pas, de la part du jury, omission de statuer lorsqu'au cours des débats des propositions nouvelles, faites par l'expropriant, n'ont pas été acceptées par l'exproprié: ces propositions doivent être considérées comme non avenues, et la décision du jury qui n'en fait pas état est complète et régulière.

Cass. rej. 10 août 1852. D. 54, 5, 345. *Chemin de fer de Saint-Germain c. cne de Montblin.* M. Grandet, rapp.

264. Ainsi, lorsqu'une Compagnie de chemin de fer a offert l'établissement d'un chemin latéral d'une largeur de 4 mètres et que l'exproprié a réclamé l'ouverture d'un chemin d'une largeur de 6 mètres, la condition n'ayant pas été acceptée, les offres de la Compagnie restent sans effet, et, dès lors, la décision du jury qui se borne à statuer sur l'indemnité due pour le terrain occupé par l'assiette du chemin de fer est régulière.

Cass. 14 août 1855. D. 55, 1, 416, S. 56, 1, 620; P. 57, 420. *Mounier et Périn c. chemin de fer de Saint-Rambert.* M. Delapalme, rapp.

265. Et il importerait peu que, sur ces propositions nouvelles non acceptées, une question eût été posée au jury par le magistrat directeur, celui-ci ne pouvant modifier les conditions du débat qui, en dehors du jugement d'expropriation, ne peuvent être changées que par un contrat judiciaire.

Daffry de la Monnoye, t, II, p. 122 et s. *Contra :* Cass. 25 fév. 1840. D. 40, 1, 145; S. 40, 1, 274; P. 401, 245. *Préfet de la Marne c. Ponsard.* M. Quéquet, rapp.

266. Le jury n'a point, non plus, à statuer, au cas de réserves faites et dont il aurait été donné acte, sans que des conclusions le missent en demeure de statuer.

Cass. rej. 20 août 1860. D. 60, 1, 415; P. 61, 765. *Gérard c. chemin de fer de Lyon.* M. Moreau de la Meurthe, rapp.

267. Moins encore est-il tenu de le faire, lorsque les chefs de réclamation n'ont figuré que dans un acte extrajudiciaire et n'ont pas été reproduits dans les conclusions prises devant le jury.

Cass. rej. 27 janv. 1869. D. 69. 1, 244; S. 69, 1, 385; P. 69, 946. *Ferrand. c. chemin de fer de Lyon.* M. Pont, rapp.

268. Il n'a pas davantage à statuer sur une indemnité qui serait due à l'exproprié à titre de propriétaire quand cette indemnité n'aurait été réclamée qu'à titre de locataire ; et cela, alors même qu'en ce qui concernait une construction, l'exproprié aurait été qualifié de propriétaire par le jugement d'expropriation.

Cass. rej. 7 mai 1878. *Jeunet c. ville de Paris.* M. Sallé, rapp.

§ 4. *Indemnités distinctes.*

269. Alors même que les parties auraient indiqué séparément les divers chefs de leur demande, le jury peut les comprendre dans une évaluation unique sans être tenu d'énumérer les diverses causes d'indemnité, et sa décision est régulièrement rendue dès lors que rien ne permet de supposer que l'indemnité accordée ne porte pas sur tous les éléments de préjudice relevés par l'exproprié.

Jurisprudence constante, affirmée par de très nombreux arrêts dont il suffit de citer les plus récents.

Cass. rej. 16 déc. 1861. D. 62, 1, 376; S. 62, 1, 1068; P. 63, 388. *Deshayes-Bonneau c. chemin de fer d'Orléans.* M. Renouard, rapp.

— 5 juill. 1864. D. 65, 5, 173. *Bothier c. chemin de fer d'Orléans.* M. Quénault, rapp.

— 11 janv. 1865. S. 65, 1, 240; P. 65, 562. *Menet c. chemin de fer de Lyon.* M. Glandaz, rapp.

— 9 janv. 1866. D. 66, 5, 209. *Descaux c. ville de Paris.* M. Laborie, rapp.

— 16 juill. 1866. D. 66, 5, 214. *Delestang c. chemin de fer de Lyon.* M. de Vaulx, rapp.

— 14 août 1866. D. 66, 5, 214; S. 67, 1, 85; P. 67, 174. *Boursin c. ville de Paris.* M. de Vaulx, rapp.

— 25 mai 1868. D. 68, 1, 405, *Cambreling c. préfet de la Seine.* M. Laborie, rapp.

— 15 mars 1869. D. 69, 1, 273. *Cabannes c. docks de Saint-Ouen.* M. Renouard, rapp.

— 31 janv. 1881. D. 81, 1, 384; S. 81, 1, 179; P. 81, 410. *De Saint-Philibert c. préfet du Calvados.* M. Baudoin, rapp.

— 3 avril 1882. S. 83, 1, 183; P. 83, 418. *Docks de Rouen c. préfet de la Seine-Inférieure. Bull. civ.*, 82, p. 129. M. Monod, rapp.

— 14 juin 1882. *Bull. civ.*, 8.?,

p. 242. *Coquoin c. ville de Cherbourg.*
M. Monod, rapp.

De Peyronny et Delamarre, n° 497.
— Daffry de la Monnoye, t. II, p. 125.
— Arnaud, n° 380.

270. C'est seulement quand il s'élève un litige sur le fond du droit où sur la qualité des réclamants que, s'agissant de difficultés étrangères à la fixation du montant de l'indemnité, il doit, dans ce cas, régler distinctement l'indemnité litigieuse en renvoyant les parties à se pourvoir devant l'autorité compétente.

Mêmes arrêts.

271. Ainsi [la décision a été reconnue régulière quand l'indemnité unique était allouée *pour la somme totale ou le montant total de l'indemnité;*

Cass. rej. 7 avril 1869. D. 69, 1, 342. *Juloux c. ville de Quimperlé.* M. Glandaz, rapp.

272. Ou : *pour toutes indemnités.*

Cass. rej. 3 mars 1863. D. 63, 1, 254; S. 63, 1, 319; P. 63, 888. *Veuve Raboin s. chemin de fer du Midi.* M. Sevin, rapp.

273. Ou : *pour toutes choses;*

Cass. rej. 13 fév. 1860. D. 60, 1, 408; P. 61, 638. *Moreau et Caillat c. chemin de fer de Lyon.* M. Renouard, rapp.

274. Ou : *pour toutes dépréciations et pour toutes choses;*

Cass. rej. 17 déc. 1872. D. 72, 5, 229; P. 72, 1156. *Verlaguet c. chemin de fer de Lyon.* M. Casenave, rapp.
— 25 août 1875. D. 76, 1, 56; S. 76, 1, 430; P. 76, 1087. *Séguin c. chemin de fer de Lyon.* M. Casenave, rapp.

275. Ou : *pour tous dommages et dépréciations;*

Cass. rej. 15 juill. 1861. D. 61, 1, 399; S. 61, 1, 998; P. 62, 732. *Rabilloud c. chemin de fer du Dauphiné.* M. Moreau de la Meurthe, rapp.

276. Alors même que le propriétaire qui avait réclamé une somme unique pour trois parcelles de terrain, avait, de plus, demandé une somme déterminée pour ses locataires :

Cass. rej. 26 juin 1866. D. 66. 5, 204. *Long c. chemin de fer de Lyon.* M. Lamy, rapp.

277. Ou : *pour toutes choses pouvant être réclamées;*

Cass. rej. 17 août 1875. D. 76, 1, 120; S. 75, 1, 469; P. 75, 1185. *David et autres c. chemin de fer de Lyon.* M. Hély d'Oissel, rapp.

278. Ou, lorsque l'exproprié, ayant demandé une double indemnité pour la suppression de deux passages, le jury a alloué une somme unique en déclarant que l'indemnité était accordée pour la suppression *des droits de passage.*

Cass. 10 juin 1879. D. 79, 1, 368; S. 80, 1, 135; P. 80, 288. *Pedeucoiy c. préfet des Basses-Pyrénées.* M. Baudoin, rapp.

279. Est régulière la décision du jury qui, sur une demande d'indemnité contenant deux chefs réunis dans une somme unique, alloue à l'exproprié deux sommes distinctes, dès lors qu'il n'est pas établi que l'une ou l'autre de ces sommes soit supérieure à la partie du chiffre de la demande correspondante à la cause de cette indemnité.

Cass. 28 juill. 1879. D. 80, 1, 81; S. 81, 1, 377; P. 81, 900. *Préfet de la Lozère c. Bessières.* M. Sallé, rapp.

280. Mais la décision du jury doit être cassée dès l'instant que de ses termes résulte une incertitude quelconque sur le point de savoir si l'indemnité s'applique réellement à tous les éléments de préjudice relevés par l'exproprié.

Cass. 28 mars 1859. D. 59, 1, 163;

P. 59, 869. *Sellier c. chemin de fer de l'Est*. M. Lavielle, rapp.

— 14 avril 1863. *Bull. civ.*, 63, p. 102. *Pams et Colomers c. préfet des Pyrénées-Orientales*. M. Quénault, rapp.

— 4 juill. 1864. D. 65, 5, 173. *Lavenant c. préfet de la Seine*. M. Bayle-Monillard, rapp.

— 3 août 1869. D. 69, 1, 520. *Batut-Pradines c. préfet de Lot-et-Garonne*. M. Henriot, rapp.

— 6 fév. 1883. D. 84, 1, 176. *Imbert c. ville de Paris et société du quartier Marbeuf*. M. Crépon, rapp.

281. Ainsi en est-il, quand l'exproprié ayant demandé qu'il lui fût accordé, outre la valeur des terrains expropriés, d'autres indemnités, notamment pour la dépréciation du terrain restant, la décision est muette sur ces derniers chefs de demande.

Arrêt précité du 14 avril 1863.

282. Lorsque la demande d'indemnité comprend deux éléments, l'éviction industrielle et la dépossession des constructions élevées sur les lieux loués, le jury, en se bornant à allouer une seule indemnité, à raison de l'éviction industrielle des lieux qu'occupait l'exproprié, a fait à la demande une réponse équivoque qui ne permet pas d'affirmer que tous les éléments ont été appréciés et se trouvent compris dans la somme unique qui a été attribuée.

Cass. 6 fév. 1883. D. 84, 1, 176. *Imbert c. ville de Paris*. M. Crépon, rapp.

283. Alors même qu'avant d'entrer dans la salle de ses délibérations, le jury aurait été averti par les représentants de l'administration expropriante que la somme offerte comprenait et les constructions et le préjudice souffert dans l'industrie.

Mêmes arrêts.

283 bis. Est nulle également

la décision du jury qui fixe une indemnité unique pour tous les chefs de demande, sans distinguer entre ceux qui ont été régulièrement déférés au jury, et celui dont il lui était interdit de connaître.

Cass. 2 juillet 1883. S. 84, 1, 166; P. 84, 389. *Ville de Clermont c. Laborie et autres*. M. Descoutures, rapp.

284. L'incertitude sur le point de savoir si l'indemnité s'applique à tous les chefs de réclamation doit d'ailleurs être réelle, c'est-à-dire, de telle nature qu'elle ne pût disparaître devant l'examen combiné de toutes les parties de la décision.

Cass. rej. 8 août 1860. D. 61, 1, 132; P. 61, 1191. *Bacot c. ville de Paris*. M. Moreau de la Meurthe, rapp.

— 15 mars 1869. D. 69, 1, 272. *Ardoin c. docks de Saint-Ouen*. M. Renouard, rapp.

— 3 janv. 1872. D. 72, 5, 230; S. 72, 1, 85; P. 72, 174. *Blanchy c. chemin de fer du Midi*. M. Gastambide, rapp.

284 bis. Une erreur matérielle, commise dans l'énumération des parcelles pour lesquelles le jury a alloué une indemnité en bloc, ne peut d'ailleurs entraîner la nullité de la décision du jury, qu'autant que cette erreur a préjudicié à la partie qui l'invoque.

Cass. 31 juill. 1883. *Bull. civ.*, 83, p. 337. *Demoiselle Combe c. préfet de l'Isère*. M. Merville, rapp.

285. Si la décision du jury est nulle quand il n'est pas démontré qu'elle a statué sur tous les chefs de réclamation, de même en est-il quand il y a lieu de penser que l'indemnité comprend des éléments qui auraient dû rester en dehors.

Cass. rej. 4 mars 1861. D. 61, 1, 184. *Ville de Paris c. Duffié*. M. Quénault, rapp.

286. Et la décision qui alloue

à un même propriétaire deux indemnités distinctes dont l'une n'est pas légalement justifiée, doit être cassée pour le tout, si les causes de ces indemnités sont connexes.

Cass. 28 juill. 1879. D. 80, 1, 81 ; S. 81, 1, 877 ; P. 81, 900. *Préfet de la Lozère c. Bessières.* M. Sallé, rapp.

287. Si le jury est tenu de statuer sur tous les chefs légitimes de réclamations, il n'est pas obligé de faire connaître les bases de son évaluation, en d'autres termes, de donner les motifs de la décision par laquelle il fixe l'indemnité.

Cass. rej. 26 mai 1840. D. 40, 1, 215 ; S. 40, 1, 712 ; P. 41, 2, 736. *Hannaire et Appay c. ville de Paris.* M. de Broë, rapp.
— 17 août 1840. D. 40, 1, 309 ; S. 40, 1, 714 ; P. 40, 2, 211. *Delessert c. chemin de fer d'Orléans.* M. Renouard, rapp.
— 19 mars 1849. D. 50, 5, 218 ; S. 50, 1, 871 ; P. 50, 2, 232. *Lereau c. ville de Saint-Denis.* M. Renouard, rapp.
— 27 avril 1859. D. 59, 1, 207. *Chibout c. ville de Paris.* M. Alcock, rapp.
Daffry de la Monnoye, t. II, p. 136.
— Arnaud, n° 417. — Delalleau et Jousselin, t. II, n° 592.

288. Ainsi, lorsque le jury alloue une somme déterminée pour les matériaux se trouvant sur la totalité du terrain exproprié, il n'est pas tenu de faire connaître les bases de son évaluation en indiquant le poids et la quantité des matériaux.

Arrêt précité du 19 mars 1849.

288 *bis.* Lorsque le jury a fixé, comme il en a le droit, pour tous les chefs de demande, un chiffre unique d'indemnité, il est impossible de décomposer ce chiffre dans ses divers éléments pour y rechercher des bases d'évaluation qu'il n'était pas nécessaire de faire connaître et qui n'ont pas été indiquées.

Cass. 10 juill. 1876. *Ardoin c. Alexandre.* M. Guérin, rapp.

289. Le jury n'a mission que pour déterminer et allouer la véritable valeur de l'immeuble atteint par l'expropriation ; mais il ne lui appartient pas de connaître des litiges qui peuvent s'élever sur l'époque de prise de possession des terrains, et, par suite, de déterminer à partir de quelle époque devront courir les intérêts, lorsque la prise de possession a été indiquée comme point de départ de ces intérêts.

Cass. rej. 20 mai 1845. D. 45, 1, 295 ; S. 45, 1, 415 ; P. 45, 1, 692. *Mannoury c. préfet de la Seine.* M. Renouard, rapp.

§ 5. — *Désignation des indemnitaires.*

290. L'exproprié doit être désigné dans la décision du jury, comme il l'est dans le jugement d'expropriation ; toutefois, une erreur de désignation commise dans la décision ne vicierait pas de nullité si elle avait été rectifiée par l'ordonnance du magistrat-directeur et que, d'ailleurs il ne pût y avoir aucun doute sur l'identité de la personne à laquelle l'indemnité a été allouée.

Cass. rej. 8 août 1853. D. 53, 1, 283 ; S. 53, 1, 773 ; P. 54, 1, 573. *Francain.* M. Lavielle, rapp.

291. Encore bien qu'une décision du jury alloue nominalement l'indemnité d'expropriation, non à la partie expropriée mais à son mandataire, néanmoins, si les circonstances de la cause excluent toute chance d'erreur de la part du jury, l'allocation doit être réputée faite au mandataire en cette qualité seulement, et, par conséquent, faite en réalité au mandant.

Cass. rej. 14 mars 1882. *Bull. civ.*, 82, p. 92. *Veuve Pelou c. préfet du Gard.* M. Merville, rapp.

292. Si une mutation prétendue dans la propriété, depuis le jugement d'expropriation, n'a pas été admise par l'expropriant, c'est au propriétaire, tel qu'il est désigné dans le jugement d'expropriation, que doit être allouée l'indemnité.

Cass. rej. 1er fév. 1870. D. 70, 1, 391. *Pinaud et Mayer c. préfet de la Seine.* M. Massé, rapp.

293. Ainsi, quand l'expropriation, a été prononcée contre une société existant entre deux individus, et qu'après le décès d'un des associés survenu, postérieurement au jugement, l'associé survivant se prétendant seul propriétaire de l'établissement social, soutient que l'indemnité doit lui être personnellement attribuée, si l'administration expropriante n'a pas admis cette prétention, le jury ne peut s'en faire juge et changer l'état de l'affaire, et c'est, dès lors, à la société que l'indemnité doit être attribuée.

Même arrêt.

294. Il n'y a pas nullité si l'omission du nom d'un copropriétaire de l'immeuble dans la décision du jury n'est que l'effet d'une erreur matérielle qui peut être établie par les diverses indications du procès-verbal, et que, d'ailleurs, d'après les termes même de la décision, la part d'indemnité, devant revenir au copropriétaire oublié, ne saurait être réclamée par ceux qui ont été désignés.

Cass. rej. 2 juill. 1872. D. 72, 5, 232, *Accary et Dervillé c. ville de Paris.* M. Hély d'Oissel, rapp.

295. Mais il en serait autrement, si la part d'indemnité revenant au propriétaire désigné par le jugement d'expropriation avait été attribuée par le jury à un autre que ce propriétaire.

Cass. 13 avril 1869. D. 69, 1, 345. *Bull. civ.*, 69, p. 125. *Chemin de fer d'Orléans c. cne de Saint-Bonnet.* M. Renouard, rapp.

SECTION IV. — *Mode de votation du jury et de constatation de la décision prise.*

295 bis. Lorsque, du consentement des parties, plusieurs affaires ont été réunies, pour qu'il fût statué par un seul et même jury, ce jury peut délibérer simultanément sur ces affaires, après qu'elles ont été discutées devant lui.

Cass. 24 avril 1855. D. 55, 1, 132; S. 55, 1, 607; P. 55, 1, 599. *Falcout c. société de la rue Impériale à Lyon.* M. Delapalme, rapp.
— 15 mai 1855. D. 55, 1, 204; P. 57, 829. *Detroya c. Cie de la rue Impériale à Lyon.* M. Gillon, rapp.
— 10 nov. 1884. *Gerack c. chemin de fer de Lyon.* M. Tappie rapp.

295 ter. Toutefois, il est désirable, afin d'éviter les confusions qui pourraient se produire dans l'esprit des jurés, que le jury n'ait à délibérer que sur un nombre restreint d'affaires.

Delalleau et Jousselin, t. I, p. 454

296. Comme toute décision judiciaire, la décision du jury doit être prise à la majorité.

297. Mention doit être faite que la décision a été prise à la majorité des voix, sans toutefois que l'absence de cette indication fût de nature à vicier la décision de nullité, l'article 38 ni aucun autre n'exigeant la mention dont il s'agit.

Cass. rej. 29 août 1854. D. 54, 1, 320; S. 54, 1, 734; P. 55, 1, 88; *D'Auger c. chemin de fer de Strasbourg.* M. Mérilhou, rapp.

— 23 déc. 1861. D. 62, 1, 272 ; S. 62, 1, 892 ; P. 62, 1188 ; *Billat c. préfet de l'Isère.* M. Renouard, rapp.
Daffry de la Monnoye, t. II, p. 133.
— Arnaud, n° 425. — Dufour, n° 105.
Contra : Gand, p. 337. — Delalleau et Jousselin, t. I, n° 615. — De Peyronny et Delamarre, n° 479. — Sabatier, p. 395. — Debray, n° 124.

298. Ainsi le fait que la décision a été rendue à la majorité résulte suffisamment de l'apposition de la signature de tous les jurés au pied de la décision, étant inadmissible qu'ils aient consenti à attester par leur signature une décision qui ne serait que l'œuvre de la minorité.

Cass. rej. 19 janv. 1835. D. 35, 1, 113 ; S. 35, 1, 172 ; P. 35, 1278. *Cne de Charny c. Guillemineau.* M. Faure, rapp.
— 29 août 1854. D. 54, 1, 320 ; S. 54, 1, 734 ; P. 55, 1, 88. *D'Auger c. chemin de fer de Strasbourg.* M. Mérilhou, rapp.
— 23 déc. 1861. D. 62, 1, 272 ; S. 62, 1, 892 ; P. 62, 1188. *Billat c. préfet de l'Isère.* M. Renouard, rapp.
— 11 mai 1875. D. 77, 1, 32 ; S. 75, 1, 319 ; P. 75, 755. *Pontico c. préfet du Gers.* M. Gastambide, rapp.

299. L'énonciation de la majorité à la fin d'une décision qui comprend plusieurs chefs ne s'applique pas seulement au dernier chef, mais à tous ceux visés par la décision.

Cass. rej. 7 fév. 1837. D. 37, 1, 178 ; S. 37, 1, 126 ; P. 37, 1, 94. *Parmentier-Carlier c. Urbain et Piard.* M. Thil, rapp.

300. Le nombre de voix composant la majorité ne doit pas être mentionné.

Arnaud, n° 424. — Daffry de la Monnoye, t. II, p. 134.

301. Mais la mention existât-elle, qu'elle n'entraînerait pas nullité de la décision, aucun texte de loi ne la prohibant.

Mêmes auteurs.

302. Ainsi, en est-il de la mention que la décision a été prise à l'unanimité.

Cass. rej. 26 avr. 1843. D. 43, 1, 266 ; S. 43, 1, 620 ; P. 43, 2, 209. *Mournau c. l'Etat.* M. Barennes, rapp.
— 6 mars 1867. *Bull. civ.* 67, p. 86. *Ville de Toulon c. de Salasc.* M. Renouard, rapp.

303. La mention que la décision a été prise à la majorité des voix, mention confirmée par la signature des jurés, ne saurait être infirmée par des certificats de ces mêmes jurés affirmant que la majorité n'a pas existé.

Cass. rej. 9 janv. 1855. D. 55, 1, 96 ; S. 55, 1, 576 ; P. 56, 1, 614. *Valette c. chemin de fer de Lyon.* M. Mérilhou, rapp.

304. Aucune disposition de la loi n'oblige les jurés à voter soit oralement, soit au scrutin secret ; il leur appartient de choisir le mode qui leur semble le plus convenable.

Daffry de la Monnoye, t. II, p. 134.
— Arnaud, n°s 421 et 427.

305. La décision est nulle si, parmi les signataires, se trouve un nom autre que celui des personnes devant composer le jury.

Cass. 6 déc. 1887. D. 37, 1, 39 ; S. 37, 1, 228 ; P. 38, 1, 304. *Bérard c. préfet de la Sarthe.* M. Quéquet, rapp.

306. Et cela, alors même que, ce nom retranché, il resterait un nombre suffisant de jurés, la nullité tenant à la part prise à la délibération par une personne étrangère.

Même arrêt.

307. La signature, au pied de la décision, d'un juré qui n'aurait pas assisté à toute la discussion de l'affaire, serait une cause de nullité, son absence, au cours des

19

débats lui interdisant de concourir à la délibération.

Cass. 5 mars 1873. D. 73, 1, 191; S. 73, 1, 177; P. 73,406. *Chemin de fer du Midi c. Singla.* M. Merville, rapp.

308. La non-conformité absolue de la signature avec le nom du juré inscrit au tableau et au jugement de désignation ne saurait être une cause de nullité, s'il ne peut exister de doute sur l'identité de ce juré.

Cass. rej. 14 avril 1858. D. 58, 1, 322. *Rondel c. préfet de la Seine.* M. Lavielle, rapp.
— 9 avril 1861. D. 61, 1, 281; P. 61, 398. *Chemin de fer du Midi c. Caldayron.* M. Bayle-Mouillard, rapp.

309. Les erreurs existant dans l'expédition de la décision du jury ne peuvent donner lieu à aucune cause de nullité quand elles n'existent pas dans la décision elle-même.

Cass. rej. 10 mai 1875. D. 77, 1, 81; S. 75, 1, 319; P. 75, 756. *Filippo c. ville de Turcoing.* M. Casenave, rapp.

310. Ou que cette erreur peut être rectifiée à l'aide des énonciations du procès-verbal.

Cass. rej. 10 mars 1858. *Bull. civ.,* 58, p. 74. *Pitre c. chemin de fer de Lyon.* M. Renouard, rapp.
— 26 août 1873. D. 73, 1. 488; S. 73, 1, 475; P. 73, 1192. *Fabre c. cne d'Egat.* M. Aubry, rapp.

311. La prépondérance de la voix du président du jury n'existe qu'au cas où il y a réellement partage, c'est-à-dire lorsque les jurés, y compris le président, se trouvent divisés en deux parties égales. Alors le partage se vide par le vote du président.

Arnaud, n° 428.

312. Mais si la majorité est acquise à une opinion par l'effet du premier vote, elle ne peut être déplacée par l'adjonction du président à la minorité. Dans ce cas, son suffrage perd sa prépondérance et ne compte que pour un suffrage unique.

Même auteur.

313. La délibération doit être constatée par écrit, c'est-à-dire, qu'elle sera écrite par un des jurés.

314. Elle est remise au magistrat-directeur par le président du jury et lue ensuite par le greffier, les jurés étant rentrés en audience publique.

315. La décision du jury doit être rendue à l'audience et sous l'autorité du magistrat-directeur; elle serait nulle si elle avait été rendue à une audience à laquelle le jury n'assistait pas;

Cass. 11 août 1845. D. 45, 1, 360. *De Lavignan c. cne de Villecerf.* M. Renouard, rapp.

316. Ou bien si elle avait été rendue dans un autre lieu que celui désigné pour les séances du jury, alors même que ce lieu eût été ouvert au public.

Cass. 20 août 1856. D. 56, 1, 332. Arnaud, n° 431.

317. La décision du jury lue publiquement par le greffier n'est pas tellement acquise aux parties qu'avant la clôture des débats, le magistrat-directeur ne puisse renvoyer le jury dans la salle de ses délibérations, non pour réviser et changer sa décision, mais pour réparer un oubli ou corriger un chiffre mal écrit ou mal exprimé.

Cass. rej. 20 août 1860. D. 60, 1, 416. *Gérard c. chemin de fer de Lyon.* M. Moreau de la Meurthe, rapp.
— 27 janv. 1869. D. 69, 1, 244; S. 69, 1, 385; P. 69, 946. *De Jaume c. chemin de fer de Lyon.* M. Pont, rapp.
Daffry de la Monnoye, t. II, p. 136. Arnaud, n° 432.

318. Ainsi en est-il quand le renvoi par le magistrat-directeur a en pour objet la réparation d'un oubli portant sur un point où le contrat judiciaire existait entre les parties et où il n'y avait qu'à leur donner acte de leur consentement.

Arrêt du 20 août 1860.

319. Ou que ce renvoi a été motivé par la correction d'un chiffre erronné; par exemple, le greffier lisant 8,500 comme chiffre d'indemnité, quand tous les jurés spontanément se lèvent pour déclarer que le chiffre fixé était de 5,000 francs. En présence de cette déclaration unanime, le magistrat-directeur ne pouvait ni déclarer l'indemnité de 8,500 fr. acquise à l'exproprié, ni rectifier lui-même ce chiffre et y substituer celui de 5,000 francs; son devoir était de les renvoyer dans leur chambre des délibérations, non pour discuter de nouveau le chiffre de l'indemnité, mais uniquement pour rectifier, en la forme, le chiffre qui avait été exprimé par erreur, et rétablir celui qui avait été réellement fixé et était acquis aux parties.

Arrêt du 27 janv. 1869, 5e espèce. M. Pont, rapp.

320. Le renvoi du jury dans la salle de ses délibérations sera prononcé par le magistrat-directeur sous forme d'ordonnance motivée, et cette ordonnance sera insérée au procès-verbal.

Arnaud, n° 434.

321. On devra conserver et joindre aux pièces de la procédure la décision annulée, afin qu'on puisse, au cas de pourvoi de ce chef, la soumettre à la Cour de cassation.

Même auteur.

322. Si le jury, rentré dans la salle de ses délibérations pour rectifier une erreur, en sort avec une décision nouvelle qui modifie le chiffre primitivement arrêté, la décision ainsi rendue est nulle et doit être cassée.

Cass. 1er mai 1877. D. 77, 1, 472; S. 77, 1, 277; P. 77, 685. *Cne de Fresnes c. Mounier.* M. Goujet, rapp.

323. Bien qu'en principe, le jury n'ait point à expliquer sa décision, en admettant qu'une déclaration explicative du jury constituât un excès de pouvoir, cet excès de pouvoir, n'intéressant pas l'ordre public, ne pourrait, en tout cas, être proposé comme moyen de cassation par celui qui aurait provoqué l'explication.

Cass. rej. 7 fév. 1837. D. 37, 1, 178. S. 37, 1, 126; P. 37, 1, 94. *Parmentier-Carlier c. Urbain et Piard.* M. Thil, rapp.

Daffry de la Monnoye, t. II, p. 137. — Arnaud, n° 436.

Section V. — *Irrévocabilité de la décision.*

324. La décision du jury, n'est susceptible d'aucun recours autre que le pourvoi devant la Cour de cassation; cette décision, relativement au chiffre de l'indemnité allouée, ne saurait être ni rectifiée ni revisée.

Cass. rej. 5 fév. 1845. D. 45, 1, 152; S. 45, 1, 217; P. 45, 1, 218. *L'État c. Boudard.* M. Miller, rapp.
— 6 mai 1862. D. 62, 1, 207; S. 62, 1, 890; P. 62, 873. *Richarme c. chemin de fer de Lyon.* M. Delapalme, rapp.
— 15 janv. 1879. S. 81, 1, 428; P. 81, 1084. *Chemin de fer du Midi c. Cénac.* M. Sallé, rapp.

325. Ainsi l'expropriant, sur les contestations engagées relativement au paiement de l'indemnité ne saurait être admis à demander la réduction de l'indemnité, par ce motif que cette indemnité, accordée pour le déplacement d'un mobilier industriel à une personne que, par erreur, on croyait propriétaire de l'immeuble exproprié, aurait été moins élevée si le jury avait su que cette personne n'était que locataire.

Arrêt du 5 fév. 1845.

326. De même, l'exproprié ne pourrait, devant l'autorité judiciaire, demander la modification du chiffre de l'indemnité sous le prétexte que la compagnie de chemin de fer expropriante, avait trompé le jury et dénaturé les emplacements.

Arrêt du 6 mai 1862.

327. Ou sous prétexte que le jury aurait été induit en erreur par le fait ou la faute de l'expropriant.

Arrêt du 15 janvier 1879.

327 *bis*. Le propriétaire qui, bien qu'inscrit à la matrice cadastrale, n'a pas été appelé devant le jury et ne s'est pourvu ni contre le jugement d'expropriation ni contre la décision du jury, ne saurait être admis à actionner l'expropriant devant le tribunal civil pour le faire condamner à l'indemniser d'une emprise irrégulièrement consommée, l'exproprié ne pouvant plus désormais qu'exercer ses droits sur le prix alloué au tiers désigné par erreur comme propriétaire.

Rennes, 2 juill. 1883. S. 84, 2, 101. *Leroux et Bonamy c. l'Etat.*

328. Si, après la fixation définitive de l'indemnité dans des conditions de procédure régulière, il apparaît de la part de l'exproprié, un fait de nature à induire le jury en erreur, il n'en peut résulter qu'une action en dommages-intérêts contre la partie à laquelle ce fait est reprochable.

Daffry de la Monnoye, t. II, p. 140.

329. L'action en augmentation ou diminution de prix, prévue par les articles 1619 et 1620 du code civil, n'existe pas en matière d'expropriation.

Paris, 1er fév. 1866. D. 67, 1, 393.

330. En tous cas, c'est le jugement d'expropriation et non la décision du jury qui fixe la contenance, et l'action en réduction ou augmentation ne pourrait être dirigée contre cette décision contenant une détermination de contenance quand, d'une part, la portion expropriée a été nettement déterminée par une ligne droite tracée au plan parcellaire, ligne qui n'a pas été dépassée par la prise de possession, et que, d'un autre côté, la contenance n'a été précisée ni sur le plan, ni dans les offres, ni dans les conclusions des parties.

Cass. rej. 16 avr. 1867. D. 67, 1, 393; *Malice c. Petit.* M. Aylies, rapp.
Daffry de la Monnoye, t. II, p. 141.

331. L'action en supplément de prix doit être exercée, à peine de déchéance, dans l'année du contrat, c'est-à-dire dans l'année du jugement d'expropriation.

Cass. rej. 14 fév. 1863. D. 64, 1, 289; S. 65, 1, 143 ; P. 65, 304. *Novion c. chemin de fer du Midi.* M. Nicolas, rapp.

332. Ce n'est pas le jugement d'expropriation qui doit servir de point de départ, mais bien la décision du jury.

Daffry de la Monnoye, t. II, p. 142

333. Lorsque l'indemnité a été régulièrement allouée, les constatations des faits extérieurs à la fixation judiciaire de cette indemnité, ou l'expression de vœux concernant la mise à exécution de l'expropriation ne saurait vicier de nullité la décision du jury.

Cass. rej. 24 août 1846. S. 47, 1, 820. *Préfet de la Gironde c. Chaigneau.* M. Renouard, rapp.
— 31 juill. 1860. D. 60, 1, 407; P. 61, 1189. *Arnaud c. ville de Lons-le-Saulnier.* M. Renouard, rapp.

ARTICLE XXXIX

Le jury prononce des indemnités distinctes en faveur des parties qui les réclament à des titres différents, comme propriétaires, fermiers, locataires, usagers et autres intéressés dont il est parlé à l'art. 21.

Dans le cas d'usufruit, une seule indemnité est fixée par le jury, eu égard à la valeur totale de l'immeuble ; le nu propriétaire et l'usufruitier exercent leurs droits sur le montant de l'indemnité au lieu de l'exercer sur la chose.

L'usufruitier sera tenu de donner caution ; les père et mère ayant l'usufruit légal des biens de leurs enfants en seront seuls dispensés.

Lorsqu'il y a litige sur le fond du droit ou sur la qualité des réclamants, et toutes les fois qu'il s'élève des difficultés étrangères à la fixation du montant de l'indemnité, le jury règle l'indemnité indépendamment de ces litiges et difficultés, sur lesquelles les parties sont renvoyées à se pourvoir devant qui de droit.

L'indemnité allouée par le jury ne peut, en aucun cas, être inférieure aux offres de l'administration, ni supérieure à la demande de la partie intéressée (1).

(1) *Loi du 7 juillet 1833*, art. 39 :

Le jury prononce des indemnités distinctes en faveur des parties qui les réclament à des titres différents, comme propriétaires, fermiers, locataires, usagers, autres que ceux dont il est parlé au premier paragraphe de l'article 21.

Dans le cas d'usufruit, une seule indemnité est fixée par le jury, eu égard à la valeur totale de l'immeuble ; le nu propriétaire et l'usufruitier exercent leurs droits sur le montant de l'indemnité au lieu de l'exercer sur la chose.

L'usufruitier sera tenu de donner caution ; les père et mère ayant l'usufruit légal des biens de leurs enfants en seront seuls dispensés.

Lorsqu'il y a litige sur le fond du droit, ou la qualité des réclamants, et toutes les fois qu'il s'élève des difficultés étrangères à la fixation du montant de l'indemnité, le jury règle l'indemnité indépendamment de ces difficultés, sur lesquelles les parties sont renvoyées à se pourvoir devant qui de droit.

Indemnités inférieures aux offres, 152 et s.
— supérieures aux offres, 158 et s. 171 et s.
Intéressés, 15.
Jugement d'expropriation, 57 et s.
Litige sur le fond du droit, 46 et s. 83 et s. 120, 136.
Locataires, 2 et s., 63 et s., 68 et s.
Magistrat-directeur, 37, 59 et s.
Nu propriétaire, 40 et s.
Offres et demandes, 144 et s., 165 et s.
Pourvoi, 136 et s.
Preuve, 169.
Propriétaire, 4 et s., 98.
Qualité, 124.
Renvoi, 138.
Réserves, 71.
Revendication, 132.
Sincérité des titres, 126.
Servitude, 96, 132 et s.
Tribunal de renvoi, 141.
Usagers, 1, 30.
Usufruit, 30 et s. 45, 116.

§ 1. — *Indemnités distinctes en faveur des parties les réclamant à des titres différents.*

§ 2. — *Indemnité au cas d'usufruit.*

§ 3. — *Litige sur le fond du droit; indemnités alternatives.*

§ 4. — *Minimum et maximum d'indemnité imposés au jury.*

§ 1. — *Indemnités distinctes en faveur des parties les réclamant à des titres différents.*

1. L'article 39 ne distinguant pas, comme le faisait la loi du 7 juillet 1833, entre les usages dont les droits étaient réglés par le code civil et les usages dont les droits étaient réglés par des lois spéciales, la disposition de la loi du 3 mai 1841 qui charge le jury de prononcer des indemnités distinctes en faveur des *usagers* est applicable à tous les usagers.

Delalleau et Jousselin, t. I, n° 354. *Contrà*: Arnaud, n° 442.

2. Le jugement qui donne acte au propriétaire d'une maison atteinte partiellement par l'expropriation de son consentement à la démolition complète, ne saurait avoir vis-à-vis des locataires l'autorité de la chose jugée relativement à la nécessité de l'éviction totale.

Cass. rej. 27 fév. 1854. D. 54, 1, 125; S. 55, 1, 187; P. 55, 1, 162. *Lucet c. ville de Paris.* M. Renouard, rapp.

3. Le locataire conserve le droit de demander le maintien du bail pour la partie non expropriée, bien qu'en réponse aux offres de l'administration, il eût d'abord formulé une demande impliquant l'éviction totale, si cette demande a été retirée par lui avant d'avoir été acceptée par l'expropriant.

Même arrêt.

4. L'indemnité du locataire et celle du propriétaire sont complètement indépendantes; le règlement opéré entre le locataire et l'expropriant est *res inter alios acta*, de telle sorte que pour s'opposer à l'option laissée au locataire par l'article 722 C. civ., le propriétaire n'est pas fondé à exciper de ce qui s'est fait entre le locataire et l'expropriant; celui-ci, en réglant ses intérêts, ne règle en aucune manière ceux du propriétaire qu'il n'est pas chargé de représenter, et ainsi le locataire conserve toute sa liberté pour profiter des droits que lui assure son contrat de bail.

Cass. rej. 7 juill. 1847. D. 47, 1, 250. *Fremont c. Gaubert.* M. Troplong. rapp.

5. Lors du règlement de l'indemnité due aux locataires, il n'y a pas lieu de mettre en cause le propriétaire qui a fait connaître ses locataires et qui devient, des

lors, étranger aux contestations qui peuvent s'élever entre eux et l'expropriant.

Même arrêt.

6. Le jury sort de sa mission et excède ses pouvoirs en déclarant qu'il a reconnu l'impossibilité de conserver au locataire les lieux par lui occupés.

Cass. 5 fév. 1840. D. 40, 1, 119; S. 40, 1, 165; P. 40, 1, 213. *Charnay c. ville de Paris.* M. Quéquet, rapp.

7. S'il y a contestation sur le point de savoir si le bail doit être ou non continué et sur la réduction du prix, le règlement des difficultés appartient aux tribunaux civils, non au jury.

Cass. 5 fév. 1840. D. 40, 1, 127 ; S. 40, 1, 162 ; P. 40, 1, 307. *Charnay c. ville de Paris.* M. Quéquet, rapp.
— 5 fév. 1840. D. 40, 1, 118; S. 40, 1, 165; P. 40, 1, 213. *Labiche c. Grandjean.* M. Quéquet, rapp.
— 18 mars 1857. D. 57, 1, 118 ; S. 57, 1, 574 ; P. 58, 49. *Cart c. chemin de fer de l'Est.* M. Alcock, rapp.
— 15 mars 1869. D. 69, 1, 255. *Bautruche c. Docks de Saint-Ouen.* M. Renouard, rapp.
V. rej. 7 juill. 1847. D. 47, 1, 250 ; S. 47, 1, 835 ; P. 47, 2, 814. *Fremont c. Gaubert.* M. Troplong, rapp.
Contrà : Cass. 31 déc. 1838. D. 39, 1, 53 ; S. 39, 1, 19 ; P. 39, 1, 5. *Charrin c. ville de la Croix-Rousse.* M. Quéquet, rapp.
Daffry de la Monnoye, t. II, p. 169 et suiv. — Arnaud, n° 469 et suiv.

8. Quant à l'article 1722, il est applicable en ce qui concerne l'option laissée au locataire entre la continuation du bail avec réduction du prix et la résiliation de ce bail, mais non dans la partie qui refuse tout dédommagement au locataire quand l'immeuble est détruit en tout ou en partie par un cas fortuit.

Daffry de la Monnoye, t. II, p. 168 et suiv.

9. Le jury a pleine liberté d'évaluation relativement à l'indemnité due au fermier et au locataire, sans qu'il y ait lieu de s'astreindre à suivre les règles tracées par les articles 1744 et suiv. du code civil.

Même auteur, n° 359.

10. Et le locataire d'une maison ou d'un appartement peut réclamer une indemnité pour le préjudice que lui cause un déménagement précipité, pour les frais de ce déménagement, pour la nécessité où il a pu se trouver de payer le loyer de sa nouvelle habitation avant l'époque où il y est entré, pour le dommage causé par le déplacement à son industrie, etc.

Même auteur, n° 358.

11. Ainsi un fermier a droit de réclamer le remboursement des dépenses faites dès le début de son bail en vue des profits à en retirer dans la suite d'une exploitation rendue impossible par le fait de l'expropriation.

Delalleau et Jousselin, t. I, n° 357.

12. L'indemnité due au fermier et au locataire comprend le trouble apporté dans la jouissance et la réparation du dommage qui doit être la conséquence directe de la cessation de cette jouissance avant l'époque prévue par le bail.

13. L'indemnité due au propriétaire comprend la valeur intégrale de l'immeuble dont il est dépossédé et la réparation du dommage qui est la conséquence directe de l'expropriation.

Voir art. 38.

14. L'article 39 parlant d'indemnités prononcées, il ne semble point qu'en dehors des propriétaires, fermiers locataires et usagers, les autres intéressés dont il

parle puissent être autres que ceux qui, suivant les termes de l'article 21, peuvent réclamer des servitudes résultant des titres même du propriétaire ou d'autres actes dans lesquels il serait intervenu.

Arnaud, n° 443.

15. Les créanciers hypothécaires qui ont droit d'intervenir dans le but de faire en sorte que le chiffre de l'indemnité soit le plus élevé possible, ne peuvent réclamer d'indemnité pour eux-mêmes.

Même auteur.

16. Lorsque l'expropriation a été prononcée contre une seule personne, bien que la propriété fût, pour partie, indivise avec une autre personne, et que le jugement d'expropriation n'a pas été attaqué, la décision qui prononce une indemnité unique, conformément au jugement, est régulière.

Cass. rej. 12 janv. 1842. D. 42, 1, 145 ; S. 42, 1, 420. *Méritan c. ville d'Apt.* M. Gillon, rapp.

17. L'état d'indivision, relativement à la propriété de l'immeuble exproprié, ne comporte pas l'attribution d'indemnités distinctes aux différents copropriétaires, le jury n'ayant pas à faire entre eux la répartition de la somme allouée ; les copropriétaires, après la décision du jury, se répartissent, au prorata de leurs droits, l'indemnité unique qui a été fixée.

Cass. rej. 16 fév. 1864. D. 64, 5, 149. *Wahler et Graff c. c^ne de Munster.* M. Laborie, rapp.

18. Mais l'état d'indivision n'existe plus et il doit être alloué autant d'indemnités distinctes qu'il y a d'héritiers, quand le domaine exproprié, recueilli dans une suc-

cession a été partagé, que chacun des copartageants a été inscrit sous son nom à la matrice cadastrale, et qu'en réponse à l'offre collective faite par l'expropriant, le partage et l'inscription ont été dénoncés.

Cass. 5 juin 1860. D. 60, 1, 404 ; P. 62, 174. *Osterrieth c. chemin de fer de l'Est.* M. Lavielle, rapp.

19. Les indemnités doivent également être distinctes quand il y a en même temps indivision entre deux propriétaires, relativement à certaines parcelles et propriété exclusive de chacun d'eux relativement à d'autres parcelles. Une somme unique doit être fixée pour les parcelles indivises, mais des sommes distinctes doivent être allouées pour les parcelles possédées séparément.

Cass. 3 fév. 1858. D. 58, 1, 126 ; S. 58, 1, 621 ; P. 58, 570. *Grand-Central c. Serres et Lunet.* M. Renouard, rapp.

20. Ou quand il s'agit en même temps de la propriété de l'immeuble indivise entre certaines personnes et de la jouissance à titre de locataire qui appartient à l'une d'elles.

Cass. 1er juill. 1862. D. 62, 1, 382 ; S. 62, 1, 1069 ; P. 63, 141. *Jourdan c. ville de Marseille.* M. Sevin, rapp.
— 22 mai 1865. D. 65, 5, 175 ; S. 65, 1, 460 ; P. 65, 1197 *Manivet c. ville d'Avignon.* M. Glandaz, rapp.
— 6 janv. 1869. D. 69, 1, 144. *Grignon Dumoulin c. préfet de la Loire-Inférieure.* M. Lamy, rapp.

21. De même en est-il quand deux époux agissent conjointement et demandant une somme déterminée qui devra être, plus tard, subdivisée entre eux, et qu'en outre, la femme, agissant seule, réclame une autre indemnité pour le préjudice commercial que lui ferait éprouver la privation des bâtiments dans lesquels elle exerce son industrie.

Cass. arrêt précité du 6 janv. 1869. D. 69, 1, 9.

22. Une indemnité, demandée d'abord en bloc, peut d'ailleurs, au cours des débats, être divisée par les intéressés, et la division ainsi opérée nécessite, de la part du jury, l'allocation d'indemnités distinctes.

Cass. rej. 19 janv. 1870. D. 70, 1, 263. *Luro c. chemin de fer du Midi.* M. De Vaulx, rapp.

23. D'un autre côté, divers intéressés à des titres différents peuvent se réunir pour demander l'allocation d'une indemnité unique qu'ils se partageront ensuite comme ils le jugeront convenable ; dans ces conditions, la décision du jury, qui répond à la demande telle qu'elle a été formulée, est régulière.

Cass. rej. 29 août 1854. D. 54, 1, 320 ; S. 54, 1, 374 ; P. 55, 1, 88. *D'Auger c. chemin de fer de Cherbourg.* M. Mérilhou, rapp.
— 15 déc. 1856. D. 57, 1, 44 ; S. 57, 1, 380 ; P. 58, 266. *Chemin de fer de l'Ouest c. hospices de Caen.* M. Delapalme, rapp.
— 6 déc. 1859. D. 60, 1, 168 ; P. 61, 36. *Dohy c. préfet de la Seine.* M. Lavielle, rapp.
— 24 juill. 1860. D. 60, 1, 406 et 407 ; P. 61, 100. *Pascal c. ville de Marseille.* M. Quénault, rapp.
— 30 mars 1864. D. 64, 5, 155. *Maillard c. ville de Troyes.* M. Sévin, rapp.
— 25 juin 1867. D. 67, 1, 495. *Veuve Bourret c. chemin de fer de Lyon.* M. Le Roux de Bretagne, rapp.
— 6 janv. 1869. D. 69, 1, 144. *Grignon-Dumoulin c. préfet de la Loire-Inférieure.* M. Lamy, rapp.
— 17 mars 1869. D. 69, 1, 272 ; S. 69, 1, 386 ; P. 69, 947. *Morin et de Montrond c. chemin de fer d'Orléans.* M. Aylies, rapp.

24. D'après l'article 39, le jury doit prononcer des indemni-

tés distinctes en faveur des parties qui les réclament à des titres différents ; mais cette obligation n'existe qu'autant que la réclamation a été formulée avec indication du titre.

Cass. arrêts précités des 6 déc. 1859. D. 60, 1, 168 ; P. 61, 36.
— 24 juill. 1860. D. 60, 1, 406 et 407 ; P. 61, 100.
— 18 déc. 1861. D. 62, 1, 376 ; S. 62, 1, 1066 ; P. 63, 41. *Bonde et Cayol c. préfet du Rhône.* M. Sévin, rapp.
— 2 déc. 1863. *Bull. civ.,* 63, p. 265. *Barre-Pin c. ville de Paris.* M. Lamy, rapp.
— 16 déc. 1863. *Bull. civ.,* 63, p. 283. *Raffin c. ville de Roanne.* M. Laborie, rapp.
— 6 janv. 1869. D. 69, 1, 144. *Grignon Dumoulin c. préfet de la Loire-Inférieure.* M. Lamy, rapp.

25. Ainsi, la règle de l'indemnité distincte n'est pas applicable au cas d'indemnité réclamée par le propriétaire de plusieurs immeubles expropriés, le titre, en vertu duquel la réclamation est faite étant le même.

Cass. rej. 3 janv. 1844. D. 44, 1, 89 ; S. 44, 1, 154 ; P. 44, 1, 152. *Chemin de fer de Saint-Germain c. l'Etat.* M. Gillon, rapp.

26. Il faudrait, pour qu'il y eût nécessité de diviser, ou que l'exproprié eût indiqué un intérêt personnel à des évaluations distinctes, ou que ce mode de procéder fût nécessaire pour établir que le jury a bien compris dans l'indemnité tous les éléments qu'on était en droit de présenter.

Même arrêt.

27. Il n'en est point ainsi pour le locataire de deux emplacements dans des maisons contiguës.

Cass. rej. 27 mai 1851. D. 51, 1, 172 ; P. 51, 2, 288. *Hubert c. ville de Paris.* M. Simonneau, rapp.
— 6 déc. 1859. D. 60, 1, 168 ; P. 61, 36. *Dohy c. préfet de la Seine.* M. Lavielle, rapp.

28. Ou pour le locataire réclamant, à titre de locataire, trois indemnités, l'une pour cessation prématurée de son bail, la seconde pour dégration de son mobilier, la troisième pour la perte de clientèle et dommage causé à l'industrie ; le jury a pu réunir ces trois éléments d'indemnité dans une somme unique.

Cass. rej. 12 juin 1843. D. 43, 1, 314 ; S. 43, 1, 483 ; P. 43, 2, 196. *Benoît c. préfet des Bouches-du-Rhône.* M. Gillon, rapp.

29. De même, un exproprié ne saurait se plaindre de ce que des indemnités distinctes ne lui ont pas été allouées quand il n'a demandé qu'une indemnité unique ; alors même qu'il alléguerait que, dans une note présentée il a expliqué que l'indemnité par lui réclamée se composait de trois éléments divers, rien n'indiquant que le jury n'ait pas compris ces trois éléments dans l'indemnité par lui déterminée.

Cass. rej. 18 déc. 1861. D. 62, 1, 376 ; S. 62, 1, 1066 ; P. 63, 405. *Boude et Cayol c. préfet des Bouches-du-Rhône.* M. Sevin, rapp.

§ 2. — *Indemnité au cas d'usufruit.*

30. L'usage et l'habitation étant des démembrements du droit d'usufruit ne comportent, comme l'usufruit, lui-même, que l'allocation d'une indemnité unique, sauf règlement par les tribunaux ordinaires de la fraction d'intérêts de l'indemnité qui devra être attribuée pour l'usage ou l'habitation au cas de désaccord entre le bénéficiaire de ces droits et le nu propriétaire.

31. Dans le cas ou l'usufruitier ne pourrait fournir caution, il y aurait lieu d'appliquer les dispositions de l'article 602 du code civil.

Daffry de la Monnoye, t. II, p. 182.

32. L'usufruitier n'est pas tenu de donner caution pour les indemnités accessoires qui lui sont personnelles, telles que celles de pertes de récoltes, frais de déménagement etc.

Même auteur.

33. Les père et mère, par suite, de l'usufruit légal existant à leur profit sur les biens de leurs enfants, sont seuls dispensés de donner caution.

34. Le cautionnement est obligatoire lors même que l'usufruitier en aurait été dispensé par son titre.

Même auteur — Dalloz, v° *Expropriation*, n° 434.

35. L'usufruitier ne peut toucher le montant de l'indemnité qu'en donnant caution ; mais c'est là une mesure de prudence qui ne regarde ni le jury ni le magistrat-directeur et dans l'exécution de laquelle on se conformera aux règles du droit civil.

Arnaud, n° 445.

36. Le jury a pu allouer deux indemnités distinctes, l'une pour le nu propriétaire, l'autre pour l'usufruitier, s'il n'a fait ainsi que répondre aux conclusions des parties ; celles-ci, en présence du contrat judiciaire formé entre elles, ne sauraient être admises à se plaindre de la décision intervenue.

Cass. rej. 1er avril 1868. D. 68, 1, 221 ; S. 68, 1, 309 ; P. 68, 784. *Deladerière c. ville de Roubaix.* M. Pont. rapp.

37. Il n'appartient pas au magistrat-directeur de régler, par son ordonnance, les droits du nu propriétaire et de l'usufruitier dans l'indemnité ; ceux-ci ne seraient pas liés par cette ordonnance et resteraient maîtres d'exercer leurs droits ainsi qu'ils aviseraient.

Cass. rej. 4 avril 1838. D. 38, 1, 173 ; S. 38, 1, 521 ; P. 38, 2, 103. *Liste civile c. Charpentier.* M. Quéquet, rapp.

38. Une seule indemnité doit être fixée, les droits du nu propriétaire et de l'usufruitier étant, par cela même, sauvegardés : les droits du nu propriétaire, par la caution que doit donner l'usufruitier pour assurer la restitution du capital de l'indemnité, les droits de l'usufruitier, par la jouissance de ce capital.

39. Il y aurait nullité si le jury accordait une indemnité particulière au nu propriétaire, quelque minime qu'elle fût, puisque l'usufruitier n'en jouirait pas et se trouverait ainsi lésé dans ses intérêts.

Arnaud, n° 444.

40. Mais il peut y avoir lieu d'allouer une indemnité particulière à l'usufruitier, par exemple, s'il habite ou exerce une industrie dans l'immeuble, auxquels cas il a droit à une indemnité spéciale pour frais de déplacement ou pour dommages causés à son industrie.

Cass. 16 mars 1864. D. 64, 5, 168 ; S. 64, 1, 369 ; P. 64, 1049. *Tirauty c. préfet des Alpes-Maritimes.* M. Renouard, rapp.
— 22 mai 1865. D. 65, 5, 175 ; S. 65, 1, 460 ; P. 65, 1197. *Manivet c. ville d'Avignon.* M. Glandaz rapp.

41. S'il y a usufruit seulement sur une partie de l'immeuble, une indemnité distincte doit être allouée pour cette partie, mais à condition que la réclamation en ait été faite, l'ayant droit ne pouvant être admis à se plaindre qu'une indemnité unique ait été fixée quand il n'a fourni aucune indication distincte et précise de la part d'usufruit à laquelle il prétendait, ni aucune évaluation ni de cet usufruit partiel, ni de la proportion pour laquelle il eût dû entrer dans l'indemnité totale.

Arrêt précité du 16 mars 1864.

42. Au cas d'emphytéose à temps, si le propriétaire et l'emphytéote s'entendent pour le règlement de leurs droits sur l'indemnité due, le jury devra allouer une indemnité unique ou des indemnités distinctes suivant les accords intervenus entre les parties.

43. Mais si l'entente ne s'est pas faite, qu'une des parties réclame allocation d'une indemnité unique, et l'autre l'allocation de deux indemnités distinctes, le jury, en vue de la solution alternative que le débat entre le nu propriétaire et l'emphytéote peut recevoir des tribunaux ordinaires auxquels il doit être laissé, est astreint à faire un règlement qui pourvoie aux deux hypothèses.

Cass. 19 juill. 1843. D. 44, 1, 47 ; S. 43, 1, 732 ; P. 43, 2, 295. *l'État et hospices de Roubaix.* M. Gillon, rapp.
— Rouen, 20 nov. 1878. D. 79, 2, 256.
Daffry de la Monnoye, t. II, p. 181.

44. D'après une autre opinion, au cas d'emphytéose simple, il y a lieu d'assimiler l'emphytéote à l'usufruitier et d'allouer purement et simplement une indemnité unique.

Herson, n° 373.— Dalloz, v° *Expropriation,* n° 618. — V. aussi Delalleau et Jousselin; t. Iᵉʳ, n° 369

45. Par l'expression de *valeur totale de l'immeuble* employée dans l'article 39, pour indiquer la base de l'indemnité qui doit être fixée par le jury, au cas d'usufruit, il faut entendre les valeurs réunies de l'usufruit et de la nue propriété.

Cass. 16 mars 1864. D. 64, 5, 168; S. 64, 1, 369; P. 64, 1049. *Tirauty c. préfet des Alpes-Maritimes.* M. Renouard, rapp.

§ 3. — *Litige sur le fond du droit; indemnités alternatives.*

46. La compétence du jury d'expropriation pour utilité publique est limitée au droit et au devoir de fixer le montant de l'indemnité; la loi ne détermine pas seulement cette attribution spéciale et exceptionnelle par l'indication de ce qui doit en faire l'objet, mais encore en retirant formellement au jury le pouvoir de statuer sur les contestations d'une autre nature quand elles se présentent devant lui.

Cass. 28 janv. 1857 (1re espèce). D. 57, 1, 48; S. 57, 1, 300; P. 57, 665. *Ville de Paris c. Ourback.* M. Pascalis, rapp.

47. D'où la disposition du 4e paragraphe de l'article 39, en vertu de laquelle, lorsqu'il y a litige sur le fond du droit ou sur la qualité des réclamants, et toutes les fois qu'il s'élève des difficultés étrangères à la fixation du montant de l'indemnité, le jury doit régler l'indemnité, indépendamment de ces litiges et difficultés, sur lesquels les parties sont renvoyées à se pourvoir devant qui de droit.

48. Ce règlement nécessite l'allocation d'indemnités alternatives et éventuelles qui, suivant les solutions adoptées par les tribunaux auxquels les litiges auront été renvoyés, fixeront la somme qui devra, en définitive, revenir à l'exproprié.

49. Le jury d'expropriation est tenu de régler les indemnités indépendamment des litiges et difficultés sur lesquels les parties sont renvoyées à se pourvoir devant qui de droit; il doit établir des indemnités éventuelles correspondant aux diverses décisions à intervenir.

Cass. 23 mai 1882. *Bull. civ.*, 82, p. 207. *Pothin c. ville de Saint-Étienne.* M. Blondel, rapp.

50. L'obligation d'allouer des indemnités alternatives ou éventuelles n'existe pour le jury qu'autant qu'il s'élève des difficultés étrangères à la fixation du montant de l'indemnité, c'est-à-dire, qu'il y a véritablement litige sur le fond du droit.

51. Ainsi, il n'y a pas lieu à indemnité alternative, quand la difficulté soulevée par les conclusions du demandeur est purement relative à la fixation du montant de l'indemnité, comme lorsqu'il s'agit de savoir si le jury doit comprendre dans cette fixation la moins-value alléguée par l'exproprié au sujet de la parcelle restante de son immeuble, moins-value qu'il ferait résulter d'une incommodité d'exploitation et d'une plus grande difficulté d'accés à l'abreuvoir public. Cette cause de dommage ne pouvant être séparée de l'ensemble des indemnités réclamées par l'exproprié doit être comprise dans l'indemnité définitivement allouée.

Cass. 21 juill. 1875; D. 75, 1, 415-416; S. 75, 1, 428; P. 75, 1067. *Chemin de fer de Clermont c. Prat.* M. Merville, rapp.

52. Ou quand le jury, en dehors de tout litige sur le fond du droit ou sur la qualité des réclamants, a pris uniquement en considération, pour la fixation de l'indemnité, l'augmentation de valeur immédiate devant résulter de l'exécution des travaux à faire sur le reste de la propriété.

Cass. rej. 10 mai 1875. D. 77, 1, 31; S. 75, 1, 319; P. 75, 756. *Filipo et autres c. ville de Turcoing*. M. Casenave, rapp.

53. Et quand les conclusions de la partie ne soulèvent qu'une question rentrant dans le domaine d'appréciation du jury, et non une contestation sur le fond du droit, le magistrat-directeur peut se refuser à poser sous forme alternative le règlement de l'indemnité.

Même arrêt.

54. Le jury ne peut, sans violer la loi, fixer deux indemnités, l'une pour le cas où il ne serait accordé aucun délai à l'exproprié pour quitter les lieux, l'autre pour le cas où sa jouissance continuerait jusqu'à une certaine époque, cette double hypothèse ne constituant pas une contestation sur le fond du droit ou sur la qualité des parties.

Cass. 11 juill. 1881. S. 82, 1, 36; P. 82, 57. *C^ne de Saint-Loup c. Gautreau*. M. Guérin, rapp.

55. Il en est de même quand l'alternative qu'on voudrait poser au jury aurait pour effet manifeste de sortir des termes et des conditions du jugement d'expropriation.

56. Ainsi, lorsque le jugement a prononcé l'expropriation pure et simple d'un terrain, l'expropriant ne peut demander que l'expropriation soit restreinte au sous-sol, ou, tout au moins, demander au magistrat-directeur de poser la question d'une indemnité alternative portant ou sur le terrain dans son entier, ou simplement sur le sous-sol.

Cass. 7 juill. 1868. D. 68, 1, 328; P. 69, 59; S. 69, 1, 37. *C^ne de Montrichard c. chemin de fer d'Orléans*. M. Glandaz, rapp.

57. Lorsque les limites des propriétés expropriées ont été nettement fixées par le jugement d'expropriation, les prétentions élevées par l'une des parties en dehors de ces limites ne constituent pas un litige sur le fond du droit, et ne donnent pas lieu à la fixation d'une indemnité hypothétique.

Cass. 5 nov. 1879. D. 80, 1, 163. *Beaussier c. chemin de fer de Tulle*. M. Sallé, rapp.
— 31 janv. 1881. D. 81, 1, 384; S. 81, 1, 179; P. 81, 410, *De Saint-Philibert c. préfet du Calvados*. M. Baudoin, rapp.

58. Ainsi lorsque, d'après le jugement, l'expropriation n'a porté que sur deux parcelles en nature de pré, le jury ne commet aucun excès de pouvoir en ne statuant pas sur la demande en fixation d'une indemnité hypothétique pour le cas où serait admise la réquisition d'acquisition d'une usine non mentionnée au jugement.

Même arrêt.

58 bis. Lorsqu'après le jugement d'expropriation, l'administration n'a poursuivi le règlement de l'indemnité que contre un certain nombre de propriétaires, en négligeant de suivre la procédure en règlement d'indemnité contre certains autres, ceux-ci n'ont que le droit d'agir eux-mêmes à l'expiration du délai de six mois, conformément à l'article 55, mais ils ne peuvent intervenir devant le jury réuni pour statuer relativement aux immeubles à l'égard desquels des offres ont été faites et refusées.

Cass. 1er juill. 1884. — *Veuve Beau-quier c. ville d'Alais.* M. Manau, rapp.

58 ter. Par suite, c'est à bon droit que la prétendue intervention de ces propriétaires est écartée par le magistrat-directeur qui peut, sans excéder ses pouvoirs, refuser de provoquer, de la part du jury, l'allocation d'une indemnité alternative en vue des réclamations élevées par les propriétaires non convoqués.

Même arrêt.

59. De même, le magistrat-directeur, doit-il opposer un refus à l'exproprié qui, au cas d'expropriation pour l'ouverture d'une rue, soutient que, du terrain exproprié, il faut retrancher une certaine contenance comme n'étant pas nécessaire à l'ouverture de la rue, et demande que le jury fixe une indemnité alternative pour l'expropriation telle qu'elle a été fixée par le jugement, ou pour l'expropriation, telle qu'il voudrait la restreindre.

Cass. 11 déc. 1876. D. 78, 1, 72; S. 79, 1, 89; P. 79, 62. *Aubert et Des-champs c. ville de Paris.* M. Guérin, rapp.

60. Mais ce refus n'est possible qu'autant qu'il n'y a réellement qu'une question de fixation du chiffre de l'indemnité; il entraînerait nullité de la décision, si le magistrat-directeur, se faisant juge de la valeur et de l'opportunité des contestations, écartait par une ordonnance les litiges qui engagent le fond du droit et qui lient directement à la qualité des parties le sort de la question de savoir si elles sont ou non atteintes par l'expropriation.

Cass. 10 mai 1864. D. 64, 1, 448 et 449; S. 64, 1, 868. *Schacher et autres c. ville de Paris.* M. Renouard, rapp.

61. Ainsi, lorsque des personnes se portent intervenantes, soit en vertu d'un marché passé avec l'expropriant, soit en vertu de leur qualité de locataires constatée par les congés donnés par l'expropriant, il ne peut appartenir au magistrat-directeur d'écarter par ordonnance cette intervention, la contestation élevée sur la qualité des parties constituant, en réalité, un litige sur le fond du droit.

Même arrêt.

62. De même, il ne peut écarter une convention alléguée par l'une des parties et déniée par l'autre, convention en vertu de laquelle une portion du terrain frappé d'expropriation ne devrait pas être comprise dans l'indemnité;

Cass. rej. 23 nov. 1870. D. 70, 1, 392; S. 71, 1, 82; P. 71, 214. *Delamarre c. cne de Boucherolles-en-Bray.* M. Aucher, rapp.

63. Ou la réclamation du locataire qui s'est fait connaître en temps utile, mais dont le propriétaire conteste la qualité et les droits.

Cass. 26 déc. 1860. D. 61, 1, 135; P. 1862, 71. *Chéreau c. ville de Lyon.* M. Gaultier, rapp.
— 7 juin 1880. D. 81, 1, 159; S. 80, 1, 320; P. 80, 757. *Chemin de fer de Lyon c. ville de Thonon.* M. Sallé, rapp.

64. Ou même la réclamation du locataire non dénoncé par son propriétaire, et qui ne s'est pas fait connaître en temps utile, si le locataire soutient que par des actes émanés de l'expropriant, tels que des congés, sa qualité de locataire a été reconnue et admise.

Cass. 31 juill. 1867. D. 67, 1, 318; S. 67, 1, 454; P. 67, 1199. *Franchet c. ville de Cluny.* M. Aylies, rapp.

65. Rien n'autorise le magistrat-directeur à déclarer nulle une procédure que l'expropriant soutient être valable et à refuser, sous ce prétexte, de soumettre l'affaire au jury ; c'est là un litige dont l'article 42 réserve exclusivement la décision à la Cour de cassation.

Cass. 28 juin 1881. D. 83, 1, 28 ; S. 81, 1, 429 : P. 81, 1086. *Intérêt de la Loi.* M. Merville, rapp.
— 9 janv. 1883. D. 84, 1, 128 ; S. 83, 1, 277 ; P. 83, 655. *Chemin de fer du Midi c. Lissardy.* M. de Lagrévol, rapp.

66. Et quand, dans ces conditions, le magistrat-directeur décide qu'il n'y a pas lieu à question alternative et que le jury doit statuer par une solution unique sur l'indemnité, il excède ses pouvoirs, et son ordonnance est viciée de nullité, comme la décision du jury qui en a été la conséquence.

Mêmes arrêts.

67. L'indemnité alternative ne doit d'ailleurs être allouée qu'autant que les parties y ont conclu.

Cass. rej. 5 janv. 1847. S. 47, 1, 335. *Gaubert c. ville de Paris.* M. Gaultier, rapp.
— 27 avril 1859. D. 59, 1, 207 ; S. 59, 1, 954 ; P. 59, 1012. *Chibout c. ville de Paris.* M. Alcock, rapp.
— 21 août 1865. D. 65, 5, 188. *Cne de Neuilly c. Cubertier.* M. Le Roux de Bretagne, rapp.
— 16 avril 1867. D. 67, 1, 392. *Clary c. Mahieu.* M. Aylies, rapp.
— 17 nov. 1874. D. 75, 1, 62 ; S. 75, 1, 39 ; P. 75, 62. *Foriel c. chemin de fer de Lyon.* M. Casenave, rapp.
— 21 juill. 1875. D. 75, 1, 416 ; S. 75, 1, 428 ; P. 75, 1067. *Chemin de fer de Clermont c. Prat.* M. Merville, rapp.
— 7 déc. 1881. S. 82, 1, 133 ; P. 82, 286. *Bull. civ.*, 81, p. 318. *Thierry de Lanoue c. chemin de fer de Wassy.* M. Merville, rapp.

Ainsi :

68. Le locataire qui, en cas de contestation de son bail, n'a pas conclu à une indemnité alternative, l'une, pour toute la durée prétendue, l'autre, pour le cas où cette durée serait réduite à la partie constatée par bail écrit, ne peut se plaindre de ce qu'une indemnité unique ait été allouée.

Cass. rej. 1er mars 1843. D. 43, 1, 161 ; S. 43, 1, 315 ; P. 43, 1, 510. *Labbé c. préfet de la Seine.* M. Renouard, rapp.

69. Il en est de même de l'exproprié qui, ayant formé un recours contre la décision du conseil de préfecture qui l'a condamné à démolir des constructions élevées en contravention aux lois sur les servitudes militaires, ne fait pas connaître ce recours au jury et ne conclut pas, par suite, à l'allocation d'une indemnité alternative.

Cass. rej. 8 nov. 1843. D. 44, 1, 29 ; S. 44, 1, 247 ; P. 44, 1, 255. *De Salase c. préfet du Var.* M. Renouard, rapp.

70. Le locataire, exproprié partiellement, qui avait d'abord demandé l'allocation d'une indemnité alternative, suivant que les tribunaux prononceraient la résiliation ou le maintien du bail, ne peut se faire un grief de l'ordonnance du magistrat-directeur portant qu'il n'y avait lieu qu'à une indemnité unique, quand son avocat a déclaré, devant le jury, abandonner la demande d'indemnité pour le cas de résiliation totale, et ne la maintenir qu'en ce qui concernait l'éviction partielle.

Cass. rej. 19 mars 1879. D. 79, 1, 173 ; S. 79, 1, 428 ; P. 79, 1100. *Moyse c. ville de Paris.* M. Sallé, rapp.

71. Il ne suffirait pas, pour nécessiter l'allocation d'une indemnité alternative, que l'exproprié eût fait de simples réserves pour le cas où la contenance du terrain indiqué au jugement comme devant être exproprié viendrait à se trouver dépassée.

Cass. rej. 27 janv. 1869. D. 69, 1, 245; S. 69, 1, 885; P. 69, 946. *Tollemache Saint-Clair c. chemin de fer de Lyon*. M. Pont, rapp.
— 28 juill. 1879. D. 80, 1, 81; S. 81, 1, 377; P. 81, 900. *Préfet de la Lozère c. Bessières.* M. Sallé, rapp.

72. Toutefois si, en dehors de conclusions formellement prises, une question litigieuse résulte clairement des débats, le jury est maître d'en tenir compte et de déterminer, d'office, une indemnité alternative.

Cass. 5 fév. 1840. D. 40, 1, 127; S. 40, 1, 162; P. 40, 1, 307. *Charnay c. ville de Paris.* M. Quéquet, rapp.
— 1er août 1860. D. 60, 1, 408; P. 61, 1168. *Bertrand c. ville de Béziers.* M. Renouard, rapp.

73. Ainsi en est-il, notamment, quand l'exproprié allègue une erreur se traduisant par une insuffisance dans la désignation de la contenance.

Arrêt précité du 1er août 1860.

74. Le jury a pu se dispenser de fixer une indemnité alternative :

Lorsque l'exproprié, avant la clôture des débats, a retiré sa prétention tendant à ce que ne fût pas comprise dans l'expropriation une certaine portion du terrain que l'expropriant soutenait être atteinte par le jugement;

Cass. rej. 11 mai 1858. *Bull. civ.,* 58, p. 138. *Allard c. chemin de fer de l'Isère.* M. Alcock, rapp.

75. Ou quand l'indemnité alternative n'aurait pu être fixée que par suite d'une offre faite par l'administration, pour la première fois, devant le jury, et que cette offre

n'a pas été acceptée par l'exproprié.

Cass. rej. 4 mars 1844. D. 44, 1, 185; S. 44, 1, 875; P. 44, 1, 691. *Luys c. préfet de la Seine.* M. Gillon, rapp.

Ainsi :

76. Il n'y a pas lieu de fixer une indemnité alternative et éventuelle en vue d'un travail réclamé par l'exproprié, mais non accepté par la Compagnie expropriante et non prescrit par son cahier des charges.

Cass. 9 fév. 1874. S. 74, 1, 223; P. 74, 547. *Boislève c. chemin de fer de Poitiers.* M. Aucher, rapp.

77. Alors qu'une indemnité éventuelle était demandée pour les dépréciations des parties restantes de l'herbage exproprié et des dangers de responsabilité pouvant résulter, à la charge du propriétaire, des incursions des bestiaux sur la voie ferrée;

Cass. rej. 31 janv. 1881. S. 81, 1, 179; D. 81, 1, 384; P. 81, 410. *De Saint-Philibert c. préfet du Calvados.* M. Baudoin, rapp.

78. Ou, pour les difficultés que l'établissement du chemin de fer apporterait à l'écoulement des eaux provenant de la partie supérieure de l'herbage.

Même arrêt.

79. Ou, pour le cas où un supplément de clôtures deviendrait nécessaire à la charge de l'expropriant;

Ces différentes causes de dommage étant la conséquence directe de l'expropriation, faisant, par suite, partie intégrante du préjudice à évaluer et ne donnant lieu qu'à une question de fait purement relative à la fixation du montant de l'indemnité;

Même arrêt.

80. Il en est de même alors qu'une allocation supplémentaire étant demandée dans le cas où l'expropriant ne maintiendrait pas un passage, il résulte des conclusions prises par l'expropriant que le passage doit être supprimé ; par suite, il n'y a plus lieu qu'à une indemnité unique pour réparation du dommage résultant de conditions définitivement fixées ;

Cass. rej. 3 juill. 1865. D. 65, 5, 179. *Bourqueney c. ville de Vesoul.* M. Mercier, rapp.

81. Ou quand un contrat judiciaire s'est formé entre les parties, par exemple, pour la confection de certains travaux que l'expropriant s'est engagé à faire.

Cass. rej. 25 avril 1866. *Bull. civ.*, 66, p. 120. *Groult c. préfet de l'Orne.* M. Delapalme, rapp.

82. L'indemnité alternative doit encore être refusée quand l'objet pour lequel on la demande est en dehors des termes du jugement d'expropriation, par exemple, quand elle est demandée pour une impasse et que le jugement d'expropriation, qui n'a pas été attaqué, ne parle que d'une surface déterminée, consistant en maison, cour, atelier et magasin.

Cass. rej. 15 mars 1870. D. 70, 1, 176. *Dhal c. ville de Turcoing.* M. Merville, rapp.

83. Mais, lorsqu'il y a réellement contestation sur le fond du droit et que, par des conclusions formelles, le jury a été mis en demeure de régler l'indemnité en vue de cette contestation, une indemnité doit être allouée de telle sorte que, quelle que soit la solution adoptée sur la contestation par les juges compétents, l'indemnité se trouve définitivement réglée.

Cass. rej. 20 mai 1879. D. 79, 1, 349 ; S. 79, 1, 382 ; P. 79, 940. *Chemin de fer de l'Ouest c. cne de Plendchen.* M. Sallé. rapp.

Et les numéros *infrà.*

84. Et il en est ainsi, quelle que soit la valeur juridique des prétentions soulevées sur le fond du droit, prétentions dans l'examen desquelles le jury n'a point le droit d'entrer.

Même arrêt.

85. Et le jury ne pourrait échapper à cette obligation en allouant, sur l'offre de l'expropriant, la somme de 1 franc pour la partie de l'indemnité contestée, lorsqu'il est évident que l'indemnité non sérieuse, en présence des explications échangées, n'avait d'autre but, de la part du jury, que de s'attribuer une juridiction qui lui était refusée par la loi.

Cass. 23 avril 1855. D. 55, 1, 132 ; S. 55, 1, 604 ; P. 55, 1, 437. *Colliau-Carment c. ville de Paris.* M. Glandaz, rapp.
— 27 janv. 1863. D. 63, 1, 132 ; S. 63, 1, 319 ; P. 63, 886. *Chave et Lan c. ville de Marseille.* M. Glandaz, rapp.

86. Serait nulle la décision du jury qui, en présence d'une contestation sur le fond du droit, se bornerait à réserver les droits qui seraient ultérieurement reconnus à l'exproprié et n'allouerait, par suite, qu'une indemnité unique.

Cass. 17 déc. 1845. D. 46, 1, 30 ; S. 46, 1, 165 ; P. 46, 1, 35. *Godefroy et autres c. l'Etat.* M. Renouard, rapp.

87. Ainsi, le jury doit fixer une indemnité pour le cas où le droit du réclamant viendrait à être consacré :

lorsque l'expropriant conteste au réclamant sa qualité d'ayant droit à une indemnité ;

Cass. 9 juill. 1839. D. 39, 1, 280 ; S. 39, 1, 801 ; P. 46, 2, 654. *Jacob c. ville d'Orléans.* M. Quéquet, rapp.

— 3 janv. 1883. *Bull. civ.*, 83, p. 4. *Ronfard c. c^ne de Souvigny.* M. de Lagrevol, rapp.

88. lorsque l'expropriant, soutient qu'une commission d'hospices, qui réclame l'acquisition intégrale, n'a pas été autorisée à faire cette réquisition et conséquemment, n'a pas qualité ; cette contestation, qui met en question la capacité de la partie requérante, touche au fond même du droit et constitue ainsi un litige que ni le magistrat-directeur ni le jury n'ont le pouvoir de trancher.

Cass. rej. 23 juin 1883. S. 84, 1, 132. *Hospices de Sainte-Menehould c. chemin de fer de l'Est.* M. Alméras-Latour, rapp.

89. De même, lorsque la femme, séparée de biens, soutient que l'indemnité pour l'expropriation du bail des lieux occupés par elle doit lui être personnellement attribuée, le jury ne pourrait attribuer cette indemnité au mari seul.

Cass. 10 avril 1867 ; S. 67, 1, 261 ; P. 67, 656. *Descamps c. ville de Paris.* M. de Vaulx, rapp.

90. Quand l'expropriant se prévaut d'une convention d'après laquelle l'exproprié aurait renoncé à toute indemnité pour une certaine portion de son terrain et que cette convention est déniée, il y a lieu de fixer une indemnité alternative pour le cas où la convention serait reconnue et pour celui où elle serait écartée.

Cass. 23 nov. 1870. D. 70, 1, 392 ; S. 71, 1, 82 ; P. 71, 214. *Delamarre c. c^ne de Roucherolles.* M. Aucher, rapp.

De même en est-il :

91. lorsque l'état expropriant se prétend lui-même propriétaire, d'une partie des terrains expropriés ;

Cass, 21 août 1838. D. 38, 1, 366 ; S. 38, 1, 787 ; P. 38, 2, 203. *Sous-préfet de Toulon c. Saurin.* M. Quéquet, rapp.

— 5 mars 1844. D. 44, 1, 177 ; S. 44, 1, 383 ; P. 44, 1, 716. *Bruneau e. préfet du Rhône.* M. Hello, rapp.

92. lorsqu'il y a contestation entre deux ayant droit soutenant, chacun de leur côté, être propriétaire, et l'autre seulement usager ;

Cass. 21 août 1844. D. 44, 1, 389 ; S. 45, 1, 41 ; P. 45, 1, 132. *Préfet de la Meurthe c. c^ne d'Einville.* M. Renouard, rapp.

93. lorsque l'une des parties demande l'allocation d'une indemnité collective sur laquelle pourraient être exercés les droits du nu propriétaire et de l'usufruitier, et que l'autre partie demande l'allocation de deux indemnités distinctes, une pour le terrain exproprié, l'autre pour un droit de servitude ;

Cass. 16 janv. 1883. *Bull. civ.*, 83, p. 22. *De Noblet c. c^ne de la Clayette.* M. Manau, rapp.

94. quand est posée au jury la double hypothèse du maintien ou de la résiliation des baux ;

Cass. 20 déc. 1882. D. 84, 1, 136. *Lavarde c. préfet du Calvados.* M. Legendre, rapp.

95. lorsque l'exproprié se prétend, en vertu de son bail, locataire à long terme, et que l'expropriant, qui soutient que le bail ne dépasse pas une année, a pris des conclusions tendant à ce que le jury fixe une indemnité alternative correspondant aux prétentions respectives des parties ; il y a litige sur le titre même invoqué et conséquemment, sur le fond du droit ; par suite l'ordonnance du magistrat-directeur repoussant la demande d'indemnité alternative et la décision du jury fixant une indemnité unique doivent être anulées comme violant la loi;

Cass. 7 juin 1880. S. 80, 1, 320. P. 80, 757. *Chemin de fer de Lyon c. ville de Thonon.* M. Sallé, rapp.

96. quand un ayant droit est appelé devant le jury simplement pour l'allocation d'une indemnité portant sur la suppression d'une servitude, et qu'il se prétend propriétaire de l'immeuble lui-même;

Cass. 6 déc. 1842. D. 43, 1, 33; S. 43, 1, 66; P. 42, 2, 749. *Vassier c. ville de Besançon.* M. Miller, rapp.
— 23 juin 1863. D. 66, 5, 195; S. 63, 1, 549; P. 64, 402. *Syndicat De La Marre c. Waugel-Bret.* M. Le Roux de Bretagne, rapp.

97. quand une difficulté s'élève sur le point de savoir si telle partie de l'immeuble, fait ou non partie de l'expropriation; par exemple, s'agissant d'une maison, si elle est atteinte par l'expropriation en totalité ou partiellement;

Cass. 17 avril 1872. D. 72, 5, 229; S. 72, 1, 240; P. 72, 879. *Triaire-Brun c. chemin de fer de Lyon.* M. Rieff, rapp.

98. lorsqu'il y a contestation entre le propriétaire et l'emphytéote sur le point de savoir si ce dernier doit être assimilé à l'usufruitier;

Cass. 19 juill. 1843. D. 44, 1, 47; S. 43, 1, 732; P. 43, 2, 295. *Hospice de Roubaix.* M. Gillon, rapp.

99. ou contestation, en matière d'alignement, sur le point de savoir si l'indemnité doit être calculée seulement sur la valeur du terrain délaissé, ou tenir compte, en outre, de la dépréciation du surplus de la propriété;

Cass. 10 juill. 1877. S. 77, 1, 377; 77, 948. *Préfet de la Nièvre c. Brunot.* M. Gastambide, rapp.

100. ou, s'agissant de parcelles en nature de chemin, s'il y a lieu à indemnité pour quatorze parcelles comme le prétend la commune propriétaire ou pour une seule parcelle, comme le prétend l'expropriant;

Cass. 13 avril 1869. D. 69, 1, 345. *Chemin de fer d'Orléans c. cne de Saint-Bonnet.* M. Renouard, rapp.

101. lorsqu'en l'état du débat, n'est pas fixée la question de savoir si un passage à niveau sera ou non établi par l'expropriant sur le terrain exproprié;

Cass. rej. 18 juin 1861. D. 61, 1, 288; S. 61, 1, 887; P. 62, 431. *Ourgaud c. chemin de fer du Midi.* M. Gaultier, rapp.

102. ou si des rampes d'accès seront établies du chemin ouvert sur la partie expropriée à la portion restante de la propriété;

Cass. 11 déc. 1843. D. 44, 1, 65; P. 44, 1, 351. *Dupontavice c. cne du Châtellier.* M. Fabvier, rapp.

103. ou si la partie restante de l'immeuble exproprié se trouvera être contiguë ou non à une voie publique et, par suite, aura ou n'aura pas un accès commode ou facile;

Cass. rej. 19 juill. 1856. D. 56, 1, 293; P. 56, 2, 378. *Chemin de fer de Saint-Rambert c. d'Avancourt.* M. Lavielle, rapp.

104. si le passage des eaux de la partie restante à la partie expropriée ou réciproquement sera assuré par un acqueduc;

Cass. rej. 27 mars 1843. D. 43, 1, 217; S. 43, 1, 343; P. 43, 289. *Cluze c. préfet de Vaucluse.* M. Barennes, rapp.

105. quand, sur l'offre de l'expropriant, d'établir un passage pour éviter l'enclave, l'exproprié a demandé, en outre de l'indemnité représentant la valeur de l'immeuble, une indemnité alternative pour le cas où le passage serait on non établi dans des conditions déterminées ;

Cass. 8 avril 1879. S. 80, 1, 470 ; D. 79, 1, 207 ; P. 80. 1170. *Burdelot c. chemin de fer de l'Ouest.* M. Guérin. rapp.

106. lorsqu'est contesté le droit de l'Etat à une indemnité pour la partie du sol dont il est propriétaire et qui, utilisée pour la construction d'un chemin de fer, doit lui revenir gratuitement à la fin de la concession ;

Cass. rej. 8 mai 1865. D. 65, 1, 293 ; S. 65, 1, 273 ; P. 65, 650. *Chemin de fer de Lyon c. préfet du Rhône.* M. Mercier, rapp.

107. quand il y a contestation sur la contenance que l'une ou l'autre partie soutient avoir été indiquée d'une façon erronée par le jugement d'expropriation ;

Cass. 16 août 1858. D. 58, 1, 327 ; P. 60, 58. *Signoret c. ville de Marseille.* M. Lavielle, rapp.
— 22 mai 1865. *Bull. civ.,* 45, p. 160. *Guérin-Marais c. ville de Cholet.* M. Quénault, rapp.
— 13 déc. 1865. D. 66, 1, 207. *Duplessis-Ollivaut c. ville de Toulon.* M. Renouard, rapp.
— 25 avril 1866, *Bull. civ.,* 66, p. 120. *Groult c. préfet de l'Orne.* M. Delapalme, rapp.
— 2 janv. 1867. *Bull. civ.* 67, p. 3. *Polo c. chemin de fer d'Orléans.* M. Glandaz, rapp.

108. quand, en outre de la valeur de l'immeuble, l'exproprié réclame une indemnité particulière pour frais et dommage causés par le déplacement, et que ce chef de demande est contesté ;

Cass. 27 juin 1854. D. 54, 1, 343 ; S. 54, 1, 398 ; P. 54, 2, 12. *Ville de Pamiers c. Passeron.* M. Alcock, rapp.

109. quand l'exproprié a soutenu devant le jury que l'indemnité devait être fixée uniquement

à raison de la valeur de la parcelle de la propriété expropriée pour l'élargissement d'une rue et du préjudice résultant directement de l'expropriation de cette parcelle, et que, quant au dommage causé à la partie non expropriée de l'immeuble soit par le nivellement de la rue, soit par la suppression de sa partie basse, il a conclu à l'incompétence du jury pour déterminer l'indemnité qui pourra lui être due à raison de l'exécution ultérieure des travaux ; dans ces conditions, le jury doit prévoir les deux éventualités et fixer deux indemnités.

Cass. 3 août 1871. D. 71, 1, 203. *Léger c. ville d'Angers.* M. Greffier, rapp.

110. lorsque le propriétaire d'une maison contiguë à des parcelles de terrain touchant à l'alignement d'une rue projetée, et non susceptible de recevoir des constructions salubres, déclare, pour échapper à l'expropriation de sa maison qu'on voudrait réunir à ces parcelles, son intention de les acquérir lui-même, si l'administration lui conteste ce droit comme tardivement exercé ;

Cass. 20 mars 1855. D. 55, 1, 169 ; S. 55, 1. 538 ; P. 55, 1, 391. *Trogny c. ville de Lyon.* M. Gillon. rapp.

111. lorsque le litige sur le fond du droit porte sur plusieurs chefs distincts et que la décision à intervenir peut ne pas être la même sur chaque chef.

Cass. 20 mai 1879 ; S. 79, 1, 382.; *Bull. civ.,* 79, 197. *Chemin de fer de l'Ouest c. c^ne de Plendchen.* M. Sallé, rapp.

112. Il y a lieu à indemnités alternatives, quand l'exproprié soutient que les parcelles de terrains expropriées sur lui sont absolument distinctes et. tout à fait indépendantes de son usine et que, par conséquent, elles se trouvent en dehors des conditions dans lesquelles l'article 51 de la loi du 3 mai 1841 ordonne de prendre en considération la plus-value immédiate et spéciale du restant de la propriété, et quand, par suite, il demande que le jury soit appelé à statuer dans la double hypothèse de la supputation et de l'omission de la plus-value.

Cass. 19 déc. 1881. S. 82, 1, 180; P. 82, 413. *Bordet c. chemin de fer de l'Ouest.* M. Baudoin rapp.

113. Est nulle la décision du jury :

Qui se borne à allouer une somme unique pour un moulin, *la prise d'eau comprise*, alors qu'il y avait contestation entre les parties sur la question de savoir si la prise d'eau était comprise dans l'expropriation ;

Cass. 23 mai 1882. *Bull. civ.*, 82, p. 207. *Pothin c. ville de Saint-Étienne.* M. Blondel, rapp.

114. Qui, ayant à résoudre deux questions alternatives, accorde une indemnité pour la première hypothèse, et déclare la seconde en dehors de l'expropriation, en statuant ainsi sur le fond du droit.

Cass. 20 déc. 1882. *Bull. civ.*, 82, p. 417; D. 84, 1, 136. *Gost c. préfet du Calvados.* M. Legendre, rapp.

115. Constitue un litige sur le fond du droit, entraînant l'allocation d'une indemnité éventuelle, la question de savoir si le jugement d'expropriation a eu pour effet de faire acquérir par l'expropriant, en outre de la propriété du terrain exproprié, un droit de servitude sur la partie non expropriée.

Cass. 27 août 1888. S. 83, 1, 477;

P. 83, 1183. *Ville de Paris c. Bro de Commère.* M. Rohault de Fleury, rapp.

116. Il y a lieu à indemnité éventuelle, quand l'usufruitier, réclamant une indemnité à raison de son usufruit, l'expropriant soutient qu'il est déchu pour n'avoir pas fait sa réclamation dans les délais de l'article 21.

Cass. 2 mai 1882. S. 83, 1, 86; P. 83, 176. *Bull. civ.*, 82, p. 172. *Préfet du Gers c. Carles.* M. Greffier, rapp.

117. Lorsque, par suite des conclusions respectives des parties, une question d'indemnité éventuelle a été posée au jury par le magistrat-directeur et que les parties n'ont fait aucune objection à la question posée, le demandeur en cassation ne peut reprocher à la décision qui a alloué l'indemnité éventuelle d'avoir violé l'article 21.

Même arrêt.

118. Il en est de même lorsqu'un accord s'est fait entre les parties pour qu'une question d'indemnité éventuelle fût posée relativement à la récolte pendant que l'usufruitier prétend lui appartenir exclusivement, et pour que l'exception de déchéance résultant de la tardiveté de la réclamation ne s'appliquât pas à la demande concernant la récolte.

Même arrêt.

119. Lorsque l'obligation pour l'État d'établir un passage à niveau au profit de l'exproprié résulte du jugement d'expropriation, la décision du jury vide tout le débat en fixant deux indemnités alternatives, l'une pour le cas où l'état établirait un gardien, l'autre pour le cas où il laisserait ledit passage sans gardien.

Cass. rej. 4 janv. 1882. *Bull. civ.*,

82, p. 2. *De Nays c. préfet des Basses-Pyrénées.* M. De Lagrévol, rapp.

120. Quelle que soit la valeur des prétentions soulevées sur le fond du droit, dès lors qu'elles ont fait l'objet de conclusions formelles, elles constituent un litige qui nécessite l'allocation par le jury d'une indemnité éventuelle.

Cass. rej. 20 mai 1879. D. 79, 1, 349; S. 79, 1, 382; P. 79, 940. *Chemin de fer de l'Ouest c. c^{ne} de Plendchen.* M. Sallé, rapp.

121. L'obligation d'allouer des indemnités alternatives n'entraîne pas, pour le jury, l'obligation d'allouer des indemnités différentes; il peut allouer la même somme pour les deux hypothèses, s'il trouve le préjudice égal.

Cass. rej. 16 août 1865. D. 65, 5, 177. *Ville de Paris c. Maigre.* M. Gastambide, rapp.

122. Mais alors, il faut qu'il résulte clairement des termes de la décision que les deux hypothèses ont été visées et qu'on a réellement voulu leur attribuer la même indemnité.

Cass. 17 avril 1867. *Bull. civ.*, 67, p. 134. *Préfet de la Haute-Savoie c. Moyet.* M. Delapalme, rapp.

123. L'exproprié, d'après l'article 50, a le droit, dans de certaines conditions déterminées, de requérir l'acquisition intégrale de sa propriété; la question de savoir si ces conditions existent est de la compétence des tribunaux ordinaires, non de la compétence du jury qui doit fixer deux indemnités, l'une en vue de l'expropriation partielle, l'autre en vue de l'expropriation totale.

Cass. 21 août 1838. D. 38, 1, 366; S. 38, 1, 878; P. 47, 1, 215. *Charrière c. préfet de la Sarthe.* M. Quéquet, rapp.

— 25 mars 1839. D. 39, 1, 140; S. 39, 1, 323. P. 42, 2, 748. *Viel c. chemin de fer de Versailles.* M. Quéquet, rapp.

— 22 mars 1847. D. 47, 4, 248; S. 47, 1, 304; P. 47, 1, 482. *Chauseys-Laprade c. préfet de la Haute-Vienne.* M. Renouard, rapp.

— 25 août 1856. D. 56, 1, 333; S. 57, 1, 141; P. 58, 950. *Lentemann c. ville de Grenoble.* M. Renouard, rapp.

— 1er juill. 1863. D. 63, 1, 320; S. 63, 1, 548; P. 64, 196. *Lecœur c. ville de Paris.* M. Renouard, rapp.

— 8 nov. 1865. D. 65, 1, 181; S. 66, 1, 221; P. 66, 557. *Lemoine c. préfet du Calvados.* M. Quénault, rapp.

124. Si la qualité de fermier ou de locataire est déniée, le jury doit fixer une indemnité éventuelle pour le cas où cette qualité serait reconnue par les juges compétents.

Cass. 1er mars 1843. D. 43, 1, 161; S. 43, 1, 315; P. 43, 1, 510. *Labbé c. préfet de la Seine.* M. Renouard, rapp.

— 28 janv. 1857. D. 57, 1, 48; S. 57, 1, 300; P. 57, 665. *Ville de Paris c. Rémond.* M. Pascalis, rapp.

— 23 mars 1868. D. 68, 1, 221; S. 58, 1, 227; P. 58, 539; *Cothias c. préfet de l'Yonne.* M. Rieff, rapp.

125. Si elle n'est déniée que pour partie, le jury doit fixer une indemnité alternative.

Cass. arrêt précité du 28 janv. 1857.

126. Le jury, qui n'est juge de la sincérité des titres (art. 48) qu'en ce qui touche la quotité ou le montant de l'indemnité, ne saurait en être juge en ce qui touche le fond du droit à l'indemnité et, par suite, trancher une contestation élevée sur la qualité même du réclamant.

Mêmes arrêts.

127. Le jury devra procéder de même c'est-à-dire, fixer une indemnité alternative, si la contestation, au lieu de porter sur la qualité de locataire, porte sur la validité d'un bail écrit;

Cass. 1er mars 1848. D. 48, 1, 161; S. 43, 1, 815; P. 43, 1, 510. *Labbé c. préfet de la Seine.* M. Renouard, rapp.

— 14 avril 1857. D. 57, 1, 167; S. 57, 1, 859; P. 58, 487. *Ville de Paris c. Benda.* M. Renouard, rapp.

— 28 juin 1864. D. 65, 5, 180. *Rangot c. ville de Paris.* M. Fauconneau-Dufresne, rapp.

— 28 mai 1884. *Préfet du Puy-de-Dôme c. Gomez.* M. Michaux-Bellaire, rapp.

128. Ou sur la durée du bail.

Cass. 16 août 1858. D. 58, 1, 327; P. 58, 1081. *Signoret c. ville de Marseille.* M. Lavielle, rapp.

— 23 mars 1868. D. 68, 1, 221; S. 68, 1, 227; P. 68, 539. *Cothias c. préfet de l'Yonne.* M. Rieff, rapp.

— Arrêt précité du 28 mai 1884.

129. Et peu importerait la forme sous laquelle se serait produite la contestation sur l'existence ou la durée du bail; le jury serait suffisament averti, par exemple, dès lors que l'exproprié se prévaudrait d'une instance en nullité de congé, pour demander l'allocation d'une indemnité alternative.

Cass. 16 août 1852. D. 52, 1, 295; S. 53, 1, 16; P. 53, 2, 380. *Poix-Vandelle c. ville de Paris.* M. Moreau de la Meurthe, rapp.

130. Une indemnité alternative doit être allouée au cas de contestation entre l'expropriant et le locataire sur le point de savoir si celui-ci est compris dans l'expropriation et a droit de provoquer, en vertu de l'article 55 de la loi du 3 mai 1841, une indemnité d'éviction, faute par l'expropriant de l'avoir fait dans un délai de six mois.

Cass. rej. 2 août 1865. D. 65, 1, 258; S. 65, 1, 458; P. 65, 1194. *Préfet de la Seine c. Astorgue.* M. Pont, rapp.

131. De même, dans le cas où le locataire élève la prétention de garder le surplus des lieux loués.

Cass. 5 fév. 1840. D. 40, 1, 127; S. 40, 1, 162; P. 40, 1, 307. *Charnay c. ville de Paris.* M. Quéquet, rapp.

132. Il y a encore lieu à indemnité alternative dans le cas où l'exproprié est en contestation avec un tiers qui revendique, soit une partie de l'immeuble, soit l'exercice d'un droit de servitude sur le fonds atteint par l'expropriation.

Cass. 21 août 1838. D. 38, 1, 366; S. 38, 1, 878; P. 47, 1, 215. *Charrière c. préfet de la Sarthe,* M. Quéquet, rapp.

— 22 avril 1856. D. 56, 1, 158; S. 56, 1, 831; P. 56, 1, 497. *Maisons c. Société des Eaux-deMaisons.* M. Moreau de la Meurthe, rapp.

133. Il n'en serait pas ainsi au cas où ce serait l'expropriant lui-même qui revendiquerait la propriété d'une partie des terrains, celui-ci étant sans droit et sans qualité pour revendiquer devant le jury la propriété de tout ou partie des terrains dont l'expropriation avait été prononcée, précédemment, à sa requête, contre l'exproprié. Dans ce cas il n'y a pas lieu à indemnité alternative.

Cass. 19 nov. 1866. *Bull. civ.,* 66, p. 261. *Granier de Cassagnac c. Rosapelly.* M. Aylies, rapp.

134. Les contestations sur le fond du droit et dont la solution devra réagir sur le règlement de l'indemnité peuvent être portées devant les tribunaux compétents avant toute procédure engagée devant le jury.

Cass. rej. 17 juin 1867. D. 67, 1, 251; S. 70, 1, 369; P. 70, 965. *Oudard c. ville de Paris.* M. Nachet, rapp.

135. Mais elles ne peuvent retarder le règlement de l'indemnité par le jury, et le magistrat-directeur qui, en présence du litige déjà porté devant les tribunaux compétents, refuserait de procéder à la constitution du jury et renverrait l'exproprié à se pourvoir comme il l'entendrait après que ces tribunaux auront rendu leur décision, violerait les articles 39 et 49 de la loi du 3 mai 1841.

Cass. 11 nov. 1857. *Bull. civ.*. 57, p. 186. *Flachon c. chemin de fer de Lyon.* M. Moreau de la Meurthe, rapp.

136. Le litige sur le fond du droit subsiste, dans le sens de l'article 39, malgré la décision intervenue en appel, s'il y a pourvoi en cassation.

Cass. 22 avril 1856. D. 56, 1, 158; S. 56, 1, 831; P. 56, 1, 497. *Cⁿᵉ de Maisons c. Cⁱᵉ des Eaux-de-Maisons.* M. Moreau de la Meurthe, rapp.

137. Il n'en est pas ainsi quand le pourvoi est dirigé contre le jugement d'expropriation; il y a lieu de régler l'indemnité dans les termes de ce jugement, et sans qu'il y ait lieu d'en prévoir l'annulation.

Cass. rej. 23 août 1854. D. 54, 1, 319; S. 55, 1, 143; P. 55, 1, 126. *Jacomet et Navet c. préfet de la Seine.* M. Renouard, rapp.

138. Lorsque le jury fixe une indemnité éventuelle, en vue du renvoi aux juges compétents d'un litige sur le fond du droit, il n'a pas à prononcer lui-même ce renvoi.

Cass. rej. 25 juill. 1855. D. 55, 1, 874; S. 55, 1, 841; P. 55, 2, 236. *Préfet des Basses-Alpes c. Frison.* M. Renouard, rapp.

139. Le magistrat-directeur, en ordonnant que la somme représentant l'indemnité éventuellement évaluée sera consignée, pour rester déposée jusqu'à ce que les parties se soient entendues ou que le litige soit vidé, satisfait suffisamment aux dispositions des articles 39 et 49 qui veulent, pour le maintien des compétences, que les litiges sur le fond du droit soient renvoyés devant les juges qui en doivent connaître.

Même arrêt.

140. Il suffit que le caractère d'indemnité éventuelle ou alternative ressorte des termes de la décision du jury sans que celui-ci soit dans l'obligation d'indiquer d'une façon expresse la nature de cette indemnité.

Cass. rej. 22 août 1855. D. 55, 1, 396; S. 56, 1, 174; P. 56, 2, 512. *Chemin de fer du Midi c. cⁿᵉ de Moissac.* M. Renouard, rapp.
— 10 févr. 1869. *Bull. civ.*, 69, p. 49. *Cayre c. chemin de fer de Lyon.* M. Pont, rapp.
— 12 janv. 1870. D. 70, 1, 427; S. 71, 1, 81; P. 71, 213. *Chesnel c. préfet de l'Orne.* M. de Vaulx, rapp.

141. Les tribunaux auxquels est renvoyé le litige sur le fond du droit et qui ont, par suite, à décider quelle indemnité appartiendra à l'exproprié, sont liés par la situation que se sont faites les parties devant le jury et par les termes de la décision.

Cass. rej. 24 août 1858. D. 58, 1, 364; S. 60, 1, 478; P. 60, 287. *Chemin de fer de Saint-Rambert c. Repellin et Roger.* M. Quénault. rapp.
— rej. 3 juill. 1872. D. 74, 1, 431. *L'Etat c. Verdalle.* M. Guillemard, rapp.

142. Ainsi, lorsque, devant le jury, la contestation se traduit par la dénégation de la qualité de locataire et par la prétention du réclamant à un bail d'une durée de quatre ans, que l'indemnité alternative s'établit en vue de ces deux hypothèses, est régulière la décision de l'autorité judiciaire qui alloue tout entière l'indemnité fixée en vue du droit à un bail de quatre ans, bien qu'elle n'ait reconnu à ce bail qu'une durée moindre.

Arrêt du 24 août 1858.

§ 4. — *Minimum et maximum d'indemnité imposés au jury.*

143. Le dernier paragraphe de l'article 39, qui n'existait pas dans la loi de 1833, a été ajouté par le législateur de 1841 pour prévenir les scandaleux abus qui s'étaient produits devant certains jurys dont les décisions avaient accordé des indemnités supérieures à celles demandées.

Delalleau et Jousselin, t. I, n° 609. — Daffry de la Monnoye, t. II, p. 231. — Arnaud, n° 480.

144. Les offres et les demandes dont parle le dernier paragraphe de l'article 39 sont celles fixées par le dernier état des conclusions prises par les parties devant le jury, pourvu qu'elles soient constatées par le procès-verbal, non celles qui ont été notifiées en vertu des articles 23 et 24.

Cass. rej. 7 août 1866. D. 66, 5, 502. *Préfet de Loir-et-Cher c. Cornier.* M. Glandaz, rapp. — 20 mars 1882. S. 83, 1, 87; P. 83, 177. *Caillol-Poncy c. ville de Marseille.* M. Monod, rapp. Delalleau et Jousselin, t. I, p. 551. — Daffry de la Monnoye, t. II. p. 234.

145. Ainsi, la décision est régulière, lorsque, des énonciations du procès-verbal, il résulte que la demande primitive a été modifiée; que, présentée d'abord sous la forme d'une somme d'argent inférieure à celle accordée par le jury et d'un abandon de matériaux, elle s'est en définitive traduite par une somme égale à celle qui a été allouée.

Cass. rej. 4 mars 1844. D. 44, 1, 185; S. 44, 1, 446; P. 44, 1. 687. *Préfet de l'Allier c. Henry.* M. Gillon, rapp.

146. L'offre primitive n'est pas d'ailleurs modifiée par cette déclaration d'un agent de l'administration, « que la prétention de l'exproprié à une indemnité supérieure peut être fondée, et qu'il n'y a pas lieu de s'opposer à ce qu'elle soit accueillie par le jury ».

Cass. rej. 2 fév. 1848. D. 48, 5, 186; S. 48, 1, 298; P. 48, 1, 718. *Party c. préfet des Bouches-du-Rhône.* M. Miller, rapp.

147. Ou par le seul effet d'une promesse de vente faite par l'exproprié à la commune expropriante et dans les conditions de laquelle le conseil municipal aurait autorisé le maire à traiter avec l'exproprié.

Cass. rej. 25 juill. 1855. D. 55, 1. 374; S. 55, 1, 841; P. 55, 2. 236. *Préfet des Basses-Alpes c. Frison.* M. Renouard, rapp.

148. Les offres auxquelles s'applique l'article 39 *in fine* sont les offres réellement faites, non celles mentionnées inexactement par suite d'une erreur matérielle qui peut être rectifiée par les autres documents de la cause et, notamment, par l'inspection du tableau des offres.

Cass. rej. 16 mai 1860. D. 60, 1, 410; P. 61, 1121. *Bottes c. préfet du Puy-de-Dôme.* M. Alcock, rapp. — 8 avril 1863. *Bull. civ.*, 63. p. 94. *Neyron c. ville de Saint-Étienne.* M. Aylies, rapp. — 6 avril 1864. *Bull. civ.*, 64 p. 99. *Veuve Pichon c. chemin de fer du Nord.* M. Sévin, rapp.

149. La disposition de l'article 39 ne s'applique pas aux contrats judiciaires intervenus entre les parties, et ensuite desquels aurait été soumise au jury la fixation d'indemnités concernant des portions d'immeubles non comprises dans l'expropriation, et qui, conséquemment, ne comportaient pas des offres faites par l'expropriant.

Cass. rej. 28 fév. 1866. *Bull. civ.*, 66, p. 58. *Bernady-Berge c. préfet des Pyrénées-Orientales.* M. Glandaz, rapp.

150. Ou aux contrats judiciaires qui auraient modifié les bases d'évaluation de l'indemnité, par exemple, qui auraient substitué l'indemnité à tant par pied d'arbre à l'indemnité d'une somme unique pour l'ensemble d'une plantation.

Cass. rej. 27 fév. 1860. D. 60, 1, 409; S. 61, 1, 384; P. 61, 689. *Bucaille c. ville du Havre.* M. Renouard, rapp.

151. Ou au contrat judiciaire par suite duquel la partie expropriée aurait abandonné à la partie expropriante une certaine portion de terrain non comprise dans l'expropriation, les parties, relativement à la portion inscrite au jugement, maintenant respectivement leur offres et leur demande d'indemnité.

Cass. rej. 5 mars 1872. D. 73, 1, 63. S. 73, 1, 176; P. 73, 406. *Cne de Vaux-Renard c. Burgaud.* M. Merville, rapp.

152. Est nulle la décision du jury qui n'accorde qu'une indemnité inférieure aux offres de l'expropriant.

Cass. 26 nov. 1845. D. 45, 4, 261; P. 46, 2, 437. *Abreuveux c. préfet de la Haute-Marne.* M. Hello, rapp.
— 15 avril 1857. D. 57, 1, 159; P. 59, 54. *Bouriat c. cne de Triel.* M. Delapalme, rapp.
— 9 janv. 1860. D. 60, 1, 32; P. 61, 1120. *Malès c. préfet de la Corrèze.* M. Pascalis, rapp.
— 30 mars 1863. D. 63, 1, 134; S. 63, 960; P. 63, 960. *Missland c. chemin de fer de l'Est.* M. Le Roux de Bretagne, rapp.
— 4 mars 1868. D. 68, 1, 206; S. 68, 1, 413; P. 68. 1102. *Devaux c. préfet de la Charente.* M. Quénault, rapp.
— 4 mai 1881. S. 81, 1, 273; P. 81, 646. *Bertheau c. préfet de l'Yonne.* M. Sallé, rapp.
— 16 janv. 1883. *Bull. civ.*, 83, p.

19. *Denoyelle c. ville de Roanne.* M. Blondel, rapp.
— 16 juill. 1884. *Combes c. cne de Ségur.* M. Rohault de Fleury, rapp.

Ainsi :

153. Est nulle la décision qui, après que l'offre d'une indemnité pour une portion de terrain soumise à l'expropriation a été acceptée et que le propriétaire a requis l'acquisition totale, se borne à allouer pour le tout la somme acceptée seulement pour l'expropriation partielle ;

Arrêt du 26 nov. 1845.

154. la décision qui alloue pour deux parcelles deux indemnités dont le total est inférieur à la somme unique offerte par l'expropriant pour les deux parcelles ;

Cass. 4 mai 1881. S. 81, 1, 273 ; P. 81, 646. *Bertheau c. préfet de l'Yonne* M. Sallé, rapp.

155. la décision qui, défalquant du chiffre des offres la plus-value résultant des travaux, pour la portion de l'immeuble non expropriée, s'en autorise pour allouer une indemnité inférieure à ces offres ;

Cass. 26 janv. 1857. D. 57, 1, 44 ; S. 58, 1, 624; P. 58, 648. *De Giroude c. préfet de Lot-et-Garonne.* M. Lavielle, rapp.

156. la décision qui alloue au propriétaire une indemnité inférieure à l'offre faite par l'administration, quand rien n'indique que cette offre comprît autre chose que l'indemnité due au propriétaire, qu'elle comprît, par exemple, l'indemnité due au fermier ;

Arrêt précité du 9 janvier 1860.

157. Mais l'exproprié est seul recevable à demander la nullité de cette décision.

Cass. rej. 17 juin 1846. D. 51, 5, 242; S. 46, 1, 580; P. 46, 2, 92. *Préfet des Bouches-du-Rhône c. Brest*. M. Renouard, rapp.

158. De même, est nulle la décision qui accorde une indemnité supérieure à la demande.

Cass. 21 juill. 1857. D. 57, 1, 305. *Galtier c. c[ie] de la rue Impériale à Lyon*. M. Alcock, rapp.
— 17 nov. 1873. D. 74, 1, 8. *C[ne] d'Aiton c. Pillet et autres*. M. Casenave, rapp.
— 24 mars 1880. *Bull. civ.*, 80, p. 108. *Préfet de la Lozère c. Meissonnier*. M. Guérin, rapp.
— 20 juill. 1881. *Bull. civ.*, 81, p. 267. *Préfet de l'Ariège c. Sans*. M. Sallé, rapp.

159. Ainsi en est-il de la décision qui, tout en allouant à l'exproprié la somme réclamée par lui à titre d'indemnité, prescrit en outre des travaux et adjuge des matériaux.

Cass. 2 juin 1845. D. 45, 1, 295; S. 45, 1, 493; P. 45, 2, 72. *C[ne] du Mas c. Lacoste*. M. Gillon, rapp.

160. Et de la décision qui, pour le seul fait de l'expropriation, accorde une indemnité égale à celle demandée pour l'expropriation et des dommages qui en étaient la conséquence directe et nécessaire, tout en réservant l'action de l'exproprié pour toute autre cause de dommage.

Cass. 8 fév. 1865. D. 66, 5, 200; *Bull. civ.*, 65, p. 53. *Ville de Paris c. Maigre*. M. Glandaz, rapp.

161. Ou quand, sur une demande d'indemnité de 9 francs par mètre carré, plus la construction, aux frais de l'expropriant, d'un mur de deux mètres de hauteur, le jury à alloué purement et simplement 13 fr. 50 centimes par mètre.

Cass. 15 juill. 1844. D. 44, 1, 308; S. 44, 1, 607; P. 44, 2, 358. *Mines de Montrambert c. Liogier*. M. Gillon, rapp.

162. Il suffit d'ailleurs, pour que la décision soit viciée de nullité, qu'elle soit conçue dans des termes qui ne permettent pas de reconnaître si l'indemnité allouée n'est pas supérieure à la demande.

Cass. 21 mai 1860. D. 60, 1, 251; S. 60, 1, 918. *C[ne] de Marchampt c. Durand*. M. Delapalme, rapp.

163. Par suite, est nulle l'indemnité d'une somme fixe, quand la demande est d'une indemnité à tant par mètre, et que la contenance est incertaine au moment où le jury rend sa décision.

Même arrêt.

164. Bien que l'expropriant ait divisé ses offres en plusieurs chefs distincts, si l'expropriant n'a demandé qu'une indemnité unique, cette indemnité pourra être accordée, et il suffira qu'elle ne soit pas inférieure à la somme des offres pour que la décision soit régulière.

Cass. rej. 28 mai 1877. D. 77, 1, 470; S. 77, 1, 432; P. 77, 1122. *Boulland c. préfet de l'Hérault*. M. Merville, rapp.

165. Il en est de même, si, une offre unique ayant été faite, l'exproprié a simplement demandé au jury de diviser sa réponse et, que le jury a, par suite, indiqué un chiffre spécialement attribué à la dépréciation industrielle.

Cass. rej. 15 mars 1870. D. 70, 1, 176. *Dhal c. ville de Turcoing*. M. Merville rapp.

166. Mais, au contraire, si l'expropriant et l'exproprié ont divisé en chefs distincts les offres et les demandes, le chiffre de l'indemnité devra être apprécié relativement à chacun des chefs, et la décision sera nulle si, sur l'un des chefs, l'indemnité se trouve être inférieure à l'offre.

Cass. 23 avril 1877. S. 77, 1, 320 ;
P. 77, 806. *Laumonier Carriol c. l'Etat.*
M. Greffier, rapp.

167. Et la décision est nulle
pour le tout, s'il existe un lien de
connexité entre les différents
chefs.

Même arrêt.

168. Doit être cassée pour violation de l'article 39 § 5 de la loi
du 3 mai 1841, la décision d'un
jury d'expropriation qui, par suite
d'une erreur consistant dans la
transposition des chiffres d'indemnité applicables à diverses
décisions, a alloué à l'exproprié
une indemnité supérieure au
chiffre de la demande.

Cass. 20 juill. 1881. *Bull. civ.*, 81,
p. 267. *Préfet de l'Ariège c. Sans.*
M. Sallé, rapp.

169. C'est à l'administration à
prouver que l'indemnité est supérieure à la demande, lorsque le
chiffre de cette demande n'est
pas mentionné au procès-verbal.

Cass. rej. 28 août 1848. D. 48, 5,
187. *Préfet du Morbihan c. Bouin.*
M. Gaultier, rapp.
— 23 déc. 1863. D. 64, 5, 149. *Chemin de fer d'Orléans c. Monclar.* M. Renouard, rapp.

170. Lorsque le chiffre de la
demande n'est pas mentionné au
procès-verbal, mais qu'il résulte
des énonciations inscrites dans
cette pièce qu'une demande déterminée d'indemnité a été formulée
et que, d'un autre côté, l'ordonnance du magistrat-directeur ex-
plique que l'indemnité dépasse de
beaucoup les offres et est, à peu
de chose près, égale à la demande,
la décision du jury est à l'abri de
la cassation.

Cass. rej. 16 août 1854. D. 54, 1,
343 ; S. 55, 1, 141 ; P. 55, 1, 485. *Préfet du Jura c. Jouhard.* M. Pascalis,
rapp.

171. Au cas où l'exproprié,
tout en contestant les offres, n'a
pas, sur la notification de ces
offres, ou devant le jury, précisé
sa demande par l'indication d'un
chiffre déterminé, le jury ne peut
allouer une somme supérieure aux
offres.

Cass. 23 fév. 1842. D. 42, 1, 86 ; S.
42, 1, 263 ; P. 42, 1, 308. *Préfet de l'A-
veyron c. Albin.* M. Renouard, rapp.
— 2 janv. 1849. D. 49, 1, 74 ; S. 49,
1, 216 ; P. 49, 1, 392. *Préfet du Cantal
c. Dessieux.* M. Renouard, rapp.
— 2 déc. 1851. D. 52, 1, 9 ; S. 52, 1,
462 ; P. 52, 2, 704. *Préfet des Basses-
Alpes c. Martel.* M. Renouard, rapp.
— 22 août 1853. D. 53, 1, 284 ; S. 54,
1, 48 ; P. 55, 1, 33. *Chemin de fer de
Lyon c. c^ne de Sevrey.* M. Delapalme,
rapp.
— 31 juill. 1854. D. 54, 1, 352 ; S.
55, 1, 140 ; P. 55, 1, 530. *Préfet de la
Gironde c. Chaperon.* M. Gillon, rapp.
— 15 mai 1866. D. 66, 5, 201 ; S.
66, 1, 447 ; P. 66, 1204. *Chemin de fer
de Lyon c. Jullian.* M. Lamy, rapp.
— 7 août 1866. D. 66, 5, 202. *Préfet de Loir-et-Cher c. Cormier.* M. Glandaz, rapp.
— 4 fév. 1874. D. 74, 1, 248 ; S. 74,
1, 222 ; P. 74, 547. *C^ne de Mirabeau c.
Plan.* M. Merville, rapp.
— 19 juin 1882. S. 83, 1, 133. *C^ne de
Chatou c. Suzanne.* M. de Lagrévol,
rapp.
— 20 juin 1882. *Bull. civ.*, 82, p.
244. *C^ne de Chatou c. Daublin.* M. de
Lagrévol, rapp.
— 27 fév. 1883. D. 83, 1, 478 : S.
84, 1, 86. *Bull. civ.*, 83, p. 81, *C^ne de
Chatou c. Ballagny.* M. de Lagrévol,
rapp.

172. Réciproquement, à défaut
d'offres, de la part de l'expropriant, l'indemnité ne peut être
inférieure à la demande.

Cass. 2 mai 1859. D. 59, 1, 208 ; P.
59, 1013. *L'écuyer c. chemin de fer de
Lyon.* M. Renouard, rapp.

173. Par suite, l'expropriant
qui dénie au réclamant tout droit
à indemnité, doit, pour le cas où
la prétention de l'exproprié serait
admise, faire une offre qui aura
un caractère éventuel et qui per-

mettra au jury de se mouvoir entre la somme offerte et la somme demandée.

Même arrêt.

Contrà : Cass. 1er mars 1843. D. 43, 1, 161 ; S. 43, 1, 315 ; P. 43, 1, 510. *Labbé c. préfet de la Seine.* M. Renouard, rapp.

174. L'expropriant est d'ailleurs maître d'abaisser son offre autant qu'il le juge convenable et de la réduire, par exemple à 1 franc.

Cass. rej. 23 août 1854. D. 54, 1, 319 ; S. 55, 1, 443 ; P. 55, 1, 126. *Jacomet c. préfet de la Seine.* M. Renouard, rapp.
— 12 mars 1856. D. 56, 1, 169 ; S. 56, 1, 828 ; P. 57, 604. *Donzeaud c. ville de Paris.* M. Renouard, rapp.
— 1er juin 1864. D. 64, 5, 148 ; S. 64, 1, 508 ; P. 64, 1254. *Lethierry c. préfet du Nord.* M. Delapalme, rapp.
— 31 déc. 1867. D. 68, 1, 15 ; P. 68, 307. *Santy c. cne d'Enghin.* M. Lamy, rapp.

175. Et cela, alors même que l'expropriant se serait réservé le droit de réclamer ultérieurement, en vertu de l'article 30 de la loi du 16 septembre 1807, une indemnité de plus-value, et que cette réserve, inscrite en l'acte d'offres,

n'aurait pas été reproduite au tableau des offres.

Cass. rej. 23 nov. 1853. D. 54, 5, 347 ; P. 54, 2, 275. *Neveux c. ville de Paris.* M. Gillon, rapp.

176. Cet article de la loi de 1807 doit d'ailleurs être strictement limité aux matières pour lesquelles il a été écrit et il ne saurait être applicable aux indemnités réglées par le jury conformément à la loi de 1841, sous peine de voir la décision du jury perdre son caractère définitif et irrévocable.

Daffry de la Monnoye, t. II, p. 251.

177. L'administration qui a fait des offres à un exproprié pour la valeur des terrains compris dans l'expropriation, n'est pas tenue de lui faire des offres spéciales à raison d'un dommage spécial qu'il allègue, si elle soutient, d'une manière absolue, que ce dommage n'existe pas.

Cass. rej. 20 mai 1879. D. 79, 1, 349 ; S. 80, 1, 86 ; P. 80, 174. *Combaz et Rey c. préfet de la Savoie.* M. Guérin, rapp.

ARTICLE XL

Si l'indemnité réglée par le jury ne dépasse pas l'offre de l'administration, les parties qui l'auront refusée seront condamnées aux dépens.

Si l'indemnité est égale à la demande des parties, l'administration sera condamnée aux dépens.

Si l'indemnité est, à la fois, supérieure à l'offre de l'administration et inférieure à la demande des parties, les dépens seront compensés de manière à être supportés par les parties et l'administration dans les proportions de leur offre ou de leur demande avec la décision du jury.

Tout indemnitaire qui ne se trouvera pas dans le cas des articles 25 et 26 sera condamné aux dépens, quelle que soit l'estimation ultérieure du jury, s'il a omis de se conformer aux dispositions de l'article 24 (1).

1. Le jury n'a point compétence pour statuer sur les dépens ; ce droit appartient exclusivement au magistrat-directeur.

2. Toutefois, il n'y a pas ouverture à cassation si, d'accord entre les parties, le jury ayant été à tort appelé à délibérer sur la condamnation aux dépens, le magistrat-directeur y a cependant statué personnellement, s'il a lui-même apprécié les faits, re-

(1) *Loi du 7 juillet 1833*, art. 40.

Si l'indemnité réglée par le jury est *inférieure ou égale* à l'offre faite, par l'administration, les parties qui l'auront refusée seront condamnées aux dépens.

Si l'indemnité est égale *ou supérieure* à la demande des parties, l'administration sera condamnée aux dépens.

Si l'indemnité est à la fois supérieure à l'offre de l'administration et inférieure à la demande des parties, les

dépens seront compensés de manière à être supportés par les parties et l'administration dans les proportions de leur offre ou de leur demande avec la décision du jury.

Tout indemnitaire qui ne se trouvera pas dans le cas des articles 25 et 26 sera condamné aux dépens, quelle que soit l'estimation ultérieure du jury, s'il a omis de se conformer aux dispositions de l'article 24.

cherché quelle loi était applicable, et motivé ainsi régulièrement sa décision.

Cass. rej. 16 mars 1870. D. 70, 1, 407. *Dumas c. préfet de la Gironde.* M. Merville, rapp.

3. C'est une obligation pour celui-ci de statuer sur les dépens ; l'omission de statuer entraînerait cassation de l'ordonnance, mais seulement en ce qui concernerait les frais et dépens.

Cass. 23 mai 1842. D. 42, 1, 266 ; S. 42, 1, 571 ; P. 42, 2, 135. *Préfet de l'Isère c. Lebrun.* M. Gillon, rapp.

4. Pour que l'obligation soit remplie, il n'est pas nécessaire que la liquidation des dépens soit faite par le magistrat-directeur d'une façon précise, il suffit que les bases de la répartition soient fixées par son ordonnance.

Cass. rej. 13 janv. 1840. D. 40, 1, 91 ; S. 40, 1, 159 ; P. 40, 1, 54. *De la Vingtrie c. Fabvier.* M. Quéquet, rapp. — 7 avr. 1845. D. 45, 1, 207 ; S. 45, 1, 531 ; P. 45, 1, 588. *L'Etat c. Pansoone.* M. Renouard, rapp.

5. Ainsi en est-il quand le magistrat-directeur décide que les dépens seront supportés par les parties et l'administration dans la proportion de l'offre et de la demande avec la décision du jury.

Mêmes arrêts.

6. Ce serait, non contre l'ordonnance du magistrat-directeur, mais contre le règlement des dépens fait en vertu de cette ordonnance, que les parties auraient intérêt à réclamer, si elles venaient à se prétendre lésées par une fausse application du juste principe exactement posé par l'ordonnance.

Mêmes arrêts.

7. Au cas d'indemnité alterna-tive, le magistrat-directeur doit régler les dépens en vue de l'une et de l'autre hypothèse.

Cass. rej. arrêt précité du 7 avril 1845. D. 45, 1, 207 ; S. 45, 1, 531 ; P. 45, 1, 588.

8. Il suffit d'ailleurs, pour que cette obligation soit remplie, que, dans la formule par lui employée, on trouve la base du règlement des dépens pour chacune des hypothèses.

Même arrêt du 7 avril 1845. — 18 juin 1861. D. 61, 1, 288 ; S. 61, 1, 887 ; P. 62, 431. *Ourgaud c. chemin de fer du Midi.* M. Gaultier, rapp.

9. Toutefois, lorsqu'il y a litige sur le fond du droit, le magistrat-directeur peut se borner à réserver les dépens.

Cass. 1er mars 1843. D. 43, 1, 161 ; S. 43, 1, 315 ; P. 43, 510. *Labbé c. préfet de la Seine.* M. Renouard, rapp. — 23 juin 1863. D. 66, 5, 195 ; S. 63, 1, 549 ; P. 64, 402. *Syndicat de la Mare c. Wangel-Bret.* M. Le Roux de Bretagne, rapp.

10. On ne peut mettre la totalité des dépens à la charge de l'expropriant, lorsque l'indemnité allouée est à la fois supérieure aux offres de l'expropriant et inférieure à la demande de l'exproprié.

Cass. 19 nov. 1866. *Bull. civ.*, 66, p. 260. *Granier de Cassagnac c. Rosapelly.* M. Aylies, rapp.

11. L'allocation d'une indemnité inférieure à la demande autorise la condamnation de l'exproprié aux dépens, alors même que le jury aurait déclaré allouer la somme attribuée en considération de la plus-value du terrain ; cette même plus-value devant également être prise en considération par le demandeur, le magistrat-directeur a eu une base

certaine pour la détermination des dépens.

Cass. rej. 9 nov. 1857. D. 58, 1, 82 ; P. 58, 596. *De la Canterie c. chemin de fer d'Orléans.* M. Delapalme, rapp.

12. La loi restant muette, quant au mode de paiement des dépens, le magistrat-directeur a pu, sans violer la loi, autoriser l'expropriant à retenir sur l'indemnité le montant des dépens auxquels était condamné l'exproprié.

Cass. rej. 30 avril 1844. D. 44, 1, 252 ; S. 44, 1, 432 ; P. 44, 2, 109. *Singer c. préfet de la Seine.* M. Hello rapp.

13. Lorsque les propriétaires ou autres intéressés n'ont pas fait connaître, dans la quinzaine qui suit les offres, conformément à l'article 24, ou leur acceptation, ou, en cas de refus, le montant de leurs prétentions, l'ordonnance du magistrat-directeur ne saurait, sans encourir la cassation, ordonner que les dépens seront supportés, partie par le demandeur et partie par le défendeur.

Cass. 20 août 1860. D. 60, 1, 415 ; P. 61, 502. *Ville d'Aix c. d^{me} Long.* M. Aylies, rapp.
— 3 fév. 1880. D. 82, 1, 268. *Capdeville c. c^{ne} de Castelnau-Durban.* M. Sallé, rapp.
— 24 mai 1882. *Bull. civ.*, 82, p. 214. *Dalloy c. préfet du Jura.* M. de Lagrévol, rapp.

14. Mais l'article 40 n'est pas applicable à l'exproprié qui, ayant fait connaître sa demande d'indemnité dans le délai légal, a élevé plus tard le chiffre de la réclamation.

Cass. 2 mai 1882. S. 82, 1, 431 ; P. 82, 1057. *Préfet du Gers c. Pougmembrat.* M. Greffier, rapp.

15. Dans ce dernier cas, la contestation s'élevant devant le jury entre le chiffre des offres non acceptées et celui des conclusions dernières de l'exproprié, la compensation des dépens devait s'établir conformément à l'art. 40 § 3, dans la proportion des chiffres définitifs avec la décision du jury.

Même arrêt.

16. Mais l'expropriant, au cas d'absence de réponse aux offres, ne peut se faire un grief de ce que le magistrat-directeur a ordonné que les dépens seraient supportés par les parties dans la proportion de l'offre et de la demande, lorsqu'il résulte du procès-verbal que le tableau des offres et des demandes a été soumis au jury, que les demandeurs n'ont aucunement excipé de ce que les prétentions de l'exproprié ne leur avaient pas été notifiées, et qu'ils n'ont fait à cet égard ni protestations, ni réserves, ni observations.

Cass. rej. 5 déc. 1865. *Bull. civ.*, 65, p. 287. *Ardoin c. de Flers.* M. Pont, rapp.

17. Doit être cassée l'ordonnance du magistrat-directeur qui condamne l'exproprié aux dépens par le motif qu'il n'aurait pas notifié de réponse aux offres de l'expropriant, quand est produit l'exploit de notification contenant cette réponse.

Cass. 4 mai 1875. *Bull. civ.*, 75, p. 131. *Daurel c. préfet de l'Hérault.* M. Merville, rapp.

18. Une lettre par laquelle l'exproprié écrit au préfet, dans la quinzaine de la notification des offres, qu'il refuse ces offres et qu'il demande une somme *de trente et quelques mille francs,* constitue une réponse aux offres suffisante pour autoriser le magistrat-directeur à comprendre les

21

dépens dans les proportions indiquées par le paragraphe 3 de l'article 40.

Cass. rej. 21 juin 1842. D. 42, 1, 272; S. 42, 1, 573; P. 42, 2, 129. *Préfet d'Indre-et-Loire c. de Trobriand*, M. Gillon, rapp.

19. Il n'en serait pas ainsi au cas où ce serait antérieurement aux offres que l'exproprié aurait indiqué un chiffre de demande.

Cass. rej. 10 mai 1875. D. 77, 1, 32; S. 75, 1, 319; P. 75, 755. *Pontico c. préfet du Gers*. M. Gastambide, rapp.

20. Dans le cas où deux notifications d'offres auraient été faites, le délai de quinzaine ne courrait qu'à partir du second exploit, et le magistrat-directeur pourrait régler les dépens d'après le paragraphe 3 de l'article 40, si une demande d'indemnité avait été formulée dans la quinzaine de la seconde notification.

Cass. rej. 24 mars 1841. D. 41, 1, 193; S. 41, 1, 344; P. 47, 1, 216. *Préfet des Bouches-du-Rhône c. de Grignon*. M. Renouard, rapp.

21. Les indemnitaires que représentent des tiers, tels que des mineurs, ne doivent pas être condamnés aux dépens, alors même qu'on n'aurait fait pour eux aucune demande dans le délai de l'article 24, s'il leur a été alloué une indemnité supérieure aux offres.

Cass. 16 fév. 1846. D. 46, 1, 63; S.

46, 1, 237; P. 46, 1, 501. *Pichiolini c. préfet des Bouches-du-Rhône*. M. Renouard, rapp.

22. Mais l'exproprié mineur est passible des dépens, comme tout autre exproprié, si l'indemnité accordée n'excède pas la somme offerte.

Cass. 24 août 1846. D. 46, 1, 329; S. 46, 1, 878; P. 46, 2, 509. *Préfet de la Nièvre c. Delamire*. M. Gillon, rapp.

23. Lorsque des offres additionnelles ont été faites au cours des débats, tout en maintenant les offres primitives, il est justement tenu compte de ces dernières pour établir, au regard de la demande, la répartition des dépens.

Cass. rej. 29 janv. 1884. *Meranda c. chemin de fer de l'Est*. M. Michaux-Bellaire, rapp.

24. Le créancier hypothécaire qui, en cas de cession par le propriétaire, a demandé à faire fixer l'indemnité par le jury, supportera les dépens, s'il succombe.

Avis de M. Martin du Nord, rapporteur de la loi de 1833. — *Moniteur* du 27 janvier 1833, p. 211. — Delalleau et Jousselin, t. I, n° 634. — Arnaud, n° 497.

25. Au cas de cassation de l'ordonnance du magistrat-directeur, au chef seulement des dépens, le renvoi doit être ordonné devant un autre magistrat-directeur.

Arnaud, n° 502.

ARTICLE XLI

La décision du jury, signée des membres qui y ont concouru, est remise par le président au magistrat-directeur, qui la déclare exécutoire, statue sur les dépens, et envoie l'administration en possession de la propriété, à la charge par elle de se conformer aux dispositions des articles 53, 54 et suivants.

Ce magistrat taxe les dépens, dont le tarif est déterminé par un règlement d'administration publique. La taxe ne comprendra que les actes faits postérieurement à l'offre de l'administration : les frais des actes antérieurs demeurent, dans tous les cas, à la charge de l'administration (1).

§ 1. — *Remise et lecture publique de la décision du jury.*

§ 2. — *Ordonnance d'envoi en possession.*

§ 3. — *Taxe des dépens.*

§ 1. — *Remise et lecture publique de la décision du jury.*

1. La décision est régulière, alors même qu'il existerait quelques différences de rédaction entre le procès-verbal des opérations et la minute de la décision du jury, s'il résulte néanmoins de

---

(1) *Loi du 7 juillet 1833.* Art. 41.
La décision du jury signée des membres qui y ont concouru, est remise par le président au magistrat-directeur, qui la déclare exécutoire, statue sur les dépens, et envoie l'administration en possession de la propriété, à la charge par elle de se conformer aux dispositions des articles 53, 54 et suiv.

Ce magistrat taxe les dépens.
Un règlement d'administration publique, qui sera publié avant la mise à exécution de la présente loi, déterminera le tarif des dépens.
La taxe ne comprendra que les actes faits postérieurement à l'offre de l'administration, les frais des actes antérieurs demeurent, dans tous les cas, à la charge de l'administration.

l'ensemble de leurs dispositions que l'indemnité, fixée d'une manière claire et précise, a bien été allouée aux expropriés.

Cass. 27 août.1883. S. 83, 1, 477 ; P. 83, 1183. *Ville de Paris c. Brode Commères.* M. Rohault de Fleury, rapp.

Et les numéros *infrà.*

2. Ainsi en est-il lorsque, en dehors d'une seule interprétation donnée à la décision du jury, elle n'aurait aucun sens juridique.

Même arrêt.

3. Une décision non datée ou revêtue d'une fausse date n'est pas nulle, si la véritable date résulte des énonciations du procès-verbal.

Cass. rej. 26 août 1873. D. 73, 1, 488 ; S. 73, 1, 475 ; P. 73, 1192. *Fabre c. c^{ne} d'Egat.* M. Aubry, rapp.

4. La décision du jury doit être signée, non seulement du président, mais de tous les membres du jury.

5. Le magistrat-directeur remplit un des devoirs de sa mission en faisant lecture au jury de l'article 41 de la loi, et en l'avertissant que sa décision devait être signée, non seulement du président, mais de tous les membres qui y avaient concouru.

Cass. rej. 15 avril 1840. D. 40, 1, 185 ; S. 40, 1, 706 ; P. 40, 2, 167. *Maury c. préfet de la Haute-Vienne.* M. Quéquet, rapp.

6. Lorsque de deux expéditions certifiées conformes par le greffier du tribunal, il résulte, de l'une, qu'un juré a signé la décision du jury, de l'autre, qu'il ne l'a pas signée, il y a lieu de commettre le président du tribunal à l'effet, les parties dûment appelées, de collationner les deux expéditions avec les minutes et de constater laquelle de ces deux expéditions est conforme au texte desdites minutes, ou en quoi elles en diffèrent.

Cass. 6 fév. 1882. S. 82, 1, 381 ; P. 82, 950. *Caillot-Doucy c. ville de Marseille.* M. Monod, rapp.

7. L'omission de la signature d'un des jurés ne vicie toutefois la décision qu'autant qu'il n'est pas établi que ce juré n'y a pas concouru, et qu'ainsi le jury s'est trouvé irrégulièrement composé.

Cass. rej. 4 juin 1856. D. 56, 1, 196 ; S. 56, 1, 825 ; P. 56, 2, 514. *Bordes c. préfet de la Charente-Inférieure.* M. Lavielle, rapp.

— 24 juill. 1860. D. 60, 1, 406 ; S. 60, 1, 1009 ; P. 61, 100. *Pascal c. ville de Marseille.* M. Quénault, rapp.

— 23 déc. 1863. D. 64, 5, 149. *Chemin de fer d'Orléans c. Monclar.* M. Renouard, rapp.

— 21 mars 1877. D. 78, 1, 439. *Viton de Jassaud c. préfet du Gard.* M. Hély d'Oissel, rapp.

— 26 mars 1879. D. 79, 1, 207 ; S. 79, 1, 278 ; P. 79, 672. *Lauriston c. l'État.* M. Pont, rapp.

8. Ainsi la décision n'est pas viciée de nullité, quand l'omission de la signature tient à ce qu'un des jurés ne savait pas signer.

Arrêt du 4 juin 1856.

9. Est nulle la décision du jury au pied de laquelle se trouve la signature d'une personne non désignée pour faire partie du jury spécial, et qui, conséquemment, n'avait aucun droit de prendre part à la délibération.

Cass. 6 déc. 1837. D. 38, 1, 39 ; S. 38, 1, 228 ; P. 38, 1, 304. *Bérard c. préfet de la Sarthe.* M. Quéquet, rapp.

10. Il suffit qu'il soit justifié par la production d'un extrait en due forme, de l'apposition des signatures, sans que le procès-verbal doive nécessairement faire mention de l'accomplissement de cette formalité.

Cass. rej. 8 nov. 1859. D. 60, 1, 414.

Françon c. c^{ne} de Latour-en-Jarret.
M. Alcock, rapp.

11. La signature du magistrat-directeur, apposée par erreur au pied de la décision ne la vicie pas de nullité, si des énonciations du procès-verbal il résulte que le magistrat-directeur n'a pas pris part à la délibération.

Cass. rej. 20 juill. 1864. D. 64, 5, 161; S. 65, 1, 144; P. 65, 307. *Préfet de la Seine c. Ridel.* M. Aylies, rapp.

12. Bien que la décision du jury réponde à plusieurs questions distinctes, il suffit que les signatures soient apposées une seule fois, à la fin de la décision.

Cass. rej. 10 avril 1866. D. 66, 5, 205. *Fontaine c. préfet de la Haute-Savoie.* M. Fauconneau-Dufresne, rapp.

13. La décision du jury doit, à peine de nullité, être proclamée par le magistrat-directeur en audience publique et en présence des jurés.

Cass. 11 août 1845. D. 45, 1, 360; S. 45, 1, 762; P. 46, 1, 111. *Roys de Ledignan c. c^{ne} de Villecerf.* M. Renouard, rapp.
— 29 juin 1869. D. 69, 1, 344; S. 69, 1, 386; P. 69, 948. *Vivier Labretonnière c. c^{ne} de Lisores.* M. Henriot, rapp.
— 11 mai 1881. D. 82, 1, 462; S. 81, 1, 381; P. 81, 906. *Martin c. préfet de la Meuse.* M. Greffier, rapp.
— 12 juin 1883. D. 83, 1, 400. *Veuve Jarry c. c^{ne} de Javron.* M. Pont. rapp.

14. Ainsi est nulle la décision qui, remise au magistrat-directeur, le soir et hors de l'audience a été proclamée par lui, le lendemain, en l'absence des jurés.

Arrêt précité du 11 août 1845.

15. Pourvu que lecture de la décision ait été donnée en audience publique, les jurés présents, peu importe que cette lecture ait été effectuée par un autre que le président du jury.

Cass. rej. 3 juill. 1865. D. 65, 5, 179. *Bourqueney c. ville de Vesoul.* M. Mercier, rapp.
— 17 déc. 1872. P. 72, 1156; S. 72, 441. *Verlaguet c. chemin de fer de Lyon.* M. Casenave, rapp.

16. La lecture a pu être faite par le magistrat-directeur.

— Arrêt du 3 juillet 1865.

17. Ou par le greffier.

— Arrêt du 17 décembre 1872.

§ 2. — *Ordonnance d'envoi en possession.*

18. Aucune des dispositions de la loi ne s'oppose à ce que la décision du jury et l'ordonnance du magistrat-directeur, lesquelles doivent être mentionnées dans le procès-verbal des opérations du jury, soient l'objet d'actes distincts et séparés; le contraire même résulte de l'article 41 de la loi du 3 mai 1841.

Cass. rej. 21 mars 1877. D. 78, 1, 439. *Viton de Jassaud c. préfet du Gard.* M. Hély d'Oissel, rapp.

19. L'ordonnance *d'exequatur* du magistrat-directeur fait corps avec le procès-verbal des opérations. Ce procès-verbal destiné à faire partie des minutes du greffe du tribunal, contient, par conséquent, la minute même de l'ordonnance *d'exequatur,* ainsi que celle de l'ordonnance d'envoi en possession authentiquées par les signatures tant du juge que du greffier, et ainsi revêtues de toutes les solennités requises pour la complète légalité des actes émanés de l'autorité judiciaire.

Cass. rej. 15 avr. 1840. D. 40, 1, 185; S. 40, 1, 706; P. 40, 2. 167. *Maury c. préfet de la Haute-Vienne.* M. Quéquet, rapp.

20. L'ordonnance du magistrat-directeur qui déclare la décision du jury exécutoire et ordonne l'envoi en possession doit être rendue en audience publique.

Cass. 11 mai 1881. D. 82, 1, 462 ; S. 81, 1, 381 ; P. 81, 906. *Martin c. préfet de la Meuse*. M. Greffier, rapp.

21. Toutefois, le défaut de mention au procès-verbal de la lecture faite de son ordonnance, en audience publique, par le magistrat-directeur, n'entraîne pas nécessairement la nullité de cette ordonnance, si la preuve de son existence et de sa lecture publique ressort de la minute même de l'ordonnance dont la rédaction par acte séparé et distinct a eu lieu, conformément aux règles du droit commun, c'est-à-dire, en portant la déclaration qu'elle a été rendue et prononcée à l'audience publique du jour où a été lue la décision du jury.

Même arrêt.

22. Pour qu'au cas de litige sur le fond du droit, le magistrat-directeur soit considéré comme ayant commis un excès de pouvoir, en statuant par son ordonnance sur le litige, il faudrait que cette ordonnance ne pût s'adapter au caractère éventuel de cette décision, l'excès de pouvoir ne devant pas être présumé.

Cass. rej. 5 déc. 1865. *Bull. civ.*, 65, p. 287, *Ardoin c. de Flers*. M. Pont, rapp.
— 2 fév. 1869. D. 69, 1, 246 ; S. 69, 1, 385 ; P. 69, 946. *Hugues c. chemin de fer de Lyon*. M. Pont, rapp.
— 15 mars 1869. D. 69, 1, 272. *Ardoin c. Docks de Saint-Ouen*. M. Renouard, rapp.
— 6 avril 1869. D. 69, 1, 343. *Lesoufaché c. ville de Paris*. M. Aylies, rapp.

23. Toutefois la cassation doit être prononcée dès lors, que du rapprochement de la décision et de l'ordonnance reste douteuse la question de savoir si l'ordonnance n'a pas entendu prononcer un envoi en possession définitif alors que la décision n'était qu'éventuelle.

Cass. 22 août 1855. D. 55, 1, 396 ; S. 56, 1, 174 ; P. 56, 2, 512. *Chemin de fer du Midi c. cne de Moissac*. M. Renouard, rapp.

24. De même, quand il y a contestation sur le point de savoir si l'expropriation s'applique à la totalité ou à une partie des lieux occupés par un locataire, le magistrat-directeur ne peut envoyer l'administration purement et simplement en possession des lieux, sans tenir compte de la prétention du locataire, et en tranchant ainsi le litige qu'elle soulève.

Cass. 5 fév. 1840. D. 40, 1, 127 ; S. 40, 1, 162 ; P. 40, 1, 307. *Charnay c. ville de Paris*. M. Quéquet, rapp.

25. Et si, par suite des termes inconciliables de la décision et de l'ordonnance, il résulte de l'incertitude sur le point de savoir quel est, en réalité, l'objet de l'indemnité, la cassation doit être prononcée pour le tout.

Cass. 15 mai 1843. D. 43, 1, 287 ; S. 43, 1, 622 ; P. 43, 2, 200. *Corneille c. Bernex*. M. Hello, rapp.

26. L'ordonnance du magistrat-directeur qui envoie en possession est le complément du procès-verbal des opérations du jury ; par suite, cette décision étant explicite, l'ordonnance s'applique naturellement à tous les immeubles désignés par le jury ; notamment, la décision déclarant que les hors lignes sont compris dans l'indemnité allouée, l'envoi en possession prononcé par l'ordonnance du magistrat-directeur s'applique à ces hors lignes aussi bien qu'aux autres terains.

Cass. rej. 2 fév. 1869. D. 69, 1, 246; S. 69, 1, 385; P. 69, 946. *Hugues c. chemin de fer de Lyon.* M. Pont, rapp.

27. Mais, l'ordonnance d'envoi en possession ne peut changer le caractère de la décision du jury, et rendre, après coup, éventuel et conditionnel un refus d'indemnité qui vient d'être formulé en termes absolus.

Cass. 24 déc. 1879. D. 80, 1, 165; S. 80, 1, 174; P. 80, 386. *Des Étangs c. préfet de l'Aube.* M. Merville, rapp.

28. Ainsi en est-il quand le magistrat-directeur, après un refus formel par le jury d'indemnité pour suppression d'une source, a cru devoir, sans réquisition de l'exproprié, donner acte de la déclaration verbalement faite par l'administration qu'aucun changement ne serait apporté à l'écoulement de l'eau.

Même arrêt.

29. Le *donné acte* à l'administration par le magistrat-directeur, de l'engagement pris par elle d'exécuter certains travaux dans la propriété de l'exproprié ou de lui payer une somme déterminée représentant l'évaluation de ces travaux, lorsqu'il est complètement étranger à la fixation de l'indemnité, telle qu'elle a eu lieu par le jury, n'entraîne aucune contradiction, sous le rapport du chiffre de l'indemnité, entre la décision du jury et l'ordonnance d'envoi en possession.

Cass. rej. 14 mars 1882. S. 82, 1, 480; P. 82, 1056. *Bull. civ.*, 82, p. 92. *Pelon c. préfet du Gard.* M. Merville, rapp.

30. Si l'ordonnance d'envoi en possession, au lieu de dire, ainsi que le prescrit l'article 41, que

c'était à la charge de se conformer aux articles 53, **54** *et suivants*, n'a mentionné que les articles 53 et 54, cette omission de ces *articles suivants* ne leur a aucunement ôté leur force obligatoire et n'a causé aucun préjudice aux parties, qui peuvent d'autant moins y trouver un motif de cassation que l'article 41 n'a point été placé par l'article 42 au nombre de ceux dont la violation donne ouverture à cassation.

Cass. rej. 7 mai 1867. *Bull. civ.*, 67, p. 147. *Boymond c. ville de Lyon.* M. Renouard, rapp.

31. Une erreur d'énonciation du chiffre de l'indemnité, commise au procès-verbal, n'entraînerait pas de cause de nullité si le chiffre indiqué dans la décision est le même que celui indiqué dans l'ordonnance.

Cass. rej. 22 nov. 1864. D. 66, 5, 206. *Jougla c. chemin de fer du Midi.* M. Fauconneau-Dufresne, rapp.

§ 3.   *Taxe des dépens.*

32. Des trois attributions conférées au magistrat-directeur par l'article 41, il n'y en a qu'une qui constitue, à proprement parler, un acte de juridiction; c'est la mission de statuer sur les dépens, et cette juridiction doit être rigoureusement circonscrite dans les limites que la loi lui a assignées; en lui conférant un pouvoir juridictionnel pour statuer sur la condamnation aux dépens, la loi le laisse sans pouvoir quant à tout autre litige qui pourrait s'élever accessoirement au règlement de l'indemnité.

Cass. 2 janv. 1837. D. 37, 1, 177; S. 38, 1, 28; P. 37, 1, 150. *Préfet de l'Hérault c. Glaise.* M. Quéquet, rapp.

33. Les dépens, en matière

d'expropriation pour cause d'utilité publique doivent être réglés d'après le tarif établi par l'ordonnance royale du 18 septembre 1833 (1).

(1) *Ordonnance du 18 septembre 1833, contenant le tarif des frais et dépens pour tous les actes qui seront faits en vertu de la loi sur l'expropriation pour cause d'utilité publique.*

La taxe de tous actes faits en vertu de la loi du 7 juill. 1833 sera réglée par le tarif ci-après :

Chap. Ier. — *Des huissiers.*

Art. 1er. Il sera alloué à tous huissiers un franc pour l'original, 1° de la notification de l'extrait du jugement d'expropriation aux personnes désignées dans les art. 15 et 22 de la loi du 7 juill. 1833 ; 2° de la signification de l'arrêt de la Cour de cassation (art. 20 et 42 de ladite loi) ; 3° de la dénonciation de l'extrait du jugement d'expropriation aux ayants droit mentionnés aux art. 21 et 22 ; 4° de la notification de l'arrêté du préfet qui fixe la somme offerte pour indemnités (art. 23) ; 5° de l'acte contenant acceptation des offres faites par l'administration, avec signification s'il y a lieu, des autorisations requises (art. 24, 25 et 26) ; 6° de l'acte portant convocation des jurés et des parties, avec notification aux parties d'une expédition de l'arrêt par lequel la Cour royale a formé la liste du jury (art. 31 et 33) ; 7° de la notification au juré défaillant de l'ordonnance du directeur du jury qui l'a condamné à l'amende (art. 32) ; 8° de la notification de la décision du jury, revêtue de l'ordonnance d'exécution (art. 41) ; 9° de la sommation d'assister à la consignation dans le cas où il n'y aura pas eu d'offres réelles (art. 54) ; 10° de la sommation au préfet pour qu'il soit procédé à la fixation de l'indemnité (art. 55) ; 11° de l'acte contenant réquisition par le propriétaire de la consignation des sommes offertes, dans le cas où cette réquisition n'a pas été faite par l'acte même d'acceptation (art. 59) ; 12° et généralement de tous actes simples auxquels pourra donner lieu l'expropriation.

2. Il sera alloué à tous huissiers un franc cinquante centimes pour l'original : 1° de la notification du pourvoi en cassation formé, soit contre le ju-

34. L'erreur qu'aurait commise le magistrat-directeur dans le règlement des dépens, par exemple, en ne comprenant pas dans les frais mis à la charge du deman-

gement d'expropriation, soit contre la décision du jury (art. 20 et 42) ; 2° de la dénonciation, faite au directeur du jury par le propriétaire ou l'usufruitier, des noms et qualités des ayants droit mentionnés au § 1er de l'art. 21 de la loi précitée (art. 21 et 22) ; 3° de l'acte par lequel les parties intéressées font connaître leurs réclamations (art. 18, 21, 39, 52 et 54) ; 4° de l'acte d'acceptation des offres de l'administration, avec réquisition de consignation (art. 24 et 59) ; 5° de l'acte par lequel la partie qui refuse les offres de l'administration indique le montant de ses prétentions (art. 17, 24, 28 et 53); 6° de l'opposition formée par un juré à l'ordonnance du magistrat directeur du jury qui l'a condamné à l'amende (art. 32) ; 7° de la réquisition du propriétaire tendant à l'acquisition de la totalité de son immeuble (art. 50) ; 8° de la demande à fin de rétrocession des terrains non employés à des travaux d'utilité publique (art. 60 et 61); 9° de la demande tendant à ce que l'indemnité d'une expropriation déjà commencée soit réglée conformément à la loi du 7 juill. 1833 (art. 68) ; 10° enfin de tous actes qui, par leur nature, pourront être assimilés à ceux dont l'énumération précède.

3. Il sera alloué à tous huissiers pour l'original, 1° du procès-verbal d'offres réelles, contenant le refus ou l'acceptation des ayants droit, et sommation d'assister à la consignation (art. 53), 2 fr. 25 c. ; 2° du procès-verbal de consignation, soit qu'il y ait eu ou non offres réelles (art. 49, 53 et 54), 4 fr.

4. Il sera alloué pour chaque copie des exploits ci-dessus le quart de la somme fixée pour l'original.

5. Les copies de pièces dont la notification a lieu en vertu de la loi seront certifiées par l'huissier ; il lui sera payé trente centimes par chaque rôle, évalué à raison de vingt-huit lignes à la page, et quatorze à seize syllabes à la ligne (art. 57).

6. Les copies des pièces déposées dans les archives de l'administration, qui seront réclamées par les parties dans leur intérêt pour l'exécution de

deur en cassation, sa part des frais du transport des jurés sur les lieux, ne constitue pas un grief qu'on puisse faire valoir par

la loi, et qui seront certifiées par les agents de l'administration, seront payées à l'administration sur le même taux que les copies certifiées par les huissiers.

7. Il sera alloué à tous huissiers cinquante centimes pour visa de leurs actes, dans le cas où cette formalité est prescrite. — Ce droit sera double si le refus du fonctionnaire qui doit donner le visa oblige l'huissier à se transporter auprès d'un autre fonctionnaire.

8. Les huissiers ne pourront rien réclamer pour le papier des actes par eux notifiés ni pour l'avoir fait viser pour timbre. Ils emploieront du papier d'une dimension égale au moins à celle des feuilles assujetties au timbre de soixante-dix centimes.

Chap. II. — *Des greffiers.*

9. Tous extraits ou expéditions délivrés par les greffiers en matière d'expropriation pour cause d'utilité publique seront portés sur papier d'une dimension égale à celle des feuilles assujetties au timbre de un franc vingt-cinq centimes. — Ils contiendront vingt-huit lignes à la page et quatorze à seize syllabes à la ligne.

10. Il sera alloué aux greffiers quarante centimes pour chaque rôle d'expédition ou d'extrait.

11. Il sera alloué aux greffiers, pour la rédaction du procès-verbal des opérations du jury spécial, cinq francs pour chaque affaire terminée par décision du jury rendue exécutoire. — Néanmoins cette allocation ne pourra jamais excéder 15 francs par jour, quel que soit le nombre des affaires, et dans ce cas ladite somme de 15 francs sera répartie également entre chacune des affaires terminées le même jour.

12. L'état des dépenses sera rédigé par le greffier. — Celle des parties qui requerra la taxe devra, dans les trois jours qui suivront la décision du jury, remettre au greffier toutes les pièces justificatives. — Le greffier paraphera chaque pièce admise en taxe, avant de la remettre à la partie.

13. Il sera alloué aux greffiers dix centimes pour chaque article de l'état des dépenses, y compris le paraphe des pièces.

14. L'ordonnance d'exécution du magistrat directeur du jury indiquera la somme des dépens taxés, et la proportion dans laquelle chaque partie devra les supporter.

15. Au moyen des droits ci-dessus accordés aux greffiers, il ne leur sera alloué aucune autre rétribution à aucun titre, sauf les droits de transport dont il sera parlé ci-après, et ils demeureront chargés, 1º du traitement des commis greffiers, s'il était besoin d'en établir pour le service des assises spéciales; 2º de toutes les fournitures de bureau nécessaires pour la tenue de ces assises ; 3º de la fourniture du papier des expéditions ou extraits qu'ils devront aussi faire viser pour timbre.

Chap. III. — *Des indemnités de transport.*

16. Lorsque les assises spéciales se tiendront ailleurs que dans la ville où siège le tribunal, le magistrat directeur du jury aura droit à une indemnité fixée de la manière suivante : — S'il se transporte à plus de cinq kilomètres de sa résidence, il recevra pour tous frais de voyage, de nourriture et de séjour une indemnité de neuf francs par jour; — S'il se transporte à plus de deux myriamètres, l'indemnité sera de douze francs par jour.

17. Dans le même cas, le greffier ou son commis assermenté recevra six ou huit francs par jour, suivant que le voyage sera de plus de cinq kilomètres ou de plus de deux myriamètres, ainsi qu'il est dit dans l'article précédent.

18. Les jurés qui se transporteront à plus de deux kilomètres du lieu où se tiendront les assises spéciales, pour les descentes sur les lieux, autorisées par l'article 37 de la loi du 7 juill. 1883, recevront, s'ils en font la demande formelle, une indemnité qui sera fixée pour chaque myriamètre parcouru en allant et revenant, à deux francs cinquante centimes. Il ne leur sera rien alloué pour toute autre cause que ce soit, à raison de leurs fonctions, si ce n'est dans le cas de séjour forcé en route, comme il est dit ci-après, article 24.

19. Les personnes qui seront appelées pour éclairer le jury, conformément à l'article 37 précité, recevront, si elles le requièrent, savoir : — Quand

la voie de la cassation, mais sim- plement par l'opposition à la taxe.

elles ne seront pas domiciliées à plus d'un myriamètre du lieu où elles doivent être entendues, pour indemnité de comparution, un franc cinquante centimes ; — Quand elles seront domiciliées à plus d'un myriamètre, pour indemnité de voyage, lorsqu'elles ne seront pas sorties de leur arrondissement, un franc par myriamètre parcouru en allant et revenant ; et lorsqu'elles seront sorties de leur arrondissement, un franc cinquante centimes. — Dans le cas où l'indemnité de voyage est allouée, il ne doit être accordé aucune taxe de comparution.

20. Les personnes appelées devant le jury qui reçoivent un traitement quelconque à raison d'un service public n'auront droit qu'à l'indemnité de voyage, s'il y a lieu, et si elles la requièrent.

21. Les huissiers qui instrumenteront dans les procédures en matière d'expropriation pour cause d'utilité publique recevront, lorsqu'ils seront obligés de se transporter à plus de deux kilomètres de leur résidence, un franc cinquante centimes pour chaque myriamètre parcouru en allant et en revenant, sans préjudice de l'application de l'article 35 du décret du 14 juin 1813.

22. Les indemnités de transport ci-dessus établies seront réglées par myriamètre et demi-myriamètre. Les fractions de huit ou neuf kilomètres, seront comptées pour un myriamètre, et celle de trois à huit kilomètres pour un demi-myriamètre.

23. Les distances seront calculées d'après le tableau dressé par les préfets, conformément à l'article 93 du décret du 18 juin 1811.

24. Lorsque les individus dénommés ci-dessus seront arrêtés dans le cours du voyage par force majeure, ils recevront en indemnité, pour chaque jour de séjour forcé, savoir : les jurés, deux francs cinquante centimes ; — les personnes appelées devant le jury et les huissiers, un franc cinquante centimes. — Ils seront tenus de faire constater par le juge de paix, et, à son défaut, par l'un des suppléants ou par le maire, et, à son défaut, par l'un de ses adjoints, la cause du séjour forcé en route, et d'en représenter le certificat à l'appui de leur demande en taxe.

25. Si les personnes appelées devant le jury sont obligées de prolonger leur séjour dans le lieu où se fait l'instruction, et que ce lieu soit éloigné de plus d'un myriamètre de leur résidence, il leur sera alloué pour chaque journée une indemnité de deux francs.

26. Les indemnités des jurés et des personnes appelées pour éclairer le jury seront acquittées comme frais urgents, par le receveur de l'enregistrement, sur un simple mandat du magistrat directeur du jury, lequel mandat devra, lorsqu'il s'agira d'un transport, indiquer le nombre des myriamètres parcourus, et, dans tous les cas, faire mention expresse de la demande d'indemnité.

27. Seront également acquittées par le receveur de l'enregistrement les indemnités de déplacement que le magistrat directeur du jury et son greffier pourront réclamer lorsque la réunion du jury aura lieu dans une commune autre que le chef-lieu judiciaire de l'arrondissement. Le paiement sera fait sur un état certifié et signé par le magistrat directeur du jury, indiquant le nombre des journées employées au transport et la distance entre le lieu où siège le jury et le chef-lieu judiciaire de l'arrondissement.

28. Dans tous les cas, les indemnités de transport allouées au magistrat-directeur du jury et au greffier resteront à la charge, soit de l'administration, soit de la compagnie cessionnaire qui aura provoqué l'expropriation, et ne pourront entrer dans la taxe des dépens.

Chap. IV. — *Dispositions générales.*

29. Il ne sera alloué aucune taxe aux agents de l'administration autorisés, par la loi du 7 juillet 1833, à instrumenter concurremment avec les huissiers.

30. Le greffier tiendra exactement note des indemnités allouées aux jurés et aux personnes qui seront appelées pour éclairer le jury, et en portera le montant dans l'état de liquidation des frais.

31. L'administration de l'enregistrement se fera rembourser de ses avances comprises dans la liquidation des frais, par la partie qui sera condamnée aux dépens, en vertu d'un exécutoire délivré par le magistrat directeur du jury, et selon le mode usité pour le

Cass. rej. 30 juill. 1856. D. 56, 1,
295 ; S. 57, 1, 144 ; P. 57, 1136. *Pullès
c. chemin de fer du Midi.* M. Renouard,
rapp.

— 22 nov. 1864. D. 66, 5, 206. *Jougla c. chemin de fer du Midi.* M. Fauconneau-Dufresne, rapp.

recouvrement des droits dont la perception est confiée à cette administration.

— Quant aux indemnités de transport payées au directeur du jury et

au greffier, et qui, suivant l'article 28
ci-dessus, ne pourront entrer dans la
taxe des dépens, elle en sera rembour-
sée, soit par l'administration, soit par
la Compagnie cessionnaire qui aura
provoqué l'expropriation.

ARTICLE XLII

La décision du jury et l'ordonnance du magistrat-directeur ne
peuvent être attaquées que par la voie du recours en cassation,
et seulement pour violation du premier paragraphe de l'article 30,
de l'article 31, des deuxième et quatrième paragraphes de l'article 34 et des articles 35, 36, 37, 38, 39 et 40.
Le délai sera de quinze jours pour ce recours, qui sera d'ailleurs
formé, notifié et jugé comme il est dit en l'article 20 ; il courra à
partir du jour de la décision (1).

§ 1. — *Ce qui peut faire l'objet
du pourvoi.*
§ 2. — *Qui peut se pourvoir*
§ 3. — *Délais et formalités auxquelles est soumis le pourvoi.*
§ 4. — *Notification du pourvoi.*
§ 5. — *Effets de la cassation.*

NOTA. — *Le commentaire de l'article 42 doit être complété par les
solutions indiquées sous l'article 20,
solutions qui concernent la qualité des
parties admises à se pourvoir, la
manière dont le pourvoi doit être
formé, notifié et jugé, la consignation
de l'amende etc.*

(1) *Loi du 7 juillet 1833.* Art. 42.
La décision du jury ne peut être attaquée que par la voie du recours en
cassation, et seulement pour la violation du premier paragraphe de l'article
30 et des article 31, 35, 36, 37, 38, 39
et 40.

Le délai sera de quinze jours pour
le recours, qui sera d'ailleurs formé,
notifié et jugé, comme il est dit en
l'article 20; il courra à partir du jour
de la décision.

§ 1. — *Ce qui peut faire l'objet du pourvoi.*

1. La décision du jury, et l'ordonnance du magistrat-directeur, alors même qu'elles auraient été rendues par défaut, ne peuvent, comme le jugement d'expropriation (article 20), être attaquées que par la voie du recours en cassation.

2. On ne peut diriger le pourvoi que contre la décision *définitive* du jury et contre l'ordonnance *définitive* du magistrat-directeur. Quant aux ordonnances préparatoires et d'instruction rendues dans le cours des débats par ce magistrat, elles ne peuvent être par elles-mêmes l'objet d'un pourvoi; si elles sont irrégulières, elles seront atteintes par l'effet du pourvoi qui, par cela qu'il est dirigé contre les deux actes définitifs, défère à la Cour de cassation l'ensemble de la procédure suivie devant le jury.

Delalleau et Jousselin, t. I, p. 578. — Daffry de la Monnoye, t. II, p. 277.

3. Le pourvoi en cassation n'est ouvert que contre la décision du jury et contre l'ordonnance du magistrat-directeur qui l'a rendue exécutoire.

Cass. 2 fév. 1846. D. 46, 1, 115; P. 48, 2, 694; *Bull. civ.*, 46, p. 25. *Préfet des Bouches-du-Rhône c. divers.* M. Renouard, rapp.

4. Par suite, le délai du recours en cassation commence à courir, non du jour de la décision par laquelle le magistrat-directeur statue sur l'excuse présentée par un juré, mais du jour de la décision définitive du jury.

Même arrêt, et 7 juin 1853. D. 53, 1, 285; S. 54, 1, 63; P. 54, 2, 411. *Forcheron c. ville de Pau.* M. Gillon, rapp.

5. Le pourvoi formé contre un jugement rendu par le tribunal civil sur opposition à une taxe intervenue en matière d'expropriation est un pourvoi de droit commun, non soumis à l'article 42 et qui, par suite, devrait être déclaré non recevable s'il avait été formé au greffe du tribunal, au lieu de l'être au greffe de la cour de cassation.

Cass. 31 mars 1869. D. 69, 1, 348; S. 69, 1, 229; P. 69, 542. *Coste-Foron c. chemin de fer de Lyon.* M. Lamy, rapp.

6. La partie qui s'est pourvue ne peut faire valoir que les moyens de cassation qui lui sont personnels.

Cass. 26 avril 1843. D. 43, 1, 266; S. 43, 1, 620; P. 43, 2, 209. *Mournau c. l'Etat.* M. Barennes, rapp.
— 13 avril 1863. D. 63, 1, 197; S. 63, 1, 297; P. 63, 921. *Aubertin c. Guérard.* M. Moreau de la Meurthe, rapp.

7. Ainsi le propriétaire, qui a dénoncé son locataire dans les délais légaux, ne peut se faire un grief de ce qu'une indemnité n'aurait pas été allouée à ce locataire.

Arrêt du 26 avril 1843.

8. Et un exproprié ne pourrait trouver un moyen de cassation dans ce fait qu'une indemnité de déplacement aurait été, à tort, accordée à un autre exproprié.

Arrêt du 13 avril 1863.

9. De même, les irrégularités qui auraient pu intervenir dans une des décisions concernant des propriétaires qui ont accepté un jury commun, sans qu'il y eût aucune indivision dans leurs intérêts, ne sauraient être invoquées par les autres propriétaires vis-à-vis desquels le jury a statué par des décisions distinctes.

Cass. rej. 5 mars 1877. D. 77, 1, 469; S. 77, 1, 278; P. 77, 687. *Bonnet c. chemin de fer de Lyon.* M. Salmon, rapp.

10. Les cas auxquels l'article 42 limite le recours en cassation concernent :

Les formes prescrites par la loi pour la composition du jury spécial (§ 1er de l'article 30) ;

Les formalités à remplir par l'administration pour la convocation des jurés et des parties et la notification des noms des jurés (§ 1er de l'article 31) ;

Les devoirs du magistrat-directeur (2e et 4e § de l'article 34, article 35, 36, 37, 1er § de l'article 38 et article 40) ;

Les obligations du jury (2e, 3e, 4e § de l'article 38 et article 39).

10 *bis.* L'exercice irrégulier par le conseil général des attributions que lui confère l'article 29 de la loi du 3 mai 1841, n'est pas compris au nombre des ouvertures à cassation que spécifie l'article 42.

Cass. 30 juin 1884. *De Jonage c. l'Etat.* M. Monod, rapp.

11. Est non recevable le pourvoi formé pour violation des articles 34, § 1 et 41 de la loi du 3 mai 1841, qui concernent les pouvoirs du magistrat-directeur et du greffier.

Cass. 21 mars 1877. D. 78, 1, 439 ; S. 79, 1, 324; P. 79, 796. *Viton de Jassaud c. ville de Nimes.* M. Hély d'Oissel, rapp.

12. La mention de la signature des jurés inscrite dans l'article 41 est purement énonciative ; l'omission matérielle de la signature de plusieurs jurés ne constitue pas une cause de nullité, l'article 41 ne figurant pas, dans l'énumération de l'article 42 au nombre des dispositions dont la violation donne ouverture à cassation.

Cass. rej. 26 mars 1879. D. 79, 1,

13. L'article 44 qui prescrit aux jurés de statuer sans interruption sur chacune des affaires n'étant pas visé dans l'article 42, le grief uniquement fondé sur la violation de cet article ne donne pas ouverture à cassation.

— 30 janv. 1867. *Bull. civ*, 67, p. 34. *Prugnat c. Thome.* M. Glandaz, rapp.
— 25 mai 1868. D. 68, 1, 405. *Cambreling c. préfet de la Seine.* M. Laborie, rapp.
Cass. 31 déc. 1873. D. 74, 1, 213; S. 74, 1, 84; P. 74, 172. *cne de Saint-Nazaire c. cie des Paquebots.* M. Casenave, rapp.
— 7 janv. 1879. D. 79, 1, 172 ; S. 79, 1. 80; P. 79, 165. *Moulinier c. préfet de l'Hérault.* M. Baudoin, rapp.

14. Ne donne pas ouverture à cassation la violation de l'article **47** suivant lequel les noms des jurés qui auront fait le service d'une session ne pourront être portés sur le tableau dressé par le conseil général pour l'année suivante.

Cass. 21 mars 1877. S. 78, 1, 79. D. 78, 1. 437; P. 78, 164. *Lamothe c. ville de Nancy.* M. Aucher, rapp.

15. La disposition de l'article 49 relative à la consignation n'est pas au nombre de celles dont la violation, d'après l'article 42, est de nature à entraîner la cassation.

Cass. rej. 8 juill. 1863. S. 63, 1, 400; P. 63, 1104. M. Moreau de la Meurthe. rapp.

16. Malgré la limitation résultant des termes de l'article 42, le recours en cassation est ouvert pour omission d'une formalité substantielle, quoique non prescrite à peine de nullité, ou, lorsqu'on aurait violé un de ces principes de droit dont l'application se fait à toutes les causes et devant toutes les juridictions ; en pareil cas, la nullité, quoique non écrite, est toujours sous-entendue.

Cass. 28 janv. 1834. D. 34, 1, 48 ; S. 34, 1, 206 ; P. 34, 2. 109. *Dumarest c. Henry.* M. Rupérou, rapp.
— 6 janv. 1836. D. 36, 1, 49 ; S. 36, 1, 5 ; P. 36, 893. *Gaullieur l'Hardy c. Boyer-Foufréde.* M. Quéquet, rapp.
— 14 mars 1842. D. 42, 1, 156 ; S. 42, 1, 437 ; P. 42, 1, 735. *Jayle c. préfet de Tarn-et-Garonne.* M. Renouard, rapp.
— 14 mars 1870. D. 70, 1, 368 ; S. 70, 1, 175 ; P. 70, 403. *D'Aurelle de Montmorin c. c^ne de Courpière.* M. Merville, rapp.
Delalleau et Jousselin, t. I, n° 228. — De Perronny et Delamarre, n° 264. — Daffry de la Monnoye, t. I. p. 212. — Arnaud, n° 521.

17. Le recours en cassation est encore ouvert, lorsqu'il est fondé sur l'incompétence, sur l'excès de pouvoir ou sur refus d'accomplissement de la mission légale.

Cass. 2 janv. 1837. D. 37, 1, 210 ; S. 37, 1, 615 ; P. 37, 1, 577. *Préfet de l'Hérault c. Blaise.* M. Quéquet, rapp.
— 31 déc. 1838. D. 39, 1, 53 ; S. 39, 1, 19 ; P. 39, 1, 6. *Charrin c. c^ne de la Croix-Rousse.* M. Quéquet, rapp.
Delalleau et Jousselin, t. I, p. 583. Arnaud, n° 522 et 528.

18. Les cas de pourvoi étant uniquement pris dans les dispositions de la loi de 1841, les limitations de l'article 42 ne sauraient être étendues à d'autres lois, et autoriser, par exemple, à déclarer non recevable un pourvoi formé pour violation des dispositions de l'article 50 de la loi du 16 septembre 1807.

Cass. rej. 21 fév. 1849. D. 49, 1, 138 ; S. 49, 1, 279 ; P. 49, 1, 146. *Préfet de la Seine c. Auquin.* M. Delapalme, rapp.

19. Le jury d'expropriation étant essentiellement différent du jury en matière criminelle, on ne saurait transporter, en matière d'expropriation, les règles du code d'instruction criminelle et trouver des moyens de cassation dans la violation de ces règles.

Cass. rej. 9 mai 1834. D. 34, 1, 337 ; S. 35, 1, 37 ; P. 34, 482. *De Roubert c. Ministre du Commerce.* M. Rupérou, rapp.

20. L'administration ne peut tirer de son propre fait un moyen de cassation et être admise à se faire un grief de l'inobservation, dans les actes qu'elle était chargée de faire, des formes ou des délais prescrits à peine de nullité.

Cass. 11 nov. 1844. *Préfet des Bouches-du-Rhône c. Vidal-Naquet.* M. Hello, rapp.
— 19 mars 1849. S. 49, 1, 370 ; P. 49, 1, 396. *Ville de Saint-Denis c. Auquetin.* M. Renouard, rapp.
— 16 déc. 1863. D. 64, 5, 164. *Préfet du Pas-de-Calais c. Lepillet-Lemaire.* M. Glandaz, rapp.

21. L'exproprié, de son côté, ne peut être admis à se prévaloir d'irrégularités qu'il a couvertes par sa comparution devant le jury et par la discussion, sans protestation ni réserves des offres de l'administration.

22. Ainsi, dans ces conditions, il ne peut se plaindre de ce que les offres lui aient été notifiées à un domicile autre que le domicile élu.

Cass. rej. 15 mai 1855. D. 55, 1, 204 ; S. 55, 1, 537 ; P. 57, 383. *De Bonardi Du Ménil c. ville de Paris.* M. Gillon, rapp.

23. Ou des vices que peut renfermer la convocation devant le jury.

Voy. art. 31.

24. Ou même du défaut de convocation.

Cass. rej. 24 fév. 1864. D. 64, 5, 165. *C^ne de Beaumont-le-Roger c. Blot-Leconte.* M. Delapalme, rapp.

25. Le locataire qui a demandé

deux indemnités alternatives, l'une pour l'expropriation totale, l'autre pour l'expropriation partielle ne saurait être admis à se faire un moyen de cassation de ce qu'une ordonnance du magistrat-directeur avait déclaré qu'il n'y avait lieu qu'à indemnité partielle, lorsque son avocat, abandonnant la demande d'indemnité totale, n'a plaidé que sur l'indemnité partielle, sans protester contre l'ordonnance.

Cass. rej. 19 mars 1879. D. 79, 1, 173 ; S. 79, 1, 428 ; P. 79, 1100. *Moyse c. ville de Paris.* M. Sallé, rapp.

26. La renonciation à se prévaloir des nullités ne doit pas d'ailleurs se présumer, et elle disparaît dès lors que des réserves ont été faites.

27. Ainsi, le concessionnaire qui prend possession de terrains expropriés en déclarant n'agir que pour obéir à la nécessité d'exécuter la loi de sa concession et qu'il ne fait des offres de l'indemnité allouée que sous les réserves les plus formelles, ne peut être déclaré irrecevable à se pourvoir pour cause d'acquiescement.

Cass. rej. 22 juin 1840. D. 40, 1, 281 ; P. 40, 2, 468. *Chemin de fer de Strasbourg c. divers.* M. Renouard, rapp.

28. De même en est-il de l'exproprié qui, avant tout débat devant le jury, a soumissionné des travaux destinés à établir un viaduc pour démasquer l'entrée de sa carrière expropriée.

Cass. rej. 16 janv. 1877. D. 77, 1, 471. *Quesnel et Liquidateur Duery c. chemin de fer du Nord.* M. Goujet, rapp.

29. L'obéissance des parties à une ordonnance du magistrat-directeur prescrivant certains actes d'instruction, par exemple, une visite des lieux par le jury, n'équivaut pas à une adhésion tacite, et ne couvre pas la nullité de la décision.

Cass. 8 juill. 1856. D. 56, 1, 294. *Autran c. chemin de fer du Midi.* M. Delapalme. rapp.

§ 2. — *Qui peut se pourvoir contre la décision du jury.*

30. La faculté de se pourvoir, tant contre la décision du jury que contre l'ordonnance du magistrat-directeur, appartient à toutes les parties.

31. Le préfet, pour les affaires où il représente l'Etat ou le département a seul qualité pour se pourvoir.

Cass. 25 août 1847. D. 47, 1, 280 ; S. 47, 1, 829 ; P. 47, 2, 576. *Préfet de la Vendée c. David.* M. Hello, rapp.

32. Le procureur de la république ne saurait être admis à exercer ce droit, soit de son chef, soit du chef du préfet.

Même arrêt.

33. Les concessionnaires de travaux publics, pour la confection desquels l'expropriation a été poursuivie, peuvent se pourvoir en cassation (article 63 de la loi du 3 mai 1841).

34. Ce droit, peut aussi, lorsque l'Etat s'est subrogé un concessionnaire, être exercé par le préfet qui est, en même temps que le concessionnaire, recevable à se pourvoir contre la décision du jury.

Cass. 11 août 1857. S. 57, 1, 861 ; P. 58, 765. *Préfet du Finistère c. veuve Durand.* M. Renouard, rapp.

35. Le tiers qui, d'après la décision du jury, représente la partie à laquelle est accordée l'indemnité, est recevable à se pourvoir en cassation contre cette décision.

Cass. 5 fév. 1883. *Bull. civ.*, 83, p. 51. *Brau c. ville de Dax*. M. Greffier, rapp.

36. Mais ne sauraient être admis à se pourvoir, ceux qui n'ont pas figuré au jugement d'expropriation, ou ceux qui ne sont pas intervenus comme intéressés, en vertu de l'article 21, ou ceux qui se pourvoient en une autre qualité que celle en laquelle ils ont comparu devant le jury.

Cass. 3 fév. 1880; S. 82, 1, 479; P. 82, 1186. *Capdeville c. cne de Castelnau-Durban*. M. Sallé, rapp.

37. Ainsi le mari, séparé de biens, n'a pas qualité pour se pourvoir seul en cassation contre la décision du jury qui accorde à sa femme une indemnité distincte.

Cass. rej. 5 mars 1844. D. 44, 1, 173; S. 44, 1 352; P. 44, 1, 759. *François c, cne de la Villette*. M. Miller, rapp.

38. Les actions relatives au règlement de l'indemnité due à la femme dotale n'ayant pour objet que des capitaux dont le recouvrement est confié, par l'article 1549 du code civil, au mari, comme administrateur des biens dotaux, celui-ci a qualité pour former un pourvoi contre la décision du jury qui fixe le montant de l'indemnité.

Cass. rej. 8 août 1866. *Bull. civ.*, 66, p. 227. *Orgnon c. chemin de fer de Lyon*. M. Quénault, rapp.

39. Lorsque, s'agissant de biens dépendant d'une succession indivise, des cohéritiers ont agi devant le jury par l'un d'eux, défendant tant en son nom qu'au nom de ses cohéritiers, le pourvoi a pu être valablement formé, dans l'intérêt de tous, par celui qui,

devant le jury, avait représenté les intérêts communs.

Cass. rej. 31 déc. 1850. D. 51, 1, 286; S. 51, 1, 364; P. 51, 2, 475. *Donzelot c. préfet de Seine-et-Oise*. M. Gillon, rapp.

40. Est recevable le pourvoi formé par le propriétaire qui a pris, dans cet acte, un titre nobiliaire autre que celui qui lui était attribué dans la procédure en expropriation, dès lors qu'aucun doute n'a pu s'élever sur l'identité du demandeur en cassation.

Cass. 27 août 1878. D. 78, 1, 433. *De Panisse-Passis c. Préfet des Alpes-Maritimes*. M. Goujet, rapp.

41. Le fermier qui soutenait devant le magistrat-directeur n'avoir point encouru la déchéance prononcée par l'art. 21 de la loi du 3 mai 1841, a qualité pour se pourvoir en cassation contre l'ordonnance qui l'a privé du droit de faire fixer par le jury une indemnité distincte de celle attribuée au propriétaire.

Cass. 11 juin 1883. D. 84, 1, 342; S. 84, 1, 35; P. 84, 57. *Bull. civ.*, 83, p. 255. *Payard c. préfet de l'Aube*. M. Greffier, rapp.

42. Et cela, alors même que l'expropriant soutient que le jury a accordé au propriétaire une somme qui comprend à la fois l'indemnité due à celui-ci et celle due au fermier.

Même arrêt.

43. Est non recevable le pourvoi formé contre la décision d'un jury d'expropriation par une commune qui n'a pas été autorisée à cet effet.

Cass. 9 janv. 1878. D. 78, 1, 35; S. 78, 1, 79. P. 78, 164, *Cne d'Azerat c. Chaynaud*. M. Hély d'Oissel, rapp.

44. La loi n'exige pas, sous peine de déchéance, que l'autorisation nécessaire précède ou accompagne la déclaration du pourvoi ; il suffit qu'il en soit justifié devant la Cour de cassation.

Cass. 11 juill. 1881. S. 82, 1, 36 ; P. 82, 57. *Cⁿᵉ de Saint Loup c. Gautreau.* M. Guérin, rapp.

45. La qualité de l'exproprié qui a comparu devant le jury comme propriétaire, ne peut être, pour la première fois, contestée devant la Cour de cassation.

Cass. 24 déc. 1845. D. 45, 4, 257 ; P. 46, 2, 437. *De Rancey c. ville de Paris.* M. Renouard, rapp.

§ 3. — *Délais du pourvoi et formalités auxquelles il est soumis.*

45 bis. Est nul le pourvoi formé en matière d'expropriation par une requête du préfet que celui-ci a fait remettre au greffier du tribunal par le procureur de la république.

Cass. 25 août 1884. *Consorts Simon c. préfet des Basses-Alpes.* M. Merville, rapp.

46. La signification de la décision du jury et de l'ordonnance d'exécution n'est pas nécessaire pour la validité du pourvoi.

Cass. 30 juin 1856. D. 56, 1, 263. *Ville de Pamiers c. Passeron.* M. Pascalis, rapp.

47. Les principes généraux de la procédure sur la computation des délais devant être appliqués aux délais fixés par des lois spéciales, toutes les fois que ces lois ne contiennent pas de dispositions contraires, il n'y a pas lieu de voir, dans le paragraphe 4 de l'article 42, une dérogation à la règle d'après laquelle *dies termini non computatur in termino.*

Cass. 11 janv. 1836. D. 36, 1, 51 ; S.

36, 1, 12 ; P. 36, 912. *Préfet de la Côte-d'Or c. cⁿᵉ de Chazilly.* M. Quénault, rapp.

— 15 janv. 1877. D. 78, 1, 74 ; S. 79, 1, 39 ; P. 79, 63. *Cⁿᵉ de Muret-le-Féron. c. Raignoux.* M. Salmon, rapp.

De Perronny et Delamarre, nᵒ 597. — Delalleau et Jousselin, t. I, nᵒ 648. — Daffry de la Monnoye, t. II, p. 286. — Arnaud, nᵒ 536.

48. Par suite, un pourvoi fait, par exemple, le 23 est valable, bien que la décision soit du 7.

Arrêt du 11 janv. 1836.

49. Un pourvoi est légalement formé le 17 août, bien que la décision du jury soit du 1ᵉʳ, si le 15 et le 16 sont des jours fériés.

Arrêt du 15 janvier 1877.

50. Le délai court du jour de la décision, alors même qu'elle aurait été rendue par défaut ;

Cass. 4 avril 1842. D. 42, 1, 246 ; P. 42, 1, 488. *Degrais c. cⁿᵉ des Batignolles.* M. Gillon, rapp.

— 7 fév. 1865. D. 65, 5, 169. *Babaz c. cⁿᵉ de Vinz en Sallaz.* M. Delapalme, rapp.

51. Ou que le demandeur en cassation alléguerait que la décision n'a pas été rendue publiquement, et offrirait de le prouver par inscription de faux.

Arrêt du 7 février 1865.

52. Toutefois, le délai ne commence à courir qu'autant que les formalités prescrites par les articles 15, 23, 31, c'est-à-dire les formalités destinées à mettre en demeure l'exproprié de se défendre, auront été accomplies.

Même arrêt du 7 février 1865, et 5 janv. 1848. D. 48, 1, 152 ; P. 48, 1, 31. *Valrivière c. préfet du Lot.* M. Gillon, rapp.

53. L'omission de la notification prescrite par l'article 31 suffit pour empêcher le délai de courir autrement qu'à partir de la signification de la décision faite à la partie elle-même.

Cass. 2 avril 1849. D. 49, 1, 79 ; S. 49, 1, 370 ; P. 49, 2, 33. *Carlot-Parquin et Consorts.* M. Gillon, rapp.

54. Encore, la signification elle-même ne produirait-elle pas cet effet, si elle n'avait pas été faite au domicile réel de la partie expropriée.

Même arrêt.

55. Les pourvois contre plusieurs décisions du jury, statuant sur des demandes d'indemnité formées par des individus expropriés en vertu du même jugement, peuvent être déclarés par le même acte, pourvu qu'ils se réfèrent distinctement à chaque décision attaquée et que le délai du pourvoi ait été observé à l'égard de chacune d'elles.

Cass. 20 août 1856. D. 56, 1, 330. *Chemin de fer de l'Est c. Baumlin et autres.* M. Quénault, rapp.

56. L'erreur sur la date de la décision attaquée, commise dans la déclaration d'un pourvoi, ne le vicie pas, si cette erreur n'a pu tromper le défendeur au pourvoi, notamment s'il n'est intervenu entre les parties aucune autre décision.

Cass. rej. 2 avril 1873. D. 73, 1, 188 ; S. 73, 1, 475 ; P. 73, 1192. *Granal c. préfet de l'Hérault.* M. Henriot, rapp.

57. En matière d'expropriation pour cause d'utilité publique, les pourvois ne sont pas affranchis de la consignation de l'amende.

Cass. 29 déc. 1879. S. 80, 1, 224 ; P. 80, 517. *Digne et autres c. préfet du Var.* M. Onofrio, rapp.
Jurisprudence constante. v. art. 20.

57 bis. La consignation d'a-

mende n'a pas besoin d'être préalable ; il suffit que l'amende ait été consignée au moment où l'affaire est appelée pour être jugée.

Cass. 7 mars 1883. D. 84, 1, 343. *Cne de Savenay c. Lemarié.* M. Crépon rapp.

57 ter. L'amende n'est pas régulièrement consignée entre les mains du greffier de la justice de paix où les opérations d'expropriation se sont passées ; ce fonctionnaire n'a pas qualité pour donner une quittance qui ne peut équivaloir à la production d'un récépissé émané du receveur de l'enregistrement.

Cass. 26 août 1884. *Falcon c. cne de Chapareillan.* M. Rohault de Fleury, rapp.

58. Lorsque le pourvoi est dirigé en même temps contre une décision commune au demandeur et à d'autres personnes, et contre une décision qui a statué à l'égard du demandeur seul, il y a lieu à une double consignation d'amende.

Cass. rej. 5 mai 1873. D. 73, 1, 244 ; S. 73, 1, 476 ; P. 73, 1193. *Meynaud c. chemin de fer de Lyon.* M. Henriot, rapp.

58 bis. Il en est de même, lorsque le demandeur se pourvoit, tant contre le jugement d'expropriation que contre la décision du jury.

Cass. 12 déc. 1882. S. 84, 1, 294 ; P. 84, 703. *Levesque c. ville de Nantes.* M. Blondel, rapp.

59. La demande en inscription de faux formée devant la Cour de cassation n'est recevable qu'autant que le demandeur en inscription a préalablement consigné l'amende spéciale prescrite par l'article 1er, tit. 10, 2e partie du règlement du 28 juin 1738.

Cass. rej. 7 janv. 1879. D. 79, 1, 172 ;

S. 79, 1, 80 ; P. 79, 165. *Moulinier c. préfet de l'Hérault.* M. Baudoin, rapp.

60. Le défaut d'envoi des pièces au greffe de la Cour de cassation, dans le délai de quinzaine, à partir de la notification du pourvoi formé contre une décision du jury d'expropriation, n'entraîne pas déchéance du pourvoi.

Cass. 15 janv. 1877 D. 78, 1, 74; S. 79, 1, 39 ; P. 79, 63. *cne de Muret-le-Féron c. Raignoux.* M. Salmon, rapp.
— 31 janv. 1881. D. 81, 1, 318 ; S. 81, 1, 180 ; P. 81, 412. *Ville de Cette c. Chavasse.* M. Sallé rapp.
— 11 juill. 1881. S. 82, 1, 36. P. 82, 57. *Cne de Saint Loup c. Gautreau.* M. Guérin, rapp.
— 19 juill. 1881. 1re espèce. D. 82, 1, 267. *Malartre c. préfet de la Loire.* M. Sallé, rapp.
— 7 mars 1883. D. 84, 1, 343. *Cne de Savenay c. Lemarié.* M. Crépon, rapp.
— 2 mai 1883. D. 83, 1. 392. *De Fumel c. cne de Marmanhac.* M. Blondel, rapp.

61. Mais, lorsqu'après déclaration de recours et notification de pourvoi, le demandeur en cassation a laissé passer les délais fixés par l'article 20, sans produire aucune pièce, formuler aucun grief et sans consigner d'amende, le défendeur est en droit de demander la déchéance du pourvoi.

Cass. 29 juill. 1878. D. 78, 1, 436 ; S. 78, 1, 384 ; P. 78, 944. *Guérie c. préfet de l'Eure.* M. Pont, rapp.
— 11 juill. 1881. D. 82, 1, 267. *Cne de Saint-Loup c. Gautreau.* M. Guérin, rapp.
— 18 août 1884. *Robert c. Cne de Ventenac.* M. Michaux-Bellaire rapp.
Jurisprudence constante.

§ 4. — *Notification du pourvoi.*

62. Le pourvoi doit être notifié dans la huitaine, à la partie contre laquelle il est dirigé, con-

formément à l'article 20 ; cette formalité est indispensable à la validité du pourvoi.

Cass. 26 janv. 1841. D. 41, 1, 93; S. 41, 1, 229 ; P. 41, 196. *Préfet de la Seine c. Charnay.* M. Renouard, rapp.
Et les numéros *infrà.*
Delalleau et Jousselin, t. I, no 653.

63. C'est au concessionnaire que cette notification doit être faite quand l'expropriation a été poursuivie par lui.

Cass. 4 juin 1855. D. 55, 1, 285; S. 56, 1, 78; P. 57, 97. *Fourtanier c. chemin de fer du Midi.* M. Renouard, rapp.

64. Lorsque la procédure en règlement d'indemnité a été suivie concurremment par l'administration et par les concessionnaires, le pourvoi en cassation contre les décisions qui interviennent peut valablement être notifié à l'administration comme aux concessionnaires.

Même arrêt.

65. Il en est autrement lorsque les propriétaires expropriés ont été avertis que les concessionnaires seuls restaient en cause ; en ce cas, le pourvoi ne peut être notifié à d'autres qu'aux concessionnaires.

Même arrêt.

66. Le demandeur en cassation exciperait vainement de ce que le concessionnaire n'a pas fait, dans l'arrondissement de la situation des biens, l'élection de domicile prévue et prescrite par l'article 15, cette élection de domicile ne s'appliquant qu'aux propriétaires expropriés.

Même arrêt.

67. Lorsqu'une fabrique d'église est défenderesse à un pourvoi formé en matière d'expropriation, le pourvoi est valablement notifié au président de la fabrique

Cass. 28 juill. 1879. D. 80, 1, 81 ; S. 81, 1, 877 ; P. 81, 900. *Préfet de la Lozère c. Bessières.* M. Sallé, rapp.

68. Si l'expropriation a été poursuivie par le concessionnaire seul, le préfet, auquel a été notifié le pourvoi, peut demander sa mise hors de cause.

Cass. rej. 23 mai 1870. D. 70, 1, 391; *De la Tullaye c. préfet de la Loire-Inférieure.* M. Henriot, rapp.

69. Et, dans ce cas, si le pourvoi dirigé, en même temps, contre l'administration et contre le concessionnaire, n'a été notifié qu'au préfet, la déchéance doit être prononcée.

Cass. 12 janv. 1857. D. 57, 1, 46 ; P. 57, 266. *Lebátard c. chemin de fer de l'Est.* M. Renouard, rapp.

70. Mais, si les poursuites d'expropriation avaient été, malgré la subrogation, exercées au nom de l'administration, le pourvoi en cassation formé contre cette dernière serait régulier.

Cass. rej. 20 mars 1855. D. 55, 1, 61; S. 55, 1, 451; P. 56, 1, 556. *Montrochet c. ville de Lyon.* M. Laborie, rapp.

71. De même en est-il, si, s'agissant de l'établissement d'un chemin vicinal de petite communication, l'expropriation a été poursuivie par le préfet.

Cass. rej. 12 août 1863. D. 65, 5 147. *Adam c. cne d'Arveyres.* M. Lamy rapp.

72. Le pourvoi en cassation est valablement notifié au préfet, quand l'expropriation relative à des travaux communaux a été poursuivie par ce fonctionnaire.

Cass. 5 fév. 1883. D. 84, 1, 278. *Bull. civ.*, 83, p. 51. *Brau c. ville de Dax.* M. Greffier, rapp.

73. L'erreur de qualité commise dans la notification du pourvoi ne la vicie pas, si cette notification contient les indications suffisantes pour rectifier l'erreur.

Cass. rej. 1er fév. 1870. D. 70, 1, 392. *Pinaud et Meyer c. préfet de la Seine.* M. Massé, rapp.

74. Ainsi en serait-il d'une notification de pourvoi faite au préfet de la Seine comme représentant la ville Paris, alors qu'il s'agissait d'une expropriation dans laquelle il représentait l'Etat, la notification ne permettant pas, par ses énonciations, de se méprendre sur la décision à l'occasion de laquelle le pourvoi était formé.

Même arrêt.

75. La déclaration d'élection de domicile ne s'étend pas aux actes étrangers à l'instance dans laquelle elle est faite. Conséquemment le pourvoi en cassation formé en matière d'expropriation, pour cause d'utilité publique, premier acte d'une nouvelle instance, doit être signifié au domicile réel du défendeur, et non au domicile élu pour l'instance terminée.

Cass. 6 fév. 1883. D. 83, 5, 264 *Bull. civ.*, 83, p. 53. *Veuve Brunet. c. préfet de l'Indre.* M. Greffier, rapp.

76. L'élection de domicile faite par une compagnie expropriante doit, en l'absence de toute mention destinée à en étendre les effets, d'une manière générale, être restreinte à ce qui faisait l'objet des actes où elle a été insérée; notamment elle n'a pu autoriser la partie adverse à notifier au domicile élu son pourvoi en casation ; ce pourvoi doit con-

formément au droit commun,
être notifié au siège social de la
compagnie;

Cass. 18 juin 1873. D. 73, 1, 327; S.
74, 1, 112; P. 74, 266. *Cne d'Aix c.
chemin de fer des Charentes*. M. Casenave, rapp.
— 17 fév. 1879. D. 79, 1, 175; S.
79, 1, 178; P. 79, 425. *Groquin c. chemin de fer de Lille*. M. Sallé, rapp.
— 8 fév. 1881. D. 81, 5, 201; S.
81, 1, 180; P. 81, 413. *Nicolas c. chemin de fer de Lyon*. M. Rohault de
Fleury, rapp.
— 6 fév. 1883. D. 83, 5, 264. *De
Brunet c. préfet de l'Indre*. M. Greffier, rapp.

77. Non au domicile élu en
vue seulement de la procédure
d'offres;

Arrêts 18 juin 1873, et 6 février
1883.

78. Non, au domicile d'un
agent de cette compagnie, auquel,
mandat n'avait point été donné
par elle.

Cass. 14 août 1876. D. 76, 1, 504;
S. 76, 1, 479; P. 76, 1201. *De Cibeins
c. chemin de fer de Lyon*. M. Hély
d'Oissel, rapp.

79. Le propriétaire qui a fait
connaître son locataire, conformément à l'article 21 et qui est
mis en cause devant la Cour de
cassation par le locataire, peut
demander sa mise hors de cause.

Cass. 5 fév. 1840. D. 40, 1, 127;
S. 40, 1, 162; P. 40, 1, 307. *Charnay
c. ville de Paris*. M. Quéquet, rapp.

80. Lorsque la décision attaquée établit un lien de connexité
entre divers intérêts, le pourvoi
doit être notifié à tous les représentants de ces intérêts.

Cass. rej. 3 janv. 1872. D. 72, 5,
233; S. 72, 1, 85; P. 72, 174, *Blanchy
c. chemin de fer du Midi*. M. Gastambide, rapp.

81. Ainsi le pourvoi formé par

un propriétaire que la décision
oblige à payer des indemnités à
ses fermiers n'est recevable qu'autant qu'il a été notifié aux fermiers.

Même arrêt.

82. Le demandeur en cassation, peut se borner à notifier son
pourvoi; il n'est pas tenu de notifier en même temps les actes
contre lesquels il est dirigé.

Cass. 30 juin 1856. D. 56, 1, 263.
Ville de Pamiers c. Passeron. M. Pascalis, rapp.

83. En matière d'expropriation
pour cause d'utilité publique, les
notifications de pourvoi ne constituant pas des ajournements, ne
sont pas soumises à la formalité
du visa.

Cass. 28 juill. 1879. D. 80, 1, 81; S.
81, 1, 377; P. 81, 900. *Préfet de la
Lozère c. Bessières*. M. Sallé, rapp.

84. Et si le parlant à de la notification du pourvoi est conçu en
termes incorrects d'où ne ressort
pas suffisamment le nom de la
personne à laquelle cette copie a
été laissée, il est permis, en cette
matière spéciale, de compléter l'é-
nonciation insuffisante de la copie
par l'original de l'exploit indiquant clairement la personne à
laquelle la copie a été laissée.

Même arrêt.

85. A Paris, les pourvois ne
peuvent être valablement notifiés
que par les huissiers-audenciers
près la Cour de cassation.

Cass. 19 fév. 1872. D. 73, 1, 20; S.
72, 1, 163; P. 72, 386. *Thomas c. ville
de Paris*. M. Hély d'Oissel, rapp.
— 14 août 1876. D. 76, 1, 504; S.
76, 1, 479; P. 76, 120. *De Cibeins c.
chemin de fer de Lyon*. M. Hély d'Oissel, rapp.
— 11 juill. 1881. D. 82, 1, 246; S.

82, 1, 24 ; P. 82, 38. *Magnier c. ville de Paris.* M. de Lagrévol, rapp.

§ 5. — *Effets de la cassation.*

86. La décision du jury est indivisible, et la nullité d'une de ses parties entraîne la nullité de la décision tout entière ; de telle sorte qu'au cas où le jury a statué en vue de deux hypothèses, la cassation sur l'une de ces hypothèses entraîne la cassation totale.

Cass. 21 déc. 1864. D. 64, 5, 162 ; S. 65, 1, 240 ; P. 65, 563. *Haentjens c. Petit.* M. Renouard, rapp.
— 7 juill. 1868. D. 68, 1, 328 ; P. 689, 59 ; S. 69, 1, 37. *C^{ne} de Montrichard c. chemin de fer d'Orléans.* M. Glandaz, rapp.

87. Au cas où la cassation a été prononcée sur le pourvoi d'un des copropriétaires de l'immeuble, elle emporte nullité de la décision du jury, à l'égard de tous les copropriétaires, s'il n'est pas possible de discerner la part afférente dans l'indemnité au copropriétaire sur le pourvoi duquel la décision a été cassée.

Cass. 6 janv. 1857. D. 57, 1, 47 ; S. 57, 1, 303 ; P. 58, 99. *Duplay c. chemin de fer de Lyon.* M. Alcock, rapp.
— 1er déc. 1880. D. 82, 1, 80 ; S. 81, 1, 226 ; P. 81, 536. *Gourjun c. préfet de l'Isère.* M. Guérin, rapp.
— 7 nov. 1883. *Durand c. c^{ne} de Queiger.* M. Dareste, rapp.

88. L'annulation de la décision du jury entraîne toujours avec elle l'annulation de l'ordonnance du magistrat-directeur qui l'a rendue exécutoire.

Cass. 6 déc. 1837. D. 38, 1, 39 ; S. 38, 1, 228 ; P. 38, 1, 304. *Bérard c. préfet de la Sarthe.* M. Quéquet, rapp.

89. Mais le pourvoi formé seulement contre l'ordonnance n'autorise pas à conclure à l'annulation de la décision du jury, qui subsiste malgré l'annulation de l'ordonnance du magistrat-directeur.

Cass. 21 juin 1842. P. 42, 117, 139. *Préfet du Jura c. Letroublon.* M. Gillon, rapp.

90. L'arrêt de cassation qui annule la décision du jury, laisse intactes les dispositions du jugement d'expropriation et notamment celle qui commet un juge pour remplir les fonctions de magistrat-directeur du jury et qui désigne un autre juge pour remplacer le premier au besoin ; par suite, au cas de cassation, le premier juge se trouvant empêché de continuer à diriger les opérations du nouveau jury, cet empêchement n'a pu atteindre le second juge qui conserve compétence pour exercer les fonctions de magistrat-directeur du jury qui devra être à nouveau désigné.

Cass. 6 mars 1878. D. 78, 1, 439 ; S. 78, 1, 181 ; P. 78, 430. *Barthès c. ville de Castres.* M. Aubry, rapp.

91. La cassation de la décision du jury enlève à l'administration le titre en vertu duquel elle peut se mettre en possession des terrains. Si l'entrée en possession ne s'est pas effectuée avant la cassation, elle ne peut plus avoir lieu ; si elle a eu lieu, l'exproprié est en droit de rentrer en jouissance de l'immeuble.

Delalleau et Jousselin, t. I, p. 587. — Daffry de la Monnoye, t. II, p. 295.

92. Le pourvoi n'est pas suspensif.

Delalleau et Jousselin, t. I, n° 645. — Daffry de la Monnoye, t. II, p. 300. — Dalloz, n° 812. *Contrà :* Arnaud, n° 542.

93. Par suite, est entaché de nullité le jugement du tribunal

qui, saisi d'une demande de désignation de jurés, surseoit à faire
cette désignation, sous le prétexte
qu'il y a lieu d'attendre le résultat d'un pourvoi formé contre un
précédent jugement.

Cass. 6 mai 1878. D. 79, 1, 172 ; S.
78, 1, 277 ; P. 78, 686. *Préfet de
l'Orne c. Dutertre.* M. Rohault de
Fleury, rapp.

94. Quand, en matière d'ex--
propriation, le demandeur en cassation déclare se désister de son
pourvoi, et que ce désistement est
accepté par la partie adverse, la
cour de cassation, en donnant
acte du désistement et de l'acceptation, doit condamner le
demandeur à l'amende envers le
trésor et à l'indemnité envers le
défendeur.

Cass. 4 avril 1883. D. 83, 1, 478 ;
S. 84, 1, 196 ; P. 84, 466. *Mauduit c.
ville de la Châtre.* M. Crépon, rapp.

ARTICLE XLIII

**Lorsque la décision du jury aura été cassée, l'affaire sera renvoyée
devant un nouveau jury, choisi dans le même arrondissement.
Néanmoins la Cour de cassation pourra, suivant les circonstances,
renvoyer l'appréciation de l'indemnité à un jury choisi dans un
des arrondissements voisins, quand même il appartiendrait à un
autre département.
Il sera procédé, à cet effet, conformément à l'article 30 (1).**

1. L'arrêt qui casse une décision du jury renvoie l'affaire devant un autre jury.

2. Le nouveau jury doit être composé exclusivement de jurés appartenant à l'arrondissement où sont situés les immeubles expropriés.

3. Mais ces jurés doivent être autres que ceux qui ont pris part à la première décision.

Cass. 20 juill. 1881. S. 81, 1, 430 ;
P. 81, 1087. *Bull. civ.*, 81, p. 266. *Préfet de la Corse c. Rossi.* M. Rohault de Fleury, rapp.

4. La présence, dans le nouveau jury, d'un seul des jurés ayant concouru à la décision cassée suffirait pour entraîner cassation de la nouvelle décision.

Cass. 8 juin 1853. D. 53, 1. 286 ; S.
54, 1, 63 ; P. 53, 1, 653. *Préfet des Bouches-du-Rhône c. Philips.* M. Renouard, rapp.

— Arrêt précité du 20 juillet 1881.
Daffry de la Monnoye, t. II, p. 300.
— Arnaud, n° 549. — Delalleau et Jousselin, t. I, n° 658.
. *Contrà :*
Cass. 11 mai 1835. D. 35, 1, 307 ;
S. 35, 1, 949 ; P. 35, 165. *Dumarest c.*

chemin de fer de la Loire. M. Quénault, rapp.
Duvergier, coll. des lois, t. XXXIII,
p. 302 et t. XLI, p. 161. — Debray,
n° 138 *bis.* — Gillon et Stourm, p. 151.
— Dalloz, n° 676.

5. Mais il en est différemment de la présence dans le nouveau jury de jurés ayant concouru à une autre décision précédemment cassée ; ces jurés peuvent figurer dans le nouveau jury.

Cass. rej. 19 juin 1861. D. 61, 1,
285 ; S. 61, 1, 996 ; P. 62, 826. *Bertrand c. ville de Béziers.* M. Renouard, rapp.
Delalleau et Jousselin, t. I, p. 588.
— De Peyronny et Delamarre, n° 602.
Contrà :
Duvergier, t. XXXIII, p. 302 et
t. XLI, p. 161. — Debray, n° 138 *bis.*
— Gillon et Stourm, p. 151.

6. Après cassation d'un jugement d'expropriation rendu par le tribunal du chef-lieu judiciaire du département et renvoi devant un autre tribunal de ce même département, la juridiction tout entière passe au tribunal auquel l'affaire a été renvoyée et au jury placé sous son autorité.

vant un nouveau jury choisi dans le même arrondissement.
Il sera procédé, à cet effet, conformément à l'article 30.

(1) *Loi du 7 juillet 1833*, art. 43.
Lorsqu'une décision du jury aura
été cassée, l'affaire sera renvoyée de

Cass. 3 janv. 1883; S. 84, 1, 167; P. 84, 390. *Bull. civ.*, 83, p. 4. *Roufard c. cⁿᵉ de Souvigny.* M. de Lagrévol, rapp.

6 *bis*. Mais le tribunal du chef-lieu reste compétent pour désigner le jury spécial chargé de régler l'indemnité ; ce jury doit être choisi sur la liste dressée pour l'arrondissement du tribunal de renvoi.

> Même arrêt.

7. Le deuxième paragraphe de l'article 43 qui autorise le renvoi devant un jury choisi dans un autre arrondissement, ou, même dans un autre département, a été ajouté à l'article correspondant de la loi de 1833, qui ne permettait le renvoi de l'affaire qu'à un jury choisi dans l'arrondissement de la situation des biens.

8. Ce renvoi doit être prononcé d'office sur les explications données par les parties qui n'ont pas à prendre de conclusions à cet égard.

Delalleau et Jousselin, t. I, p. 589.

9. Le renvoi au jury d'un autre arrondissement n'est autorisé qu'après cassation d'une première décision du jury de la localité; il ne peut être demandé avant cette décision.

M. Dufaure, *Moniteur* du 5 mars 1841, p. 588. — Delalleau et Jousselin, t. I, p. 588. — Daffry de la Monnoye, t. II, p. 303.

10. Le magistrat-directeur doit être autre que celui qui a dirigé le premier jury.

Cass. 21 mars 1855. D. 55, 1, 122; S. 55, 1, 449; P. 57, 335. *Passeron c. cⁿᵉ de Pamiers.* M. Delapalme, rapp.

11. Au cas où le jury aurait dû être choisi dans un autre arrondissement que celui de la situation des biens, il doit, à peine de nullité, être choisi sur la liste de l'arrondissement du tribunal devant lequel l'affaire est renvoyée, siéger dans son arrondissement et sous la direction d'un magistrat appartenant au tribunal de cet arrondissement, sauf à user de la faculté de se transporter sur les biens litigieux.

Arrêt précité du 21 mars 1855. — 3 janv. 1883; S. 84, 1, 167; P. 84, 390. *Roufard c. cⁿᵉ de Souvigny.* M. de Lagrévol rapp.
— 7 mars 1883. D. 83, 1, 478; S. 83, 1, 421; P. 83, 1057. *Bull. civ.*, 83, p. 98. *Bénard c. cⁿᵉ de Villefranche-Saint-Phal.* M. Manau, rapp.
Sic : Delalleau et Jousselin, t. I, n° 661. — De Peyronny et Delamarre, n° 605. — Debray, n° 138 *bis*. — Foucard, 4ᵉ édit., t. V, n° 494. — Daffry de la Monnoye, t. II, p. 302. — Arnaud, n° 551.

12. Les violations à ces règles étant d'ordre public ne seraient pas couvertes par la comparution et le silence gardé devant le jury.

Même arrêt.

12 *bis*. La prohibition qui résulte du principe que nul ne peut juger deux fois le même litige ne s'applique qu'aux personnes qui ont mission de juger et non au greffier qui n'est pas juge. En conséquence, la présence du même greffier aux opérations qui ont précédé l'arrêt de cassation et à celles qui l'ont suivi ne constitue pas une violation de la loi.

Cass. 25 août 1884. *Préfet du Doubs c. Prevot et autres.* M. Rohault de Fleury, rapp.

13. Après cassation d'un jugement d'expropriation, le tribunal de renvoi est seul compétent pour désigner le magistrat-directeur, lequel doit nécessairement être choisi parmi ses membres.

Cass. 17 déc. 1860. D. 61, 1, 133; S.

61, 1, 878; P. 61, 848. *De Forestier c. ville de Paris.* M. Aylies, rapp.
Arrêt précité du 7 mars 1883.

14. Quel que soit le lieu où l'affaire est renvoyée, on procédera à la formation du nouveau jury ainsi qu'il est dit à l'article 30, c'est-à-dire, que la cour d'appel ou le tribunal du chef-lieu du département choisira le jury sur la liste dressée par le conseil général.

15. La cassation prononcée contre une décision du jury d'expropriation laisse subsister tous les actes qui ont préparé cette décision et qui n'ont pas été l'objet d'un moyen de cassation.

Cass. 26 mai 1840. D. 40, 1, 215; S. 40, 1, 712; P. 41, 2, 736. *Paris c. préfet des Deux-Sèvres.* M. Renouard, rapp.

16. Par suite, l'acte d'offres précédemment fait ne peut plus être contesté au sujet du pourvoi formé contre la décision du nouveau jury.

Même arrêt.

17. Le pourvoi dans l'intérêt de la loi peut être formé par le procureur général près la Cour de cassation; mais, comme tous les pourvois de cette nature, il n'influerait en rien sur les droits des parties intéressées.

Delalleau et Jousselin, t. I, n° 662. — Arnaud, n° 554.

18. Si le tribunal du chef-lieu, dont le jugement a été cassé, après avoir désigné le jury sur la liste de son propre arrondissement, a pris une délibération ultérieure pour choisir le jury sur la liste de l'arrondissement du tribunal devant lequel l'affaire est renvoyée, il ne résulte pas nullité de la première désignation, alors que la liste du jury primitivement arrêtée n'a pas été notifiée aux expropriés, et que ceux-ci n'ont pas été convoqués devant le jury.

Cass. 3 janv. 1883. S. 84, 1, 167; P. 84, 390. *Roufard c. c^{ne} de Souvigny.* M. de Lagrévol, rapp.

ARTICLE XLIV

Le jury ne connaît que des affaires dont il a été saisi au moment de la convocation, et statue successivement et sans interruption sur chacune de ces affaires. Il ne peut se séparer qu'après avoir réglé toutes les indemnités dont la fixation lui a été ainsi déférée (1).

1. Pour que le jury soit saisi au moment de sa convocation, il ne suffit pas qu'un immeuble soit au nombre de ceux pour lesquels le jugement a prononcé l'expropriation, il faut encore qu'il y ait litige né entre les parties ; et il n'y a litige et nécessité de régler l'indemnité, qu'autant qu'il y a désaccord, par suite d'un refus formel ou tacite d'acceptation des offres faites par l'administration.

Cass. 14 janv. 1851. *Bull. civ.*, 51, p. 13. D. 51, 1, 289 ; P. 51, 2, 209. *De Beauvais et autres c. préfet de la Seine.* M. Renouard, rapp.
— 16 juin 1858. D. 58, 1, 825 ; P. 59, 160. *Ville du Mans c. Bourdon.* M. Gaultier, rapp.
—11 juin 1860. D. 60, 1, 405 ; P. 61, 765. *Beaume-Baurie c. chemin de fer d'Orléans.* M. Renouard, rapp.

2. A plus forte raison, le jury ne peut-il pas connaître des litiges qui n'ont pris naissance qu'après que la clôture de la session pour laquelle il avait été convoqué a mis fin à ses pouvoirs.

Arrêts des 14 janv. 1851 et 16 juin 1858.

3. Conséquemment, le magistrat-directeur, en déclarant que

(1) *Loi du 7 juillet 1833*, art. 44. Texte identique.

le jury est dûment saisi d'affaires pour lesquelles, par l'absence d'offres de l'administration, au moment de la convocation du jury, le litige n'était pas né, et le jury en statuant sur ces affaires, excèdent leurs pouvoirs et violent l'article 44 de la loi du 3 mai 1841.

Arrêt du 14 janv. 1851.

4. Le jury n'étant réellement saisi que des demandes d'indemnité concernant des immeubles atteints par l'expropriation, on ne peut se faire un moyen de cassation de ce que le jury n'a pas réglé l'indemnité relativement à des parcelles délaissées le long des terrains expropriés et pour lesquelles n'avaient été faites ni réclamations ni offres.

Cass. rej. 8 juill. 1863. D. 63, 1, 253 ; S. 63, 1, 400 ; P. 63, 1104. *Malice c. Petit.* M. Moreau de la Meurthe, rapp.

5. Les affaires dans lesquelles il y a eu expropriation prononcée, où le litige est né et qui figuraient parmi celles pour lesquelles un jury spécial avait été désigné, ne peuvent être, même du contentement des parties, portées devant un autre jury.

Cass. 27 août 1856. D. 56, 1, 334 ;

S. 59, 1, 271; P. 59, 537. *Poiret c. ville de Paris*. M. Renouard, rapp.

— 26 déc. 1859. D. 60, 1, 39; S. 60, 1, 1008; P. 60, 1020. *Laporte c. chemin de fer du Midi*. M. Quénault. rapp.

— 31 juill. 1866. S. 67, 1, 84; P. 67, 173. *Gouerre c. ville de Paris*. M. Renouard, rapp.

6. Au contraire, pour les portions d'immeubles qui n'ont pas été soumises à l'expropriation et qui ont été, du consentement des deux parties, jointes aux parties expropriées, le jury peut valablement statuer.

V. art. 38.

7. L'obligation, pour le jury, de statuer successivement et sans interruption sur les affaires qui lui sont soumises ne doit pas être comprise dans un sens littéral et absolu.

8. Ainsi, il est facultatif, pour le jury, de continuer à un autre jour une affaire commencée, quand ce renvoi est motivé par une mesure d'instruction, telle qu'un transport du jury sur les lieux.

Cass. rej. 7 avril 1845. D. 45, 1, 207; S. 45, 1, 531; P. 45, 1, 588. *L'État c. Feron*. M. Renouard, rapp.

— 16 fév. 1846. D. 46, 1, 63; S. 46, 1, 228; P. 46, 1, 500. *Préfet des Bouches-du-Rhône c. Masson*. M. Renouard, rapp.

— 11 juin 1856. D. 56, 1, 196; S. 56, 1, 826; P. 56, 2, 414. *Chemin de fer de Strasbourg c. Forest*. M. Renouard, rapp.

— 9 fév. 1857. D. 57, 1, 70; S. 57, 1, 774; P. 58, 371. *Grand-Central c. Boyer*. M. Quénault, rapp.

— 23 déc. 1863. D. 64, 5, 149, *Chemin de fer d'Orléans c. Monclar*. M. Renouard, rapp.

9. Ou quand l'intervalle laissé par la continuation d'une affaire à un autre jour, a été employé à la discussion d'une affaire différente.

Cass. rej. 31 déc. 1873. D. 74, 1, 213; S. 74, 1, 84; P. 74, 172. *Cne de*

Saint-Nazaire c. Cie des Paquebots. M. Casenave, rapp.

10. A plus forte raison, la continuation de l'affaire ne peut-elle entraîner cassation quand un obstacle matériel, tel que la neige qui recouvre le sol, s'oppose à une visite des lieux jugée nécessaire.

Cass. rej. 20 août 1862. D. 62, 1, 368. *Vimort c. chemin de fer de Lyon*. M. Delapalme, rapp.

— 5 nov. 1879. D. 80, 1, 163; S. 80, 1, 175; P. 80, 388. *Beaussier c. chemin de fer de Tulle*. M. Sallé, rapp.

11. Quand les affaires ont été divisées en catégorie, le magistrat-directeur peut, au début de la session, assigner un jour déterminé pour le commencement des débats de chaque catégorie, sans que le fait d'un intervalle qui viendrait à se produire entre chaque catégorie, par suite d'une expédition des affaires plus rapide que celle prévue, pût être une cause de nullité.

Cass. rej. 4 mars 1861. D. 61, 1, 184. *Ville de Paris c. Duffié*. M. Quénault, rapp.

12. L'article 44, qui prescrit aux jurés de statuer sans interruption, n'est pas au nombre de ceux dont l'inobservation donne lieu à la cassation; cette cassation ne pourrait être prononcée qu'autant que de cette inobservation serait résulté un excès de pouvoir ou la violation d'un principe d'ordre public; en dehors de ces cas, au magistrat-directeur seul appartient le droit d'apprécier les motifs qui autorisent ce renvoi d'une affaire à un autre jour.

Cass. rej. 30 janv. 1867. *Bull. civ.*, 67, p. 84. *Prugnat c. ville de Paris et Thome*. M. Glandaz, rapp.

— 25 mai 1868. D. 68, 1, 405. *Cambreling c. préfet de la Seine*. M. Laborie, rapp.

13. Cet excès de pouvoir existe

quand, par un renvoi trop éloigné et non justifié, il est évident qu'on a eu pour but de changer l'époque de la session.

Cass. 10 mars 1857. D. 57. 1, 118; S. 57, 1, 608; P. 58, 872. *De Saunhac c. Grand-Central*. M. Renouard, rapp.

14. Malgré l'obligation imposée au jury de ne pas se séparer sans avoir réglé toutes les indemnités dont la fixation lui a été déférée, le magistrat-directeur a pu, sans que son ordonnance encourût la cassation, renvoyer une affaire à une autre session comme n'étant pas en état de recevoir actuellement une solution.

Cass. rej. 3 juill. 1850. D. 50, 1, 281; S. 51, 1, 58; P. 50, 2, 255. *Préfet de Seine-et-Oise c. Régnier*. M. Gillon, rapp.

15. Il n'y a pas cause de nullité dans le fait, par le jury, d'avoir siégé et rendu décision un dimanche ou un jour férié;

Cass. rej. 12 janv. 1864. D. 64, 5. 154; S. 64, 1, 193; P. 64. 713. *Soubiran c. préfet du Gers*. M. Laborie. rapp.

ARTICLE XLV

Les opérations commencées par un jury, et qui ne sont pas encore terminées au moment du renouvellement annuel de la liste générale mentionnée en l'article 29, sont continuées jusqu'à conclusion définitive, par le même jury (1).

1. Les opérations ne sont réputées commencées qu'autant que le jury s'est réuni et a été définitivement constitué.

Cass. 15 fév. 1843. D. 43, 1, 109; S. 43, 1, 127; P. 43, 1, 195. *De Sémallé c. préfet de la Manche.* M. Renouard, rapp.
— 26 déc. 1859. D. 60, 1, 16; S. 60, 1, 479; P. 60, 995. *Rollin c. cne de Clamecy.* M. Le Roux de Bretagne, rapp.
— 22 déc. 1869. D. 70, 1, 16; S. 70, 1, 83; P. 70, 171. *Corneille c. ville de Pithiviers.* M. Rieff, rapp.
— 27 mai 1873. D. 73, 1, 192; S. 73, 1, 473; P. 73, 1189. *Ville de Murat c. Cheyrouse.* M. Merville, rapp.

2. Les opérations du jury d'expropriation sont réputées commencées avant le renouvellement de la liste annuelle du jury, et, dès lors, elles peuvent être continuées malgré ce renouvellement, lorsqu'il a eu lieu après la constitution du jury, la prestation du serment des jurés, la division des affaires en catégories et l'indication du jour et de l'heure de la visite des lieux et de l'audition des parties intéressées.

(1) *Loi du 7 juillet 1833,* art. 45. Texte identique.

Cass. 16 mai 1860. D. 60, 1, 216; S. 60, 1, 912; P. 61, 755. *Barbier c. ville de Paris.* M. Lavielle, rapp.

3. Les opérations du jury réuni, en vertu d'une convocation unique, pour statuer sur toutes les affaires comprises dans un même jugement d'expropriation, sont réputées commencées du jour où se sont ouverts les débats sur la première affaire.

Cass. 13 mars 1861. D. 61, 1, 181; S. 61, 1, 653; P. 62, 40. *Roubichou c. chemin de fer du Midi.* M. Delapalme. rapp.

4. En conséquence, le jury peut valablement connaître de toutes les affaires, bien que la liste sur laquelle il a été choisi, ait été renouvelée avant la clôture des opérations.

Même arrêt.

5. Si, les opérations n'étant pas commencées, alors qu'a été renouvelée la liste du conseil général, le jury choisi sur l'ancienne liste, a statué, ses décisions sont entachées de nullité.

V. art. 30.

ARTICLE XLVI

Après la clôture des opérations du jury, les minutes de ses décisions et des autres pièces qui se rattachent auxdites opérations sont déposées au greffe du tribunal civil de l'arrondissement (1).

1. C'est au greffe du tribunal civil que doivent être déposées les minutes des décisions du jury, alors même que, s'agissant de redressement de chemins vicinaux, le jury aurait été présidé par le juge de paix.

Cass. 29 déc. 1858. *Faugières c. c^ne d'Olliergues*. M. Lavielle, rapp.

2. Le procès verbal des opérations du jury doit naturellement être compris dans le dépôt, et, au

(1) *Loi du 7 juillet 1833, art. 46.* Texte identique.

cas où besoin serait des pièces déposées, par exemple, pour un pourvoi en cassation, des expéditions seront délivrées par le greffier.

Arnaud, n° 5,64.

3. C'est encore au greffe du tribunal civil que doit être formé le pourvoi dans les expropriations concernant des chemins vicinaux.

Cass. rej. 7 avril 1868. D. 68, 1, 161; S. 68, 1, 272; P. 68, 661. *Renold-Faget c. c^ne de Saint-Avit*. M. Fauconneau-Dufresne, rapp.

ARTICLE XLVII

Les noms des jurés qui auront fait le service d'une session ne pourront être portés sur le tableau dressé par le conseil général pour l'année suivante (1).

1. L'exclusion prononcée par l'article 47 n'a son application qu'autant qu'il y a eu réunion du jury pendant l'année pour laquelle la liste avait été dressée ; si le jury ne s'est pas réuni, les noms des jurés de l'année *précédente* pourront être reportés sur la nouvelle liste, bien qu'ils représentent les jurés ayant fait le service de la dernière session.

Cass. rej. 8 nov. 1848. D. 44, 1, 29 ; S. 44, 1, 247 ; P. 44, 1, 255. *De Salasc c. préfet du Var.* M. Renouard, rapp.

2. Mais qu'il y ait eu réunion ou non, les mêmes jurés ne peuvent pas être portés sur la liste pendant deux années consécutives.

Même arrêt.

3. En tous cas, la violation de

(1) *Loi du 7 juillet 1833*, art. 47. Texte identique.

l'article 47 ne donne pas ouverture à cassation.

Cass. rej. 17 août 1847. S. 48, 1, 318 ; P. 48, 1, 696. *Pestiaux c. chemin de fer de Montereau.* M. Renouard, rapp.
— 21 mars 1877. S. 78, 1, 179 ; D. 78, 1, 437 ; P. 78, 164. *Lamotte et autres c. ville de Nancy.* M. Aucher, rapp.

4. L'autorité judiciaire n'a pas qualité pour réviser et rectifier les listes dressées par le conseil général ; elle doit former le jury d'après ces listes telles qu'elles lui sont remises, et le concours des jurés ainsi choisis ne saurait vicier les opérations, malgré les erreurs commises par le conseil général.

Arrêt du 17 août 1847 et les arrêts cités à l'article 30.

5. Un juré peut, dans le cours d'une même année, faire partie de plusieurs sessions, pourvu qu'il s'agisse de jurys choisis sur la même liste.

Arnaud, n° 567.

CHAPITRE IV

DES RÈGLES A SUIVRE POUR LA FIXATION DES INDEMNITÉS

ARTICLE XLVIII

Le jury est juge de la sincérité des titres et de l'effet des actes qui seraient de nature à modifier l'évaluation de l'indemnité (1).

1. La compétence du jury d'expropriation pour utilité publique est limitée au droit et au devoir de fixer le montant de l'indemnité ; par suite, la règle : que « le jury est juge de la sincérité « des titres et de l'effet des actes « qui seraient de nature à modi- « fier l'évaluation de l'indem- « nité, » doit s'entendre en conciliant cette disposition avec la règle précédemment posée, c'est-à-dire, en réduisant l'office du jury à l'appréciation de ce qui touche à la quotité ou au montant de l'indemnité, et lui refusant l'examen de la sincérité des titres produits, ainsi que leur effet, lorsque cet examen nécessiterait, soit une décision sur le droit à l'indemnité, indépendemment de son chiffre, soit la néga-

(1) *Loi du 7 juillet 1833*, art. 48. Texte identique.

tion ou le maintien aux réclamants d'une qualité qui leur est contestée.

Cass. 28 janv. 1857. D. 57, 1, 47. *Préfet de la Seine c. Rémond et autres.* M. Pascalis, rapp. — 14 avril 1857. D. 57, 1, 166. *Ville de Paris c. Brajon.* M. Chegaray, rapp.

2. L'appréciation de la sincérité des titres par le jury, en vertu de l'article 48 de la loi du 3 mai 1841, ne peut avoir lieu qu'autant qu'il s'agit d'une simple question de quotité d'indemnité, non quand c'est la qualité même des parties qui est contestée.

Cass. 2 juill. 1883. *Bull. civ.,* 83, p. 284. *Laborie-Lagarde c. préfet du Puy-de-Dome.* M. Descoutures, rapp.

3. Il en est ainsi notamment quand la sincérité d'un bail et, par suite, la qualité de locataire sont déniées.

Même arrêt.

ARTICLE XLIX

Dans le cas où l'administration contesterait au détenteur exproprié le droit à une indemnité, le jury, sans s'arrêter à la contestation, dont il renvoie le jugement devant qui de droit, fixe l'indemnité comme si elle était due, et le magistrat-directeur du jury en ordonne la consignation, pour ladite indemnité rester déposée jusqu'à ce que les parties se soient entendues ou que le litige soit vidé (1).

1. L'article 49, dans sa première partie, n'est que la reproduction et le complément de l'article 39 sous lequel ont été indiquées toutes les solutions se rattachant à la défense faite au jury de connaître des contestations élevées sur le fond du droit, comme à l'obligation de fixer éventuellement l'indemnité, lorsque ces contestations ont été soulevées.

V. art. 39.

2. On doit signaler dans cette première partie une erreur de rédaction qui n'existe pas dans le 4ᵉ paragraphe de l'article 39. Le jury n'a pas à renvoyer devant qui de droit; ce soin regarde le magistrat-directeur ; la mission du jury doit se borner à la fixation de l'indemnité.

3. La seule disposition nouvelle insérée dans l'article 49 est celle qui concerne la consignation du montant de l'indemnité, ordonnée par le magistrat-directeur, au cas de litige sur le fond du droit.

4. Bien que l'article 49 ne figure pas au nombre de ceux que

(1) *Loi du 7 juillet 1833*, art. 49. Texte identique.

l'article 42 indique comme donnant ouverture à cassation, a été déclarée nulle l'ordonnance du magistrat-directeur qui, sans tenir compte du caractère éventuel de l'indemnité, avait omis d'ordonner la consignation et avait envoyé en possesion des immeubles sans rectriction ni réserves.

Cass. 22 août 1855. D. 55, 1, 396; S. 56, 1, 174; P. 56, 2, 512. *Chemin de fer du Midi c. cᵐᵉ de Moissac.* M. Renouard, rapp.

5. Lorsque l'administration refuse tout droit à indemnité à un locataire auquel elle a donné congé et que le locataire, excipant d'une prolongation de son bail, réclame, au contraire, une indemnité dont il a notifié le chiffre, il y a contestation sur le fond du droit, mais le jury n'en doit pas moins être appelé à fixer éventuellement l'indemnité contestée.

Cass. 26 déc. 1860. D. 61, 1, 134. P. 62, 71. *Chéreau c. ville de Lyon.* M. Gaultier, rapp.

6. Par suite, est nulle l'ordonnance du magistrat-directeur qui rejette l'intervention du demandeur, en déclarant que l'indemnité à laquelle il pouvait avoir droit ne serait pas fixée par le jury.

Même arrêt.

ARTICLE L

Les bâtiments dont il est nécessaire d'acquérir une portion pour cause d'utilité publique seront achetés en entier si les propriétaires le requièrent, par une déclaration formelle, adressée au magistrat-directeur du jury, dans les délais énoncés aux articles 24 et 27.

Il en sera de même de toute parcelle de terrain qui, par suite du morcellement, se trouvera réduite au quart de la contenance totale, si toutefois le propriétaire ne possède aucun terrain immédiatement contigu, et si la parcelle ainsi réduite est inférieure à dix ares (1).

§ 1. — *A quelles parties d'immeuble s'applique le droit conféré par l'article 50.*

§ 2. — *Qui peut exercer ce droit.*

§ 3. — *Délai et forme de la réquisition d'acquisition totale.*

§ 4. — *Effets de la réquisition d'acquisition totale.*

(1) *Loi du 7 juillet 1883*, art. 50.
Les *maisons* et bâtiments dont il est nécessaire d'acquérir une portion pour cause d'utilité publique seront achetés en entier, si les propriétaires le requièrent par une déclaration formelle adressée au magistrat-directeur du jury, *dans le délai énoncé en l'article 24.*

Il en sera de même de toute parcelle de terrain qui, par suite du morcellement, se trouvera réduite au quart de la contenance totale, si toutefois le propriétaire ne possède aucun terrain immédiatement contigu, et si la parcelle, ainsi réduite, est inférieure à dix ares.

§ 1.— *A quelles parties d'immeubles s'applique le droit conféré par l'article 50.*

1. Les bâtiments dont parle l'article 50 et dont l'acquisition totale peut être requise sont ceux qui ne forment qu'un seul corps et qui sont destinés au même service.

Toulouse, 22 nov. 1855. D. 56, 2, 80. — Caen, 20 mars 1872. D. 74, 5, 247; S. 73, 2, 82; P. 73, 436.

2. Quand ces conditions existent, il importe peu que la partie atteinte par l'expropriation ait été construite à une autre époque que la partie dont on demande l'acquisition, s'il y a eu incorporation de l'une à l'autre.

Arrêt du 22 nov. 1855.

3. Quelque peu importante que soit la portion d'un bâtiment atteinte par l'expropriation, le propriétaire est en droit d'exiger qu'on lui achète la totalité du bâtiment.

Delalleau et Jousselin, t. II, nº 841.

4. L'industriel exproprié dans une partie de son usine peut demander l'acquisition de la totalité, sans être dans la nécessité de démontrer qu'il est dans l'impossibilité de continuer son exploitation.

Poitiers, 17 fév. 1880. D. 81, 2, 5.

5. Si les bâtiments, bien qu'affectés à une destination commune, ne forment pas cependant un seul corps et sont indépendants les uns des autres, l'acquisition totale de l'ensemble de ces batiments ne peut être requise.

Rennes, 5 déc. 1867. D. 69, 1, 103.

6. Les décisions qui statuent sur le point de savoir si les constructions dont on requiert l'acquisition intégrale, constituent un seul et même bâtiment, portant sur un point de fait, échappent au contrôle de la Cour de cassation.

Cass. req. 10 nov. 1868. D. 69, 1, 103. *Boulineau c. ville de Morlaix.* M. de Vergès, rapp.

7. L'article 50 n'est applicable qu'autant que l'immeuble est atteint dans son essence, non simplement dans sa valeur, comme il en serait par la suppression de certains droits réels, tels que des servitudes.

Cass. req. 14 janv. 1873. D. 73, 1, 308; S. 73, 1, 138; P. 73, 294. *Petit c. Enregistr.* M. d'Oms, rapp.

8. Pour que le second paragraphe de l'article 50 soit applicable, il faut, en même temps, que la parcelle soit réduite au quart de la contenance totale, que cette parcelle, ainsi réduite, soit inférieure à dix ares et que le propriétaire ne possède aucun terrain contigu; lorsque ces conditions existent, l'expropriant ne peut se refuser à obtempérer à la réquisition de l'exproprié.

Cass. req. 3 déc. 1878. S. 79, 1, 80; P. 79, 166. *Chemin de fer de Lyon c. Vosges.* M. Guillemard, rapp.

9. Lors même que la parcelle réduite serait inférieure à dix ares, si l'expropriation n'en a pas pris les trois quarts, l'acquisition intégrale ne pourra être requise.

Delalleau et Jousselin, t. II, nº 839. — Arnaud, nº 600.

10. Et, d'un autre côté, on ne pourra contraindre l'expropriant à acquérir une parcelle inférieure à dix ares et réduite au quart de la contenance, si le propriétaire possède un terrain contigu.

11. Mais il faut que le terrain soit immédiatement contigu, c'est-à-dire, qu'il touche la parcelle par quelqu'un de ses points.

12. Un chemin public, un fossé, soit pour l'arrosage du territoire, soit pour son desséchement, empêcheraient que le terrain fût contigu dans le sens du second paragraphe de l'article 50.

Arnaud, n° 601.

13. La portion de la propriété qui n'est pas réclamée pour cause d'utilité publique ne peut être acquise que sur la réquisition du propriétaire; l'expropriant ne peut se refuser à l'acquisition, dès lors qu'existent les conditions visées par l'article 50.

§ 2. — *Qui peut exercer le droit de requérir l'acquisition totale.*

14. Il faut que la réquisition totale émane du propriétaire lui-même, représentant la pleine propriété; un droit ne représentant qu'un démembrement ou qu'une part de la propriété ne saurait suffire pour qu'on pût user de la faculté de réquisition intégrale.

Ainsi :

15. Au cas où la propriété est commune, la réquisition ne peut être utilement faite qu'autant qu'elle émane de tous les copropriétaires.

Daffry de la Monnoye, t. II, p. 316.

16. Le mari ne pourrait, sans approbation de sa femme, exiger l'acquisition de la totalité de l'immeuble exproprié sur elle.

Delalleau et Jousselin, t. II, n° 843. — Arnaud, n° 579.

17. Le tuteur n'aurait pas le droit de contraindre, de son chef, l'administration à acquérir la totalité de la propriété de son pupille. Si l'aliénation lui paraît utile

il devra faire délibérer le conseil de famille et obtenir l'homologation.

Arnaud, n° 580.

18. Il en serait de même du père tuteur et usufruitier légal ; cette double qualité ne lui donnant pas celle de propriétaire de l'immeuble exigée pour faire valablement la réquisition.

Mêmes auteurs, *ibid.*

19. Les administrateurs des établissements publics devront se faire autoriser à requérir l'acquisition totale, dans les formes prescrites pour l'aliénation des biens appartenant à ces établissements.

Mêmes auteurs, *loco citato.*
Cass. req. 25 juin 1888. D. 88, 1, 479. *Bull. civ.*, 88, p. 280. M. Alméras-Latour, rapp.

20. Est nulle la réquisition d'acquisition totale formulée par la commission administrative d'un hospice, non régulièrement autorisée.

Même arrêt.

21. L'autorisation donnée à une commune de poursuivre l'expropriation partielle d'un immeuble est suffisante pour autoriser l'acquisition totale de l'immeuble; cette acquisition étant une conséquence forcée de l'expropriation partielle quand celle-ci se trouve dans les conditions prévues par la loi elle-même.

Bordeaux, 13 déc. 1848. D. 49, 2, 216 ; P. 50, 1, 78.

22. C'est en vue des formalités à remplir par les représentants des incapables pour se faire autoriser à requérir l'acquisition totale que, pour eux, l'article 50 a doublé le délai pendant lequel la réquisition peut être faite.

23. Au cas où l'immeuble est grevé d'un droit d'usufruit, c'est au propriétaire, non à l'usufruitier, qu'il appartient de requérir l'acquisition totale.

24. Mais il ne peut le faire sans justifier du consentement de l'usufruitier.

Delalleau et Jousselin, t. II, n° 845. — Arnaud, n°s 583 et suiv.
Contrà : Dalloz, n° 738.

25. Mêmes solutions quand l'immeuble est grevé d'un droit d'usage ou d'habitation.

Mêmes auteurs, *loco citato.*

26. Le propriétaire n'a pas besoin pour demander l'acquisition totale, de justifier du consentement de son locataire, vis-à-vis duquel l'administration prend purement et simplement son lieu et place, l'immeuble arrivant aux mains de l'administration, non à titre d'expropriation, mais à titre de vente.

Cass. 14 juill. 1847. D. 47, 1, 251 ; S. 47, 1, 598. *Préfet de la Seine c. Pignard.* M. Mestadier, rapp.
Delalleau et Jousselin, t. II, n° 849. — Arnaud, n° 587.

27. Le locataire n'a pas le droit d'exiger l'expropriation entière du bail des lieux qu'il occupe.

Delalleau et Jousselin, t. II, p. 155. — Arnaud, n° 589. — Cabantous, Sirey, 1855, 2, 225. — Daffry de la Monnoye, t. II, p. 332. — Dalloz, 1856, 2, 65.
Contrà : Paris, 3 mai 1854. D. 56, 2, 65 ; S. 55, 2, 225 ; P. 55, 1, 139.

28. La contestation relative à la capacité d'une partie de qui émane une réquisition d'acquisition totale d'un immeuble morcelé par suite d'expropriation pour cause d'utilité publique, constitue un litige sur le fond du droit, dont la connaissance est attribuée aux tribunaux civils.

Cass. req. 25 juin 1883. D. 83, 1, 479. *Bull. civ.,* 83, p. 280. M. Alméras-Latour, rapp.

§ 3. — *Délai et forme de la réquisition d'acquisition totale.*

29. Le délai dans lequel la réquisition d'acquisition totale peut être valablement faite est, pour les personnes qui peuvent librement disposer de leurs biens, de quinzaine à partir de la notification des offres faites aux propriétaires et autres intéressés.

30. Il est d'un mois pour les incapables agissant par représentants, femmes mariées, mineurs, État, départements, communes, établissements publics.

31. Les délais sont de rigueur. Il y aurait déchéance si la réquisition avait été faite après leur expiration.

Cass. 13 août 1855. D. 55, 1, 333 ; S. 56, 1, 829 ; P. 57, 419. *Raboulier de Saint-Seine c. chemin de fer de Dôle.* M. Delapalme, rapp.
— 14 août 1855. D. 55, 1, 416 ; S. 65, 1, 620 ; P. 57, 420. *Mounier c. chemin de fer de Saint-Rambert.* M. Delapalme, rapp.
— 9 juill. 1856. D. 56, 1, 293 ; P. 56, 2, 378. *Paris d'Avancourt c. chemin de fer de Saint-Rambert.* M. Lavielle, rapp.
— 28 août 1856. D. 56, 1, 333 ; S. 57, 1, 141 ; P. 58, 950. *Lentemann c. ville de Grenoble.* M. Renouard, rapp.
— 18 janv. 1859. D. 59, 1, 24 ; P. 60, 1155. *Préfet de la Drôme c. Mercier.* M. Alcock, rapp.

32. Mais la fin de non-recevoir qui pourrait résulter de l'inobservation de ces délais n'étant pas d'ordre public, elle est couverte par l'assentiment donné par l'administration, devant le jury, aux conclusions prises par l'exproprié et tendant à ce que l'expropriant acquît les excédants restés en dehors des emprises déterminées par le jugement d'expropriation.

Cass. 28 juill. 1879. D. 80, 1, 81; S. 81, 1, 377; P. 81, 900. *Préfet de la Lozère c. Bessières*. M. Sallé, rapp.

33. L'administration peut se faire un grief de cassation de ce que l'indemnité a été réglée pour la totalité de l'immeuble sur une réquisition tardive.

Arrêts précités des 9 juillet 1856 et 18 janvier 1859.

34. L'exproprié, au contraire, ne saurait être admis à se plaindre de ce que le jury n'ait pas tenu compte de la tardiveté de sa réquisition.

Cass. rej. 25 janv. 1853. D. 53, 1, 28; S. 53, 1, 287; P. 53, 1, 293. *Troyon c. préfet de la Seine*. M. Renouard, rapp.

35. La nullité résultant de la tardiveté de la réquisition est de celles qui peuvent être couvertes par le consentement des parties; il en résulte que la déchéance est couverte par l'acceptation de l'acquisition totale, faite sur une réquisition présentée après les délais, par un agent suffisamment autorisé de l'administration.

Même arrêt.

36. Le locataire ne saurait invoquer contre son propriétaire la déchéance résultant de la tardiveté de la réquisition; ce droit n'appartient qu'à l'expropriant.

Cass. 22 juin 1869. D. 70, 2, 86; S. 72, 1, 86; P. 72, 1, 175. *Rouge c. ville de Paris*. M. Massé, rapp.

37. Le jury ne doit refuser de statuer sur une réquisition totale qu'autant qu'il n'y a pas doute et contestation sur la question de tardiveté. Au cas de contestation sur ce point, il y a litige sur le fond du droit entraînant l'obligation pour le jury de fixer une indemnité alternative.

Cass. 25 août 1856. D. 56, 1, 333; S. 57, 1, 141; P. 58, 950. *Lentemann c. ville de Grenoble*. M. Renouard, rapp.
— 10 avril 1861. D. 61, 1, 282; S. 61, 1, 794; P. 62, 191. *Jeanson c. ville de Paris*. M. Alcock, rapp.
— 6 avril 1869. D. 69, 1, 343. *Lesoufaché c. ville de Paris*. M. Aylies, rapp.

38. La réquisition n'est assujettie à aucune forme; elle peut être faite, soit par un acte extra-judiciaire, soit même par une simple lettre adressée au magistrat-directeur.

Cass. rej. 28 déc. 1859. D. 60, 1, 39; S. 60, 1, 1004; P. 60, 1044. *Cne de Mallemort c. Boutière*. M. Alcock, rapp.

39. Il suffit qu'elle soit établie par une mention faite sur le procès-verbal des opérations du jury.

Même arrêt.

40. Si la réquisition, notifiée par exploit, a été omise dans la copie remise à l'expropriant, elle est comme non avenue.

Cass. rej. 7 janv. 1862. D. 62, 1, 377; S. 62, 1, 1064; P. 63, 378. *Roche c. chemin de fer d'Orléans*. M. Renouard, rapp.

41. Il en est de même, si, malgré la réquisition d'acquisition totale, l'exproprié n'a pris, devant le jury, aucunes conclusions tendant au règlement de l'indemnité conformément à sa réquisition qui, dans ces conditions, est considérée comme abandonnée.

Cass. rej. 3 juill. 1861. *Bull. civ.*, 61, p. 177. *Vivian c. chemin de fer du Dauphiné*. M. Moreau, rapp.
— 11 août 1875. D. 76, 5, 231; S. 75, 1, 428; P. 75, 1068. *Espagnac*. M. Merville, rapp.

42. La réquisition d'acquisition intégrale peut être rétractée tant qu'elle n'a pas été acceptée par l'expropriant.

Bordeaux, 13 déc. 1848. D. 49, 2, 216; P. 50, 1, 78.

43. Cette rétractation peut

avoir lieu, même après la décision du jury.

Même arrêt.

44. L'acceptation de la réquisition rend la rétractation impossible.

Même arrêt.

45. La réquisition faite en temps utile oblige l'expropriant à faire des offres dans les délais et avec les formalités prescrites.

Cass. 9 janv. 1883. D. 84, 1, 152 ; S. 84, 1, 295. P. 84, 706. *Barrey c. préfet de l'Yonne.* M. Guérin, rapp.
V. art. 37.

46. La réquisition du propriétaire doit, d'après l'article 50, être adressée *au magistrat-directeur* ; cette rédaction vicieuse est en contradiction avec celle de l'article 21, d'après lequel c'est à l'administration que doivent s'adresser tous ceux qui ont des droits à faire valoir au sujet de l'immeuble exproprié.

47. Il a été jugé qu'aucune disposition de loi ne s'opposant à ce que la réquisition soit adressée sans intermédiaire à la partie expropriante, cette réquisition est valable quand, au lieu d'être adressée au magistrat-directeur, elle l'a été directement à l'administration.

Cass. 25 août 1856. D. 56, 1, 833. S. 57, 1, 141 ; P. 58, 950. *Lentemann c. ville de Grenoble.* M. Renouard, rapp.
— 10 avril 1861. D. 61, 1, 282 ; S. 61, 1, 794 ; P. 62, 191. *Jeanson c. ville de Paris.* M. Alcock, rapp.
— 1er juill. 1863. D. 63, 1, 320 ; S. 63, 1, 548 ; P. 64, 196. *Lecœur c. préfet de la Seine.* M. Renouard, rapp.
De·Peyronny et Delamarre, n° 634.
— Daffry de la Monnoye, t. II, p. 321.

§ 4. — *Effets de la réquisition d'acquisition totale.*

48. Lorsque l'exproprié a requis l'acquisition totale, des offres nouvelles doivent être faites par l'expropriant, alors même que celui-ci conteste la prétention de l'exproprié.

Jurisprudence constante ; nous indiquons seulement ici les derniers arrêts.
— V. art. 37, n° 52 et suiv.
— 7 fév. 1882. *Bull. civ.*, 82, p. 36, 38 et 39. Trois arrêts au rapp. de MM. Rohault de Fleury et Monod.
Cass. 9 janv. 1883. *Bull. civ.*, 83, p. 12. M. Guérin, rapp.
— 23 avril 1883. D. 83, 1, 424 ; S. 83, 1, 421. *Bull. civ.*, 83, p. 161. M. Dareste, rapp.
V. Art. 23.

49. Lorsque, par des conclusions notifiées à l'administration, l'exproprié soutient que doivent être compris dans l'expropriation des bâtiments non désignés spécialement à l'arrêté de cessibilité ni au jugement d'expropriation, mais qu'on dit atteints par les travaux projetés, comme le seraient, par exemple, les bâtiments d'un moulin, qui doivent être recouverts par le tablier d'un pont de chemin de fer, des offres doivent être faites dans les délais légaux, alors même que l'expropriant prétendrait que les bâtiments restent en dehors du périmètre visé par le jugement d'expropriation.

Cass. 23 avril 1883. *Landon c. l'Etat.* M. Dareste, rapp.

50. Le jury ne peut se faire juge des prétentions ainsi contradictoirement émises ; il doit se borner à fixer une indemnité éventuelle.

Même arrêt.

51. Le jury, sur la demande de dépossession totale, introduite dans les délais par l'exproprié, doit fixer une indemnité éventuelle en vue de l'hypothèse de l'acquisition totale.

Cass. rej. 6 fév. 1861. D. 61, 1, 135 ; P. 62, 128. *Jeanson c. ville de Paris.* M. Alcock, rapp.

52. La question de savoir si une demande d'acquisition intégrale est fondée, et, notamment, si les conditions relatives à la contenance, et à l'état de l'immeuble exproprié sont remplies, soulève un litige qui n'est de la compétence ni du jury ni du magistrat-directeur, et, par suite, donne lieu à l'allocation d'une indemnité hypothétique.

Cass. 1er juill. 1863. D. 63, 1, 320; S. 63, 1, 548; P. 64, 196. *Lecœur c. préfet de la Seine.* M. Renouard, rapp.

53. La question de savoir si un établissement public a pu valablement former· une demande d'acquisition totale sans y être spécialement autorisé constitue un litige sur le fond du droit dont il n'appartient ni au jury ni au magistrat-directeur de connaître.

Cass. rej. 25 juin 1883. D. 83, 1, 479. M. Alméras-Latour, rapp.

54. Au cas d'acquisition intégrale, la partie acquise, arrivant entre les mains de l'administration, non à titre d'expropriation, mais à titre de vente, il en résulte que les charges réelles qui grèvent cette partie, telle que des servitudes, subsistent après l'acquisition, et ne sont pas purgées par la transcription du jugement d'expropriation.

Cass. rej. 14 juill. 1847. D. 47, 1, 251; S. 47, 1, 598. *Préfet de la Seine c. Pignard.* M. Mestadier, rapp.

55. Par application du même principe, l'acquisition n'emporte pas résiliation des baux existant sur la partie acquise.

Paris, 13 fév. 1833. D. 33, 2, 192; S. 33, 2, 606; P. 33, 159.
Paris, 11 août 1862. D. 62, 2, 190; S. 62, 2, 417; P. 62, 1074 et 1077.
Paris, 22 juin 1869. D. 70, 2, 85; S. 72, 2, 86; P. 72, 1, 175.

Cass. 19 mars 1872. D. 72, 1, 107; S. 72, 1, 86; P. 72, 175. *Rouge c. ville de Paris.* M. Massé, rapp.

56. En tous cas, le sous-locataire ne pourrait pas être admis à intervenir devant le jury, sa sous-location conservant tout son effet; son intervention peut être écartée par le magistrat-directeur.

Cass. rej. 12 août 1867. D. 67, 1, 315; S. 67, 1, 407; P. 67, 1089. *Lacassagne c. ville de Paris.* M. Leroux de Bretagne, rapp.

57. L'acquisition intégrale produit les effets de la vente en ce sens seulement que ces effets ne sont pas en contradiction avec le mode ou la forme de l'aliénation prescrite, par l'article 50 de la loi du 3 mai 1841.

Cass. rej. 2 juill. 1872. D. 72, 1, 217; S. 72, 1, 341; P. 72, 881. *État c. héritiers de Castillon.* M. Doms, rapp.

58. Ainsi, l'indemnité fixée par le jury suivie de l'ordonnance d'envoi en possession opère la dépossession de l'exproprié, transporte sur le prix les droits des réclamants et opère en définitive la purge de l'immeuble de la même façon que le fait l'article 2186 du code civil, dans la procédure suivie selon le droit commun.

Même arrêt.

59. Au cas de réquisition d'acquisition totale contestée par l'expropriant, celui-ci ne saurait, par le consentement à l'acquisition intégrale notifié aux héritiers, immédiatement après la fixation hypothétique de l'indemnité par le jury, lier ces héritiers, les effets de la réquisition tombant par le fait même du décès survenu avant toute acceptation.

Cass. 13 mai 1884. *Cie de l'Est c. Mary.* M. Greffier, rapp.

ARTICLE LI

Si l'exécution des travaux doit procurer une augmentation de valeur immédiate et spéciale au restant de la propriété, cette augmentation sera prise en considération dans l'évaluation du montant de l'indemnité (1).

1. Pour qu'il y ait lieu à tenir compte de la plus-value, il faut qu'elle soit immédiate et spéciale, non purement conjecturale et incertaine et de nature à être démentie par l'événement.

Cass. 28 août 1839. D. 39, 1, 357; S. 39, 1, 837; P. 41, 2, 734. *Hanaire c. ville de Paris.* M. Quéquet, rapp.
Delalleau et Jousselin, t. I, p. 237. — Daffry de la Monnoye, t. II, p. 334. — Arnaud, n° 612.

2. La plus-value sera immédiate si, par exemple, on prend une partie d'un terrain pour percer une rue.

3. Le jury n'ayant pas à s'expliquer sur les conditions de la plus-value admise par lui, est maître de la faire porter sur tels éléments que bon lui semblera.

Cass. rej. 26 mai 1840. D. 40, 1, 215; S. 40, 1, 712; P. 41, 2, 736. *Hanaire c. ville de Paris.* M. De Broë, rapp.
Delalleau et Jousselin, t. I, n° 335, — Arnaud, n° 615.

4. Il suffit qu'il résulte des termes de la décision que les parcelles expropriées faisaient corps avec le restant de la propriété, et, d'autre part, que cette propriété avait reçu une augmentation immédiate et spéciale.

Cass. rej. 30 avril 1867. *Bull. civ.,*

---

(1) Si l'exécution des travaux doit procurer une augmentation de valeur immédiate et spéciale au restant de la propriété, cette augmentation *pourra être* prise en considération dans l'évaluation de l'indemnité.

67, p. 144. *Collot c. c^{ne} d'Eygurande.* M. Aylies, rapp.

5. Est nulle l'ordonnance du magistrat-directeur qui déclare, avant la délibération du jury, que la plus-value doit être compensée avec la dépréciation et les autres causes accessoires du préjudice, et que la disposition de l'article 51 est plutôt une recommandation qu'un précepte obligatoire revêtu de sanction ; en traçant dans ces termes limitatifs la règle à suivre par le jury pour la fixation de l'indemnité, et en présentant comme une faculté ce qui est une obligation prescrite par la loi, le magistrat-directeur méconnaît les principes posés par la loi elle-même.

Cass. 28 juill. 1879. D. 80, 1, 81. S 81, 1, 377 ; P. 81, 900. *Préfet de la Lozère c. Bessières.* M. Sallé, rapp.

6. Il faut que la plus-value existe au profit d'un restant de propriété dont la partie expropriée a été détachée ; l'article 51 ne serait plus applicable si la plus-value s'appliquait à d'autres biens appartenant au même propriétaire, mais distincts et séparés de la parcelle expropriée.

Cass. 11 mai 1859. D. 59, 1, 207. S. 59, 1, 955 ; P. 59, 1017. *Nérée de Castillon c. Préfet du Gers.* M. Delapalme, rapp.

7. La plus-value n'autorise pas le jury à refuser toute indemnité.

Cass. 28 août 1839. D. 39, 1, 357 ; S. 39, 1, 794. *Hanaire c. ville de Paris.* M. Quéquet, rapp.
— 28 fév. 1848. D. 48, 5, 186 ; S.

48, 1, 403 ; P. 48, 1, 320. *Bardout c. préfet de l'Orne.* M. Renouard, rapp.
— 26 janv. 1857. D. 57, 1, 44 ; S. 58, 1, 831 ; P. 58, 648. *De Giroude c. Préfet de Lot-et-Garonne.* M. Lavielle, rapp.
— 15 nov. 1858. D. 59, 1, 25 ; P. 60, 412. *David c. chemin de fer de l'Ouest.* M. Alcock. rapp.
Dellalleau et Jousselin, t. I, n° 336.
— Daffry de la Monnoye, t. II, p. 335.
— Arnaud, n° 612.

8. La loi du 22 juin 1854, relative à l'établissement de l'avenue de l'Impératrice, a apporté, par son article 5, une exception au principe posé par l'article 51 de la loi du 3 mai 1841. « Aucune plus-value, dit cet article, ne pourra être demandée aux propriétaires des terrains qui seront assujettis à ces servitudes. »

9. Cet article s'opposait à ce qu'il fût tenu compte, sous une forme quelconque, dans le règlement des indemnités dues aux propriétaires, de la plus-value résultant des travaux.

Cass. 24 janv. 1855. D. 55, 1, 60 ; S. 55, 1, 542 ; P. 55, 2, 611. *Cavalier c. préfet de la Seine.* M. Renouard, rapp.

10. La disposition de l'article 51 n'est applicable qu'aux indemnités d'expropriation ; elle n'a plus d'application quand il s'agit des dommages-intérêts réclamés pour préjudice causé par l'exécution de travaux publics exécutés en dehors des formes de l'expropriation.

Cass. rej. 23 fév. 1869. D. 69, 1, 419 ; S. 69, 1, 229 ; P. 69, 542. *Ville de Bône c. Senadely.* M. Nachet, rapp.

ARTICLE LII

Les constructions, plantations et améliorations ne donneront lieu à aucune indemnité, lorsque, à raison de l'époque où elles auront été faites, ou de toutes autres circonstances dont l'appréciation lui est abandonnée, le jury acquiert la conviction qu'elles ont été faites dans la vue d'obtenir une indemnité plus élevée (1).

1. L'appréciation de l'intention du propriétaire qui a fait construire, planter, améliorer son domaine est faite souverainement par le jury.

2. La disposition de l'article 52 n'a pour but que d'empêcher que l'exproprié ne se livre à des constructions et améliorations, pour obtenir une indemnité plus élevée que celle à laquelle il aurait eu droit, s'il n'avait pas changé l'état des lieux ; par suite, les dispositions de cet article ne peuvent être invoquées que par l'administration, lorsqu'il s'agit de fixer l'indemnité due à l'exproprié.

Cass. Req. 4 déc. 1860. D. 61, 1, 149 ; S. 61, 1, 623 ; P. 61, 1012. C^{ne} de Varennes-lès-Nevers. M. Nicolas rapp.

(1) *Loi du 7 juillet 1833*, art. 52. Texte identique.

Titre V. Du paiement des indemnités.

ARTICLE LIII

Les indemnités réglées par le jury seront, préalablement à la prise de possession, acquittées entre les mains des ayants droit.

S'ils se refusent à les recevoir, la prise de possession aura lieu après offres réelles et consignation.

S'il s'agit de travaux exécutés par l'Etat ou les départements, les offres réelles pourront s'effectuer au moyen d'un mandat égal au montant de l'indemnité réglée par le jury : ce mandat délivré par l'ordonnateur compétent, visé par le payeur, sera payable sur la caisse publique qui y sera désignée.

Si les ayants droit refusent de recevoir le mandat, la prise de possession aura lieu après consignation en espèces (1).

1. C'est par la volonté de la loi elle-même que l'immeuble doit rester en la possession de l'exproprié, jusqu'au paiement de l'indemnité, et il ne peut appartenir ni au jugement d'expropriation ni au jury de modifier le droit de l'exproprié.

Cass. 28 janv. 1834. D. 34, 1, 48 ; S. 34, 1, 206 ; P. 34, 95. *Dumarest c. Henry.* M. Rupérou, rapp.

2. Les parties seules, par leurs accords, peuvent modifier les conditions établies par la loi, c'est-à-dire, convenir d'une prise de possession par l'expropriant avant le règlement et le paiement de l'indemnité.

(1) *Loi du 7 juillet 1833.* Art. 53.
Les indemnités réglées par le jury seront, préalablement à la prise de possession, acquittées entre les mains des ayants droit.

3. Le jury ne peut que régler le chiffre de l'indemnité ; il n'a point à se préoccuper du paiement qu'il n'a pas le droit de subordonner à certaines conditions déterminées.

Cass. 7 fév. 1837. D. 37, 1, 178 ; S. 37, 1, 126 ; P. 37, 1, 94. *Parmentier-Carlier c. Urbain.* M. Thil, rapp.

4. Ainsi, dans une expropriation concernant un moulin, il ne saurait subordonner le paiement de l'indemnité au cas *où l'administration ne rétablirait pas le cours d'eau avec un égal avantage pour le moulin.*

Même arrêt.

5. La reproduction dans le jugement d'expropriation des termes

S'ils se refusent à les recevoir, la prise de possession aura lieu après offres réelles et consignation.

de l'arrêté de cessibilité relatifs à l'époque de la prise de possession ne vicie pas le jugement, s'il ne résulte pas de son texte que l'exproprié ne conserve pas tous les droits que la loi lui confère au cas de non-paiement de l'indemnité.

Cass. rej. 31 juill. 1843. D. 43, 1, 408; P. 43, 2, 363. *Jayle c. préfet de Tarn-et-Garonne.* M. Renouard. rapp.

6. Ni le jury, ni le magistrat-directeur n'ont à s'expliquer sur l'époque de la prise de possession et n'ont le droit de s'expliquer sur ce point.

Cass. rej. 1er juill. 1845. D. 45, 1, 350; S. 45, 1, 492; P. 45, 2, 92. *Préfet des Bouches-du-Rhône c. Despaus.* M. Renouard, rapp.
— 2 fév. 1869. D. 69, 1, 246; S. 69, 1, 492; P. 69, 2, 92. 6ᵉ espèce. *Hugues c. chemin de fer de Lyon.* M. Pont, rapp.

7. Alors même qu'il existe, au moment de la décision, des arbres à fleurs et à fruits sur le terrain exproprié.

Arrêt du 2 février 1869.

8. Par cela même, le jury n'a pas le droit de fixer le point de départ des intérêts.

Cass. rej. 20 mai 1845. D. 45, 1, 295; S. 45, 1, 415; P. 45, 1, 692. *Mannoury c. préfet de la Seine.* M. Renouard, rapp.
— 1er juill. 1845. D. 45, 1, 350; S. 45, 1, 492; P. 45, 2, 92. *Préfet des Bouches-du-Rhône c. Despaus.* M. Renouard, rapp.
— 26 janv. 1863. *Bull. civ.,* 63, p. 17. M. Sévin, rapp.

9. Le jury n'outrepasse pas ses pouvoirs, quand, en regard de conclusions tendant à lui faire fixer la date de la prise en possession, il s'est borné à dire que *les intérêts courront, ainsi que de droit, à partir de la prise de possession.*

Arrêt précité du 26 janvier 1863.

10. Il en est de même quand c'est du consentement des parties que le point de départ des intérêts a été fixé à une date déterminée.

Cass. rej. 30 juin 1856. D. 56, 1, 263. *Ville de Pamiers c. Passeron.* M. Pascalis, rapp.

11. En tous cas, celle des parties qui avait conclu à la fixation, ne pourrait se faire un grief de ce que le jury ait accepté ses conclusions.

Cass. rej. 6 fév. 1861. D. 61, 1, 185; P. 62, 128. *Ville de Grenoble c. Chrétien.* M. Delapalme, rapp.

12. Il appartient aux tribunaux ordinaires de réprimer les entreprises avant le règlement et le paiement de l'indemnité.

V. art. 2.

13. Mais les propriétaires, bien qu'illégalement dépossédés, ne peuvent, par des voies de fait, s'opposer à la prise de possession et aux travaux exécutés par l'administration sans se rendre coupables de contraventions ou de délits justiciables des tribunaux de répression.

Cass. crim. 6 juill. 1844. D. 44, 1, 377; S. 44, 1, 854; P. 44, 2, 593. *Min. pub. c. Ballias.* M. Isambert, rapp.
— 22 mai 1857. D. 57, 1, 315; S. 57, 1, 705; P. 58, 476. *Chanouat.* M. Plougoulm, rapp.
V. Delalleau et Jousselin, t. II, n° 817. — Paillard de Villeneuve, *Gazette des Trib.,* n° du 2 mai 1844. — Dufour, *Traité de Droit adminis.,* p. 499. — Chauveau et Hélie, Théorie du Code pénal, t. VI, p. 174. — Rauter, t. II, p. 201. — Dalloz, v° *Dommage-destruction,* n° 181 et s. — Daffry de la Monnoye, t. II, p. 345.

14. Si la prise de possession a eu lieu avant le règlement de l'indemnité, du consentement de l'exproprié, celui-ci ne peut plus demander la restitution de sa chose.

Cass. Req. 16 nov. 1875. D. 76, 1, 428 ; S. 76, 1, 36 ; P. 76, 57. *Letellier-Delafosse c. cne de Luvais.* M. Guillemard, rapp.

15. Dans ce cas, le propriétaire a toujours le droit d'aller devant le jury pour le règlement de son indemnité.

Daffry de la Monnoye, t. II, p. 349.

16. Le paiement de l'indemnité ne peut être fait directement à l'exproprié qu'autant que celui-ci l'accepte purement et simplement ; toutes réserves formulées entraîneraient comme conséquence la consignation.

17. La consignation est de droit, au cas d'indemnité hypothétique.

18. Lorsqu'au cas de réquisition d'acquisition totale une indemnité alternative a été allouée, c'est le montant de l'indemnité totale qui doit être consigné.

Daffry de la Monnoye, t. II, p. 351 et suiv.

19. La faillite du concessionnaire de travaux ne saurait amener une réduction dans le chiffre de l'indemnité qui doit être payée intégralement malgré la faillite et le concordat obtenu.

Paris, 17 janv. 1853. D. 54, 5, 346.

20. Si les concessionnaires investis des droits de l'administration pour tout ce qui concerne l'établissement d'un chemin de fer, ont été soumis à l'obligation de payer les indemnités d'expropriation, il n'en résulte, en aucune façon que les propriétaires expropriés, à moins qu'ils n'aient compromis leurs droits par des actes librement consentis en faveur des concessionnaires, soient sans qualité pour, à défaut de ceux-ci de remplir cette obligation, demander au département, dans l'intérêt duquel l'expropriation a été poursuivie, et par une action prsonnelle, le paiement de l'indemnité que le jury leur a allouée.

Cass. rej. 19 juill. 1882. D. 82, 1, 457 ; S. 83, 1, 134 ; P. 83, 305. *Préfet de la Loire c. Brossier.* M. Greffier, rapp.

21. Lorsque l'exproprié, a obtenu une ordonnance de référé enjoignant au concessionnaire de cesser les travaux entrepris sur les terrains qu'il n'était autorisé à occuper que temporairement, que l'exécution de l'ordonnance a été arrêtée par les menaces du concessionnaire, le département ne saurait opposer au propriétaire le consentement librement donné à la prise de possession des terrains par le concessionnaire, de manière à dégager sa propre responsabilité.

Même arrêt.

22. Lorsque le paiement est à la charge du trésor, il est opéré, à l'aide d'un mandat délivré par le préfet sur le trésorier-payeur du département, mandat sur lequel l'exproprié appose sa quittance.

23. Si l'exproprié ne sait pas signer, la quittance doit être donnée par acte notarié ou dans la formule administrative.

Delalleau et Jousselin, t. II, n° 793.

24. L'exproprié désigné dans la décision du jury comme propriétaire de l'immeuble ne peut être astreint, pour obtenir le paiement de l'indemnité, à justifier de ses titres de propriété.

Cass. 5 fév. 1845. D. 45, 1, 152 ; S.

45, 1, 217; P. 45, 1, 218. *Etat c. Boudard*. M. Miller, rapp.
Rouen, 8 juill. 1846. S. 46, 2, 489; P. 46, 2, 652.

25. Et l'administration ne peut être admise à refuser le versement de l'indemnité en offrant de prouver que l'exproprié a été, à tort, désigné comme propriétaire de l'immeuble.

Mêmes arrêts.

26. A défaut de paiement de l'indemnité, l'exproprié n'est pas en droit d'exercer l'action résolutoire.

Même arrêt.

27. Pour que l'administration puisse se mettre en possession, il n'est pas nécessaire que les offres réelles aient été déclarées valables.

Discussion de la loi de 1833 sur l'art. 53.

28. Lorsque la consignation a eu lieu après offres réelles, la condition sous laquelle l'administration était autorisée à se mettre en possession de l'immeuble se trouve accomplie. La quittance du préposé des consignations remplace celle du propriétaire et rien ne peut s'opposer à la prise de possession.

Delalleau et Jousselin, t. II, n° 811.

29. Si, au moment de la prise de possession, s'élevait une contestation sur les limites dans lesquelles la prise de possession doit être contenue, cette contestation serait du ressort des tribunaux ordinaires.

Cass. rej. 2 mai 1860. D. 61, 1, 80; S. 61, 1, 796; P. 61, 718. *Chemin de fer de Lyon c. Grenier*. M. Calmètes, rapp.

30. Au cas de pourvoi en cassation de la part de l'administration expropriante, celle-ci n'a pas le droit d'exiger caution de l'exproprié, en regard de ses offres; le décret des 16-19 juillet 1793 n'est pas applicable en matière d'expropriation.

Toulouse, 16 fév. 1864. D. 64, 2, 78; S. 64, 2, 71; P. 64, 667.
Daffry de la Monnoye, t. II, p. 354.
Contrà : Delalleau et Jousselin, t. II, n° 809.

31. Pour le paiement de son indemnité ou l'exécution des travaux qui lui ont été promis par l'expropriant, en sus de son indemnité, l'exproprié ne peut invoquer d'autres garanties que celles que lui accorde l'article 53 de la loi du 3 mai 1841; si, par son fait, il ne peut plus y recourir, il devient créancier pur et simple de l'expropriant et ne peut exercer, en cas de faillite de ce dernier, aucun droit de préférence au préjudice des autres créanciers.

Cass. 2 fév. 1881. D. 81, 1, 158; S. 81, 1, 327. *Syndic du chemin de fer d'Orléans à Rouen c. Goussard*. M. Blondel, rapp.

ARTICLE LIV

Il ne sera pas fait d'offres réelles toutes les fois qu'il existera des inscriptions sur l'immeuble exproprié, ou d'autres obstacles aux versements des deniers entre les mains des ayants droit; dans ce cas, il suffira que les sommes dues par l'administration soient consignées, pour être ultérieurement distribuées ou remises, selon les règles du droit commun (1).

1. L'obstacle au versement des deniers entre les mains des ayants droit dispense l'expropriant de faire des offres et lui donne la faculté de consigner.

2. Sont obstacle autorisant la consignation :

les inscriptions existant sur l'immeuble exproprié ; l'administration n'a pas à en demander la mainlevée ; dès que le conservateur déclare qu'il y a des inscriptions, le montant de l'indemnité peut être consigné et l'administration peut entrer en possession ;

3. les saisies-arrêts ou oppositions formées entre les mains de l'administration par les créanciers de l'indemnitaire, sans qu'il soit besoin d'attendre, pour consigner, que ces saisies-arrêts aient été déclarées valables ;

Delalleau et Jousselin, t. II, n° 804.

4. les oppositions formées par d'autres tiers que les créanciers de l'indemnitaire, telles que les actions en revendication, résolution ou autres actions réelles.

(1) *Loi du 7 juillet 1833*. Art. 54. Texte identique.

Cass. rej. 10 janv. 1855. D. 55, 1, 93; P. 55, 1, 605. *Ursulines de Vitré c. hospices de Vitré.* M. Delapalme. rapp.
Delalleau et Jousselin, t. II, n° 805. — Daffry de la Monnoye, t. II, p. 356.

Contrà : Gand, p. 366.

5. Si la saisie-arrêt frappe sur l'usufruitier, l'administration devra consigner, non seulement les sommes qui appartiendraient entièrement à l'usufruitier, mais encore celles dont il n'a que la jouissance.

6. S'il y a des droits d'usage, d'habitation, de bail à rente ou d'emphytéose, et que la saisie-arrêt frappe un des intéressés, l'indemnité devant être placée dans l'intérêt de tous, la saisie-arrêt autorise l'administration à consigner le montant intégral de l'indemnité, à moins que l'exercice des droits appartenant au saisi n'ait été restreint à une somme fixe.

Delalleau, t. II, p. 101.

7. La saisie-arrêt pratiquée sur le fermier n'autorise pas la consignation de l'indemnité attribuée au propriétaire, et réciproquement,

8. Si l'indemnité a été attribuée d'une façon indivise à plusieurs copropriétaires, la saisie-arrêt pratiquée sur l'un d'eux rend nécessaire la consignation du tout.

9. La notification à l'adminis-d'un contrat d'antichrèse portant sur l'immeuble exproprié, vaudrait opposition et autoriserait sa consignation.

Delalleau, n° 807.

10. La notification de la qualité de femme dotale autorise l'administration à ne pas payer au mari et à consigner le montant de l'indemnité.

Toulouse, 8 août 1866. D. 66, 2, 209.

11. C'est au propriétaire indiqué à la matrice cadastrale et au jugement d'expropriation que le paiement doit être fait.

12. Il est valablement fait au mari, ainsi désigné, bien qu'en réalité l'immeuble appartienne à la femme.

Lyon, 11 déc. 1863. *Gaz. des Trib.* 24 janvier 1864.

13. Et l'administration n'a pas le droit d'exiger d'autres justifications de propriété.

Cass. rej. 28 avril 1858. D. 58, 1, 272 ; P. 58, 687. *Chemin de fer de Lyon c. Bayès.* M. d'Oms, rapp.

14. La consignation serait nulle pour le tout, si la partie de l'indemnité afférente à l'un des titres auxquels elle a été allouée n'avait pas été consignée.

Même arrêt.

15. Au cas où la consignation aurait été effectuée à cause de l'existence d'inscriptions hypothécaires, la production, par l'indemnitaire, d'un certificat négatif établissant que ces inscriptions n'existaient pas, autoriserait celui-ci à exiger de la caisse des consignations le remboursement du montant de l'indemnité et la réparation du dommage causé par son refus.

Cass. rej. 7 fév. 1877. S. 77, 1, 276 ; P. 77, 685. *Caisse des dépôts et consignations c. Andeque.* M. Cuniac, rapp.

ARTICLE LV

**Si dans les six mois du jugement d'expropriation, l'administration
ne poursuit pas la fixation de l'indemnité, les parties pourront
exiger qu'il soit procédé à ladite fixation.**

**Quand l'indemnité aura été réglée, si elle n'est ni acquittée, ni
consignée dans les six mois de la décision du jury, les intérêts
courront de plein droit à l'expiration de ce délai.**

§ 1. — *Droit pour l'exproprié de
poursuivre lui-même la fixation de
l'indemnité, si l'expropriant ne l'a
pas fait dans les six mois du jugement d'expropriation.*

§ 2. — *Comment les intérêts courent de plein droit, au cas de règlement de l'indemnité et de non-paiement ou de non-consignation dans les
six mois.*

§ 1. — *Droit pour l'exproprié de
poursuivre lui-même la fixation
de l'indemnité, si l'expropriant
ne l'a pas fait dans les six mois
du jugement d'expropriation.*

1. L'article 55 qui, à défaut
par l'administration de poursuivre, dans les six mois du jugement d'expropriation, le règlement
de l'indemnité, donne aux parties
le droit de demander qu'il soit
procédé à ce règlement, et de
requérir, à cet effet, la convocation d'un jury spécial, doit s'entendre des parties intéressées auxquelles une indemnité peut encore
être due par l'expropriant. Aux
termes de l'article 21, les locataires
et, à plus forte raison, les sous-locataires qui, n'ayant pas été dénoncés à l'expropriant, n'ont pas pu
être appelés devant le jury, et généralement tous les intéressés qui ne
sont pas intervenus en temps utile,

---

(1) Si, dans les six mois du jugement d'expropriation, l'administration
ne poursuit pas la fixation de l'indemnité, les parties pourront exiger qu'il
soit procédé à ladite fixation.

Quand l'indemnité aura été réglée,
si elle n'est ni acquittée ni consignée
dans les six mois, les intérêts courront de plein droit à l'expiration de ce
délai, *à titre de dédommagement.*

n'ont plus aucune indemnité à réclamer de l'expropriant qui, par l'accomplissement des formalités, a mis tous les intéressés en demeure de se faire connaître, et a régulièrement poursuivi le règlement de toutes les indemnités qui pouvaient être dues ; ils sont, dès lors, sans qualité pour se prévaloir de l'article précité.

Cass. rej. 8 juill. 1879. D. 79, 1, 396 ; S. 80, 1, 86 ; P. 80, 176. *Villedieu c. ville de Paris.* M. Massé, rapp.

1 bis. Lorsqu'après le jugement d'expropriation, l'administration n'a poursuivi le règlement de l'indemnité que contre un certain nombre de propriétaires, en négligeant de suivre la procédure en règlement d'indemnité contre certains autres, ceux-ci n'ont que le droit d'agir eux-mêmes à l'expiration du délai de six mois, conformément à l'article 55 ; mais ils ne peuvent intervenir devant le jury réuni pour statuer relativement aux immeubles à l'égard desquels des offres ont été faites et refusées.

Cass. 1er juill. 1884. *Veuve Beauquier c. ville d'Alais.* M. Manau, rapp.

2. Parmi les *parties* qui ont droit d'exiger qu'il soit procédé à la fixation de l'indemnité si, dans les six mois du jugement d'expropriation, l'administration n'a pas poursuivi cette fixation, figure le locataire comme le propriétaire.

Cass. rej. 16 avril 1862. D. 62, 1, 300 ; S. 62, 1, 721 ; P. 62, 465. *Préfet de la Seine c. Bernardin.* M. d'Ubexi, rapp.
— Civ. 20 juin 1864. D. 64, 1, 278 ; S. 64, 1, 368 ; P. 64, 787. *Briquet c. préfet de la Seine.* M. Aylies, rapp.

3. Le jugement qui prononce l'expropriation pour cause d'utilité publique a pour effet immédiat et nécessaire de résoudre tous les droits dont peut être grevé l'immeuble exproprié et de le faire passer aux mains de l'expropriant affranchi de toute charge de nature à en entraver la disposition.

Arrêt du 16 avril 1862.

4. Cet effet s'applique aux droits des locataires qui, s'ils survivaient au jugement d'expropriation, en paralyseraient momentanément l'effet, et feraient obstacle à l'exécution des travaux dont l'urgence et la nécessité dans l'intérêt général pouvaient seules justifier une aussi grave atteinte à la propriété.

Même arrêt.

5. Le bail résolu pour l'expropriant par l'effet du jugement qui lui a transmis la propriété, l'est également et de plein droit pour le locataire au profit duquel s'ouvre immédiatement une action en indemnité.

Même arrêt.

6. Le bail ne pourrait revivre que par un contrat nouveau pour la formation duquel le consentement de toutes les parties serait nécessaire et l'expropriant ne saurait, par sa seule volonté, en imposer la continuation au locataire.

Même arrêt.
17 juin 1867. Cass. rej. D. 71, 1, 251 ; S. 70, 1, 369 ; P. 70, 965. *Oudard c. ville de Paris.* M. Nachet, rapp.

7. Le jugement d'expropriation pour cause d'utilité publique a pour effet immédiat de résoudre les baux qui existent sur l'immeuble exproprié et d'ouvrir aux locataires le droit à une indemnité d'éviction.

Cass. rej. 23 nov. 1880. D. 81, 1, 258 ; S. 81, 1, 129 ; P. 81, 280. *Ville de*

Rouen c. Poutrel. M. Féraud-Giraud, rapp.

8. Il n'y a aucune distinction à faire à ce sujet, entre les baux verbaux dont le terme se détermine d'après les usages locaux et les baux écrits indiquant ce terme.

Même arrêt.
Sic : Paillard de Villeneuve, *Gaz. des Trib.*, du 19 mai 1854. — Daffry de la Monnoye, t. II, p. 376. — De Peyronny et Delamarre, n° 525. — Clamageran, *Rev. prat*, t. 1, p. 80.

9. La session amiable précédée d'une déclaration d'utilité publique, qui est l'équivalent d'un jugement d'expropriation, a pour effet immédiat et nécessaire de résoudre les baux; par suite, le locataire de l'immeuble touché par l'expropriation ne peut réclamer l'exécution de son bail d'après les principes du droit commun; mais a seulement à faire valoir ses droits à une indemnité pour la résolution forcée dudit bail.

Cass. rej. 1er juin 1881. S. 81, 1, 381; P. 81, 908. *Grosset c. ville de Sens.* M. Rohault de Fleury, rapp.

10. La renonciation à l'indemnité d'éviction, ne résulte pas de la seule continuation de jouissance sans protestation, accompagnée de paiement de loyers.

Paris, 11 août 1862. D. 62, 2, 133; S. 62, 2, 418; P. 62, 1074. — Rouen, 6 avril 1865. D. 66. 2, 62.
Cass. 20 juin 1864. D. 64, 1, 278; S. 64, 1, 368; P. 64, 787. Voy. *supra* : n° 2.
— 4 juill. 1864. D. 64, 1, 443; S. 64, 1, 368; P. 64, 787. *Lepage-Moutier c. ville de Paris.* M. Glandaz, rapp.
— 22 mars 1870. D. 70, 1, 297; S. 70, 1, 369; P. 70, 965 et 968. *Ville de Paris c. Caron.* M. Larombière, rapp.
— 23 nov. 1880. D. 81, 1, 258; S. 81, 1, 129; P. 81, 280. *Ville de Rouen c. Poutrel.* M. Feraud-Giraud, rapp.

11. Si le locataire a continué l'occupation jusqu'à l'entière expiration de son bail, il appartient aux tribunaux, de décider, suivant les circonstances dans lesquelles s'est produite cette occupation, si une indemnité est due ou non.

Paris, 15 fév. 1868. D. 70, 1, 298.
— 14 janv. 1873. D. 73, 2, 137; S. 73, 2, 243; P. 73, 1054.
Daffry de la Monnoye, t. II, p. 374.

12. Il en est de même pour un locataire sans bail, congédié avec observation des délais conformes à l'usage des lieux.

Même auteur, p. 376.
V. Paris, 30 déc. 1872. D. 73, 5, 55.

13. La clause par laquelle un propriétaire, en donnant un immeuble à location, a stipulé qu'au cas d'expropriation, le bail serait résilié de plein droit, sans qu'une indemnité pût être réclamée, peut être invoquée par l'expropriant contre le locataire.

Paris, 24 déc. 1859. D. 60, 5, 156; S. 60, 2, 311; P. 60, 1071.
Sic : Delalleau et Jousselin, t. I, n° 360.
Contrà : Rouen, 12 fév. 1847. D. 49, 2, 11; S. 48, 2, 591; P. 49, 1, 37. — Malapert et Protat, n° 437. — De Peyronny et Delamarre, n° 528. — Dufour, n° 150.

14. Il en est de même de la clause de résiliation et expulsion, en cas de vente, lorsque l'expropriant est devenu propriétaire en vertu d'une cession amiable.

Cass. rej. 13 mars 1861. D. 61, 1, 396; S. 61, 1, 501; P. 61, 854. *Velat c. ville de Paris.* M. Debelleyme, rapp.

15. La cession faite de son bail par un locataire, après le jugement d'expropriation ou de donné acte, n'autorise pas le cessionnaire à demander une indemnité.

Trib. de la Seine, 2 juin 1862. *Gaz. des Trib.* 10 juin 1862.

16. Le point de départ du délai de six mois après lequel les parties pourront poursuivre elles-mêmes le règlement de l'indemnité, est, d'après l'article 55, le jugement d'expropriation ; au cas de cession amiable, c'est le jugement de *donné acte* ;

Cass. rej. 12 juin 1860. D. 61, 1, 130; S. 60, 1, 1005; P. 61, 885. *Ville de Paris c. Bernardin.* M. Delapalme, rapp.
— 20 juin 1864. D. 64, 1, 278; S. 64, 1, 368; P. 64, 787. *Briquet c. préfet de la Seine.* M. Aylies, rapp.
— 28 mai 1867. D. 67, 1, 215 ; S. 67, 1, 405 ; P. 67, 1086. *Guillemet c ville de Paris.* M. Aylies, rapp.

17. La cession amiable, dans les conditions prévues par les articles 13 et 19, produit les mêmes effets que le jugement d'expropriation.

Cass. rej. 2 août 1865. D. 65, 1, 258 et 260; S. 65, 1, 458; P. 65, 1194. *Ville de Paris c. Fleury.* M. Pont, rapp.
— rej. 17 juin 1867. D. 71. 1, 251; S. 70, 1, 369; P. 70, 965. *Oudard c. ville de Paris.* M. Nachet, rapp.
— 1er juin 1881. S. 81, 1, 381 ; P. 81, 908. — *Grosset c. ville de Sens.* M. Rohault de Fleury, rapp.

18. Jugé qu'au cas où le jugement de donné acte a été précédé d'un acte écrit constatant l'accord des parties, c'est cet acte qui fait courir le délai.

Cass. rej. 6 fév. 1844. D. 44, 1, 165 ; S. 44, 1, 328 ; P. 44, 1, 274. *Préfet de l'Hérault c. Janssen.* M. Renouard, rapp.

19. L'effet de la cession amiable peut résulter d'un acte sous seings privés, ou d'une simple promesse écrite faite par un aspirant concessionnaire ayant, plus tard, obtenu la concession des travaux.

Même arrêt.

20. Le point de départ du délai est alors la date du décret de concession.

Paris, 19 nov. 1867. *Gaz. des Trib.* 27 nov. 1867.

21. La cession amiable qui fait courir les délais est celle qui a été précédée du décret d'utilité publique et d'un arrêté de cessibilité.

Paris, 14 août 1863. D. 64, 1, 442; S. 64, 1, 192; P. 64, 707.

22. La cour ou le tribunal qui doivent désigner les jurés n'ont pas qualité pour rechercher si la cession amiable donne droit à réclamer une indemnité ; c'est là litige sur le fond du droit devant lequel il doit être passé outre aux opérations du jury.

Cass. 20 janv. 1864. D. 64, 1, 442; S. 64, 1, 192; P. 64, 707. *Desbans c. ville de Paris.* M. Quénault, rapp.

23. L'adjudication au profit de l'expropriant d'un immeuble compris parmi ceux que désigne l'arrêté de cessibilité comme devant être expropriés, produit les mêmes effets que la cession amiable ; elle résout les baux et ouvre au profit du locataire le droit à indemnité.

Cass. rej. 22 mars 1870. D. 70, 1, 297; S. 70, 1, 369; P. 70, 965, 968. *Ville de Paris c. Caron.* M. Larombière, rapp.

24. Le délai de six mois court du jour même du jugement d'expropriation ou du traité amiable, non du jour où ont été accomplies les conditions de publicité et de de transcription prévues par l'article 15.

Paris, 13 juill. 1866. *Gaz. des Trib.* 21 juill. 1866.

25. Quand c'est l'exproprié qui poursuit le règlement de l'indemnité, il présente requête, pour la désignation d'un magistrat-directeur, au tribunal de la situation des lieux ;

26. Et, pour la désignation des jurés, à la cour ou au tribunal chargés de les désigner, sans qu'il soit tenu d'appeler la partie expropriante.

Cass. rej. 12 juin 18°0. D. 61, 1. 130 ; S. 60, 1, 1005 ; P. 61, 885. *Ville de Paris c. Bernardin.* M. Delapalme, rapp.

27. Si, malgré la demande qui lui en a été faite, le sous-préfet s'abstient de convoquer les jurés, l'exproprié doit s'adresser au magistrat-directeur qui ne peut refuser une ordonnance de convocation.

Cass. 21 fév. 1860. D. 60, 1, 167 ; S. 60, 1, 1007 ; P. 61, 398. *Caldayron c. chemin de fer du Midi.* M. Renouard, rapp.

27 bis. Lorsque l'exproprié, usant du droit que lui donne l'article 55, poursuit lui-même le règlement de l'indemnité, la notification de la liste des jurés est aussi nécessaire que lorsque l'expropriant dirige lui-même la procédure. Le défaut de notification de la liste du jury spécial de la part de l'exproprié entraîne la nullité de toutes les opérations du jury.

Cass. 25 juill. 1883. *Bull. civ.,* 83, p. 326. *Préfet de l'Hérault c. Meynadier.* M. Monod, rapp.

28. Quand c'est l'exproprié qui poursuit la fixation de l'indemnité, il n'y a pas lieu à notification d'offres ; il suffit que les prétentions des parties soient formulées devant le jury.

Cass. rej. 5 déc. 1864. D. 64, 5, 163. *Blaniot c. ville de Paris.* M. Laborie, rapp.
— 5 déc. 1865. *Bull. civ..* 65, p. 287. *Ardoin c. de Flers.* M. Pont, rapp
— 9 janv. 1866. D. 66, 5, 209. *Descaux c. ville de Paris.* M. Laborie, rapp.
— 14 fév. 1866. D. 66, 5, 209. *Astorgues c. ville de Paris.* M. Delapalme, rapp.

29. Par suite, l'expropriant ne peut se faire un moyen de cassation de ce que la demande de l'exproprié ne lui a pas été notifiée quinze jours à l'avance.

Cass. rej. 20 juill. 1864. D. 64, 5, 157 ; S. 65, 1, 144 ; P. 65, 307. *Préfet de la Seine c. Ridel.* M. Aylies, rapp.

§ 2. — *Comment les intérêts courent de plein droit, au cas de règlement de l'indemnité et de non-paiement ou de non-consignation dans les six mois.*

30. Bien que l'exproprié soit demeuré en possession, après les six mois écoulés depuis la fixation de l'indemnité, si cette indemnité ne lui a pas été payée, il cumule les intérêts et les bénéfices de la jouissance.

Cass. rej. 2 juill. 1872. D. 72, 1, 217. *Etat c. héritiers de Castillon.* M. d'Oms, rapp.

31. Au cas d'acquisition totale, les intérêts courent sur la totalité de l'indemnité.

Même arrêt.

32. Si la prise de possession a eu lieu avant le règlement de l'indemnité, les intérêts courent en vertu de la convention, si elle s'est expliquée sur ce point, ou si l'immeuble produit des fruits ou autres revenus (art. 1652 C. civ.).

Angers, 27 nov. 1879. D. 80, 2, 85 ; S. 80, 2, 240 ; P. 80, 951.
Delalleau et Jousselin, t. I, n° 342.

33. Si la convention est muette et si l'immeuble ne produit rien, en matière d'expropriation, la mise en demeure par voie de sommation n'étant pas possible, le propriétaire dépossédé devra attendre, pour que les intérêts courent, le règlement de l'indemnité et l'expiration du délai de six mois.

Daffry de la Monnoye, t. II, p. 389.

34. Les congés donnés au locataire, par l'expropriant, soit antérieurement au jugement d'expropriation, soit postérieurement, mais avant le paiement de l'indemnité, sont nuls comme faits sans titre.

35. Mais ils peuvent entrer dans les éléments de l'indemnité réclamée par les expropriés devant le jury, par suite du dommage qui serait résulté, soit pour le propriétaire, soit pour le locataire, de congés arbitrairement donnés.

Cass. rej. 16 avril 1867. D. 67, 1, 393. *Malice c. Petit.* M. Aylies, rapp.

36. Lorsque l'indemnité accordée à un locataire a été payée avant l'expiration des six mois accordés par l'article 55, il ne peut être permis au tribunal civil, en allouant à ce locataire les intérêts de la somme représentant le montant de l'indemnité, à partir d'une date antérieure à celle fixée par l'article 55, d'augmenter en réalité le chiffre de l'indemnité.

Cass. 14 nov. 1865. D. 66, 1, 134; S. 66, 1, 221; P. 66, 558. *Ardoin et Ricardo c. Baur.* M. Renouard, rapp.

37. Le jugement d'expropriation ne change rien aux rapports du propriétaire et du locataire; le propriétaire ne peut s'en prévaloir pour expulser son locataire.

38. L'expropriant ne peut rien réclamer du locataire tant que le propriétaire n'a pas touché son indemnité, puisque la prise de possession n'est effectuée que par le paiement ou la consignation qui en tient lieu.

39. Son droit à réclamer du locataire, qui continue d'occuper, une rétribution pour cette occupation ne commence qu'au jour du paiement de l'indemnité au propriétaire; en cas de désaccord sur le chiffre de la rétribution réclamée, il appartient au tribunal de le fixer suivant les circonstances.

Paris, 7 mai 1861. D. 61, 2, 98; S. 61. 2, 401; P. 62, 64.
Cass. rej. 16 avril 1862. D. 62, 1, 300; S. 62, 1, 721; P. 62, 465. *Ville de Paris c. Bernardin.* M. d'Ubexi, rapp.

40. L'indemnité payée, l'expulsion peut être immédiate, sans qu'il y ait lieu d'observer les règles ordinaires des congés.

Trib. de la Seine, 16 janv. 1866. *Gaz. des Trib.* 25 janv. 1866.

41. Le locataire qui a payé d'avance un ou plusieurs termes a droit, au cas d'expropriation, de se faire restituer les sommes avancées.

Cass. rej. 3 mai 1858. D. 58, 1, 274; S. 58, 1, 654; P. 59, 294. *Blanc c. Ginot.* M. Delapalme, rapp.

42. A moins que ces avances n'aient été comprises dans l'indemnité.

Même arrêt.

Titre VI. Dispositions diverses.

ARTICLE LVI

Les contrats de vente, quittances et autres actes relatifs à l'acquisition des terrains, peuvent être passés dans la forme des actes administratifs ; la minute restera déposée au secrétariat de la préfecture : expédition en sera transmise à l'administration des domaines (1).

1. La disposition en vertu de laquelle les contrats de vente, en matière d'expropriation, peuvent être passés en la forme administrative, n'est que facultative ; les traités amiables peuvent, comme toutes autres conventions, prendre la forme notariée.

Moniteur du 14 mai 1833, p. 1352.

2. Le préfet qui est le véritable représentant de l'administration peut déléguer ses pouvoirs aux sous-préfets, maires et adjoints pour recevoir les actes relatifs aux acquisitions de terrains (art. 8 et 12 de la loi du 28 pluviôse an VIII.

3. Les actes reçus dans la forme administrative sont des actes authentiques, rédigés en minute, déposés dans les archives de l'administration, dont copies sont délivrées à tous les intéressés et qui font foi jusqu'à inscription de faux.

Delalleau et Jousselin, t. II, n° 672 et s.

(1) *Loi du 7 juillet 1833.* Art. 56. Texte identique.

4. Si la propriété appartient en totalité ou pour partie à des mineurs, interdits ou incapables, le contrat de vente doit rappeler l'autorisation donnée par le tribunal d'accepter les offres de l'administration. Il en est de même pour les immeubles dotaux et pour ceux dépendant d'un majorat. Pour les biens des communes, des établissements publics et des départements, le contrat mentionne l'autorisation donnée par le conseil municipal, le conseil d'administration, ou le conseil général.

— Règlement du 16 septembre 1848 sur la comptabilité du Ministère des travaux publics.

5. Si des mutations de propriété ont eu lieu qui n'aient pas été portées sur la matrice des rôles, la rectification et la justification des noms des véritables propriétaires pourra être faite par la production d'actes réguliers, tels que des actes de vente, de partage.

6. Si le propriétaire avec lequel traite l'administration est autre que celui inscrit à la matrice des rôles, l'acte devra expliquer les causes de la substitution.

7. Les noms des propriétaires inscrits à la matrice des rôles suffisent à la régularité des traités amiables.

8. L'établissement de propriété n'est pas nécessaire dans les traités de cession qui interviennent en matière d'expropriation, l'administration entrant régulièrement en possession quand elle prend le lieu et place du propriétaire inscrit à la matrice des rôles et pouvant, par la transcription et la publication de son contrat, renvoyer à exercer leurs droits sur le prix les tiers qui pourraient prétendre exercer une action réelle.

De Peyronny et Delamarre, n°s 199 et 200.

9. L'autorité judiciaire est incompétente pour décider si l'administration a le droit d'exiger que les contrats soient passés en la forme administrative.

Conseil d'Etat : 9 mai 1841. L. 41. 195 ; P. 41, 91. *Bernard-Chertemps c, préfet de la Marne.* M. Macarel, rapp.

ARTICLE LVII

Les significations et notifications mentionnées en la présente loi seront faites à la diligence du préfet du département de la situation des biens.
Elles peuvent être faites tant par huissier que par tout agent de l'administration dont les procès-verbaux font foi en jusiice (1).

1. Lorsque le préfet n'est pas le représentant de la partie expropriante, l'article 57 qui veut que les significations et notifica-

(1) *Loi du 7 juillet 1833.* Art. 57. Texte identique.

tions soient faites à la diligence du préfet, n'est applicable qu'à ceux de ces actes dont il est chargé comme représentant de la puissance publique.

Cass. 12 mai 1858. D. 58, 1, 323; S. 59, 1, 270; P. 59, 738. *Desgrées c. ville de Vannes.* M. Renouard, rapp.

2. Le préfet n'étant pas le représentant de la commune, n'a pas qualité pour notifier des offres, quand il s'agit d'une expropriation poursuivie dans un intérêt exclusivement communal.

Même arrêt.

3. Les significations et notifications ne sont pas nécessairement faites par huissier ; elles peuvent l'être par tous agents de l'administration dont les procès-verbaux font foi en justice, sans qu'il soit nécessaire que cette foi leur soit attribuée *jusqu'à inscription de faux.*

Discussion de la loi de 1833, dans le projet de laquelle avaient été introduits les mots : *jusqu'à inscription de faux*, mots supprimés dans la rédaction définitive.

4. Il a été jugé que qualité pour faire les significations appartenait :

Au maire, à moins qu'il ne s'agît d'actes concernant une expropriation poursuivie au profit de la commune ;

Cass. 3 avril 1855. D. 55, 1, 123 ; S. 55, 1, 544 ; P. 55, 1, 524. *Chauveau c. cne de Saint-Hilaire de Mortagne.* M. Gillon, rapp.
— 26 août 1857. D. 57, 1, 354 ; S. 58, 1, 79 ; P. 58, 706. *Cne de Beaurecq c. Boyries.* M. Delapalme, rapp.

5. Encore, dans ce dernier cas, l'irrégularité ne pourrait-elle être opposée par la commune elle-même ;

Cass. rej. 30 avril 1839. D. 39, 1, 198 ; S. 39, 1, 606 ; P. 46, 2, 656. *Cne de Cogolin c. Berenguier.* M. Quéquet, rapp.

6. A un porteur de contraintes ;

Cass. rej. 14 août 1843. D. 43, 1, 411 ; S. 43, 1, 887 ; P. 43, 2, 587. *Armspach c. préfet de Seine-et-Oise.* M. Gillon, rapp.

7. A un conducteur des ponts et chaussées ;

Cass. rej. 3 juill. 1850. D. 50, 1, 281 ; S. 51, 1, 58 ; P. 50, 2, 255. *Préfet de Seine-et-Oise c. Regnier.* M. Gillon, rapp.

8. Aux agents assermentés d'une compagnie de chemin de fer, s'il s'agit de notifications intéressant cette compagnie ;

Cass. rej. 11 janv. 1865. S. 65, 1, 240 ; P. 65, 562. *Menet et Masson c. chemin de fer de Lyon.* M. Glandaz, rapp.
— 17 mars 1869. D. 69, 1, 272 ; S. 69, 1, 386 ; P. 69, 947. *Marin c. chemin de fer de Lyon.* M. Aylies, rapp.

9. En dehors de ces agents, qualité doit encore être reconnue à tous ceux qui ont droit de verbaliser, tels que : agents voyers (art. 11 de la loi du 21 mai 1836), agents de la navigation (art. 2 de la loi du 29 floréal an x), piqueurs et cantonniers chefs commissionnés et assermentés (art. 2 de la loi du 23 mars 1842), gardes du génie (art. 2 de la loi du 29 mars 1806), gardes et agents forestiers (art. 176, 177 C. forest.), gardes champêtres (art. 9 et 16 C. inst. crim.), la gendarmerie (art. 72 C. inst. crim.), les commissaires de police, employés des contributions indirectes et des douanes, etc.

Delalleau et Jousselin, t. II, p. 270.

10. Les gardes champêtres doivent être classés au nombre des agents de l'administration autorisés par l'article 57 à faire les notifications mentionnées dans la loi du 3 mai 1841.

Cass. 3 fév. 1880. D. 82, 1, 268 ; S. 82, 1, 304 ; P. 82, 1186. *Capdeville c. cne de Castelnau.* M. Sallé, rapp.

11. Aucun texte ne leur retire explicitement ou implicitement cette capacité dans le cas où il s'agit d'expropriations intéressant les communes dont ils sont les agents.

Même arrêt.

11 *bis*. Si le garde champêtre est compétent pour notifier les offres faites à l'exproprié, ce n'est qu'à condition qu'il agisse dans les limites de la circonscription territoriale pour laquelle il est assermenté ; par suite, est nulle la notification d'offres faite par un garde champêtre en dehors du territoire de la commune où il exerce ses fonctions.

Cass. 9 juill. 1883. *Demoiselle Dejean c. préfet de l'Ariège.* M. Manau, rapp.

12. La nullité résultant de l'absence de qualité de la personne qui a fait la notification n'est pas d'ordre public et peut être couverte par la comparution devant le jury sans protestation ni réserve.

Cass. rej. 16 mai 1859. D. 59, 1,

206; S. 59, 1, 854; P. 60, 760. *Fraisse, c. c^{ne} de Firminy.* M. Renouard, rapp.

13. La circonstance que le maire fait partie du jury spécial ne lui enlève pas qualité pour faire les notifications comme agent de l'autorité publique, notamment de remettre valablement aux autres jurés leur acte de convocation.

Cass. rej. 6 avril 1859. D. 59, 1, 164; S. 59, 1, 957; P. 59, 834. *Desgrées c. ville de Vannes.* M. Renouard, rapp.

14. Que la notification soit faite par huissier ou par agent de l'administration, il suffit, pour qu'elle soit valable, qu'elle contienne de telles indications que celui auquel la copie a été remise ne puisse se méprendre sur le sens et la portée de l'acte.

Cass. rej. 4 avril 1842. D. 42, 1, 246 ; P. 42, 1, 488. *Degrais c. c^{ne} de Batignolles.* M. Gillon, rapp.

15. Mais il est nécessaire qu'un original de notification ait été dressé.

Cass. 28 janv. 1834. D. 34, 1, 48; S. 34, 1, 206 ; P. 34, 95. *Dumarest c. chemin de fer de la Loire.* M. Rupérou, rapp.

16. Il a été jugé qu'on ne pouvait se faire un moyen de cassation de ce que les parties et les jurés avaient été convoqués par de simples lettres missives du préfet remises par un commissaire de police ou un garde champêtre, lorsque d'ailleurs parties et jurés avaient répondu à la convocation.

Cass. rej. 30 avril 1839. D. 39, 1. 193; S. 39, 1, 606; P. 46, 2, 656. *C^{ne} de Cogolin c. Berenguier.* M. Quéquet rapp.

— 15 avril 1840. D. 40, 1, 185 ; S. 40, 1, 706 ; P. 40, 2, 167. *Maury c. préfet de la Haute-Vienne.* M. Quéquet, rapp.

17. Les notifications d'un pourvoi en cassation ne peuvent être valablement faites à Paris que par les huissiers-audienciers près la Cour de cassation.

Cass. 19 fév. 1872. D. 73, 1, 20 ; S. 72, 1, 163 ; P. 72, 886. *Thomas c. ville de Paris.* M. Hély-d'Oissel, rapp.
— 14 août 1876, D. 76, 1, 504; S. 76, 1, 479 ; P. 76, 1201. *De Cibeins c. chemin de fer de Lyon.* M. Hély-d'Oissel, rapp.
— 11 juill. 1881. D. 82, 1, 246 ; S. 82, 1, 24 ; P. 82, 38. *Magnier c. ville de Paris.* M. de Lagrévol, rapp.

18. L'article 1033 C. pr. civ. est applicable, en matière d'expropriation, pour ce qui concerne le délai des distances.

Cass. 6 janv. 1857. D. 57, 1, 46; S. 57, 1, 303 ; P. 58, 99. *Chaney c. chemin de fer de Lyon.* M. Alcock, rapp.

19. Cet article est-il également applicable en ce qui concerne son premier paragraphe? Le rapporteur de la loi de 1833 a répondu négativement ; mais quand rien, dans le texte de la loi ne justifie cette exception, doit-elle être appliquée?

V. Art. 42.

20. La prohibition de l'article 63, qui interdit de faire aucun exploit un jour de fête légale, s'applique à toutes les significations, quel que soit l'agent qui les fasse.

Delalleau et Jousselin, t. II, n° 982.

21. Les significations sont faites, au domicile élu, et dans le cas où une élection de domicile n'aurait pas eu lieu, la notification est faite, en double copie, au maire et au fermier, locataire, gardien ou régisseur de la propriété (art. 15).

22. Il convient que le maire vise la copie ; mais la nullité édictée par l'article 68 C. pr. civ., relative à l'omission de la formalité du visa par le maire sur l'original et la copie de l'exploit ne s'applique qu'aux exploits d'ajournement et ne peut être étendue aux significations.

Cass. 21 août 1882. D. 88, 1, 212 ; S. 83, 1, 299 ; P. 88, 738. *Cassagnade c. Nigon.* M. Guérin, rapp.

ARTICLE LVIII

Les plans, procès-verbaux, certificats, significations, jugements, contrats, quittances et autres actes faits en vertu de la présente loi seront visés pour timbre et enregistrés gratis, lorsqu'il y aura lieu à la formalité de l'enregistrement.

Il ne sera perçu aucun droit pour la transcription des actes au bureau des hypothèques.

Les droits perçus sur les acquisitions amiables faites antérieurement aux arrêtés des préfets seront restitués, lorsque dans le délai de deux ans, à partir de la perception, il sera justifi éque les immeubles acquis sont compris dans ces arrêtés. La restitution des droits ne pourra s'appliquer qu'à la portion des immeubles qui aura été reconnue nécessaire à l'exécution des travaux (1).

1. Le caractère d'intérêt public qui s'attache aux acquisitions faites en vue des travaux pour la confection desquels l'expropriation est nécessaire a conduit à dispenser de la formalité du timbre et de l'enregistrement tous les actes destinés à préparer ou à consacrer ces acquisitions.

2. L'article 58 s'applique aux traités amiables comme aux expropriations accomplies par jugement; aux prix amiablement réglés, comme aux indemnités fixées par le jury.

3. Mais, pour que l'article 58 soit applicable, il faut qu'on ait procédé comme en matière d'expropriation pour cause d'utilité publique, c'est-à-dire, qu'un décret d'utilité publique ait été rendu, décret suivi d'un arrêté de cessibilité.

4. Ainsi, il ne saurait recevoir son application quand il s'agit d'acquisitions faites par un dépar-

(1) *Loi du 7 juillet 1838*. Art. 58.
Les plans, procès-verbaux, certificats, significations, jugements, contrats, quittances et autres actes faits en vertu de la présente loi, seront visés pour timbre et enregistrés gratis, lorsqu'il y aura lieu à la formalité de l'enregistrement.

tement, sans décret d'utilité publique, pour l'établissement d'une sous-préfecture ;

Cass. 23 août 1841. D. 41, 1, 350 ; S. 41, 1, 773 ; P. 42, 1, 279. *Enregistrement c. préfet de la Dordogne.* M. Legonidec, rapp.

4 bis. par une ville pour l'ouverture d'une rue ou l'exécution d'un plan d'alignement ou la construction d'un abattoir.

Cass. 19 juin 1844. D. 44, 1, 260 et 262 ; S. 44, 1, 493 ; P. 44, 2, 104. *Enregistrement c. ville de Montpellier.* M. Bryon, rapp.
— 6 mars 1848. D. 48, 1, 72 ; S. 48, 1, 374 ; P. 48, 1, 530. *Enregistrement c. ville de Bordeaux.* M. Bryon, rapp.
— 13 nov. 1848. D. 49, 1, 264 ; S. 49, 1, 60 ; P. 48, 2, 532. *Enregistrement c. chemin de fer de Versailles.* M. Miller, rapp.
— 31 janv. 1849. D. 49, 1, 36 ; S. 49, 1, 198 ; P. 49, 1, 350. *Enregistrement c. ville de Lyon.* M. Delapalme, rapp.
— 18 juill. 1849. D. 49, 1, 265 ; P. 50, 1, 539. *Chemin de fer de Versailles c. Enregistrement.* M. Miller, rapp.
— 30 janv. 1854. D. 54, 1, 75 ; S. 54, 1, 207 ; P. 54, 1, 262. *Enregistrement c. cne de la Villette.* M. Gillon, rapp.
— 31 mars 1856. D. 56, 1, 190 ; S. 56, 1, 752 ; P. 56, 1, 572. *Ville de Nantes c. Enregistrement.* M. Bernard de Rennes, rapp.

5. Le décret ultérieur qui approuve l'acquisition ne saurait remplacer le décret d'utilité publique et replacer le contrat, quant aux formalités du timbre et de l'enregistrement, sous le régime des contrats passés en vue d'une expropriation dont la nécessité est déclarée.

Mêmes arrêts (23 août 1841. — 19 juin 1844. — 6 mars 1848. — 31 janv. 1849. — 30 janv. 1854).

6. Les jugements, contrats et autres actes, qui peuvent être visés pour timbre et enregistrés gratis, doivent être faits en vertu de la loi du 3 mai 1841 ; cet article se réfère virtuellement aux dispositions précédentes traçant le mode légal de constater la nécessité de la cession d'un immeuble et notamment à l'article 11, lequel prescrit un arrêté motivé du préfet, déterminant les propriétés qui doivent être cédées ; par suite, l'acquisition, par adjudication devant un tribunal, d'immeubles dont aucun document légal ne justifie l'application nécessaire à des travaux d'utilité publique, ne peut être considérée comme faite en vertu de la loi sur l'expropriation pour cause d'utilité publique.

Cass. req. 7 mars 1883. D. 84, 1, 59. *Ville de Bordeaux c. Enregistrement.* M. Voisin, rapp.

7. L'exemption de l'article 58 s'applique à la convention constatée par le procès-verbal des opérations et de laquelle il résulte que l'indemnité a été amiablement stipulée, payable, partie en espèce, partie, par l'abandon d'un immeuble appartenant à l'expropriant.

Cass. rej. 23 fév. 1870 D. 70, 1, 418 ; S. 70, 1, 224 ; P. 70, 546. *Enregistrement c. la Belle-Jardinière.* M. Massé, rapp.

8. La dernière partie de l'article 58 indique d'ailleurs que l'exemption ne peut s'appliquer qu'aux immeubles, ou aux parties d'immeubles nécessaires pour la confection des travaux et compris dans l'expropriation ; si d'autres parties d'immeubles avaient été amiablement acquises, les droits devraient être acquittés sur ces acquisitions.

Arrêts précités des 19 juin 1844, 13 nov. 1848, 18 juill. 1849.

9. Il en serait autrement si l'acquisition avait eu lieu en vertu de l'article 50.

Cass. 25 août 1851. D. 51, 1, 235 ; S. 51, 1, 688 ; P. 51, 2, 210. *Enregistrement c. préfet de la Seine.* M. Gaultier, rapp.

10. Même quand la demande d'acquisition totale a été faite après les délais, si la partie expropriante n'a pas élevé la fin de non-recevoir résultant de l'expiration des délais.

Même arrêt.

11. Toutefois, l'exemption ne serait pas applicable, si l'acquisition, faite en invoquant l'article 50, cachait en réalité, une mutation volontaire.

Cass. req. 14 janv. 1873. D. 73, 1, 308 ; S. 73, 1, 138 ; P. 73, 294. *Petit-Berlié c. Enregistrement.* M. d'Oms, rapp.

12. Le remploi d'un bien dotal aliéné par suite d'expropriation, étant une conséquence forcée de cette expropriation, doit profiter de l'exemption de l'article 58.

Cass. req. 10 déc. 1845. D. 46, 1, 125 ; S. 46, 1, 161 ; P. 46, 1, 726. *Enregistrement c. Société du Drot.* M. Bernard de Rennes, rapp.
— 8 déc. 1847. D. 47, 4, 209 ; S. 48, 1, 247 ; P. 48, 1, 86. *Enregistrement c. Fonzes.* M. Bernard de Rennes, rapp.
— 24 mai 1848. D. 48, 5, 150 ; S. 48, 1, 506 ; P. 48, 2, 431. *Enregistrement c. Roguet.* M. Bernard de Rennes, rapp.

13. A condition, toutefois que la déclaration de remploi ait été faite dans l'acte. •

Cass. rej. 14 juin 1864. D. 64, 1, 387 ; S. 64, 1, 296 ; P. 64, 868. *De Pomereu c. Enregistrement.* M. Sévin, rapp.

14. L'exemption s'appliquerait encore aux remplois ordonnés par justice en faveur des incapables, à titre de mesures conservatoires.

Instruction générale de l'Enregistrement du 9 août 1869. D. 69, 5, 160.

Daffry de la Monnoye, t. II, p. 427.
Contrà : Delalleau et Jousselin, t. II; p. 252.

15. Cette exemption ne s'applique qu'au remploi obligatoire, non au remploi opéré par suite des dispositions d'un legs fait, pendant le mariage, à une femme mariée sous le régime de la communauté.

Cass. rej. 21 avril 1873. D. 73, 1, 305 ; S. 73, 1, 277 ; P. 73, 670. *Dablin c. Enregistrement.* M. Pont, rapp.

16. La revente faite par l'expropriant de terrains non employés à la confection des travaux ne bénéficie pas de l'exemption du timbre et de l'enregistrement.

Cass. req. 29 nov. 1865. D. 66, 1, 156. *Ardoin et Ricardo c. Enregistrement.* M. Woirhaye, rapp.
— 7 mai 1873. D. 73, 1, 359 ; S. 73, 1. 341 ; P. 73, 825. *Chemin de fer d'Orléans c. Enregistrement.* M. Dumon, rapp.

17. Pas plus que l'acquisition faite par une commune d'un immeuble en remplacement de celui exproprié, immeuble qui était consacré à un service public.

Cass. rej. 8 fév. 1853. D. 53, 1, 28 ; S. 53, 1, 205 ; P. 53, 1, 484. *Ville de Paris c. Enregistrement.* M. Pascalis, rapp.

18. L'exemption n'est pas davantage applicable au traité par lequel une ville se substitue des concessionnaires pour toutes les opérations auxquelles pourra donner lieu l'exécution de travaux déclarés d'utilité publique.

Cass. 12 nov. 1838. S. 38, 1, 891 ; P. 38, 2. 575. *Pène c. Enregistrement.* M. Brière-Valigny, rapp.
— 17 juin 1857. D. 57, 1, 243 ; S. 58, 1, 314 ; P. 58, 102. *Ardoin c. Enregistrement.* M. Pascalis, rapp.
— 15 juin 1869 (3 arrêts). D. 69, 1, 458 ; S. 70, 1, 36 ; P. 70, 57. *Leroy-Sourdis et autres c. Enregistrement.* M. Glandaz, rapp.

— 29 avril 1872. D. 72, 1, 309; S. 72, 1, 142; P. 72, 816. *Société Heullant c. Enregistrement.* M. Larombière, rapp.

19. Lorsque les concessionnaires se sont engagés à acquérir les immeubles nécessaires à l'exécution des travaux, à supporter tous les frais de viabilité des voies nouvelles, à y exécuter divers travaux d'appropriation déterminés, à élever dans des conditions et des délais prescrits des constructions sur les terrains en bordure des voies nouvelles, terrains dont ils resteront propriétaires ; qu'en outre ils doivent avancer une somme convenue pour les besoins de l'entreprise, le contrat étant complexe, il y a lieu de distinguer, pour l'assiette et la perception des droits d'enregistrement, celles de ses dispositions qui constituent un véritable marché de celles qui contiennent une convention différente.

Arrêt précité du 29 avril 1872. M. Larombière, rapp.
V. Aussi les arrêts de 1869.

20. Les conventions relatives à l'exécution des travaux de viabilité et à l'édification des constructions présentent tous les caractères d'un marché et doivent conséquemment être soumises au droit proportionnel de 1 pour 100.

Arrêt du 29 avril 1872.

21. La partie de la convention intervenue entre la ville et les concessionnaires relativement aux terrains en bordure acquis par la ville ne peut être considérée comme un acte purement volontaire et d'intérêt privé, mais un acte commandé par l'autorité publique fait en vertu et sous la protection de l'article 58.

Même arrêt.

Voir Daffry de la Monnoye, t. II, p. 481 et s.

22. Le délai de vingt jours pendant lequel doit être enregistré le traité passé par le concessionnaire ne part que du jour où par les autorisations nécessaires, ce traité est devenu définitif.

Cass. arrêt précité du 15 juin 1869. D. 69, 1, 460 ; S. 70, 1, 36 ; P. 70, 57.

23. La procuration donnée pour consentir une cession amiable ou pour en toucher le prix ne bénéficie pas de l'exemption du droit de timbre et d'enregistrement.

Cass. 18 août 1863. D. 64, 1, 24 ; S. 63, 1, 451 ; P. 64, 274. *Dufresne c. Enregistrement.* M. d'Esparbès, rapp.
— Décision du ministre des finances du 20 janv. 1835.
Contrà : Garnier, Rep. gén., n° 6472. — Journal des Notaires, n° 9159. — Delalleau et Jousselin. t. II, n° 961. — De Peyronny et Delamarre, n° 708. — Daffry de la Monnoye, t. II, p. 489.

24. L'exemption du droit de timbre s'applique aux mémoires présentés par des officiers ministériels pour remboursement de frais avancés par eux au cours d'une procédure en expropriation poursuivie par l'Etat.

Circulaire du directeur général de la comptabilité publique, du 20 janvier 1877. D. 77, 5, 432.

25. Le jugement d'expropriation ne peut ordonner que les pièces émanées de l'administration et jointes à la requête seront timbrées et enregistrées.

Cass. rej. 16 juill. 1873. D. 73, 1, 350 ; S. 73, 1, 472 ; P. 73, 1186. *Préfet de la Haute-Savoie c. Fabre et autres.* M. Aucher, rapp.

26. Les recours au Conseil d'Etat, en matière d'expropriation, sont exempts du timbre et de l'enregistrement.

Conseil d'État, 26 déc. 1873. L. 73, 973 ; D. 75, 3, 4. *Garret c.* c^ne *de Marchenoir.* M. Flourens, rapp.
— 22 nov. 1878 (de L'hôpital c. P. L. M.). L. 78, à sa date ; D. 79, 3, 88. M. Cornudet, rapp.

27. La loi, en disposant par son article 58, § 2, qu'il ne serait perçu aucun droit pour la transcription des actes, n'a exonéré les compagnies concessionnaires de travaux publics que des droits du trésor, de l'impôt proprement dit, mais non point du salaire du conservateur, de son traitement, de la rémunération attribuée par des tarifs légaux, dans la proportion de son travail et de sa responsabilité.

Cass. 25 fév. 1846. D. 46, 1, 119; S. 46, 1, 298; P. 46, 1, 257. *Chemin de fer de Rouen c. Enregistrement.* M. Lavielle, rapp.

28. La restitution que prescrit le 3e paragraphe de l'article 58 doit avoir lieu aussi bien pour les acquisitions antérieures que pour les acquisitions postérieures au décret d'utilité publique.

Cass. rej. 4 mai 1858. D. 58, 1, 275; P. 58, 774. *Enregistrement c. chemin de fer d'Orléans.* M. Quenoble, rapp.

29. Le délai de deux ans court à dater de la perception des droits.

Cass. rej. 7 déc. 1858. D. 59, 1, 81; S. 59, 1, 350; P. 59, 24. *Chemin de fer de Lyon c. Enregistrement.* M. Hardoin, rapp.

30. Pour interrompre la prescription, il faut une réclamation en restitution des droits signifiée et enregistrée avant l'expiration du délai de deux ans.

Cass. 5 fév. 1867. D. 67, 1, 23; S. 67, 1, 183; P. 67, 417. *Enregistrement c. chemin de fer d'Orléans.* M. Laborie, rapp.

31. Il suffit, pour donner ouverture à restitution des droits, que, dans le délai de deux ans, soit intervenu un décret déclarant l'utilité publique, désignant, sans doute possible, l'immeuble acquis à l'amiable comme devant être compris dans les travaux.

Cass. rej. 4 mai 1858. D. 58, 1, 275; P. 58, 774. *Enregistrement c. chemin de fer d'Orléans.* M. Quenoble, rapp.

ARTICLE LIX

Lorsqu'un propriétaire aura accepté les offres de l'administration. le montant de l'indemnité devra, s'il l'exige, et s'il n'y a pas eu contestation de la part des tiers dans les délais prescrits par les articles 24 et 27, être versé à la caisse des dépôts et consignations, pour être remis ou distribué à qui de droit, selon les règles du droit commun (1).

ARTICLE LX

Si les terrains acquis pour les travaux d'utilité publique ne reçoivent pas cette destination, les anciens propriétaires ou leurs ayants droit peuvent en demander la remise.
Le prix des terrains rétrocédés est fixé à l'amiable, et s'il n'y a pas accord, par le jury, dans les formes ci-dessus prescrites. La fixation par le jury ne peut, en aucun cas, excéder la somme moyennant laquelle les terrains ont été acquis (2).

(1) *Loi du 7 juillet 1833.* Art. 59.
Lorsqu'un propriétaire aura accepté les offres de l'administration, le montant de l'indemnité devra, s'il l'exige et s'il n'y a pas eu de contestation de la part des tiers, *dans le délai prescrit par l'article 28* être versé à la caisse des dépôts et consignations, pour être remis ou distribué à qui de droit, selon les règles du droit commun.
(2) *Loi du 7 juillet 1833.* Art. 60.
Si des terrains acquis pour des travaux d'utilité publique ne reçoivent pas cette destination, les anciens propriétaires ou leurs ayants droit peuvent en demander la remise.
Le prix des terrains rétrocédés est fixé à l'amiable et, s'il n'y a pas accord, par le jury, dans les formes ci-dessus prescrites. La fixation par le jury ne peut, en aucun cas, excéder la somme moyennant laquelle *l'Etat est devenu propriétaire desdits terrains.*

§ 1. — *Droit de préemption ac-cordé aux propriétaires expropriés relativement aux terrains acquis pour des travaux d'utilité publique et non employés.*

§ 2. — *Evaluation par le jury du prix de ces terrains.*

§ I. — *Droit de préemption accordé aux propriétaires expropriés re-lativement aux terrains acquis pour des travaux d'utilité pu-blique et non employés.*

1. Aux termes des articles 60 et 61 de la loi du 3 mai 1841, l'exercice du droit de préemption n'est subordonné à aucune autre formalité que la publication de l'avis faisant connaître les ter-rains que l'administration est dans le cas de revendre, la déclaration des anciens propriétaires de vou-loir exercer le droit de préemption, et la désignation par le tribunal compétent d'un jury pour fixer, en cas de désaccord, le prix de la rétrocession, et d'un magistrat-directeur du jury.

Cass. rej. 26 avril 1881. S. 81, 1, 273. *Jallerat c. cⁿᵉ de Cluis.* M. de La-grévol, rapp.

2. L'article 60 est applicable, aux immeubles acquis, en vertu de la loi d'expropriation, soit par jugement, soit à l'amiable ; mais non aux immeubles acquis à l'amiable sans déclaration d'uti-lité publique.

Solution de la régie de l'enregistre-ment du 8 déc. 1847. D. 48, 5, 183.

3. Il s'applique dès qu'une par-tie du terrain reste inemployée.

Cass. 27 avril 1863. D. 63, 1, 319 ; S. 63, 1, 319 ; P. 63, 891. *Genest c. cⁿᵉ de Neuville-sur-Saône.* M. Quénault, rapp.

— 2 mars 1868. D. 68, 1, 182 ; S. 68, 1, 271 ; P. 68, 660. *Bruneau c. pré-fet de la Loire-Inférieure.* M. Qué-nault, rapp.

Paris 29 avril 1865. D. 67, 1, 247.

4. C'est à l'administration, c'est-à-dire au ministre compé-tent, qu'il appartient de décider si les terrains acquis *ont été ou seront* affectés à la destination publique pour laquelle ils ont été expropriés.

Conseil d'Etat, 17 mai 1855. L. 55, 357. *Nicolaï de Bercy.* M. Dubessey, rapp.

— 16 août 1862. L. 62, 688 ; D. 64, 3, 105 ; P. 62, 272. *Bertrand.* M. Faré, rapp.

— 30 juill. 1863. L. 63, 607 ; D. 64, 3, 105. *Cⁿᵉ de Saint-Cyr.* M. de Bel-bœuf, rapp.

— 24 juin 1868. L. 68, 728 ; D. 72, 3, 63 ; S. 69, 2, 222 ; P. 69, 348. *Jaume c. ville de Montpellier.* M. de Belbœuf, rapp.

— 11 déc. 1871. L. 71, 285 ; D. 72, 3, 64 ; S. 72, 228 ; P. 72, 33. *Ancelle.* M. Braun, rapp.

— 6 mars 1872. L. 72, 141 ; D. 72, 3, 63 ; S. 73, 2, 287 ; P. 72, 45. *Jaume c. ville de Montpellier.* M. de Baulny, rapp.

5. Lorsque le bornage d'un che-min de fer prescrit par le cahier des charges n'est pas achevé, le mi-nistre des travaux publics saisi d'une demande en rétrocession formée en vertu de l'article 60 n'excède pas ses pouvoirs en reje-tant cette demande par le motif que la parcelle réclamée doit être utilisée presque en entier pour la régularisation des talus d'un rem-blai et qu'une bande de terrain devrait, en outre, être conservée en vue du tassement possible des terres.

Conseil d'Etat : 27 mars 1862. L. 62, 252. *Dobler.* M. Aucoc, rapp.

— 16 août 1862. L. 62, 688. *Ber-trand.* M. Faré rapp.

6. Après l'achèvement des ta-lus et le bornage du chemin de fer, s'il est reconnu qu'une partie du terrain exproprié pour l'établis-sement du chemin de fer est restée

inemployée, l'ancien propriétaire peut en demander la remise, et, en cas de contestation, faire valoir devant les tribunaux civils le privilège établi en sa faveur par l'article 60.

Mêmes arrêts.

7. Lorsque des terrains ont reçu la destination à laquelle ils devaient être affectés d'après les plans parcellaires soumis à l'enquête, l'ancien propriétaire ne peut en demander la rétrocession par le motif que l'emploi qui en a été ainsi fait n'aurait pas pour objet l'exécution d'un travail public.

Conseil d'Etat : 29 juin 1877. L. 77, 656 ; D. 77, 3, 101. *Courtin-Pierrard c. chemin de fer du Nord.* M. Cornudet, rapp.

8. Le point de savoir si les terrains sont restés inemployés, réglé par l'administration, c'est à l'autorité judiciaire qu'il appartient de statuer sur la demande de rétrocession.

Mêmes arrêts.

9. L'ancien propriétaire peut contraindre à la rétrocession le sous-acquéreur auquel l'expropriant a revendu l'immeuble.

Cass. rej. 12 juin 1865. *Gaz. des Trib.* 14 juin 1865.

10. Lorsque, postérieurement à l'expropriation, le propriétaire a vendu la pièce de terre d'où la parcelle expropriée a été extraite, le droit de préemption appartient à l'ancien propriétaire, non au sous-acquéreur.

Cass. 29 mai 1867. D. 67, 1, 247 ; S. 67, 1, 261 ; P. 67, 656.
Paris, 29 avril 1865. D. 67, 1, 247.
Dijon, 17 juill. 1868. D. 68, 2, 204 ; S. 68, 2, 346 ; P. 68, 1253.
Sic : Dalloz, n° 744. — Gand, p. 385.
Contrà : Delalleau et Jousselin, t. II, n° 1145. — Cotelle, t. II, p. 527.

— Herson, n° 348. — De Peyronny et Delamarre, n° 720. — Dumay, t. II, p. 249. — Daffry de la Monnoye, t. II, p. 456.

11. Les difficultés sur la qualité des parties, en matière de rétrocession, sont de la compétence de l'autorité judiciaire.

Conseil d'Etat, 1er avril 1840. L. 40, 97 ; P. 40, 581. D. v° *Expropriation*, n° 745. *Autun.* M. Louyer-Villermay rapp.

12. Les terrains qui, pendant un certain temps, ont reçu la destination publique pour laquelle ils avaient été expropriés, (ne peuvent plus être réclamés par l'ancien propriétaire, à titre de rétrocession.

Lyon, 20 août 1857. D. 57, 2, 219 ; S. 57, 2, 736 ; P. 58, 845.
Cass. rej. 29 mai 1867. D. 67, 1, 427. S. 67, 1, 261. P. 67, 656.

13. Mais si les terrains sont restés inemployés, peu importe le temps pendant lequel ils sont demeurés sans emploi ; le droit de rétrocession accordé au propriétaire subsiste.

Cass. rej. 2 mars 1868. D. 68, 1, 182 ; S. 68, 1, 271 ; P. 68, 660. *Bruneau c. préfet de la Loire-Inférieure.* M. Quénault, rapp.

14. Alors même que les terrains auraient dû être compris dans d'autres travaux pour lesquels un décret d'utilité publique avait été rendu, si l'ancien propriétaire a demandé la rétrocession avant le jugement d'expropriation.

Même arrêt.

15. C'est le non-emploi aux travaux pour lesquels les terrains avaient été expropriés qui donne droit à la rétrocession ; cette rétrocession ne pourrait être refusée par le motif que les terrains se-

raient utiles pour un travail différent, dont l'utilité publique n'a été déclaré que postérieurement.

Conseil d'Etat: 6 mars 1872. L. 72, 141; D. 72, 3, 63; S. 73, 2, 287; P. 72, 45. *Jaume c. ville de Montpellier*. M. de Baulny, rapp.

Sic: Herson, n° 349. — Daffry de la Monnoye, t. II, p. 459.

Contrà : Delalleau et Jousselin, t. II, n° 1140. — Arnaud, n° 622. — Dalloz, 742.

16. L'instance en rétrocession étant pendante, le magistrat-directeur du jury réuni pour régler les indemnités dues aux propriétaires expropriés en vue des nouveaux travaux excéderait ses pouvoirs en refusant l'intervention de l'ancien propriétaire qui demande la rétrocession.

Cass. 15 mars 1865. *Gaz. des Trib.* du 16 mars 1865.
Delalleau et Jousselin, t. II, p. 407.

17. Lorsque l'administration a fait connaître qu'elle était dans l'intention de revendre une parcelle et que, dans le délai légal, l'ancien propriétaire a déclaré son intention de la réacquérir, l'administration ne peut plus revenir sur sa détermination; il n'appartient ni au préfet ni au ministre de reprendre cette parcelle.

Conseil d'Etat : 4 avril 1856. L. 56, 264; D. 56, 3, 61. *Deabrige c. Lachaze*. M. Gomel, rapp.

18. C'est à bon droit que le magistrat-directeur refuse de donner acte à l'expropriant de conclusions tendant à restreindre le droit de préemption appartenant à l'exproprié, et d'en faire l'objet d'un question à soumettre au jury.

Cass. rej. 14 mars 1881. S. 81, 1, 227; P. 81, 538. *Préfet de la Haute-Marne c. Thiébaut*. M. Blondel, rapp.

19. Le droit à la rétrocession

édicté par les articles 60 et 61 de la loi du 3 mai 1841, en faveur des propriétaires expropriés s'exerce aussi bien contre l'État, les départements ou les concessionnaires que contre les communes.

Cass. 23 mai 1883. D. 83, 1, 449; S. 83, 1, 422. *Abeille c. ville de Paris*. M. Rohault de Fleury, rapp.

20. L'exproprié peut valablement renoncer à user du droit que lui confère l'article 60.

Cass. 27 avril 1863. D. 63, 1, 319; S. 63, 1, 319; P. 63, 891. *Genest c. cne de Neuville-sur-Saône*. M. Quénault, rapp.

21. Cette renonciation ne résulte pas de ce que l'exproprié aurait touché, sans réserves, le montant intégral de l'indemnité, à un moment où il pouvait prévoir le non-emploi du terrain.

Même arrêt.

22. Il n'y a pas lieu à l'action en rétrocession, mais à l'action en revendication pour la parcelle non comprise dans l'expropriation et dont cependant l'expropriant s'est mis en possession.

Cass. 29 mai 1867. D. 67, 1, 247; S. 67, 1, 261; P. 67, 656. *Chemin de fer de l'Ouest c. Delair*. M. Lamy, rapp.

23. L'ancien propriétaire, au cas de demande de rétrocession et de règlement d'indemnité, n'est pas tenu, à peine de nullité, de faire offre d'une somme déterminée.

Cass. rej. 2 mars 1868. D. 68, 1, 182; S. 68, 1, 271; P. 68, 660. *Bruneau c. préfet de la Loire-Inférieure*. M. Quénault, rapp.

24. En tous cas, il ne saurait être admis à se faire un grief de ce qu'il aurait omis de faire cette offre.

Même arrêt.

25. Lorsque la rétrocession ne s'applique pas au terrain entier, il appartient au jury de décider souverainement la part de l'indemnité, précédemment accordée, qui doit être attribuée à la portion de terrain rétrocédée.

Arrêt précité du 2 mars 1868.
Delalleau et Jousselin, t. II, p. 414. — Dufour, *de l'Expropriation*, n° 191 et *Traité de Droit administratif*, t. V, n° 512.

26. Alors même que l'indemnité avait été fixée, à raison d'un prix déterminé par mètre de terrain.

Cass. rej. 5 juin 1878. S. 78, 1, 328 ; D. 78, 1, 436 ; P. 78, 802. *Abeille c. préfet de la Seine*. M. Goujet, rapp.

§ 2. — *Evaluation par le jury du prix des terrains non employés.*

27. Le jury, pour fixer l'indemnité de rétrocession, n'est pas tenu de prendre pour base la valeur admise par le jury qui a fixé l'indemnité d'expropriation ; il suffit que le prix fixé par le nouveau jury n'excède pas celui moyennant lequel des terrains rétrocédés ont été acquis par l'administration.

Cass. rej. 26 avril 1881. S. 81, 1, 273 ; P. 81, 647. *Jallerat c. cne de Cluis*. M. de Lagrévol, rapp.

28. Rien n'empêche le jury d'évaluer le terrain à un prix inférieur à celui que le propriétaire en avait précédemment retiré ; la seule interdiction qui soit faite au jury c'est de fixer le prix de rétrocession à un prix plus élevé que le prix d'acquisition.

29. Le conseil de préfecture serait incompétent pour fixer le prix de rétrocession, malgré le consentement du propriétaire et de l'administration à l'investir de cette mission.

Conseil d'Etat : 25 janv. 1855. L. 55, 68. *Velluet*. M. de Belbœuf, rapp.

ARTICLE LXI

Un avis, publié de la manière indiquée en l'article 6, fait connaître les terrains que l'administration est dans le cas de revendre. Dans les trois mois de cette publication, les anciens propriétaires qui veulent réacquérir la propriété desdits terrains sont tenus de le déclarer, et, dans le mois de la fixation du prix soit amiable, soit judiciaire, ils doivent passer le contrat de rachat et payer le prix, le tout sous peine de déchéance du privilège que leur accorde l'article précédent (1).

1. L'avis publié par l'administration et la déclaration, dans le délai légal, par le propriétaire, qu'il entend reprendre le terrain inemployé ouvrent à celui-ci le droit de préemption qui ne peut plus lui être enlevé par un changement d'avis de l'administration.

Conseil d'Etat : 4 avril 1856. L. 56, 264; D. 56, 3, 61; S. 57, 2, 154; P. 57, 78. *Deabriges c. Lachaze.* M. Gomel, rapp.

Une offre de l'administration des domaines produirait les mêmes effets que la publication de l'avis.

Conseil d'Etat, 11 déc. 1871. L. 71, 286; D. 72, 3, 64; P. 71, 33; S. 72, 2, 28. *Ancelle.* M. Braun, rapp.

2. Lorsque l'initiative de la demande en rétrocession est prise par le propriétaire exproprié qui actionne l'expropriant devant les tribunaux civils pour le faire contraindre par jugement à la rétrocession, le délai de trois mois accordé à l'exproprié à partir de l'avis

publié par l'expropriant, pour faire connaître son intention de se défaire des terrains inemployés, n'a plus son application; mais il n'en est pas de même du délai d'un mois pour passer l'acte de rétrocession et effectuer le paiement, à partir de la fixation du prix par le jury, délai à l'expiration duquel il y a déchéance de l'exproprié, si les deux conditions prévues ne se sont pas réalisées.

Cass. 23 mai 1883. D. 83, 1, 449; S. 83, 1, 422; *Bull. civ.* 83, p. 227. *Abeille c. ville de Paris.* M. Rohault de Fleury, rapp.

3. L'obligation de passer l'acte en la forme administrative ne saurait autoriser l'exproprié à se prévaloir de l'inaction de l'administration pour soutenir que le délai n'a pas couru, l'exproprié ayant toujours la faculté de mettre l'administration en demeure de faire le nécessaire pour que la prescription de l'article 61 puisse être remplie.

Même arrêt.

(1) *Loi du 7 juillet 1833.* Art. 61. Texte identique.

ARTICLE LXII

Les dispositions des articles 60 et 61 ne sont pas applicables aux terrains qui auront été acquis sur la réquisition du propriétaire, en vertu de l'article 50, et qui resteraient disponibles après l'exécution des travaux (1).

1. Si, par suite d'abandon ou de modification du projet, la totalité de l'immeuble acquis en vertu de l'article 50 est demeurée en dehors de l'exécution des travaux, l'article 60 redevient applicable et l'ancien propriétaire peut, en vertu de cet article, demander la rétrocession.

Moniteur du 5 mars 1841.—Delalleau et Jousselin, t. II, p. 406. — Daffry de la Monnoye, t. II, p. 450.

2. La diposition de l'article 62 doit recevoir exception dans le cas où, pour éviter le morcelle-ment d'une maison, le propriétaire exige qu'on l'acquière en entier. Si le projet est abandonné, le propriétaire, qui n'a consenti à l'aliéner en totalité que parce qu'une portion était nécessaire aux travaux, pourra demander que la maison lui soit rétrocédée.

Delalleau, t. II, n. 1138. — Dalloz, n. 603. — Arnaud, n. 642.

3. Mais l'article 62 redeviendrait rigoureusement applicable, si le propriétaire demandait, après l'exécution des travaux, la retrocession de la partie de la maison qui n'aurait pas été touchée.

Arnaud, n. 642.

(1) *Loi du 7 juillet 1833.* Art. 62. Texte identique.

ARTICLE LXIII

Les concessionnaires des travaux publics exerceront tous les droits conférés à l'administration, et seront soumis à toutes les obligations qui lui sont imposées par la loi (1).

1. Lorsque, conformément à l'obligation qui lui en était imposée par son traité, le concessionnaire a formé une société, les actes relatifs à l'expropriation se font au nom de cette société, sans toutefois que ces actes soient nuls quand ils sont faits au nom personnel du concessionnaire.

Cass. 6 janv. 1836. D. 36, 1, 49 ; S. 36, I. 5 ; P. 36. 893. *Gaullieur l'Hardy c. Boyer-Fonfrède.* M. Quéquet, rapp.

2. Quand, dans les actes que comporte la procédure d'expropriation pour cause d'utilité publique, les préfets exercent le pouvoir qui leur est délégué comme fonctionnaires représentant l'autorité publique, la circonstance que les travaux sont exécutés par des concessionnaires ne change rien à leurs attributions ; mais les concessionnaires sont substitués aux préfets pour tous les actes où le préfet n'intervient que comme représentant de l'administration.

Cass. 12 mai 1858. D. 58, 1, 323 ; S. 59, 1, 270 ; P. 69, 738. *Desgrées et Raud c. ville de Vannes.* M. Renouard, rapp.
Delalleau et Jousselin, t. II, n° 923.

(1) *Loi du 7 juillet 1833.* Art. 63. Texte identique.

3. La concession faite par l'Etat à des particuliers du droit de construire un chemin de fer implique le droit d'acquérir les terrains nécessaires à cet effet, soit à l'amiable et de gré à gré, soit par l'expropriation forcée pour cause d'utilité publique ; comme moyen d'exercice de cette faculté, la compagnie concessionnaire peut provoquer de la part de l'autorité publique compétente tous les actes nécessaires pour arriver à l'expropriation.

Cass. 29 août 1851. D. 54, 1, 320 ; S. 55, 1. 734. *D'Auger c. chemin de fer de Cherbourg.* M. Mérilhou, rapp.

4. Par suite, lorsque l'expropriation est poursuivie par le concessionnaire, celui-ci a le droit de provoquer le jugement d'expropriation en présentant requête au tribunal qui doit prononcer le jugement.

Delalleau et Jousselin, t. II, p. 225.

5. Aux termes de l'article 63, les concessionnaires de travaux publics exercent tous les droits conférés à l'administration, à la charge de remplir les obligations qui lui sont imposées ; si cette délégation ne s'étend point aux mesures antérieures à l'expropriation qui affectent l'intérêt général et qui n'appartiennent en conséquence qu'à l'autorité publique, elle comprend le droit pour les concessionnaires de faire faire à leur requête, après en avoir référé au magistrat-directeur du jury, les notifications et convocations relatives au débat et au règlement des indemnités qui n'intéressent que les concessionnaires et l'exproprié.

Cass. 20 nov. 1854. D. 54, 5, 343. *Masteaux c. chemin de fer de l'Est.* M. Quénault, rapp.

6. Mais l'administration, malgré la concession consentie, conserve le droit de faire des diligences en son propre nom et d'adresser au procureur de la République les pièces et la demande à fin d'expropriation.

Cass. 4 juin 1855. D. 55, 1, 285; S. 56, 1, 78; P. 57, 97. *Fourtanier c. chemin de fer du Midi.* M. Renouard, rapp.

7. Lorsque, s'agissant de travaux pour la confection desquels l'Etat s'est subrogé un concessionnaire, c'est cependant le préfet qui a poursuivi le règlement de l'indemnité, l'exproprié qui, devant le jury, n'a fait ni protestation ni réserves contre cette manière de procéder, ne peut s'en faire plus tard un moyen de cassation contre la décision du jury.

Cass. 31 mai 1865. D. 65, 5, 173. *Granger c. chemin de fer d'Orléans.* M. Leroux de Bretagne, rapp.

8. Le concessionnaire n'est réellement subrogé à l'administration et n'a droit d'agir à son lieu et place que lorsque son titre est définitif et complet.

9. Ainsi, une société anonyme ne peut faire procéder en son nom aux expropriations nécessaires avant que ses statuts aient été approuvés par le gouvernement.

Cass. rej. 14 fév. 1855. D. 55, 1,

178; S. 55, 1, 538; P. 55, 1, 391. *Yon de Jaunage.* M. Gillon, rapp.
— 20 mars 1855. D. 55, 1, 169; S. 55, 1, 538; P. 55, 1, 391. *Togny.* M. Gillon, rapp.

10. Et avant que le décret d'autorisation ait été rendu exécutoire par la remise régulière d'une ampliation.

Cass. 24 avril 1855. D. 55, 1, 132; S. 55, 1, 607; P. 55, 1, 599. *Falcoux c. Cie de la rue Impériale à Lyon.* M. Delapalme, rapp.

11. Le pourvoi en cassation est formé et soutenu au nom du concessionnaire.

12. C'est contre lui également qu'il doit être dirigé, à moins que l'administration ne soit demeurée en cause, auquel cas le pourvoi peut être notifié aussi bien à l'administration qu'au concessionnaire.

Cass. 4 juin 1855. D. 55, 1, 285; S. 56, 1, 178. *Fourtanier c. chemin de fer du Midi.* M. Renouard, rapp.
— 12 janv. 1857. D. 57, 1, 46; P. 57, 266. *Lebâtard c. chemin de fer de l'Est.* M. Renouard, rapp.

13. C'est le concessionnaire qui doit notifier les offres à l'exproprié et c'est à lui que l'exproprié doit notifier sa réponse.

Cass. 31 mai 1865. D. 65, 5, 173. *Granger c. chemin de fer d'Orléans.* M. Le Roux de Bretagne, rapp.

14. Lorsque le jury est réuni, c'est au concessionnaire à exercer le droit de récusation que l'article 34 accorde à l'administration.

15. C'est encore lui qui doit présenter le tableau des offres et des demandes, ainsi que les titres et autres documents qu'il veut faire valoir au soutien de ses offres.

16. Les significations et notifications, faites au nom du concessionnaire, peuvent l'être par

les agents de l'administration, si celle-ci y consent.

Delalleau et Jousselin, t. II, p. 231.

17. Les concessionnaires, en cas d'urgence, peuvent agir au vertu des articles 65 et suivants de la loi du 3 mai 1841.

— Discussion de la loi devant les chambres.

18. Le droit de rétrocession existe contre eux, au bénéfice de l'ancien propriétaire, comme vis-à-vis de l'administration.

19. L'exemption du timbre et de l'enregistrement pour les actes faits en vertu de la loi d'expropriation, et la restitution des droits perçus sur les acquisitions amiables de terrains compris postérieurement dans les arrêtés de cessibilité, existe au profit des concessionnaires de travaux.

Moniteur du 13 mai 1840, p. 1030.

ARTICLE LXIV

Les contributions de la portion d'immeuble qu'un propriétaire aura cédée, ou dont il aura été exproprié pour cause d'utilité publique, continueront à lui être comptées pendant un an à partir de la remise de la propriété, pour former son cens électoral (1).

La suppression du cens électoral a rendu l'article 64 sans objet.

(1) *Loi du 7 juillet 1833.* Art. 64.
Texte identique.

ARTICLE LXV

Lorsqu'il y aura urgence de prendre possession des terrains non bâtis qui seront soumis à l'expropriation, l'urgence sera spéciale- lement déclarée par une ordonnance royale.

1. Les articles 65 à 74 ne se trouvaient pas dans la loi de 1833 et c'est principalement en vue des dispositions concernant l'en- voi en possession pour cause d'ur- gence qu'avait été présenté le nouveau projet de loi sur l'expro- priation pour cause d'utilité pu- blique.

2. A la suite de la discussion devant les Chambres, les disposi- tions insérées au projet ont été profondément modifiées dans le sens du respect de la propriété privée, et sont devenues, par suite, d'une application très res- treinte.

3. C'est à l'autorité judiciaire qu'il appartient de décider si le terrain dont on veut prendre pos- session d'urgence est ou non *bâti*.

Cass. 29 août 1864. D. 64, 1, 446; S. 64, 1, 415; P. 64, 1124. *Oudard c. chemin de fer d'Orléans.* M. Mercier rapp.

4. Et cela, alors même que le décret déclaratif de l'urgence au- rait qualifié le terrain de *non bâti*.

Même arrêt.

5. D'après l'article 65, les ter- rains bâtis sont les seuls dont une ordonnance ne puisse pas déclarer la prise de possession, par urgence; si un préjudice résulte de la prise de possession de ter- rains non bâtis affectés à l'exploi- tation et au service de terrains bâtis, il pourra y avoir lieu d'exa- miner si c'est là une juste cause d'indemnité; mais ce serait ajou- ter à la loi que de créer, à raison de ce préjudice, un obstacle légal à la prise de possession par ur- gence.

Cass. rej. 15 juill. 1845. D. 45, 1, 314; S. 45, 1, 688; P. 45, 2, 253. *Mé- nassier c. chemin de fer de Sceaux.* M. Renouard, rapp.

6. Par suite, sont non bâtis des terrains, alors même qu'ils formeraient avenue et issue pour l'exploitation d'un bâtiment.

Même arrêt.

ARTICLE LXVI

En ce cas, après le jugement d'expropriation, l'ordonnance qui déclare l'urgence et le jugement seront notifiés, conformément à l'article 15, aux propriétaires et détenteurs avec assignation devant le tribunal civil. L'assignation sera donnée à trois jours au moins; elle énoncera la somme offerte par l'administration.

1. Le décret déclaratif d'urgence peut précéder ou suivre le jugement d'expropriation; il peut être rendu aussitôt que l'administration en a reconnu la nécessité.

Conseil d'Etat : 8 janv. 1863. L. 63, 9; D. 63, 3, 78 ; P. 63, 313. *Bernon de Rochetaillée.* M. Faré, rapp.

Moniteur du 27 mars 1841, p. 768. Delalleau et Jousselin, t. II, n° 870.

2. Ce décret n'est pas susceptible de recours au Conseil d'Etat.

Même arrêt.

3. Le jugement qui s'autoriserait de la déclaration d'urgence pour prononcer l'expropriation, sans que toutes les formalités prescrites par la loi du 3 mai 1841 eussent été accomplies, commettrait un excès de pouvoir.

Cass. 28 juin 1853. D. 53, 1, 285 ; S.

53, 1, 757; P. 53, 2, 101. *Aufauvre c. Préfet de l'Allier.* M. Grandet rapp.

Delalleau et Jousselin, t. II, p. 182. — Draffry de la Monnoye, t. II. p. 476.

4. L'assignation doit être donnée *aux propriétaires et détenteurs,* ce qui doit nécessairement s'entendre des propriétaires inscrits à la matrice des rôles, les seuls que l'administration puisse connaître.

5. L'assignation doit énoncer la somme offerte par l'administration.

6. Celle-ci doit, avec l'assignation, notifier l'ordonnance qui déclare l'urgence, ainsi que le jugement d'expropriation et, par conséquent, donner copie de ces deux pièces.

Delalleau et Jousselin, t. II, p. 185.

ARTICLE LXVII

Au jour fixé, le propriétaire et les détenteurs seront tenus de
déclarer la somme dont ils demandent la consignation avant
l'envoi en possession.
Faute par eux de comparaître, il sera procédé en leur absence.

ARTICLE LXVIII

Le tribunal fixe le montant de la somme à consigner.
Le tribunal peut se transporter sur les lieux, ou commettre un
juge pour visiter les terrains, recueillir tous les renseignements
propres à en déterminer la valeur et en dresser, s'il y a lieu,
un procès-verbal descriptif. Cette opération devra être terminée
dans les cinq jours du jugement qui l'aura ordonnée.
Dans les trois jours de la remise de ce procès-verbal au greffe, le
tribunal déterminera la somme à consigner.

ARTICLE LXIX

La consignation doit comprendre, outre le principal, la somme
nécessaire pour assurer, pendant deux ans, le paiement des
intérêts à 5 p. 100.

ARTICLE LXX

Sur le vu du procès-verbal de consignation, et sur une nouvelle
assignation à deux jours de délai au moins, le président ordonne
la prise de possession.

ARTICLE LXXI

Le jugement du tribunal et l'ordonnance du président sont exécutoires sur minute et ne peuvent être attaqués par opposition ni par appel.

1. Mais ils peuvent être attaqués par la voie du recours en cassation.

Cass. rej. 29 août 1864. D. 64, 1, 446; S. 64, 1, 415; P. 64, 1124. *Oudard c. chemin de fer d'Orléans.* M. Mercier, rapp.
Sic : Delalleau et Jousselin, t. II, n° 883. — De Peyronny et Delamarre, n° 775. — Dufour, *Droit administratif,* t. V, n° 589; *Expropriation,* n° 218. — Malapert et Protat, n° 731. — Daffry de la Monnoye, t. II, p. 478.

2. Si le jugement venait à être cassé sur le pourvoi du propriétaire, le détenteur pourrait se refuser à la prise de possession, si elle n'avait pas encore eu lieu, et à la continuation des travaux, s'ils avaient été commencés.

Delalleau et Jousselin, t. II, p. 183.

3. Bien que la loi dans les articles relatifs à la prise de possession d'urgence, ne se soit pas expliquée sur la possibilité d'un recours en cassation et sur les formes du pourvoi, on doit décider, par analogie, que le pourvoi doit être formé au greffe du tribunal qui a statué et selon le mode réglé par les articles 20 et 42 de la loi de 1841.

Dufour, *Droit administr.,* t. 5, p. 589. — Delalleau et Jousselin, t. 2, p. 193.

4. De même, par analogie de l'article 42, le délai pour se pourvoir, doit être de quinzaine.

Cass. 15 juill. 1845. D. 45, 1, 314; S. 45, 1, 688; P. 45. 2. 251. *Ménassier, c. chemin de fer de Sceaux.* M. Renouard rapp.
Mêmes auteurs.

ARTICLE LXXII

Le président taxera les dépens, qui seront supportés par l'administration.

ARTICLE LXXIII

Après la prise de possession, il sera, à la poursuite de la partie la plus diligente, procédé à la fixation définitive de l'indemnité, en exécution du titre IV de la présente loi.

ARTICLE LXXIV

Si cette fixation est supérieure à la somme qui a été déterminée par le tribunal, le supplément doit être consigné dans la quinzaine de la notification de la décision du jury, et, à défaut, le propriétaire peut s'opposer à la continuation des travaux.

Chap. II.

ARTICLE LXXV

Les formalités prescrites par les titres 1 et II de la présente loi ne sont appliqables ni aux travaux militaires ni aux travaux de la marine royale.
Pour ces travaux, une ordonnance royale détermine les terrains qui sont soumis à l'expropriation.

ARTICLE LXXVI

L'expropriation ou l'occupation temporaire, en cas d'urgence, des propriétés privées qui seront jugées nécessaires pour des travaux de fortification, continueront d'avoir lieu conformément aux dispositions prescrites par la loi du 30 mars 1831.

Toutefois lorsque les propriétaires et autres intéressés n'auront pas accepté les offres de l'administration, le règlement définitif des indemnités aura lieu conformément aux dispositions du titre IV ci-dessus.

Seront également applicables aux expropriations poursuivies en vertu de la loi du 30 mars 1831, les articles 16, 17, 18, 19 et 20, ainsi que le titre VI de la présente loi.

1. La discussion devant les Chambres établit que le but de l'exception formulée dans l'article 75 a été de dispenser les travaux militaires : 1° de l'enquête administrative qui doit précéder les travaux ; 2° de l'arrêté du préfet qui désigne les localités et territoires ; 3° de l'enquête exigée par le titre 2 de la loi d'expropriation ; 4° de l'arrêté de cessibilité.

2. Le décret du chef de l'Etat qui déclare l'utilité publique et la nécessité de ces travaux permet au tribunal de prononcer l'expropriation sans l'accomplissement d'aucune autre formalité.

Cass. rej. 22 déc. 1884. D. 85, 1, 112 ; S. 85, 1, 172 ; P. 85, 1169. *Senès c. préfet maritime de Toulon.* M. Quéquet, rapp.
— 9 fév. 1842. D. 42, 1, 76 ; S. 42, 1, 262 ; P. 42, 1, 303. *Préfet des Landes c. Monet.* M. Renouard, rapp.
Delalleau et Jousselin, t. II, n°

1014 et suiv. — Daffry de la Monnoye, t. II, p. 479.

3. Le préfet transmet au procureur de la République le décret qui désigne les terrains nécessaires aux travaux. Sur le vu de ce décret, le procureur requiert et le tribunal prononce l'expropriation des terrains et bâtiments indiqués au décret.

4. Les propriétaires intéressés ne doivent pas être appelés ; ils n'ont même pas le droit d'intervenir dans l'instance ; et cela à peine de nullité du jugement.

Cass. 11 déc. 1844. D. 45, 1, 45, S. 45, 1, 32 ; P. 45, 1, 42. *L'Etat c. de Saint-Albin.* M. Gillon, rapp.

5. Pour les travaux de la marine, c'est le préfet maritime qui prend le lieu et place du préfet civil.

Arrêt précité du 22 décembre 1894.

Voir le commentaire de la loi du 30 mars 1831, infrà, lois diverses.

Titre VIII. — Dispositions finales.

ARTICLE LXXVII

Les lois des 8 mars 1810 et juillet 1833 sont abrogées.

LOIS DIVERSES

DANS LESQUELLES SE TROUVENT DES DISPOSITIONS RELATIVES

A L'EXPROPRIATION

POUR CAUSE D'UTILITÉ PUBLIQUE

Ces lois sont reproduites et commentées, quand il y a lieu, dans l'ordre alphabétique suivant :

ALIGNEMENT

Loi du 16 septembre 1807.

Art. 50. Lorsqu'un propriétaire fait volontairement démolir sa maison, lorsqu'il est forcé de la démolir pour cause de vétusté, il n'a droit à indemnité que pour la valeur du terrain délaissé, si l'alignement qui lui est donné par les autorités compétentes le force à reculer sa construction.

51. Les maisons et bâtiments dont il serait nécessaire de faire démolir et d'enlever une portion pour cause d'utilité publique légalement reconnue seront acquis en entier, si le propriétaire l'exige, sauf à l'administration publique ou aux communes à revendre les portions de bâtiments ainsi acquises, et qui ne seront pas nécessaires pour l'exécution du plan. La cession par le propriétaire à l'administration publique ou à la commune et la revente seront effectuées d'après un décret rendu en Conseil d'Etat sur le rapport du ministre de l'intérieur, dans les formes prescrites par la loi.

52. Dans les villes, les alignements pour l'ouverture des nouvelles rues, pour l'élargissement des anciennes qui ne font point partie d'une grande route, ou pour tout autre objet d'utilité publique, seront donnés par les maires, conformément au plan dont les projets auront été adressés aux préfets, transmis avec leur avis au ministre de l'intérieur, et arrêtés en Conseil d'Etat. En cas de réclamation de tiers intéressés, il sera de même statué en Conseil d'Etat sur le rapport du ministre de l'intérieur.

53. Au cas où, par les alignements arrêtés, un propriétaire pourrait recevoir la faculté de s'avancer sur la voie publique, il sera tenu de payer la valeur du terrain qui lui sera cédé. Dans la fixation de cette valeur, les experts auront égard à ce que le plus ou le moins de profondeur du terrain cédé, la nature de la propriété, le reculement du reste du terrain bâti ou non bâti loin de la nouvelle voie, peuvent ajouter ou diminuer de valeur relative pour le propriétaire. — Au cas où le propriétaire ne voudrait point acquérir, l'administration publique est autorisée à le déposséder de l'ensemble de sa propriété, en lui en payant la valeur telle qu'elle était avant l'entreprise des travaux. La cession et la revente seront faites comme il a été dit en l'article ci-dessus.

54. Lorsqu'il y aura lieu en même temps à payer une indemnité à un

propriétaire pour terrains occupés et à recevoir de lui une plus-value pour des avantages acquis à ses propriétés restantes, il y aura compensation jusqu'à concurrence ; et le surplus seulement, selon les résultats, sera payé au propriétaire ou acquitté par lui.

1. La loi de 1807 est toujours en vigueur, dans la partie qui concerne les alignements et elle continue de régler cette matière.

Jurisprudence constante résultant de nombreux arrêts dont plusieurs seront indiqués *infrà*.

2. D'après la loi du 16 septembre 1807 et les circulaires ministérielles des 17 août 1813 et 25 octobre 1837, toutes les localités réputées villes et les communes ayant une population agglomérée de 2,000 habitants et au-dessus doivent être pourvues d'un plan général d'alignement.

3. L'établissement de ce plan est précédé d'une série de formalités indiquées par la circulaire ministérielle du 5 mai 1852.

Delalleau et Jousselin, t. II, p. 383.

4. Ces formalités accomplies, le préfet, sur l'avis du conseil des bâtiments civils de son département, prend un arrêté afin d'homologuer le plan.

Décret du 25 mars 1852, sur la décentralisation, et circulaire ministérielle précitée.

5. Les alignements partiels et individuels sont donnés par les maires, sous réserve du droit du préfet pour ce qui concerne les rues servant de routes dans la traversée des villes et appartenant ainsi à la grande voirie.

Conseil d'Etat : 26 août 1848. L. 48, 553. *Affaire Maillard.* M. Martin, rapp.
Cass. ch. crim. 26 août 1848. D. 51, 5, 546. *Dames de la Visitation.* M. Jaquinot-Godard, rapp.
— 5 août 1858. S. 59, 1, 95 ; P. 59, 589 ; D. 58, 1, 425. *Affaire Defaye.* M. Foucher, rapp.

6. L'arrêté fixant l'alignement à suivre par le propriétaire qui veut construire tient lieu de l'arrêté de cessibilité rendu en vertu de l'article 11 de la loi du 3 mai 1841.

7. Cet arrêté rendu, par la force seule des choses, le terrain que le propriétaire qui construit est tenu d'abandonner, entrera dans la circulation et sera livré au public ; par suite, l'administration n'a pas besoin de faire rendre un jugement d'expropria tion.

Cass. 30 janv. 1836. D. 36, 1, 293 S. 36, 1, 655 ; P. 36, 3, 485. *Ministère public c. Weisgerber.* M. Rives, rapp.

8. Mais l'alignement signifié n'a pas pour effet d'investir immédiatement l'Etat ou la commune de la propriété du terrain qu'ils veulent réunir au domaine public ; il ne constitue de leur part qu'un acte conservatoire, dont la conséquence ne peut leur être définitivement acquise que par la numération de l'indemnité.

Paris, 31 janv. 1837. D. 38, 1, 130 ; S. 38, 1, 212 ; P. 38, 1, 395. *Cuvillier c. Lagrenée.* M. Faure, rapp.
Cassation, 19 mars 1838, *ibid.*

9. De la nécessité où se trouve l'Etat ou la commune de faire délivrance préalable de l'indemnité, pour acquérir par voie d'expropriation, résulte la conséquence que la propriété, qui ne saurait demeurer en suspens, continue, jusqu'au paiement de l'indemnité, à reposer sur la tête de l'ancien propriétaire qui peut l'hypothéquer.

Mêmes arrêts.

10. S'il appartient à l'autorité administrative de donner l'alignement pour les constructions à établir sur les terrains longeant la voie publique, les alignements sont donnés aux risques et périls de ceux qui les obtiennent ; l'administration en réglant l'alignement dans l'intérêt de la viabilité publique, ne préjuge en aucune manière les droits de propriété ou de servitude que les tiers prétendraient avoir sur ces terrains ; dès lors les arrêtés d'alignement ne font pas obstacle à ce que l'autorité judiciaire statue sur les questions de propriété et de servitude qui, par leur nature, appartiennent à sa juridiction.

Conseil d'Etat : 2 juill. 1847. L. 47, 446. *Orliac c. l'Etat.* M. Raulin, rapp. — 6 déc. 1855. L. 55, 716. *Sauvaget et Leroy.* M. Boulatignier, rapp.

11. Aussitôt qu'un décret a rendu exécutoires les plans d'alignement des villes, les terrains qui s'y trouvent désignés pour être ultérieurement réunis à la voie publique sont censés en faire déjà partie, et sont soumis de plein droit, *ipso facto*, aux règlements de la petite voirie ;

Cass. crim. 27 janv. 1837. D. 37, 1, 507; S. 37, 1, 173; P. 37, 2, 134. *Mallez.* M. Rives, rapp.

11 bis. Tout terrain livré à la circulation est soumis aux mesures et règlements de police, notamment en ce qui touche la commodité et la sûreté du passage, même à l'égard des particuliers qui seraient fondés à se dire propriétaires des terrains.

Cass. crim. 5 fév. 1844. D. 44, 1, 124; S. 44, 1, 253; P. 44, 1, 603. *Ch.*

réunies. Affaire Mellinet. M. Miller rapp.

12. Ainsi, un particulier ne peut, sans contravention, déposer des matériaux sur la parcelle de terrain abandonnée à la voie publique, lors de la reconstruction de sa maison, bien qu'il n'ait pas encore touché l'indemnité qui lui est due.

Cass. crim. 10 juin 1843. D. 43, 1, 428 ; S. 43, 1, 933; P. 43, 2, 622. *Affaire Véran.* M. Rives, rapp.

13. Au cas de traités amiables intervenus entre les propriétaires riverains et l'administration, il appartient à l'autorité administrative de reconnaître, s'il y a lieu, l'existence et de déterminer le caractère de l'abandon qui peut avoir été fait par l'administration aux propriétaires riverains.

14. Mais il appartient aux tribunaux civils de prononcer, par application des règles du droit commun, sur l'étendue et les effets de la cession résultant de cet abandon.

Conseil d'Etat, 12 janv. 1854. L. 54, 31. *Duclos c. Ville de Paris.* M. Bauchart, rapp.

15. S'il intervient un jugement d'expropriation, c'est un droit et un devoir pour l'autorité judiciaire d'apprécier la régularité des enquêtes et autres formalités, lorsque l'administration, ne se contentant plus de procéder par voie d'alignement, appelle le tribunal à prononcer l'expropriation immédiate de propriétés déclarées retranchables simplement par voie d'alignement.

Cass. 17 mars 1858. *Bull. civ.,* 1858, p. 81. *Préfet de l'Indre c. Hébert et autres.* M. Delapalme, rapp.

16. Le règlement des indemnités est fait par le jury.

Moniteur du 10 février 1833, p. 339 et s.

Conseil d'Etat : 30 mars 1846. L. 46, 203 ; P. 46, 141. *Roudet c. ville de Vienne.* M. Boulatignier, rapp.

— 5 fév. 1857. L. 57, 93. *Affaire Bourette.* M. Boulatignier, rapp.

— 14 déc. 1857. L. 57, 818 ; D. 58, 3, 56 (*Larbaud*). M. Marchand, rapp.

Cass. 21 fév. 1849. D. 49, 1, 138 ; S. 49, 1, 279 ; P. 49, 1, 146. *Préfet de la Seine. c. Auquin.* M. Delapalme, rapp.

17. Et cela est vrai, non seulement quand il s'agit de terrain retranché au propriétaire, mais aussi de terrain retranché de la voie publique et incorporé dans la propriété du riverain.

Conseil d'Etat : 27 janv. 1853. L. 53, 175. *Lecoq.* M. Pascalis, rapp.

Sic: Husson, p. 414. — Dumay, p. 750. — De Caudaveine et Théry, p. 337. — Delalleau et Jousselin, t. II, p. 378. — Daffry de la Monnoye, t. II, p. 496.

18. Le propriétaire seul peut réclamer une indemnité en matière d'alignement ; ce droit n'existe pas pour l'emphytéote, le locataire et autres ayants droit secondaires.

Paris, 31 mars 1863. S. 63, 2, 160 ; P. 63, 558.

19. Alors même que l'indemnité a été fixée par le jury, l'article 50 de la loi du 16 septembre 1807 doit recevoir son application, c'est-à-dire que le propriétaire ne doit recevoir indemnité que pour la valeur du terrain délaissé, le jury ne pouvant avoir égard aux dommages résultant du reculement.

Cass. 3 mai 1841. D. 41, 1, 239 ; S. 41, 1, 481 ; P. 41, 2, 167. *Ville de Saint-Mihiel c. Barré.* M. Thil, rapp.

— 21 fév. 1849. S. 49, 1, 279 ; D. 49, 1, 138 ; P. 49, 1, 146. *Préfet de la Seine c. Auquin.* M. Delapalme, rapp.

— 4 déc. 1867. D. 67, 1, 408 ; S. 67, 1, 455 ; P. 67, 1200. *Préfet du Doubs c. Wetzel.* M. Rieff, rapp.

— 20 nov. 1876. D. 78, 1, 71 ; S. 77, 1, 136 ; P. 77, 307. *Cne de Louverot c. Bertuccat.* M. Hély-d'Oissel, rapp.

Delalleau et Jousselin, t. II, n° 1106 *bis.* — Daffry de la Monnoye, t. II, p. 498.

20. Pour la convocation du jury, le préfet produit devant le tribunal une expédition de l'arrêté d'alignement ; sur cette production, qui doit être visée dans le jugement, le ministère public requiert la nomination d'un magistrat-directeur, lequel est désigné par le tribunal.

Cass. 10 janv. 1877. D. 78, 1, 127 ; S. 77, 1, 181 ; P. 77, 430. *Veuve Deligny c. ville de Paris.* M. Guérin, rapp.

21. La disposition de l'article 50 doit d'ailleurs être restreinte au cas de démolition volontaire ou pour cause de vétusté ; elle ne saurait être étendue à l'expropriation partielle d'une maison, alors même que cette expropriation serait poursuivie pour l'agrandissement d'une route, que le propriétaire a aussi consenti à l'expropriation et qu'il a démoli lui-même.

Cass. 15 janv. 1844. D. 44, 1, 121 ; S. 44, 1, 353 ; P. 44, 1, 623. *Préfet du Var c. Verlaque.* M. Hello, rapp.

22. Lorsque le préfet a laissé écouler six mois depuis l'arrêté d'alignement, sans provoquer la désignation d'un magistrat-directeur, le propriétaire peut requérir lui-même cette désignation, conformément à l'article 55 de la loi du 3 mai 1841.

Cass. 6 fév. 1844. D. 44, 1, 165 ; S. 44, 1, 328 ; P. 44, 1, 274. *Préfet de l'Hérault c. Janssen.* M. Renouard, rapp.

Delalleau et Jousselin, t. II, n° 1105. — Daffry de la Monnoye, t. II, p. 497.

23. Le jugement qui reconnaît la compétence du tribunal civil pour statuer sur le droit à indemnité d'un propriétaire, à la suite d'un arrêté d'alignement, qui déclare ce droit et désigne un magistrat-directeur, est soumis, quant au recours, aux règles du droit commun, soit quant à l'appel, soit quant au recours en cassation.

Cass. 15 avril 1857. D. 57, 1, 159; S. 57, 1, 863; P. 58, 670. *Préfet de l'Ain c. Bourette.* M. Glandaz, rapp.

24. Au cas où l'administration demande l'application de l'article 53, le jugement d'expropriation doit viser l'acte par lequel le propriétaire a manifesté son refus d'acquérir.

Cass. 8 avril 1861. D. 61, 1, 284; S. 61, 1, 795. P. 62, 76. *Veuve Feuilloys c. ville de Paris.* M. Alcock rapp.

25. Les acquisitions faites par une commune pour l'alignement d'une rue ne bénéficient pas de l'exemption des droits de timbre et d'enregistrement, lorsque l'ordonnance approbative du plan ne contient pas l'autorisation d'acquérir ;

Cass. 31 janv. 1849. D. 49, 1, 86. *Enregistrement c. ville de Lyon.* M. Delapalme, rapp.
— 31 mars 1856. D. 56, 1, 190. *Ville de Nantes c. Enregistrement.* M. Bernard de Rennes, rapp.

26. ou lorsque la commune a devancé l'époque à laquelle les travaux d'alignement devaient recevoir leur exécution dans les formes de l'expropriation pour cause d'utilité publique.

Cass. 6 mars 1848. D. 48, 1, 72. *Enregistrement c. ville de Bordeaux.* M. Bryon, rapp.

ALLUMETTES CHIMIQUES

Loi du 2 août 1872.

Art. 1er. A partir de la promulgation de la présente loi, l'achat, la fabrication et la vente des allumettes chimiques sont attribués exclusivement à l'Etat, dans toute l'étendue du territoire.

2. Le ministre des finances est autorisé, soit à faire exploiter directement par les administrations des manufactures de l'Etat et des contributions indirectes, soit à concéder par voie d'adjudication publique ou à l'amiable, le monopole des allumettes.

3. Il sera procédé à l'expropriation des fabriques d'allumettes chimiques actuellement existantes dans la forme et dans les conditions déterminées par la loi du 3 mai 1841. A cet effet, le ministre des finances est autorisé à avancer la somme qui sera nécessaire pour pourvoir aux indemnités d'expropriation.

Cette avance sera régularisée au moyen d'un prélévement annuel sur le produit du monopole. Elle fera l'objet d'un nouveau compte, classé parmi les services spéciaux du trésor.

ASSOCIATIONS SYNDICALES

Loi des 21-26 juin 1865.

Art. 1. Peuvent être l'objet d'une association syndicale, entre propriétaires intéressés, l'exécution et l'entretien de travaux :

1° De défense contre la mer, les fleuves, les torrents et les rivières navigables ou non navigables ;

2° De curage, approfondissement, redressement et régularisation des canaux et cours d'eau non navigables ni flottables et des canaux de desséchement et d'irrigation ;

3° De desséchement des marais ;

4° Des étiers et ouvrages nécessaires à l'exploitation des marais salants ;

5° D'assainissement des terres humides et insalubres ;

6° D'irrigation et de colmatage ;

7° De drainage ;

8° De chemins d'exploitation et de toute autre amélioration agricole ayant un caractère d'intérêt collectif.

2. Les associations syndicales sont libres ou autorisées.

18. Dans le cas où l'exécution des travaux entrepris par une association syndicale autorisée exige l'expropriation de terrains, il y est procédé conformément aux dispositions de l'article 16 de la loi du 21 mai 1836, après déclaration d'utilité publique, par décret rendu en conseil d'Etat.

1. Si l'article 12 de la loi du 3 mai 1841 dispense de l'observation des articles 8, 9 et 10 les expropriations poursuivies dans un intérêt purement communal ou pour les travaux d'ouverture ou de redressement des chemins vicinaux, et s'il se contente alors d'un simple avis du conseil municipal, c'est là une disposition exceptionnelle qui doit être strictement renfermée dans son application textuelle ; elle n'a été ni expressément ni virtuellement reproduite en faveur des associations syndicales par la loi du 21 juin 1865 dont l'article 18 se réfère exclusivement à l'article 16 de la loi du 21 mai 1836, sans aucun renvoi à l'article 12 de la loi du 3 mai 1841.

Cass. 16 juill. 1873. D. 73, 1, 336 ; S. 73, 1, 472 ; P. 73, 1186. *Préfet de la Haute-Savoie c. Guillot.* M. Aucher, rapp.

CHEMINS DE FER

Loi du 15 juillet 1845.

Art. 1er. Les chemins de fer construits ou concédés par l'Etat font partie de la grande voirie.

2. Sont applicables aux chemins de fer les lois et règlements sur la grande voirie, qui ont pour objet d'assurer la conservation des fossés, talus, levées et ouvrages d'art dépendant des routes, et d'interdire sur toute leur étendue, le pacage des bestiaux et les dépôts de terre et autres objets quelconques.

3. Sont applicables aux propriétés riveraines des chemins de fer les servitudes imposées par les lois et les règlements sur la grande voirie, et qui concernent : l'alignement, — l'écoulement des eaux, — l'occupation temporaire des terrains en cas de réparation, — la distance à observer pour les plantations, et l'élagage des arbres plantés, — le mode d'exploitation des mines, minières, tourbières, carrières et sablières, dans la zone déterminée à cet effet.

Sont également applicables à la confection et à l'entretien des chemins de fer, les lois et règlements sur l'extraction des matériaux nécessaires aux travaux publics.

10. Si, hors des cas d'urgence prévus par la loi des 16-24 août 1790, la sûreté publique ou la conservation du chemin de fer l'exige, l'administration pourra faire supprimer, moyennant une juste indemnité, les constructions, plantations, excavations, couvertures en chaume, amas de matériaux combustibles ou autres, existant dans les zones ci-dessus spécifiées, au moment de la promulgation de la présente loi, et, pour l'ouvrir, lors de l'établissement du chemin de fer.

L'indemnité sera réglée, pour la suppression des constructions, conformément aux titres 4 et suivants de la loi du 3 mai 1841, et, pour tous les autres cas, conformément à la loi du 16 septembre 1807.

CHEMINS VICINAUX

Lois des 21 mai 1836 et du 8 juin 1864.

Loi du 21 mai 1836.

Art.15. Les arrêtés du préfet portant reconnaissance et fixation de la largeur d'un chemin vicinal attribuent définitivement au chemin le sol compris dans les limites qu'ils déterminent.

Le droit des propriétaires riverains se résout en une indemnité, qui sera réglée à l'amiable ou par le juge de paix du canton, sur le rapport d'experts nommés conformément à l'article 17.

1. En matière de chemins vicinaux, il faut distinguer la déclaration de vicinalité d'un chemin existant de l'ouverture d'un nouveau chemin. La déclaration de vicinalité qui attribue à un chemin le caractère de vicinal et fixe sa largeur, ne comporte pas l'expropriation, l'arrêté du préfet ayant pour conséquence d'attribuer définitivement au chemin le sol compris dans les limites déterminées ; l'ouverture d'un chemin nouveau ou le redressement d'un chemin ancien ne peuvent, au contraire avoir lieu que par l'expropriation et en en suivant les règles.

Cass. rej. 20 avril 1868. D. 68, 1, 299 ; S. 68, 1, 301 ; P. 68, 771. *Revel c. Durand.* M. Renouard, rapp.

2. La dépossession pour élargissement d'un chemin vicinal s'effectue sans que l'indemnité soit préalable.

Cass. req. 27 nov. 1843. S. 44, 1, 16 ; D. 44, 1, 25 ; P. 44, 1, 250. *Jougla c. c^ne de Verdalle.* M. Bayeux, rapp.
— crim. 2 fév. 1844. D. 44, 1, 125 ; S. 44, 1, 271 ; P. 44, 1, 582. *Intérêt de la loi.* M. Rivet, rapp.
Contrà : Delalleau et Jousselin, t. II, n° 1093 et s. — Dumay, *Traité du domaine public,* t. II, n° 530.

3. L'arrêté du préfet qui porte classement d'un chemin vicinal met obstacle à toute action en revendication de terrains compris dans les limites de ce chemin, alors même que le revendiquant prétendrait que ce chemin ne faisait pas, à l'époque du classement, partie du territoire de la commune à laquelle s'appliquait l'arrêté.

Cass. rej. 10 janv. 1866. *Bull. civ.*
66, p. 10. *Gronom c. c^ne de Villiers.*
M. Sevin, rapp.

    Conseil d'Etat : 22 juill. 1848. L.
48, 443 ; D. 48, 3, 106. *Granier Saint-
Aubin.* M. Perrot de Chezelles, rapp.
Contrà : Req. 9 mars 1847. D. 47, 1,
290 ; S. 47, 1, 773 ; P. 47, 1, 509. *Re-
nard c. Déroddé-Brochard.* M. Faure,
rapp.

4. Mais la déclaration de vicinalité n'empêche pas ceux qui
prétendraient à des droits de propriété ou de possession sur le chemin à les faire judiciairement
valoir, ces droits devant aboutir
à l'allocation d'une indemnité.

    Cass. rej. 13 janv. 1847. D. 47, 1,
84 ; S. 47, 1, 248 ; P. 47, 1, 117. *C^ne de
Happoncourt c. Pierrot.* M. Renouard,
rapp.
    — 26 juin 1849. D. 50, 5, 14 ; S. 49,
1, 648. *Labarthe c. c^ne de Saint-Pierre
Dumont.* M. Miller, rapp.
    — 12 août 1873. D. 75, 1, 111 ; S.
74, 1, 29 ; P. 74, 45. *Barbe c. c^ne de
Gauriac.* M. Rau, rapp.
    Conseil d'Etat : 26 janv. 1854. L.
54, 65 ; D. 54, 3, 34. *Canelle c. c^ne de
Coulmont.* M. Tourangin, rapp.

5. La décision du juge de paix
fixant le chiffre de l'indemnité,
quand elle n'a pas pu être réglée
à l'amiable, est, comme les décisions ordinaires, soumise au double degré de juridiction ; elle peut
être frappée d'appel quand le
chiffre de l'indemnité excède le
taux du dernier ressort.

    Cass. 19 juin 1843. D. 43, 1, 312 ;
S. 43, 1, 481 ; P. 43, 2, 214. *Breton c.
préfet de Seine-et-Oise.* M. Miller,
rapp.
    — 18 août 1845. D. 45, 1, 413 ; S.
45, 1, 719. *Dasie-Marais c. c^ne de Cri-
quetot.* M. Renouard, rapp.
    — 10 déc. 1845. D. 45, 4, 61 ; S.
46, 1, 55 ; P. 46, 1, 726. *Bluas c. préfet du Lot.* M. Renouard, rapp.
    — 27 janv. 1847. D. 47, 1, 176 ; S.
47, 1, 470 ; P. 47, 1, 270. *Sabatié c.
préfet du Lot.* M. Renouard, rapp.

6. De même, le pourvoi en cassation formé contre cette décision

ne pourra être reçu qu'autant
qu'elle sera en dernier ressort.

    Arrêt précité du 10 décembre 1845.

7. Si l'article 15 de la loi du
21 mai 1836 a établi des formalités abrégées et spéciales pour
l'évaluation des indemnités dues
par suite de l'élargissement des
chemins vicinaux, ces indemnités
n'en ont pas moins pour objet
l'expropriation pour cause d'utilité
publique des terrains nécessaires
auxdits chemins et doivent être
soumises aux mêmes règles d'appréciation. — Ces règles sont
déterminées par la loi du 3 mai
1841 *qui est générale pour tous
les cas d'expropriation pour cause
d'utilité publique,* et doit être appliquée dans chacune de ses dispositions auxquelles il n'est pas
formellement dérogé par une loi
spéciale.

    Cass. 14 déc. 1847. D. 48, 1, 152 ; S.
48, 1, 189 ; P. 48, 1, 27. *Préfet de
l'Eure c. Surgès.* M. Gaultier, rapp.

8. L'article 15 de la loi du 21
mai 1836 ne contenant aucune
disposition contraire à la disposition de l'article 51 de la loi du 3
mai 1841, portant que l'augmentation de valeur immédiate et
spéciale, procurée par l'exécution
des travaux, sera prise en considération dans l'évaluation de l'indemnité, ce dernier article doit
être appliqué au réglement de
l'indemnité due pour l'élargissement d'un chemin vicinal. Par
suite, la décision qui se fonde
uniquement, sur l'article 15 de la
loi du 21 mai 1836, pour écarter,
en principe, la prise en considération d'une plus-value, viole l'article 51 de la loi du 3 mai 1841.

    Même arrêt.

9. La commune ne nomme

pas son expert, qui doit être désigné par le sous-préfet.

Cass. req. 25 juin 1878. S. 79, 1, 247 ; P. 78, 619. C^ne de Dracy-le-Fort c. Monin. M. Dareste, rapp.

10. En pareille matière, l'expertise est obligatoire ; dès lors, elle ne constitue pas un acte judiciaire, et rien ne s'oppose à ce qu'il y soit procédé avant que la commune ait reçu l'autorisation de plaider.

Même arrêt.

11. Les arrêtés de classement des chemins *ruraux* n'ont point les mêmes effets que les arrêtés de classement des chemins *vicinaux* ; ils n'ont pas pour résultat d'attribuer le sol du chemin au domaine public.

Conseil d'Etat : 9 mars 1853. L. 53 à sa date ; D. 53, 3, 34.
Cass. 8 mars 1844. S. 44, 1, 349. *Maréchal Sébastiani.* M. Rivet, rapp. — 7 juill. 1854. D. 55, 1, 42. *Ministère public c. Chambourdon.* M. Moreau, rapp.

Art. 16. Les travaux d'ouverture et de redressement des chemins vicinaux seront autorisés par arrêté du préfet.

Lorsque, pour l'exécution du présent article, il y aura lieu de recourir à l'expropriation, le jury spécial chargé de régler les indemnités ne sera composé que de quatre jurés. Le tribunal d'arrondissement, en prononçant l'expropriation, désignera, pour présider et diriger le jury, l'un de ses membres ou le juge de paix du canton. Ce magistrat aura voix délibérative en cas de partage.

Le tribunal choisira sur la liste générale prescrite par l'article 29 de la loi du 7 juillet 1833, quatre personnes pour former le jury spécial et trois jurés supplémentaires. L'administration et la partie intéressée auront respectivement le droit d'exercer une récusation péremptoire.

Le juge recevra les acquiescements des parties.

Son procès-verbal emportera translation définitive de propriété.

Le recours en cassation, soit contre le jugement qui prononcera l'expropriation, soit contre la déclaration du jury qui réglera l'indemnité n'aura lieu que dans les cas prévus et selon les formes déterminées par la loi du 7 juillet 1833.

Signature, 18 et s.
Timbre, 44.
Visite des lieux, 15 et s.

1. Lorsqu'il y a lieu à ouverture ou à redressement d'un chemin vicinal, et non à simple élargissement, l'expropriation des terrains nécessaires doit être poursuivie, dans les formes spécialement déterminées par l'article 16.

Cass. 18 août 1884. *Metgé c. Blanchard*, M. Michaux-Bellaire, rapp.

2. Mais ces formes ne doivent être employées que lorsqu'il y a véritablement ouverture d'un chemin *vicinal;* il n'en est pas ainsi quand le chemin qualifié de *vicinal doit être converti en chemin de fer;*

Cass. 27 mars 1867. S. 67, 1, 259; P. 67, 652. *De Follin c. préfet de la Sarthe.* M. Renouard, rapp.
— 7 mai 1867. *Bull. civ.*, 67, p. 147. *Vérité c. préfet de la Sarthe.* M. Renouard, rapp.

3. Ou lorsqu'il s'agit des terrains nécessaires à la rectification d'une route départementale;

Cass. 31 déc. 1872. D. 73, 1, 40; S. 72, 1, 440; P. 72, 1156. *Préfet de Vaucluse c. Gisclard.* M. Merville, rapp.

4. Ou de terrains nécessaires à l'établissement d'un lavoir;

Cass. 4 janv. 1875. D. 75, 1, 8; *Bull. civ.*, 75, p. 4. *Cne de Courpalay c. Borda.* M. Casenave, rapp.

5. Ou de terrains nécessaires à l'agrandissement d'un cimetière.

Cass. 14 déc. 1875. D. 76, 5, 233; S. 76, 1, 176; P. 76, 405. *Ville de Saint-Amand c. Auclair.* M. Aubry, rapp.

6. Depuis la loi du 10 août 1871, c'est la délibération du conseil général qui tient lieu du décret exigé par l'article 9 de la loi du 3 mai 1841 (1).

7. Cette délibération dispense

(1) *Art.* 44 *de la loi du* 10 *août* 1871.

des formalités prescrites par les articles 8, 9 et 10 de la loi du 3 mai 1841.

(Art. 12 de cette loi).

8. Le tribunal doit constater l'existence de cette délibération, sans avoir le droit de l'apprécier ni quant au fond, ni quant aux conditions dans lesquelles elle a été rendue;

Cass. 14 déc. 1842. D. 43, 1, 156; S. 43, 1, 68; P. 43, 1, 33. *Maillier c. préfet de la Manche.* M. Barennes, rapp.
— 7 janv. 1845. D. 45, 1, 83; S. 45, 1, 16; P. 45, 1, 78. *De Maudhuit c. préfet du Finistère.* M. Renouard, rapp.
— 22 janv. 1845. D. 45, 1, 90; P. 45, 1, 109. *Préfet de l'Ain c. Grassy.* M. Renouard, rapp.

9. Ni d'apprécier les conditions de largeur qui ont été attribuées à un chemin vicinal.

Cass. rej. 12 août 1868. D. 68, 1, 478. *Ville de Corte c. Poli.* M. Renouard, rapp.

10. Quand il y a eu convention sur l'indemnité entre l'administration et l'exproprié, et qu'il ne s'agit que de l'interprétation de cette convention, la connaissance de ce débat appartient au tribunal civil, non au jury.

Même arrêt.

11. En matière d'expropriation de chemins vicinaux, c'est au préfet qu'il appartient de poursuivre l'expropriation, sans qu'il y ait lieu de distinguer si le che-

Le Conseil général opère la reconnaissance, détermine la largeur et prescrit l'ouverture et le redressement des chemins vicinaux de grande communication et d'intérêt commun. — Les délibérations qu'il prend à cet égard produisent les effets spécifiés aux articles 15 et 16 de la loi du 21 mai 1836.

min intéresse une ou plusieurs communes.

Cass. rej. 27 déc. 1865. D. 67, 1, 494; S. 66, 1, 222; P. 66, 559. *Devaux c. Préfet de la Charente.* M. Lamy, rapp.

12. Le juge de paix doit, non seulement diriger le jury spécial désigné en vertu de l'article 16, mais le présider et prendre part à sa délibération. En cas de partage, il a voix délibérative.

13. La présence du juge de paix à la délibération du jury doit être constatée à peine de nullité.

Jurisprudence constante dont il suffit de citer les derniers monuments.

Cass. 20 mai 1868. D. 68, 1, 255; S. 68, 1, 310; P. 68, 786. *Nuguet c. préfet de Saône-et-Loire.* M. Mercier, rapp.
— 5 janv. 1869. D. 69, 1, 8; S. 69, 1, 132; P. 69, 300. *Dumas c. préfet de la Gironde.* M. Henriot, rapp.
— 11 mai 1870. D. 70, 5, 177; S. 71, 1, 81; P. 71, 213. *Cne d'Objat c. veuve Sirey.* M. Rieff, rapp.
— 23 fév. 1881. D. 81, 5, 199; S. 81, 1, 226; P. 81, 537. *Cne de Richemont c. Moreau.* M. Rohault de Fleury, rapp.
— 23 avril 1881. *Bull. civ.,* 81, p. 67. *Mesnard c. Moreau.* M. Rohault de Fleury, rapp.
— 6 fév. 1883. *Bull. civ.,* 83, p. 55. *Préfet des Hautes-Alpes c. Roche.* M. Guérin, rapp.
— 7 mars 1883. S. 83, 1, 376; P. 83, 955. *Cne de Savenay c. Lemarié.* M. Crépon, rapp.

14. Est nulle, la décision rendue en matière d'ouverture ou de redressement de chemins vicinaux, lorsque le procès-verbal constate seulement que le magistrat-directeur a fait connaître au jury qu'en cas de partage, il avait voix délibérative, et, que c'est lui qui, à la reprise de l'audience, a donné connaissance de la délibération, alors d'ailleurs que la signature de ce magistrat n'est apposée au pied de la délibération qu'en forme de visa.

Cass. arrêt précité du 7 mars 1883.

15. Ce n'est pas seulement pour la délibération du jury que la présence du juge de paix doit être constatée, mais pour tous les actes faits par le jury, tels qu'un transport sur les lieux.

Cass. 2 fév. 1848. D. 48, 5, 184; S. 48, 1, 188; P. 48, 1, 330. *Lombardon et Trabaud.* M. Hello, rapp.
— 23 mars 1859. D. 59, 1, 121; P. 61, 1053. *Cne de Neuilly c. de Mortemart.* M. Delapalme, rapp.
— 3 avril 1865. D. 65, 5, 171. *Paradis-Chéri c. cne de Vallet.* M. Aylies, rapp.
— 24 août 1880. D. 81, 1, 479; S. 1, 129. *Cne d'Aix-en-Othe c. Legrand-Lécorché.* M. Legendre, rapp.

16. Toutefois, la visite des lieux peut être régulièrement effectuée, en l'absence du juge de paix président, quand elle s'opère en vertu d'une délégation donnée par le jury.

Même arrêt.

17. En matière d'exprropiation pour l'ouverture ou le redressement de chemins vicinaux, le magistrat-directeur faisant partie intégrante du jury, la mention du procès-verbal que le jury a fait une visite des lieux, doit être comprise en ce sens que la visite a eu lieu par le jury régulièrement constitué, c'est-à-dire, étant présent, le magistrat-président.

Cass. rej. 24 déc. 1879. D. 80, 1, 165; S. 80, 1, 174; P. 80, 386. *Des Étangs c. préfet de l'Aube.* M. Merville, rapp.

18. Le concours du juge de paix doit être attesté par sa signature au pied de la décision du jury.

Cass. 12 août 1863. D. 64, 5, 146. *Adam c. cne d'Arveyres.* M. Lamy, rapp.
— 6 fév. 1883. *Bull. civ.,* 83, p. 55. *Préfet des Hautes-Alpes c. Roche.* M. Guérin, rapp.

19. Est nulle la décision du jury, dans une expropriation relative à l'ouverture ou au redressement d'un chemin vicinal, lorsque cette décision n'a pas été signée par le juge de paix, président du jury.

Cass. 7 avril 1868. D. 68, 1, 161; S. 68, 1, 272; P. 68, 661. *Renold-Fayet c. cne de Saint-Avit.* M. Fauconneau-Dufresne, rapp.

— 20 mai 1868. D. 68. 1, 255; S. 68, 1, 310; P. 68, 786. *Nuguet c. préfet de Saône-et-Loire.* M. Mercier, rapp.

— 31 déc. 1879. D. 80, 1, 165; S. 80, 1, 134; P. 80, 287. *Besnon c. préfet de l'Orne.* M. Goujet, rapp.

20. Le moyen de cassation résultant du défaut de concours du juge de paix est d'ordre public et doit être suppléé d'office.

Cass. 21 déc. 1859. D. 59, 1, 496; P. 60, 14. *Cne de Gentilly c. Venèque.* M. Renouard, rapp.

21. Est nul le jugement qui, en matière d'expropriation pour ouverture ou redressement de chemins vicinaux, désigne comme magistrat-directeur du jury le juge de paix en lui attribuant les fonctions indiquées au titre IV chapitre II de la loi du 3 mai 1841.

Cass. 4 mars 1862. S. 62, 1, 896; P. 63, 171. *Laburthe c. cne de Saint-Pierre du Mont.* M. Lavielle, rapp.

22. Le juge de paix doit assister à la délibération du jury, mais il ne peut voter qu'autant qu'il y a partage.

Cass. rej. 22 déc. 1875. S. 76, 1, 175; P. 76, 408. *Cne de Cubzac c. Gardes.* M. Gastambide, rapp.

23. Le tribunal d'arrondissement qui désigne le magistrat-directeur, désigne en même temps les jurés en la chambre du conseil.

Cass. rej. 30 avril 1844. D. 44, 1, 252; S. 44, 1, 432: P. 44, 2, 109. *Singer c. préfet de la Seine.* M. Hello, rapp.

24. Cette double désignation peut être faite par un seul et même jugement.

Cass. rej. 25 mai 1868. D. 68, 1, 405. *Cambreling c. préfet de la Seine.* M. Laborie, rapp.

25. En cas d'empêchement du magistrat désigné, il est remplacé soit par le tribunal, soit par ordonnance du président.

Cass. rej. 17 déc. 1877. D. 78, 1, 52; S. 78, 1, 80; P. 78, 165. *Touchy c. ville de Nantes.* M. Sallé, rapp.

26. Le mandat donné aux magistrats pour diriger ou présider le jury est personnel ; en conséquence, est nulle la décision, si, en matière d'expropriation vicinale, le jury a été présidé par le second suppléant du juge de paix, alors que le jugement avait désigné le juge de paix et, en cas d'empêchement, le premier suppléant.

Cass. 9 mars 1880. D. 81, 5, 200; S. 80, 1, 471; P. 80, 1172. *Cne de Saint-Pierre-de-Soucy c. Durbet.* M. Greffier, rapp.

27. Et la nullité, portant atteinte à la constitution même du jury, est d'ordre public et doit être relevée d'office.

Même arrêt.

28. Les règles de la loi générale d'expropriation doivent être appliquées en tout ce qui n'est pas en contradiction avec les prescriptions spéciales écrites dans l'article 16 de la loi du 21 mai 1836.

Cass. 14 déc. 1847. D. 48, 1, 152; S. 48, 1, 189; P. 48, 1, 27. *Préfet de l'Eure c. Surgès.* M. Gaultier, rapp.

Voir Dellaleau et Jousselin, t. II, n° 1072. — Dufour, t. III, p. 281. — Daffry de la Monnoye, t. II, p. 550.

29. Ainsi elles s'appliquent :
Aux formalités prescrites relativement à l'enquête par les articles 5 et 6 de la loi du 3 mai 1841 ;

Cass. 30 avril 1845. D. 45, 1, 295 ; S. 45, 1, 746. *Desplats c. préfet du Tarn.* M. Lavielle, rapp.

30. Au choix des jurés en la chambre du conseil ;

Cass. rej. 25 mai 1868. D. 68, 1, 405. *Cambreling c. préfet de la Seine.* M. Laborie, rapp.

31. Si le choix des jurés doit être fait en la chambre du conseil, l'insertion des noms des jurés dans le jugement d'expropriation n'implique pas qu'il ait été contrevenu à cette prescription spéciale, et qu'il ait été procédé au choix des jurés en audience publique ;

Cass. rej. 21 fév. 1882. D. 83, 1, 29. *Pocquet c. c^ne de Pont-Faverger.* M. Legendre, rapp.

32. A la liste sur laquelle le jury doit être choisi ;

Cass. 3 juill. 1861. D. 61, 1, 283 ; P. 62, 1022. *Vignes c. c^ne de Miélan.* M. Renouard, rapp.

32 bis. Lorsque, conformément à l'article 16 de la loi du 21 mai 1836, le tribunal qui a prononcé l'expropriation a désigné, sur la liste générale, quatre personnes pour former le jury spécial et trois jurés supplémentaires, les noms ainsi désignés sont acquis aux parties et la composition du jury ne peut plus être modifiée que par le magistrat-directeur procédant en conformité des articles 32 et 33 de la loi du 3 mai 1841.

Cass. 17 déc. 1884. *Labarbe c. préfet de la Seine.* M. Merville, rapp.

32 ter. Celui-ci ne saurait, antérieurement au jour fixé pour la réunion du jury, sur une requête du procureur de la républi-

que, désigner d'ores et déjà de prétendus jurés complémentaires destinés à prendre la place de ceux désignés par le tribunal et à l'égard desquels il y aurait des causes d'incompatibilité. Une pareille manière de procéder constituerait un excès de pouvoir ayant pour effet de vicier la composition du jury et par suite la décision que celui-ci viendrait à rendre.

Même arrêt.

33. En matière d'ouverture ou de redressement de chemins vicinaux, le jugement qui transcrit la requête tendant à la désignation d'un jury, conformément à l'article 16 de la loi du 21 mai 1836, et qui vise cet article de loi, constate suffisamment que les jurés ont été choisis sur la liste générale prescrite par l'article 29 de la loi du 3 mai 1841.

Cass. rej. 31 déc. 1879. S. 80, 1, 134 ; D. 80, 1, 165 ; P. 80, 287. *Besnon c. préfet de l'Orne.* M. Goujet, rapp. — 24 août 1880. S. 81, 1, 129 ; P. 81, 278. *Martin c. c^ne d'Enghien.* M. Rohault de Fleury, rapp.

34. A la durée des pouvoirs du jury choisi sur la liste annuelle du conseil général ;

Cass. 13 mai 1846. D. 46, 1, 207. *Préfet du Finistère c. Biacabe.* M. Lavielle rapp. — 2 mars 1881. D. 82, 1, 462 ; S. 81, 1, 225 ; P. 81, 535. *Préfet de Vaucluse c. Vieil.* M. Onofrio, rapp.

35. Ainsi, est nulle, dans une expropriation vicinale, la décision du jury dont les membres ont été choisis sur la liste de l'année précédente, alors que la nouvelle liste avait été dressée par le conseil général.

Cass. arrêt précité du 2 mars 1881.

36. Et cette nullité étant d'ordre public, n'est pas couverte par la comparution des parties, et peut être présentée, pour la première fois, devant la Cour de cassation ;

Même arrêt.

37. A la composition du jury spécial ;

Cass. rej. 30 janv. 1866. *Bull. civ.*, 66, p. 33. *Monnier c. préfet du Jura.* M. Sévin, rapp.
— 17 nov. 1873. D. 74, 1, 8. *Cne d'Aiton c. Belleville.* M. Casenave, rapp.

38. Au serment des jurés ;

Cass. 14 mars 1870. D. 70, 5, 176. *Brunetière c. préfet de la Vendée.* M. Mercier, rapp.
— 25 déc. 1875. S. 76, 1, 175 ; P. 76, 403. *Cne de Cubzac c. Gardes.* M. Gastambide, rapp.

39. Aux offres ;

Cass. 9 déc. 1863. D. 64, 5, 146. *Blanquié et Combès c. préfet de l'Hérault.* M. Renouard, rapp.

40. A la proclamation publique de la décision ;

Cass. 29 juin 1869. D. 69, 1, 344 ; S. 69, 1, 386 ; P. 69, 948. *Vivien-Labretonnière c. cne de Lisores.* M. Henriot, rapp.

41. Au dépôt au greffe du tribunal civil des minutes et pièces ;

Cass. rej. 7 avril 1868. D. 68, 1, 161 ; S. 68, 1, 272 ; P. 68, 661. *Renold-Faget c. cne de Saint-Avit.* M. Fauconneau-Dufresne, rapp.

42. Au pourvoi en cassation ;

Cass. 5 juin 1850. D. 50, 1, 162 ; S. 50, 1, 609 ; P. 50, 2, 17. *Cne de Cazillac c. préfet de l'Aude.* M. Gillon, rapp.
— 4 juill. 1855. D. 55, 1, 284. *Préfet des Ardennes c. Bouscrey-Evrard.* M. Renouard, rapp.

42 bis. En matière d'expropriation pour l'ouverture ou le redressement d'un chemin vicinal, le pourvoi contre la décision du jury peut être formé au greffe du tribunal de paix, lorsque d'ailleurs s'y trouvent encore déposées toutes les pièces de la procédure.

Cass. 7 avril 1868. D. 68, 1, 161 ; S. 68, 1, 272 ; P. 68, 661. *Renold-Faget c. cne de Saint-Avit.* M. Fauconneau-Dufresne, rapp.
V. art. 20 de la loi du 3 mai 1841, n° 69 *bis.*

43. Au droit de rétrocession consacré par l'article 60 de la loi du 3 mai 1841 ;

Cons. d'État : 27 mai 1846. L. 46, 310 ; P. 46, 168. *Veuve de Cuzieux.* M. de Lavenay, rapp.
Cass. req. 9 déc. 1861. D. 62, 1, 303 ; S. 62, 1, 319. *De Cuzieux c. préfet du Rhône.* M. Nachet, rapp.

43 bis. Par suite, l'ancien propriétaire de terrains expropriés ou cédés pour l'ouverture ou le redressement d'un chemin vicinal ne peut revendiquer devant les tribunaux les parcelles qu'il prétend être restées inemployées ; mais il doit agir par voie de demande en rétrocession, conformément aux articles 60 et suivants de la loi du 3 mai 1841.

Arrêt du 9 décembre 1861.
Sic : Delalleau et Jousselin, t. II, n° 1141. — De Peyronny et Delamarre, n° 730. — Dufour, n° 190. — Malapert et Protat, n° 661. — Daffry de la Monnoye, t. 2. p. 553.

44. A l'exemption du timbre et de l'enregistrement, accordée par l'article 58 de la loi du 3 mai 1841 aux actes relatifs à l'expropriation des terrains nécessaires à l'ouverture et au redressement des chemins vicinaux.

Décision du Ministre des finances du 11 septembre 1846. D. 47, 3, 77.

45. Le jugement d'expropriation rendu à la requête du procureur de la République demandant que le jury soit nommé conformément à l'article 16 de la loi du 21 mai 1836, et qui vise cette requête, fait présumer, que le tribunal s'est conformé aux prescriptions de la loi, et notamment que les jurés titulaires et supplémentaires ont été choisis sur la liste annuelle dressée par le conseil général.

Cass. 31 déc. 1879. D. 80, 1, 165 ; S. 80. 1, 134 ; P. 80, 287. *Besnon c. préfet de l'Orne.* M. Goujet, rapp.

46. Est non recevable le pourvoi dirigé contre la décision rendue par un jury vicinal, non contre le jugement qui avait désigné ce jury, quand ce pourvoi est fondé sur ce qu'il y avait lieu de désigner un jury ordinaire.

Cass. rej. 6 août 1877. D. 78, 1, 54 ; S. 78, 1, 78. *Chollet c. ville de Nantes.* M. Guérin, rapp.
— 17 déc. 1877. D. 78, 1, 52 ; S. 78, 1, 80 ; P. 78, 165. *Touchy c. ville de Nantes.* M. Sallé, rapp.

Art. 18. L'action en indemnité des propriétaires pour les terrains qui auront servi à la confection des chemins vicinaux, et pour extraction de matériaux, sera prescrite par le laps de deux ans.

1. Le point de départ du délai de deux ans après lequel doit être prescrite l'action en indemnité est la signification de la délibération du conseil général, si cette signification à eu lieu.
2. Si elle n'a pas eu lieu, il court de l'instant où les intéressés ont été avertis par des faits d'exécution devant lesquels ils ne sauraient être admis à prétexter ignorance de la délibération prescrivant l'ouverture du chemin.

Paris, 19 janvier 1861. *Gaz. des Trib.*, 25 janv. 1861.

3. Pour l'action possessoire, le point de départ du trouble est la contradiction opposée par des faits d'exécution à la possession.

Cass. rej. 13 janv. 1847. D. 47, 1, 84 ; S. 47, 1, 248 ; P. 47, 1, 117. *Cne de Happoncourt c. Pierrot.* M. Renouard, rapp.
— 28 déc. 1852. D. 53, 1, 25 ; S. 53, 1, 429 ; P. 53, 2, 337. *Petit et Gignaux c. cne de Saint-Genès.* M. Gaultier, rapp.

4. La prescription de deux ans ne peut être invoquée lorsque la dette de la commune expropriante a été définitivement reconnue par le fonctionnaire chargé de régler l'indemnité.

Cass. 12 août 1868. D. 68, 1, 478. *Ville de Corte c. Poli.* M. Renouard, rapp.

Art. 20. Les plans, procès-verbaux, certificats, significations, jugements, contrats, marchés, adjudications de travaux, quittances et autres actes ayant pour objet exclusif la construction, l'entretien et la réparation des chemins vicinaux, seront enregistrés moyennant le droit fixe de un franc.

1. L'article 20 n'est pas applicable quand il y a eu expropriation ; dans ce cas, c'est l'article 58 de la loi du 3 mai 1841 qui doit recevoir application.

V. art. 16.

Loi du 8 juin 1864, relative aux rues formant le prolongement des chemins vicinaux.

Art. 1. Toute rue qui est reconnue, dans les formes légales, être le prolongement d'un chemin vicinal, en fait partie intégrante et est soumise aux mêmes lois et règlements.

2. Lorsque l'occupation de terrains bâtis est jugée nécessaire pour l'ouverture, le redressement ou l'élargissement immédiat d'un chemin vicinal, l'expropriation a lieu conformément aux dispositions de la loi du 3 mai 1841 combinées avec celles des cinq derniers paragraphes de l'article 16 de la loi du 21 mai 1836.

Il est procédé de la même manière lorsque les terrains bâtis sont situés sur le parcours d'un chemin vicinal en dehors des agglomérations communales.

DESSÉCHEMENT DE MARAIS

Loi du 16 septembre 1807. Art. 48 et 49.

Art. 48. Lorsque pour exécuter un desséchement, l'ouverture d'une nouvelle navigation, un pont, il sera question de supprimer des moulins et autres usines, de les déplacer, modifier, ou de réduire l'élévation de leurs eaux, la nécessité en sera constatée par les ingénieurs des ponts et chaussées. Le prix de l'estimation sera payé par l'Etat, lorsqu'il entreprend les travaux ; lorsqu'ils sont entrepris par des concessionnaires, le prix de l'estimation sera payé avant qu'ils puissent faire cesser le travail des moulins et usines.

Il sera d'abord examiné si l'établissement des moulins et usines est légal, ou si le titre de l'établissement ne soumet pas les propriétaires à voir démolir leurs établissements sans indemnité, si l'utilité publique le requiert.

49. Les terrains nécessaires pour l'ouverture des canaux et rigoles de desséchement, des canaux de navigation, de routes, de rues, la formation des places et autres travaux reconnus d'une utilité générale seront payés à leurs propriétaires, et à dire d'expert d'après leur valeur avant l'entreprise des travaux et sans nulle augmentation du prix d'estimation.

1. C'est à l'autorité judiciaire qu'il appartient de statuer sur la demande d'indemnité fondée sur l'occupation définitive, pour travaux publics, d'une usine et des terrains sur lesquels ils sont assis, cette occupation constituant une véritable occupation.

Conseil d'Etat : 28 mai 1852. L. 52, 196 ; D. 52, 3, 41 ; P. 52, 80. *Ramière et Tournés*. M. Pascalis. rapp.

2. De même, au cas où la suppression d'un barrage établi dans une rivière navigable, a eu pour conséquence la suppression d'une usine, le jury est seul compétent pour fixer la part de l'indemnité afférente aux bâtiments et au matériel.

Conseil d'Etat : 27 août 1857. L. 57, 696 ; D. 58, 3, 65 ; S. 58, 2, 652 ; P. 58, 390. *Affaire marchand*. M. Leviez, rapp.

3. Mais, la pente des cours d'eau n'étant pas susceptible de propriété privée, la suppression totale ou partielle, par suite d'exécution de travaux publics, de la force motrice provenant de cette

pente, ne constitue qu'un dommage pour la réparation duquel compétence appartient aux conseils de préfecture.

Conseil d'Etat : 15 mai 1858. L. 58, 377. D. 59, 3, 41. P. 58, 511. *Affaire Dumont*. M. Bauchart, rapp.

4. Les terrains nécessaires pour l'exécution des travaux publics indiqués à l'article 49 ne pourraient manifestement être remis à la disposition de l'administration que par l'expropriation et en en accomplissant les formalités.

DRAINAGE

Loi du 10 juin 1854. Art. 4 et 5.

Art. 3. Les associations des proprétaires qui veulent, au moyen de travaux d'ensemble, assainir leurs héritages par le drainage ou tout autre mode d'asséchement, jouissent des droits et supportent les obligations qui résultent des articles précédents. Ces associations peuvent, sur leur demande, être constituées, par arrêtés préfectoraux, en syndicats auxquels sont applicables les articles 3 et 4 de la loi du 14 floréal an XI.

4. Les travaux que voudraient exécuter les associations syndicales, les communes ou les départements pour faciliter le drainage ou tout autre mode d'asséchement, peuvent être déclarés d'utilité publique par décret rendu en conseil d'Etat.

Le réglement des indemnités dues pour expropriation est fait conformément aux §§ 2 et suivants de l'article 16 de la loi du 21 mai 1836.

EAUX MINÉRALES.

Loi du 14 juillet 1856, sur la conservation et l'aménagement des sources d'eaux minérales.

Titre I. *De la déclaration d'intérêt public des sources, des servitudes et des droits qui en résultent.*

Art. 1. Les sources d'eaux minérales peuvent être déclarées d'intérêt public, après enquête, par un décret impérial délibéré en conseil d'Etat.

2. Un périmètre de protection peut être assigné par un décret rendu dans les formes établies à l'article précédent, à une source déclarée d'intérêt public.

Ce périmètre peut être modifié, si de nouvelles circonstances en font reconnaître la nécessité.

3. Aucun sondage, aucun travail souterrain ne peuvent être pratiqués dans le périmètre de protection d'une source minérale déclarée d'intérêt public, sans autorisation préalable.

A l'égard des fouilles, tranchées pour extraction de matériaux ou pour un autre objet, fondation de maisons, caves, ou autres travaux à ciel ouvert, le décret qui fixe le périmètre de protection peut exceptionnellement imposer aux propriétaires l'obligation de faire, au moins un mois à l'avance, une déclaration au préfet, qui en délivre récépissé.

4. Les travaux énoncés en l'article précédent, et entrepris, soit en vertu d'une autorisation régulière, soit après une déclaration préalable, peuvent, sur la demande du propriétaire de la source, être interdits par le préfet, si leur résultat constaté est d'altérer ou de diminuer la source. Le propriétaire du terrain est préalablement entendu.

L'arrêté du préfet est exécutoire par provision, sauf recours au conseil de préfecture et au conseil d'Etat par la voie contentieuse.

5. Lorsque à raison de sondages ou de travaux souterrains entrepris en dehors du périmètre, et jugés de nature à altérer ou diminuer une source minérale déclarée d'intérêt public, l'extension d'un périmètre paraît nécessaire, le préfet peut, sur la demande du propriétaire de la source, ordonner provisoirement la suspension des travaux.

Les travaux peuvent être repris, si dans le délai de six mois, il n'a pas été statué sur l'extension du périmètre.

6. Les dispositions de l'article précédent s'appliquent à une source

minérale déclarée d'intérêt public, à laquelle aucun périmètre n'a été assigné.

7. Dans l'intérieur du périmètre de protection, le propriétaire d'une source déclarée d'intérêt public a le droit de faire, dans le terrain d'autrui, à l'exception des maisons d'habitation et des cours attenantes, tous les travaux de captage et d'aménagement nécessaires pour la conservation, la conduite et la distribution de cette source, lorsque ces travaux ont été autorisés par un arrêté du ministre de l'agriculture, du commerce et des travaux publics.

Le propriétaire du terrain est entendu dans l'instruction.

8. Le propriétaire d'une source d'eau minérale déclarée d'intérêt public peut exécuter, sur son terrain, tous les travaux de captage et d'aménagement nécessaires pour la conservation, la conduite et la distribution de cette source, un mois après la communication faite de ses projets au préfet.

En cas d'opposition par le préfet, le propriétaire ne peut commencer ou continuer les travaux qu'après autorisation du ministre de l'agriculture, du commerce et des travaux publics.

A défaut de décision dans le délai de trois mois, le propriétaire peut exécuter les travaux.

9. L'occupation d'un terrain compris dans le périmètre de protection pour l'exécution des travaux prévus par l'article 7, ne peut avoir lieu qu'en vertu d'un arrêté du préfet qui en fixe la durée.

Lorsque l'occupation d'un terrain compris dans le périmètre prive le propriétaire de la jouissance du revenu au delà du temps d'une année, ou lorsqu'après les travaux, le terrain n'est plus propre à l'usage auquel il était employé, le propriétaire dudit terrain peut exiger du propriétaire de la source l'acquisition du terrain occupé ou dénaturé. Dans ce cas, l'indemnité est réglée suivant les formes prescrites par la loi du 3 mai 1841. Dans aucun cas, l'expropriation ne peut être poursuivie par le propriétaire de la source.

12. Si une source d'eau minérale, déclarée d'intérêt public, est exploitée d'une manière qui en compromette la conservation, ou si l'exploitation ne satisfait pas aux besoins de la santé publique, un décret impérial, délibéré en conseil d'Etat, peut autoriser l'expropriation de la source et de ses dépendances nécessaires à l'exploitation, dans les formes réglées par la loi du 3 mai 1841.

HALLES ET MARCHÉS

Décret des 15-28 mars 1790. Art. 19.

Art. 19. Les droits connus sous le nom de coutume, hallage, havage, cohue, et généralement tous ceux qui étaient perçus en nature ou en argent, à raison de l'apport ou du dépôt des grains, viandes, bestiaux, poissons et autres denrées et marchandises dans les foires, marchés, places ou halles, de quelque nature qu'ils soient, ainsi que les droits qui en seraient représentatifs, sont aussi supprimés sans indemnité ; mais les bâtiments et halles continueront d'appartenir à leurs propriétaires, sauf à eux à s'arranger à l'amiable, soit pour le loyer, soit pour l'aliénation avec les municipalités des lieux ; et les difficultés qui pourraient s'élever à ce sujet seront soumises à l'arbitrage des assemblées administratives.

Instruction à l'assemblée nationale du 20 août 1790, chapitre III, partie II.

« Les bâtiments, halles, étaux et bancs, continuent d'appartenir à leurs propriétaires ; mais ceux-ci peuvent obliger les municipalités de les acheter ou de les prendre à loyer ; et réciproquement ils peuvent être contraints par les municipalités de les vendre, à moins qu'ils n'en préfèrent le louage. »

1. Par les mots halles et marchés inscrits dans le décret des 15-28 mars 1790, il faut entendre, non les terrains nus et sans constructions, servant aux foires et marchés, mais les halles proprement dites consistant dans des emplacements couverts.

Conseil d'Etat : 1er juin 1849. L. 49, à sa date ; P. 49, 71. *Ponts Asnières.* M. Bouchené-Lefer, rapp.
Contrà : Grenoble, 16 août 1846, D. 58, 2, 220.

2. Le propriétaire a seul le droit d'opter entre la location et la vente ; ce n'est que lorsqu'il se refuse à louer que la commune peut le contraindre à aliéner.

Avis du cons. d'Etat du 20 juillet 1836.
De Cormenin, t. I, p. 201. — Dalloz, v° *Halles,* n° 34. — Delalleau et Jousselin, t. II, p. 400. — Foucart, t. III, p. 230. — Vuillefroy et Monnier, p. 211.

3. Au cas de refus du propriétaire de louer son immeuble, il n'y a pas lieu à une déclaration d'utilité publique qui est prononcée par la loi de 1790 ; il ne reste qu'à faire prononcer l'expropriation et à régler l'indemnité.

Avis précité du Conseil d'Etat.

Delalleau et Jousselin, t. II, n° 1130. — Foucart, t. III, p. 230. — Dalloz, n° 38.

4. Si la commune réclamait l'acquisition de la halle pour en changer la destination ou l'état matériel, ce n'est plus en vertu de la loi de 1790 qu'il devrait être procédé, mais par les voies ordinaires de l'expropriation.

Avis du 20 juin 1836.
— Vuillefroy et Monnier, p. 211. — Dalloz, n° 34.

5. C'est d'après la loi générale d'expropriation que ce règlement doit avoir lieu.

Conseil d'Etat : 2 juin 1819. L. 1819, à sa date ; P. 19, 702. *Brichet c. c^ne de Lannion.* M. de Crazannes, rapp.

— 22 fév. 1821. L. 21, 165 ; P. 21, 210. *Duchesse de Beaumont c. c^ne de Cany.* M. Maillard, rapp.

De Cormenin, p. 104. — Husson, p. 189. — Dalloz, v° *Halles,* n° 38. — Foucart, t. III, p. 230. — Delalleau et Jousselin, t. II, n° 1132. — Daffry de la Monnoye, t. II, p. 485.

6. Pour le règlement de l'indemnité, le jury devra tenir compte, non seulement de la valeur intrinsèque des bâtiments, mais encore du revenu qu'ils procurent à leurs propriétaires.

Delalleau et Jousselin, t. II, n° 1133. — Dalloz, v° *Halles,* n° 16. — Daffry de la Monnoye, t. II, p. 485.

LOGEMENTS INSALUBRES

Loi du 13 avril 1850.

Art. 1er. Dans toute commune où le conseil municipal l'aura déclaré nécessaire par une délibération spéciale, il nommera une commission chargée de rechercher et indiquer les mesures indispensables d'assainissement des logements et dépendances insalubres mis en location ou occupés par d'autres que le propriétaire, l'usufruitier ou l'usager. Sont réputés insalubres, les logements qui se trouvent dans les conditions de nature à porter atteinte à la vie ou à la santé de leurs habitants.

2. La commission se composera de neuf membres au plus, et cinq au moins. En feront nécessairement partie un médecin et un architecte ou tout homme de l'art, ainsi qu'un membre du bureau de bienfaisance et du conseil des prud'hommes, si ces institutions existent dans la commune. La présidence appartient au maire ou à l'adjoint. Le médecin et l'architecte pourront être choisis hors de la commune. La commission se renouvelle tous les deux ans par tiers ; les membres sortants sont indéfiniment rééligibles. A Paris, la commission se compose de douze membres.

3. La commission visitera les lieux signalés comme insalubres ; elle déterminera l'état d'insalubrité et en indiquera les causes, ainsi que les moyens d'y remédier ; elle désignera les logements qui ne seraient pas susceptibles d'assainissement.

4. Les rapports de la commission seront déposés au secrétariat de la mairie, et les parties intéressées mises en demeure d'en prendre communication et de produire leurs observations dans le délai d'un mois.

5. A l'expiration de ce délai, les rapports et observations seront soumis au conseil municipal qui déterminera, 1° les travaux d'assainissement et les lieux où ils devront être entièrement ou partiellement exécutés, ainsi que les délais de leur achèvement ; 2° les habitations qui ne sont pas susceptibles d'assainissement.

6. Un recours est ouvert aux intéressés contre ces décisions devant le conseil de préfecture, dans le délai d'un mois à dater de la notification de l'arrêté municipal ; le recours sera suspensif.

7. En vertu de la décision du conseil municipal ou de celle du conseil de préfecture, en cas de recours, s'il a été reconnu que les causes d'insalubrité sont dépendantes du fait du propriétaire ou de l'usufruitier, l'autorité municipale lui enjoindra, par mesure d'ordre et de police, d'exécuter les travaux jugés nécessaires.

8. Les ouvertures pratiquées pour l'exécution des travaux d'assainissement seront exemptées, pendant trois ans, de la contribution des portes et fenêtres.

9. En cas d'inexécution, dans les délais déterminés, des travaux jugés nécessaires, et si le logement continue d'être occupé par un tiers, le propriétaire ou l'usufruitier sera passible d'une amende de 16 francs à 100 francs. Si les travaux n'ont pas été exécutés dans l'année qui aura suivi la condamnation, et si le logement insalubre a continué d'être occupé par un tiers, le propriétaire ou l'usufruitier sera passible d'une amende égale à la valeur des travaux et pouvant être élevée au double.

10. S'il est reconnu que le logement n'est pas susceptible d'assainissement et que les causes d'insalubrité sont dépendantes de l'habitation elle-même, l'autorité municipale pourra, dans le délai qu'elle fixera, en interdire provisoirement la location à titre d'habitation.

L'interdiction absolue ne pourra être prononcée que par le conseil de préfecture, et, dans ce cas, il y aura recours de sa décision devant le Conseil d'Etat. Le propriétaire ou l'usufruitier qui aura contrevenu à l'interdiction prononcée sera condamné à une amende de 16 à 100 francs, et, en cas de récidive dans l'année, à une amende égale au double de la valeur locative du logement interdit.

11. Lorsque, par suite de l'exécution de la présente loi, il y aura lieu à résiliation des baux, cette résiliation n'emportera en faveur du locataire aucuns dommages-intérêts.

12. L'article 463 du C. pén. sera applicable à toutes les contraventions ci-dessus indiquées.

13. Lorsque l'insalubrité est le résultat de causes extérieures et permanentes, ou lorsque ces causes ne peuvent être détruites que par des travaux d'ensemble, la commission pourra acquérir suivant les formes et après l'accomplissement des formalités prescrites par la loi du 3 mai 1841, la totalité des propriétés comprises dans le périmètre des travaux. Les portions de ces propriétés qui, après l'assainissement opéré, resteraient en dehors des alignements arrêtés pour les nouvelles constructions, pourront être revendues aux enchères publiques, sans que, dans ce cas, les anciens propriétaires ou leurs ayants droit puissent demander l'application des articles 60 et 61 de la loi du 3 mai 1841.

14. Les amendes prononcées en vertu de la présente loi seront attribuées en entier au bureau ou établissement de bienfaisance de la localité où sont situées les habitations, à raison desquelles ces amendes auront été encourues.

La seule observation qu'il y ait à faire sur la loi du 13 avril 1850, au point de vue de l'expropriation pour cause d'utilité publique, c'est que cette loi apporte une exception au principe posé par les articles 60 et 61 de la loi du 3 mai 1841, c'est-à-dire, au droit de préemption du propriétaire exproprié sur les terrains revendus.

MONTAGNES

REBOISEMENT. GAZONNEMENT.

Loi du 28 juillet 1860, sur le reboisement des montagnes. Loi du 8 juin 1864, sur le gazonnement des montagnes.

Loi du 28 juillet 1860.

Art. 7. Si les terrains compris dans le périmètre déterminé dans le décret impérial appartiennent à des particuliers, ceux-ci doivent déclarer s'ils entendent effectuer eux-mêmes le reboisement, et, dans ce cas, ils sont tenus d'exécuter les travaux dans les délais fixés par le décret.

En cas de refus ou de l'inexécution de l'engagement pris, il peut être procédé à l'expropriation pour cause d'utilité publique, en remplissant les formalités prescrites par les titres 2 et suivants de la loi du 3 mai 1841.

Le propriétaire exproprié en exécution du présent article a le droit d'obtenir sa réintégration dans sa propriété après le reboisement, à la charge de restituer l'indemnité d'expropriation et le prix des travaux, en principal et intérêts.

Il peut s'exonérer du remboursement du prix des travaux, en abandonnant la moitié de sa propriété.

Si le propriétaire veut obtenir sa réintégration, il doit en faire la déclaration à la sous-préfecture dans les cinq années qui suivront la notification à lui faite de l'achèvement des travaux de reboisement, à peine de déchéance.

GAZONNEMENT
Loi du 8 juin 1864.

Art. 2. Sont applicables aux travaux de gazonnement, en ce qu'ils n'ont pas de contraire à la présente loi, les articles 1 à 8 et l'article 11 de la loi du 28 juillet 1860, sur le reboisement des montagnes.

3. Le propriétaire exproprié, en exécution de la présente loi, a le droit d'obtenir sa réintégration dans sa propriété, après le gazonnement, à la charge de restituer l'indemnité d'expropriation et le prix des travaux en principal et intérêts. Il peut s'exonérer du remboursement du prix des travaux en abandonnant le quart de sa propriété.

OCCUPATION TEMPORAIRE

DE TERRAINS NÉCESSAIRES A L'EXÉCUTION

DE TRAVAUX PUBLICS.

Art. 55 et 56 de la loi du 16 septembre 1807.
Décret du 8 février 1868.

Loi du 16 septembre 1807.

ART. 55. Les terrains occupés pour prendre les matériaux nécessaires aux routes ou aux constructions publiques pourront être payés aux propriétaires comme s'ils eussent été pris pour la route même. Il n'y aura lieu à faire entrer dans l'estimation la valeur des matériaux à extraire que dans les cas où l'on s'emparerait d'une carrière déjà en exploitation ; alors lesdits matériaux seront évalués d'après leur prix courant, abstraction faite de l'existence et des besoins de la route pour laquelle ils seraient pris, ou des constructions auxquelles on les destine.

56. Les experts, pour l'évaluation des indemnités relatives à une occupation de terrain, dans les cas prévus au présent titre, seront nommés, pour les objets de travaux de grande voirie, l'un par le propriétaire, l'autre par le préfet, et le tiers expert, s'il en est besoin, sera de droit l'ingénieur en chef du département. Lorsqu'il y aura des concessionnaires, un expert sera nommé par le propriétaire, un par le concessionnaire, et le tiers expert par le préfet.

Quant aux travaux des villes, un expert sera nommé par le propriétaire, ou par le maire de la ville, où de l'arrondissement pour Paris, et le tiers expert par le préfet.

1. La disposition qui permet l'occupation de terrains pour l'extraction de matériaux n'est applicable qu'aux terrains non clos.

Arrêt du Conseil du 7 septembre 1755.

2. Si le règlement de l'indemnité appartient aux conseils de préfecture, il appartient à l'autorité judiciaire de statuer sur la question de savoir si les fouilles ont été précédées des formalités

voulues pour légitimer l'occupation des terrains, et de réparer le dommage, au cas de non-accomplissement de ces formalités.

Cass. 25 août 1868. D. 68, 1, 398; S. 68, 1, 436; P. 68, 1172. *Brulé-Grouzelle c. Mara.* M. Gastambide, rapp.
Conseil d'Etat : 6 juill. 1877. L. 77, 674; D. 78, 3, 3. *Ledoux c. chemin de fer d'Orléans à Châlons.* M. Mayniel, rapp.
Trib. des Confl. 12 mai 1877. L. 77, 459; D. 78, 3, 3, *Gagne c. Joubert et autres.* M. Barbier, rapp.

3. L'article 55 de la loi du 16 septembre 1807 est spécial à l'extraction des matériaux nécessaires aux routes et aux travaux publics, et ne peut être appliqué en matière d'expropriation pour cause d'utilité publique, laquelle est régie par la loi du 3 mai 1841.

Cass. rej. 2 août 1881. S. 82, 1, 35; P. 82, 55. *Préfet de la Dordogne c. Maillefer.* M. Rohault de Fleury, rapp.

Décret du 8 février 1868.

Art. 8. Après l'achèvement des travaux, et, s'ils doivent durer plusieurs années, à la fin de chaque campagne, il est fait une nouvelle constatation de l'état des lieux.

A défaut d'accord entre l'entrepreneur et le propriétaire, pour l'évaluation totale ou partielle de l'indemnité, il est procédé conformément à l'article 56 de la loi du 16 septembre 1807.

Pour les formalités qui doivent précéder l'occupation des terrains, voir le texte complet du décret : D. 68, 4, 21.

ROUTES NATIONALES ET DÉPARTEMENTALES.

DROIT DE PRÉEMPTION DES DÉLAISSÉS,
EN CAS DE CHANGEMENT DE TRACÉ.

Loi du 21 mai 1842.

Loi du 21 mai 1842 relative aux portions de routes royales délaissées par suite de changement de tracé ou d'ouverture d'une nouvelle route.

Art. 1er. Les portions de routes royales délaissées par suite de changement de tracé ou d'ouverture d'une nouvelle route pourront, sur la demande ou avec l'assentiment des conseils municipaux des communes intéressées, être classées par ordonnances royales, soit parmi les routes départementales, soit parmi les chemins vicinaux de grande communication, soit parmi les simples chemins vicinaux.

2. Au cas où ce classement ne serait pas ordonné, les terrains délaissés seront remis à l'administration des domaines, laquelle est autorisée à les aliéner.

Néanmoins il sera réservé, s'il y a lieu, eu égard à la situation des propriétés riveraines, et par arrêté du préfet en conseil de préfecture, un chemin d'exploitation dont la largeur ne pourra excéder cinq mètres.

3. Les propriétaires seront mis en demeure d'acquérir, chacun en droit soi, dans les formes tracées par l'article 61 de la loi du 3 mai 1841, les parcelles attenantes à leurs propriétés.

A l'expiration du délai fixé par l'article précité, il pourra être procédé à l'aliénation des terrains, selon les règles qui régissent les aliénations du domaine de l'Etat, ou par application de l'article 4 de la loi du 20 mai 1836.

4. Lorsque les portions de routes royales délaissées auront été classées parmi les routes départementales, ou les chemins vicinaux, les parcelles de terrain qui ne feraient par partie de la nouvelle voie de communication ne pourront être aliénées qu'à la charge, par le département ou la commune, de se conformer aux dispositions du premier paragraphe de l'article précédent.

1. Quand la préemption a lieu conformément à l'article 61 de la loi du 3 mai 1841, le tribunal ne peut refuser de faire droit aux réquisitions du ministère public tendant à la désignation du ma-

gistrat-directeur du jury qui devra régler l'indemnité due par un propriétaire riverain d'une portion de route abandonnée et qui se rend acquéreur de cette portion.

Cass. 11 août 1845. D. 45, 1, 331; S. 45, 1, 769. *Préfet de Seine-et-Marne c. Chabbal.* M. Renouard, rapp.

2. L'article 4 de la loi du 20 mai 1836 visé par le dernier paragraphe de l'article ci-dessous est ainsi conçu : « Les portions de terrain indépendantes d'anciennes routes ou chemins, et dévenues inutiles par suite de changement de tracé ou d'ouverture d'une route royale ou départementale, pourront être cédées, sur estimation contradictoire, à titre d'échange et par voie de compensation de prix, aux propriétaires des terrains sur lesquels les portions de routes neuves devront être exécutées. L'acte de cession devra être soumis au ministre des finances lorsqu'il s'agira de terrains abandonnés par des routes royales. »

3. Les voies fluviales sont assimilées aux voies de terre ;

— Arrêté du Ministre des finances du 2 octobre 1844.

4. Par suite, les bras et lits d'un cours d'eau navigable peuvent être considérés comme des parcelles délaissées auxquelles peut s'appliquer le droit de préemption écrit dans la loi de 1842.

5. Mais ce droit ne s'applique pas aux étangs désséchés, qui ont servi de réservoirs d'alimentation à un canal.

Dijon, 19 mars 1873. D. 74, 2, 91; S. 73, 2, 68; P. 73, 326.

TRAVAUX MILITAIRES

Loi du 30 mars 1831. Décret du 10 août 1853.

Loi du 22 juin 1854.

Loi du 30 mars 1831 relative à l'expropriation et à l'occupation temporaire, en cas d'urgence, des propriétés privées nécessaires aux travaux des fortifications.

Art. 1er. Lorsqu'il y aura lieu d'occuper tout ou partie d'une ou de plusieurs propriétés particulières pour y faire des travaux de fortifications dont l'urgence ne permettra pas d'accomplir les formalités de la loi du 8 mars 1810, il sera procédé de la manière suivante :

2. L'ordonnance royale qui autorisera l'utilité publique, déclarera en même temps qu'*il y a urgence.*

3. Dans les vingt-quatre heures de la réception de l'ordonnance du roi, le préfet du département où les travaux de fortifications devront être exécutés transmettra ampliation de ladite ordonnance au procureur du roi près le tribunal de l'arrondissement où seront situées les propriétés qu'il s'agira d'occuper, et au maire de la commune de leur situation. — Sur le vu de cette ordonnance, le procureur du roi requerra de suite, et le tribunal ordonnera immédiatement que l'un des juges se transportera sur les lieux avec un expert que le tribunal nommera d'office. — Le maire fera sans délai publier l'ordonnance royale par affiche, tant à la principale porte de l'église du lieu qu'à celle de la maison commune, et par tous autres moyens possibles. Les publications et affiches seront certifiées par ce magistrat.

4. Dans les vingt-quatre heures, le juge-commissaire rendra, pour fixer le jour et l'heure de sa descente sur les lieux, une ordonnance qui sera signifiée, à la requête du procureur du roi, au maire de la commune où le transport devra s'effectuer, et à l'expert nommé par le tribunal. — Le transport s'effectuera dans les dix jours de cette ordonnance, et seulement huit jours après la signification dont il vient d'être parlé. — Le maire, sur les indications qui lui seront données par l'agent militaire chargé de la direction des travaux, convoquera, au moins cinq jours à l'avance, pour le jour et l'heure indiqués par le juge-commissaire, 1° les propriétaires intéressés, et, s'ils ne résident pas sur les lieux, leurs agents, mandataires ou ayants cause ; 2° Les usufruitiers, ou autres personnes intéressées, telles que fermiers, locataires, ou occupants à quelque

titre que ce soit. Les personnes ainsi convoquées pourront se faire assister par un expert ou arpenteur.

5. Un agent de l'administration des domaines, et un expert, ingénieur, architecte ou arpenteur, désignés l'un et l'autre par le préfet, se transporteront sur les lieux au jour et à l'heure indiqués pour se réunir au juge-commissaire, au maire ou à l'adjoint, à l'agent militaire et à l'expert désigné par le tribunal. — Le juge-commissaire recevra le serment préalable des experts sur les lieux, et il en sera fait mention au procès-verbal. L'agent militaire déterminera, en présence de tous, par des pieux et piquets, le périmètre du terrain dont l'exécution des travaux nécessitera l'occupation.

6. Cette opération achevée, l'expert désigné par le préfet procédera immédiatement, et sans interruption, de concert avec l'agent de l'administration du domaine, à la levée du plan parcellaire, pour indiquer dans le plan général de circonscription les limites et la superficie des propriétés particulières.

7. L'expert nommé par le tribunal dressera un procès-verbal qui comprendra : — 1º la désignation des lieux, des cultures, plantations, clôtures, bâtiments et autres accessoires des fonds ; cet état descriptif devra être assez détaillé pour pouvoir servir de base à l'appréciation de la valeur foncière, et, en cas de besoin, de la valeur locative, ainsi que des dommages-intérêts résultant des changements ou dégâts qui pourront avoir lieu ultérieurement ; — 2º l'estimation de la valeur foncière et locative de chaque parcelle de ces dépendances, ainsi que de l'indemnité qui pourra être due pour frais de déménagement, pertes de récoltes, détérioration d'objets mobiliers ou tous autres dommages. — Ces diverses opérations auront lieu contradictoirement avec l'agent de l'administration des domaines, et l'expert nommé par le préfet, avec les parties intéressées si elles sont présentes, ou avec l'expert qu'elles auront désigné. Si elles sont absentes, et qu'elles n'aient point nommé d'expert, ou si elles n'ont point le libre exercice de leurs droits, un expert sera désigné d'office par le juge-commissaire pour les représenter.

8. L'expert nommé par le tribunal devra, dans son procès-verbal, — 1º indiquer la nature et la contenance de chaque propriété, la nature des constructions, l'usage auquel elles sont destinées, les motifs des évaluations diverses, et le temps qu'il paraît nécessaire d'accorder aux occupants pour évacuer les lieux ; — 2º transcrire l'avis de chacun des autres experts, et les observations et réquisitions, telles qu'elles lui seront faites, de l'agent militaire, du maire, de l'agent du domaine, et des parties intéressées ou de leurs représentants. Chacun signera ses dires, ou mention sera faite de la cause qui l'en empêche.

9. Lorsque les propriétaires, ayant le libre exercice de leurs droits, consentiront, à la cession qui leur sera demandée, et aux conditions qui leur seront offertes par l'administration, il sera passé entre eux et le pré-

fet un acte de vente qui sera rédigé dans la forme des actes d'administration, et dont la minute restera déposée aux archives de la préfecture.

10. Dans le cas contraire, sur le vu de la minute du procès-verbal
dressé par l'expert, et de celui du juge-commissaire qui aura assisté
à toutes les opérations, le tribunal, dans une audience tenue aussitôt
après le retour de ce magistrat, déterminera, en procédant comme en
matière sommaire, sans retard et sans frais, — 1° l'indemnité de déménagement à payer aux détenteurs avant l'occupation ; — 2° l'indemnité
approximative et provisionnelle de dépossession qui devra être consignée,
sauf règlement ultérieur et définitif, préalablement à la prise de pos-
sesssion. — Le même jugement autorisera le préfet à se mettre en possession, à la charge, — 1° de payer sans délai l'indemnité de déménagement, soit au propriétaire, soit au locataire ; — 2° de signifier avec le
jugement l'acte de consignation de l'indemnité provisionnelle de déposs-
session. — Ledit jugement déterminera le délai dans lequel, à compter
de l'établissement de ces formalités, les détenteurs seront tenus d'abandonner les lieux. — Ce délai ne pourra excéder cinq jours pour les
propriétés non bâties, et dix jours pour les propriétés bâties. — Le jugement sera exécutoire nonobstant appel ou opposition.

11. L'acceptation de l'indemnité approximative et provisionnelle de
dépossession ne fera aucun préjudice à la fixation de l'indemnité définitive. — Si l'indemnité provisionnelle n'excède pas 100 francs, le paiement
en sera effectué sans production d'un certificat d'affranchissement d'hypothèque, et sans formalité de purge hypothécaire. — Si l'indemnité
excède cette somme, le Gouvernement fera, dans les trois mois de la
date du jugement dont il est parlé dans l'article précédent, transcrire
ledit jugement, et purgera les hypothèques légales. A l'expiration de ce
délai, l'indemnité provisionnelle sera exigible de plein droit, lors même
que les formalités ci-dessus n'auraient pas été remplies, à moins qu'il
n'y ait des inscriptions, ou des saisies-arrêts ou oppositions : dans ce cas,
il sera procédé selon les règles ordinaires, et sans préjudice des dispositions de l'article 26 de la loi du 8 mars 1810.

12. Aussitôt après la prise de possession, le tribunal procédera au
règlement définitif de l'indemnité de dépossession, dans les formes prescrites par les article 16 et suivants de la loi du 8 mars 1810. Si l'indemnité
définitive excède l'indemnité provisionnelle, cet excédant sera payé conformément à l'article précédent.

13. L'occupation temporaire prescrite par ordonnance royale ne
pourra avoir lieu que pour des propriétés non bâties. — L'indemnité
annuelle représentative de la valeur locative de ces propriétés, et du
dommage résultant du fait de la dépossession, sera réglée à l'amiable ou
par autorité de justice, et payée par moitié, de six mois en six mois, au
propriétaire et au fermier, le cas échéant. — Lors de la remise des terrains qui n'auront été occupés que temporairement, l'indemnité due pour

les détériorations causées par les travaux, ou pour la différence entre l'état des lieux au moment de la remise et l'état constaté par le procès-verbal descriptif, sera payée sur règlement amiable ou judiciaire, soit au fermier ou exploitant, et selon leurs droits respectifs.

14. Si, dans le cours de la troisième année d'occupation provisoire, le propriétaire ou son ayant droit n'est pas remis en possession, ce propriétaire pourra exiger et l'Etat sera tenu de payer l'indemnité pour la cession de l'immeuble, qui deviendra dès lors propriété publique. — L'indemnité foncière sera réglée, non sur l'état de la propriété à cette époque, mais sur son état au moment de l'occupation, tel qu'il aura été constaté par le procès-verbal descriptif. — Tout dommage causé au fermier ou exploitant par cette dépossession définitive lui sera payé après règlement amiable ou judiciaire.

15. Dans tous les cas où l'occupation provisoire ou définitive donnerait lieu à des travaux pour lesquels un crédit n'aurait pas été ouvert au budget de l'Etat, la dépense restera soumise à l'exécution de l'article 152 de la loi du 25 mars 1817.

Décret des 10 août 23 septembre 1853 relatif aux places de guerre.

Art. 36. Il y a lieu d'allouer des indemnités de dépossession lorsque des constructions nouvelles de places ou de postes de guerre ou des changements ou augmentations à ceux qui existent, mettent le gouvernement dans le cas d'exiger la cession à l'Etat de propriétés privées par la voie de l'expropriation pour cause d'utilité publique.

L'indemnité est réglée dans les formes établies par la loi du 3 mai 1841.

Loi du 22 juin 1854, relative aux servitudes autour des magasins à poudre de la guerre et de la marine.

Art. 3. La suppression des constructions, clôtures en bois, plantations d'arbres, dépôts de matières combustibles ou autres actuellement existant dans les limites ci-dessus, pourra être ordonnée, moyennant indemnité, lorsqu'ils seront de nature à compromettre la sécurité ou la conservation des magasins à poudre.

Dans le cas où cette suppression s'appliquera à des constructions ou établissements mentionnés dans l'article 2, il sera procédé à l'expropriation, conformément aux dispositions de la loi du 3 mai 1841.

1. Quand il s'agit de faits constituant un cas de guerre, la loi de 1831 n'est pas applicable; dans ces circonstances, la réparation des atteintes portées à la propriété des citoyens est de la compétence de l'autorité administrative.

Cass. rej. 14 juill. 1846. D. 46, 1, 301; S. 46, 1, 735; P. 46, 2, 385; *De Chazourne c. préfet du Rhône.* M. Miller, rapp.

Voy. Décret du 10 août 1853.

2. Si les travaux élevés d'urgence au moment de la lutte, ont été conservés, l'indemnité devra être réglée conformément à la loi de 1831.

Conseil-d'Etat : 15 déc. 1865. L. 65, 995 ; D. 66, 3, 87. *Molinié c. ministre de la guerre.* M. Thureau-Dangin, rapp.

Il n'y a pas nullité, si au cas de remplacement d'un expert, celui qui a été désigné prête serment devant le président du tribunal civil au lieu de le prêter *sur les lieux*.

Trib. de la Seine : 26 janv. 1842. D. 42, 1, 334. *De Saint-Albin c. l'Etat*.

3. Il y a insuffisante communication aux parties du travail des experts par la lecture faite de ce travail à l'assemblée des intéressés.

Même jugement.

4. Le défaut de signature des personnes dont la présence est constatée n'entraîne pas nullité.

Même jugement.

5. La présence du commissaire à toutes les opérations de l'instruction est prescrite à peine de nullité.

Cass. 5 juill. 1842. D. 42, 1, 334 ; S. 42, 1, 671 ; P. 42, 2, 208. *De Saint-Albin c. l'Etat.* M. Fabvier, rapp. — 2 janv. 1843. D. 43, 1, 80 ; S. 43, 1, 20 ; P. 43, 1, 129. *Jacques Laffitte c. l'Etat.* M. Renouard, rapp.

6. Mais le commissaire n'est pas tenu d'assister au jugement de dépossession.

Cass. 15 mai 1843. D. 43, 1, 311 ; S. 43, 1, 498 ; P. 43, 2, 211. *De Saint-Albin c. l'Etat.* M. Fabvier, rapp.

7. Après cassation du jugement de dépossession, l'administration ne peut recommencer la procédure sur de nouveaux errements devant le tribunal dont le jugement a été cassé.

Même arrêt.

8. Les propriétaires, qui doivent être appelés aux opérations d'instruction, ne sont pas parties au jugement de dépossession et n'ont pas le droit d'y intervenir.

Cass. rej. 5 juill. 1842. D. 42, 1, 334 ; S. 42, 1, 671 ; P. 42, 2, 208. *De Saint-Albin c. l'Etat.* M. Fabvier, rapp. — 11 déc. 1844. D. 45, 1, 45 ; S. 45, 1, 32 ; P. 45, 1, 42. *l'Etat. c. De Saint-Albin.* M. Gillon, rapp.

9. D'après l'article 76 de la loi du 3 mai 1841, le règlement définitif de l'indemnité appartient au jury, même au cas d'une simple occupation temporaire.

Conseil d'Etat : 15 déc. 1865. L. 65, 995 ; D. 66, 3, 87. *Molinié c. ministre de la guerre.* M. Thureau-Dangin, rapp.

10. L'établissement autour des places fortes de zones de servitudes militaires ne donne pas droit à indemnité.

Conseil d'Etat : 18 fév. 1836. L. 36, 90. *De Narbonne-Lara.* M. Tarbé de Vauxclairs, rapp. — 24 juill. 1856. L. 56, 490 ; D. 57, 3, 9 ; S. 57, 2, 389 ; P. 57, 137. *Trezel* M. Aucoc, rapp. — 5 fév. 1857. L. 57, 98 ; D. 57, 3, 74. *Bléville.* M. Aucoc, rapp. — 5 fév. 1857. L. 57, 98 ; D. 58, 5, 272 ; S. 57, 2, 778 ; P. 57, 241. *Holker.* M. Aucoc, rapp.

11. Lorsque le chiffre de l'indemnité provisoire a été augmenté par le jury, le propriétaire a droit aux intérêts de ce supplément d'indemnité, à compter du jour de la dépossession, non à partir de la décision du jury.

Trib. de Lyon, 17 déc. 1845. *Gaz. des Trib.* 22 janv. 1846.

12. Mais si le propriétaire ne retire pas l'indemnité consignée, il n'a droit qu'aux intérêts payés par la caisse des consignations.

Même jugement.

13. De ce qu'une indemnité approximative et provisionnelle a été accordée conformément à l'article 10 de la loi du 30 mai 1831, il ne résulte pas qu'il soit nécessaire, à peine de nullité, de mettre sous les yeux du jury appelé à déterminer l'indemnité définitive le rapport d'expert qui a servi à la fixation de l'indemnité provisionnelle.

Cass. 28 nov. 1843. D. 44, 1, 29; S. 44, 1, 247; P. 44, 1, 635. *De Salaze c. préfet du Var.* M. Renouard, rapp.

14. L'occupation d'une parcelle appartenant au domaine militaire de l'Etat, nécessaire pour la pose d'une conduite d'eau destinée à l'alimentation d'une ville, ne peut avoir lieu par la voie de l'expropriation pour cause d'utilité publique; il ne peut être statué sur les mesures à prendre qu'avec le concours et la participation du ministre de la guerre.

Cass. 3 mars 1862. D. 62, 1, 291; S. 62, 1, 468; P. 62, 849. *Bull. cir.* 62, p. 47. *Préfet de la Seine-Inférieure c. Sabattié.* M. Delapalme, rapp.

VOIRIE URBAINE

Décrets des 26 mars 1852, 27 décembre 1858, 14 juin 1876.

Décret du 26 mars 1852, relatif aux rues de Paris.

Art. 2. Dans tout projet d'expropriation pour l'élargissement, le redressement ou la formation des rues de Paris, l'administration aura la faculté de comprendre la totalité des immeubles atteints, lorsqu'elle jugera que les parties restantes ne sont pas d'une étendue ou d'une forme qui permette d'y élever des constructions salubres.

Elle pourra pareillement comprendre, dans l'expropriation, des immeubles en dehors des alignements, lorsque leur acquisition sera nécessaire pour la suppression d'anciennes voies publiques jugées inutiles.

Les parcelles de terrain acquises en dehors des alignements, et non susceptibles de recevoir des constructions salubres, seront réunies aux propriétés contiguës, soit à l'amiable, soit par l'expropriation de ces propriétés, conformément à l'article 53 de la loi du 16 septembre 1807.

La fixation du prix de ces terrains sera faite suivant les mêmes formes et devant la même juridiction que celle des expropriations ordinaires.

L'article 58 de la loi du 3 mai 1841 est applicable à tous les actes et contrats relatifs aux terrains acquis pour la voie publique par simple mesure de voirie.

9. Les dispositions du présent décret pourront être appliquées à toutes des villes qui en feront la demande par les décrets spéciaux rendus dans la forme des règlements d'administration publique.

Decret du 27 décembre 1858.

Les trois premiers articles de ce décret ont été rapportés par l'article 4 du décret du 14 juin 1876.

Art. 4. Les formalités prescrites par les articles ci-dessus sont suivies pour l'application du § 2 de l'article 2 du décret du 16 mars 1852.

5. Dans le cas prévu par le § 3 du même article, le propriétaire du fonds auquel doivent être réunies les parcelles acquises en dehors des alignements, conformément à l'article 55 de la loi du 16 septembre 1807, est mis en demeure, par un acte judiciaire, de déclarer, dans un délai de

huitaine, s'il entend profiter de la faculté de s'avancer sur la voie publique en acquérant les parcelles riveraines.

En cas de refus ou de silence, il est procédé à l'expropriation dans les formes légales.

6. Dans tout projet pour l'élargissement, le redressement ou la formation des rues, le plan soumis à l'enquête qui précède la déclaration d'utilité publique, comprend un projet de nivellement.

Décret du 14 juin 1876.

Art. 1er. Lorsqu'il y aura lieu de procéder à l'ouverture, au redressement ou à l'élargissement d'une rue à Paris ou dans une des villes auxquelles l'article 2 du décret du 26 mars 1852 aura été déclaré applicable, et qu'il paraîtra nécessaire de comprendre dans l'expropriation, en conformité dudit article, des parties d'immeubles situées en dehors des alignements, ces parcelles seront désignées sur le plan soumis à l'enquête prescrite par le titre 1er, article 2, de la loi du 1er mai 1841, et mention en sera faite dans l'avertissement publié en vertu de l'article 3 de l'ordonnance royale du 23 août 1835. Il sera statué sur l'autorisation d'acquérir lesdites parcelles par le décret qui déclarera d'utilité publique l'opération de voirie projetée.

2. Si, postérieurement au décret portant déclaration d'utilité publique, l'administration reconnaît la nécessité d'acquérir des parties d'immeubles situées en dehors des alignements, ces parcelles seront indiquées sur le plan soumis à l'enquête prescrite par le titre 2 de la loi du 3 mai 1841 ; il en sera fait mention dans l'avertissement donné conformément à l'article 6 de ladite loi, et l'expropriation n'en pourra être autorisée, même en l'absence d'opposition, que par un décret rendu en conseil d'Etat.

3. La disposition qui précède ne fait pas obstacle à ce que le préfet statue, conformément aux articles 11 et 12 de la loi du 3 mai 1841, aussitôt après l'accomplissement des formalités prescrites par le titre 2 de ladite loi, à l'égard de toutes les autres propriétés comprises dans l'expropriation.

4. Les articles 1, 2 et 3 du décret du 27 décembre 1858 sont rapportés

1. Le décret du 26 mars 1852, relatif aux rues de Paris, et étendu depuis aux principales villes de France, a donné une extension considérable au droit d'expropriation en matière de voirie urbaine.

2. La grande innovation introduite par ce décret consiste dans la faculté accordée à l'administration d'acquérir à son gré la totalité des immeubles atteints, lorsqu'elle jugera que les parties restantes ne sont pas d'une étendue et d'une forme qui permette d'y élever des constructions salubres.

3. D'après le décret de 1852, le droit de requérir l'acquisition totale qui, aux termes des lois de 1807 et de 1841, n'appartenait qu'au propriétaire, est trans-

porté de celui-ci à l'administration.

4. Par suite, les parcelles acquises par l'administration, l'étant par expropriation, lui arrivent affranchies des servitudes qui pouvaient les grever;

Paris, 9 janvier 1869. D. 74, 5, 253; S. 69, 2, 67; P. 69, 334.

5. Et les baux se trouvent résiliés pour la totalité de la propriété acquise.

Paris, 22 juin 1863. D. 64, 1, 445; S. 64, 1, 465; P. 64, 785. *Petit c.. Kraush.* M. De Peyramont, rapp.
Cass. req. 9 août 1864. *Ibid.*

6. La déclaration d'insuffisance de la parcelle peut ne pas être prononcée dans le décret primitif d'expropriation et ne l'être que dans un décret postérieur, à la condition toutefois d'observer à nouveau toutes les formalités requises.

Conseil d'Etat : 19 juin 1862. L. 62, 509. D. 63, 3, 14; P. 62, 242. *De Chabrol-Chaméane.* M. Aucoc, rapp.

7. L'administration est seule juge du point de savoir si les parties sont d'une étendue ou d'une forme qui permette d'y élever des constructions salubres. Sa décision, à cet égard, n'est pas susceptible du recours par la voie contentieuse.

Cass. 14 fév. 1855. D. 55, 1, 178; S. 55, 1, 538; P. 55, 1, 391, *Von de Jaunage c. cie de la rue Impériale à Lyon.* M. Gillon, rapp.
Dufour, n° 27. — Delalleau et Jousselin, t. II, n° 1116.

8. Toutefois, le décret de 1852, en donnant à l'administration le droit d'acquérir des portions d'immeubles restées en dehors des alignements, n'a aucunement modifié, en ce qui concerne ces portions d'immeubles, les dispositions de la loi du 3 mai 1841, et dès lors l'expropriation de ces parties d'immeubles ne peut être autorisée que dans les formes et après les enquêtes prescrites par la loi du 3 mai 1841.

Conseil d'Etat : 27 mars 1856. L. 56, 217, 224, 227 et 228. *De Pommereu et autres.* M. Blondel rapp.

9. Toutes les fois que l'expropriation s'étendra à des terrains situés en dehors de l'alignement, le décret devra mentionner explicitement l'existence de la condition requise par ce décret, à savoir que les parties restantes ont été jugées ne pas être d'une étendue ou d'une forme qui permette d'y élever des constructions salubres.

10. L'absence de cette mention autoriserait le recours, par la voie contentieuse, pour excès de pouvoir;

11. Et donnerait le droit au tribunal, qui doit vérifier si les conditions prescrites ont été remplies, de refuser de prononcer l'expropriation.

Delalleau et Jousselin, t. II, p. 392.

12. Le recours par la voie contentieuse, pour excès de pouvoir, devrait encore être admis, si le motif d'insalubrité n'était manifestement qu'un prétexte pour mettre la main sur des propriétés, en vue de spéculations que le décret ne saurait autoriser.

Mêmes auteurs, *ibid.*

13. La seconde innovation introduite par le décret de 1852 est d'accorder à l'administration le droit de joindre les parcelles par elle acquises aux propriétés contiguës de manière à former un tout d'une étendue suffisante pour y élever des constructions salubres et convenables.

14. Le propriétaire, en avant duquel reste un espace libre ou délaissé acquis par l'administration, peut demander qu'on le lui cède en offrant d'en payer la valeur.

15. Mais, s'il refuse d'acquérir le délaissé, il ne saurait résister à l'expropriation de son propre immeuble, réclamée par application du § 3 de l'article 2 du décret, sous le prétexte que le terrain acquis par l'expropriant serait parfaitement susceptible de recevoir des constructions salubres. Ces sortes de questions appartiennent exclusivement à l'autorité administrative.

Cass. 1er août 1865. D. 66, 1, 169; S. 66, 1, 81; P. 66, 180. *Ciais et Bouyon c. Poncet.* M. Sévin, rapp.

16. Le droit d'acquérir les délaissés peut s'exercer en tout état de cause, jusqu'à la décision du jury.

Cass. 14 fév. 1855. D. 55, 1, 178; S. 55, 1, 538 ; P. 55, 1, 391. *Yon de Jaunaye c. cie de la rue Impériale à Lyon.* M. Gillon, rapp.
Contrà : Nicias Gaillard. *Revue critique,* année 1855, p. 3 et s.

17. La rétrocession ne peut être demandée par le propriétaire qui a laissé passer, sans former opposition, le délai fixé par l'article 2 du décret du 27 décembre 1858, bien que la parcelle réclamée fût susceptible d'être bâtie et eût été, dans ce but, vendue à des tiers ; alors, du moins, que les travaux exécutés l'ont été conformément au plan annexé au décret d'expropriation.

Cass. rej. 17 déc. 1877. D. 78, 1, 458 ; S. 78, 1, 80; P. 78, 166. *Saint-Gilles c. préfet de la Seine.* M. Requier, rapp.

18. Lorsque les divers étages d'une maison riveraine appartiennent à différents propriétaires, le droit d'acquérir peut être exercé par les propriétaires, avec faculté pour chacun, de construire sur le terrain nouveau, dans les limites de la hauteur à lui appartenant dans l'immeuble contigu.

Cass. rej. 22 août 1860. D. 60, 1, 443; S. 61, 1, 81; P. 61, 1127. *Affaire Gervais.* M. Nicolas, rapp.

19. Au cas de litige sur la question de savoir si le propriétaire est en droit d'exercer la prérogative conférée par le décret, le jury doit fixer deux indemnités alternatives.

Cass. 20 mars 1855. D. 55, 1, 169 ; S. 55, 1, 538. P. 55, 1, 391. *Togny c. ville de Lyon.* M. Gillon, rapp.

20. Une troisième innovation du décret de 1852 résulte de la faculté conférée à l'administration de faire prononcer l'expropriation des immeubles dont l'acquisition est nécessaire pour la suppression des rues jugées inutiles.

21. *La nécessité* de l'acquisition peut seule autoriser l'administration à user de cette faculté ; en dehors de ce cas, il y aurait excès de pouvoir qui permettrait le recours.

Dufour. *Traité de droit administratif,* t. VII, no 557. — Delalleau et Jousselin, t. II, no 1124.

22. En tout cas, la faculté conférée pour la suppression de voies publiques jugées inutiles, ne saurait être exercée pour le nivellement des voies nouvelles avec les voies anciennes.

Cass. 27 janv. 1864. D. 64, 1, 447 ; S. 64, 1, 507 ; P. 64, 1248. *Veuve Roussel c. ville de Rouen.* M. Delapalme, rapp.

23. Ce n'est qu'autant qu'une

rue a été reconnue dans les formes légales, être le prolongement d'un chemin vicinal, qu'il y a lieu, si le percement de cette rue rend l'expropriation nécessaire, de suivre la procédure spéciale fixée par l'article 2 de la loi du 8 juin 1864, en combinant les dispositions de la loi du 3 mai 1841 avec celles des cinq derniers paragraphes de l'article 16 de la loi du 21 mai 1836.

En dehors de ce cas particulier, les règles tracées par la loi du 3 mai 1841 sont seules applicables tant à la déclaration d'utilité publique qu'à l'évaluation de l'indemnité.

Cass. 31 déc. 1883 (*Procureur général c. Papin.* Pourvoi dans l'intérêt de la loi). M. Monod, rapp.

24. L'article 6 du décret du 27 décembre 1858 est général et applicable à toutes les expropriations postérieures à sa publication.

25. Sont postérieures à la publication du décret de 1858 les expropriations prononcées par un jugement postérieur à ce décret.

Cass. 8 août 1859. D. 59, 1, 364 S. 59, 1, 359 ; P. 60, 214. *De Couber c. ville de Paris.* M. Renouard, rapp.

COLONIES

ALGÉRIE

1. L'expropriation pour cause d'utilité publique a d'abord été réglée en Algérie par des arrêtés des gouverneurs généraux de la colonie; ces arrêtés portent les dates des 17 octobre 1833. — 4 novembre 1835. — 9 septembre 1841 et 15 janvier 1842.

2. Aujourd'hui, elle est réglée par la loi du 16 juin 1851, sur la constitution de la propriété en Algérie, loi qui a formulé, pour cette colonie, le principe d'après lequel l'Etat ne peut exiger le sacrifice de la propriété privée que pour cause d'utilité publique et moyennant une préalable indemnité, et qui a, en même temps, indiqué les causes pour lesquelles l'expropriation peut être prononcée.

3. Pour les formes à suivre, la loi de 1851 renvoie à l'ordonnance royale du 1er octobre 1844, qui, avec la loi précitée, forme la législation actuelle de l'Algérie en matière d'expropriation pour cause d'utilité publique.

Loi du 16 juin 1851, sur la constitution de la propriété en Algérie.

EXTRAIT.

TITRE IV. — *De l'expropriation et de l'occupation temporaire pour cause d'utilité publique.*

ARTICLE 18.

L'Etat ne peut exiger le sacrifice des propriétés ou des droits de jouissance reconnus par les articles 10, 11 et 12 de la présente loi, que pour cause d'utilité publique légalement constatée et moyennant le payement ou la consignation d'une juste et préalable indemnité.

ARTICLE 19.

L'expropriation peut être prononcée pour les causes suivantes :

Pour la fondation des villes, villages ou hameaux, ou pour l'agrandissement de leur enceinte ou de leur territoire ;

Pour l'établissement des ouvrages de défense et des lieux de campement des troupes ;

Pour l'établissement de fontaines, d'aqueducs, d'abreuvoirs ;

Pour l'ouverture des routes, chemins, canaux de desséchement, de navigation ou d'irrigation, et l'établissement de moulins à farine ;

Pour toutes les autres causes prévues et déterminées par la loi française.

ARTICLE 20.

Il sera toujours tenu compte, dans le règlement des indemnités, de la plus-value résultant de l'exécution des travaux pour la partie de l'immeuble qui n'a pas été atteinte par l'expropriation.

La plus-value pourra être admise jusqu'à concurrence du montant total de l'indemnité, et, dans aucun cas, elle ne pourra motiver le payement d'une soulte par le propriétaire exproprié.

ARTICLE 21.

Jusqu'à ee qu'une loi en ait autrement décidé, l'ordonnance du 1er octobre 1844 continuera à être exécutée en ce qui touche les formes à suivre en matière d'expropriation ou d'occupation temporaire pour cause d'utilité publique, et sera appliquée dans les territoires militaires comme dans les territoires civils.

ARTICLE 22.

Continueront à être exécutées :

1° Les dispositions de l'ordonnance du 21 juillet 1846, relatives à la vérification des titres de popriété, jusqu'à l'achèvement des opérations actuellement commencées :

2° L'ordonnance du 31 octobre 1845, relative au sequestre des biens appartenant aux indigents, jusqu'à ce qu'une loi en ait autrement ordonné.

ARTICLE 23.

Sont abrogés en tout ce qu'ils ont de contraire à la présente loi, les ordonnances, arrêtés et règlements antérieurs relatifs au domaine national, au domaine départemental, au domaine communal et à la propriété privée en Algérie, notamment les dispositions de ces ordonnances, arrêtés et règlements qui s'appliquent aux terres incultes et aux marais.

Ordonnance du Roi, du 1ᵉʳ octobre 1844, relative au droit de propriété en Algérie.

EXTRAIT.

CHAPITRE Iᵉʳ. — FORMES DE L'EXPROPRIATION.

ARTICLE 24.

L'expropriation pour cause d'utilité publique sera prononcée dans les cas et dans les formes ci-après déterminés, sauf les exceptions portées aux articles 107 et 111 de la présente ordonnance (terres incultes et marais).

ARTICLE 25.

L'expropriation pour cause d'utilité publique ne pourra avoir lieu que : 1° pour la fondation de villes, villages ou autres centres de population ; 2° pour l'agrandissement des enceintes de tous ces centres de population ; 3° pour tous travaux relatifs à la défense et à l'assainissement du territoire ; 4° et pour toutes autres causes pour lesquelles la loi du 3 mai 1841 autorise l'expropriation.

ARTICLE 26.

Lorsqu'il y aura lieu de déclarer l'utilité publique, un avis indiquant la nature et la situation des travaux à entreprendre et des établissements à former sera, à la diligence du gouverneur général, inséré dans le journal officiel de l'Algérie, et affiché au siège de la justice de paix ; et, à défaut de justice de paix, au chef-lieu du commissariat civil. Pendant dix jours, à partir de ces insertions et affiches, les propriétaires et autres intéressés seront admis à consigner leurs observations sur un registre ouvert, pour la province d'Alger, à la direction de l'intérieur, et pour les autres provinces, à la sous-direction de l'intérieur. Toutefois, dans les portions du territoire qui seront formées en district, ces observations pourront être faites au commissariat civil du district.

Les observations des propriétaires et autres intéressés seront soumises au conseil d'administration, qui en constatera sommairement les résultats. La déclaration d'utilité publique ne pourra être faite qu'après l'accomplissement de ces formalités : elle sera rendue par notre ministre de la guerre, sur les avis du conseil d'administration et du gouverneur général.

ARTICLE 27.

Extrait de la décision ministérielle portant déclaration d'utilité publique, et indiquant, en outre, les immeubles qui doivent être soumis à l'expropriation, leur nature, leur situation et leurs propriétaires, s'ils sont connus, sera inséré dans le journal officiel de l'Algérie, et affiché aux lieux déterminés au paragraphe 1er de l'article précédent. Les observations des propriétaires et autres parties intéressées seront reçues dans les formes et délais déterminés au même article, et soumises au conseil d'administration, qui en constatera sommairement les résultats.

ARTICLE 28.

L'expropriation sera prononcée par une décision de notre ministre de la guerre, rendue sur l'avis du conseil d'administration et sur celui du gouverneur général. Toutes les pièces de l'instruction seront, à cet effet, transmises au ministre de la guerre par le gouverneur général. Les parties intéressées pourront adresser, au même ministre, leurs réclamations ou observations, indépendamment de celles qui auront été faites conformément à l'article précédent. Extrait de la décision portant indication des immeubles expropriés, avec les désignations portées en l'article précédent, sera publié et affiché, sans délai, de la même manière que la décision déclarative de l'utilité publique. Pareil extrait sera notifié aux propriétaires intéressés.

CHAPITRE II. — EFFETS DE L'EXPROPRIATION QUANT AUX PRIVILÈGES, HYPOTHÈQUES ET AUTRES DROITS RÉELS.

ARTICLE 29.

Immédiatement après la notification prescrite par l'article précédent, la décision ministérielle portant expropriation sera transcrite, sans frais, au bureau de la conservation des hypothèques, conformément à l'article 2181 du Code civil.

ARTICLE 30.

Dans la quinzaine de la transcription, les privilèges et hypothèques conventionnelles, judiciaires et légales, antérieurs à la publication de la décision, seront inscrits. A l'expiration de ce délai, l'immeuble exproprié deviendra libre de tout privilège et de toute hypothèque non encore inscrits, de quelque nature qu'ils soient, sans préjudice du recours contre les maris, tuteurs et autres administrateurs, qui auraient dû requérir ces inscriptions ; et les droits des créanciers, des femmes, mineurs, interdits et de l'État, seront transportés sur le montant de l'indemnité, tant qu'elle n'aura pas été payée ou que l'ordre n'aura pas été définitivement réglé. Les créanciers inscrits n'auront, dans aucun cas, la faculté de surenchérir ; mais ils pourront exiger·que l'indemnité soit fixée par l'autorité judi_ ciaire, conformément aux dispositions ci-après.

ARTICLE 31.

Les actions en résolution ou en revendication et toutes autres actions réelles ne pourront arrêter l'expropriation ni en empêcher l'effet. Le droit des réclamants sera transporté sur le prix, et l'immeuble en demeurera affranchi.

CHAPITRE III. — Règlement, attribution et payement de l'indemnité

ARTICLE 32.

Le propriétaire qui voudra faire valoir ses droits à l'indemnité sera tenu de justifier de son droit de propriété. Les titres et autres documents qu'il aura produits seront communiqués au directeur des finances, qui procédera à leur examen, et prendra ou provoquera telles mesures qu'il jugera convenables pour la conservation des intérêts du domaine. .

ARTICLE 33.

Dans la huitaine qui suit la notification prescrite par l'article 28, le propriétaire est tenu d'appeler et de faire connaître à l'administration les fermiers, locataires, ceux qui ont des droits d'usufruit, d'usage ou d'habitation, tels qu'ils sont réglés par le Code civil, et ceux qui peuvent réclamer des servitudes résultant des titres mêmes du propriétaire ou d'autres actes dans lesquels il serait intervenu ; sinon, il restera seul chargé, envers eux, des indemnités que ces derniers pourront réclamer. Les autres intéressés seront en demeure de faire valoir leurs droits, par l'avertissement énoncé en l'article 28, et tenus de se faire connaître à l'administration, dans le même délai de huitaine ; à défaut de quoi ils seront déchus de tous droits à l'indemnité.

ARTICLE 34.

Les dispositions de la présente ordonnance relatives aux propriétaires et à leurs créanciers sont applicables à l'usufruitier et à ses créanciers.

ARTICLE 35.

Dans la huitaine de la notification prescrite par l'article 28, l'administration notifiera aux propriétaires, et à tous autres intéressés qui auront réclamé, les sommes qu'elle offre pour indemnités.

ARTICLE 36.

Dans la quinzaine suivante, les propriétaires et autres intéressés seront tenus de déclarer leur acceptation, ou, s'ils n'acceptent pas les offres qui leur sont faites, d'indiquer le montant de leurs prétentions. Ils seront également tenus de déclarer, dans le même délai, à peine de déchéance, s'ils requièrent l'expropriation entière des bâtiments dont une portion seulement serait comprise dans l'expropriation pour cause d'utilité publique.

ARTICLE 37.

Si, dans le délai ci-dessus, les offres de l'administration ne sont pas acceptées, l'administration citera les propriétaires et tous les autres intéressés devant le tribunal civil de première instance de la situation de l'immeuble exproprié, pour qu'il y soit procédé au règlement de l'indemnité. La citation contiendra l'énonciation des offres qui auront été faites, et les moyens à l'appui.

ARTICLE 38.

Dans la huitaine de la citation, les parties assignées signifieront leurs demandes et les moyens à l'appui. A l'expiration de ce délai, le tribunal pourra se transporter sur les lieux, ou déléguer, à cet effet, un ou plusieurs de ses membres. Il fixera, par le même jugement, le jour et l'heure où le transport devra s'effectuer, et nommera d'office, s'il y a lieu, un ou plusieurs experts.

ARTICLE 39.

Le tribunal, ou, le cas échéant, le juge-commissaire, parties présentes ou dûment appelées, fera sur les lieux toutes vérifications, y prendra tous renseignements, ou entendra toutes personnes qu'il croira pouvoir l'éclairer. Les experts prêteront serment en la forme ordinaire. Les opérations terminées, la minute du procès-verbal sera remise au greffe du tribunal, dans les huit jours. Lorsque le procès-verbal aura été déposé, le tribunal délibérera en chambre du conseil, toutes affaires cessantes, sur les mémoires produits et sur les conclusions écrites du ministère public. Le jugement sera prononcé en audience publique.

ARTICLE 40.

Le tribunal appréciera la sincérité des titres produits, et les actes et circonstances qui seront de nature à modifier l'évaluation de l'indemnité. Si l'exécution des travaux qui ont motivé l'expropriation doit procurer une augmentation de valeur immédiate au restant de la propriété, cette augmentation sera prise en considération dans l'évaluation du montant de l'indemnité.

ARTICLE 41.

Si le tribunal acquiert la conviction que des ouvrages ou travaux quelconques ont été faits, par le propriétaire, de mauvaise foi, et dans la vue d'obtenir une indemnité plus élevée, le tribunal devra, selon les circonstances, rejeter ou réduire la valeur de ces ouvrages ou travaux.

ARTICLE 42.

Si, dans les six mois à compter de la décision ministérielle prononçant l'expropriation, l'administration ne poursuit pas la fixation de l'indemnité, les parties pourront exiger qu'il soit procédé à cette fixation. Quand l'indemnité aura été réglée, si elle n'est ni acquittée ni consignée dans les six mois du jugement du tribunal, les intérêts courront de plein droit à l'expiration de ce délai.

ARTICLE 43.

Le tribunal accordera des indemnités distinctes aux parties qui les réclameront à des titres différents, comme propriétaires, fermiers, locataires, ou en tout autre qualité. Dans le cas d'usufruit, le tribunal ne fixera qu'une seule indemnité, égale à la valeur totale de l'immeuble ; le nu propriétaire et l'usufruitier exerceront leurs droits sur le montant de l'indemnité, au lieu de l'exercer sur la chose. L'usufruitier sera tenu de donner caution. Les père et mère ayant l'usufruit légal des biens de leurs enfants en sont seuls dispensés.

Article 44.

L'indemnité allouée par le tribunal ne pourra, en aucun cas, être inférieure aux offres de l'administration ni supérieure à la demande de la partie intéressée.

Article 45.

La décision du tribunal, seulement en ce qui concerne la fixation du montant de l'indemnité, sera souveraine et sans appel.

Article 46.

Les frais de l'instance en règlement de l'indemnité seront supportés comme il suit : si l'indemnité réglée par le tribunal ne dépasse pas l'offre de l'administration, les parties qui l'auront refusée seront condamnées aux dépens. Si l'indemnité est égale à la demande des parties, l'administration sera condamnée aux dépens. Si l'indemnité est à la fois supérieure à l'offre de l'administration et inférieure à la demande des parties, les dépens seront compensés de manière à être supportés par les parties et par l'administration, dans la proportion de l'offre et de la demande avec l'indemnité réglée. Tout indemnitaire qui n'aura pas indiqué le montant de ses prétentions conformément à l'article 36, sera, dans tous les cas, condamné aux dépens.

Article 47.

L'indemnité sera liquidée en une somme capitale. Toutefois, si l'immeuble exproprié est grevé d'une rente valablement constituée pour prix de la transmission du fonds, cette rente ne sera pas comprise dans la liquidation. L'indemnité en ce cas consistera dans la somme que l'immeuble sera jugé valoir en sus de la rente. L'administration aura l'option de continuer le service de la rente ou de la racheter au taux légal.

Article 48.

L'administration ne pourra se mettre en possession des immeubles, qu'après avoir délivré aux propriétaires expropriés le montant de l'indemnité, ou en avoir fait la consignation.

Article 49.

S'il s'élève des contestations relatives à l'attribution de l'indemnité, le tribunal en ordonnera la consignation, pour le compte de qui il appartiendra. La consignation sera également ordonnée, si l'immeuble est chargé d'inscriptions hypothécaires, ou s'il s'élève des oppositions ou autre empêchement à la délivrance de l'indemnité. Les titres de liquidation ne seront délivrés par l'administration que sur le vu d'un jugement ou d'un arrêt définitif, ou sur une transaction régulière et authentique.

CHAPITRE IV. — DE L'OCCUPATION TEMPORAIRE.

ARTICLE 50.

Dans le cas où l'exécution des travaux d'utilité publique définis par l'article 25 nécessitera l'occupation temporaire d'un immeuble, en tout ou en partie, il sera procédé de la manière suivante.

CHAPITRE V. — DE LA PRISE DE POSSESSION EN CAS D'URGENCE.

ARTICLE 62.

Lorsqu'il y aura urgence de prendre possession des terrains et bâtiments qui seront soumis à l'expropriation, l'urgence sera spécialement déclarée par une décision de notre ministre de la guerre.

ARTICLE 63.

En ce cas, la décision portant expropriation et celle qui déclare l'urgence seront notifiées au propriétaire, avec assignation devant le tribunal civil. L'assignation sera donnée à huit jours au moins, outre le délai des distances, s'il y a lieu. Elle énoncera la somme offerte par l'administration.

ARTICLE 64.

Au jour fixé, le propriétaire et les détenteurs seront tenus de déclarer la somme dont ils demanderont la consignation avant l'envoi en possession. Faute par eux de comparaître, il sera procédé contre eux en leur absence.

ARTICLE 65.

. Le tribunal fixe les sommes à consigner. Le tribunal peut se transporter sur les lieux ou commettre un juge pour visiter les terrains, recueillir tous les renseignements propres à en déterminer la valeur, et en dresser, s'il y a lieu, un procès-verbal descriptif. Cette opération devra être terminée dans les trois jours à dater du jugement qui l'aura ordonnée. Dans les trois jours de la remise de ce procès-verbal au greffe, le tribunal déterminera les sommes à consigner.

ARTICLE 66.

La consignation doit comprendre, outre le principal, la somme nécessaire pour assurer, pendant deux ans, le payement des intérêts au taux légal.

ARTICLE 67.

Sur le vu du procès-verbal de la consignation, et sur une nouvelle assignation à deux jours de délai, le président ordonne la prise de possession.

ARTICLE 68.

Le jugement du tribunal et l'ordonnance du président sont exécutoires sur minute, et ne peuvent être attaqués par opposition ni par appel.

ARTICLE 69.

Le président fixera les dépens, qui seront supportés par l'administration.

ARTICLE 70.

Après la prise de possession, il sera, à la poursuite de la partie la plus diligente, procédé à la fixation définitive de l'indemnité, conformément aux articles 40 et suivants de la présente ordonnance.

ARTICLE 71.

Si cette fixation est supérieure à la somme qui a été déterminée par le tribunal, le supplément doit être consigné dans la quinzaine de la notification du jugement, et à défaut, le propriétaire peut s'opposer à la continuation des travaux.

CHAPITRE VI. — DISPOSITIONS GÉNÉRALES.

ARTICLE 72.

La décision qui déclare l'utilité publique et celle qui prononce l'expropriation sont rendues sur la proposition du chef du service dans l'intérêt duquel l'expropriation est poursuivie. Le règlement et l'attribution de l'indemnité sont effectués, pour tous les services publics, à la diligence du directeur de l'intérieur. Le domaine et les anciennes corporations sont représentés par le directeur des finances, soit devant l'autorité judiciaire, soit devant l'autorité administrative.

ARTICLE 73.

Les significations et notifications mentionnées en la présente ordonnance seront faites ainsi qu'il est prescrit par les articles 3 et 4 de notre ordonnance du 16 avril 1843.

ARTICLE 74.

Pour les ajournements donnés en exécution des articles 37 et 63 de la présente ordonnance, seront observés les délais fixés par les articles 6 et 7 de l'ordonnance du 16 avril 1843, sans que dans aucun cas le délai puisse excéder trente jours.

ARTICLE 75.

Les significations et notifications mentionnées en la présente ordonnance peuvent être faites tant par huissier que par tout agent de l'administration dont les procès-verbaux font foi en justice.

ARTICLE 76.

Les plans, procès-verbaux, certificats, significations, jugements, contrats, quittances et autres actes faits en vertu de la présente ordonnance seront visés pour timbre et enregistrés gratis, lorsqu'il y aura lieu à la formalité de l'enregistrement. Il ne sera perçu aucun droit pour la transcription des actes au bureau des hypothèques.

ARTICLE 77.

Les concessionnaires de travaux publics exerceront tous les droits et seront soumis à toutes les obligations de l'administration, tels que ces droits et obligations sont réglés par la présente ordonnance.

ARTICLE 78.

Les ordonnances et les arrêtés antérieurs sur l'expropriation et l'occupation temporaire pour cause d'utilité publique sont abrogés, sauf ce qui sera dit aux articles 107 et 108 de la présente ordonannce.

ARTICLE 79.

Les indemnités dues pour expropriations consommées depuis le 5 juillet 1830 jusqu'à la promulgation de la présente ordonnance, seront réglées conformément à la législation sous l'empire de laquelle ces expropriations auront été consommées. Pour le temps antérieur à l'arrêté du 17 octobre 1833, l'expropriation est réputée consommée : 1° par le seul fait de la démolition ou l'occupation effective de l'immeuble ; 2° par l'attribution qui en aura été faite à un service public ; 3° par la disposition que l'administration en aurait faite en faveur des tiers, à titre d'aliénation, d'échange ou de concession ; 4° enfin par tout acte ou fait administratif ayant eu pour résultat de faire cesser la possession du propriétaire.

Les titres V et VI ont été abrogés par l'ordonnance du 12 juillet 1846, abrogée elle-même, en ce qui concerne les terres incultes et les marais, par la loi du 16 juin 1851.

TITRE VII. — *Dispositions générales.*

ARTICLE 113.

Les dispositions de la présente ordonnance sont applicables aux portions de l'Algérie qui se trouvent comprises dans le ressort des tribunaux civils de première instance.

ARTICLE 114.

Pour l'avenir, l'étendue et la limite du ressort des tribunaux déjà institués ou de ceux qui le seront ultérieurement ne pourront être déterminées ou modifiées que par des ordonnances royales.

En dehors des dispositions spéciales à l'Algérie, le commentaire de celles qui ne sont que la reproduction et l'application de la loi du 3 mai 1841 devra être cherché sous des différents articles de cette loi.

1. Les différences essentielles de l'expropriation suivie en Algérie et de l'expropriation suivie en France peuvent se résumer dans les suivantes :

2. L'utilité publique, en Algérie, au lieu d'être déclarée par un décret, l'est simplement par une décision du ministre de la guerre ;

3. L'expropriation, au lieu d'être prononcée par un jugement, l'est encore, comme l'utilité publique, par une simple décision du ministre de la guerre ;

4. Le règlement de l'indemnité, au lieu d'être fait par un jury, l'est par le tribunal civil de première instance de la situation de l'immeuble exproprié, jugement souverain et sans appel, en ce qui concerne la fixation du montant de l'indemnité.

5. En Algérie, l'autorité judiciaire et les conseils de préfecture sont également incompétents pour statuer sur la restitution d'un immeuble affecté aux services publics par arrêté du gouverneur général pris antérieurement au 1er janvier 1845.

Tribunal des Confl. (*Menouillard*), 12 mai 1877. L. 77, à sa date; D. 77, 3, 83. M. du Martroy, rapp.

5 bis. L'autorité judiciaire est incompétente pour statuer sur les demandes en revendication d'immeubles placés sous séquestre, en Algérie, après la conquête, tels que les immeubles appartenant au Dey d'Alger, aux Beys et aux Turcs sortis du territoire de la Régence ; au gouvernement seul appartient le droit de lever le séquestre.

Cass. rej. 2 janv. 1866. P. 66, 777. *Caussidon c. préfet d'Alger.* M. de Carnières, rapp.

6. Les concessions de terrains consenties par l'Etat en faveur d'une commune en vertu de l'ordonnance du 9 novembre 1845, et ne comprenant pas la propriété de ces terrains, sont régies par l'ordonnance et non par la loi du 16 juin 1851.

Cass. rej. 9 janv. 1872. D. 72, 1. 57; S. 72, 1, 192; P. 72, 434. *Ville de Philippeville c. chemin de fer de Lyon.* M. Woirhaye, rapp.

7. En Algérie, les conseils de préfecture sont compétents pour prononcer sur une demande d'indemnité formée à raison d'une expropriation consommée en 1833.

Conseil d'Etat, 14 août 1871. D. 73, 3, 4. *Héritiers Bouchlagam,* M. Marguerie, rapp.

8. Mais il n'appartient qu'à l'autorité judiciaire, seule compétente, aux termes de l'article 13 de la loi du 16 juin 1851, pour statuer sur les actions immobilières intentées par le domaine ou contre lui, de rechercher si effectivement la prise de possession de l'immeuble revendiqué a été irrégulière, ou si l'expropriation en a été définitivement consommée.

Même arrêt.

9. La démolition de constructions et la suppression de jardins, opérées, antérieurement à l'arrêté du 17 octobre 1833, dans l'intérêt de la défense d'une ville ont pour conséquence, aux termes de l'ordonnance du 1er octobre 1844, lorsque les anciens propriétaires n'ont pas été remis en possession, de consommer l'expropriation.

Cass. rej. 7 nov. 1871. D. 72, 5, 20. *Ben Haïm c. préfet d'Oran.* M. Goujet, rapp.

10. L'autorité judiciaire qui, en Algérie, est compétente pour régler les indemnités dues par suite d'expropriation pour cause d'utilité publique, l'est également pour apprécier le préjudice qui serait la conséquence de l'expropriation.

Conseil d'Etat : 10 juin 1857. L. 57. à sa date. S. 58, 2, 293; P. 57, 329, *Lavie.* M. Boulatignier, rapp.

11. Ainsi en est-il pour l'appréciation du dommage qui pourra résulter, pour la partie de la propriété non expropriée, de l'établissement d'une poudrerie sur la partie expropriée.

Même arrêt.

12. En Algérie, la décision d'un tribunal de première instance qui fixe l'indemnité d'expropriation est souveraine, alors même qu'il serait reproché au jugement d'avoir fondé son appréciation des caractères frauduleux d'un acte de vente et d'un bail sur une contre-lettre extraite d'un dossier criminel, et non produite par aucune des parties, et d'avoir omis de statuer sur des conclusions subsidiaires tendant à prouver la sincérité des titres argués de fraude, lorsque ces griefs ne tenaient qu'à la question d'indemnité et non à des questions différentes.

Cass. rej. 10 janv. 1872. D. 72, 1, 249; S. 72, 1, 339; P. 72, 876. *Rouquier c. ville d'Alger.* M. Guillemard, rapp.

13. Si les tribunaux d'Algérie, lorsqu'ils prononcent comme jurys d'expropriation, aux termes de l'ordonnance du 1er octobre 1844, fixent souverainement l'indemnité due au propriétaire exproprié, il en est autrement lorsqu'ils ont à statuer sur des indemnités réclamées à un titre autre que l'expropriation pour cause d'utilité publique; en ce dernier cas, ils jugent comme tribunaux ordinaires de première instance, à charge d'appel, si d'ailleurs la cause, par elle-même en est susceptible.

Cass. rej. 23 fév. 1869. D. 69, 1, 419; S. 69, 1, 229; P. 69, 542. *Ville de Bône c. Senadely.* M. Nachet, rapp.

14. Il en est ainsi, notamment, quand il s'agit de statuer sur le paiement du prix d'un terrain dont une ville s'est emparée en dehors des formes propres à l'expropriation pour cause d'utilité publique.

Même arrêt.

15. Et il importerait peu qu'au cours de l'instance fût intervenu un arrêté d'expropriation, si la ville ne s'est pas conformée à la procédure spéciale qu'un tel arrêté devait entraîner; que, notamment, elle n'a fait notifier aucune offre, ni donné citation en conformité de l'ordonnance du 1er octobre 1844.

Même arrêt.

16. En Algérie, les décisions des tribunaux qui fixent l'indemnité au cas d'expropriation pour cause d'utilité publique ne sont souveraines qu'en ce qui concerne la fixation du montant de cette indemnité; en dehors de l'exception formellement prévue, la décision reste soumise à toutes les voies de recours du droit commun.

Cass. civ. 6 déc. 1864. D. 65, 5, 168; S. 65, 1, 241; P. 65, 564. *Directeur des affaires de l'Algérie c. Herpin.* M. de Vaulx, rapp.
— 4 et 17 juill. 1865. S. 65, 1, 382; P. 65, 983. *Directeur des affaires de l'Algérie c. Compas.* M. de Carnières, rapp., et c. *Poutet.* M. Mercier, rapp.
— 2 janv. 1866. D. 66, 1, 168; S. 66, 1, 303; P. 66, 787. *Ariband c. préfet de Constantine.* M. de Carnières, rapp.

17. Par suite, le tribunal est tenu de statuer par décisions distinctes tant sur le chiffre de l'indemnité que sur les chefs de contestations qui lui ont été soumis en dehors de la fixation de ce chiffre.

Arrêt du 6 déc. 1854.

18. Ainsi est soumise à l'appel la partie du jugement qui, avant de fixer le montant de l'indemnité a statué préalablement sur différents points de contestations soulevées entre les parties et relatifs, soit à la destruction de plantations existant sur le terrain exproprié, soit à une prétendue dépréciation résultant de ce que l'expropriation d'une portion de la propriété divisait le surplus du terrain en deux parties séparées, soit enfin à des dégâts commis par les ouvriers sur les parcelles non expropriées, par suite des travaux exécutés sur la partie acquise à l'expropriation.

Arrêt du 2 janv. 1855.

19. De même en est-il pour ce qui concerne les dispositions d'un jugement relatives à des questions de droit ou de procédure.

Arrêts des 4 et 17 juill. 1865.

20. Les dispositions des jugements des tribunaux Algériens qui ne concernent pas la fixation de l'indemnité étant sujettes à l'appel, il s'ensuit que ces jugements, en ces parties, ne peuvent être soumis directement à la Cour de cassation.

Arrêts précités.

21. Le pourvoi ne peut être formé que pour la partie des jugements qui fixe l'indemnité.

Mêmes arrêts.

22. Mais alors il doit être porté devant la chambre de requêtes, aucune des dispositions législatives spéciales à l'Algérie n'ayant reproduit, en matière d'expropriation pour cause d'utilité publique, les articles 20 et 42 de la loi du 3 mai 1841 en vertu desquels le pourvoi est directement porté devant la chambre civile de la Cour de cassation.

Cass. rej. 22 août 1864. *Chemin de fer de Paris-Lyon-Méditerranée c. Pouyer.* M. d'Ubexi, rapp.

23. Les tribunaux d'Algérie sont incompétents pour s'occuper des dégâts qu'un exproprié prétend avoir été commis dans la partie de la propriété non soumise à l'expropriation.

Tribun. de Bône. 19 janv. 1864. D. 66, 1, 169.

24. Les lois des 7 juillet 1833 et 3 mai 1841 n'ayant pas été promulguées en Algérie, et l'ordonnance du 1er octobre 1844 ni aucun des décrets ultérieurs n'ayant établi le droit de rétrocession en matière d'expropriation pour cause d'utilité publique, ce droit exceptionnel ne saurait être invoqué dans cette colonie.

Cass. rej. 28 janv. 1874. D. 74, 1, 209; S. 74, 1, 307; P. 74, 783. *Ju-*

lienne et Bernard c. préfet d'Alger. M. Guillemard, rapp.

25. L'arrêt qui rejette par ce motif une demande en rétrocession ne peut être considéré comme ayant violé ni le principe de la séparation des pouvoirs, ni les règles de sa compétence.

Même arrêt.

26. Si, en cas d'expropriation pour cause d'utilité publique, avec prise de possession d'urgence, l'article 3 du décret du 11 juin 1858, relatif à l'Algérie, dispose que le président du tribunal civil désignera trois experts à l'effet de visiter les lieux et d'y procéder à certaines constatations et évaluations, et si cette formalité doit être considérée comme substantielle, ni cet article ni aucun autre n'exigent que le jugement qui fixe l'indemnité due à l'exproprié mentionne, à peine de nullité, qu'il statue d'après le procès-verbal desdits trois experts.

Il suffit qu'il résulte des termes du jugement que le procès-verbal de ces experts a formé un de ces éléments d'appréciation.

Cass. rej. 22 mars 1881. D. 81, 1, 383. *Desjardins c. ville de Guelma.* M. Petit, rapp.

27. Lorsque la prise de possession a été ordonnée d'urgence par un tribunal d'Algérie, les intérêts courent de plein droit du jour de la prise de possession et non de l'expiration des six mois à partir du jugement qui prononce l'expropriation, et cela alors même que les formalités pour l'expropriation d'urgence n'auraient pas été remplies.

Arrêt précité du 17 juillet 1865.

28. En Algérie, c'est l'autorité judiciaire qui a exclusivement compétence pour statuer sur les demandes en indemnité formées pour occupation temporaire de terrains et extraction de matériaux nécessaires aux travaux publics, lorsque ces demandes ont été formées sous l'empire de la loi du 16 juin 1851 et antérieu- rement au décret du 5 décembre 1855.

Conseil d'Etat : 26 août 1858. L. 58. D. 60, 5, 395. *Delmonte*. M. Lemarié, rapp.

Cass. civ, 3 déc. 1862. D. 63, 1, 94 ; P. 63, 333. *Delmonte c. l'Etat*. M. Delapalme, rapp.

MARTINIQUE, GUADELOUPE, RÉUNION, SAINT-PIERRE ET MIQUELON.

1. Relativement à l'expropriation pour cause d'utilité publique, nos colonies, pendant de longues années, ont été soumises au régime institué par la loi du 8 mars 1810, régime d'après lequel l'indemnité était réglée par le tribunal qui avait prononcé l'expropriation.

2. La loi de 1810 avait été déclarée applicable à la Guyane française par une ordonnance du 9 octobre 1823, au Sénégal et à ses dépendances par une ordonnance du 30 octobre de la même année.

3. Pour les Indes françaises, on ne trouve aucun arrêté déterminant d'une façon spéciale les règles qui devront être suivies en matière d'expropriation pour cause d'utilité publique ; mais la loi du 8 mars 1810 y était considérée, en cette matière, comme la raison écrite et appliquée en l'absence d'autres dispositions.

4. Des actes récents ont modifié cet état de choses et rapproché la plus grande partie de nos colonies des conditions législatives de la métropole.

5. Le premier et le plus important des ces actes, puisqu'il a servi de base à tous les autres, est le sénatus-consulte du 3 mai 1856 qui a formulé les règles en dehors desquelles l'expropriation pour cause d'utilité publique ne pourra avoir lieu dans les colonies de la Martinique, la Guadeloupe et la Réunion.

6. La modification fondamentale apportée par cet acte législatif au régime précédemment suivi a consisté dans l'introduction du jury chargé de régler l'indemnité au lieu et place du tribunal qui avait prononcé l'expropriation ; c'est, appliqué aux colonies, le système inauguré en France par la loi du 7 juillet 1833 et confirmé par la loi du 3 mai 1841.

7. Toutefois, une notable différence doit être signalée : au lieu du recours *en cassation*, seul ouvert par les deux lois qui viennent d'être citées tant contre le jugement d'expropriation que contre la décision du jury, aux colonies, à cause des lenteurs qu'entraînerait nécessairement le pourvoi, c'est un recours *en annulation* qui a été institué, recours porté devant la cour d'appel dans le ressort de laquelle se trouve le tribunal de la situation des biens expropriés.

8. Le sénatus-consulte du 3 mai 1856 a été successivement appliqué :

A Saint-Pierre et Miquelon, par décret du 19 août 1863 ;

Au Sénégal, par décret du 21 avril 1880 ;

Aux établissements français de l'Inde, par décret du 14 septembre 1880.

9. Des décrets du 18 février 1878 et du 2 juin 1881 ont réglé l'expropriation pour cause d'utilité publique, le premier, en Cochinchine, le second, à la Guyane française.

10. Ces décrets ont, en réalité, appliqué autant que possible, le régime du sénatus-consulte de 1856, c'est-à-dire, le régime français ; toutefois, le nombre des modifications de détail que comportait la situation particulière de chacune des deux colonies nécessite la reproduction intégrale des actes qui les concernent. (Voir *infrà* pour la Cochinchine et pour la Guyane

11. L'Algérie est, jusqu'à ce moment, restée en dehors de ce courant législatif qui, en matière d'expropriation pour cause d'utilité publique, a introduit dans nos principales colonies le système suivi en France, avec les seules modifications nécessitées par les conditions locales.

12. Si la loi du 16 juin 1851, constitutive de la propriété en Algérie, a proclamé, par son article 18, que l'Etat ne peut exiger le sacrifice des propriétés que pour cause d'utilité publique légalement constatée et moyennant le paiement ou la consignation d'une juste et préalable indemnité, l'Algérie, relativement à la procédure à suivre pour arriver à l'expropriation et au mode de règlement de l'indemnité, est demeurée soumise aux dispositions de l'ordonnance du 1er octobre 1844, qui n'est, au fond, que l'application du système formulé par la loi de 1810, c'est-à-dire, la fixation de l'indemnité par le tribunal qui a prononcé l'expropriation.

13. Quant aux colonies pour lesquelles on ne rencontre aucunes dipositions législatives, que ces dispositions soient formulées dans une loi, une ordonnance ou un décret, elles sont soumises, relativement à l'expropriation pour cause d'utilité publique, au régime sommaire des arrêtés pris par les gouverneurs. (Voir *infrà* les arrêtés des 5 octobre 1872 et 19 mai 1864 du gouverneur de la Nouvelle-Calédonie.)

14. Ces arrêtés règlent toutes les conditions dans lesquelles l'expropriation sera prononcée et l'indemnité réglée.

15. Toutefois, quant au droit primordial de déclarer l'utilité publique, le pouvoir central a cru devoir intervenir pour conférer ce droit par un acte émané de lui, au gouverneur de la colonie. (Voir *infrà* l'article 37 du décret qui organise le gouvernement de la Nouvelle-Calédonie.)

16. Là où le régime français a été appliqué, ce qui comprend en définitive la Martinique, la Guadeloupe, la Réunion, Saint-Pierre et Miquelon, le Sénégal, les Indes françaises, la Cochinchine et la Guyane, comme la plus grande partie des dispositions du sénatus-consulte de 1856 ou des décrets spéciaux sont empruntées à la loi du 3 mai 1841, le commentaire du sénatus-consulte ou des décrets se trouve tout naturellement être le commentaire précédemment donné de la loi du 3 mai 1841.

LA MARTINIQUE, LA GUADELOUPE,
LA RÉUNION

Sénatus-consulte des 3-9 mai 1856, sur l'expropriation pour cause d'utilité publique à la Martinique, à la Guadeloupe et à la Réunion.

TITRE Ier. — *Dispositions préliminaires.*

ARTICLE 1.

L'expropriation pour cause d'utilité publique s'opère par autorité de justice.

ARTICLE 2.

Les tribunaux ne peuvent prononcer l'expropriation qu'autant que l'utilité en a été constatée et déclarée dans les formes prescrites par le présent sénatus-consulte.

Ces formes consistent :

1° Dans le décret impérial rendu dans les formes prescrites pour les règlements d'administration publique, ou dans l'arrêté du gouverneur, pris en conseil privé, qui autorise l'exécution des travaux pour lesquels l'expropriation est requise, selon que ces travaux sont à la charge de l'État ou à la charge de la colonie ;

2° Dans l'arrêté du gouverneur, pris en conseil privé, qui désigne les localités ou territoires sur lesquels les travaux doivent avoir lieu, lorsque cette désignation ne résulte pas du décret impérial ou de l'arrêté mentionné au paragraphe précédent ;

3° Dans l'arrêté ultérieur, pris en conseil privé, par lequel le gouverneur détermine les propriétés particulières auxquelles l'expropriation est applicable.

Cette application ne peut être faite à aucune propriété particulière qu'après que les parties intéressées ont été mises en état de fournir leurs contredits, selon les règles exprimées au titre II.

30

ARTICLE 3.

Le décret impérial on l'arrêté du gouverneur qui autorise des travaux pour l'exécution desquels l'expropriation est requise n'est rendu qu'après une enquête administrative.

L'arrêté du gouverneur est également précédé d'un avis du conseil général.

TITRE II. — *Des mesures d'administration*
relatives à l'expropriation.

ARTICLE 4.

Les ingénieurs ou autre gens de l'art chargés de l'exécution des travaux lèvent, pour la partie qui s'étend sur chaque commune, le plan parcellaire des terrains ou des édifices dont la cession leur paraît nécessaire.

ARTICLE 5.

Le plan desdites propriétés particulières, indicatif des noms de chaque propriétaire, tels qu'ils sont inscrits sur la matrice des rôles, reste déposé, pendant huit jours, à la mairie de la commune où les propriétés sont situées, afin que chacun puisse en prendre connaissance.

ARTICLE 6.

Le délai fixé à l'article précédent ne court qu'à dater de l'avertissement, qui est donné collectivement aux parties intéressées, de prendre communication du plan déposé à la mairie.

Cet avertissement est publié à son de trompe ou de caisse dans la commune, et affiché tant à la principale porte de l'église du lieu qu'à celle de la maison commune.

Il est, en outre, inséré dans l'un des journaux publiés dans l'arrondissement, ou, s'il n'en existe aucun, dans l'un des journaux de la colonie.

ARTICLE 7.

Le maire certifie ces publications et affiches; il mentionne, sur un procès-verbal qu'il ouvre à cet effet, et que les parties qui comparaissent sont requises de signer, les déclarations et réclamations qui lui ont été faites verbalement, et y annexe celles qui lui sont transmises par écrit.

ARTICLE 8.

A l'expiration du délai de huitaine prescrit par l'article 5, une commission se réunit au chef-lieu de l'arrondissement.

Cette commission, présidée par le directeur de l'intérieur ou par un fonctionnaire que désignera le gouverneur, sera composée de quatre membres choisis par le gouverneur dans le sein du conseil général ou parmi les principaux propriétaires de l'arrondissement, du maire de la commune où les propriétés sont situées, et de l'un des ingénieurs chargés de l'exécution des travaux.

La commission ne peut délibérer valablement qu'autant que cinq de ses membres au moins sont présents.

Dans le cas où le nombre des membres présents serait de six, et où il y aurait partage d'opinions, la voix du président sera prépondérante.

Les propriétaires qu'il s'agit d'exproprier ne peuvent être appelés à faire partie de la commission.

ARTICLE 9.

La commission reçoit, pendant huit jours, les observations des propriétaires.

Elle les appelle toutes les fois qu'elle le juge convenable. Elle donne son avis.

Ses opérations doivent être terminées dans le délai de dix jours ; après quoi, le procès-verbal est adressé immédiatement par le président de la commission à la direction de l'intérieur.

Dans le cas où lesdites opérations n'auraient pas été mises à fin dans le délai ci-dessus, le président de la commission devra, dans les trois jours, transmettre à la direction de l'intérieur son procès-verbal et les documents recueillis.

ARTICLE 10.

Si la commission propose quelques changements au tracé indiqué par les ingénieurs, le président de la commission devra, dans les formes indiquées par l'article 6, en donner immédiatement avis aux propriétaires que ces changements pourront intéresser. Pendant huitaine, à dater de cet avertissement, le procès-verbal et les pièces resteront déposés dans le bureau de l'administration intérieure de l'arrondissement ; les parties intéressées pourront en prendre communication sans déplacement et sans frais, et fournir leurs observations écrites.

Dans les trois jours suivants, le président de la commission transmettra toutes les pièces à la direction de l'intérieur.

ARTICLE 11.

Sur le vu du procès-verbal et des documents y annexés, le gouverneur détermine, par un arrêté motivé, les propriétés qui doivent être cédées, et indique l'époque à laquelle il sera nécessaire d'en prendre possession. Toutefois, dans le cas où il résulterait de l'avis de la commission qu'il y aurait lieu de modifier le tracé des travaux ordonnés, le gouverneur, en conseil privé, pourra, suivant les circonstances, ou statuer définitivement, ou ordonner qu'il soit procédé de nouveau à tout ou partie des formalités prescrites par les articles précédents.

ARTICLE 12.

Les dispositions des articles 8, 9 et 10 ne sont point applicables au cas où l'expropriation serait demandée par une commune et dans un intérêt purement communal, non plus qu'aux travaux d'ouverture ou de redressement des chemins vicinaux.

Dans ce cas, le procès-verbal prescrit par l'article 7 est transmis, avec l'avis du conseil municipal, par le maire au directeur de l'intérieur.

Le gouverneur, en conseil privé, sur le vu de ce procès-verbal, prononcera comme il est dit en l'article précédent.

TITRE III. — *De l'expropriation et de ses suites, quant aux privilèges, hypothèques et autres droits réels.*

ARTICLE 13.

Si des biens de mineurs, d'interdits, d'absents ou autres incapables sont compris dans les plans déposés en vertu de l'article 5, ou dans les modifications admises par le gouverneur, aux termes de l'article 11 du présent sénatus-consulte, les tuteurs, ceux qui ont été envoyés en possession provisoire, et tous représentants des incapables, peuvent, après autorisation du tribunal donnée sur simple requête, en la chambre du conseil, le ministère public entendu, consentir amiablement à l'aliénation desdits biens.

Le tribunal ordonne les mesures de conservation ou de remploi qu'il juge nécessaires.

Ces dispositions sont applicables aux immeubles dotaux et aux majorats.

Le gouverneur pourra, dans le même cas, aliéner les biens de la colonie après avis du conseil général. Les maires ou administrateurs pourront aliéner les biens des communes ou établissements publics, s'ils y sont autorisés par arrêté du gouverneur, en conseil privé, après avis du conseil municipal ou conseil d'administration.

Le gouverneur peut consentir à l'aliénation des biens de l'Etat, s'il y est autorisé par le ministre de la marine et des colonies.

A défaut de conventions amiables, soit avec les propriétaires des terrains ou bâtiments dont la cession est reconnue nécessaire, soit avec ceux qui les représentent, le directeur de l'intérieur transmet au procureur impérial dans le ressort duquel les biens sont situés, le décret impérial ou l'arrêté du gouverneur qui autorise l'exécution des travaux, et l'arrêté mentionné en l'article 2.

ARTICLE 14.

Dans les trois jours, et sur la production des pièces constatant que les formalités prescrites par l'article 2 du titre Ier et par le titre II du présent sénatus-consulte ont été remplies, le procureur impérial requiert et le tribunal prononce l'expropriation pour cause d'utilité publique des terrains ou bâtiments indiqués dans l'arrêté du gouverneur.

Si, dans l'année de l'arrêté du gouverneur, l'administration n'a pas poursuivi l'expropriation, tout propriétaire dont les terrains sont compris audit arrêté peut présenter requête au tribunal. Cette requête sera communiquée par le procureur impérial au directeur de l'intérieur, qui devra, dans le plus bref délai, envoyer les pièces, et le tribunal statuera dans les trois jours.

Le même jugement commet un des membres du tribunal pour remplir les fonctions attribuées par le titre IV, chapitre II, au magistrat directeur du jury chargé de fixer l'indemnité, et désigne un autre membre pour le remplacer au besoin.

En cas d'absence ou d'empêchement de ces deux magistrats, il sera pourvu à leur remplacement par une ordonnance sur requête du président du tribunal civil.

Dans le cas où les propriétaires à exproprier consentiraient à la cession, mais où il n'y aurait point accord sur le prix, le tribunal donnera acte du consentement, et désignera le magistrat directeur du jury, sans qu'il soit besoin de rendre le jugement d'expropriation, ni de s'assurer que les formalités prescrites par le titre II ont été remplies.

ARTICLE 15.

Le jugement est publié et affiché, par extrait, dans la commune de la situation des biens, de la manière indiquée en l'article 6. Il est, en outre, inséré dans l'un des journaux publiés dans l'arrondissement, ou, s'il n'en existe aucun, dans ceux de la colonie.

Cet extrait, contenant les noms des propriétaires, le motif et le dispositif du jugement, leur est notifié au domicile qu'ils auront élu dans l'arrondissement de la situation des biens, par une déclaration faite à la mairie de la commune où les biens sont situés ; et dans le cas où cette élection de domicile n'aurait pas eu lieu, la notification de l'extrait sera faite en double copie au maire et au fermier, locataire, gardien ou régisseur de la propriété.

Toutes les autres notifications prescrites par le présent sénatus-consulte seront faites dans la forme ci-dessus indiquée.

ARTICLE 16.

Le jugement sera, immédiatement ,après l'accomplissement des formalités prescrites par l'article 15 du présent sénatus-consulte, transcrit au bureau de la conservation des hypothèques de l'arrondissement, conformément à l'article 2181 du Code Napoléon.

ARTICLE 17.

Dans la quinzaine de la transcription, les privilèges et les hypothèques conventionnelles, judiciaires ou légales, seront inscrits.

A défaut d'inscription dans ce délai, l'immeuble exproprié sera affranchi de tous les privilèges et hypothèques, de quelque nature qu'ils soient, sans préjudice des droits de femme, mineurs et interdits, sur le montant de l'indemnité, tant qu'elle n'a pas été payée ou que l'ordre n'a pas été réglé définitivement entre les créanciers.

Les créanciers inscrits n'auront, dans aucun cas, la faculté de surenchérir ; mais ils pourront exiger que l'indemnité soit fixée conformément au titre 1V.

ARTICLE 18.

Les actions en résolution, en revendication, et toutes autres actions réelles, ne pourront arrêter l'expropriation ni en empêcher l'effet. Le droit des réclamants sera transporté sur le prix, et l'immeuble en demeurera affranchi.

ARTICLE 19.

Les règles posées dans le premier paragraphe de l'article 15 et dans les articles 16, 17 et 18, sont applicables dans le cas de conventions amiables passées entre l'administration et les propriétaires.

Cependant l'administration peut, sauf les droits des tiers, et sans accomplir les formalités ci-dessus tracées, payer le prix des acquisitions dont la valeur ne s'élèverait pas au-dessus de cinq cents francs.

Le défaut d'accomplissement des formalités de la purge des hypothèques n'empêche pas l'expropriation d'avoir son cours ; sauf, pour les parties intéressées, à faire valoir leurs droits ultérieurement dans les formes déterminées par le titre IV du présent sénatus-consulte.

ARTICLE 20.

Le jugement ne pourra être attaqué que par la voie du recours en annulation devant la Cour impériale, et seulement pour incompétence, excès de pouvoir ou vices de forme du jugement.

Le recours aura lieu, au plus tard, dans les trois jours, à dater de la notification du jugement, par déclaration au greffe du tribunal. Il sera notifié dans la huitaine, soit à la partie, au domicile indiqué par l'article 15 soit au directeur de l'intérieur ou au maire, suivant la nature des travaux ; le tout à peine de déchéance.

Dans la quinzaine de la notification du recours, les pièces seront adressées à la Cour impériale qui statuera le mois suivant.

L'arrêt, s'il est rendu par défaut à l'expiration de ce délai, ne sera pas susceptible d'opposition.

TITRE IV. — *Du règlement des indemnités.*
CHAPITRE Ier. — MESURES PRÉPARATOIRES

ARTICLE 21.

Dans la huitaine qui suit la notification prescrite par l'article 15, le propriétaire est tenu d'appeler et de faire connaître à l'administration les fermiers, locataires, ceux qui ont des droits d'usufruit, d'habitation ou d'usage, tels qu'ils sont réglés par le Code Napoléon, et ceux qui peuvent réclamer des servitudes résultant des titres mêmes du propriétaire ou d'autres actes dans lesquels il serait intervenu ; sinon il restera seul chargé envers eux des indemnités que ces derniers pourront réclamer.

Les autres intéressés seront mis en demeure de faire valoir leurs droits par l'avertissement énoncé à l'article 6, et tenus de se faire connaître à l'administration dans le même délai de huitaine, à défaut de quoi ils seront déchus de tous droits à l'indemnité.

ARTICLE 22.

Les dispositions du présent sénatus-consulte relatives aux propriétaires et à leurs créanciers sont applicables à l'usufruitier et à ses créanciers.

ARTICLE 23.

L'administration notifie aux propriétaires et à tous autres intéressés qui auront été désignés ou qui seront intervenus dans le délai fixé par l'article 21, les sommes qu'elle offre pour indemnités.

Ces offres sont, en outre, affichées et publiées conformément à l'article 6 du présent sénatus-consulte.

ARTICLE 24.

Dans la quinzaine suivante, les propriétaires et autres intéressés sont tenus de déclarer leur acceptation, ou, s'ils n'acceptent pas les offres qui leur sont faites, d'indiquer le montant de leurs prétentions.

ARTICLE 25.

Les femmes mariées sous le régime dotal, assistées de leurs maris, les tuteurs, ceux qui ont été envoyés en possession provisoire des biens d'un absent, et autres personnes qui représentent les incapables, peuvent valablement accepter les offres énoncées en l'article 23, s'ils y sont autorisés dans les formes prescrites par l'article 13.

ARTICLE 26.

Le gouverneur peut accepter les offres d'indemnité pour expropriation des biens appartenant à l'État ou à la colonie.

Les maires ou administrateurs peuvent accepter les offres d'indemnité pour expropriation des biens appartenant aux communes ou établissements publics, dans les formes et avec les autorisations prescrites par l'article 13.

ARTICLE 27.

Le délai de quinzaine, fixé par l'article 24, sera d'un mois dans les cas prévus par les articles 25 et 26.

ARTICLE 28.

Si les offres de l'administration ne sont pas acceptées dans les délais prescrits par les articles 24 et 27, l'administration citera devant le jury, qui sera convoqué à cet effet, les propriétaires et tous autres intéressés qui auront été désignés ou qui seront intervenus, pour qu'il soit procédé au règlement des indemnités de la manière indiquée au chapitre suivant. La citation contiendra l'énonciation des offres qui auront été refusées.

CHAPITRE II — Du jury sécial chargé de régler les indemnités.

ARTICLE 29.

Dans sa session annuelle, le conseil général désigne, pour chaque arrondissement, sur une liste de soixante personnes dressée par le directeur de l'intérieur, trente personnes qui ont leur domicile réel dans l'arrondissement, parmi lesquelles sont choisis, jusqu'à la session suivante ordinaire du conseil général, les membres du jury spécial appelé, le cas échéant, à régler les indemnités dues par suite d'expropriation pour cause d'utilité publique.

ARTICLE 30.

Toutes les fois qu'il y a lieu de recourir à un jury spécial, la Cour impériale, dans les arrondissements qui sont le siège d'une Cour impériale, et, dans les autres arrondissements, le tribunal du chef-lieu judiciaire, choisit, en la chambre du conseil, sur la liste dressée en vertu de l'article précédent pour l'arrondissement dans lequel ont lieu les expropriations, dix personnes, qui formeront le jury spécial chargé de fixer définitivement le montant de l'indemnité, et, en outre, deux jurés supplémentaires. En cas d'abstention ou de récusation des membres du tribunal, le choix du jury est déféré à la Cour impériale.

Ne peuvent être choisis :

1º Les propriétaires, fermiers, locataires des terrains et bâtiments désignés en l'arrêté du gouverneur pris en vertu de l'article 11, et qui restent à acquérir ;

2º Les créanciers ayant inscription sur lesdits immeubles ;

3º Tous autres intéressés désignés ou intervenant en vertu des articles 21 et 22.

Les septuagénaires seront dispensés, s'ils le requièrent, des fonctions de juré.

ARTICLE 31.

La liste des dix jurés et des deux jurés supplémentaires est transmise au directeur de l'intérieur, qui, après s'être concerté avec le magistrat directeur du jury, convoque les jurés et les parties, en leur indiquant, au moins huit jours à l'avance, le lieu et le jour de la réunion. La notification aux parties leur fait connaître le nom des jurés.

ARTICLE 32.

Tout juré qui, sans motifs légitimes, manque à l'une des séances ou refuse de prendre part à la délibération, encourt une amende de cent francs au moins et de trois cents francs au plus.

L'amende est prononcée par le magistrat directeur du jury.

Il statue en dernier ressort sur l'opposition qui serait formée par le juré condamné.

Il prononce également sur les causes d'empêchement que les jurés proposent, ainsi que sur les exclusions ou incompatibilités dont les causes ne seraient survenues ou n'auraient été connues que postérieurement à la désignation faite en vertu de l'article 30.

ARTICLE 33.

Ceux des jurés qui se trouvent rayés de la liste par suite des empêchements, exclusions ou incompatibilités prévus à l'article précédent, sont immédiatement remplacés par les jurés supplémentaires, que le magistrat directeur du jury appelle dans l'ordre de leur inscription.

En cas d'insuffisance, le magistrat directeur du jury choisit, sur la liste dressée en vertu de l'article 29, les personnes nécessaires pour compléter le nombre des dix jurés.

ARTICLE 34.

Le magistrat directeur du jury est assisté, auprès du jury spécial, du greffier ou commis greffier du tribunal, qui appelle successivement les causes sur lesquelles le jury doit statuer, et tient procès-verbal des opérations.

Lors de l'appel, l'administration a le droit d'exercer une récusation péremptoire ; la partie adverse a le même droit.

Dans le cas où plusieurs intéressés figurent dans la même affaire, ils s'entendent pour l'exercice du droit de récusation, sinon le sort désigne ceux qui doivent en user.

Si le droit de récusation n'est point exercé, ou s'il ne l'est que partiellement, le magistrat directeur du jury procède à la réduction des jurés au nombre de huit, en retranchant les derniers noms inscrits sur la liste

ARTICLE 35.

Le jury spécial n'est constitué que lorsque les huit jurés sont présents.

Les jurés ne peuvent délibérer valablement qu'au nombre de six au moins.

ARTICLE 36.

Lorsque le jury est constitué, chaque juré prête serment de remplir ses fonctions avec impartialité.

ARTICLE 37.

Le magistrat directeur met sous les yeux du jury :

I° Le tableau des offres et demandes notifiées en exécution des articles 23 et 24 :

2° Les plans parcellaires et les titres ou autres documents produits par les parties à l'appui de leurs offres et demandes.

Les parties ou leurs fondés de pouvoirs peuvent présenter sommairement leurs observations.

Le jury pourra entendre toutes les personnes qu'il croira pouvoir l'éclairer.

Il pourra également se transporter sur les lieux, ou déléguer à cet effet un ou plusieurs de ses membres.

La discussion est publique ; elle peut être continuée à une autre séance.

ARTICLE 38.

La clôture de l'instruction est prononcée par le magistrat directeur du jury.

Les jurés se retirent immédiatement dans leur chambre pour délibérer, sans désemparer, sous la présidence de l'un d'eux, qu'ils désignent à l'instant même.

La décision du jury fixe le montant de l'indemnité ; elle est prise à la majorité des voix.

En cas de partage, la voix du président du jury est prépondérante.

ARTICLE 39.

Le jury prononce des indemnités distinctes en faveur des parties qui les réclament à des titres différents, comme propriétaires, fermiers, locataires, usagers et autres intéressés dont il est parlé à l'article 21.

Dans le cas d'usufruit, une seule indemnité est fixée par le jury, eu égard à la valeur totale de l'immeuble ; le nu propriétaire et l'usufruitier exercent leurs droits sur le montant de l'indemnité au lieu de l'exercer sur la chose.

L'usufruitier sera tenu de donner caution ; les père et mère ayant l'usufruit légal des biens de leurs enfants en seront seuls dispensés.

Lorsqu'il y a litige sur le fond du droit ou sur la qualité des réclamants, et toutes les fois qu'il s'élève des difficultés étrangères à la fixation du montant de l'indemnité, le jury règle l'indemnité indépendamment de ces litiges et difficultés, sur lesquels les parties sont renvoyées à se pourvoir devant qui de droit.

L'indemnité allouée par le jury ne peut, en aucun cas, être inférieure aux offres de l'administration, ni supérieure à la demande de la partie intéressée.

ARTICLE 40.

Si l'indemnité réglée par le jury ne dépasse pas l'offre de l'administration, les parties qui l'auront refusée seront condamnées aux dépens.

Si l'indemnité est égale à la demande des parties, l'administration sera condamnée aux dépens.

Si l'indemnité est à la fois supérieure à l'offre de l'administration, et inférieure à la demande des parties, les dépens seront compensés de manière à être supportés par les parties et l'administration, dans les proportions de leur offre ou de leur demande avec la décision du jury.

Tout indemnitaire qui ne se trouvera pas dans le cas des articles 25 et 26 sera condamné aux dépens, quelle que soit l'estimation ultérieure du jury, s'il a omis de se conformer aux dispositions de l'article 24.

ARTICLE 41.

La décision du jury, signée des membres qui y ont concouru, est remise au président par le magistrat directeur, qui la déclare exécutoire, statue sur les dépens, et envoie l'administration en possession de la propriété, à la charge par elle de se conformer aux dispositions des articles 53, 54 et suivants.

Ce magistrat taxe les dépens, dont le tarif est déterminé par un arrêté du gouverneur, pris en conseil privé.

La taxe ne comprendra que les actes faits postérieurement à l'offre de l'administration.

ARTICLE 42.

La décision du jury et l'ordonnance du magistrat directeur ne peuvent être attaquées que par la voie du recours en annulation, et seulement pour violation du premier paragraphe de l'article 30, de l'article 31, des deuxième et quatrième paragraphes de l'article 34, et des articles 35, 36, 37, 38, 39 et 40.

Le délai sera de quinze jours pour ce recours, qui sera d'ailleurs formé, notifié et jugé comme il est dit à l'article 20; il courra à partir du jour de la décision.

ARTICLE 43.

Lorsqu'une décision du jury aura été annulée, l'affaire sera renvoyée devant un nouveau jury, choisi dans le même arrondissement.

Néanmoins la Cour impériale pourra, suivant les circonstances, renvoyer l'appréciation de l'indemnité à un jury pris dans un autre arrondissement.

Il sera procédé, à cet effet, conformément à l'article 30.

ARTICLE 44.

Le jury ne connaît que des affaires dont il a été saisi au moment de sa convocation, et statue successivement et sans interruption sur chacune de ces affaires. Il ne peut se séparer qu'après avoir réglé toutes les indemnités dont la fixation lui a été ainsi déférée.

ARTICLE 45.

Les opérations commencées par un jury, et qui ne sont pas encore terminées au moment du renouvellement annuel de la liste générale mentionnée en l'article 29, sont continuées, jusqu'à conclusion définitive, par le même jury.

ARTICLE 46.

Après la clôture des opérations du jury, les minutes de ses décisions et les autres pièces qui se rattachent auxdites opérations sont déposées au greffe du tribunal civil de l'arrondissement.

ARTICLE 47.

Les noms des jurés qui auront fait le service d'une session ne pourront être portés sur le tableau dressé par le conseil général pour l'année suivante.

CHAITRE III. — DES RÈGLES A SUIVRE POUR LA FIXATION DES INDEMNITÉS.

ARTICLE 48.

Le jury est juge de la sincérité des titres et de l'effet des actes qui soraient de nature à modifier l'évaluation de l'indemnité.

ARTICLE 49.

Dans le cas où l'administration contesterait au détenteur exproprié le droit à une indemnité, le jury, sans s'arrêter à la contestation, dont il renvoie le jugement devant qui de droit, fixe l'indemnité comme si elle était due, et le magistrat directeur du jury en ordonne la consignation, pour ladite indemnité rester déposée jusqu'à ce que les parties se soient entendues ou que le litige soit vidé.

ARTICLE 50.

Les bâtiments dont il est nécessaire d'acquérir une portion pour cause d'utilité publique seront achetés en entier, si les propriétaires le requièrent par une déclaration formelle adressée au magistrat directeur du jury dans les délais énoncés aux articles 24 et 27.

Il en sera de même de toute parcelle de terrain qui, par suite du morcellement, se trouvera réduite au quart de la contenance totale, si toutefois le propriétaire ne possède aucun terrain immédiatement contigu, et si la parcelle ainsi réduite est inférieure à dix ares.

ARTICLE 51.

Si l'exécution des travaux doit procurer une augmentation de valeur immédiate et spéciale au restant de la propriété, cette augmentation sera prise en considération dans l'évaluation du montant de l'indemnité.

ARTICLE 52.

Les constructions, plantations et améliorations ne donneront lieu à aucune indemnité, lorsque, à raison de l'époque où elles ont été faites ou de toutes autres circonstances dont l'appréciation lui est abandonnée, le jury acquiert la conviction qu'elles ont été faites dans la vue d'obtenir une indemnité plus élevée.

TITRE V. — *Du payement des indemnités.*

ARTICLE 53.

Les indemnités réglées par le jury seront, préalablement à la prise possession, acquittées entre les mains des ayants droit.

S'ils se refusent à les recevoir, la prise de possession aura lieu après offres réelles et consignation.

S'il s'agit de travaux exécutés par l'État ou la colonie, les offres réelles pourront s'effectuer au moyen d'un mandat égal au montant de l'indemnité réglée par le jury ; ce mandat, délivré par l'ordonnateur compétent, visé par le payeur, sera payable sur la caisse publique qui s'y trouvera désignée.

Si les ayants droit refusent de recevoir le mandat, la prise de possession aura lieu après consignation en espèces.

ARTICLE 54.

Il ne sera pas fait d'offres réelles toutes les fois qu'il existera des inscriptions sur l'immeuble exproprié, ou d'autres obstacles au versement des deniers entre les mains des ayants droit ; dans ce cas, il suffira que les sommes dues par l'administration soient consignées pour être ultérieurement distribuées ou remises, selon les règles du droit commun.

ARTICLE 55.

Si, dans les six mois du jugement d'expropriation, l'administration ne poursuit pas la fixation de l'indemnité, les parties pourront exiger qu'il soit procédé à ladite fixation.

Quand l'indemnité aura été réglée, si elle n'est pas acquittée ni consignée dans les six mois de la décision du jury, les intérêts courront de plein droit à l'expiration de ce délai.

TITRE VI. — *Dispositions diverses.*

ARTICLE 56.

Les contrats de vente, quittances ou autres actes relatifs à l'acquisition des terrains, peuvent être passés dans la forme des actes administratifs ; la minute restera déposée à la direction de l'intérieur.

ARTICLE 57.

Les significations et notifications mentionnées au présent sénatus-consulte sont faites à la diligence du directeur de l'intérieur.

Elles peuvent être faites tant par huissier que par tout agent de l'administration dont les procès-verbaux font foi en justice.

ARTICLE 58.

Les plans, procès-verbaux, certificats, significations, jugements, contrats, quittances et autres actes faits en vertu du présent sénatus-consulte, seront visés pour timbre et enregistrés gratis, lorsqu'il y aura lieu à la formalité de l'enregistrement.

Il ne sera perçu aucuns droits pour la transcription des actes au bureau des hypothèques.

Les droits perçus sur les acquisitions amiables faites antérieurement aux arrêtés du gouverneur seront restitués lorsque, dans le délai de deux ans, à partir de la perception, il sera justifié que les immeubles acquis sont compris dans ces arrêtés. La restitution des droits ne pourra s'appliquer qu'à la portion des immeubles qui aura été reconnue nécessaire à l'exécution des travaux.

ARTICLE 59.

Lorsqu'un propriétaire aura accepté les offres de l'administration, le montant de l'indemnité devra, s'il l'exige, et s'il n'y a pas eu contestation de la part des tiers dans les délais prescrits par les articles 24 et 27, être versé à la caisse des dépôts et consignations, pour être remis ou distribué à qui de droit, selon les règles du droit commun.

ARTICLE 60.

Si les terrains acquis pour des travaux d'utilité publique ne reçoivent pas cette destination, les anciens propriétaires ou leurs ayants droit peuvent en demander la remise.

Le prix des terrains rétrocédés est fixé à l'amiable, et s'il n'y a pas accord, par le jury dans les formes ci-dessus prescrites. La fixation par le jury ne peut, en aucun cas, excéder la somme moyennant laquelle les terrains ont été acquis.

ARTICLE 61.

Un avis, publié de la manière indiquée en l'article 6, fait connaître les terrains que l'administration est dans le cas de revendre. Dans les trois mois de cette publication, les anciens propriétaires qui veulent réacquérir la propriété desdits terrains sont tenus de le déclarer ; et, dans le mois de la fixation du prix, soit amiable, soit judiciaire, ils doivent passer le contrat de rachat et payer le prix ; le tout à peine de déchéance du privilège que leur accorde l'article précédent.

ARTICLE 62.

Les dispositions des articles 60 et 61 ne sont pas applicables aux terrains qui auront été acquis sur la réquisition du propriétaire, en vertu de l'article 50, et qui resteraient disponibles après l'exécution des travaux.

ARTICLE 63.

Les concessionnaires des travaux publics exerceront tous les droits conférés à l'administration, et seront soumis à toutes les obligations qui lui sont imposées par le présent sénatus-consulte.

TITRE VII. — *Dispositions exceptionnelles.*

CHAPITRE PREMIER.

ARTICLE 64.

Lorsqu'il y aura urgence de prendre possession des terrains non bâtis qui seront soumis à l'expropriation, l'urgence sera spécialement déclarée par un décret impérial ou un arrêté du gouverneur pris en conseil privé, selon qu'il s'agira de travaux à la charge de l'Etat ou à la charge de la colonie.

ARTICLE 65.

En ce cas, après le jugement d'expropriation, l'acte qui déclare l'urgence et le jugement sont notifiés, conformément à l'article 15, aux propriétaires et aux détenteurs, avec assignation devant le tribunal civil. L'assignation sera donnée à trois jours au moins ; elle énoncera la somme offerte par l'administration.

ARTICLE 66.

Au jour fixé, le propriétaire et les détenteurs seront tenus de déclarer la somme dont ils demandent la consignation avant l'envoi en possession.

Faute par eux de comparaître, il sera procédé en leur absence.

ARTICLE 67.

Le tribunal fixe le montant de la somme à consigner.

Le tribunal peut se transporter sur les lieux, ou commettre un juge pour visiter les terrains, recueillir tous les renseignements propres à en déterminer la valeur, et en dresser, s'il y a lieu, un procès-verbal descriptif. Cette opération devra être terminée dans les cinq jours, à dater du jugement qui l'aura ordonnée.

Dans les trois jours de la remise de ce procès-verbal au greffe, le tribunal déterminera la somme à consigner.

ARTICLE 68.

La consignation doit comprendre, outre le principal, la somme nécessaire pour assurer, pendant deux ans, le payement des intérêts à cinq pour cent.

ARTICLE 69.

Sur le vu du procès-verbal de consignation, et sur une nouvelle assignation à deux jours de délai au moins, le président ordonne la prise de possession.

ARTICLE 70.

Le jugement du tribunal et l'ordonnance du président sont exécutoires sur minute et ne peuvent être attaqués par opposition ni par appel.

ARTICLE 71.

Le président taxera les dépens, qui seront supportés par l'administration.

ARTICLE 72.

Après la prise de possession, il sera, à la poursuite de la partie la plus diligente, procédé à la fixation définitive de l'indemnité, en exécution du titre IV du présent sénatus-consulte.

ARTICLE 73.

Si cette fixation est supérieure à la somme qui a été déterminée par le tribunal, le supplément doit être consigné dans la quinzaine de la notification de la décision du jury ; et, à défaut, le propriétaire peut s'opposer à la continuation des travaux.

CHAPITRE II.

ARTICLE 74.

Les formalités prescrites par les titres I et II du présent sénatus-consulte ne sont applicables ni aux travaux militaires, ni aux travaux de la marine impériale.

Pour ces travaux, un décret impérial détermine les terrains qui sont soumis à l'expropriation.

ARTICLE 75.

Lorsqu'il y aura urgence d'exproprier ou d'occuper temporairement des propriétés privées qui seront jugées nécessaires pour les travaux de fortification, les formalités prescrites par les titres I et II ne seront pas non plus applicables. Des arrêtés du gouverneur déclareront spécialement l'urgence, autoriseront les travaux, déclareront l'utilité publique et désigneront les propriétés bâties ou non bâties auxquelles l'expropriation est applicable.

L'occupation temporaire prescrite par les arrêtés de cette nature ne pourra avoir lieu que pour des propriétés non bâties.

L'indemnité annuelle représentative de la valeur locative de ces propriétés et du dommage résultant du fait de la dépossession sera réglée à l'amiable ou par autorité de justice, et payée par moitié, de six mois en six mois, au propriétaire et au fermier, le cas échéant.

Lors de la remise des terrains qui n'auront été occupés que temporairement, l'indemnité due pour les détériorations causées par les travaux, ou par la différence entre l'état des lieux au moment de la remise et l'état constaté par le procès-verbal descriptif, sera payée sur règlement amiable ou judiciaire, soit au propriétaire, soit au fermier ou exploitant, et selon leurs droits respectifs.

Si, dans le cours de la troisième année d'occupation provisoire, le propriétaire ou son ayant droit n'est pas remis en possession, il pourra exiger et l'Etat sera tenu de payer l'indemnité pour la cession de l'immeuble, qui deviendra dès lors propriété publique.

L'indemnité foncière sera réglée, non sur l'état de la propriété à cette époque, mais sur son état au moment de l'occupation, tel qu'il aura été constaté par le procès-verbal descriptif.

Le règlement de l'indemnité aura lieu conformément aux dispositions du titre IV ci-dessus.

TITRE VIII. — *Dispositions finales.*

ARTICLE 76.

Toutes dispositions antérieures concernant l'expropriation pour cause d'utilité publique à la Martinique, à la Guadeloupe et à la Réunion, sont et demeurent abrogées en ce qu'elles ont de contraire au présent sénatus-consulte.

SAINT-PIERRE ET MIQUELON

Un décret des 6 juin-19 août 1863 a rendu exécutoire dans les îles de Saint-Pierre et Miquelon, sauf de légères modifications exigées par la constitution des pouvoirs administratifs et judiciaires de la localité, le sénatus-consulte du 3 mai 1856 qui établit, pour la Martinique, la Guadeloupe et la Réunion, les règles à suivre en matière d'expropriation pour cause d'utilité publique.

V. *Supra.*

SÉNÉGAL

DÉCRET relatif à l'expropriation pour cause d'utilité publique au Sénégal.

(Du 21 avril 1880.)

ARTICLE PREMIER

Le sénatus-consulte du 3 mai 1856 sur l'expropriation pour cause d'utilité publique à la Martinique, à la Guadeloupe et à la Réunion est déclaré applicable au Sénégal.

ARTICLE 2.

Les attributions dévolues aux maires et aux conseils municipaux par le sénatus-consulte du 3 mai 1856 seront exercées par les commandants de cercles dans les localités situées en dehors de la zone des deux communes de Saint-Louis et de Dakar-Gorée.

ARTICLE 3.

Le Ministre de la marine et des colonies est chargé de l'exécution du présent décret qui sera inséré au *Bulletin des lois* et au *Bulletin officiel de la marine.*

ÉTABLISSEMENTS FRANÇAIS DE L'INDE

(Du 14 septembre 1880.)

ARTICLE PREMIER

Le sénatus-consulte du 3 mai 1856 sur l'expropriation pour cause d'utilité publique à la Martinique, à la Guadeloupe et à la Réunion est déclaré applicable aux Établissements français de l'Inde.

ARTICLE 2.

Le Ministre de la marine et des colonies est chargé de l'exécution du présent décret, qui sera inséré au *Bulletin des lois*, au *Bulletin officiel de la marine* et au *Bulletin des actes administratifs de la colonie.*

COCHINCHINE

*DÉCRET sur l'expropriation pour cause d'utilité publique,
en Cochinchine.*

(Du 18 février 1878.)

TITRE PREMIER. — *Dispositions préliminaires.*

ARTICLE PREMIER.

L'expropriation pour cause d'utilité publique s'opère par autorité de justice.

ARTICLE 2.

Les tribunaux ne peuvent prononcer l'expropriation qu'autant que l'utilité en a été constatée et déclarée dans les formes prescrites par le présent décret.

Ces formes consistent :

1° Dans l'arrêté du gouverneur dûment autorisé, ou dans l'arrêté du gouverneur, pris en conseil privé, qui autorise l'exécution des travaux pour lesquels l'expropriation est requise, selon que ces travaux sont à la charge de l'Etat ou à la charge de la colonie ;

2° Dans l'arrêté du gouverneur pris en conseil privé, qui désigne les localités ou territoires sur lesquels les travaux doivent avoir lieu lorsque cette désignation ne résulte pas des arrêtés mentionnés au paragraphe précédent ;

3° Dans l'arrêté ultérieur, pris en conseil privé, par lequel le gouverneur détermine les propriétés particulières auxquelles l'expropriation est applicable.

Cette application ne peut être faite à aucune propriété particulière qu'après que les parties intéressées ont été mises en état de fournir leurs contredits, selon les règles exprimées au titre II.

ARTICLE 3.

L'arrêté qui autorise les travaux pour l'exécution desquels l'expropriation est requise, n'est rendu qu'après une enquête administrative.

Cette enquête a lieu dans les formes déterminées par un arrêté du gouverneur pris en conseil privé.

TITRE II. — *Des mesures d'administration relatives à l'expropriation.*

ARTICLE 4.

Les ingénieurs ou autres gens de l'art, chargés de l'exécution des travaux, lèvent, pour la partie qui s'étend sur chaque commune, le plan parcellaire des terrains ou des édifices dont la cession leur paraît nécessaire.

ARTICLE 5.

Le plan desdites propriétés particulières, indicatif des noms de chaque propriétaire, tels qu'ils sont inscrits sur la matrice des rôles, reste déposé pendant huit jours soit à la mairie de Saïgon pour les propriétés sises en cette ville et dans le ressort des tribunaux français, soit dans le bureau de l'administrateur des affaires indigènes du lieu où les autres propriétés sont situées, afin que chacun puisse en prendre connaissance.

ARTICLE 6.

Le délai fixé à l'article précédent, ne court qu'à dater de l'avertissement qui est donné collectivement aux parties intéressées, de prendre communication du plan déposé à la mairie, ou dans les bureaux de l'administrateur des affaires indigènes.

Cet avertissement est publié au moyen d'affiches imprimées en français, traduites en caractères chinois, ou quôc-nieu (*caractères latins*) et apposées aux endroits accoutumés dans les communes de la situation des propriétés.

Il est en outre inséré au *Journal officiel* de la colonie.

ARTICLE 7.

Le maire à Saïgon et l'administrateur des affaires indigènes, partout ailleurs, certifie ces publications et affiches ; il mentionne au procès-verbal, qu'il ouvre à cet effet, et que les parties qui comparaissent sont requises de signer, les déclarations et réclamations qui lui ont été faites verbalement et y annexe celles qui lui sont transmises par écrit.

ARTICLE 8.

A l'expiration du délai de huitaine prescrit par l'artible 5, une Commission se réunit soit à la mairie de Saïgon pour les propriétés sises dans le ressort des tribunaux français, soit à la résidence de l'administrateur de l'arrondissement où sont situées les propriétés.

Cette Commission présidée par le secrétaire général de la direction de l'intérieur, est composée de quatre membres choisis par le gouverneur parmi les propriétaires de la colonie, du maire de Saïgon, s'il s'agit d'une propriété urbaine, ou de l'administrateur des affaires indigènes dans la circonscription duquel se trouvent lesdites propriétés, et de l'un des ingénieurs ou hommes de l'art chargés de l'exécution des travaux.

La Commission ne peut délibérer valablement, qu'autant que cinq de ses membres sont présents.

Dans le cas où le nombre des membres présents serait de six, et où il y aurait partage d'opinions, la voix du président est prépondérante.

Les propriétaires qu'il s'agit d'exproprier, ne peuvent faire partie de la Commission.

ARTICLE 9.

La Commission reçoit pendant huit jours les observations des propriétaires. Elles les appelle toutes les fois qu'elle le juge convenable.

Elle donne son avis.

Ses opérations doivent être terminées dans le délai de dix jours, après quoi le procès-verbal est adressé immédiatement par le président au directeur de l'intérieur.

Dans le cas où lesdites opérations n'auraient pas été mises à fin dans le délai ci-dessus, le président de la Commission devra, dans les trois jours, transmettre au directeur de l'intérieur son procès-verbal constatant que la Commission n'a pas terminé ses opérations et les documents recueillis.

ARTICLE 10.

Si la Commission propose quelques changements au tracé indiqué par les ingénieurs, son président devra, dans la forme indiquée à l'article 6, en donner immédiatement avis aux propriétaires que ces changements pourront intéresser.

Pendant huitaine à dater de cet avertissement, le procès-verbal et les pièces resteront déposés au secrétariat général de la direction de l'intérieur si les biens à exproprier sont situés dans le ressort des tribunaux de Saïgon, et, en dehors, dans les bureaux de l'administrateur des affaires indigènes dans la circonscription duquel se trouvent lesdits biens.

Les parties intéressées pourront en prendre communication sans déplacement et sans frais, et fournir leurs observations écrites.

Dans les trois jours suivants, le président de la Commission transmettra toutes les pièces au directeur de l'intérieur.

ARTICLE 11.

Sur le vu du procès-verbal et des documents y annexés, le gouverneur détermine, par un arrêté motivé, les propriétés qui doivent être cédées. et indique l'époque à laquelle il sera nécessaire de prendre possession. Toutefois, dans le cas où il résulterait de l'avis de la Commission qu'il y aurait lieu de modifier le tracé des travaux ordonnés, le gouverneur en conseil privé pourra, suivant les circonstances, ou statuer définitivement ou ordonner qu'il soit procédé de nouveau à tout ou partie des formalités prescrites par les articles précédents.

ARTICLE 12.

Les dispositions des articles 8, 9 et 10 ne sont pas applicables au cas où l'expropriation serait demandée par la ville de Saïgon et dans un intérêt purement communal ou en matière de petite voirie.

Dans ce cas, le procès-verbal prescrit par l'article 7, est transmis au directeur de l'intérieur par le maire, avec l'avis du conseil municipal.

Le gouverneur, en conseil privé, sur le vu de ce procès-verbal, prononcera comme il est dit en l'article précédent.

TITRE III. — *De l'expropriation et de ses suites, quant aux privilèges, hypothèques et autres droits réels.*

ARTICLE 13.

Si des biens de mineurs, interdits, absents ou autres incapables, sont compris dans les plans déposés en vertu de l'article 5, ou dans les modifications admises par le gouverneur aux termes de l'article 11 du présent décret, les tuteurs, ceux qui ont été envoyés en possession provisoire, et tous représentants des incapables, peuvent, après autorisation du tribunal, donnée, sur simple requête, en chambre du conseil, le ministère public entendu, consentir amiablement à l'aliénation desdits biens.

Si le propriétaire d'un des terrains ou bâtiments à exproprier se trouve hors de la colonie, et n'y a laissé ni mandataire, ni représentant connu, un curateur *ad hoc*, désigné par le tribunal sur simple requête, est chargé de ses intérêts dans toutes les circonstances prévues au présent décret : il peut, s'il y est autorisé dans les mêmes formes, consentir amiablement à l'aliénation des biens du propriétaire qu'il représente.

Le tribunal ordonne les mesures de conservation et de remploi qu'il jugera nécessaires.

Ces dispositions sont applicables aux immeubles dotaux.

Le gouverneur pourra, dans le même cas, aliéner les biens de la colonie, après avis du conseil privé.

Le maire à Saïgon, pourra aliéner les biens de la commune, s'il y est autorisé par délibération du conseil municipal, approuvée par le gouverneur.

Les administrateurs des établissements publics ont la même faculté, après avis de leur conseil d'administration, et autorisation du directeur de l'intérieur.

Le gouverneur peut consentir à l'aliénation des biens de l'État, s'il y est autorisé par le Ministre de la marine et des colonies.

À défaut de conventions amiables, soit avec les propriétaires des terrains ou bâtiments dont la cession est reconnue nécessaire, soit avec ceux qui les représentent, le directeur de l'intérieur transmet au procureur de la République, si les biens sont situés dans le ressort des tribunaux français, ou au procureur général, chef du service judiciaire, dans tous les autres cas, l'arrêté du gouverneur qui autorise l'exécution des travaux et celui mentionné en l'article 11.

ARTICLE 14.

Dans les trois jours et sur la production des pièces constatant que les formalités prescrites par l'article 2 du titre premier, et par le titre deuxième du présent décret, ont été remplies, le procureur de la République, dans le ressort des tribunaux français, et le procureur général, en dehors dudit ressort, requièrent, et le tribunal prononce l'expropriation pour cause d'utilité publique, des terrains ou bâtiments indiqués sur l'arrêté du gouverneur.

Si, dans l'année de l'arrêté du gouverneur, l'administration n'a pas poursuivi l'expropriation, tout propriétaire dont les terrains sont compris audit arrêté, peut présenter requête au tribunal. Cette requête sera communiquée par le procureur de la République, dans le ressort des tribunaux français, et par le procureur général, auquel les administrateurs doivent l'adresser, dans les autres cas, au directeur de l'intérieur, qui devra, dans le plus bref délai, envoyer les pièces, et le tribunal statuera dans les trois jours.

Dans les cas où les propriétaires à exproprier, consentiraient à la cession, mais où il n'y aurait point accord sur le prix, le tribunal donnera acte de ce consentement, sans qu'il soit besoin de rendre le jugement d'expropriation, ni de s'assurer que les formalités prescrites par le titre II du présent décret ont été remplies.

ARTICLE 15.

Le jugement qui prononce l'expropriation, ou qui donne acte aux propriétaires de leur consentement, est publié et affiché, par extrait, dans la commune de la situation des biens, de la manière indiquée en l'article 6. Il est, en outre, inséré au *Journal officiel* de la colonie.

Cet extrait, contenant les noms des propriétaires, les motifs et dispositif du jugement, leur est notifié au domicile qu'ils auront élu dans l'arrondissement de la situation des biens, par une déclaration faite à la mairie ou dans les bureaux de l'administrateur duquel ressort la commune où se trouvent lesdits biens, et, dans le cas où cette élection de domicile n'aurait pas eu lieu, la notification de l'extrait sera faite, en double copie, au maire ou à l'administrateur des affaires indigènes suivant les cas, et au fermier, locataire, gardien ou régisseur de la propriété.

Toutes les autres notifications prescrites par le présent décret, seront faites dans la forme ci-dessus indiquée.

ARTICLE 16.

Le jugement sera, immédiatement après l'accomplissement des formalités prescrites par l'article précédent, transcrit au bureau de la conservation des hypothèques de Saïgon, conformément à l'article 2181 du Code civil.

ARTICLE 17.

Dans la quinzaine de la transcription, les privilèges et hypothèques conventionnelles, judiciaires ou légales, seront inscrits.

A défaut d'inscription dans ce délai, l'immeuble exproprié sera affranchi de tous privilèges et hypothèques, de quelque nature qu'ils soient, sans préjudice des droits des femmes, mineurs et interdits, sur le montant de l'indemnité, tant qu'elle n'a pas été payée, ou que l'ordre n'a pas été réglé définitivement, entre les créanciers.

Les créanciers inscrits n'auront dans aucun cas la faculté de surenchérir, mais ils peuvent exiger que l'indemnité soit fixée conformément au titre IV.

ARTICLE 18.

Les actions en résolution, en revendication, et toutes autres actions réelles, ne pourront arrêter l'expropriation ni en empêcher l'effet. Le droit des réclamants sera transporté sur le prix, et l'immeuble en demeurera affranchi.

ARTICLE 19.

Les règles posées dans le premier paragraphe de l'article 15, et dans les articles 16, 17 et 18, sont applicables dans le cas de conventions amiables passées entre l'administration et les propriétaires.

Cependant l'administration peut, sauf les droits des tiers, et sans remremplir les formalités ci-dessus tracées, payer le prix des acquisitions dont le prix ne s'élèverait pas au-dessus de 500 francs.

Le défaut d'accomplissement des formalités de la purge des hypothèques, n'empêche pas l'expropriation d'avoir son cours, sauf, pour les parties intéressées, à faire valoir leurs droits ultérieurement, dans les formes déterminées par le titre IV du présent décret.

ARTICLE 20.

Le jugement ne pourra être attaqué que par la voie du recours en annulation devant la Cour d'appel, et seulement pour incompétence, excès de pouvoir, ou vice de forme du jugement.

Le recours aura lieu dans les trois jours à dater de la notification du jugement, par déclaration au greffe du tribunal. Il sera notifié, dans la huitaine, soit à la partie, au domicile indiqué en l'article 15, soit au directeur de l'intérieur ou au maire de Saïgon, s'il s'agit de travaux de la ville, le tout à peine de déchéance.

Dans la quinzaine de la notification du recours, les pièces seront adressées à la Cour d'appel, qui statuera dans le mois suivant.

L'arrêt, s'il est rendu par défaut à l'expiration de ce délai, ne sera pas susceptible de recours en cassation.

TITRE IV. — *Du règlement des indemnités.*

CHAPITRE PREMIER. — DISPOSITIONS GÉNÉRALES.

ARTICLE 21.

Dans la huitaine qui suit la notification prescrite par l'article 15, le propriétaire est tenu d'appeler et de faire connaître à l'administration, les fermiers, locataires, ceux qui ont des droits d'usufruit, d'habitation ou d'usage, tels qu'ils sont régis par le Code civil, et ceux qui peuvent réclamer des servitudes résultant des titres mêmes du propriétaire ou d'autres actes dans lesquels il serait intervenu ; sinon, il restera seul chargé envers eux des indemnités que ces derniers pourront réclamer.

Les autres intéressés seront mis en demeure de faire valoir leurs droits, par l'avertissement énoncé à l'article 15, et donné dans les formes de l'article 6, et tenus de se faire connaître à l'administration dans le même délai de huitaine, faute de quoi ils seront déchus de tous droits à l'indemnité, vis-à-vis de l'administration.

ARTICLE 22.

Les dispositions du présent décret, relatives aux propriétaires et à leurs créanciers, sont applicables à l'usufruitier et à ses créanciers.

ARTICLE 23.

Après l'expiration du délai de huitaine fixé par l'article 21, l'administration notifie aux propriétaires et à tous autres intéressés qui auront été désignés ou qui seront intervenus dans ce délai, les sommes qu'elle offre pour indemnité.

Ces offres, sont en outre, affichées et publiées conformément à l'article 6 du présent décret.

ARTICLE 24.

Dans la quinzaine suivante, les propriétaires et autres intéressés sont tenus de déclarer leur acceptation, ou, s'ils n'acceptent pas les offres qui leur sont faites, d'indiquer le montant de leurs prétentions.

ARTICLE 25.

Les femmes mariées sous le régime dotal, assistées de leur mari, les tuteurs, ceux qui ont été envoyés en possession provisoire des biens d'un absent, le curateur *ad hoc* dans le cas prévu au 2e paragraphe de l'art. 13, et autres personnes qui représentent les incapables, peuvent valablement accepter les offres de l'administration énoncées en l'article 23 s'ils y sont autorisés dans les formes prescrites par l'article 13.

ARTICLE 26.

Le gouverneur peut accepter les offres d'indemnités pour expropriation des biens appartenant à l'État ou à la colonie.

Le maire à Saïgon, les administrateurs des affaires indigènes et les administrateurs des établissements publics, peuvent accepter les offres d'indemnités pour expropriation des biens appartenant aux communes ou établissements publics dans les formes et avec les autorisations prescrites par l'article 13.

ARTICLE 27.

Le délai de quinzaine fixé par l'article 24, sera d'un mois dans les cas prévus pour les articles 25 et 26.

ARTICLE 28.

Si les offres de l'administration ne sont pas acceptées dans les délais prescrits par les articles 24 et 27, l'administration citera devant le jury, qui sera convoqué à cet effet, les propriétaires et tous autres intéressés qui auront été désignés, ou qui seront intervenus en exécution du 2ᵉ paragraphe de l'article 21, pour qu'il soit procédé au règlement des indemnités de la manière indiquée au chapitre suivant.

ARTICLE 29.

La citation contiendra l'énonciation des offres qui auront été refusées.

CHAPITRE II. — DU JURY SPÉCIAL CHARGÉ DE RÉGLER LES INDEMNITÉS.

ARTICLE 30.

Chaque année, dans le courant du mois de décembre, une Commission sous la présidence du directeur de l'intérieur et composée de deux conseillers privés coloniaux, titulaires ou suppléants, désignés par le gouverneur, et de deux membres de la chambre du commerce, nommés par cette chambre, dresse une liste de vingt notables ayant leur domicile réel dans la colonie et y possédant des propriétés ou y payant patente, parmi lesquels sont choisis les membres du jury spécial, appelés, le cas échéant, à régler les indemnités dues par suite d'expropriation pour cause d'utilité publique.

Cette liste est publiée avant le 1ᵉʳ janvier au *Journal officiel* de la colonie.

ARTICLE 31.

Toutes les fois qu'il y a lieu de recourir à un jury spécial, la Cour d'appel en chambre du conseil, désigne dans son sein le magistrat directeur du jury, et choisit sur la liste dressée, en vertu de l'article précédent, cinq personnes qui formeront le jury spécial chargé de fixer définitivement le montant de l'indemnité, et, en outre, deux jurés supplémentaires.

ARTICLE 32.

Ne peuvent être choisis :

1º Les propriétaires, fermiers, locataires des terrains et bâtiments désignés en l'arrêté du gouverneur, pris en vertu de l'article 2, et qui restent à acquérir ;

2º Les créanciers ayant inscription sur lesdits immeubles ;

3º Tous autres intéressés, désignés ou intervenus en vertu des articles 21 et 22.

Les sexagénaires seront dispensés, s'ils le requièrent, des fonctions de jurés.

ARTICLE 33.

Sont incapables d'être jurés :

1º Ceux à qui l'exercice de tout ou partie des droits civils et de famille a été interdit ;

2º Les faillis non réhabilités ;

3º Les interdits, et ceux qui sont pourvus d'un conseil judiciaire ;

4º Ceux qui ont été condamnés pour crime, ou pour délit de vol, escroquerie, abus de confiance, attentat aux mœurs, outrage à la morale publique et religieuse.

ARTICLE 34.

Les empêchements résultant pour les juges, à raison de leur parenté ou alliance, soit entre eux, soit entre eux et les parties, sont applicables aux jurés, à raison de leur parenté ou alliance, soit entre eux et les parties intéressées.

ARTICLE 35.

La liste des cinq jurés et des deux jurés supplémentaires est transmise au directeur de l'intérieur, qui, après s'être concerté avec le magistrat directeur du jury, convoque les jurés et les parties, en leur indiquant au moins huit jours à l'avance, le jour et l'heure de la réunion.

Les notifications aux parties leur font connaître les noms des jurés.

ARTICLE 36.

Tout juré qui, sans motifs légitimes, manque à l'une des séances, ou refuse de prendre part à la délibération, encourt une amende de 200 fr. au moins et de 500 francs au plus.

L'amende est prononcée par le magistrat directeur du jury.

Il statue, en dernier ressort, sur l'opposition formée par le juré condamné.

Il prononce également sur les causes d'empêchement que les jurés proposent, ainsi que sur les exclusions ou les incompatibilités dont les causes ne seraient survenues ou n'auraient été connues que postérieurement à la désignation faite en vertu de l'article 31.

ARTICLE 37.

Ceux des jurés qui se trouvent rayés de la liste par suite des empêchements, exclusions ou incompatibilités prévues à l'article précédent, sont immédiatement remplacés par les jurés supplémentaires, que le magistrat directeur du jury appelle dans l'ordre de leur inscription.

En cas d'insuffisance, le magistrat directeur du jury, choisit, sur la liste dressée en vertu de l'article 30, les personnes nécessaires pour compléter le nombre des cinq jurés.

ARTICLE 38.

Le magistrat directeur du jury est assisté, auprès du jury spécial, du greffier ou commis greffier de la Cour d'appel, qui appelle successivement les causes sur lesquelles le jury doit statuer, et tient procès-verbal des délibérations.

Lors de l'appel, l'administration a le droit d'exercer une récusation péremptoire ; la partie adverse a le même droit.

Dans le cas ou plusieurs parties intéressées figurent dans la même affaire, elles s'entendent pour l'exercice du droit de récusation ; sinon, le sort désignera celles qui doivent en user.

Si le droit de récusation n'est pas exercé, ou s'il ne l'est que partiellement, le magistrat directeur du jury procède à la réduction des jurés au nombre de trois, en retranchant les derniers noms de la liste.

ARTICLE 39.

Le jury spécial n'est constitué que lorsque les trois jurés sont présents.

ARTICLE 40.

Lorsque le jury est constitué, chaque juré prête serment de remplir ses fonctions avec impartialité.

ARTICLE 41.

Le magistrat directeur du jury met sous les yeux des jurés :

1° Le tableau des offres et demandes notifiées en exécution des articles 23 et 24 ;

2° Les plans parcellaires et les titres ou autres documents produits par les parties à l'appui de leurs offres ou demandes.

Les parties ou leurs fondés de pouvoir peuvent présenter sommairement leurs observations.

Le jury pourra entendre toutes les personnes qu'il croira pouvoir l'éclairer.

Il pourra également se transporter sur les lieux, ou déléguer à cet effet un de ses membres.

La discussion est publique, elle peut être continuée à une autre séance.

ARTICLE 42.

La clôture de l'instruction est prononcée par le magistrat directeur du jury.

Les jurés se retirent immédiatement dans leur chambre pour délibérer, sans désemparer, sous la présidence de l'un d'eux, qu'ils désignent à l'instant même.

La décision du jury fixe le montant de l'indemnité ; elle est prise à la majorité des voix.

ARTICLE 43.

Le jury prononce des indemnités distinctes en faveur des parties qui les réclament, à des titres différents, comme propriétaires, fermiers, locataires, usagers, et autres intéressés dont il est parlé à l'article 21.

Dans le cas d'usufruit, une seule indemnité est fixée par le jury, eu égard à la valeur totale de l'immeuble ; le nu propriétaire et l'usufruitier exercent leurs droits sur le montant de l'indemnité au lieu de l'exercer sur la chose.

L'usufruitier sera tenu de donner caution ; les père et mère ayant l'usufruit légal de leurs enfants, en seront seuls dispensés.

Lorsqu'il y a litige sur le fond du droit ou sur la qualité des réclamants, et toutes les fois qu'il s'élève des difficultés étrangères à la fixation du montant de l'indemnité, le jury règle l'indemnité indépendamment de ces litiges et difficultés, sur lesquels les parties sont renvoyées à se pourvoir devant qui de droit.

L'indemnité allouée par le jury ne peut en aucun cas être inférieure aux offres de l'administration, ou supérieure à la demande de la partie intéressée.

Article 44.

Si l'indemnité réglée par le jury ne dépasse pas l'offre de l'administration, les parties qui l'auront refusée seront condamnées aux dépens.

Si l'indemnité est égale à la demande des parties, l'administration sera condamnée aux dépens.

Si l'indemnité est à la fois supérieure à l'offre de l'administration et inférieure à la demande des parties, les dépens seront répartis, de manière à être supportés par les parties et l'administration, dans les proportions de leur offre ou de leur demande avec la décision du jury.

Tout indemnitaire qui ne se trouvera pas dans le cas des articles 25 et 26, sera condamné aux dépens, quelle que soit l'estimation ultérieure du jury, s'il a omis de se conformer aux dispositions de l'article 24.

Article 45.

La décision du jury, signée des membres qui y ont concouru, est remise par le président au magistrat directeur, qui la déclare exécutoire, statue sur les dépens, et envoie l'administration en possession de la propriété, à la charge par elle de se conformer aux dispositions des articles 56 et suivants.

Ce magistrat taxe les dépens ; cette taxe ne comprendra que les actes faits postérieurement aux offres de l'administration, les frais des actes antérieurs demeurant, dans tous les cas, à la charge de cette dernière.

Article 46.

La décision du jury et l'ordonnance du magistrat directeur ne peuvent être attaquées que par la voie du recours en annulation, et seulement pour violation des articles 31 et 35, des 2e et 4e paragraphes de l'article 38, et des articles 39, 40, 41, 42, 43 et 44.

Le délai sera de quinze jours pour ce recours, qui sera d'ailleurs formé, notifié et jugé comme il est dit en l'article 20 ; il courra à partir du jour de la décision.

Article 47.

Lorsqu'une décision du jury aura été annulée, l'affaire sera renvoyée devant un nouveau jury.

Il sera procédé, à cet effet, conformément à l'article 31.

Article 48.

Le jury ne connaît que des affaires dont il a été saisi au moment de la convocation, et statue successivement et sans interruption sur chacune

de ces affaires. Il ne peut se séparer qu'après avoir réglé toutes les indemnités dont la fixation lui a été ainsi déférée.

ARTICLE 49.

Les opérations commencées par un jury, et qui ne sont pas encore
terminées au moment du renouvellement annuel de la liste générale
mentionnée en l'article 29, sont continuées jusqu'à conclusion définitive
par le même jury.

ARTICLE 50.

Après la clôture des opérations du jury, les minutes de ses décisions
et les autres pièces qui se rattachent auxdites opérations sont déposées
au greffe de la Cour de Saïgon.

CHAPITRE III. — DES RÈGLES A SUIVRE POUR LA FIXATION DES INDEMNITÉS.

ARTICLE 51.

Le jury est juge de la sincérité des titres et de l'effet des actes qui
seraient de nature à modifier l'estimation de l'indemnité.

ARTICLE 52.

Dans le cas, où l'administration contesterait au détenteur exproprié le
droit à une indemnité, le jury, sans s'arrêter à la contestation, dont il
renvoie le jugement devant qui de droit, fixe l'indemnité comme si elle
était due, et le magistrat directeur du jury en ordonne la consignation ;
pour ladite indemnité rester déposée jusqu'à ce que les parties se soient
entendues, ou que le litige soit vidé.

ARTICLE 53.

L'indemnité doit comprendre, s'il y a lieu, outre la valeur vénale de
l'immeuble exproprié, tout ce qui pourrait augmenter cette valeur comme
bâtiments, plantations, immeubles par destination, ainsi que les récoltes
sur pied, lorsque la dépossession a lieu avant la récolte.

Les constructions, plantations, et autres améliorations ne donneront
lieu à aucune indemnité, lorsque, à raison de l'époque à laquelle elles
auront été faites, ou de toutes autres circonstances dont l'appréciation lui
est abandonnée, le jury acquiert la conviction qu'elles ont été faites dans
le but d'obtenir une indemnité plus élevée.

ARTICLE 54.

Si l'exécution des travaux doit procurer une augmentation de valeur immédiate et spéciale au restant de la propriété, cette augmentation sera prise en considération dans l'évaluation du montant de l'indemnité.

Si le restant de la propriété a subi, au contraire, une dépréciation, l'indemnité doit comprendre, en outre de la valeur de la portion expropriée une somme égale à la moins-value de la portion non vendue.

ARTICLE 55.

Les bâtiments dont il est nécessaire d'acquérir une portion pour cause d'utilité publique, seront achetés en entier, si les propriétaires le requièrent, par une déclaration formelle adressée au magistrat directeur du jury dans les délais des articles 24 et 27.

Il en sera de même de toute parcelle de terrain qui, par suite du morcellement, se trouvera réduite au quart de la contenance totale si toutefois le propriétaire ne possède aucun terrain immédiatement contigu, et si la parcelle ainsi réduite est inférieure à dix ares.

TITRE V. — *Du paiement des indemnités.*

ARTICLE 56.

Les indemnités réglées par le jury, seront, préalablement à la prise de possession, acquittées entre les mains des ayants droit.

S'ils se refusent à la recevoir, la prise de possession aura lieu après offres réelles et consignation.

S'il s'agit de travaux exécutés par l'État, la colonie, ou les communes, les offres réelles pourront s'effectuer au moyen d'un mandat égal au montant de l'indemnité réglée par le jury : ce mandat, délivré par l'ordonnateur compétent, visé par le payeur, sera payable à la caisse publique qui s'y trouvera désignée.

Si les ayants droit refusent de recevoir le mandat, la prise de possession aura lieu après consignation en espèces.

ARTICLE 57.

Il ne sera pas fait d'offres réelles, toutes les fois qu'il existera des inscriptions sur l'immeuble exproprié, ou d'autres obstacles au versement des sommes entre les mains des ayants droit ; dans ce cas, il suffira que les sommes dues par l'administration soient consignées, pour être ultérieurement remises ou distribuées selon les règles du droit commun.

ARTICLE 58.

Si, dans les six mois du jugement d'expropriation, l'administration ne poursuit pas la fixation de l'indemnité, les parties pourront exiger qu'il soit procédé à cette fixation.

Quand l'indemnité aura été réglée, si elle n'est ni acquittée, ni consignée dans les six mois de la décision du jury, les intérêts courront de plein droit à l'expiration de ce délai.

TITRE VI. — *Dispositions diverses.*

ARTICLE 59.

Les contrats de vente, quittances et autres actes relatifs à l'acquisition des terrains, peuvent être passés dans la forme des actes administratifs ; la minute restera déposée au secrétariat général de la direction de l'intérieur.

ARTICLE 60.

Les significations et notifications mentionnées au présent décret, sont faites à la diligence du directeur de l'intérieur.

S'il s'agit de travaux communaux, elles sont faites au maire de Saïgon ou aux administrateurs des affaires indigènes, ou à leur diligence.

S'il s'agit de travaux concédés, elles sont faites aux concessionnaires ou à leur diligence.

ARTICLE 61.

Les significations et notifications peuvent être faites tant par huissier que par tout agent de l'administration dont les procès-verbaux font foi en justice.

Ces derniers se conformeront aux prescriptions imposées aux huissiers par les articles 61, 63, 64 et 68 du Code de procédure civile.

ARTICLE 62.

Les plans, procès-verbaux, certificats, significations, jugements, contrats, quittances et autres actes faits en vertu du présent décret, seront enregistrés gratis, lorsqu'il y aura lieu à la formalité de l'enregistrement.

Il ne sera perçu aucun droit pour la transcription des actes au bureau des hypothèques.

Les droits perçus sur les acquisitions amiables faites antérieurement aux arrêtés du Gouverneur, seront restitués lorsque, dans le délai de deux ans à partir de la perception, il sera justifié que les immeubles acquis sont compris dans ces arrêtés.

La restitution des droits ne pourra s'appliquer à la portion des immeubles qui aura été reconnue nécessaire à l'exécution des travaux.

ARTICLE 63.

Lorsqu'un propriétaire aura accepté les offres de l'administration, le montant de l'indemnité devra, s'il l'exige, et s'il n'y a pas de contestations de la part des tiers dans les délais prescrits par les articles 24 et 27, être versé à la caisse des dépôts et consignations, pour être remis et distribué à qui de droit selon les règles du droit commun.

ARTICLE 64.

Si les terrains bâtis ou non bâtis, acquis à l'amiable ou expropriés pour cause d'utilité publique, ne reçoivent pas cette destination, les anciens propriétaires ou leurs ayants droit peuvent en demander la remise.

Le prix des terrains rétrocédés est fixé à l'amiable, et s'il n'y a pas accord, par le jury, dans les formes ci-dessus prescrites. La fixation du jury ne peut, en aucun cas, excéder la somme moyennant laquelle les terrains ont été acquis.

ARTICLE 65.

Un avis, publié de la manière indiquée en l'article 6, fait connaître les terrains que l'administration est dans le cas de revendre. Dans les trois mois de cette publication, les anciens propriétaires qui veulent réacquérir la propriété desdits terrains, sont tenus de le déclarer, et dans le mois de la fixation du prix, soit amiable, soit par le jury, ils doivent passer le contrat de rachat et payer le prix, le tout à peine de déchéance du privilège que leur accorde l'article précédent.

ARTICLE 66.

Les dispositions des articles 64 et 65 ne sont pas applicables aux terrains qui auront été acquis sur la réquisition du propriétaire, en vertu de l'article 54, et qui resteront disponibles après l'exécution des travaux.

Toutefois, cette exception ne s'applique pas au cas où, par suite de modifications apportées aux travaux, on n'y aura employé aucune portion des terrains vendus dans les conditions dudit article 54.

ARTICLE 67.

Les concessionnaires des travaux publics exerceront tous les droits conférés à l'administration et seront soumis à toutes les obligations qui lui sont imposées par le présent décret;

TITRE VII. — *Dispositions exceptionnelles.*

CHAPITRE PREMIER. — Travaux ordinaires en cas d'urgence.

Article 68.

Lorsqu'il y aura urgence de prendre possession des terrains non bâtis qui seront soumis à l'expropriation, l'urgence sera spécialement déclarée par un arrêté du Gouverneur.

Article 69.

En ce cas, après le jugement d'expropriation, l'acte qui déclare l'urgence et le jugement seront notifiés, conformément au 2⁰ paragraphe de l'article 15, aux propriétaires et aux détenteurs, avec assignation devant le tribunal de la situation des terrains.

L'assignation sera donnée dans les délais légaux en Cochinchine, elle énoncera la somme offerte par l'administration.

Article 70.

Au jour fixé, le propriétaire et les détenteurs seront tenus de déclarer la somme dont ils demandent la consignation avant l'envoi en possession.

Faute par eux de comparaître, il sera procédé en leur absence.

Article 71.

Le tribunal fixe le montant de la somme à consigner.

Le tribunal peut se transporter sur les lieux, ou commettre un juge pour visiter les terrains, recueillir tous les renseignements propres à en déterminer la valeur, et dresser s'il y lieu, un procès-verbal descriptif. Cette opération devra être terminée dans les cinq jours, à dater du jugement qui l'aura ordonnée.

Dans les trois jours de la remise de ce procès-verbal, au greffe ou dans les bureaux de l'administrateur chargé de la justice, suivant les cas, le tribunal déterminera la somme à consigner.

Article 72.

La consignation doit comprendre, outre le principal, la somme nécessaire pour assurer pendant deux ans le paiement des intérêts aux taux légal en Cochinchine.

Article 73.

Sur le vu du procès-verbal de consignation et sur une nouvelle assignation à deux jours de délai au moins, le président ordonnera la prise de possession.

ARTICLE 74.

Le jugement du tribunal et l'ordonnance du président sont exécutoires sur minute, et ne peuvent être attaqués par opposition ou par appel.

ARTICLE 75.

Le président taxera les dépens, qui seront supportés par l'administration.

ARTICLE 76.

Le mode de règlement de l'indemnité est le même que dans les cas ordinaires. En conséquence, il sera, après la prise de possession, à la requête de la partie la plus diligente, procédé à la fixation définitive de l'indemnité conformément au titre IV.

ARTICLE 77.

Si cette fixation est supérieure à la somme qui a été déterminée par le tribunal, le supplément doit être consigné dans la quinzaine de la notification de la décision du jury, et, à défaut, le propriétaire peut s'opposer à la continuation des travaux. Si elle est inférieure, le magistrat directeur ordonnera le remboursement de l'excédant à l'administration.

CHAPITRE II. — TRAVAUX MILITAIRES ET DE LA MARINE NATIONALE.

ARTICLE 78.

Les formalités prescrites par les titres I et II du présent décret ne sont applicables ni aux travaux militaires, ni aux travaux de la marine nationale.

Pour ces travaux, un arrêté du Gouverneur détermine les terrains qui sont soumis à l'expropriation.

ARTICLE 79.

Lorsqu'il y aura urgence d'exproprier ou d'occuper temporairement des propriétés privées qui seront jugées nécessaires pour les travaux de fortification, les formalités des titres I et II ne sont pas non plus applicables.

Des arrêtés du Gouverneur déclarent spécialement l'urgence, autorisent les travaux, déclarent l'utilité publique, et désignent les propriétés bâties ou non bâties auxquelles l'expropriation est applicable.

ARTICLE 80.

Dans les vingt-quatre heures de la réception des arrêtés du Gouverneur, dont il est parlé en l'article précédent, M. le chef du service administratif et le directeur de l'intérieur en transmettront ampliation au tribunal de l'arrondissement où sont situées les propriétés qu'il s'agira d'exproprier, et au maire, si les biens sont situés dans le territoire de la ville de Saïgon, ou à l'administrateur des affaires indigènes, s'ils sont situés partout ailleurs.

Le tribunal ordonnera immédiatement son transport sur les lieux avec un expert qu'il nommera d'office.

Le maire ou l'administrateur feront publier sans délai les arrêtés du Gouverneur, ainsi qu'il est dit en l'article 6, et par tous autres moyens de publicité. Ces publications et affiches seront notifiées par eux.

ARTICLE 81.

L'ordonnance aux fins de transport fixera les jour et heure de la descente sur les lieux, et sera signifiée dans les vingt-quatre heures, au maire ou à l'administrateur de la commune où le transport doit s'effectuer, et à l'expert nommé par le tribunal.

Le transport s'effectuera dans les dix jours de l'ordonnance, et seulement huit jours après sa signification.

ARTICLE 82.

Le maire ou l'administrateur dans le ressort duquel se trouve la commune de la situation des biens, sur les indications qui lui seront données par l'agent militaire chargé de la direction des travaux, et sur la communication du plan, convoquera, au moins cinq jours à l'avance, pour les les jour et heure indiqués dans l'ordonnance : 1° les propriétaires intéressés, et, s'ils ne restent pas sur les lieux, leurs agents, mandataires ou ayants cause ; 2° les usufruitiers et autres personnes intéressées, telles que fermiers, locataires, ou autres occupants, à quelque titre que ce soit.

Les personnes ainsi convoquées peuvent se faire assister par un expert ou arpenteur.

ARTICLE 83.

Aux jour et heure indiqués, le juge, le maire ou l'administrateur des affaires indigènes, l'agent militaire, l'expert désigné par le tribunal, et un expert ingénieur, architecte ou arpenteur désigné par le chef du service administratif, se réunissent sur les lieux.

Les experts prêteront préalablement serment sur les lieux, et il en sera fait mention au procès-verbal.

L'agent déterminera, en présence de tous, par des pieux et piquets, le périmètre des terrains dont l'exécution des travaux nécessitera l'occupation.

ARTICLE 84.

Cette opération achevée, l'expert désigné par le chef du service administratif, procédera immédiatement et sans désemparer, à la levée du plan parcellaire, pour indiquer dans le plan général des circonscriptions les limites et la superficie des propriétés particulières.

ARTICLE 85.

L'expert nommé par le tribunal dressera un procès-verbal qui comprendra : 1° la désignation des lieux, des cultures, plantations, clôtures, bâtiments et autres accessoires des fonds ; cet état descriptif sera assez détaillé pour pouvoir servir de base à l'appréciation de la valeur foncière, et, en cas de besoin, de la valeur locative, ainsi que des dommages-intérêts résultant des changements ou dégâts qui pourront avoir lieu ultérieurement ; 2° l'estimation de la valeur foncière et locative de chaque parcelle de ces dépendances, ainsi que l'indemnité qui pourra être due pour frais de déménagement, pertes de récoltes, détériorations d'objets mobiliers, ou tous autres dommages.

Ces diverses opérations auront lieu contradictoirement avec l'expert nommé par le chef du service administratif, avec les parties intéressées, si elles sont présentes, ou avec l'expert qu'elles auront désigné. Si elles sont absentes, et n'ont pas nommé d'expert, ou si elles n'ont pas la libre disposition de leurs droits, le tribunal désignera un expert pour les représenter.

ARTICLE 86.

L'expert nommé par le tribunal devra, dans son procès-verbal :

1° Indiquer la nature et la contenance de chaque propriété, la nature des constructions, l'usage auquel elles sont destinées, les motifs des évaluations diverses, et le temps qu'il paraît nécessaire d'accorder aux occupants pour évacuer les lieux ;

2° Transcrire l'avis de chacun des autres experts, et les observations et réquisitions, telles qu'elles lui seront faites par l'agent militaire, du maire ou de l'administrateur, et des parties intéressées ou de leurs représentants;

Chacun signera ses dires, ou mention sera faite de la cause qui l'en empêche.

ARTICLE 87.

Le juge dressera procès-verbal de la descente sur les lieux.

ARTICLE 88.

Lorsque les propriétaires ayant le libre exercice de leurs droits, consentiront à la cession demandée, et aux conditions offertes par l'administration, il sera passé entre eux et le chef du service administratif un acte de vente qui sera rédigé dans la forme des actes d'administration, et dont la minute restera déposée aux archives de la Direction de l'intérieur.

Dans ce cas, la purge des privilèges et hypothèques a lieu suivant les formes abrégées établies dans l'article 19 ci-dessus.

ARTICLE 89.

Si les propriétaires refusent les conditions qui leur sont offertes, le tribunal, sur le vu de la minute du procès-verbal dressé par l'expert, et du procès-verbal de la descente sur les lieux, déterminera en une audience tenue aussitôt après le retour au chef-lieu, et en procédant comme en matière sommaire, sans retard et sans frais : 1° l'indemnité de déménagement à payer aux détenteurs avant l'occupation ; 2° l'indemnité approximative et provisionnelle de dépossession qui doit être consignée, sauf règlement ultérieur et définitif, préalablement à la prise de possession.

ARTICLE 90.

Le même jugement prononce l'expropriation pour cause d'utilité publique, des terrains ou bâtiments indiqués dans les arrêtés du Gouverneur.

Il autorisera l'administration à se mettre en possession, à la charge : 1° de payer sans délai l'indemnité de déménagement due au propriétaire ; 2° de signifier, avec le jugement, l'acte de consignation de l'indemnité provisionnelle de dépossession.

Il déterminera le délai dans lequel, après l'accomplissement de ces formalités, les détenteurs seront tenus d'abandonner les lieux. Ce délai ne pourra excéder cinq jours pour les propriétés non bâties, et dix jours pour les propriétés bâties.

ARTICLE 91.

Le jugement ne pourra être attaqué que par la voie indiquée par l'article 28, dont toutes les dispositions sont applicables à la matière spéciale réglée par le présent chapitre.

Toutefois, le recours devra avoir lieu dans les quarante-huit heures de la notification du jugement ; et, dans la huitaine de la notification dudit recours, les pièces seront adressées à la Cour d'appel qui statuera dans la quinzaine suivante.

Le délai de quarante-huit heures pour se pourvoir contre le jugement, ne court que du jour où se trouvent remplies les formalités de publications et d'affiches prescrites par l'article 15 du présent décret.

ARTICLE 92.

Les régles posées dans les articles 16, 17 et 18 du présent décret, sont applicables en matière d'expropriation pour travaux militaires.

ARTICLE 93.

A l'expiration du délai de quinzaine prescrit par l'article 17, l'indemnité provisionnelle sera exigible de plein droit ; à moins qu'il n'y ait des inscriptions, ou des saisies-arrêts ou oppositions. Dans ce cas, elle sera consignée, pour être ultérieurement remise ou distribuée, selon les règles du droit commun.

ARTICLE 94.

L'acceptation de l'indemnité approximative et provisionnelle de dépossession ne fera aucun préjudice à la fixation de l'indemnité définitive. De même, la consignation ou le payement de ladite indemnité par l'administration, n'emporte pas asquiescement de sa part à la fixation faite par le tribunal.

ARTICLE 95.

Après la prise de possession, et lorsque les parties intéressées n'ont pas accepté les offres de l'administration, le règlement définitif de l'indemnité est opéré par le jury, et il sera procédé conformément aux dispositions du titre IV du présent décret.

ARTICLE 96.

Si l'indemnité ainsi fixée par le jury, excède l'indemnité provisionnelle, cet excédant est payé au propriétaire, ou consigné, selon qu'il existe ou non des inscriptions, saisies-arrêts ou oppositions.

Si elle est inférieure, le propriétaire devra restituer la différence.

ARTICLE 97.

Sont applicables en matière d'expropriation pour travaux militaires, les dispositions du titre VI du présent décret concernant les formalités des actes, leur enregistrement, leur signification, ainsi que le droit de préemption accordé aux propriétaires à l'égard des terrains non employés aux travaux.

SECTION II. — Occupation temporaire pour travaux militaires urgents.

ARTICLE 98.

L'occupation temporaire prescrite par les arrêtés dont il est parlé en l'article 79, ne pourra avoir lieu que pour des propriétés non bâties.

ARTICLE 99.

L'indemnité annuelle représentative de la valeur locative de ces propriétés, et du dommage résultant du fait de la dépossession, sera réglée à l'amiable ou par autorité de justice, et payée par moitié, de mois en mois, au propriétaire, ou au fermier, le cas échéant.

Lors de la remise des terrains qui n'auront été occupés que temporairement, l'indemnité que pour les détériorations causées par les travaux ou par la différence entre l'état des lieux au moment de leur remise et l'état constaté par le procès-verbal descriptif, sera payée sur règlement amiable ou judiciaire, soit au fermier ou exploitant, soit au propriétaire, selon leurs droits respectifs.

ARTICLE 100.

Si dans le cours du premier trimestre de la troisième année d'occupation provisoire, le propriétaire ou ses ayants droit ne sont pas remis en possession, il pourra exiger, et l'État devra payer l'indemnité pour la cession de l'immeuble, qui deviendra dès lors propriété publique.

L'indemnité foncière sera réglée non sur l'état de la propriété à cette époque, mais sur son état au moment de l'occupation constaté par le procès-verbal descriptif.

Le règlement de l'indemnité aura lieu conformément aux dispositions du titre IV du présent décret.

TITRE VIII. — *Dispositions générales.*

ARTICLE 101.

Le présent décret est applicable à tous les habitants de la colonie;

sans distinction de nationalité : toutefois dans les cas où les suites de l'expropriation viendraient à soulever des questions de propriété ou d'autres droits réels, intéressant le statut personnel et réel des indigènes ou asiatiques, il y aura lieu, pour les trancher, de se référer au Code annamite.

ARTICLE 102.

Le tarif des frais et dépens, pour tous les actes qui seront faits en vertu du présent décret, sera réglé par un arrêté provisoirement exécutoire, rendu par le Gouverneur, en conseil privé, et soumis à l'approbation du Ministre de la marine et des colonies.

ARTICLE 103.

Le Ministre de la marine et des colonies est chargé de l'exécution du présent décret qui sera inséré au *Bulletin des lois* et au *Bulletin officiel de la marine.*

GUYANE FRANÇAISE

RAPPORT

AU PRÉSIDENT DE LA RÉPUBLIQUE FRANÇAISE

Paris, le 2 juin 1881.

MONSIEUR LE PRÉSIDENT,

L'expropriation pour cause d'utilité publique est encore régie à la Guyane française par l'ordonnance du 9 octobre 1823, dont les dispositions ne sont en harmonie ni avec le droit public actuel, ni avec les institutions électives dont le pays est aujourd'hui pourvu.

Aux Antilles et à la Réunion, un sénatus-consulte, qui date du 3 mai 1856, a rendu applicable à ces colonies, sous réserve de certaines dispositions de détail, la loi de France du 3 mai 1841. Le Gouverneur de la Guyanne a demandé que ce sénatus-consulte y fût rendu exécutoire, sauf de légères modifications exigées par la constitution administrative actuelle de la colonie, et qui auraient d'ailleurs pour résultat que la réglementation à intervenir se rapprocherait d'avantage de la législation métropolitaine.

Ainsi, aux Antilles et à la Réunion, il n'y avait pas de liste électorale en 1856, et, pour y suppléer, le sénatus-consulte du 3 mai avait confié au Directeur de l'intérieur le soin de dresser la liste des personnes parmi lesquelles le conseil général avait à choisir celles susceptibles d'être appelées à composer ce jury spécial.

Ces listes électorales existant aujourd'hui, il n'y a plus de raison pour maintenir ce régime d'exception, et, comme en France, c'est sur ces listes que le conseil général aura à faire son choix.

Aux Antilles, comme en France, les mesures d'administration que comportent les opérations d'expropriation s'exercent dans le ressort de l'arrondissement. A la Guyane, il n'y a pas de division administrative de ce genre. C'est donc le chef-lieu de la colonie qu'il a fallu adopter pour l'accomplissement des formalités administratives dont il s'agit et qui sont à remplir en dehors de la commune.

Enfin, et en ce qui concerne les biens de la colonie, le Gouverneur aux termes du sénatus-consulte de 1856, pouvait les aliéner, « après avis du conseil général ». Cette disposition n'était plus à maintenir en présence des pouvoirs que le décret du 23 décembre 1878 a conférés au conseil général de la Guyane. L'assemblée locale a, dans l'espèce, en effet, un pouvoir de décision. Par suite, la nouvelle réglementation dispose que le Gouverneur, pour pouvoir aliéner les biens de la colonie, devra y être autorisé par la délibération du conseil général. C'est, au surplus, la législation métropolitaine.

Aux termes du sénatus-consulte du 3 mai 1854, sur la constitution des colonies, les colonies autres que les Antilles et la Réunion sont régies par décrets. C'est donc sous cette forme qu'il y avait lieu d'introduire à la Guyane la réglementation demandée par le Gouverneur en matière d'expropriation publique, et tel est, Monsieur le Président, l'objet du décret ci-joint que j'ai l'honneur de présenter à votre signature.

Sous la réserve des observations qui précèdent et des mesures de détail qui en sont la conséquence, ce décret reproduit les dispositions édictées par le sénatus-consulte de 1856, applicable aux Antilles et à la Réunion.

Je vous prie d'agréer, Monsieur le Président, l'hommage de mon profond respect.

Le Ministre de la marine et des colonies,

G. CLOUÉ.

LE PRÉSIDENT DE LA RÉPUBLIQUE FRANÇAISE,
Sur le rapport du Ministre de la marine et des colonies ;

Vu l'article 18 du sénatus-consulte du 3 mai 1854, sur la constitution des colonies.

DÉCRÈTE :

TITRE Ier. — *Dispositions préliminaires.*

ARTICLE PREMIER.

L'expropriation pour cause d'utilité publique s'opère par autorité de justice.

ARTICLE 2.

Les tribunaux ne peuvent prononcer l'expropriation qu'autant que l'utilité en a été constatée et déclarée dans les formes prescrites par le présent décret.

Ces formes consistent :

1º Dans le décret ou dans l'arrêté du Gouverneur, pris en conseil privé, qui autorise l'exécution des travaux pour lesquels l'expropriation est requise, selon que ces travaux sont à la charge de l'Etat ou à la charge de la colonie ;

2º Dans l'arrêté du Gouverneur, pris en conseil privé, qui désigne les localités ou territoires sur lequels les travaux doivent avoir lieu, lorsque cette désignation ne résulte pas du décret ou de l'arrêté mentionné au paragraphe précédent ;

3º Dans l'arrêté ultérieur, pris en conseil privé, par lequel le Gouverneur détermine les propriétés particulières auxquelles l'expropriation est applicable.

Cette application ne peut être faite à aucune propriété particulière qu'après que les parties intéressées ont été mises en état de fournir leurs contredits, selon les règles exprimées au titre II.

ARTICLE 3.

Le décret ou l'arrêté du Gouverneur qui autorise des travaux pour l'exécution desquels l'expropriation est requise, n'est rendu qu'après une enquête administrative.

L'arrêté du Gouverneur est également précédé d'un avis du conseil général.

TITRE II. — *Des mesures d'administration relatives à l'expropriation.*

ARTICLE 4.

Les ingénieurs ou autres gens de l'art chargés de l'exécution des travaux lèvent, pour la partie qui s'étend sur chaque commune, le plan parcellaire des terrains ou des édifices dont la cession leur paraît nécessaire.

ARTICLE 5.

Le plan desdites propriétés particulières, indicatif des noms de chaque propriétaire, tels qu'ils sont inscrits sur la matrice des rôles, reste déposé, pendant huit jours, à la mairie de la commune où les propriétés sont situées, afin que chacun puisse en prendre connaissance.

ARTICLE 6.

Le délai fixé à l'article précédent ne court qu'à dater de l'avertissement, qui est donné collectivement aux parties intéressées, de prendre communication du plan déposé à la mairie.

Cet avertissement est publié à son de trompe ou de caisse dans la commune, et affiché tant à la principale porte de l'église du lieu qu'à celle de la maison commune.

Il est, en outre, inséré au *Journal officiel de la colonie*.

ARTICLE 7.

Le maire certifie ces publications et affiches ; il mentionne, sur un procès-verbal qu'il ouvre à cet effet et que les parties qui comparaissent sont requises de signer, les déclarations et réclamations qui lui ont été faites verbalement, et y annexe celles qui lui sont transmises par écrit.

ARTICLE 8.

A l'expiration du délai de huitaine prescrit par l'article 5, une commission se réunit au chef-lieu de la colonie.

Cette commission, présidée par le directeur de l'intérieur ou par un fonctionnaire que désignera le Gouverneur, sera composée de quatre membres choisis par le Gouverneur dans le sein du conseil général ou parmi les principaux propriétaires de la colonie, du maire de la commune où les propriétés sont situées et de l'un des ingénieurs chargés de l'exécution des travaux.

La commission ne peut délibérer valablement qu'autant que cinq de ses membres au moins sont présents.

Dans le cas où le nombre des membres présents serait de six, et où il y aurait partage d'opinion, la voix du président sera prépondérante.

Les propriétaires qu'il s'agit d'exproprier ne peuvent être appelés à faire partie de la commission.

ARTICLE 9.

La commission reçoit, pendant huit jours, les observations des propriétaires.

Elle les appelle toutes les fois qu'elle le juge convenable. Elle donne son avis.

Les opérations doivent être terminées dans le délai de dix jours ; après quoi le procès-verbal est adressé immédiatement par le président de la commission à la Direction de l'intérieur.

Dans le cas où lesdites opérations n'auraient pas été mises à fin dans le délai ci-dessus, le président de la commission devra, dans les trois jours, transmettre à la Direction de l'intérieur son procès-verbal et les les documents recueillis.

ARTICLE 10.

Si la commission propose quelques changements au tracé indiqué par les ingénieurs, le président de la commission devra, dans la forme indiquée par l'article 6, en donner immédiatement avis aux propriétaires que ces changements pourront intéresser.

Pendant huitaine, à dater de cet avertissement, le procès-verbal et les pièces resteront déposés dans le bureau de l'administration intérieure ; les parties intéressées pourront en prendre communication sans déplacement et sans frais, et fournir leurs observations écrites.

Dans les trois jours suivants, le président de la commission transmettra toutes les pièces à la Direction de l'intérieur.

ARTICLE 11.

Sur le vu du procès-verbal et des documents y annexés, le Gouverneur détermine, par un arrêté motivé, les propriétés qui doivent être cédées, et indique l'époque à laquelle il sera nécessaire d'en prendre possession. Toutefois, dans le cas où il résulterait de l'avis de la commission qu'il y aurait lieu de modifier le tracé des travaux ordonnés, le Gouverneur, en conseil privé, pourra, suivant les circonstances, ou statuer définitivement, ou ordonner qu'il soit procédé de nouveau à tout ou partie des formalités prescrites par les articles précédents.

ARTICLE 12.

Les dispositions des articles 8, 9 et 10 ne sont pas applicables au cas où l'expropriation serait demandée par une commune et dans un intérêt purement communal, non plus qu'aux travaux d'ouverture ou de redressement des chemins vicinaux.

Dans ce cas, le procès-verbal prescrit par l'article 7 est transmis, avec l'avis du conseil municipal, par le maire au directeur de l'intérieur.

Le Gouverneur, en conseil privé, sur le vu de ce procès-verbal, prononcera comme il est dit en l'article précédent.

TITRE III. — *De l'expropriation et de ses suites quant aux privilèges, hypothèques et autres droits réels.*

ARTICLE 13.

Si les biens de mineurs, d'interdits, d'absents ou autres incapables sont compris dans les plans déposés en vertu de l'article 5 ou dans les modifications admises par le Gouverneur, aux termes de l'article 11 du présent décret, les tuteurs, ceux qui ont été envoyés en possession provisoire et tous représentants des incapables peuvent, après autorisation du tribunal, donnée sur simple requête, en la chambre du conseil, le ministère public entendu, consentir amiablement à l'aliénation desdits biens.

Le tribunal ordonne les mesures de conservation ou de remploi qu'il juge nécessaires.

Ces dispositions sont applicables aux immeubles dotaux et aux majorats.

Le Gouverneur pourra, dans le même cas, aliéner les biens de la colonie, s'il y est autorisé par délibération du conseil général. Les maires ou administrateurs pourront aliéner les biens des communes ou établissements publics, s'il y sont autorisés par arrêté du Gouverneur, en conseil privé, après avis du conseil municipal ou du conseil d'administration.

Le Gouverneur peut consentir à l'aliénation des biens de l'Etat, s'il y est autorisé par le Ministre de la marine et des colonies.

A défaut des conventions amiables, soit avec les propriétaires des terrains ou bâtiments dont la cession est reconnue nécessaire, soit avec ceux qui les représentent, le directeur de l'intérieur transmet au procureur de la République le décret ou l'arrêté du Gouverneur qui autorise l'exécution des travaux et l'arrêté mentionné en l'article 11.

ARTICLE 14.

Dans les trois jours et sur la production des pièces constatant que les formalités prescrites par l'article 2 du titre Ier et par le titre II du présent décret ont été remplies, le procureur de la République requiert et le tribunal prononce l'expropriation, pour cause d'utilité publique, des terrains ou bâtiments indiqués dans l'arrêté du Gouverneur.

Si, dans l'année de l'arrêté du Gouverneur, l'administration n'a pas poursuivi l'expropriation, tout propriétaire dont les terrains sont compris audit arrêté peut présenter requête au tribunal. Cette requête sera communiquée par le procureur de la République au directeur de l'intérieur, qui devra, dans le plus bref délai, envoyer les pièces ; et le tribunal statuera dans les trois jours.

Dans le cas où les propriétaires à exproprier consentiraient à la cession, mais où il n'y aurait pas accord sur le prix, le tribunal donnera acte du consentement, sans qu'il soit besoin de rendre le jugement d'expropriation ni de s'assurer que les formalités prescrites par le titre II ont été remplies.

ARTICLE 15.

Le jugement est publié et affiché, par extrait, dans la commune de la situation des biens, de la manière indiquée en l'article 6. Il est, en outre, inséré au *Journal officiel de la colonie.* Cet extrait, contenant les noms des propriétaires, les motifs et le dispositif du jugement, leur est notifié au domicile qu'ils auront élu dans la colonie par une déclaration faite à la mairie de la commune où les biens sont situés ; et, dans le cas où cette élection de domicile n'aurait pas eu lieu, la notification de l'extrait sera faite, en double copie, au maire et au fermier, locataire, gardien ou régisseur de la propriété.

Toutes les autres notifications prescrites par le présent décret seront faites dans la forme ci-dessus indiquée.

ARTICLE 16.

Le jugement sera, immédiatement après l'accomplissement des formalités prescrites par l'article 15 du présent décret, transcrit au bureau de la conservation des hypothèques, conformément à l'article 2181 du code civil.

ARTICLE 17.

Dans la quinzaine de la transcription, les privilèges et les hypothèques conventionnelles, judiciaires ou légales seront inscrits.

A défaut d'inscription dans ce délai, l'immeuble exproprié sera affranchi de tous privilèges et hypothèques, de quelque nature qu'ils soient, sans préjudice des droits des femmes, mineurs et interdits sur le montant de l'indemnité, tant qu'elle n'a pas été payée ou que l'ordre n'a pas été réglé définitivement entre les créanciers.

Les créanciers inscrits n'auront, dans aucun cas, la faculté de surenchérir, mais ils pourront exiger que l'indemnité soit fixée conformément au titre IV.

ARTICLE 18.

Les actions en résolution, en revendication, et toutes autres actions réelles, ne pourront arrêter l'expropriation ni en empêcher l'effet. Le droit des réclamants sera transporté sur le prix, et l'immeuble demeurera affranchi.

ARTICLE 19.

Les règles posées dans le premier paragraphe de l'article 15 et dans les articles 16, 17 et 18, sont applicables dans le cas de conventions amiables passées entre l'administration et les propriétaires.

Cependant, l'administration peut, sauf les droits des tiers, et sans accomplir les formalités ci-dessus tracées, payer le prix des acquisitions dont la valeur ne s'élèverait pas au-dessus de cinq cents francs.

Le défaut d'accomplissement des formalités de la purge des hypothèques n'empêche pas l'expropriation d'avoir son cours, sauf, pour les parties intéressées, à faire valoir leurs droits ultérieurement, dans les formes déterminées par le titre IV du présent décret.

ARTICLE 20.

Le jugement ne pourra être attaqué que par la voie du recours en annulation devant la cour d'appel, et seulement pour incompétence, excès de pouvoir ou vice de forme du jugement.

Le recours aura lieu, au plus tard, dans les trois jours à dater de la notification du jugement, par déclaration au greffe du tribunal. Il sera notifié dans la huitaine, soit à la partie, au domicile indiqué par l'article 16, soit au directeur de l'intérieur ou au maire, suivant la nature des travaux, le tout à peine de déchéance.

Dans la quinzaine de la notification du recours, les pièces seront adressées à la cour d'appel, qui statuera dans le mois suivant. L'arrêt, s'il est rendu par défaut, à l'expiration de ce délai, ne sera pas susceptible d'opposition.

TITRE IV. — *Du règlement des indemnités.*

CHAPITRE Ier. — MESURES PRÉPARATOIRES.

ARTICLE 21.

Dans la huitaine qui suit la notification prescrite par l'article 15, le propriétaire est tenu d'appeler et de faire connaître à l'administration les fermiers, locataires, ceux qui ont des droits d'usufruit, d'habitation ou d'usage, tels qu'ils sont réglés par le Code civil, et ceux qui peuvent réclamer des servitudes résultant des titres mêmes du propriétaire ou d'autres actes dans lesquels il serait intervenu. Sinon, il restera seul chargé envers eux des indemnités que ces derniers pourront réclamer.

Les autres intéressés seront mis en demeure de faire valoir leurs droits par l'avertissement énoncé en l'article 6, et tenus de se faire connaître à l'administration dans le même délai de huitaine, à défaut de quoi ils seront déchus de tous droits à l'indemnité.

ARTICLE 22.

Les dispositions du présent décret, relatives aux propriétaires et à leurs créanciers, sont applicables à l'usufruitier et à ses créanciers.

ARTICLE 23.

L'administration notifie aux propriétaires et à tous intéressés qui auront été désignés ou qui seront intervenus dans le délai fixé par l'article 21, les sommes qu'elle offre pour indemnité.

Ces offres sont, en outre, affichées et publiées conformément à l'article 6 du présent décret.

ARTICLE 24.

Dans la quinzaine suivante, les propriétaires et autres intéressés sont tenus de déclarer leur acceptation, ou, s'ils n'acceptent pas les offres qui leur sont faites, d'indiquer le montant de leurs prétentions.

ARTICLE 25.

Les femmes mariées sous le régime dotal, assistées de leurs maris, les tuteurs, ceux qui ont été envoyés en possession provisoire des biens d'un absent, et autres personnes qui représentent les incapables, peuvent valablement accepter les offres énoncées en l'article 23, s'ils y sont autorisés dans les formes prescrites par l'article 13.

ARTICLE 26.

Le Gouverneur, les maires ou administrateurs peuvent accepter les offres d'indemnité pour expropriation des biens appartenant à l'État ou à la colonie aux communes et aux établissements publics, dans les formes, et avec les autorisations prescrites par l'article 13.

ARTICLE 27.

Le délai de quinzaine fixé par l'article 24 sera d'un mois dans les cas prévus par les articles 25 et 26.

ARTICLE 28.

Si les offres de l'administration ne sont pas acceptées dans les délais prescrits par les articles 24 et 27, l'administration citera devant le jury, qui sera convoqué à cet effet, les propriétaires et tous autres intéressés qui auront été désignés ou qui seront intervenus, pour qu'il soit procédé au règlement des indemnités de la manière indiquée au chapitre suivant. La citation contiendra l'énonciation des offres qui auront été refusées.

CHAPITRE II. — DU JURY SPÉCIAL CHARGÉ DE RÉGLER LES INDEMNITÉS

ARTICLE 29.

Dans sa session annuelle, le conseil général désigne, sur la liste des électeurs, trente personnes qui ont leur domicile réel dans la colonie, parmi lesquelles sont choisis, jusqu'à la session suivante ordinaire du conseil général, les membres du jury spécial appelé, le cas échéant, à régler les indemnités dues par suite d'expropriation pour cause d'utilité publique.

ARTICLE 30.

Toutes les fois qu'il y a lieu de recourir à un jury spécial, la cour d'appel, en chambre du conseil, désigne dans son sein le magistrat directeur du jury et choisit également en la chambre du conseil, dix personnes qui formeront le jury spécial chargé de fixer définitivement le montant de l'indemnité, et, en outre, deux jurés supplémentaires.

Ne peuvent être choisis :

1° Les propriétaires, fermiers, locataires des terrains et bâtiments désignés en l'arrêté du Gouverneur, pris en vertu de l'article 11, et qui restent à acquérir ;

2° Les créanciers ayant inscription sur lesdits immeubles ;

3° Tous autres intéressés désignés ou intervenant en vertu [des articles 21 et 22.

Les septuagénaires sont dispensés, s'ils le requièrent, des fonctions de juré.

ARTICLE 31.

La liste des dix jurés et des deux jurés supplémentaires est transmise au directeur de l'intérieur, qui, après s'être concerté avec le magistrat directeur du jury, convoque les jurés et les parties, en leur indiquant, au moins huit jours à l'avance, le lieu et le jour de la réunion. La notification aux parties leur fait connaître le nom des jurés.

ARTICLE 32.

Tout juré qui, sans motifs légitimes, manque à l'une des séances ou refuse de prendre part à la délibération, encourt une amende de 100 francs au moins et de 300 francs au plus.

L'amende est prononcée par le magistrat directeur du jury.

Il statue en dernier ressort sur l'opposition qui serait formée par le juré condamné.

Il prononce également sur les causes d'empêchement que les jurés proposent, ainsi que sur les exclusions ou incompatibilités dont les causes ne seraient survenues ou n'auraient été reconnues que postérieurement à la désignation faite en vertu de l'article 30.

ARTICLE 33.

Ceux des jurés qui se trouvent rayés de la liste par suite des empêchements, exclusions ou incompatibilités prévus à l'article précédent, sont immédiatement remplacés par les jurés supplémentaires, que le magistrat directeur du jury appelle dans l'ordre de leur inscription.

En cas d'insuffisance, le magistrat directeur du jury choisit, sur la liste dressée en vertu de l'article 29, les personnes nécessaires pour compléter le nombre des dix jurés.

ARTICLE 34.

Le magistrat directeur du jury est assisté, auprès du jury spécial, du greffier ou du commis greffier du tribunal, qui appelle successivement les causes sur lesquelles le jury doit statuer, et tient procès-verbal des opérations.

Lors de l'appel, l'administration a le droit d'exercer une récusation péremptoire ; la partie adverse a le même droit.

Dans le cas où plusieurs intéressés figurent dans la même affaire, ils s'entendent pour le droit de récusation : sinon, le sort désigne ceux qui doivent en user.

Si le droit de récusation n'est point exercé, ou s'il ne l'est que partiellement, le magistrat directeur du jury procède à la réduction des jurés au nombre de huit, en retranchant les derniers noms inscrits sur la liste.

ARTICLE 35.

Le jury spécial n'est constitué, que lorsque les huit jurés sont présents. Les jurés ne peuvent délibérer valablement qu'au nombre de six.

ARTICLE 36.

Lorsque le jury est constitué, chaque juré prête serment de remplir ses fonctions avec impartialité.

ARTICLE 37.

Le magistrat directeur met sous les yeux du jury :

1° Le tableau des offres et demandes notifiées en exécution des articles 23 et 24 ;

2° Les plans parcellaires et les titres ou autres documents produits par les parties à l'appui de leurs offres et demandes.

Les parties ou leur fondé de pouvoirs peuvent présenter sommairement leurs observations.

Le jury pourra entendre toutes les personnes qu'il croira pouvoir l'éclairer.

Il pourra également se transporter sur les lieux ou déléguer à cet effet un ou plusieurs de ses membres.

La discussion est publique ; elle peut être continuée à une autre séance.

ARTICLE 38.

La clôture de l'instruction est prononcée par le magistrat directeur du jury.

Les jurés se retirent immédiatement dans leur chambre pour délibérer sans désemparer, sous la présidence de l'un d'eux qu'ils désignent à l'instant même.

La décision du jury fixe le montant de l'imdemnité ; elle est prise à la majorité des voix.

En cas de partage, la voix du président du jury est prépondérante.

ARTICLE 39.

Le jury prononce des indemnités distinctes en faveur des parties qui les réclament à des titres différents, comme propriétaires, fermiers, locataires, usagers et autres intéressés dont il est parlé à l'article 21.

Dans le cas d'usufruit, une seule indemnité est fixée par le jury, eu égard à la valeur totale de l'immeuble. Le nu propriétaire et l'usufruitier exercent leurs droits sur le montant de l'indemnité, au lieu de l'exercer sur la chose.

L'usufruitier sera tenu de donner caution : les père et mère ayant l'usufruit légal des biens de leurs enfants en seront seuls dispensés.

Lorsqu'il y a litige sur le fond du droit ou sur la qualité des réclamants, et toutes les fois qu'il s'élève des difficultés étrangères à la fixation du montant de l'indemnité, le jury règle l'indemnité indépendamment de ces litiges et difficultés, sur lesquels les parties sont renvoyées à se pourvoir devant qui de droit.

L'indemnité allouée par le jury ne peut, dans aucun cas, être inférieure aux offres de l'administration, ni supérieure à la demande de la partie intéressée.

ARTICLE 40.

Si l'indemnité réglée par le jury ne dépasse pas l'offre de l'administration, les parties qui l'auront refusée seront condamnées aux dépens.

Si l'indemnité est égale à la demande des parties, l'administration sera condamnée aux dépens.

Si l'indemnité est à la fois supérieure à l'offre de l'administration et inférieure à la demande des parties, les dépens seront compensés de manière à être supportés par les parties et par l'administration, dans les proportions de leur offre ou de leur demande avec la décision du jury.

Tout indemnitaire qui ne se trouvera pas dans le cas des articles 25 et 26 sera condamné aux dépens, qu'elle que soit l'estimation ultérieure du jury, s'il a omis de se conformer aux dispositions de l'article 24.

ARTICLE 41.

La décision du jury, signée des membres qui y ont concouru, est remise par le président au magistrat directeur, qui la déclare exécutoire, statue sur les dépens, et envoie l'administration en possession de la propriété, à la charge par elle de se conformer aux dispositions des articles 53, 54 et suivants.

Ce magistrat taxe les dépens, dont le tarif est déterminé par un arrêté du Gouverneur, pris en conseil privé.

La taxe ne comprendra que les actes faits postérieurement à l'offre de l'administration ; les frais des actes antérieurs demeurent, dans tous les cas, à la charge de l'administration.

ARTICLE 42.

La décision du jury et l'ordonnance du magistrat directeur ne peuvent être attaquées que par la voie du recours en annulation, et seulement pour violation du premier paragraphe de l'article 30, de l'article 31, des deuxième et quatrième paragraphes de l'article 34, et des articles 35, 36, 37, 38, 39 et 40.

Le délai sera de quinze jours pour ce recours, qui sera d'ailleurs formé, notifié et jugé comme il est dit à l'article 20. Il courra à partir du jour de la décision.

ARTICLE 43.

Lorsqu'une décision du jury aura été annulée, l'affaire sera renvoyée devant un nouveau jury.

Il sera procédé à cet effet conformément à l'article 30.

ARTICLE 44.

Le jury ne connaît que des affaires dont il a été saisi au moment de sa convocation, et statue successivement et sans interruption sur chacune de ces affaires.

Il ne peut se séparer qu'après avoir réglé toutes les indemnités dont la fixation lui a été ainsi déférée.

ARTICLE 45.

Les opérations commencées par un jury et qui ne sont pas encore terminées au moment du renouvellement annuel de la liste générale mentionnée en l'article 29 sont continuées, jusqu'à conclusion définitive, par le même jury.

ARTICLE 46.

Après la clôture des opérations du jury, les minutes de ses décisions et les autres pièces qui se rattachent auxdites opérations sont déposées au greffe du tribunal civil.

ARTICLE 47.

Les noms des jurés qui auront fait le service d'une session ne pourront être portés sur le tableau dressé par le conseil général pour l'année suivante.

CHAPITRE III. — DES RÈGLES A SUIVRE POUR LA FIXATION DES INDEMNITÉS.

ARTICLE 48.

Le jury est juge de la sincérité des titres et de l'effet des actes qui seraient de nature à modifier l'évaluation de l'indemnité.

ARTICLE 49.

Dans le cas où l'administration contesterait au détenteur exproprié le droit à une indemnité, le jury, sans s'arrêter à la contestation, dont il renvoie le jugement devant qui de droit, fixe l'indemnité comme si elle était due, et le magistrat directeur du jury en ordonne la consignation, pour ladite indemnité rester déposée jusqu'à ce que les parties se soient entendues ou que le litige soit vidé.

ARTICLE 50.

Les bâtiments dont il est nécessaire d'acquérir une portion pour cause d'utilité publique seront achetés en entier, si les propriétaires le réquièrent par une déclaration formelle adressée au magistrat directeur du jury dans les délais énoncés aux articles 24 et 27.

Il en sera de même de toute parcelle de terrain qui, par suite de morcellement se trouvera réduite au quart de la contenance totale, si, toutefois, le propriétaire ne possède aucun terrain immédiatement contigu, et si la parcelle, ainsi réduite, est inférieure à dix ares.

ARTICLE 51.

Si l'exécution des travaux doit procurer une augmentation de valeur immédiate et spéciale au restant de la propriété, cette augmentation sera prise en considération dans l'évaluation du montant de l'indemnité

ARTICLE 52.

Les constructions, plantations et améliorations ne donneront lieu à aucune indemnité, lorsqu'à raison de l'époque où elles auront été faites, ou de toutes autres circonstances, dont l'appréciation lui est abandonnée, le jury acquiert la conviction qu'elles ont été faites en vue d'obtenir une indemnité plus élevée.

TITRE V. — *Du paiement des indemnités.*

ARTICLE 53.

Les indemnités réglées par le jury seront, préalablement à la prise de possession, acquittées entre les mains des ayants droit.

S'ils se refusent à les recevoir, la prise de possession aura lieu après offres réelles et consignation.

S'il s'agit de travaux exécutés par l'État ou la colonie, les offres réelles pourront s'effectuer au moyen d'un mandat égal au montant de l'indemnité réglée par le jury. Ce mandat, délivré par l'ordonnateur compétent, visé par le payeur, sera payable sur la caisse publique qui s'y trouvera désignée.

Si les ayants droit refusent de recevoir le mandat, la prise de possession aura lieu après consignation en espèces.

Article 54.

Il ne sera pas fait d'offres réelles toutes les fois qu'il existera des inscriptions sur l'immeuble exproprié ou d'autres obstacles aux versements des deniers entre les mains des ayants droit ; dans ce cas, il suffira que les sommes dues par l'administration soient consignées, pour être ultérieurement distribuées ou remises selon les règles du droit commun.

Article 55.

Si dans les six mois du jugement d'expropriation, l'administration ne poursuit pas la fixation de l'indemnité, les parties pourront exiger qu'il soit procédé à ladite fixation.

Quand l'indemnité aura été réglée, si elle n'est ni acquittée ni consignée dans les six mois de la décision du jury, les intérêts courront de plein droit à l'expiration de ce délai.

TITRE VI. — *Dispositions diverses.*

Article 56.

Les contrats de vente, quittances et autres actes relatifs à l'acquisition des terrains peuvent être passés dans la forme des actes administratifs ; la minute sera déposée à la direction de l'intérieur.

Article 57.

Les significations et notifications mentionnées au présent décret sont faites à la diligence du directeur de l'intérieur.

Elles peuvent être faites tant par huissier que par tout agent de l'administration dont les procès-verbaux font foi en justice.

Article 58.

Les plans, procès-verbaux, certificats, significations, jugements, contrats, quittances et autres actes faits en vertu du présent décret seront visés pour timbre et enregistrés gratis, lorsqu'il y aura lieu à la formalité de l'enregistrement.

Il ne sera perçu aucun droit pour la transcription des actes au bureau des hypothèques.

Les droits perçus sur les acquisitions amiables faites antérieurement aux arrêtés du Gouverneur seront restitués, lorsque, dans le délai de deux ans à partir de la perception, il sera justifié que les immeubles acquis seront compris dans ces arrêtés. La restitution des droits ne pourra s'appliquer qu'à la portion des immeubles qui aura été reconnue nécessaire à l'exécution des travaux.

ARTICLE 59.

Lorsqu'un propriétaire aura accepté les offres de l'administration, le montant de l'indemnité devra, s'il l'exige et s'il y a pas eu contestation de la part du tiers dans les délais prescrits par les articles 24 et 27, être versé à la caisse des dépôts et consignations, pour être remis ou distribué à qui de droit, selon les règles du droit commun.

ARTICLE 60.

Si les terrains acquis pour des travaux d'utilité publique ne reçoivent pas cette destination, les anciens propriétaires ou leurs ayants droit peuvent en demander la remise.

Le prix des terrains rétrocédés est fixé à l'amiable, et, s'il n'y a pas accord, par le jury, dans les formes ci-dessus prescrites ; la fixation par le jury ne peut, en aucun cas, excéder la somme moyennant laquelle les terrains ont été acquis.

ARTICLE 61.

Un avis, publié de la manière indiquée à l'article 6, fait connaître les terrains que l'administration est dans le cas de revendre. Dans les trois mois de cette publication, les anciens propriétaires qui veulent réacquérir la propriété desdits terrains sont tenus de le déclarer, et dans le mois de la fixation du prix, soit amiable, soit judiciaire, ils doivent passer le contrat de rachat et payer le prix, le tout à peine de déchéance du privilège que leur accorde l'article précédent.

ARTICLE 62.

Les dispositions des articles 60 et 61 ne sont pas applicables aux terrains qui auront été acquis sur la réquisition du propriétaire, en vertu de l'article 50, et qui resteraient disponibles après l'exécution des travaux.

ARTICLE 63.

Les concessionnaires des travaux publics exerceront tous les droits conférés à l'administration, et seront soumis à toutes les obligations qui lui sont imposées par le décret.

TITRE VIII. — *Dispositions exceptionnelles.*

ARTICLE 64.

Lorsqu'il y aura urgence de prendre possession des terrains non bâtis qui seront soumis à l'expropriation, l'urgence sera spécialement déclarée par un décret ou par un arrêté du gouverneur, pris en conseil privé, selon qu'il s'agira de travaux à la charge de l'État ou à la charge de la colonie.

ARTICLE 65.

En ce cas, après le jugement d'expropriation, l'acte qui déclare l'urgence et le jugement seront notifiés, conformément à l'article 15, aux propriétaires et aux détenteurs, avec assignation devant le tribunal civil. L'assignation sera donnée à trois jours au moins ; elle énoncera la somme offerte par l'administration.

ARTICLE 66.

Au jour fixé, le propriétaire et les détenteurs seront tenus de déclarer la somme dont ils demandent la concession avant l'envoi en possession Faute par eux de comparaître, il sera procédé en leur absence.

ARTICLE 67.

Le tribunal fixe le montant de la somme à consigner.

Le tribunal peut se transporter sur les lieux ou commettre un juge pour visiter les terrains, recueillir tous les renseignements propres à en déterminer la valeur et en dresser, s'il y a lieu, un procès-verbal descriptif. Cette opération devra être terminée dans les cinq jours à dater du jugement qui l'aura ordonnée.

Dans les trois jours de la remise de ce procès-verbal au greffe, le tribunal déterminera la somme à consigner.

ARTICLE 68.

La consignation doit comprendre, outre le principal, la somme nécessaire pour assurer, pendant deux ans, le paiement des intérêts de cinq pour cent.

ARTICLE 69.

Sur le vu du procès-verbal de consignation et sur une nouvelle assignation à deux jours de délai, au moins, le président ordonne la prise de possession.

ARTICLE 70.

Le jugement du tribunal et l'ordonnance du président sont exécutoires sur minute, et ne peuvent être attaqués par opposition ni par appel.

ARTICLE 71.

Le président taxera les dépens qui seront supportés par l'administration.

ARTICLE 72.

Après la prise de possession, il sera, à la poursuite de la partie la plus diligente, procédé à la fixation définitive de l'indemnité, en exécution du titre IV du présent décret.

ARTICLE 73.

Si cette fixation est supérieure à la somme qui a été déterminée par le tribunal, le supplément doit être consigné dans la quinzaine de la notification de la décision du jury, et, à défaut, le propriétaire peut s'opposer à la continuation des travaux.

ARTICLE 74.

Les formalités prescrites par les titres Ier et II du présent décret ne sont applicables ni aux travaux militaires, ni aux travaux de la marine nationale.

Pour ces travaux un décret détermine les terrains qui sont soumis à l'expropriation.

ARTICLE 75.

Lorsqu'il y aura urgence d'exproprier ou d'occuper temporairement des propriétés privées qui seront jugées nécessaires pour les travaux de fortification, les formalités prescrites par les titres Ier et II ne seront pas non plus applicables. Des arrêtés du gouverneur déclareront l'utilité publique et désigneront les propriétés bâties ou non bâties auxquelles l'expropriation est applicable.

L'occupation temporaire prescrite par les arrêtés de cette nature ne pourra avoir lieu que pour des propriétés non bâties.

L'indemnité annuelle représentative de la valeur locative de ces propriétés et du dommage résultant du fait de la dépossession sera réglée à l'amiable ou par autorité de justice, et payée par moitié, de six mois en six mois, au propriétaire et au fermier, le cas échéant.

Lors de la remise des terrains qui n'auront été occupés que temporairement, l'indemnité due pour les détériorations causées par les travaux ou pour la différence entre l'état des lieux au moment de la remise et l'état constaté par le procès-verbal descriptif, sera payée sur règlement amiable ou judiciaire, soit au propriétaire, soit au fermier ou exploitant, et selon leurs droits respectifs.

Si, dans le cours de la troisième année d'occupation provisoire, le propriétaire ou son ayant droit n'est pas remis en possession, il pourra exiger et l'Etat sera tenu de payer l'indemnité pour la cession de l'immeuble qui deviendra dès lors la propriété publique.

L'indemnité foncière sera réglée, non sur l'état de la propriété à cette époque, mais sur son état au moment de l'occupation, tel qu'il aura été constaté par le procès-verbal descriptif.

Le règlement de l'indemnité aura lieu conformément aux dispositions du titre IV ci-dessus.

TITRE VIII. — *Dispositions finales.*

ARTICLE 76.

Toutes dispositions antérieures concernant l'expropriation pour cause d'utilité publique, à la Guyane française, sont et demeurent abrogées en ce qu'elles ont de contraire au présent décret.

ARTICLE 77.

Le Ministre de la marine et des colonies est chargé de l'exécution du présent décret.

NOUVELLE-CALÉDONIE

DÉCRET DU 12 DÉCEMBRE 1874, CONCERNANT LE GOUVERNEMENT DE LA NOUVELLE-CALÉDONIE.

ARTICLE 37.

Lorsque les travaux à entreprendre au compte du service local doivent entraîner des expropriations, le gouverneur rend les arrêtés déclaratifs de l'utilité publique.

L'expropriation reste d'ailleurs soumise aux formes de procédure déterminées par les lois, ordonnances, décrets et règlements en vigueur dans la colonie.

ARTICLE 187.

Les pouvoirs et attributions conférés au Gouverneur par les articles..... 37, § 1er..... ne sont exercés par lui qu'après avoir pris l'avis du conseil privé, mais sans qu'il soit tenu de s'y conformer.

ARRÊTÉ DU GOUVERNEUR SUR L'EXPROPRIATION POUR CAUSE D'UTILITÉ PUBLIQUE A LA NOUVELLE-CALÉDONIE.

Port de France, le 19 mai 1864,

Nous, Gouverneur de la Nouvelle-Calédonie et dépendances,

Vu l'article 131 § 9 des instructions ministérielles du 25 juin 1860 ;

Vu l'article 7 de l'ordonnance du 28 avril 1843 ;

Considérant que lorsqu'il s'agit d'expropriation pour cause d'utilité publique, soit de bâtiments, soit de terrains, il n'est pas encore possible d'appliquer en Nouvelle-Calédonie tous les principes de la législation française ;

Considérant que les besoins de l'administration et l'intérêt même de la colonie donnent aux travaux à exécuter un caractère d'urgence qu'ils ne peuvent avoir en France ; qu'ainsi il y a lieu d'abréger ici les formalités prescrites en pareils cas dans la métropole ;

Considérant que les travaux d'utilité publique ont pour objet, soit de faciliter les communications, soit d'aider aux mesures protectrices, et pour effet de donner une plus-value certaine aux propriétés avoisinantes ;

Qu'ils tendent en outre à ouvrir aux colons et habitants de toutes classes de nouvelles sources de prospérité ; que, dès lors, les charges en doivent être équitablement supportées par tous ;

Que la prompte exécution desdits travaux étant d'intérêt commun, il importe, au plus haut point, qu'ils ne puissent être entravés en aucune façon ;

Considérant qu'il est néanmoins nécessaire de sauvegarder les droits des propriétaires et ceux des tiers intéressés par toutes les garanties possibles, eu égard à l'état actuel et à la législation spéciale de la colonie ;

Le Conseil d'administration entendu,

Avons arrêté et arrêtons :

TITRE PREMIER. — *Dispositions préliminaires.*

ARTICLE PREMIER.

L'expropriation pour cause d'utilité publique s'opère par autorité de justice.

ARTICLE 2.

Les tribunaux ne peuvent prononcer l'expropriation qu'autant que l'utilité a été constatée et déclarée dans les formes prescrites par le présent arrêté.

Ces formes consistent :

1º Dans l'arrêté du Gouverneur, pris en conseil, qui autorise l'exécution des travaux pour lesquels l'expropriation est admise ;

2º Dans l'arrêté ultérieur, pris en conseil, par lequel le Gouverneur détermine les propriétés particulières auxquelles l'expropriation est applicable lorsque cette désignation ne résulte pas de l'arrêté mentionné au paragraphe précédent.

ARTICLE 3.

Les plans des terrains ou des édifices dont l'acquisition leur paraît nécessaire, sont dressés et levés par les ingénieurs ou autres gens de l'art, sans qu'il soit permis de s'opposer à leurs travaux d'étude.

Ces plans, définitivement adoptés, sont annexés à l'arrêté déterminant les propriétés à acquérir.

TITRE II. — *De l'expropriation.*

ARTICLE 4.

Le secrétaire colonial notifie aux propriétaires intéressés, en leur personne ou en celle de leurs fermiers, locataires ou tous autres occupants, l'arrêté du Gouverneur qui désigne leurs biens comme devant être acquis.

Cette notification contient les offres de l'administration, et assignation, à trois jours francs, devant le tribunal de première instance.

Le secrétaire colonial transmet les pièces au procureur impérial.

ARTICLE 5.

Au jour indiqué les parties ou leur fondé de pouvoirs font connaître le montant de leurs prétentions. Il est dressé procès-verbal des dires respectifs des parties. A défaut de comparution, il est passé outre et réglé comme si les parties étaient présentes.

Le tribunal, sur une liste de dix propriétaires dressée par le secrétaire colonial, et sur une seconde liste de six fonctionnaires établie par M. le Gouverneur, procède au tirage au sort de deux arbitres propriétaires et de deux arbitres de l'administration. Ces quatre arbitres forment le jury spécial chargé de régler définitivement l'indemnité.

Le tribunal prononce ensuite l'expropriation des bâtiments et terrains désignés en l'arrêté du Gouverneur et fixe les indemnités provisoires qui devront être consignées par l'administration.

Aucune personne intéressée à quelque titre que ce soit dans les opé-rations ne pourra être arbitre.

ARTICLE 6.

Dans les quarante-huit heures de la transmission du récépissé de consignation, au compte *Dépôts judiciaires et autres*, des indemnités provisoires, le procureur impérial requiert et le tribunal prononce l'envoi en possession.

A cette audience, les arbitres préalablement avertis par le secrétaire colonial, prêtent le serment de bien et fidèlement remplir les fonctions qui leur sont confiées.

ARTICLE 7.

Aussitôt après le jugement d'envoi en possession l'administration pourra commencer les travaux.

ARTICLE 8.

Ce jugement et celui mentionné en l'article 5 seront exécutoires sur minute et ne seront susceptibles d'aucun recours.

ARTICLE 9.

Toutes les pièces relatives à la procédure d'expropriation pour cause d'utilité publique seront timbrées et enregistrées gratis. Toutes les notifications prévues au présent arrêté pourront être faites par les soins de la police administrative et, dès lors, sans frais.

TITRE III. — *Du règlement des indemnités.*

ARTICLE 10.

Les arbitres désignent d'abord au sort leur président, qui, au cas de partage, aura voix prépondérante.

ARTICLE 11.

Sur le vu de toutes les pièces de la procédure, et, après le transport sur les lieux, s'il est nécessaire, les arbitres fixeront définitivement le montant des indemnités.

La sentence arbitrale sera rendue exécutoire par le président du trinal de première instance.

Ce magistrat liquide les dépens sur les bases suivantes :

Si l'indemnité est égale aux demandes des parties, l'administration sera condamnée aux dépens ;

Si l'indemnité allouée ne dépasse pas l'offre de l'administration, les parties qui l'auront refusée seront condamnées aux dépens ;

Si l'indemnité est à la fois supérieure à l'offre de l'administration et inférieure à la demande des parties, les dépens seront compensés de manière à être supportés par les parties et l'administration, dans les proportions de leur offre ou de leur demande avec la décision des arbitres.

Les dépens seront taxés tant en vertu des arrêtés en vigueur qu'en vertu de ceux à intervenir.

Les opérations prescrites au présent article et à l'article 10 ci-dessus devront être terminées dans les dix jours du jugement de l'envoi en possession.

ARTICLE 12.

Dans la quinzaine suivante, l'administration retirera, en vertu d'une expédition de la sentence ci-dessus, délivrée à la requête du ministère public, l'excédant de ses consignations, ou complétera l'indemnité allouée, selon les circonstances.

ARTICLE 13.

Les arbitres prendront pour base de l'évaluation l'état actuel de la propriété, les titres, baux et autres documents ; ils ne pourront, en aucun cas, allouer une indemnité inférieure aux offres de l'administration ni supérieure à la demande de la partie intéressée. Dans le cas où une portion seulement d'une même propriété serait expropriée, et si l'exécution des travaux doit procurer une augmentation de valeur immédiate et spéciale au restant de la propriété, cette augmentation sera prise en considération dans l'évaluation du montant de l'indemnité.

Les arbitres requièrent des parties toutes les pièces qu'ils pensent utiles et les appellent même en personne, s'ils le jugent nécessaire.

Les constructions, plantations, améliorations ne donneront lieu à aucune indemnité, lorsque, à raison de l'époque où elles auront été faites ou de toutes autres circonstances dont l'appréciation leur est abandonnée, les arbitres acquièrent la conviction qu'elles ont été faites dans la vue d'obtenir une indemnité plus élevée.

ARTICLE 14.

La sentence arbitrale ne pourra être attaquée que par voie d'annulation et pour incompétence seulement. La déclaration et la notification devront en être faites dans les trois jours du prononcé. Le conseil d'appel statuera dans les trois jours suivants, nommera de nouveaux arbitres si l'incompétence est admise, dans les formes prescrites à l'article 5, et commettra un de ses membres pour recevoir le serment des nouveaux arbitres.

ARTICLE 15.

La décision du second tribunal arbitral ne pourra jamais être attaquée.

TITRE IV. — *De l'effet de l'expropriation et de ses suites quant aux privilèges, hypothèques et autres droits réels.*

ARTICLE 16.

Les tuteurs, curateurs, ceux qui auront été envoyés en possession provisoire, les femmes mariées sous le régime dotal autorisées de leur mari, tous les représentants des incapables, peuvent, préalablement aux opérations réglées par les titres précédents, avec l'autorisation du tribunal donnée sur simple requête, en la chambre du Conseil, le ministère public entendu, consentir amiablement la vente des biens à exproprier, accepter les offres de l'administration ou transiger sur leurs prétentions premières.

ARTICLE 17.

Les mêmes formalités seront remplies par les personnes désignées en l'article 16, lorsqu'il n'y aura pas eu transaction ou vente amiable, avant de pouvoir toucher l'indemnité réglée par les arbitres.

Dans ce cas et dans celui de l'article 16, le tribunal ordonne les mesures conservatoires ou de remploi qu'il juge nécessaires.

ARTICLE 18.

Dans la huitaine du prononcé de la sentence arbitrale mentionnée au titre III, un extrait comprenant les noms des propriétaires et le montant de chaque indemnité sera affiché et publié dans la forme des actes administratifs. Cette sentence sera de plus transcrite au bureau de la conservation des hypothèques, en conformité de l'article 2181 du code Napoléon.

ARTICLE 19.

Les actions en résolution, en revendication, les droits d'usufruit, d'usage, d'habitation, et toutes autres actions réelles, ne pourront empêcher, ni arrêter l'expropriation. Le droit des règlements sera transporté sur le prix, et l'immeuble en demeurera affranchi.

ARTICLE 20.

La publication faite en vertu de l'article 18 servira de mise en demeure pour les tiers privilégiés, les créanciers hypothécaires et autres, de quelque nature que soit leur créance. Il leur est accordé un délai d'un mois pour faire tous actes conservatoires sur la somme consignée au compte *Dépôts judiciaires et autres*. Passé ce délai, sans préjudice des droits des femmes, mineurs et interdits, tant que l'indemnité n'aura pas été retirée et l'ordre définitivement réglé entre les créanciers, il ne sera plus reçu d'inscriptions ni d'oppositions, et la délivrance de l'indemnité pourra avoir lieu sur quittance, en vertu de la sentence abitrale sus relatée.

TITRE V. — *De l'occupation temporaire.*

ARTICLE 21.

Lorsqu'il sera utile d'occuper temporairement des terrains ou des bâtiments, l'utilité publique sera déclarée par arrêté du Gouverneur, en conseil.

ARTICLE 22.

Dans les quarante-huit heures de la notification de cet arrêté, l'administration fera procéder contradictoirement à la description des lieux et entrera en jouissance aussitôt cette formalité remplie.

A défaut de comparution de la partie ou de son fondé de pouvoirs l'expertise de l'administration sera valable.

ARTICLE 23.

Les indemnités dues en raison de cette occupation, non réglées à l'amiable, le seront par un expert nommé, sur simple requête, par le président du tribunal de première instance, qui recevra son serment et dont l'ordonnance sera exécutoire sur minute et sans recours.

Ces indemnités auront pour base la valeur locative et le dommage résultant du fait de la dépossession.

ARTICLE 24.

Lors de la remise des terrains, s'il y a eu dépréciation causée à la propriété, il sera payé une indemnité réglée comme il est dit en l'article 23

TITRE VI. — *Dispositions finales.*

ARTICLE 25.

Tout arbitre ou expert civil qui, sans motifs légitimes, refuse de prendre part à la délibération ou d'accomplir la mission qui lui est confiée, encourt une amende de 100 francs au moins et de 300 francs au plus.

L'amende est prononcée par le président du tribunal de première instance, qui statue en dernier ressort sur l'opposition qui serait formée par l'arbitre ou l'expert condamné.

ARTICLE 26.

Il n'est pas dérogé par le présent arrêté à celui du 5 octobre 1862, non plus qu'à tous autres antérieurs sur l'aliénation des terres domaniales.

Toutefois, les expropriations ou les indemnités qui pourraient en résulter seront déclarées et réglées dans les formes prescrites par le présent arrêté.

ARTICLE 27.

L'ordonnateur faisant fonctions de chef de l'administration judiciaire et le secrétaire colonial sont chargés, chacun en ce qui le concerne, de l'exécution du présent arrêté, qui sera publié et enregistré partout où besoin sera.

Signé : GUILLAIN.

La loi du 8 mars 1810 ayant été, jusqu'à ces dernières années, le régime législatif de la plupart de nos colonies en matière d'expropriation pour cause d'utilité publique, et demeurant, en réalité, le régime en vigueur là où le système de la métropole n'a pas été introduit, nous croyons devoir donner le texte de cette loi.

Loi du 8 mars 1810 sur les expropriations pour cause d'utilité publique.

TITRE Ier. — *Dispositions préliminaires.*

ARTICLE 1er.

L'expropriation pour cause d'utilité publique s'opère par l'autorité de la justice.

ARTICLE 2.

Les tribunaux ne peuvent prononcer l'expropriation qu'autant que l'utilité en a été constatée dans les formes établies par la loi.

ARTICLE 3.

Ces formes consistent : 1° dans le décret impérial qui seul peut ordonner des travaux publics ou achats de terrains ou édifices destinés à des

objets d'utilité publique ; 2º dans l'acte du préfet qui désigne les localités
ou territoires sur lesquels les travaux doivent avoir lieu, lorsque cette
désignation ne résulte pas du décret même, et dans l'arrêté ultérieur par
lequel le préfet détermine les propriétés particulières auxquelles l'expropriation est applicable.

ARTICLE 4.

Cette application ne peut être faite à aucune propriété particulière
qu'après que les parties intéressées ont été mises en état de fournir leurs
contredits, selon les règles ci-après exprimées.

TITRE II.—*Des mesures d'administration relatives à l'expropriation.*

ARTICLE 5.

Les ingénieurs ou autres gens de l'art chargés de l'exécution des tra-.
vaux ordonnés devront, avant de les entreprendre, lever le plan terrier
figuré des terrains ou édifices dont la cession serait par eux reconnue
nécessaire.

ARTICLE 6.

Le plan desdites propriétés particulières, indicatifs des noms de
chaque propriétaire, restera déposé pendant huit jours entre les mains du
maire de la commune où elles sont situées, afin que chacun puisse en
prendre connaissance et ne prétende en avoir ignoré. — Le délai de
huitaine ne courra qu'à dater de l'avertissement qui aura été collectivement donné aux parties intéressées à prendre communication du plan. —
Cet avertissement sera publié à son de trompe ou de caisse dans la commune et affiché tant à la principale porte de l'église du lieu qu'à celle
de la maison commune ; lesdites publications et affiches seront certifiées
par le maire.

ARTICLE 7.

A l'expiration du délai, une commission présidée par le sous-préfet de
l'arrondissement, et composée en outre de deux membres du conseil
d'arrondissement désignés par le préfet, du maire de la commune où les
propriétés seront situées, et d'un ingénieur, se réunira au local de la
sous-préfecture.

ARTICLE 8.

Cette commission recevra les demandes et les plaintes des propriétaires
qui soutiendraient que l'exécution des travaux n'entraîne pas la cession

de leurs propriétés. — Elle appellera les propriétaires toutes les fois qu'elle le jugera convenable.

ARTICLE 9.

Si la commission pense qu'il y a lieu de maintenir l'application du plan, elle en exposera les motifs. — Si elle est d'avis de quelques changements, elle ne les proposera qu'après avoir entendu ou appelé les propriétaires des terrains sur lesquels se reporterait l'effet de ses changements. — Dans le cas où il y aurait dissentiment entre les divers propriétaires, la commission exposera sommairement leurs moyens respectifs, et donnera son avis motivé.

ARTICLE 10.

Les opérations de la commission se borneront aux objets mentionnés dans les articles 8 et 9 : elles devront être terminées dans le délai d'un mois à partir de l'expiration de celui énoncé dans l'article 7, après quoi le procès-verbal en sera adressé par le sous-préfet au préfet. — Le préfet statuera immédiatement, et déterminera définitivement les points sur lesquels seront dirigés les travaux.

ARTICLE 11.

La commission et le préfet ne prendront aucune connaissance des difficultés qui ne porteraient que sur le prix des fonds à céder. — Si les propriétaires et le préfet ne s'accordent point à ce sujet, il y sera pourvu par les tribunaux, qui connaîtront de même de toutes réclamations relatives à l'infraction des règles prescrites par le présent titre et le précédent.

ARTICLE 12.

Lorsque les propriétaires souscriront à la cession qui leur sera demandée, ainsi qu'aux conditions qui leur seront proposées par l'administration, il sera passé, entre ces propriétaires et le préfet, un acte de vente qui sera rédigé dans la forme des actes d'administration, et dont la minute restera déposée aux archives de la préfecture.

TITRE III. — *De la procédure devant le tribunal.*

§ 1er — De l'expropriation.

ARTICLE 13.

Lorsque à défaut de conventions entre les parties, l'arrêté du préfet, indicatif des propriétés cessibles, aura été par lui transmis, avec copie des autres pièces, au procureur impérial du tribunal de l'arrondissement où les propriétés seront situées, ce procureur impérial, dans les trois jours suivants, requerra l'exécution dudit arrêté, sur le vu duquel le tribunal, s'il n'aperçoit aucune infraction des règles posées aux titres Ier et II, autorisera le préfet à se mettre en possession des terrains ou édifices désignés en l'arrêté, à la charge de se conformer aux autres dispositions de la présente loi. — Ce jugement sera, à la diligence du procureur impérial, affiché à la porte du tribunal ; il sera, de plus, publié et affiché dans la commune, selon les formes établies par l'article 6.

ARTICLE 14.

Si, dans les huit jours qui suivront les publications et affiches, faites en la commune, les propriétaires ou quelques-uns d'entre eux prétendent que l'utilité publique n'a pas été constatée, ou que leurs réclamations n'ont pas été examinées et décidées, le tout conformément aux règles ci-dessous, ils pourront présenter requête au tribunal, lequel en ordonnera la communication au préfet par la voie du procureur impérial et pourra néanmoins prononcer un sursis à toute exécution. — Dans la quinzaine qui suivra cette communication, le tribunal jugera, à la vue des écrits respectifs, ou immédiatement après l'expiration de ce délai, sur les seules pièces produites, si les formes prescrites par la présente loi ont été ou non observées.

ARTICLE 15.

Si le tribunal prononce que les formes n'ont pas été remplies, il sera indéfiniment sursis à toute exécution jusqu'à ce qu'elles l'aient été ; et le procureur impérial, par l'intermédiaire du procureur général, en informera le grand juge, qui fera connaître à l'Empereur l'atteinte portée à la propriété par l'administration.

§ 2. — Des indemnités.

ARTICLE 16.

Dans tous les cas où l'expropriation sera reconnue ou jugée légitime, et où les parties ne resteront discordantes que sur le montant des indemnités dues aux propriétaires, le tribunal fixera la valeur de ces indemnités, eu égard aux baux actuels, aux contrats de vente passés antérieurement, et néanmoins aux époques les plus récentes, soit des mêmes fonds, soit des fonds voisins et de même qualité, aux matrices des rôles et à tous autres documents qu'il pourra réunir.

ARTICLE 17.

Si ces documents se trouvent insuffisants pour éclairer le tribunal, il pourra nommer d'office un ou trois experts : leur rapport ne liera point le tribunal, et ne vaudra que comme renseignement.

ARTICLE 18.

Dans le cas où il y aurait des tiers intéressés à titre d'usufruitiers, de fermiers ou de locataires, le propriétaire sera tenu de les appeler avant la fixation de l'indemnité, pour concourir, en ce qui les concerne, aux opérations y relatives ; sinon, il restera seul chargé envers eux des indemnités que ces derniers pourraient réclamer. — Les indemnités des tiers intéressés ainsi appelés ou intervenants seront réglées en la même forme que celles dues aux propriétaires.

ARTICLE 19.

Avant l'évaluation des indemnités, et lorsque le différend ne portera point sur le fond même de l'expropriation, le tribunal pourra, selon la nature et l'urgence des travaux, ordonner provisoirement la mise en possession de l'administration : son jugement sera exécutoire nonobstant appel ou opposition.

§ 3. — Du paiement.

ARTICLE 20.

Tout propriétaire dépossédé sera indemnisé conformément à l'article 545 du Code Napoléon. — Si des circonstances particulières empêchent le payement actuel de tout ou partie de l'indemnité, les intérêts en seront dus à compter du jour de la dépossession, d'après l'évaluation provisoire ou définitive de l'indemnité, et payés de six en six mois, sans que le payement du capital puisse être retardé au delà de trois ans, si les propriétaires n'y consentent.

ARTICLE 21.

Lorsqu'il y aura des intérêts échus et non payés par l'administration débitrice, ou lorsque le capital ou partie du capital de l'indemnité n'aura pas été remboursé dans les trois ans, ou dans les termes du contrat, les propriétaires et autres parties intéressées pourront remettre à l'administration des domaines, en la personne de son directeur dans le département de la situation des biens, un mémoire énonciatif des sommes à eux dues, accompagné des titres à l'appui : cette remise sera constatée par le récépissé du directeur, ou par exploit d'huissier. — Si, dans les trente jours qui la suivront, le payement n'est pas effectué, les propriétaires ou autres parties intéressées pourront traduire l'administration des domaines devant le tribunal, pour y être condamnée à leur payer les sommes à eux dues à l'acquit de l'administration en retard, et sauf le recouvrement exprimé en l'article 24.

ARTICLE 22.

Avant qu'il soit statué sur l'action récursoire dirigée contre l'administration des domaines, le procureur impérial pourra requérir, pour en instruire le grand juge ministre de la justice, un ajournement d'un à deux mois, qui devra, en ce cas, être prononcé par le tribunal.

ARTICLE 23.

Si durant cet ajournement nulle mesure administrative n'a été prise pour opérer le payement, le tribunal prononcera après l'expiration du délai.

ARTICLE 24.

Lorsque l'administration des domaines aura, par suite des condamnations prononcées contre elle en exécution des dispositions ci-dessus, déboursé ses propres deniers à l'acquit d'autres administrations, elle se pourvoira devant le gouvernement, qui lui en procurera le recouvrement ou lui en tiendra compte, le tout ainsi qu'il appartiendra.

TITRE IV. — *Dispositions générales.*

ARTICLE 25.

Dans tous les cas où il y aura des hypothèques sur les fonds, des saisies-arrêts ou oppositions formées par des tiers au versement des deniers entre les mains soit du propriétaire dépossédé, soit des usufruitiers ou locataires évincés, les sommes dues, seront consignées à mesure qu'elles écherront, pour être ultérieurement pourvu à leur emploi ou distribution dans l'ordre et selon les règles du droit commun.

ARTICLE 26.

Toutes les fois qu'il y aura lieu de recourir au tribunal, soit pour faire ordonner la dépossession ou s'y opposer, soit pour le règlement des indemnités, soit pour en obtenir le payement, soit pour reporter l'hypothèque sur des fonds autres que ceux cédés, la procédure s'instruira sommairement : l'enregistrement des actes qui y seront sujets aura lieu gratis.

Le procureur impérial sera toujours entendu avant les jugements tant préparatoires que définitifs.

ARTICLE 27.

Les dispositions de la loi du 16 septembre 1807, ou de toutes autres lois qui se trouveraient contraires aux présentes, sont rapportées.

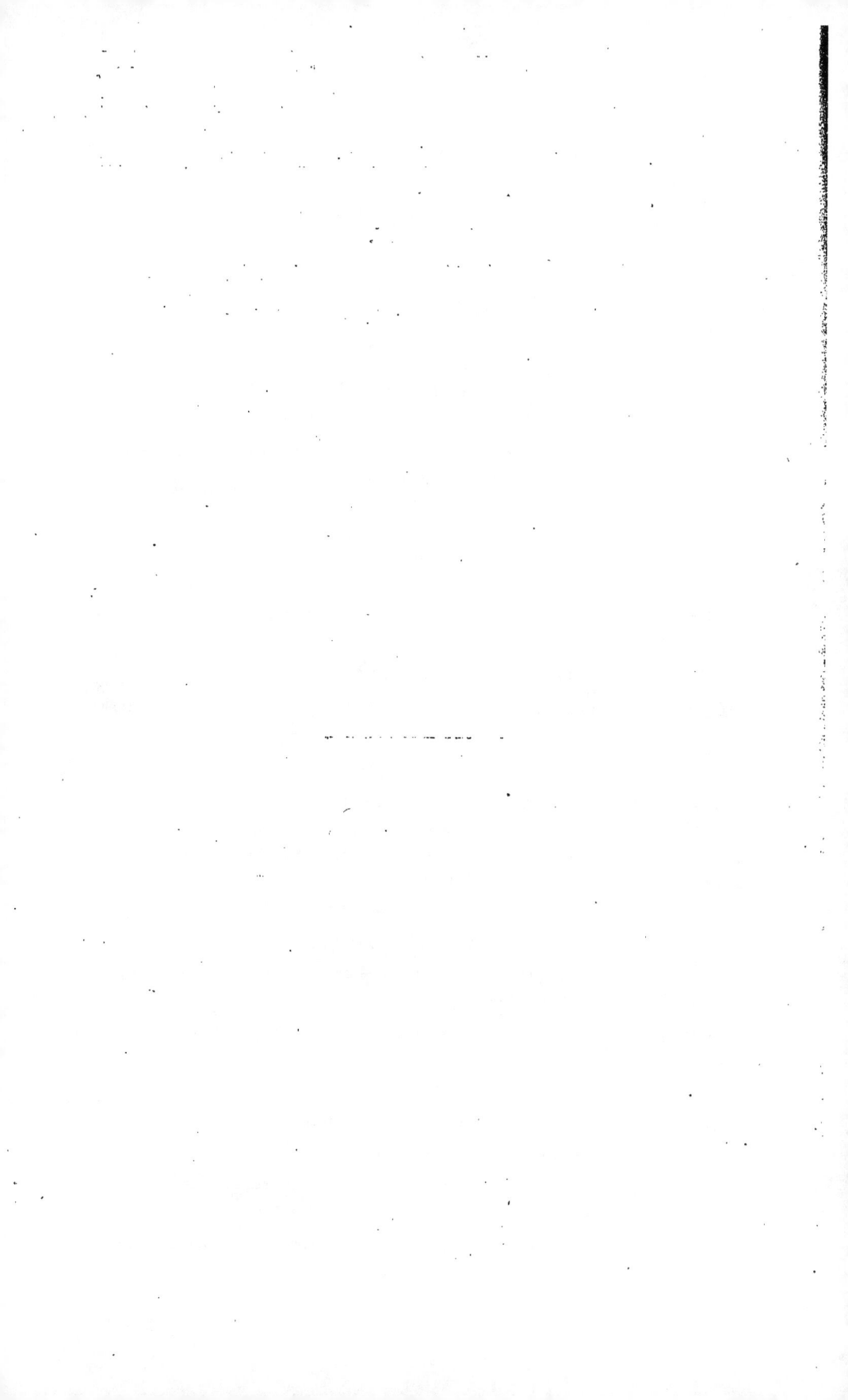

TABLE ALPHABÉTIQUE GÉNÉRALE

NOTA. *On renvoie simplement à l'article de la loi, où il sera facile, à l'aide de l'index alphabétique, de trouver les numéros donnant spécialement la solution cherchée; les articles sans index n'ayant qu'un nombre restreint de numéros, on pourra sans peine encore y découvrir les indications nécessaires.*

A

Absents. — Cession amiable de leurs biens. — Autorisations du tribunal. — Mesures conservatoires. Art. 13.

Acceptation du jury. — Ses effets. Art. 34 et 35.

Acceptation des offres. — Comment et dans quel délai elle doit être donnée. Art. 24.

Acquiescement. — Au jugement d'expropriation. Art. 21.

Acquisition totale. — Obligation d'offres nouvelles. Art. 23, 37, 50.

— La contestation au droit de réclamer l'acquisition totale constitue un litige sur le fond du droit qui entraîne le renvoi au tribunal compétent et l'allocation d'indemnités alternatives. Art. 39.

— Quand, par qui et dans quelles conditions elle peut être demandée. Art. 50

Actes relatifs à l'acquisition des terrains expropriés.

— En quelle forme ils peuvent être passés — où ils restent déposés quand ils sont passés en la forme administrative. Art. 56.

Actions réelles. — Comment elles se transforment par l'effet du jugement d'expropriation. Art. 18.

— Donnent la qualité *d'intéressés*. Art. 21.

Actions résolutoires. — Leur effet sur l'expropriation. Art. 18.

— Peut-elle être exercée au cas de non-paiement de l'indemnité ? Art. 53.

Actionnaires. — Peuvent-ils être membres d'un jury réglant les indemnités dues par leur Compagnie ? Art. 30.

Adjoints. — Peuvent-ils faire partie d'un jury chargé de régler les indemnités dues par la commune ? Art. 30.

— Pour demander la rétrocession des terrains non employés. Art. 60.

— Pour passer le contrat et payer le prix. Art. 61.

Délai de distance. — N'est pas applicable à la citation donnée conformément à l'art. 15. Art. 31.

Délégation pour la visite des lieux. — Dans quelles conditions elle peut avoir lieu. Art. 37.

Délibération du jury. — En quel nombre les jurés peuvent valablement délibérer. Art. 35.

— Dans quelles conditions la délibération doit avoir lieu. Art. 33.

Dénonciation. — Des ayants droit sur l'immeuble par le propriétaire. Art. 21.

Départements. — Cession amiable de leurs biens. Art. 13.

Dépendances de l'immeuble. — Quand elles sont comprises dans l'expropriation. Art. 38.

Dépens. — De l'arrêt de cassation. Art. 20.

— Conséquence nécessaire du silence gardé par l'exproprié sur les offres faites par l'expropriant. Art. 24 et 40.

— Par qui ils doivent être supportés ou dans quelle proportion. Art. 40.

Dépôt de la minute de la décision du jury et des pièces. — Où il a lieu. Art. 46.

Désemparé. — Quand il entraîne la nullité de la décision du jury. — Comment il peut être prouvé. Art. 38. 44.

Désignation des immeubles expropriés. Doit se trouver dans le jugement d'expropriation. Art. 14.

Désignation des indemnitaires. — Comment elle doit se trouver dans la décision du jury. Art. 38.

Désignation des localités ou territoires. Art. 2.

Désignation des propriétaires expropriés. — Doit se trouver dans le jugement d'expropriation. Art. 14.

Désignation du jury spécial. — Par qui et dans quelles conditions elle est faite. Art. 30.

Désistement. — De pourvoi contre le jugement d'expropriation. Art. 20.

— De pourvoi contre la décision du jury. Art. 42.

Desséchement de marais. — Comment l'expropriation a lieu, p. 407.

Dimanches et jours fériés. — Le jury peut-il siéger les dimanches et jours fériés ? Art. 44.

Directeur du jury. — Est délégué par le jugement d'expropriation. Art. 14.

Discussion. — Les parties ont droit de discussion devant le jury. Art. 37.

— La discussion doit être publique. *Ibid.*.

Documents. — Les documents autres que le tableau des offres et les plans

— Elles sont prononcées par le magistrat-directeur, quand elles ont été connues postérieurement à la désignation par la Cour ou le tribunal. Art. 32.

Expertise. — Si elle peut être ordonnée. Art. 37.

Expropriation. — Pour quelle cause elle peut être poursuivie.

Quelles espèces de propriétés sont soumises à l'expropriation.

Dans quels cas il y a lieu de recourir aux formalités de l'expropriation.

Par qui et contre qui l'expropriation doit ou peut être poursuivie. Art. 1er.

Extrait du jugement d'expropriation. — Comment il doit être publié et affiché, et ce qu'il doit contenir. Art. 15.

— Comment, à qui et à quel domicile il doit être notifié. Art. 15.

F

Failli. — Ne peut faire partie du jury. Art. 30.

Femme mariée. — Cession amiable de ses biens. Art. 13.

— Jugement d'expropriation. Art. 14.

— A besoin de l'assistance de son mari pour se pourvoir. Art. 20 et 42.

— Acceptation des offres. Art. 24.

— Comment doit être citée devant le jury. Art. 31.

Fermier. — Reçoit les notifications, au cas de non-élection de domicile par le propriétaire. Art. 15.

— Peut se faire connaître lui-même à l'administration, si le propriétaire ne l'a pas dénoncé. Art. 21.

— Doit recevoir les offres, quand il s'est fait connaître. Art. 23.

— Comment l'indemnité est réglée vis-à-vis de lui. Art. 39.

Formalités préalables à l'expropriation. Art. 2.

Formule exécutoire. — N'est pas exigée sur l'expédition de la délibération désignant les jurés. Art. 30.

Fortifications. — Comment il doit être procédé pour les expropriations nécessitées par les travaux de fortifications. Art. 76.

G

Gardien. — Reçoit les notifications, au cas de non-élection de domicile par le propriétaire. Art. 15.

Greffier. — Son rôle dans les opérations du jury. Art. 34.

Guadeloupe. — P. 449.

Guyane française. — P. 493.

H

Halles et marchés. — Comment ils peuvent être expropriés, p. 411.

Héritiers. — Comment doit être rendu, vis-à-vis d'eux, le jugement d'expropriation. Art. 14.

— Comment les offres doivent leur être faites. Art. 37.

— Effet du pourvoi formé par l'un d'eux. Art. 42.

Héritier bénéficiaire. — Cession amiable des biens de la succession. Art. 13.

Huissiers-audienciers. — Ont seuls qualité, à Paris, pour les notifications de pourvois. Art. 20 et 42.

Hypothèques. — Effets du jugement d'expropriation quant aux hypothèques existant sur l'immeuble. Art. 14.

— Quand elles doivent être inscrites. Art. 16.

I

Immeubles dotaux. — Sont assimilés aux biens d'incapables pour ce qui concerne les cessions amiables. Art. 13.

Immeubles par destination. — S'ils font partie de l'immeuble exproprié. Art. 38.

Incapables. — Cession amiable de leurs biens; autorisation du tribunal; mesures conservatoires.

— Acceptation par leurs représentants des offres à eux faites. Art. 24.

Incapacités. — Relatives aux fonctions de juré. Art. 30 et 31.

Incompatibilités. — Pour les fonctions de magistrat-directeur du jury. Art. 14.

— Pour les fonctions de jurés. Art. 30.

— Sont appréciées et prononcées par le magistrat-directeur. Art. 32.

Incompétence. — Cause de recours en cassation contre le jugement d'expropriation. Art. 20.

— Cause de recours en cassation contre la décision du jury. Art. 42.

Indemnité. — Ce qu'elle doit comprendre; en quoi elle doit consister. Art. 38.

— Elle ne peut être inférieure ni supérieure aux offres. Art. 39.

Indemnité de déplacement. — Accordée aux personnes appelées devant le jury. Art. 37.

Indemnités alternatives. — Quand elles doivent être fixées par le jury. Art. 39.

— Doivent être fixées au cas de demande d'acquisition totale contestée. Art. 50.

Indemnités distinctes. — Quand elles doivent être allouées. Art. 38 et 39.

Indes françaises. — P. 468.

Inscription. — Des privilèges et hypothèques. Art. 17.

Inscription de faux. — Contre les mentions du procès-verbal des opérations du jury. Art. 34.

— Consignation d'amende spéciale nécessaire quand la demande d'inscription de faux est formée devant la Cour de cassation. Art. 42.

Insertion dans un journal. — De l'avertissement de dépôt du plan parcellaire. Art. 6.

— De l'extrait du jugement d'expropriation. Art. 15.

Instruction devant le jury. — Le jury a droit de prendre telles mesures d'instruction qu'il juge convenable, telles que : visites des lieux, audition de personnes qu'il croit pouvoir l'éclairer. Art. 37.

Interdits. — Cession amiable de leurs biens. — Autorisation du tribunal. — Mesures conservatoires. Art. 13.

Intéressés. — Quelles personnes sont comprises sous cette désignation. — Dans quel délai ces personnes doivent se faire connaître. Art. 21. — Doivent recevoir des offres lorsqu'elles se sont fait connaître. Art. 23.

Intérêts du montant de l'indemnité. — Quand ils commencent à courir. — le jury ne peut en fixer le point départ. Art. 53 et 55.

Interprétation. — Le tribunal qui a prononcé l'expropriation, a-t-il le droit d'interpréter son jugement? Art. 14.

Irrégularités. — Dans la notification des offres. Art. 23.

— Dans la convocation des jurés, la citation des parties. Art. 31.

Irrévocabilité. — De l'expropriation prononcée par le jugement. Art. 14.

— De la décision du jury. Art. 38.

J

Jour de la réunion du jury. — Arrêté de concert entre le sous-préfet et le magistrat-directeur. Art. 31.

— Doit être notifié aux parties. *Id.*

Juge consulaire. — Les fonctions de juge consulaire sont incompatibles avec celles de juré. Art. 32.

Juge de paix. — Il y a incompatibilité entre les fonctions de juge de paix et celle de juré. Art. 32.

Juge suppléant. — Peut être directeur du jury. Art. 14.

— Peut être juré. Art. 32.

— Ne peut réclamer une indemnité, s'il n'a pas été dénoncé par le propriétaire, ou ne s'est pas fait connaître en temps utile. Art. 55.

Locataire principal. — Ses obligations à l'égard des sous-locataires. Art. 21.

Logements insalubres. — Mesures d'expropriation qui peuvent être appliquées lorsque l'insalubrité est le résultat de causes extérieures et permanentes qui ne peuvent être détruites que par des travaux d'ensemble, p. 413.

M

Magistrat-directeur du jury. — Est désigné par le jugement d'expropriation. Art. 14.

— Statue sur les causes d'exclusion. Art. 30.

— Se concerte avec le sous-préfet pour le jour et le lieu de la réunion du jury. Art. 31.

— Prononce l'amende contre les jurés absents ou refusant de siéger. Art. 32.

— Prononce sur les causes d'empêchement des jurés, les exclusions ou les incompatibilités. Art. 32.

— Son rôle dans la direction des opérations du jury. Art. 37 et 38.

— Ce qu'il doit ou peut faire lorsque la fixation d'indemnités alternatives est demandé. Art. 39.

— Règle les dépens. Art. 40 et 41.

— Quel il doit être, au cas de renvoi devant un nouveau jury. Art. 43.

Maire. — Certifie la publication de l'avertissement donné aux intéressés du dépôt du plan parcellaire; dresse procès-verbal des réclamations élevées par les intéressés. Art. 7.

— Fait partie de la commission d'enquête. Art. 8.

— Transmet l'avis du conseil municipal au cas d'expropriation poursuivie dans le seul intérêt de la commune. Art. 12.

— Peut céder amiablement les biens de la commune avec autorisation du conseil municipal. Art. 13.

— Reçoit les notifications, au cas de non-élection de domicile par le propriétaire. Art. 15 et 23.

— A qualité pour se pourvoir au nom de la commune. Art. 20.

— Peut accepter les offres faites pour biens appartenant à la commune. Art. 26.

— Ne peut faire partie du jury chargé de régler les indemnités dues par la commune. Art. 30.

— Reçoit les citations devant le jury, en l'absence d'élection de domicile. Art. 31.

Majorats. — Cession amiable de biens faisant partie d'un majorat. Art. 13

Majorité de voix. — Nécessaire pour la décision du jury. — Comment elle doit être énoncée. Art. 38.

Nu propriétaire. — Comment l'indemnité est fixée pour lui et l'usufruitier. Art. 39.

O

Occupation temporaire de terrains. — Droits de l'administration et du propriétaire, p. 416.

Offres. — A qui elles sont notifiées; comment elles sont publiées; dans quelle forme elles sont faites; à quel domicile elles doivent être signifiées. Art. 23.

— Conditions nécessaires pour la régularité des offres et effets de l'absence de ces conditions. Art. 37.

— Peuvent être modifiées devant le jury. *Ibid.*

Offres collectives. — Leurs effets. Art. 37.

Offres complémentaires. — Sont-elles astreintes au même délai que les offres originaires? Art. 23.

Offres réelles de l'indemnité réglée par le jury. — Quand elles doivent avoir lieu. — Dans quelle forme. Art. 53 et 54.

Opérations commmencées. — Sont continuées par le jury spécial, bien que la liste générale ait été renouvelée. Art. 30 et 45.

— Quand les opérations sont commencées. *Ibid.*

Opposition. — Elle n'est pas admise contre les arrêts de cassation rendus par défaut en matière d'expropriation. Art. 20.

— Contre la condamnation à l'amende prononcée contre un juré. Art. 32.

Ordonnance d'envoi en possession. — Par qui, à quel moment et dans quelles formes elle est rendue. Art. 41.

— Recours contre cette ordonnance. Art. 42.

P

Paiement du prix. — Pour les immeubles dont la valeur ne dépasse pas 500 fr. Art. 19.

Paiement préalable de l'indemnité. — Quand il doit avoir lieu; dans quelle forme. Art. 53.

Parenté des jurés avec les parties. — Est appréciée par le magistrat-directeur comme cause d'exclusion. Art. 32.

Plan parcellaire. — Etablissement de ce plan. Art. 4.

— Dépôt du plan. Art. 5.

— Avertissement d'en prendre connaissance. — Publication de cet avertissement. — Délai pendant lequel le plan doit rester déposé. Art. 6.

— Doit être mis sous les yeux du jury. Art. 37.

Pluralité d'intéressés. — Comment s'exerce le droit de récusation. Art. 34.

Plus-value résultant de l'exécution des travaux. — Comment il doit en être tenu compte. Art. 51.

Pourvoi en cassation. — Contre le jugement d'expropriation. — Pour quelles causes il peut être formé ; dans quel délai. — Comment il doit être notifié. — Caractère irrévocable de l'arrêt. — Formes et effets du pourvoi. Art. 20.

— Dans l'intérêt de la loi. *Ibid.*

— Contre la décision du jury. Art. 42.

Préfet. — Désigne les localités et territoires, si cette désignation ne se trouve pas dans le décret d'utilité publique. Art. 3.

— Détermine les propriétés qui devront être cédées.

— Doit surseoir à prendre cet arrêté si la commission d'enquête a été d'avis de changer le tracé. Art. 11.

— Prend l'arrêté de cessibilité en conseil de préfecture pour les expropriations communales. Art. 12.

— Peut aliéner amiablement les biens du département avec autorisation du conseil général. Art. 13.

— Approuve les délibérations des conseils municipaux et des conseils d'administration des établissements publics, au cas de cession amiable. Art. 13.

— Transmet les pièces au procureur de la République, à défaut de conventions amiables. Art. 13.

— Se pourvoit dans l'intérêt du département ou de l'Etat. Art. 20 et 42.

— Fait les offres pour les biens des départements et de l'Etat. Art. 23 et 37.

— Peut accepter les offres faites pour ces mêmes biens. Art. 25.

— Convoque ou fait convoquer les jurés et les parties. Art. 31.

Première Chambre de la Cour ou du tribunal chef-lieu de département. — Choisit les membres du jury spécial. — Sur quel liste ; en quel nombre. Art. 30.

Présidence du jury. — Comment et à quel instant elle doit être constituée. Art. 38.

— Rôle et pouvoirs du président. *Ibid.*

Prise de possession. — Quand elle peut avoir lieu. Art. 53.

— Le jury ne peut en fixer le point de départ. *Ibid.*

— Droit des tribunaux au cas de prise de possession avant paiement de l'indemnité. *Ibid.*

Prise de possession d'urgence. — Dans quelles conditions elle peut avoir lieu. — Pour quels immeubles. Art. 65.

— Dans quelles formes. Art. 66 et suiv.

Privilèges. — Comment et quand ils doivent être inscrits. Art. 7.

Procès-verbal. — Des réclamations élevées par les propriétaires et autres intéressés sur le vu du plan parcellaire. Art. 7.

— Peut-il autoriser à demander l'acquisition totale ? Art. 50.

Usufruitiers. — Doivent être dénoncés par le propriétaire ; peuvent se faire connaître eux-mêmes. Art. 21.

— Doivent, eux-mêmes, faire connaître les fermiers, locataires, etc. Art. 22.

— Comment l'indemnité est fixée au cas d'usufruit. Art. 39.

— Comment, au cas d'usufruit, peut être demandée l'acquisition totale ? Art. 50.

V

Valeur de l'immeuble. — Comment et à quel moment elle doit être appréciée pour la fixation de l'indemnité. Art. 38.

Vérification. — De l'accomplissement des formalités qui doivent précéder l'expropriation.

— Doit être faite par le tribunal. Art. 14.

Vice de forme. — Cause de recours en cassation contre le jugement d'expropriation. Art. 20.

Visa des pièces produites à l'appui de la demande d'expropriation. — Doit se trouver dans le jugement d'expropriation. Art. 14.

— De l'extrait du jugement d'expropriation. Art. 15.

— De la copie de notification du pourvoi. Art. 42.

Visite des lieux. — Par qui et dans quelles conditions elle peut être ordonnée ; comment elle doit être effectuée. Comment elle doit être mentionnée au procès-verbal des opérations. Art. 37.

Voirie urbaine. — Droits conférés à l'administration et aux propriétaires par le décret du 26 mars 1852, relatif aux rues de Paris ; modification à ce décret, p. 426.

Voisin. — Le propriétaire voisin des terrains expropriés et qui n'a pas de servitudes sur ces terrains, ne peut être rangé parmi les intéressés. Art. 21.

ERRATAS.

P. 128, n° 49, *in fine*, au lieu de : *à la loi elle-même*, lire : *à lui-même*.

P. 190, n° 39 *bis*, au lieu de : *par l'adjudication immédiate*, lire : *par l'adjonction*.

Paris. — Imprimerie G. Rougier et Cie, rue Cassette, 1.

www.ingramcontent.com/pod-product-compliance
Lightning Source LLC
Chambersburg PA
CBHW031346210326
41599CB00019B/2668